Dem lieben
Schwiegervater
zum Weihnachtsfest 1993
mit guten Wünschen
fürs Neue Jahr
Eckhard

AV

Sonderveröffentlichungen des Naturwissenschaftlichen und Historischen Vereins für das Land Lippe

Band 41

DETMOLD IN DER NACHKRIEGSZEIT

Dokumentation eines stadtgeschichtlichen Projekts

Herausgegeben von der Stadt Detmold
in Zusammenarbeit mit
dem Naturwissenschaftlichen und
Historischen Verein für das Land Lippe

Bearbeitet von Wolfgang Müller,
Hermann Niebuhr und Erhard Wiersing

AISTHESIS VERLAG
Bielefeld 1994

Abbildung auf dem Umschlag:
Neuangekommene sechsköpfige Vertriebenenfamilie am Detmolder Kaiser-Wilhelm-Platz, 1948 (STA DT D 75 Nr. 6451)

Die Deutsche Bibliothek – CIP-Einheitsaufnahme

Detmold:
Detmold in der Nachkriegszeit : Dokumentation eines stadtgeschichtlichen Projekts / hrsg. von der Stadt Detmold in Zusammenarb. mit dem Naturwissenschaftlichen und Historischen Verein für das Land Lippe. Bearb. von Wolfgang Müller ... – Bielefeld: Aisthesis Verl., 1994
(Sonderveröffentlichungen des Naturwissenschaftlichen und Historischen Vereins für das Land Lippe ; Bd. 41)
ISBN 3-925670-94-7
NE: Müller, Wolfgang [Bearb.]; HST; Naturwissenschaftlicher und Historischer Verein für das Land Lippe: Sonderveröffentlichungen des Naturwissenschaftlichen ...

Postfach 10 04 27, D-33504 Bielefeld
Satz: digitron GmbH, Bielefeld
Gesamtherstellung: Druckerei Runge GmbH, Cloppenburg

ISBN 3-925670-94-7

INHALT

II. Ausstellungen, Aufführungen und andere Aktivitäten

III. Zeitzeugen erinnern sich

IV. Chronik

Detmold in der Nachkriegszeit

Vorwort des Bürgermeisters der Stadt Detmold

Mit diesem Buch wird eine für dieses Jahrhundert wichtige Epoche Detmolder Stadtgeschichte dokumentiert: die Zeit nach dem Zweiten Weltkrieg, die Zeit des Wiederaufbaus.

Wie alles im Leben hat auch dieses Projekt eine Vorgeschichte. Vielen Bürgerinnen und Bürgern ist die Vortragsreihe und die anschließende Buchveröffentlichung "Lippe im Vormärz" noch in guter Erinnerung. Bei der Präsentation des Buches habe ich damals angeregt, daß sich der bestehende Arbeitskreis mit der Zeit nach 1945 befassen möge. Diese Zeit ist bereits Geschichte, die nur noch wenige der heute lebenden Menschen bewußt erfahren haben; sie ist eine Epoche, die unser demokratisches Gemeinwesen entscheidend geprägt hat und die daher als bedeutender Bestandteil der Geschichte unserer Stadt aufgearbeitet und der Nachwelt erhalten werden muß.

Ich freue mich, daß es erneut gelungen ist, unter dem Vorsitz von Herrn Prof. Dr. Erhard Wiersing und Herrn Wolfgang Müller einen Arbeitskreis zu gründen bzw. noch zu erweitern, der sich dieser Themenstellung angenommen hat: die Geschehnisse in der Zeit nach 1945 in unserer Stadt zu hinterfragen und zu dokumentieren.

Dank des Engagements vieler interessierter Vertreterinnen und Vertreter zahlreicher örtlicher Vereine, Verbände und Institutionen ist die Nachkriegszeit in Detmold aufgearbeitet, einer breiten Öffentlichkeit in Erinnerung gerufen und der jüngeren Generation erstmals präsentiert worden.

Die Veröffentlichung trägt wesentlich dazu bei, daß das Bild über die Aufbauphase nach 1945 an Schärfe gewonnen hat.

Das Buch stellt darüber hinaus einen weiteren Gewinn für uns alle dar, denn durch diese Dokumentation sind wir in der glücklichen Lage, anknüpfend an das 1953 vom Naturwissenschaftlichen und Historischen Verein für das Land Lippe herausgegebene Standardwerk "Geschichte der Stadt Detmold", die Lokalgeschichte fortzuschreiben.

"Detmold in der Nachkriegszeit" beschäftigt sich mit dem Elementaren, mit dem uns in unserer Kommune existentiell Betreffenden. Vieles von dem, was wir heute an und in unserer Stadt schätzen oder auch kritisieren, hat in jener Zeit seinen Ursprung.

Die Situation nach 1945 und heute ist sicherlich nicht vergleichbar, und dennoch wird eines beim Lesen des Buches deutlich: Die Problemstellungen, die damals bewältigt werden mußten, sind andernorts und in anderer Ausprägung auch heutzutage – in einer Welt des Umbruchs und der Neuorientierung – noch vorzufinden. Beispielhaft sei hier der Aufbau eines demokratischen Gemeinwesens in den neuen Bundesländern und die Flüchtlingsproblematik genannt.

Die Lektüre dieses Buches kann ich allen Bürgerinnen und Bürgern sehr empfehlen. Sie werden, wie ich selbst, noch viel Neues entdecken. Die Beiträge in diesem Buch sind nicht nur interessant, informativ und unterhaltsam, sie ermöglichen es uns auch, die Geschichte unserer Stadt besser zu verstehen.

Ich darf mich deshalb bei allen, die an der Verwirklichung dieses Projektes beteiligt waren, herzlich bedanken.

Detmold, im Oktober 1993 Friedrich Brakemeier

Vorwort des Vorsitzenden des Kulturausschusses des Rates der Stadt Detmold

Über zwei Jahrzehnte hat der Kulturausschuß immer wieder einmal die Frage nach einer Überarbeitung und Fortschreibung der Detmolder Stadtgeschichte gestellt. Insbesondere wollte für den langen Zeitraum von den letzten Kriegsjahren über die Besatzungszeit und die Aufbauphase von der Währungsreform bis hin zur kommunalen Neugliederung in Nordrhein-Westfalen eine größere historische Untersuchung und Darstellung nicht erscheinen.

Dies wurde von den Mitgliedern des Kulturausschusses durchaus als ein Mangel erkannt. Folglich hielt man auf lokaler Ebene Ausschau nach einer Persönlichkeit von Bedeutung, die fachlich, zeitlich und mit der nötigen Begeisterung für die Sache bereit wäre, eine so umfangreiche Arbeit auf sich zu nehmen. Dabei gingen die Jahre ins Land.

In dieser Zeit nahm das allgemeine Interesse an Heimatgeschichte deutlich zu. Es ging längst nicht mehr nur um Geschichtliches oder gar Geschichten aus der Heimat. Auch kam es nicht mehr vorrangig auf eine Gesamtschau und Würdigung einer Epoche an. Das räumlich, zeitlich und oft auch persönlich Nahe in der Lokalgeschichte ist immer anschaulich, macht betroffen und fordert so zur Auseinandersetzung heraus. Die Beschäftigung mit Lokalgeschichte wurde zunehmend eine Hilfe zur eigenen Standortbestimmung und Identitätsfindung. Unendlich viele Fragen werden von den unterschiedlichsten Betrachtern und Gruppen heute an Geschichte in unserer Stadt gestellt. Deshalb kann es nur schwer die Sache eines einzelnen Historikers sein, die Detmolder Nachkriegsgeschichte zu schreiben.

Lokalgeschichtliche Forschung und ihre Rezeption haben sich in den letzten Jahren stark verändert. Diesem Wandel trägt das vorliegende Buch Rechnung, indem es durch Kooperation ganz unterschiedlicher Mitarbeiter ein breites Spektrum der Themen und Interpretationen zur Geschichte Detmolds in der Nachkriegszeit ermöglicht. Dafür gilt den Bearbeitern, Autoren, Mitarbeitern und allen in vielfältiger Weise hilfreich Beteiligten dieses Werkes der besondere Dank des Kulturausschusses. Nach dem lebhaften Echo auf die Veranstaltungen mit Zeitzeugen, die Vorträge und Ausstellungen, die das Projekt "Detmold in der Nachkriegszeit" begleitet haben, wird sicher auch das nun vorliegende Buch ein breites öffentliches Interesse finden.

Detmold, im Oktober 1993 Dieter Dubbert

Einleitung

Heinrich Drake, der große alte Mann der lippischen Politik, hätte sich vermutlich darüber gewundert, wie intensiv in den letzten drei Jahren "die Lage" im Detmold der Nachkriegszeit "bekakelt" worden ist. Seine berühmte Proklamation vom 27. April 1945 hatte die Lipper aufgefordert, nicht auf die Hilfe von anderen zu warten, sondern sich selbst darum zu kümmern, daß sie etwas zu essen bekämen: "Steht nicht umher und bekakelt die Lage! Sie wird dadurch nur schlechter. Arbeitet! (...) Pflanzt Kartoffeln! Baut Gemüse! Pflegt die Obstbäume!"

Der Aufruf, der zum Leitdokument unseres stadtgeschichtlichen Projekts geworden ist, enthielt aber auch die Botschaft, sich nicht zu lange damit aufzuhalten, nach den Gründen für die eingetretene Katastrophe zu fragen. Drake hielt nicht viel von "Vergangenheitsbewältigung". Ihm kam es darauf an, die anstehenden Probleme zu lösen und die dafür notwendigen Menschen zu gewinnen. Die zurückgekehrten Konzentrationslagerhäftlinge waren für ihn nur eine Verwaltungsfrage, und es ist nicht bekannt, daß er ernsthaft den Versuch gemacht hätte, die Emigranten nach Lippe zurückzurufen. Seit der Novemberrevolution von 1918 war er es gewohnt, mit konservativen Beamten zusammenzuarbeiten. Die nationalsozialistische Vergangenheit seiner Beamten interessierte ihn nach 1945 nicht so sehr; nationalsozialistische Unternehmer, die er für den Wiederaufbau benötigte, stattete er großzügig mit "Persilscheinen" aus. Drake traf mit seiner Haltung genau den Nerv der meisten Lipper, auch bei ihnen war die Neigung nicht sehr groß, die nationalsozialistische Vergangenheit zu "bekakeln".

Wie aber sind wir, die Mitglieder des Arbeitskreises "Stadtgeschichte Detmold", auf dieses Thema gekommen? Nach dem lebhaften Echo auf die Vortragsreihe "Lippe im Vormärz" im Jahr 1989* war den Beteiligten klar, daß die Arbeit fortgesetzt und die dabei gemachten guten Erfahrungen mit der Zusammenarbeit der in Detmold angesiedelten kulturellen Institutionen für weitere stadtgeschichtliche Projekte genutzt werden sollten. Bei den ersten Vorüberlegungen stieß dann der Vorschlag von Bürgermeister Brakemeier, die unmittelbare Nachkriegszeit zu wählen, sofort auf große Resonanz. In doppelter Hinsicht erschien dem Arbeitskreis die

* Vgl. Erhard Wiersing (Hrsg.), Lippe im Vormärz. Von bothmäßigen Unterthanen und unbothmäßigen Demokraten. Bielefeld 1990 (Sonderveröffentlichungen des Naturwissenschaftlichen und Historischen Vereins für das Land Lippe Bd. 35).

Beschäftigung mit diesem Thema am Beginn der 90er Jahre besonders notwendig. Zum einen galt und gilt es, der mit fortschreitender Zeit wachsenden Gefahr zu wehren, daß die wichtigen Jahre zwischen 1945 und 1949 immer mehr in Vergessenheit geraten. Alle Bürger der Stadt, insbesondere aber die nachwachsenden Generationen haben ein Anrecht darauf zu wissen, wie es damals in Detmold war und wie man die Herausforderungen der Zeit bestanden hat. Wie z.B. hat man die vielen Tausende von Flüchtlingen integriert? Wie hat man die Wirtschaft wieder in Gang gebracht? Wie gestaltete sich der demokratische Neubeginn im Stadtparlament und in der Verwaltung? Und auch: Wie wirken sich die damals getroffenen politischen Entscheidungen, die damals erfolgten kulturellen Umwälzungen und die damals im Alltag gemachten Erfahrungen im heutigen Detmold noch aus? Zum anderen mußte uns aber auch der demokratische Neubeginn im Osten Deutschlands veranlassen, erneut über die Grundlagen und die Ausgestaltung unserer politischen Ordnung nachzudenken. Dies bedeutet auch, hier am Ort zu ergründen, wie die Bürger mit der schlimmen Vergangenheit umgegangen sind und wie sie tragfähige demokratische Strukturen entwickelt haben.

Beide Fragestellungen erwiesen sich bald als brisanter, als viele von uns zunächst geglaubt hatten. Zwar sind viele großartige Aufbauleistungen in den Nachkriegsjahren in Detmold zu verzeichnen, und die Tugenden, die dabei zum Tragen kamen, lassen sich durchaus z.T. als Vorbild für die Menschen in den neuen Bundesländern hinstellen. Aber dagegen stehen auch die Schattenseiten des Neubeginns, die fehlende Einsicht, die Katastrophe selbst mitverursacht zu haben, die Weigerung, den Opfern Gerechtigkeit widerfahren zu lassen, und die unkritische Anknüpfung an Bewährtes. Aber die Vergangenheit hat sich auch damals vermeintlich nicht einfach verdrängen lassen. Die Justiz bekam den Auftrag, die in der Zeit von 1933 bis 1945 begangenen Verbrechen zu untersuchen und zu ahnden. Das Unrecht, das das nationalsozialistische Regime und seine Helfer auch in Lippe aus rassenideologischen und politischen Gründen vielen Menschen zugefügt hatten, mußte "wiedergutgemacht" werden, soweit das überhaupt möglich war. Auch die Integration der Flüchtlinge ist nicht so reibungslos verlaufen, wie es die verklärenden Rückblicke – auch bei den Flüchtlingen selbst – heute wahrhaben wollen. Es wurde schnell klar, daß man nicht mit der vielbeschworenen "Stunde Null", die zudem keine gewesen war, beginnen konnte. Vieles von dem, was für das Leben in der Nachkriegszeit von Bedeutung wurde, war schon seit der Kriegszeit angelegt, so daß sich das Projekt sehr bald an der in der Forschung mehr und mehr üblich gewordenen Periodisierung 1943-1949 orientierte und auch berücksichtigte, daß es verschieden lange "Nachkriegszeiten" gegeben hat. Die mittellose Flüchtlingsfamilie aus Schlesien hatte z.B. erst Ende der 60er Jahre den alten Lebensstandard wieder erreicht, während für einen aus dem Krieg zurückgekehrten Detmolder Handwerksgesellen schon kurz nach der Währungsreform wieder "normale Zeiten" angebrochen sein konnten.

Die Vorbereitung der öffentlichen Veranstaltungen des Projekts beanspruchte einen Zeitraum von eineinhalb Jahren, in dem der Arbeitskreis unter Leitung von Wolfgang Müller und Erhard Wiersing in zahlreichen Diskussionsrunden ein Exposé entwarf, das die Ziele des Projekts wie folgt umreißt:

1. Allgemeine Zielsetzung:
   (1) Beitrag zur Erforschung der Nachkriegszeit in Detmold,
   (2) Beitrag zur Wiederbelebung der Detmolder Stadtgeschichtsforschung überhaupt.
2. Besondere Ziele:
   (1) Bewahrung eines Teils der jüngeren Zeitgeschichte vor dem Vergessen durch Dokumentation und Aufarbeitung
      - vorhandener Quellen (Texte, Bilder, Gegenstände, Bauten) und
      - persönlicher Erinnerungen von Zeitzeugen (Nutzung der hier noch gegebenen Möglichkeit, Geschichte aus der Erlebnisperspektive zu rekonstruieren),
   (2) Initiierung einschlägiger Forschungsbemühungen,
   (3) Begegnung und öffentliche Auseinandersetzung mit bestimmten Aspekten (Leistungen, Versäumnissen und Problemen) der bis heute nachwirkenden Nachkriegszeit,
   (4) Heranführung der jüngeren Generation an die Kindheit und Jugend ihrer Eltern und Großeltern in Detmold,
   (5) Dokumentation der wichtigsten Projektergebnisse als Grundlage für weitere und spätere Forschung zum Thema.

Unter dieser Vorgabe ging der Arbeitskreis daran, Forscherinnen und Forscher sowie Institutionen in Lippe für die Mitarbeit zu gewinnen. Das Echo war überwältigend, und es zeigte sich bald, daß das Projekt den Rahmen von "Lippe im Vormärz" weit überschreiten würde. Eine große Hilfe bei der Bewältigung der Aufgaben waren neben den erhaltenen Dokumenten natürlich noch jene unter uns lebenden Mitbürger, die diese Zeit aktiv mitgestaltet und mit wachen Sinnen erlebt haben. Sie haben in großer Zahl bei der Planung mitgeholfen und sich vor allem in den Zeitzeugengesprächen öffentlich geäußert, wofür ihnen an dieser Stelle ausdrücklich gedankt sei.

Zur Erleichterung der Forschung hat sich der Arbeitskreis außerdem bemüht, allen Beteiligten die Hilfen zugänglich zu machen, die sie für ihre Arbeit brauchen würden. Im Staatsarchiv Detmold, das auch die städtische Überlieferung verwahrt, gab es einen Überblick über die wichtigsten Quellen zur Geschichte der Nachkriegszeit, in der Landesbibliothek wurde die – spärliche – Lippe und Detmold betreffende Literatur zu diesem Thema vorgestellt. Der Arbeitskreis besuchte unter sachkundiger Führung die Ausstellung "Wohnraum für alle – Der soziale Wohnungsbau in Bielefeld (1950-1980)" in der Universitätsbibliothek Bielefeld. In einer interessanten Diskussion setzte man sich mit der Frage auseinander, wie man bei diesem Projekt mit der NS-Vergangenheit Detmolds und speziell mit den Fragen des Persönlichkeitsschutzes umgehen sollte. Die Diskussion erbrachte einen für vergleichbare stadtgeschichtliche Projekte erstaunlichen Konsens: Das Kriterium der Wissenschaftlichkeit soll das oberste Gebot sein. Es sollte keine "Schere im Kopf" geben, keine wichtige Information sollte aus Gründen der Schonung verschwiegen werden. Namen sollten genannt werden, wenn es notwendig ist, denn die Täter sollten nicht namenlos bleiben, wenn die Namen der Opfer genannt werden. Bei übertriebener Rücksicht bestehe die Gefahr der Legendenbildung, und die Nachkommen der Täter erhielten nie die Chance, sich mit den unangenehmen Wahrheiten ihrer Familiengeschichte auseinanderzusetzen. Allerdings sei es oft wichtiger, die Phänomene des Versagens genau zu beschreiben und die Gründe dafür zu erörtern, als bestimmte Personen zu "entlarven". Gewarnt wurde auch davor, sofort Erklärungen und Entschuldigungen zu bieten, bevor überhaupt die Fakten, Fehler und eventuelles Versagen beschrieben worden sind. Das verhindere ein methodisch und gedanklich klares Arbeiten und erweise sich als frustrierend für den Umgang der Generationen miteinander.

Inwieweit die Beiträge diesen Überlegungen gerecht geworden sind, überlassen wir dem kritischen Urteil des Lesers.

Es war das Verdienst von Diether Kuhlmann, mit seiner "Chronik der Stadt Detmold (1945-1949)" den Teilnehmerinnen und Teilnehmern schon sehr früh ein vorzügliches Hilfsmittel an die Hand gegeben zu haben (vgl. in diesem Band S. 579ff.). Ein umfangreiches Programmheft, das im Februar 1992 vorlag, informierte dann die Bürgerinnen und Bürger der Stadt Detmold über das, was auf sie zukommen sollte.

Das Programm des stadtgeschichtlichen Projekts bestand aus drei großen Blöcken:

I. Zeitzeugen erinnern sich

Vom 12.2.1992 bis zum 3.6.1992 trafen sich an sieben Abenden in der Volkshochschule oder im Staatsarchiv Zeitzeuginnen und Zeitzeugen, die unter der Leitung von Moderatorinnen und Moderatoren von ihren Erlebnissen am Ende des Krieges und in der Nachkriegszeit erzählten. Die Abende hier zu dokumentieren, hätte den Rahmen des Buches gesprengt, sie werden im zweiten Teil des Bandes aber wenigstens knapp beschrieben. Die meisten der Zeitzeugengespräche wurden auf Tonbändern festgehalten, die bei der Volkshochschule Detmold verwahrt werden und dort für die Auswertung zur Verfügung stehen. Die Reihe wurde ergänzt durch eine Veranstaltung im Rahmen des 1. Lippischen Kirchentages. Die ehemaligen Schülerinnen und Schüler der jüdischen Schule in der Gartenstraße Ruth Margalit, Karla Raveh und Karl Ehrmann berichteten von den Erfahrungen, die sie nach der Rückkehr aus den Konzentrationslagern bis zur Auswanderung nach Israel im Detmold der Nachkriegszeit gemacht hatten.

II. Vorträge

Das Programm wurde fortgesetzt mit einer Reihe von vierzehn Vorträgen in der Zeit vom 17.9.1992 bis zum 25.3.1993, die im Landesmuseum oder im Staatsarchiv stattfanden. In der vorliegenden Dokumentation werden diese Vorträge an den thematisch passenden Stellen durch eine Reihe von Aufsätzen ergänzt, die eigens für das Projekt geschrieben wurden.

III. Ausstellungen, Aufführungen und andere Aktivitäten

Besonders stolz sind wir Veranstalter auf die vielen Ausstellungen, Aufführungen und Aktivitäten, welche die lippischen Kulturinstitutionen entfalteten. Da sind zunächst die Ausstellungen im Staatsarchiv, im Lippischen Landesmuseum und in der Stadtbücherei zu nennen. Ein Kurs der Volkshochschule beschäftigte sich mit dem Alltag in den letzten Kriegsjahren und in der Nachkriegszeit und entwickelte drei interessante Stadtrundgänge, die mit großem Erfolg durchgeführt wurden und auch jetzt immer noch gefragt sind. Einen herrlichen Spaß auf ernstem Hintergrund bereitete das Landestheater seinen Zuschauerinnen und Zuschauern mit seiner musikalisch-kabarettistischen Nachkriegsrevue "Nylons go Ameide". Und last not least beteiligten sich auch die Detmolder Schulen an diesem Projekt. Im Rahmen des Schülerwettbewerbs entstanden drei vorzügliche Arbeiten, von denen eine unter dem Titel "Der Kinderzug" in Auszügen vorgelegt wird.

Unser Buch macht den Versuch, all diese Aktivitäten zu dokumentieren oder wenigstens kurz zu beschreiben. Es geht damit über eine wissenschaftliche Aufsatzsammlung hinaus. Es soll zeigen, wieviele Detmolder Bürgerinnen und Bürger und auch Mitarbeiter von auswärts sich beteiligt haben, wieviele kulturelle Institutionen im Verbund mit der Stadt Detmold dieses Projekt ideell und materiell getragen haben und welche bisher noch nicht genutzten Möglichkeiten die Stadtgeschichtsforschung heute hat. Und damit soll es auch ein Anreiz sein, diese Forschung fortzusetzen.

Die Resonanz bei den Bürgerinnen und Bürgern der Stadt war trotz der Länge des Projekts gut. Durch die Themenvielfalt und den Wechsel in den Veranstaltungsarten gelang es, immer wieder andere Gruppen der Bevölkerung anzusprechen. Der vom Arbeitskreis gehegte Wunsch, daß möglichst viele junge Menschen an den Veranstaltungen teilnehmen, ist leider nicht in Erfüllung gegangen. Die beiden lippischen Tageszeitungen und auch das lokale Radio haben, obwohl sie regelmäßig mit Informationen versorgt wurden, das Projekt nahezu boykottiert. Haben sie vor der Zahl der Veranstaltungen und der Reichhaltigkeit und dem Schwierigkeitsgrad der Themen kapituliert?

Trotz aller Erfolge bleiben aber auch Defizite zu beklagen. Wichtige Themen, wie z.B. die Entnazifizierung oder die Justiz, fehlen oder sind – wie bei dem Bereich Freizeit – nur ansatzweise vertreten. Der Leser wird auch eine zusammenfassende Darstellung der wirtschaftlichen Entwicklung der Stadt Detmold in der Nachkriegszeit vermissen. Es ist uns nicht gelungen, für diese Themen Referentinnen oder Referenten zu gewinnen. Hier wirkte sich aus, daß seit Jahrzehnten keine nennenswerte stadtgeschichtliche Forschung mehr stattgefunden hat, und auch die beiden benachbarten Universitäten Paderborn und Bielefeld die Stadt Detmold bisher vernachlässigt haben. Und doch bleibt im Rückblick so etwas wie Stolz über dieses stadtgeschichtliche Projekt, denn es war nicht nur eine akademische Veranstaltung, wie wir sie von vielen Orten her kennen, sondern eine Sache der Bürgerinnen und Bürger dieser Stadt, die sich in großer Zahl und mit viel Engagement beteiligt haben. Dafür sei allen herzlich gedankt!

Detmold, im Oktober 1993

Wolfgang Müller – Hermann Niebuhr – Erhard Wiersing

I. Vorträge und Aufsätze

Lothar Albertin

Politik im besiegten und befreiten Deutschland 1945-1949

Bilanz des Schreckens und Zeugnisse der Hoffnung

Am 7. Mai 1945 unterzeichneten ein General und ein Admiral in der französischen Stadt Reims die "bedingungslose Kapitulation" aller deutschen Streitkräfte gegenüber dem Hauptquartier der westalliierten und sowjetischen Truppen. Am 8. Mai wiederholte sich der Akt auf Verlangen Stalins im sowjetischen Hauptquartier in Berlin-Karlshorst. Am selben Tag meldete die Nachrichtenagentur Reuter: "Deutschland ist ein unterworfenes, erobertes, besetztes Land, das keine unabhängige Existenz hat."[1] "Der Tag des Sieges in Europa ist da", lautete die Fallschirmausgabe des Nachrichtenblattes für die amerikanischen und englischen Soldaten.

Eine deutsche Journalistin notierte unter diesem Datum in ihr Tagebuch: "Plötzlich überkommt uns der ganze Jubel des Befreitseins. Frei von Bomben! Frei von Verdunkelung! Frei von Gestapo und frei von den Nazis."[2] Klaus Mann schrieb an seinen Vater Thomas Mann aus Innsbruck: "Ich sehe befreite Häftlinge aus Konzentrationslagern und befreite Zwangsarbeiter: Polen, Italiener, Russen, Holländer, Franzosen...".[3] In einem Aufruf der Sozialdemokratie schrieb Kurt Schumacher am folgenden Tage: "Der erste Tag der politischen Freiheit dämmert herauf."[4]

Würden die Deutschen erkennen, wovon sie befreit waren – und wozu?

Viele Familien warteten auf die Rückkehr der Kriegsgefangenen. Wenige wußten, daß es 7,6 Mio. waren, 4.410.100 davon in der Sowjetunion. Manche beklagten den Verlust der jüdischen Mitbürger, die niemals wiederkehren würden. Wenige kannten die volle, grauenhafte Wahrheit des Holocaust. Aus den Ostgebieten kamen die Ströme der Vertriebenen, bis 1946 sollten es 11 Mio. sein. Viele Deutsche beweinten ihre Toten. Nur wenige wußten, daß der Krieg insgesamt 55 Mio. Tote und 3 Mio. Vermißte gefordert hatte, davon allein in der Sowjetunion 13,6 Mio. Soldaten und 7 Mio. Zivilisten, in Polen 4.2 Mio. Tote – mehr noch als in Deutschland.

Ein Viertel aller Wohnungen, in Großstädten die Hälfte, waren zerstört oder schwer beschädigt – wie hier in der Nähe in Paderborn und Soest. Wer aber verstand Bertolt Brecht, der schrieb: "Und unsere Städte sind auch nur ein Teil von all den Städten, die wir zerstörten."[5] Verkehr und Energieversorgung lagen brach. Die Ernährungslage war dramatisch: Für die Selbstversorgung fielen mit den verlorenen Ostgebieten 25% Nutzfläche aus. Auch die europäischen Siegerstaaten bewirtschafteten ihren Mangel.

Die Entnazifizierung mittels Fragebögen wurde zu einem Massenvorgang. Die deutsche Bevölkerung mußte die Leichenberge in den jeweils benachbarten Konzentrationslagern passieren. Die amerikanische Marine hatte in Bremerhaven für ihre Matrosen ein Schild aufgestellt: "Hier endet die zivilisierte Welt. Sie betreten jetzt Deutschland. Jede Verbrüderung mit Deutschen ist streng verboten."[6] Man sprach von der "Kollektivschuld" der Deutschen, ein Wort, das der spätere Bundespräsident Theodor Heuss in das Wort von der "Kollektivscham" verwandeln sollte.

Politik im Deutschland von 1945 traf auf ein Volk, das in seiner großen Mehrheit sein eigenes Leiden sah, ohne es sich historisch erklären zu können.

In einem Befehl des amerikanischen Oberbefehlshabers an die Soldaten hatte es am 8. Mai geheißen:

> Bloße Kapitulation bedeutet noch nicht Frieden. Der Einfluß der Nazis hat alles durchdrungen, selbst die Kirche und die Schulen. Die Besetzung Deutschlands ist ein Kriegsakt, dessen oberstes Ziel die Vernichtung des Nazisystems ist.[7]

Auf dieses Ziel hatten sich Roosevelt, Churchill und Stalin seit 1941 verständigt. Den Deutschen war kaum bekannt, was über ihr Nachkriegsschicksal bereits in den alliierten Konferenzen von Casablanca, Teheran, London, Moskau und Jalta beschlossen worden war:
- die Ahndung der "deutschen Grausamkeiten im besetzten Europa",
- die Zerstückelung Deutschlands und der Verlust seiner Ostgebiete,
- die Abgrenzung von Interessensphären zwischen den Alliierten quer durch Europa.

Die Niederlage war erst der Auftakt zum Vollzug des Sieges.

Der Krieg hatte auch neue Ideen und Initiativen weltweiter Friedenssicherung geweckt. Sie mündeten in die Gründung der UNO im Juni 1945 in San Francisco durch die 49 Staaten, die Deutschland oder Japan den Krieg erklärt hatten. Die Alliierten hatten über den Frieden unter Ausschluß der Deutschen nachgedacht, die ihn gebrochen hatten. Diese hatten sich – mit ihren Verbündeten – in der Völkergemeinschaft isoliert, die ihnen nun in Gestalt der Sieger gegenübertrat. Die Nachkriegsgeschichte des besiegten Deutschland fügte sich in eine internationale Politik, in der es faktisch kein völkerrechtliches Subjekt mehr war.

In Deutschland wurde – offiziell ab 5. Juni – die höchste Gewalt von den Oberbefehlshabern Großbritanniens, der USA, der Sowjetunion und Frankreichs ausgeübt, von jedem in der eigenen Besatzungszone, von allen im Berliner Kontrollrat, soweit es um gesamtdeutsche Fragen ging. Für Groß-Berlin war eine interalliierte Behörde zuständig. Im Jahr 1944 hatte eine alliierte "European Advisory Commission" 120mal in London über die künftige Besatzungspolitik in Deutschland und Österreich beraten. Aber selbst das Gipfeltreffen der Großmächte in Jalta auf der Krim im Februar 1945 hatte Fragen offengelassen. Nunmehr sollte die Potsdamer Konferenz ab 17. Juli 1945 verbindliche Regelungen bringen.

Auf diese Konferenz und ihre Weichenstellungen möchte ich zunächst eingehen, danach in folgender Gliederung fortsetzen:

- Wie begann die Arbeit der politischen Parteien?
- Vor welche großen Hoffnungen sahen sie sich gestellt?
- Wie wandelte sich die westalliierte Deutschlandpolitik während des Kalten Krieges?
- Mit welcher deutschen Beteiligung bis zur Gründung der Bundesrepublik?

Der Ausblick soll zwei Fragen aufnehmen:

- Welche europäische Perspektive sollte uns heute aus den Jahren ab 1945 gegenwärtig bleiben?
- Was bedeuten historisch – im Blick auf die Nachkriegszeit – die Ereignisse von 1989 in Ostdeutschland?

Offene Fragen in der Deutschlandpolitik

Schuld und Bestrafung des Nationalsozialismus und seiner Verbündeten erschienen in Potsdam unproblematisch. Auch den Kriegsverbrechern im fernen Japan sollte der Prozeß gemacht werden, der sich dort nur verzögerte. Das nahe Österreich, obwohl es "nicht als Staat den Krieg erklärt" hatte und anders behandelt werden sollte, war schon im Krieg einer "Verantwortlichkeitsklausel" unterworfen worden.

Dem Sieg der Waffen waren bereits ungezügelte Ausbrüche der Vergeltung gefolgt. Die Franzosen jagten ihre Kollaborateure durch die Straßen.

In Bulgarien, Rumänien und Ungarn bestimmte und verfolgte der sowjetische Geheimdienst NKWD die Gegner auf seine Weise. Auch die sowjetische Besatzungszone, die SBZ, blieb davon nicht verschont.

Daß Stalin, Truman, Churchill und sein Nachfolger Attlee unter einer Demokratisierung Unterschiedliches verstanden, verschleierte in Potsdam der nur verbale Konsens. Für die administrative und wirtschaftliche Behandlung Deutschlands ergab sich Unüberbrückbares. Da eine zentrale deutsche Regierung "bis auf weiteres" nicht gebildet werden sollte, wurden zentrale Verwaltungsabteilungen für Finanzen, Transport, Verkehr, Außenhandel und Industrie vorgesehen. Sie kamen nie zustande.

Die Konferenz einigte sich nicht über eine ökonomische Gesamtschuld Deutschlands, dessen wirtschaftliches Hauptgewicht damals noch auf der Landwirtschaft und einer Friedensindustrie für den inneren Bedarf liegen sollte. Den Ausweg bot ein Kompromiß: Jede Besatzungsmacht sollte ihre Ansprüche aus der eigenen Zone befriedigen, die UdSSR, die auch für Reparaturen an Polen zuständig war, ferner zu 15% aus den Westzonen im Austausch gegen Nahrungsmittel, Grundstoffe und Waren und 10% ohne Bezahlung oder Gegenleistung.

Mit der Teilung der Reparationsfrage war die Absicht unterlaufen, Deutschland als wirtschaftliche Einheit zu behandeln. Die zuletzt in Jalta beratene Grenzregelung wurde nun "bis zur Friedenskonferenz" verschoben – ein Zugeständnis Stalins, das über ein "fait accompli" hinwegtäuschte. Tatsächlich hatte er noch vor der Kapitulation die deutschen Gebiete östlich der Oder und Görlitzer Neiße aus der vorgesehenen Besatzungszone herausgelöst. Die weitere Vertreibung der dortigen Deutschen sollte "human" erfolgen.

Strategisch war dies ein Stück militärischer und politischer Sicherung der Sowjets gegen künftige Gefährdung mittels eines Gürtels besetzter und gelenkter Staaten. Politisch bedeutete es deren Sowjetisierung. Gegenüber einer jugoslawischen Delegation hatte Stalin daraus keinen Hehl gemacht:

> Dieser Krieg ist nie wie in der Vergangenheit; wer immer ein Gebiet besetzt, erlegt ihm auch das eigene gesellschaftliche System auf und verankert so seine Herrschaftsform; anders kann es gar nicht sein.[8]

Wenn er Anfang Mai 1945 die westlichen Aliiierten mit der Erklärung überrascht hatte, Deutschland – entgegen früheren Vereinbarungen – nicht zerstückeln zu wollen, so waren dafür zwei Gründe maßgebend: das Interesse an Reparationen aus Gesamtdeutschland und die Ausdehnung des kommunistischen Gesellschaftssystems auf alle Besatzungszonen. Die Vorgeschichte des Kalten Krieges hatte längst begonnen.

Auch unter den westlichen Alliierten gingen die deutschlandpolitischen Vorstellungen noch weit auseinander: Die Briten pochten auf eine forcierte Demontage – auch zum Nutzen der eigenen Wirtschaft; die Franzosen, an der Potsdamer Konferenz noch nicht beteiligt, sahen ihre künftige Sicherheit nur durch ausgreifende ökonomische und territoriale Forderungen gewährleistet. Das politische Schicksal Deutschlands blieb offen zwischen den Siegermächten und Thema ihrer Nachkriegskonferenzen sowie ihrer praktischen Politik.

Politische Parteien: Gründungsimpulse

Unter diesen besatzungspolitischen Zwängen mußte eigentlich jeder Versuch, eine demokratische Partei zu gründen oder wieder zu gründen, wie ein waghalsiges Risiko erscheinen. Wer Politik in Deutschland nach 1945 machen wollte, trat mit einem ungelösten Wechsel auf die Zukunft an.

Das galt für die politischen Parteien und Gewerkschaften, an deren Anfänge ich nun erinnern möchte.

Offiziell waren politische Parteien in den Westzonen erst ab September 1945 zugelassen; sie mußten um Lizenz nachsuchen und wurden überwacht. Tatsächlich waren ehemalige Sozialdemokraten sofort nach der Besetzung tätig geworden: in der Arbeiterwohlfahrt, in der kommunalen Verwaltung und der Arbeitsverwaltung. "Wir müssen der Militärregierung dankbar sein, daß sie uns aus der Folter der letzten 12 Jahre erlöst hat", rief ein Redner den 120 Personen einer Bielefelder Distriktversammlung zu.[9]

"Alle Parteien sprechen vom Wiederaufbau, wir aber wollen den Neuaufbau". Die allgemeine Stimmung schien günstig für Forderungen nach einer – verschieden weit gefaßten – Sozialisierung, nach Bodenreform, nach inner- und überbetrieblicher Mitbestimmung. Die Leitsätze der Partei vom Mai 1946 verlangten unter der Vision der "vereinigten Staaten von Europa" ein "sozialistisches Deutschland in einem sozialistischen Europa", von Kurt Schumacher selbst immer scharf gegen den Kommunismus und sowjetischen Staatskapitalismus abgegrenzt.[10]

Die von den Sowjets lancierte Zulassung von vier Parteien in ihrer Zone Anfang Juni 1945 beobachtete Schumacher mit allem Mißtrauen. Er durchschaute das Blockprinzip der "antifaschistischen" Parteien und Ulbricht selbst, dessen Methode lautete: "Es muß demokratisch aussehen, aber wir müssen alles in der Hand haben".[11] Auch bei der KPD der Westzonen, die zeitweilig regional beachtliche Stärken erreichte, vermißte er jede Unabhängigkeit gegenüber den Einflüssen aus dem Osten.

Schumacher plädierte für soziale Öffnung der Partei gegenüber den Mittelschichten und warb um die Jugend. Er suchte auch die traditionellen Barrieren zu den Kirchen abzutragen. Anfang Januar 1946 führten er und andere Parteifreunde im Detmolder Diakonissenhaus einen ersten intensiven Meinungsaustausch mit führenden Repräsentanten der evangelischen Kirche.

Die Reformstimmung nach dem Krieg nahmen auch die verschiedenen Gründerkreise der CDU und CSU auf, als "Christlich-Demokratische Partei" im Rheinland noch vor dem Einmarsch der Amerikaner. Ein Frankfurter Kreis veröffentlichte "Leitsätze" über einen wirtschaftlichen Sozialismus. Noch das Ahlener Programm von 1947 verlangte – die Landtagswahlen standen bevor – die Entflechtung der Konzerne, Vergesellschaftung des Bergbaus und Bankenkontrolle.

Die interkonfessionelle Gründungsidee, der die wiederauftauchende Zentrumspartei auf Dauer nicht standhalten konnte, erwies sich als attraktiv. Sie sollte einen historischen Lernprozeß bekunden, nämlich die Wiederaufnahme ähnlicher Versuche aus den ersten Jahren der Weimarer Republik: "Hätten wir schon vor 1933 eine christliche Volkspartei gehabt, so wäre Hitler nicht an die Macht gekommen. Wir wollen aus den Fehlern der Vergangenheit lernen."[12]

Konrad Adenauer, seit Januar 1946 Zonenvorsitzender der Partei – die sich erst 1950 bundesweit zusammenschloß – schwor ihre Programmatik und Politik zielstrebig auf seine Führungskraft ein.

Mit Skepsis verfolgte er die Gründung der CDU für Berlin und die SBZ unter Andreas Hermes und ihre gesamtdeutschen Ambitionen. Hermes, den die Nazis nach dem 20. Juli zum Tode verurteilt und den die Russen befreit hatten, befürwortete zwar radikale Wirtschaftsreformen, widersetzte sich aber der sowjetischen Steuerung. Die Besatzungsmacht erlaubte ihm nicht die Teilnahme an der "Reichstagung" der CDU in Bad Godesberg, die er angeregt hatte. Sein Referat mußte verlesen werden. Alle Versuche, ihn für ihre Eigentumspolitik gefügig zu machen, mißlangen. So holte sie den einzigen seiner drei Söhne, der den Krieg überlebt hatte, nach Potsdam und lockte mit seiner Entlassung aus der Gefangenschaft. Der Vater ließ sich nicht erpressen, der Sohn mußte danach noch vier Jahre in einem sibirischen Straflager verbringen.[13]

Die Sowjets erzwangen schließlich das Ausscheiden der beiden Vorsitzenden und bewerkstelligten ihre Ersetzung durch Jacob Kaiser und Ernst Lemmer. Kaiser kam aus der Tradition der Christlichen Gewerkschaften und des Widerstandes und warb früh für die Idee der Einheitsgewerkschaften. Er plädierte für einen "christlichen Sozialismus" in einem gesamtdeutschen zentralistischen Staat, der Brücke sein sollte zwischen Ost und West. Für die Gebiete jenseits der Oder und Neiße verlangte er eine Volksabstimmung. Mitte März 1947 trat er vor dem Vorstand der neugegründeten "Arbeitsgemeinschaft der CDU und CSU Deutschlands" für eine gesamtdeutsche Vertretung der politischen Parteien ein, die Einfluß auf die Außenministerkonferenzen der Alliierten nehmen sollte. Für die SPD weigerte sich Schumacher, in diesem Gremium die SED zu treffen. Die SMAD war ohnehin dagegen. Sie ertrug Kaisers Unabhängigkeit nicht mehr, erzwang mit manipulativem Druck, das er ausgebootet wurde, wie sein Stellvertreter Lemmer, der aus den liberalen Gewerkschaften kam. Der Nachfolger Otto Nuschke folgte dem von der SED dominierten Kurs der Blockpolitik. Beide Parteien sahen sich unter den Lasten der Nachkriegszeit in einem Boot mit den Gewerkschaften.

Deren Rolle in der politischen Auseinandersetzung mit den Reparations- und Sicherheitsforderungen der Alliierten für das Ruhrgebiet ist unbestritten. Gewerkschaftlicher Geist regte sich von Anfang an. In vielen größeren Unternehmen bildeten sich nach der Besetzung spontan Betriebsausschüsse. Sie kurbelten diese wieder an, wo Unternehmer abwesend waren, und improvisierten Hilfen gegen die Not des Alltags im Umfeld der Betriebe. Es war auch ihr Verdienst, daß Anfang 1947 in der anglo-amerikanischen Bizone nahezu alle Betriebe arbeiteten. Die frühe und starke Stellung der Betriebsräte wurde durch ein Kontrollratsgesetz im April 1946 offiziell bestätigt. Sie erhielten ein Jahr später in vier entflochtenen Werken der Eisen- und Stahlindustrie – gegen den Protest der Unternehmer – die paritätische Mitbestimmung.[14]

Die westlichen Alliierten handhabten die Gründungsprozesse dilatorisch. Erst nach schwierigen Zwischenstationen – und gegen den Rat britischer und amerikanischer Gewerkschaften – sollte sich unter Hans Böcklers energischer Führung im Oktober 1949 die Idee der Einheitsgewerkschaften durchsetzen. Die regelmäßigen gesamtdeutschen Konferenzen mit dem kommunistisch gesteuerten FDGB der SBZ waren schon im politischen Klima der Berlin-Blockade im August 1948 abgebrochen worden.

Historisch erstaunlich war die Entwicklung der FDP. Der Liberalismus hat ab 1945 einen Neuanfang als politische Partei gewagt, obwohl seine

Aussichten wenig günstig waren. Die CDU besetzte dank ihrer interkonfessionellen Gründungsidee große Teile des nichtsozialistischen evangelischen Wählerpotentials. Die langwährende Erosion liberaler Milieus, die der Nationalsozialismus auf seine Art forciert hatte, hatten nur regionale und lokale Gruppen überdauert. Zur Verspätung liberaler Parteigründung trug in der britischen Zone die Besatzungsmacht bei. Sie beeilte sich nicht, wenn sie Lizensierungsanträge für kleinere Parteien bearbeiten sollte. Unter den Briten kursierten Studien über die Weimarer Republik, deren Quintessenz lautete, daß die Zersplitterung der Parteien zum Scheitern der Republik beigetragen habe. Der Liberalismus schaffte – trotz dieser Hindernisse – den Neubeginn und, anders als 1918, als eine geschlossene Partei. Seine Hochburgen wurden die traditionelle Süddeutsche Volkspartei und die einflußreiche FDP im späteren Nordrhein-Westfalen.

In der späteren Parteiengeschichte ist in Vergessenheit geraten, daß die vielen lokalen Gründungsaktivitäten der FDP – unter verschiedensten Parteinamen – eine Fülle wirtschafts- und sozialreformerischer Ideen artikulierten.[15] Trotz der frühen Handlungszwänge für die Partei in der SBZ haben die Liberalen bis Anfang 1948 versucht, eine Reichspartei, die "Demokratische Partei Deutschlands", unter dem doppelten Vorsitz von Theodor Heuss und Wilhelm Külz, einem Linksliberalen aus der Weimarer Republik, durchzuhalten.[16]

Vor welche Probleme sahen sich die demokratischen Parteien gestellt? Politik in Deutschland ab 1945 deckte einerseits Aufgaben wie den Aufbau ihrer Organisation, die Rekrutierung ihres Führungspersonals, die Wähler- und Mitgliederwerbung. Diese Funktionen waren ihnen aus dem Aufbau der ersten deutschen Nachkriegsdemokratie bekannt – wenn auch nicht im Ausmaß ihres technischen und materiellen Mangels. Es war keine lippische Besonderheit, wenn ein Gründer der liberalen Partei erst Benzingutscheine beantragen mußte, um mit seinem leichten Motorrad zu den kleinen Ortsvereinen unterwegs zu sein, oder wenn die Gründungsvorstände der späteren großen Parteien in der guten Stube oder der allenfalls beheizbaren Wohnküche des Vorsitzenden tagten.

Historisch ungewohnte Aufgaben: Frauen und Vertriebene

Politik, die den Parteien seit 1945 abverlangt wurde, beruhte aber andererseits auf historisch ungewohnten und teils einzigartigen Sachverhalten. Die mit 1918 nicht mehr vergleichbaren, ungeheuren Verluste an Menschen, materiellem Gut und an Territorien hatten Folgen, die unmittelbar berücksichtigt werden mußten. Der Strom der Ostvertriebenen und Flüchtlinge, die Rückkehr der Evakuierten und die neuerlichen Evakuierungen überstiegen alle historischen Erfahrungen. In den wichtigsten materiellen Bereichen wie Ernährung, Wohnung, Gesundheit, Energieversorgung, war für viele Menschen in mittellosen Lebenslagen die dringliche Hilfe zur Überlebensfrage geworden.

In dieser Situation entfiel zunächst jede organisatorische und materielle Hilfe der öffentlichen Hände – der Staat war faktisch nicht existent, baute sich dann nur mühsam und etappenweise auf, über Ernennungen durch die Besatzungsmacht und mit Tätigkeitsmerkmalen unter Besatzungsrecht. In dieser Konstellation traten die Parteien – mancherorts bereits vor ihrer Gründung – ersatzweise in Vakuen öffentlicher Tätigkeit ein. In keiner früheren Periode ihrer Geschichte waren Parteien in einem derart vielfältigen Umfang Adressaten von Hilfsgesuchen gewesen.

Aus der Aufgabenfülle der Politik in Deutschland können drei große Herausforderungen an die Parteien genannt werden: die Gleichstellung der Frauen, die Eingliederung der Vertriebenen sowie die Demokratisierung der Jugend.[17] Der ersten Aufgabe ist die Nachkriegsgesellschaft insgesamt nicht gerecht geworden.

Willkommen waren ihr Frauen in ihren Tätigkeiten gegen die unermeßliche Not, im Diakonischen Werk und in der Caritas, der Arbeiterwohlfahrt und der Volkshilfe, teils in spontan gegründeten Initiativen. Ihre Leistungen waren sozial und ökonomisch notwendig, also unentbehrlich. Das ist ihr nachweisbarer Stellenwert in den Jahren der Überlebens- und Wiederaufbaugesellschaft. Sie demonstrierten zugleich das Mißverhältnis zwischen Eignung von Frauen und gesellschaftlicher Statuszurechnung. Das ist ihr provokativer Stellenwert in der Geschichte der traditionellen Geschlechterbeziehungen.

Frauenorganisationen – auch hier in der Region – verlangten damals Verbesserungen der Stellung der Frau im Wirtschaftsleben, ihre Mitspracherechte in berufsständischen Vertretungen und Gewerkschaften, ihre Beteiligung in der Wirtschafts- und Ernährungsverwaltung, ihren Schutz am Arbeitsplatz, Regelungen in der Versicherungs- und Sozialgesetzgebung für Krankheit, Berufsunfähigkeit und Alter. Daneben griffen verschiedene Vereinigungen die vielen persönlichen Probleme in Ehe und Familie auf, die sich im Nachkriegsalltag in bekannter Weise vermehrt und verschärft hatten: So lauteten Veranstaltungstitel: "Straffällige Jugend", "Meine Tochter läuft mir davon", "Warum wollen Sie sich scheiden lassen?"[18]

Viele Frauen mußten in ihrer Lebensplanung umdenken: Bei den 20- bis 30jährigen kamen 170 Frauen auf 100 Männer. Immer wieder beanspruchten Frauen nach diesem Krieg ihre besondere Zuständigkeit für das Erziehungswesen und für eine "Friedenserziehung". Die politischen Parteien nahmen die Probleme von Frauen im allgemeinen mit Verspätung auf – vor den ersten Wahlen. Andere Nachkriegsumstände trugen dazu bei, daß viele – eigentlich plausible – Forderungen nach Gleichstellung erst in jüngsten Jahren eingelöst wurden.

Der zweiten Aufgabe, der Eingliederung der Vertriebenen, haben sich die Parteien intensiv gewidmet, direkt und im Rahmen der kommunalen Selbstverwaltung, zu deren Renaissance sie nach dem Kriege wesentlich beigetragen haben – auch in Ostwestfalen-Lippe, das eine Region mit hoher Flüchtlingsdichte wurde, ökonomisch aber strukturell schwach blieb.[19] So entfiel hier die Chance, Flüchtlinge über den wirtschaftlichen Aufschwung zu integrieren. Das Ruhrgebiet gilt dafür als Paradefall. Bayern wurde es in anderer Weise: durch einen Industrialisierungsschub über staatliche Flüchtlingspolitik.

Die junge Generation zwischen politischer Gefährdung und Integration

Waren 'Drittes Reich' und nationalsozialistischer Krieg durch ihren verbrecherischen Charakter zu historisch einzigartigen Phänomenen geworden, so waren auch die geistigen und moralischen Folgelasten von exzeptioneller Art und Bedeutung. Auf deutscher Seite wurden die demokratischen Parteien – zunächst neben den Besatzungsmächten – die wichtigsten Agenturen der Entnazifizierung en masse. Sie mußten einerseits die Unmutsäußerungen aus der Bevölkerung aushalten: "Die Kleinen fängt man, die Großen läßt man laufen", und andererseits dem bequemen Mißverständnis entgegentreten, die Nürnberger Kriegsverbrecherprozesse würden die Aufarbeitung der Diktatur ersetzen.

Wer demokratisches Bewußtsein aufbauen wollte, konnte dies nicht ohne Reflexion auf die jüngste deutsche Vergangenheit tun. Unverzichtbar war dies gegenüber der Jugend. Die Kirchen waren darauf kaum vorbereitet und suchten ihr vor allem seelsorgerlich zu helfen. Das Gros der Lehrer war hilflos, die Schulleiter warteten auf die Lehrpläne der Schulbehörden. Es war die Rede von der "Umerziehung der Erzieher". Die Universitäten schwiegen sich fast gänzlich aus.

Eine unserer eigenen Regionalstudien an der Bielefelder Fakultät für Geschichtswissenschaft und Philosophie zeigt für Ostwestfalen-Lippe –

und läßt sich inzwischen aus anderen Untersuchungsräumen erhärten –, daß es die demokratischen Parteien waren, die sich unter diesen Umständen noch am stärksten um eine historisch fundierte politische Bildung bemühten.[20] Es sieht so aus, als ob dies mehr an der Basis, in den Städten und Gemeinden, als auf den höheren Ebenen der Parteien verlangt und betrieben wurde.

Es ging um die Altersgruppe der 15- bis 25jährigen. Die Erlebnis- und Reifungsschwellen waren bei den meisten Betroffenen in einem unfaßbaren Ausmaß fließend geworden: bei den Älteren durch Kriegsdienst und Gefangenschaft, bei den Jüngeren durch den Dienst als Flak- und Sanitätshelfer, im Fernmeldewesen, bei der Feuerwehr in den Bombennächten oder in den Rollen bei Flucht und Vertreibung sowie bei den Überlebensanstrengungen in der Not des Nachkriegsalltags.

Erscheinungsbild und innere Verfassung dieser jungen Generation wiesen auf zwei Grundprobleme. Zum einen: Was konnten Gesellschaft und politisches System dazu beitragen, daß sie sich aus eigener Erkenntnis und freiem Entschluß aus allen Bindungen an den Nationalsozialismus löste und gegen seine wiederauftauchende Agitation oder verwandte Angebote immun wurde?

Zum anderen: Wie konnte sie für demokratische Ideen und Konzepte gewonnen werden, deren institutionelle und praktische Normen und Regeln ihr historisch und theoretisch kaum bekannt waren und in der Gegenwart erst nach und nach erfahrbar wurden?

Beide Probleme mußten dringend gelöst werden. Ein Politiker in der hiesigen Region warnte um die Jahreswende 1945/46, große Gruppen der jüngeren Jahrgänge seien anfällig für die Parolen eines "erneuten antidemokratischen Frondeurtums".[21] Mehrere Tage nach der Besetzung des Kreises Herford hatte noch ein jugendlicher Fanatiker im Zeichen des "Werwolfs" einen Amtsbürgermeister ermordet, weil er seine Gemeinde, wie es auch sonst geschehen war, kampflos übergeben hatte. Der Wahnsinn sporadischer "Werwolf"-Aktionen beunruhigte die Region bis Ende 1946. Adolf Grimme, ehemaliger Kultusminister aus der Weimarer Republik, berichtete im Frühjahr 1946 (im Zonenbeirat) von einem Gymnasium in Hannover, auf dessen Türen und Fenster eine "Flut von Hakenkreuzen" geschmiert worden war und dessen Direktor man die Fensterscheiben mit Steinen eingeworfen hatte: "Wäre die Besatzungsarmee nicht im Lande, ich möchte schon heute die Zahl der Rathenaumorde nicht sehen."[22]

Eine Beobachterdelegation von Repräsentanten der britischen Jugendverbände, die sich in den westlichen Zonen – auch in der hiesigen Region

– und in Berlin umgesehen hatte, schrieb in ihrem Bericht Oktober 1946 (den ich ungekürzt im Londoner Public Record Office gefunden habe):

> Die meisten jungen Leute unter 21 zeigen nicht viel politischen Enthusiasmus. Nach ihren Erfahrungen während des Nationalsozialismus sind sie gegenüber Parteien mißtrauisch und geistig apathisch,

und an anderer Stelle:

> Die Masse junger Leute ist weder verzagt noch hoffnungsvoll – sie warten vielmehr ab – formbares Material für einen anderen Führer, der ihre Imagination benutzen und sie von ihrer Last befreien wird (...). Die jungen Leute unter 30 erinnern sich an die Hitlerperiode und blicken zurück mit Sehnsucht nach ihrer Ordnung, ihren materiellen Werten und Vorteilen und nach ihrer Effizienz (...). Sie lamentieren: Hitler gab uns viel – die Demokratie gab uns nichts.[23]

Die praktischen Antworten der politischen Jugendbildung waren Experimente. Zu den couragiertesten und weitsichtigsten gehörte die Initiative Klaus von Bismarcks. Im Gedankenaustausch mit lokalen und regionalen Parteiführern betrieb er als Leiter des Kreisjugendamtes Herford Lehrgänge für Jugendleiter aller Richtungen auf dem Jugendhof Vlotho, an denen er auch – mit Genehmigung der Militärregierung – ehemalige HJ-Führer aus dem nahen Internierungslager in der Senne inkognito teilnehmen ließ.

Vlotho wurde – ungeachtet mancher Kritik – zu einem Modell, das aus der ganzen Zone besucht wurde.[24] Der in Berlin geborene Michael Thomas, der ab Mai 1945 als persönlicher Verbindungsoffizier des Stabschefs der britischen Zone tätig war – ich konnte ihn kürzlich kennenlernen und befragen – schrieb in seinem Buch mit dem Untertitel "Rückkehr als Besatzungsoffizier" (1984):

> Eine Reihe von späteren Führungspersönlichkeiten der Bundesrepublik ist in Vlotho wesentlich geformt worden, und mitunter scheint mir, daß von dort wichtige Impulse für das gesamte soziale und politische Gefüge der Bundesrepublik ausgegangen sind.[25]

Welche Dringlichkeit deutsche Politiker der historisch-politischen Aufklärung beimaßen, demonstrierte im Frühjahr 1946 der Oberpräsident der Provinz Westfalen, Rudolf Amelunxen, durch eine drastische Intervention. Er ließ Wandplakate zur "Bekämpfung der Nazipropaganda" für alle

Schulen und öffentlichen Einrichtungen herstellen. Über den Inhalt berichtete die Londoner "Times" am 6. Mai 1946:

> Auf diesen Plakaten wird jedes Kind lesen können, wieviele Männer, Frauen und Kinder Westfalens im Krieg umgekommen sind und wie groß der materielle Schaden ist, den die Provinz erlitten hat. Es sind genaue Einzelheiten darüber angegeben, wieviele Pfarrer und Arbeiterführer verhaftet und getötet wurden, wieviele Männer und Frauen Westfalens in Konzentrationslagern gefangen gehalten wurden, wievielen westfälischen Frauen die Asche ihres ermordeten Ehemannes mit der Post zugeschickt wurde, wieviele Söhne Westfalens bei Stalingrad umkamen, wieviele einarmige und einbeinige Kriegskrüppel jetzt in Westfalen leben [...]. Die amtliche deutsche Erklärung fügt hinzu: Wenn irgendjemand angesichts einer solchen Bilanz weiterhin herumschwätzt, daß Deutschland und er selbst unter Hitler besser dran war, so sollte man ihn in ärztliche Pflege geben.[26]

Politiker in westfälischen Kommunen haben sich dieser Information in öffentlichen Versammlungen bedient. Der Paderborner Bürgermeister Christoph Tölle, der sich immer wieder mit dem Nationalsozialismus befaßte, hat seinen handschriftlichen Notizen für Jugendkundgebungen das Stichwort hinzugefügt: "Plakat Amelunxen".[27]

Ein Wort zum späteren Schicksal dieser Thematik. In den 50er Jahren ist die Aufarbeitung des Nationalsozialismus unterblieben. Die meisten Deutschen lebten und dachten im Sog des Aufbaus von Wirtschaft und Wohlstand und genossen die Zeit unter der Devise eines Buchtitels: "Wir sind wieder wer!" Der Deutsche Bundestag hat den Nationalsozialismus intensiv diskutiert in seinen Verjährungsdebatten ab 1964 – Verjährung von Verbrechen gegen die Menschlichkeit. Und die Studentenbewegung von 1968 hat das Versäumnis auf ihre Weise bei den älteren Generationen eingeklagt.

Besatzungspolitische Optionen: Aufbau westdeutscher Wirtschaft und Staatlichkeit

Kehren wir zurück zur Deutschlandpolitik der Alliierten, in der sich 1945 und 1946 Risse zwischen West und Ost abzeichneten. Der Kontrollrat in Berlin spiegelte die wachsenden Spannungen. Viele Entscheidungen gingen an die einzelnen Militärgouverneure über. Am frühesten zweifelten die Engländer an einer Zusammenarbeit mit der Sowjetunion. Schon nach der Potsdamer Konferenz lautete der Kommentar eines ihrer Delegierten, es bleibe nichts anderes übrig "als mitten durch Deutschland eine Grenze zu ziehen".[28] Sie beobachteten am wachsamsten die rücksichtslosen Eingriffe der Sowjets und deutschen Kommunisten in die Eigentums- und Gesellschaftsstruktur der SBZ. Nichts erregte ihr Mißtrauen mehr als die Zwangsfusion der KPD mit der SPD zur SED im April 1946.

Frankreich, das unter angelsächsischem Druck und dem Einfluß seiner eigenen Sozialisten von seinen territorialen Plänen abzurücken begann, signalisierte Bereitschaft. Sein Außenminister Bidault, von seinem amerikanischen Kollegen befragt, ob die sowjetische Politik nach Sicherheit *oder* Expansion strebe, antwortete lakonisch: "Wahrscheinlich nach Sicherheit *durch* Expansion."[29]

Bis zum Sommer 1946 hielt die amerikanische Politik noch an der Hoffnung auf einen Konsens mit Stalin fest. Ihr anfängliches in Hiroshima und Nagasaki demonstriertes Monopol und die längerwährende Überlegenheit an Atomwaffen blieben aus jedem Kalkül ausgeschlossen.

Eine alternative Politik war in Deutschland inzwischen dringlich geworden. Sollte es einen minimalen Lebensstandard erreichen, so mußten seine Produktion angekurbelt und seine Exportkapazität erhöht werden, damit es seine Einfuhren bezahlen konnte. Die amerikanische Außenpolitik vollzog einen Wandel zur Containment-Strategie, zur Abwehr oder Eindämmung sowjetischer Expansion oder Unterwanderung. Faktisch war dies aber auch die Hinnahme sowjetischer Herrschaft in Ost- und Südosteuropa. Die Friedensverträge mit Ungarn, Bulgarien und Rumänien im Februar 1947 zeigten, daß dies den Verzicht auf dortige demokratische Verhältnisse einschloß. Ein Jahr später hat der Prager Putsch auch die Demokratie in der Tschechoslowakei beendet.

Containment setzte eine andere Politik in Deutschland und Westeuropa frei: die wirtschaftliche und politische Stabilisierung. Die sogenannte Truman-Doktrin, eine Botschaft des amerikanischen Präsidenten im April 1947, am Tage nach der Eröffnung der Moskauer Außenministerkonferenz – die scheitern sollte – war eindeutig. Ihr ließ der neue amerikanische Außenminister die Ankündigung des "European Recovery-Program" folgen, des nach ihm benannten Marshall-Plans. Offiziell war dies eine Offerte amerikanischer Finanzhilfe zum wirtschaftlichen Aufbau aller Länder. Erwartet wurde aber die Ablehnung durch die UdSSR. Sie sandte ihren Außenminister Molotow nur noch zum Schein zur ersten Konferenz nach Paris, die er früher verließ, und sie untersagte auch ihren Satelliten einschließlich der SBZ die Beteiligung.[30]

Der lange und gründlich vorbereitete Marshall-Plan führte verschiedene Interessen zusammen: das amerikanische an der Lösung heimischer Produktions- und Arbeitsmarktprobleme und am Wiederaufbau des europäischen Absatzmarktes, das der Westeuropäer am wirtschaftlichen Aufschwung, und das beiderseitige Interesse an einer Eindämmung des Kommunismus. Für die Politik in Deutschland hatte er – seit 1948 – materiell und psychologisch eine enorme Schubwirkung. Vergegenwärtigen wir uns, was hier inzwischen zur Organisation von Wirtschaft und Verwaltung geschehen war.

Seit August 1946 wußten die deutschen Organe, der Länderrat der amerikanischen und der Zonenbeirat der britischen Zone, von der Vorbereitung der Bizone. Deutsche Delegierte arbeiteten an den Einzelheiten mit. Die Bizone, die Anfang 1947 in Kraft trat, erhielt gemeinsame Verwaltungen, von denen die für Wirtschaft in Minden (die auf der früheren für die britische Zone aufbaute) die bedeutendste wurde. Die Unzufriedenheit mit den bizonalen Ämtern in der Bevölkerung und bei den Parteien verstärkte sich aber mit dem planwirtschaftlich verwalteten Mangel. Die drei Frostwellen des zweiten Nachkriegswinters verschlimmerten die Transport- und Versorgungsschwierigkeiten in Stadt und Land.[31] Bekannt war vielen Zeitgenossen die Passage aus der damaligen Predigt des Kölner Kardinals Frings: "Wir leben in Zeiten, da in der Not auch der einzelne das wird nehmen dürfen, was er zur Erhaltung seines Lebens und seiner Gesundheit notwendig hat, wenn er es auf andere Weise durch seine Arbeit oder durch Bitten nicht erlangen kann." "Fringsen" hieß seitdem die illegale Beschaffung von Nahrungsmitteln und Heizmaterial. Im Winter 1946/47 wurden auf einem Kölner Güterbahnhof täglich 18.000 Tonnen Kohlen "gefringst".

Die Hamsterfahrten aufs Land wurden unter diesen Umständen zum häufigsten Reisetyp. Manche Lebenskünstler konnten solchen Anstrengungen sogar etwas Humor abgewinnen. Lassen wir sie mit dem Berliner "Telegraf" im Juni 1947 zu Wort kommen:

> Einem hungrigen Freunde wurde ein Pfund Butter für 320 RM angeboten. Er nahm sie auf Kredit, weil er soviel Geld nicht hatte. Er wollte sie morgen bezahlen. Ein halbes Pfund bekam seine Frau. Mit dem Rest gingen wir 'kompensieren': In einem Tabakladen gab es für das halbe Pfund 50 Zigaretten. Zehn Stück behielten wir für uns. Mit dem Rest gingen wir in eine Kneipe. Wir rauchten eine Zigarette, und das Geschäft war perfekt. Für die 40 Zigaretten erhielten wir eine Flasche Wein und eine Flasche Schnaps. Den Wein brachten wir nach Hause. Mit dem Schnaps fuhren wir aufs Land. Bald fand sich ein Bauer, der uns für den Schnaps zwei Pfund Butter eintauschte. Am nächsten Morgen brachte mein Freund dem ersten Butterlieferanten sein Pfund zurück, weil es zu teuer war. Unsere Kompen-

sation hatte 1 1/2 Pfund Butter, eine Flasche Wein, zehn Zigaretten und das Vergnügen eines steuerfreien Gewerbes eingebracht.[32]

Wer kann sich heute noch die damalige Lage des auf sich gestellten Verbrauchers vorstellen. Als in der 99. Zuteilungsperiode ab Ende Februar 1947 zwei Punkte Spinnstoffe des Bezugsscheines Textilien aufgerufen wurden, erhielt der Normalverbraucher in München dafür: "25 cm Bett- oder Leibwäsche, 80 cm breit, oder einen Hosenträger, zwei Taschentücher oder drei Kragen, ein Ersatzgesäß oder drei Annähsohlen".[33]

Wenden wir uns wieder der großen Politik zu, die diesen Nachkriegsalltag bestimmte. Nach der ergebnislosen Moskauer Außenministerkonferenz bauten die Militärgouverneure die Bizonenorganisation aus. Die Deutschen erhielten ab Herbst 1947 mit dem Wirtschaftsrat ihr erstes parlamentarisches Organ. Ihre Hoffnungen erschienen ihnen aber zerschlagen, als sie im Oktober 1947 mit einer Demontageliste für 682 Betriebe konfrontiert wurden. Obwohl die Verbesserungen gegenüber dem vierzonalen Produktions- und Reparationsplan von März 1946 offensichtlich waren, brachte diese Liste den schwersten Rückschlag in den Beziehungen zu den Westmächten.

Das Frühjahr 1948 eröffnete dann institutionelle Fortschritte für die Westzonen: einen Wirtschaftsrat mit verdoppelten Mandaten und einen Länderrat, zügige Verhandlungen einer ersten Sechsmächte-Konferenz – USA, England, Frankreich und die Benelux-Staaten – über eine internationale Ruhrbehörde ohne die Sowjetunion, über den Marshall-Plan und die Zusammenarbeit der französischen Zone mit der Bizone. Die Signale waren unmißverständlich. Am 20. März verließ Marschall Sokolowski unter Protest den Kontrollrat in Berlin.

Alliierte und deutsche Organe konzentrierten ihre Politik in Westdeutschland und Westberlin immer vehementer auf die Devise, daß nur eine Währungsreform und der Marshall-Plan zusammen den wirtschaftlichen Aufbau in Gang bringen konnten. Der markanteste deutsche Befürworter war auf Vorschlag der Liberalen in eine Schlüsselposition gewählt worden: Ludwig Erhard wurde Direktor der Verwaltung für Wirtschaft. Er legte im April 1948 in einer konzeptionellen Rede dar, mit welchen Mitteln mehr Freiheit für Produktion und Konsum zu gewinnen sei.[34] Sogar Zeitgenossen seiner politischen Couleur reagierten mit ungläubigem Staunen. Im kleinen Kreis bereitete er fieberhaft die gesetzlichen Voraussetzungen vor. Die drei Lesungen für das Bewirtschaftungsgesetz folgten am 17. und 18. Juni. Am folgenden Tag, einem Samstag, verkündeten die westlichen Alliierten die Währungsreform. Sie wurde am Sonntag in den Umtauschstellen vollzogen. Das Warenangebot bestätigte Erhards kühnen Optimismus. Die Folgen zeigten aber auch, daß das Konzept einer "sozialen" Marktwirtschaft dringend geboten war.

Ende Juni versuchten die Sowjets, mit der Blockade von Berlin, die Westmächte aus der Stadt zu drängen und die politische Entwicklung in den Westzonen aufzuhalten. Die Blockade endete wenige Tage, nachdem der Parlamentarische Rat (am 8.5.1949) über das Grundgesetz abgestimmt hatte.

Die Vorgeschichte der Bundesrepublik wird mitunter einseitig dargestellt. Es ist historisch falsch, den verfassungspolitischen Prozeß, der zu ihrer Gründung führte, als "Fremdbestimmung" zu werten. In der amerikanischen Zone konnten sich die parteipolitisch gebundenen Ministerpräsidenten, in der britischen die Eliten der Parteien währenddessen immer stärker ins Spiel bringen, mit Verzögerungen auch in der französischen Zone. Es waren die Parteien, die sich, wie ich zu zeigen versuchte, vor historisch ungewohnten Herausforderungen bewährten, und die die westlichen Besatzungsmächte bewogen, dies zu respektieren und politisch zu berücksichtigen. Der bloße Antikommunismus des Kalten Krieges erklärt diesen Wandel nicht.

Ende 1946 hatte die amerikanische Zone ihre gewählten Landtage und Verfassungen, im späten Frühjahr 1947 die britische und französische Zone. Demgegenüber stellten die in der SBZ 1946 und 1947 errichteten Länder Brandenburg, Mecklenburg-Schwerin, Sachsen und Sachsen-Anhalt nur einen Scheinföderalismus in dem durch Kontrollratsgesetz aufgelösten Preußen dar.

Wie in der neuen Staatsorganisation Föderalismus und Zentralismus gegeneinander ausgewogen sein sollten, bewegte die Kontroversen zwischen Nord- und Süddeutschland ebenso wie die zwischen den großen Parteien.

Leidenschaftlich stritten Adenauer und Schumacher selbst über die Tragweite der Gründung eines Weststaates. Die Arbeit am Grundgesetz war der Versuch, aus dem Scheitern der Weimarer Republik Lehren zu ziehen. Die demokratischen Parteien verstanden sich als Träger der Rechtsstaatsidee und der Grundrechte. Ihre Standpunkte erreichten auf verschiedensten Wegen die Besatzungsmächte. Wenn die deutschen Repräsentanten von der Gründung des Landes Nordrhein-Westfalen überrascht wurden, so haben doch die Briten deutsche Vorarbeiten durchaus gekannt und genutzt. Wenn die Entstehung dieses Landes, wie Rolf Steininger aus gründlicher Kenntnis der britischen Akten dargestellt hat[35], eine Funktion in der Eindämmung ideologischer und reparationspolitischer Bestrebungen der Sowjets erfüllte, so war dies ohne die gewachsene demokratische Substanz auf deutscher Seite gar nicht denkbar.

Westeuropäischer Einigungsprozeß: Einbindung der Bundesrepublik

Ein Rückblick auf die Politik in Deutschland ab 1945 erkennt noch eine andere Perspektive, die in unsere Gegenwart reicht – und heute durch neue Ereignisse dramatisch gefährdet erscheint. Im September 1946 hatte Winston Churchill in einer Rede vor der Jugend in Zürich für die Idee der "Vereinigten Staaten von Europa" geworben. Im Mai 1949 gründeten zehn europäische Staaten den Europarat mit Sitz in Straßburg und unterzeichneten bald darauf die "Europäische Konvention zum Schutz der Menschenrechte und Grundfreiheiten". Es war Churchill, der die Aufnahme der Bundesrepublik als Mitglied empfahl. Bereits im August 1950 nahmen die deutschen Delegierten in der parlamentarischen Versammlung des Europarates ihren Platz ein. Fünf Jahre nach Kriegsende kehrte Westdeutschland in den Kreis der Völker zurück.

Zuvor taten Konrad Adenauer und Maurice Schumann einen der wichtigsten Schritte in der deutsch-französischen und europäischen Nachkriegsgeschichte. Sie unterstellten die nationale Produktion von Eisen und Stahl einer supranationalen Kontrollbehörde. Wichtige Unternehmen wurden zugleich der Demontage entzogen. Eisen und Stahl waren das Material, aus dem Waffen geschmiedet wurden. Nun beendeten beide Völker ihre Erzfeindschaft. Im April 1951 schlossen sie, gemeinsam mit Italien, Belgien, Holland und Luxemburg, die "Europäische Gemeinschaft für Kohle und Stahl". Sie begann ihre Arbeit im August 1952 – vor 40 Jahren also. Bereits 1957 unterzeichneten die sechs Staaten in Rom die Verträge über die europäische Wirtschaftsgemeinschaft und Atomgemeinschaft.

Diese wenigen Jahre seit dem Ende des Zweiten Weltkriegs gehören zweifellos zu den faszinierendsten Etappen der europäischen Geschichte des 20. Jahrhunderts: wegen des Tempos des Prozesses und wegen der inhaltlichen Konsequenzen für einen langen Frieden in Europa. Die Europäische Gemeinschaft ist mehrmals erweitert worden: durch England, Dänemark, Irland, danach Griechenland, schließlich durch Spanien und Portugal.

Die EG blieb aber ein westeuropäischer Torso. Sie hat sich bemüht, dies nicht zu vergessen. Ich erinnere mich eines denkwürdigen Tages in Straßburg, 40 Jahre nach Kriegsende. Ich war dort mit einem studentischen

Seminar. Der amerikanische Präsident Ronald Reagan besuchte das Europäische Parlament. Dessen Präsident Pierre Pflimlin erinnerte an den 8. Mai 1945: Dieser Tag sei nicht nur ein Ziel gewesen, sondern auch ein Ausgangspunkt, der Anfang einer Friedensära. Er sagte dann unter lebhaftem Applaus:

> Dresden und Warschau, Prag und Budapest sind auch europäische Städte wie die Hauptstädte unserer Mitgliedsstaaten [...] Die Vereinigung aller europäischen Völker erscheint heute wie eine Utopie. Aber niemand kann uns untersagen, von einem ganzen, friedlich geeinten Europa zu träumen. Die großen Fortschritte der Humanität waren oft Utopien, die Realität wurden. Die einzigen Waffen, über die die Utopisten verfügen, sind geistiger Art.[36]

Geistiger Art ist auch die Erinnerung an das Martyrium bis zum Kriegsende. An diesem Tage, nach 40 Jahren, fuhr unsere Studentengruppe, zusammen mit Europaparlamentariern verschiedener Nationen, in die Vogesen, in das ehemalige Konzentrationslager Struthoff, das einzige auf französischem Boden, um die Toten zu ehren. Es ist einer der vielen Plätze, die daran erinnern, daß der Kreis der Völker, die nach dem Krieg auf eine gemeinsame europäische Zukunft gehofft haben, viel größer als die EG ist.

Ausblick: Die Vereinigung Deutschlands

Von einer Einigung Deutschlands träumten damals nur noch wenige. Sogar die meisten Deutschen glaubten, daß der Verzicht darauf der Preis des Friedens sei, der auf dem militärischen Gleichgewicht der beiden Blöcke beruhte. Auch die westlichen Verbündeten der Bundesrepublik – in der NATO – hatten sich damit abgefunden. Sie hatten die Formel von der deutschen Vereinigung zwar 40 Jahre lang offiziell bestätigt, jedoch unter der stillen Devise: Die deutsche Vereinigung ist politisch unmöglich, aber es ist unmöglich, dies zu sagen. Dann kamen die Ereignisse, deren Bilder um die Welt gingen: die Leipziger Montagsdemonstration am 3. Oktober 1989 und eine Welle anderer Kundgebungen. Alle Demonstrationen verliefen gewaltlos. Ein Pfarrer aus Wittenberg, der Stadt Luthers, rief Hunderttausenden zu: "Lasset die Geister aufeinanderprallen, die Fäuste aber haltet stille!" Im Jahre des 200jährigen Jubiläums der französischen Revolution fügten die Ostdeutschen der Revolutionsgeschichte einen neuen Typ hinzu: die friedliche, gewaltlose und erfolgreiche Revolution.

Am 9. November fiel die Mauer. Die Sowjets behielten ihre Panzer in den Kasernen. Anfang Februar 1990 brachten der deutsche Bundeskanzler und sein Außenminister aus Moskau die Zusage mit, daß die Deutschen selbst über ihre staatliche Einheit bestimmen könnten. Mitte Juli 1990 stimmte Gorbatschow im Kaukasus sogar zu, daß das geeinte Deutschland der NATO angehören könne. Wir rieben uns die Augen. Dieser Wandel des Denkens war unfaßbar.

Seit der gewaltlosen Revolution in der DDR hat sich das Paradigma der internationalen Politik verändert. Bisher war diese eine Angelegenheit der Regierungen. Nun griff unerwartet ein neuer Faktor in die Entwicklung ein: die Bewegung des Volkes, und zwang die Mächte und Supermächte, ihre Strategien, Ziele und Zeitpläne zu ändern. Die deutsche und die europäische Geschichte kannten bisher nur die erfolglosen Forderungen von Pazifisten, die Beziehungen zwischen den Staaten zu demokratisieren, das heißt, unter den Einfluß der Völker zu bringen. Diesmal – in der DDR von 1989 – erreichte das Volk gewaltlos seine Selbstbestimmung und – gemeinsam mit den Ungarn, Polen, Tschechen und Slowaken – den Abbau der Feindbilder zwischen den Militärblöcken.

Es waren Feindbilder des Kalten Krieges, die aus der Politik in Deutschland und Europa ab 1945 hervorgegangen sind. Das Ende der Nachkriegsgeschichte war erreicht. Wer sich ihrer erinnert, weiß, was wir Deutschen und wir Europäer verspielen, wenn wir den Rückfall in die Barbarei hinnehmen: nämlich die heutige Ausländerfeindlichkeit im Innern und die ethnischen Kriege in unserer Nachbarschaft.

Anmerkungen

1. Chronik deutscher Zeitgeschichte: Politik, Wirtschaft, Kultur, Bd.3/I, Manfred Overesch, Das besetzte Deutschland 1945-1947, Düsseldorf 1986, S. 12.
2. Chronik, S. 13.
3. Chronik, S. 14.
4. Chronik, S. 18.
5. Chronik, S. 11.
6. Charles Whiting, Norddeutschland Stunde Null, April-September 1945, Düsseldorf 1980, S. 7.
7. Chronik, S. 12.
8. Zit. bei H. Günther Dahms, Der zweite Weltkrieg in Text und Bild, München, Berlin 1989, S. 384.

9. Versammlung des SPD-Distrikts Hellingkamp am 1.12.1945, Stadtarchiv Bielefeld, SPD-OWL 105/1.
10. Theodor Eschenburg, Jahre der Besatzung 1945-1949, Stuttgart 1983 (Geschichte der Bundesrepublik Deutschland, hg. von Karl Dietrich Bracher, Theodor Eschenburg, Joachim C. Fest, Eberhard Jäckel, Bd. 1), S. 177 f.
11. Eschenburg, S. 75.
12. Josef Kannengießer, Generalsekretär der Christlich-Demokratischen Partei Westfalens, im November 1945, Archiv für Christlich-Demokratische Politik der Konrad-Adenauer-Stiftung, Sankt Augustin (ACDP), I-182 Nachl. Kannengießer. Vgl. Horstwalter Heitzer, Die CDU in der britischen Zone 1945-1949. Gründung, Organisation, Programm und Politik, Düsseldorf 1988, S. 87 f.
13. Eschenburg, S. 130.
14. 1.3.1947.
15. Vgl. Lothar Albertin, Die FDP in Nordrhein-Westfalen. Porträt einer fleißigen Partei. In: Parteien und Wahlen in Nordrhein-Westfalen, hg. von Ulrich von Alemann, Köln 1985, S. 121-145.
16. Dieter Hein, Zwischen liberaler Milieupartei und nationaler Sammlungsbewegung. Gründung, Entwicklung und Struktur der Freien Demokratischen Partei 1945-1949, Düsseldorf 1985, S. 278 ff.
17. Vgl. Lothar Albertin, Die Rekonstruktion des Parteiensystems – Ergebnis neuer Erkenntnisse oder Übernahme von Traditionen? In: Tradition und Neugestaltung. Zu Fragen des Wiederaufbaus in Deutschland und den Niederlanden in der frühen Nachkriegszeit, hg. von Horst Lademacher und Jac Bosmans, (Niederlande-Studien, 1) Münster 1991, S. 69-88.
18. Lothar Albertin, Die Rekonstruktion, S. 82.
19. Vgl. Lothar Albertin, Flüchtlinge – eine kirchenhistorische Chance für den Protestantismus nach dem zweiten Weltkrieg. Betrachtungen aus der Region Ostwestfalen-Lippe. In: Zur Rolle der Flüchtlinge und Vertriebenen in der westdeutschen Nachkriegsgeschichte. Bilanzierung und Perspektiven für die zukünftige Forschungsarbeit, Hildesheim 1987, hg. von Rainer Schulze, Doris von der Brelie-Lewin, Helga Grebing, Hildesheim 1987, S. 288-301.
20. Es handelt sich um das von mir geleitete (und von der Stiftung Volkswagenwerk geförderte) Forschungsprojekt "Der Wiederaufbau politischer Parteien nach 1945".
21. Vgl. Lothar Albertin, in Verbindung mit Freia Anders, Petra Gödecke, Hans-Jörg Kühne und Helmut Mehl, Jugendarbeit 1945. Neuanfänge der Kommunen, Kirchen und politischen Parteien in Ostwestfalen-Lippe. (Materialien zur Historischen Jugendforschung, hg. von Ulrich Herrmann), Weinheim und München 1992.
22. Vgl. Lothar Albertin, Jugendarbeit, S. 43.
23. Diary (größere Fassung in Maschinenschrift), Public Record Office London/Kew (PRO), FO 371/46874.
24. Vgl. Klaus-Peter Lorenz, Der Beitrag der politischen Jugendbildung zur Überwindung antidemokratischer Traditionen in den Nachkriegsjahren. Eine Unter-

suchung der außerschulischen Jugendbildungsarbeit in Ländern der britischen Zone mit dem Schwerpunkt Jugendhof Vlotho und ihrer Auseinandersetzung mit den Folgen des Nationalsozialismus für den Zeitraum 1945-1949, Diss. Kassel. 1987.

25. Michael Thomas, Deutschland, England über alles. Rückkehr als Besatzungsoffizier, Berlin 1984, S. 171.
26. Kontrollkommission für Deutschland (britischer Teil), Zonenbeirat, HQ/ 14104-ZAC. Die britische Kontrollkommission wünschte, daß sich der Zonenbeirat mit der "in der Provinz Westfalen durchgeführten Maßnahme zur Bekämpfung pronazistischer Propaganda" befassen und ihre Zweckmäßigkeit prüfen sollte. Falls wünschenswert, sollten die Ministerpräsidenten und Oberpräsidenten ersucht werden, ähnliche Maßnahmen zu ergreifen. Der zitierte Text findet sich im Anhang zu ZAC/P (46)19. StA DT, L 80 Ia Ib, Nr. 27.
27. Nachl. Christoph Tölle, StadtA Paderborn.
28. Zit. bei Hermann Graml, dem Verfasser des Kapitels "Die deutsche Frage", in: Eschenburg, Jahre der Besatzung, S. 326.
29. Hermann Graml, S. 349.
30. Hermann Graml, S. 371.
31. Vgl. Wolfgang Benz, den Vf. des Kapitels "Vorform des 'Weststaats': die Bizone 1946-1949. In: Eschenburg, Jahre der Besatzung, S. 384.
32. Zit. bei Manfred Overesch, Deutschland 1945-1949. Vorgeschichte und Gründung der Bundesrepublik, Düsseldorf 1979, S. 97 f.
33. Vgl. Wolfgang Benz (wie Anm. 31).
34. Vgl. Wolfgang Benz, S. 430.
35. Vgl. Rolf Steininger, Die Ruhrfrage 1945/46 und die Entstehung des Landes Nordrhein-Westfalen. Britische, französische und amerikanische Akten, Düsseldorf 1988.
36. Pierre Pflimlin, Mémoires d'un Européen da la IVe à la Ve République, Paris 1991, S. 367.

Georg Eisenhardt

Der 4. April 1945 – Die 'Stunde Null' in Detmold?

I. Kampf bis zum 'Endsieg'?

Unter den Lesern ist vielleicht noch der eine oder andere, der diese Zeit in Detmold selbst erlebt hat und sich erinnert. Ich selbst war damals Soldat im Nordabschnitt der Ostfront. Es geht im folgenden also nur um das Geschehen in Detmold, wie es sich mir an Hand meines Quellenstudiums darstellt. Mein Thema ist Geschichte. Geschichte hängt mit Geschehen zusammen. Ich werde also vornehmlich über das informieren, was in jenen Tagen geschah. Zugleich aber werde ich auch Erlebnisse einiger Menschen in jenen Tagen in Detmold schildern und versuchen, ihre Berichte zu bündeln, um zu einer objektiveren Aussage über das Geschehen zu kommen. Ich möchte mit Hilfe des Begriffs 'Stunde Null' die Ereignisse und Erlebnisse vor, während und kurz nach dem Einmarsch der Amerikaner in Detmold darstellen und soweit wie möglich klären, inwiefern das Geschehen am 4.4.1945 ein Bruch im Leben, Denken und Tun der Bürger Detmolds war oder nicht.

Die beiden damals für Detmold maßgebenden Parteiführer waren der Gauleiter Dr. Alfred Meyer, der von Münster aus den Gau Westfalen Nord regierte und – bisweilen – in seinem Hause in Friedrichshöhe, Waldstr. 121 bei seiner Familie wohnte; und Adolf Wedderwille, Malermeister aus Lage, wohnhaft in Detmold, Bülowstr. 9, der als Kreisleiter der NSDAP und stellvertretender Staatsminister in Lippe herrschte. Er wurde 1885 in Pottenhausen geboren; war Soldat im Ersten Weltkrieg; kehrte als Gefreiter, mit dem Eisernen Kreuz I. und II. Klasse ausgezeichnet, aus dem Krieg zurück. 1929 trat er in die NSDAP ein; wurde Ortsgruppenleiter in Lage; 1932 Kreisleiter in Detmold; 1933 stellvertretender Staatsminister Lippes; 1936 Reichstagsabgeordneter. 1938 wurden die Kreise Detmold und Lemgo parteiorganisatorisch zum Kreise Lippe unter seiner Führung zusammengelegt.[1] Er war die eigentliche Schlüsselfigur für Detmold und darüber hinaus für Lippe und bestimmte damals nach dem Führerprinzip des Nationalsozialismus das Geschehen im Lande. Zugleich jedoch war er über den Gauleiter Meyer letztlich dem "Führer" Adolf Hitler verantwortlich für die Durchführung der von dort oft bis ins kleinste vorgegebenen Anordnungen. An der Spitze der Stadt Detmold stand damals der kommissarische Bürgermeister Schürmann, der ebenfalls Parteimitglied mit offenbar bis zuletzt strammer nationalsozialistischer Haltung war.[2]

Viele Detmolder waren in der Partei oder in irgendeiner der zahlreichen NS-Gliederungen oder wurden – soweit sie noch in der Heimat waren – auch als einfache "Volksgenossen" zum Dienst herangezogen. Jeder wurde "erfaßt". Nach Goebbels' berüchtigter Sportpalastrede am 18.2.1943 herrschte 'totaler Krieg', d.h. auch totaler Kriegseinsatz. Diesen auch in Lippe zu organisieren, war Aufgabe der Partei und ihrer Gliederungen unter der Führung des Kreisleiters Adolf Wedderwille. Die Aufgabe erstreckte sich auf Bereiche wie die ideologische Stärkung der "Heimatfront", d.h. auf die Propaganda; die Sicherung der Ernährung und der Produktion von Kriegsmaterial; die Unterbringung der Evakuierten, Bombengeschädigten und Flüchtlinge; den Einsatz und die Überwachung der "Fremdarbeiter", wie sie damals hießen; den zivilen Luftschutz und schließlich die Bereitstellung und den eventuellen Einsatz des Volkssturms. Weiterhin mußten darüber hinaus die bisherigen Tätigkeiten der Parteileitung erledigt werden wie die Schlichtung von Streitigkeiten, die Kontrolle der Behörden und die Überwachung der Bevölkerung, soweit dies nicht die Gestapo in Bielefeld übernahm. Die Kompetenzen waren nicht klar abgegrenzt. Es gab ständiges Gerangel um Zuständigkeiten, da der Partei im Laufe des Krieges immer mehr Aufgaben übertragen wurden, die sich etwa durch die Ernennung der Gauleiter und Reichsstatthalter zu Reichsverteidigungskommissaren ergaben.[3]

Der Detmolder Bürger konnte sich in jenen Tagen neben dem Rundfunk aus der 'Lippischen Staatszeitung' informieren.[4] Die Ausgaben vom 1.1. bis zum 31.3.1945 – der 1. April war Ostersonntag – zeigen, daß nicht nur formal, sondern auch inhaltlich immer wieder dasselbe Schema vorherrschte: Durchhalteparolen; Meldungen über Abwehrerfolge; Schwierigkeiten der Feinde; Grausamkeiten der Gegner; Tapferkeitsauszeichnungen deutscher Soldaten; "Kohlenklauparolen"; und – erheblich spärlicher als heute – Regional- und Lokalmeldungen sowie, möglichst unauffällig, Todesanzeigen Gefallener.[4]

Seit dem 20.7.1944 sprach Hitler nicht mehr im Rundfunk. Statt dessen konnten die Detmolder z.B. Auszüge seiner Ansprache zu Neujahr 1945 in der "Lippischen Staatszeitung" nachlesen. Da standen so markige Sätze wie: "Das deutsche Volk muß und wird diesen Krieg gewinnen." In einem

Tagesbefehl an die Wehrmacht kündigte der "Führer" in prophetischer Manier an, daß 1945 das Jahr der geschichtlichen Wende sein würde.

Die Parolen wurden immer ungeheuerlicher. Am 14.3.1945 hieß es: "Wer kämpft, kann sterben, wer flieht, muß sterben". Dieser Satz enthält die ganze Härte der Standgerichtsurteile und den qualvollen Druck, unter dem die Soldaten kämpften, und die Menschen in der Heimat arbeiteten. Sogar manche Nationalsozialisten spürten ihn, ja wurden – wie wir am Beispiel des Lemgoer Bürgermeisters Gräfer sehen können – von ihm zerquetscht.[5]

Für uns, die wir den Ausgang wissen und heute im Frieden leben, erscheinen diese Durchhalteparolen in ihrer sentimentalen, pathetisch orakelnden Pseudologik phrasenhaft und aufgeblasen. Damals jedoch klammerten sich viele daran wie an einen letzten Strohhalm.

Bis in den Bericht des Oberkommandos der Wehrmacht hinein wurden die eigenen Niederlagen durch groß herausgestellte einzelne Erfolgsmeldungen verschleiert. So klingt die Nachricht über katastrophale Niederlagen stets noch wie eine Siegesmeldung; und die Schreckensmeldung am 1.2.1945 "Die Russen an der Oder!" wurde am 7.2. bereits wieder propagandistisch abgeschwächt: "Die deutsche Ostfront in Neubildung begriffen. Das feindliche Offensivziel nicht erreicht – Der Enderfolg gehört uns". Und am 9.2. berichtete die Zeitung gar über "schwungvolle deutsche Gegenstöße an der Ostfront". In der Ausgabe vom 10./11. Februar heißt es optimistisch: "Mehrere sowjetische Oder-Brückenköpfe beseitigt. [...] Feindliche Durchbruchsversuche an der West-Eifel erneut zerschlagen."

Um die Menschen in der Heimat zum Durchhalten zu bewegen, wurde immer wieder auf die gnadenlose Grausamkeit der Feinde hingewiesen. Die physische Vernichtung des deutschen Volkes – nicht nur der Nationalsozialisten – wurde als eigentliches Kriegsziel der Alliierten hingestellt. Diese Auffassung wurde täglich durch Beispiele gerade amerikanischer Todesurteile gegen deutsche Soldaten und Zivilisten untermauert: So die Meldung am 11.1.1945, daß die Westalliierten – gemeint sind wohl die Amerikaner – einen deutschen Jungen zum Tode verurteilt hätten, weil er angeblich dem 'Feinde' – gemeint sind die Deutschen – Nachrichten übermittelt habe. In Wirklichkeit habe er seinen Eltern nur ein Lebenszeichen geben wollen.

Aus einer Anweisung an die amerikanischen Soldaten zitierte die "Lippische Staatszeitung" am 14.2.:

> Da das Töten als Hauptmittel betrachtet werden muß, vermittels dessen der Feind zur Unterwerfung zu zwingen ist, hat ein Teil der Aufklärung den

Soldaten dahingehend zu belehren, daß er nicht nur gewillt, sondern eifrig bemüht ist, die körperliche Vernichtung des Feindes seines Landes vorzunehmen. [...] Wir müssen Gewicht darauf legen, daß wir nicht nur gegen Hitler, sondern gegen die gesamte deutsche Nation kämpfen. Wir befinden uns in einem totalen Krieg, und jeder einzelne Angehörige des deutschen Volkes ist unser Feind.

Am 27.2. heißt es in der "Lippischen Staatszeitung": "Aushungerungsrationen für 6000 Zivilisten. Britischer Lagerkommandant demonstriert die Praxis der Ausrottung des deutschen Volkes". Dann wird der Kommandant zitiert mit den Worten: "Wir geben diesen deutschen Zivilisten gerade genug zu essen, um sie am Leben zu erhalten. Ihre Tagesration besteht aus einem Stück Brot, etwa fünfmal so groß wie eine Streichholzschachtel, und annähernd 3/4 Liter Suppe."

Solche Meldungen wurden – lassen wir einmal die Frage nach dem Wahrheitsgehalt dahingestellt – von der Parteiführung als Mittel der psychologischen Kriegführung benutzt, um die eigene Bevölkerung zur Selbstaufopferung für die Sache des Nationalsozialismus zu bewegen. In den angeführten Beispielen sollte der Terror der Briten und Amerikaner mit dem "bestialische(n) Greuel der bolschewistischen Mordbanden"[6] im Osten gleichgesetzt und den Menschen jeder Ausweg aus dem Inferno versperrt werden. Zudem – so heißt es am 28.2. – fordere Moskau "10 Millionen Deutscher Arbeitssklaven". Jeder konnte sich damit sein Schicksal nach einer Kapitulation selbst ausmalen. Angesichts der Pläne des US-Finanzministers Morgenthau und des britischen Lords Vansittard war dies auch im Westen damals keine ganz aus der Luft gegriffene Vorstellung.

Die parteiideologische Indoktrination der Bevölkerung, die Propaganda, wurde von der nationalsozialistischen Führung als ihre vorrangige Aufgabe angesehen. Durch Gleichschaltung der Presse und aller Kulturbereiche wurde sie seit 1933 zentral vom Minister für Volksaufklärung und Propaganda Dr. Goebbels geleitet.

Die Partei riß alles an sich, sogar die sogenannte "Heldenehrung". Schon in einer Anweisung vom 29.4.1943 wird selbst für die Gefallenengedenkblätter, "ein taktvolles Zurückdrängen religiöser Inhalte" gefordert und es werden Musteranweisungen vorgeschlagen wie: "Seid stolz, daß ich für eine große Idee leben und sterben durfte", oder gar: "Nach anderem Leben ich niemals frug. Ich diente dem Führer, das war mir genug."[7]

Dabei wußten die Parteiführer genau, wie geteilt die Stimmung im Volke war. Der Gauamtsleiter Steinecke aus Lemgo gab vertrauliche wöchentliche Kurzberichte heraus, in denen es schon am 1.11.1944 u.a. hieß:

> Der Bevölkerung ist genau bekannt, dass es sehr viele schwache und staatsfeindliche Menschen in Deutschland gibt, welche sich durchaus mit einer sofortigen Kapitulation einverstanden erklären würden. [...] Man wirft der deutschen Propaganda nicht ohne Berechtigung vor, dass sie zu viele wichtige Dinge dem Volke vorenthalten hat oder erst nach langer Zeit und zu spät mit der Bekanntgabe herausgerückt sei. [...] Anscheinend ist beim Propagandaministerium immer noch nicht bekannt, dass weite Kreise des deutschen Volkes die Feindsender hören und teilweise Dinge erfahren, die von der deutschen Führung verschwiegen werden. Die Flüsterpropaganda ist bekanntlich schneller als der Rundfunk.[8]

Es gab in jener Zeit auch zahlreiche Denunziationen, meist aus persönlicher Gehässigkeit, aber auch aus politischen Gründen: Der Oberschulrat Dr. h.c. Wollenhaupt hatte den Lehrer Albert Krull von Augustdorf nach Gresterlohe versetzt und seiner Frau die Wohnung wegnehmen lassen. Frau Krull beschwerte sich in einem Brief bei ihm. Darin steht der vielsagende Satz: "Es wird die Zeit kommen, da Wilhelm Tell und Rudenz wieder über die Bühne gehen." Dr. Wollenhaupt schaltete daraufhin Fritz Hillbrink, den kommissarischen Ortgruppenleiter von Augustdorf ein. In einem Schreiben an den Kreisleiter schildert dieser eine Wohnungsbesichtigung bei Frau Krull, die dabei zu ihrem Manne sagte: " 'Nun guck doch mal Albert,' bei dieser Bemerkung putzte sie den Staub von den Möbeln, 'Adolf täte besser, wenn er seinen Pinsel nähme und die Möbel ausbesserte'". Der kommissarische Ortsgruppenleiter fährt fort:

> Ich glaube als Ortsgruppenleiter der Ortsgruppe Augustdorf, dass Frau K. genügend nach oben hin bekannt ist und darf wohl nicht zulassen, dass eine Frau sich diese Äußerungen erlauben darf, über unseren Führer oder wahrscheinlich über unseren Kreisleiter. Sie hat schon mehrere Male am Telefon, wie auch durch Briefe, die sie an unseren Bürgermeister gerichtet hat, geäußert, der Krieg geht einmal vorbei und dann möchte ich nicht in Ihrer Haut stecken. [...] Nach meinem Dafürhalten gehört Frau K. dauernd in ein Konzentrationslager, damit endlich diese Aufwiegelungen in der Gemeinde Augustdorf aufhören. Ich stelle für Frau K. einen Strafantrag.[9]

Dies Schreiben datiert vom 16.2.1945. Man kann nur hoffen, daß Frau Krull noch davongekommen ist, da der Kreisleiter in diesen Tagen voll und ganz mit der Landesverteidigung beschäftigt war, wie aus folgendem hervorgeht:

Die "Ausführungsbestimmungen zum Erlaß des Führers über die Bildung des deutschen Volkssturms", herausgegeben von Martin Bormann, dem Leiter der Parteikanzlei, bestimmten: "Die Gauleiter und Kreisleiter sind für die Führung, die Erfassung, den Aufbau und die Gliederung des deutschen Volkssturms verantwortlich."[10] Alle wehrfähigen 16-60jährigen Männer sind "ohne Berücksichtigung anderer ärztlicher Atteste durch einen vom Kreisleiter zu bestimmenden Arzt"[11] zu mustern und zu erfassen. Nur das erste Aufgebot sollte eine Kampftruppe sein. Zum zweiten Aufgebot gehörten diejenigen, "die in kriegswichtigen Betrieben [...] oder in anderen lebenswichtigen Funktionen in der Heimat tätig sind."[12] Bekleidung und Ausrüstung mußte jeder selbst mitbringen, letztere sei auf das Notwendigste zu beschränken (d.h. Rucksack, Decke, Kochgeschirr, Brotbeutel, Feldflasche, Trinkbecher und Essbesteck).[13]

Die Aufstellung des Volkssturms nahm in diesen letzten Kriegstagen auch in Detmold die meiste Zeit des Kreisleiters in Anspruch. Vornehmlich die Einberufung zum 1. oder 2. Aufgebot schaffte endlose Probleme, zumal die Bauern, die dringend auf ihren Feldern zur Frühjahrsbestellung gebraucht wurden, jede Menge Anträge auf Überführung in das 2. Aufgebot stellten. Dann mußten sie zwar zu den wöchentlichen Übungen, konnten aber zu Hause bleiben und brauchten nicht mit dem 1. Aufgebot zur Errichtung und zum Schutz neuer Befestigungsanlagen und der Verkehrswege auszurücken.[14]

Der Mangel an wehrfähigen Männern ging so weit, daß die Partei selbst die – wie es hieß – "Aufnahme der eindeutschungsfähigen Polen in den Deutschen Volkssturm"[15] versuchte. So bei den Firmen Gebr. Wilmsmeier, Kondor, Hahn & Co und Wrenger in Lemgo am 11.3.1945, allerdings ohne wesentlichen Erfolg trotz massiven Drucks: "Von den Anwesenden erklärten sich 14 zum Deutschtum und waren bereit, in den Volkssturm bzw. in die Wehrmacht einzutreten. Die übrigen 31 erklärten jeder einzeln, daß sie Polen seien und keine Deutschen und auch keine Deutschen werden wollten."[16]

Die Kompanieführer draußen standen bald vor einem völligen Chaos. Die dauernden Rückstufungen verringerten die Truppe derart, daß die gestellten Aufgaben nicht mehr erfüllt werden konnten. Der Bataillonsführer Hankemeier mahnt am 18.3., die Volkssturmkompanie "Lemgo" besser mit Kleidung auszustatten: "Vor allem mangelt es an Mänteln [...] Auch die Ausstattung mit Hosen, Mützen u.a. ist dürftig. Beispielsweise hat ein Mann der Kompanie nur eine Trainingshose ohne Unterhose."[17]

Diese wenigen Beispiele zeigen das Durcheinander und die Schwierigkeiten bei der Aufstellung des Volkssturms, die für den Einsatz nichts Effektives erwarten ließen, zumal wenn man neben der dürftigen Ausstattung noch die armselige Bewaffnung bedenkt.[18] Diese Truppe konnte wahrlich 'das Vaterland nicht mehr retten'!

Wie erlebte nun der Detmolder Bürger diese Zeit? Dr. Alfred Bergmann, Bibliotheksrat an der Lippischen Landesbibliothek, hat seinen zermürbenden, frustrierenden Alltag in jenen letzten Kriegstagen akribisch in seinem Tagebuch geschildert: Zunächst arbeitete man weiter, "als lebe man im tiefsten Frieden", gemäß der Parole: "Wir dürften uns das Gesetz des Handelns nicht vom Feinde vorschreiben lassen."[19] Dann wurden die Bestände der Bibliothek nach Grasleben ausgelagert. Möglich wurde dies, weil der Bibliotheksdirektor Dr. Wiegand, Parteimitglied schon in den 20er Jahren und Inhaber des goldenen Parteiabzeichens, über wichtige Verbindungen verfügte. 400 zu diesem Zwecke angefertigte feste Kisten und über 3000 Wellpapp Pakete, die Soldaten aus der Genesenen=Kompanie verpacken mußten, wurden per Holzgaslastzügen der Fa. Paul Lobeck, Detmold, nach Grasleben geschafft.[20]

> [...] Immer häufiger fiel der elektrische Strom aus und verkürzte die Arbeitszeit [...] Im Personal gab es Ausfälle; vorübergehende und dauernde. Die Sekretärin, deren patriotischer Sinn in der Erfüllung der kleinen Pflichten keine Genüge mehr fand, ließ sich zum Dienst beim Roten Kreuz berufen. Der Regierungssekretär gab nicht Ruhe, bis er seine militärische Verwendung erreicht hatte. Der Magazinverwalter wurde als Führer einer Kolonne weggeholt. Ich habe im Herbst fünf Wochen lang am Westwall geschippt, und während ich noch an den Folgen krank im Bette lag, erhielt Dr. Wiegand seine Einberufung zum Heere.[21]

Dienstag, den 2.1.1945, heißt es:

> Der Strom war schon viertel nach acht weggeblieben, so war man bei seiner Arbeit ohnehin lahmgelegt [...] Am späten Nachmittag, bis 8, im Luftschutzkeller wegen Fliegeralarm [...] Wie ich höre, ist Wesertal kaputt. Darum die Stromlosigkeit, die auch noch einige Zeit anhalten soll.[22]

Die ersten drei Monate des Jahres 1945 brachte Dr. Bergmann in dauerndem Kampf mit Stromausfall, Gasausfall und bei der Besorgung des täglich Notwendigen unter immer häufigerem Luftalarm zu. Dazu kamen die Schmerzen von Unterschenkelgeschwüren, die er sich beim Schippeinsatz am Westwall zugezogen hatte. Am Dienstag, dem 23.1.1945, schreibt er:

> Nachdem kürzlich die Eil= und Schnellzüge ausfallen, folgen die einschneidensten Einschränkungen des Postverkehrs, die sich denken lassen. [...] Wie soll auf die Dauer ein wirtschaftliches oder wissenschaftliches, ja selbst ein privates Leben noch weitergeführt werden? [...] Hört ein Kultur-

> staat nicht auf, einer zu sein, der sich auf einen so primitiven Stande des Lebens zurücksetzt? Bedeutet dies alles nicht schon einen Zusammenbruch? Dazu lese man dann in der heutigen 'Staatszeitung' den Kommentar zum Heeresbericht! Ist er nicht wie für kleine Kinder geschrieben?[23]

Am 31.3. lag Dr. Bergmann krank im Bett und wurde von Herrn Brand geweckt, der ihn zur Bibliothek holen wollte, weil "höchste Alarmbereitschaft"[24] sei. Er rief ihm im Weggehen noch zu: "Feindliche Panzerspitzen stehen bei Bielefeld, daß Sie's nur wissen!"[25] Gleichzeitig aber steht in der letzten Ausgabe der "Lippischen Staatszeitung" die weltferne, fast idyllisch klingende Mitteilung:

> Ab Montag, dem 9. April 1945, verlängert die Landesbibliothek ihre Montags= und Donnerstagsausleihe bis 19.30 Uhr, um ihren Lesern, insbesondere den Berufstätigen, die Benutzung der Buchausleihe noch mehr zu erleichtern, bezw. zu ermöglichen.

Vier Tage später sind die Amerikaner in der Stadt und hätten die Landesbibliothek fast beschlagnahmt und zur Kaserne gemacht.

II. Sturm auf die Stadt

Nun kurz zur militärischen Lage: Am 7.3.1945 war den Amerikanern die Ludendorff-Brücke über den Rhein bei Remagen unzerstört in die Hände gefallen, und sie bildeten hier einen starken rechtsrheinischen Brückenkopf, aus dem heraus sie auch in den hessischen Raum vorstießen. Am 28.3. fiel Marburg, am 29.3. Brilon. Der Sieg der deutschen Wehrmacht in der Panzerschlacht bei Geseke brachte keine Wende mehr. Am 31.3. vereinigten sich bei Lippstadt die von Süden durch das Sauerland vorstoßenden Amerikaner mit vom Niederrhein vordringenden alliierten Verbänden und schlossen 320.000 deutsche Soldaten unter dem Oberbefehl des Generalfeldmarschalls Model im Ruhrkessel ein. Am Abend des 3.4.1945 fiel Oerlinghausen nach einem blutigen Abwehrversuch, bei dem auf deutscher Seite 75 meist junge, nur notdürftig ausgebildete Soldaten des Panzergrenadierersatzbataillon 62 tot zurückblieben. Die Amerikaner rückten durch die Senne auf den Teutoburger Wald vor, brachen den tapferen, aber doch erfolglosen Widerstand an der Dörenschlucht in zweitägigem Kampf, der auf deutscher Seite 35 Soldaten den Tod brachte. Auch die hastig eingerichtete Verteidigungslinie an der Mordkuhle konnte die über Lopshorn nach Hiddesen vordringenden Amerikaner nicht aufhalten, die gleichzeitig auch über die Gauseköte bis nach Berlebeck vorrückten.

Wie erlebten nun die Detmolder damals diese Tage um Ostern 1945 vor und während der Besetzung der Stadt durch amerikanische Truppen? "Die Tage vor Ostern", schreibt der Kaufmann Alex Hofmann, damals wohnhaft in Detmold, Rosenstr. 4a, in seinem Rückblick "sollten mir die traurigsten und niederschmetterndsten Wahrnehmungen meines Lebens bringen. Durch die Hornsche Straße fluteten rückwärts die Flüchtlingstrecks, Tausende von Menschen mit Rucksäcken und beladenen Kinderwagen, Abertausende von russischen Gefangenen, die alle nach Brot schrieen. Vor Fliegerangriffen und Artilleriebeschuß hatten in meinem Hause ca. 30 Menschen Schutz gesucht und im Nebenhaus verbrachten etwa 40 Personen Tag und Nacht."[26] Etwas anders liest es sich im Tagebuch des Majors und Oberarbeitsführers a.D. Hans Meurer, wohnhaft in Detmold, Richthofenstr. 38:

> Dazu sah man in Detmold kaum irgendwelche Kampftruppen, die einen unmittelbar bevorstehenden Angriff und Zusammenstoß bei unserer Stadt wahrscheinlich machten. Wären auf sie am 24. und 28. März nicht zwei Fliegerangriffe erfolgt, die bereits sehr aufrüttelnd wirkten, so hätte die Stadt fast ihr gewohntes Bild ohne große Veränderung gezeigt. Selbst nach diesen beiden Angriffen ging alles seinen Gang weiter, und nur in den betroffenen Stadtteilen am Bahnhof und in der Nähe der Post war großer Aufräumungsbetrieb. Hier hatten die Bomben, die offenbar der Brücke am Bahnhof und diesem selbst galten, erheblichen Schaden angerichtet.[27]

So verschieden wurden diese letzten Kriegstage in Detmold erlebt, je nach Blickwinkel und Wohnlage.

Meurer berichtet auch über die letzten Stunden des Ortsgruppenleiters Detmold Ost, Oberstudiendirektor Betz, Leiter des Aufbaugymnasiums, bevor dieser sich erschoß:

> Betz finde ich in seiner Schule, wohin mich seine mehr als brave Frau gewiesen hat mit der Bitte, ihren Mann zum Essen nach Hause zu schicken. Er läßt sich dazu nicht bestimmen, weil er gerade beim Verpassen eines Volkssturmrockes ist. Er betreibt das Geschäft mit solchem Eifer, daß für die von mir gewünschte Auskunft kaum Zeit und Ruhe bleibt. Ich verabschiede mich von ihm, dem Todgeweihten, und ziehe wieder ab ohne zu wissen, was eigentlich los ist. Aber daß es brennt, ist mir noch klarer geworden als vorher![28]

Zwei Tage vor der Besetzung der Stadt heißt es bei Meurer:

> Am 2. Ostertag gegen 3 Uhr nachmittags nach dem Essen und sogar Mittagsschläfchen bummle ich durch den Garten hinter dem Haus und will durch die 'Twete' nach dem Gemüsegarten gehen. Plötzlich höre ich aus der Gegend der Dörenschlucht über Pivitsheide hinaus [...] sehr lebhafte und nah klingende Geschützabschüsse. Im nächsten Augenblick saust und kracht es über Detmold, und in der Gegend der Gewerbeschule fliegen mächtige Mörtel- und Staubwolken auf. Detmold liegt unter dem Artilleriefeuer des Feindes! Mit einem Schlag ist mir die Kriegslage klar. Der Feind versucht, nachdem er sich langsam herangearbeitet hat, über das Gebirge beiderseits des Hermannsdenkmals auf Detmold vorzudringen. Denn auch in Richtung auf den südlichen Pass an der alten Landstraße Detmold – Paderborn über die Gauseköte ist Schießen zu hören. Unsere Stadt liegt also unmittelbar hinter der Kampffront! Wenn erfolgreich Widerstand geleistet wird und der Kampf längere Zeit anhält, können wir – bereits im Feuerbereich der feindlichen Artillerie – mit allem rechnen![29]

Der Gedanke des eigenen Schutzes und der Versorgung der eigenen Familie beherrschte damals alle Menschen in Detmold: Man schaffte noch das Nötigste in den notdürftig als Luftschutzraum ausgestatteten Keller, Nahrungsmittel und ein paar Sitz- und Liegemöbel, damit man dort etwas ausruhen konnte, wenn die feindliche Artillerie und die Bombenflieger es gestatteten. Man lief in die Stadt und stand Schlange vor den Bäcker-, Fleischer- und Lebensmittelläden, um noch Nahrungsmittel zu ergattern. Das war recht schwierig. Bergmann erzählt:

> Es ist in der Stadt viel zerstört. Z.B. das Diekmann'sche Geschäft [auf der Hornschen Straße]. Bei Hartenauers [Ecke Leopold- und Exterstr.] ist die Wohnung kaputt. Brüggemanns [Bäcker auf der Langen Straße] hatten geschlossen, bei Rössings [Krumme Straße] war das Brot verschüttet und mußte erst ausgegraben werden.[30]

Aber wir erfahren auch von erstaunlich anderen Verhaltensweisen: So schreibt der aus Oppeln in Oberschlesien mit seiner Familie auf abenteuerliche Weise zu seiner Schwiegermutter nach Detmold geflüchtete Pastor und Oberstudiendirektor Adolf Rohlfing am 1.4. u.a. in sein Tagebuch: "Granateinschläge zu hören. Bielefeld angeblich besetzt. Ruhiger Vormittag. Briefe. Bücher, die ich in den letzten Tagen erstanden habe. Darunter Briefe von Ottilie von Goethe."[31] Dies ist aber kein Einzelfall: Frau Ursula Feind las am 2. Osterfeiertag 1945 Hölderlins *Hyperion*, wie ihr Tagebuch beweist.[32] Auf diese Weise suchten Menschen damals, Abstand zu dem Geschehen zu gewinnen, um sich ihr geistiges und menschliches Gleichgewicht zu erhalten.

Während die Amerikaner nach einem festen Plan vornehmlich die Straßenkreuzungen in der Stadt mit Artilleriefeuer belegten, offenbar, um Truppenbewegungen und den Nachschub zu unterbinden, gingen auch eine Reihe in der Nähe liegender Gebäude in Flammen auf. Andere wurden nicht durch Granaten zerstört, sondern ein Opfer der Bombenabwürfe. Nach Beendigung der Kampfhandlungen zählte man 36 völlig zerstörte Häuser, 11 schwer beschädigte, 36 mit mittleren Schäden. Über leichte Schäden liegen sehr unterschiedliche Angaben vor, da viele Hausbesitzer sie nicht meldeten, sondern ihre Häuser stillschweigend wieder instand setzten. In den Aufstellungen sind Beschädigungen öffentlicher Gebäude nicht enthalten.

Abb.1 Haus Wiesenstr. 14 (Dr. F. Rodewald)

Gas und Strom fielen ab 2.4. aus. Die Wasserversorgung brach ab 4.4. zusammen, weil bei einer Brückensprengung durch die deutsche Nachhut in Berlebeck die Wasserleitung mitgetroffen worden war.[33] Die deutschen Truppen befanden sich in vollem Rückzug. Wie groß die Verluste waren, läßt sich an einem Beispiel zeigen: Der Leiter des Detmolder Amtsgerichts, Dr. Bernhard Ebert, wohnhaft Allee 5, berichtet in seinem Tagebuch für den 2.4.:

Um 13 1/2 Uhr kam Fahnenjunker=Unteroffizier Rothert völlig erschöpft und bat, sich waschen zu dürfen. Von den 2.000 vor wenigen Tagen ausgerückten Fahnenjunkern, die hier zur Ausbildung lagen, hatten sich nur 60-80 gerettet; die anderen waren gefallen oder gefangen. R. war mit 4 Kameraden zu Fuß über Hamm – Beckum hierher gelangt, um sich zu stellen.[34]

Einen Einblick in die Hilflosigkeit des Volkssturms bietet das tragikomische Verhalten des Bataillonsführers des Aufgebots II Detmold Stadt, Oberst a.D. Wilhelm Lincke, Träger des Ordens Pour le mérite aus dem Ersten Weltkrieg: Am 3.4. forderte er noch die Verteidigung der Stadt "bis zum äußersten"[35], weil der Feind an der Dörenschlucht zurückgedrängt worden sei. Am 4.4. verabschiedete er sich von seiner Frau, die bei Verwandten im Keller vor den Bomben und Granaten Schutz gesucht hatte, mit dem Hinweis, "daß er selbst am Kampf wohl teilnehmen und dabei den Tod finden werde".[36] Seine Frau verstand dies, weil sie meinte, "daß ein solcher Tod die Vollendung u. Krönung seines soldatischen Lebens bilden werde."[37] Am 5.4. um 7 Uhr morgens holte er dann seine Frau ganz kleinlaut aus dem Keller wieder ab und berichtete, "daß der Widerstand vergeblich gewesen sei und daß er nach 'Auflösung' des Volkssturms als Zivilperson hier verbleibe."[38] Für ihn war eine Welt zusammengebrochen.

Schon am 4.4. hatte sich die Lage weiter zugespitzt. Die Amerikaner drangen nach Brechung des Widerstandes an der Dörenschlucht und an der Mordkuhle weiter nach Pivitsheide und Hiddesen vor. Detmold hatte die ganze Nacht unter Artilleriebeschuß gelegen. Gegen 7 Uhr morgens flaute das Feuer etwas ab. "Es kamen vom späten Vormittage an immer wieder Soldaten den Alten Postweg herunter, einzelne oder in kleinen Gruppen. Müde, abgekämpft, verstaubt, der eine hinkend, ein anderer verbunden und von einem Kameraden mit der Rote-Kreuz-Binde geführt."[39] Dr. Ebert berichtet, ebenfalls zum 4.4.:

Artilleriefeuer war vormittags hörbar; von Mittag an kamen immer mehr deutsche Militärfahrzeuge aus Richtung Berlebeck und Hiddesen zurück; auch verstärkte sich die Zahl der einzeln oder in kleinen Trupps zurückflutenden abgekämpft und erschöpft aussehenden deutschen Soldaten [...]. Dann [...] setzte ein starker Angriff von Tieffliegern ein, die auch zahlreiche Brandbomben und Kanister abwarfen. In nächster Nähe wurde das Geschäftshaus des Friseurs Hahn in der Langen Straße in Brand gesetzt. Das Haus brannte bis zum Abend völlig aus, desgl. das daneben liegende große Begemannsche Haus u. das Haus des Drogisten Danjes. Andere Brände waren in der Leopoldstraße, Langen Straße (Metzentin, Schuhhaus Grothe, Koopmann) und Kaserne II[40] (Richthofenstraße).

Der Leiter des Postamtes, Postrat Seehausen, schildert von seinem Standort aus die Situation in Detmold:

> Ein Blick in die verödeten Straßen überzeugte uns aber, daß unsere Soldaten in trauriger Verfassung und verschmutzten Uniformen noch überall zu sehen waren und hinter der Kirche und Hausecken versteckt die Anmarschstraßen des Feindes beobachteten. Nur mit Gewehren in der Hand! Schwere Abwehrwaffen waren nicht zu sehen und zu hören. Und das gegen die Panzer der Feinde! [...] Bald hier, bald dort, bald nah, bald fern schlugen die Geschosse ein und detonierten. Wir hatten das Gefühl, als ob auch Bomben auf die Stadt herniedergingen. Dazu zog auch ein Frühjahrsgewitter über uns hinweg. Es war ein Krachen ohne Ende und wir wußten nicht, was Donner oder Granaten waren. So erlebten die Detmolder das Tosen der Schlacht und manche verzagte Seele rechnete schon mit dem letzten Stündchen. Und das so kurz vor der 'Befreiung' durch den Feind. Aber das Gewitter war vielleicht unsere Rettung.[41]

Dr. Ebert nennt die genauen Einmarschrouten der Amerikaner:

> Bald nach Ende des Tieffliegerangriffs um 18 Uhr wurde Maschinengewehrfeuer vom Hiddeser Berge her hörbar. Die Feinde näherten sich also der Stadt. Um 19 Uhr drangen die Amerikaner durch die Bandelstraße, Hans Hinrichsstraße, Schillerstraße in die Stadt ein. Das Gewehrfeuer verstummte allmählich; die letzten SS Truppen verließen Detmold in Richtung Meiersfeld = Blomberg. Um etwa 19 1/2 Uhr sahen wir die ersten amerikanischen Panzer, die aus der Weinbergstraße kommend am Lippischen Hofe hielten. Bald darauf beobachteten wir, wie auf der Neustadt amerik. Soldaten in jedes Haus bis zu Kanne (Nr. 9) gingen und gleich darauf alle Einwohner das Haus verließen und sich zum Lipp. Hof begaben. Wir bereiteten uns auf die gleiche Maßnahme vor, wurden jedoch unbehelligt gelassen. Nach einer halben Stunde kehrten die Neustadtbewohner in ihre Häuser zurück. Damit war nun der Feind in der Stadt und jeder fühlte das Bedrükkende dieser Besetzung. Das Bewußtsein, daß der Krieg endgültig verloren ist und Deutschland einer unsagbar schweren Zukunft entgegengehen muß, drängte sich auf. Für den Augenblick brachte das Gefühl der Entspannung und des Endes der Luftgefahr für unsere Stadt eine gewisse Erleichterung.[42]

Heinrich Tölke, Hermannstr. 14, berichtet, und auch dies mag exemplarisch für die Ereignisse und Erlebnisse der 'Stunde Null' in Detmold sein:

> Der Einmarsch schien einen ruhigen Verlauf zu nehmen. [...] Als ich in meinem Zimmer war, hörte ich unten im Hause Scheiben klirren. Ich lief

> nach unten und sah, daß die Glasscheiben in der Haustür eingeschlagen waren. Weil die Haustür abgeschlossen war, wandten die draußen stehenden Soldaten Gewalt an, um ins Haus zu kommen. Ich schloß auf. Ein intelligent aussehender Soldat mit noch 2 Mann trat ein. Er fragte in gebrochenem Deutsch: 'Hier Soldaten im Haus?' Ich antwortete: 'Nein!' Inzwischen kamen meine Hausgenossen, alte und junge, mit erhobenen Händen aus dem Luftschutzkeller hervor. Als die amerik. Soldaten diese harmlose Gesellschaft sah(en), zogen sie friedlich wieder ab. [...] Als ich aus dem Fenster schaute, sah ich, daß das schwere Artillerie-Geschütz direkt neben meinem Hause in Feuerstellung gebracht worden war. Wehe, wenn noch deutsche Soldaten anwesend gewesen wären und dem Einmarsch der fremden Soldaten Widerstand geleistet hätten! Ohne den Widerstand wickelte sich alles zwar unheimlich, aber doch gnädig ab.[43]

Wer hatte nun den Amerikanern signalisiert, daß sich die Stadt ergeben wolle? Eine offizielle Übergabe durch autorisierte deutsche Stellen, Stadt- oder Kampfkommandanten, oder auch nur ziviler Vertreter der Stadt fand nicht statt. Weiße Tücher wurden offenbar an mehreren Stellen, z.B. aus dem Turm des Regierungsgebäudes und auf dem Rathaus gehißt. Was den amerikanischen Kommandanten letztlich zum Einmarsch bewegte, ist nicht mehr zu klären.[44]

Heinrich Tölke fügt seinem Bericht noch eine kleine Begebenheit hinzu, die ihn besonders beeindruckt zu haben scheint:

> Einem echten Neger, der im Hause N°23 Quartier bezogen hatte, schien der Kriegsdienst in Detmold besonders gut zu gefallen. Man sah ihn öfter im offenen Fenster sitzen, die Beine auf dem Fensterbrett liegend, einen Stahlhelm auf dem Kopfe, auf einer erwischten Gitarre tunkend und dazu fröhlich singend. Später erfuhr man, daß Negersoldaten in der Nähe des Bahnhofs Tauschgeschäfte mit Kaffee und Cigaretten machten und als Zahlung am liebsten die einst von Hitler gestifteten Mütterorden entgegennahmen und sich damit schmückten. So brachten die Negersoldaten ihren Frauen schöne Andenken aus Deutschland mit.[45]

Eine Begebenheit an diesem 4.4. möchte ich hier noch erwähnen: die Plünderung bei dem Lebensmittelhersteller Dr. Walter Balke in der Hornschen Straße 44. Balke selbst schildert es folgendermaßen:

> Am 4. April früh war es offenkundig, dass die Amerikaner in wenigen Stunden einrücken würden. Da entschloss ich mich, die Fertigware, die kontingentsmässig Eigentum der Wehrmacht war, aber geldlich mein Eigentum, an die Bevölkerung käuflich und an die vielen durchziehenden Soldaten unentgeltlich abzugeben. Bald stand der ganze Hof voller Menschen.

> Nach drei Stunden hörten wir bereits M-G-Salven vom Hiddeser Berg herüber. Es war Zeit für uns, zu unseren Familien und Wohnungen zu eilen. Mit Mühe gelang es, die Tür zum Hof zu schliessen. Kaum waren wir mit dem Rad abgefahren, als der Einbruch vollzogen sein muss. Augenzeugen sagten später aus, dass es SS-Männer waren, die das große Fenster erbrachen. Dann muß ein wildes Plündern begonnen haben. Denn als ich am nächsten Tage wieder in den Betrieb kam, war er unsagbar verwüstet.[46]

Es entstand ein Plünderungsschaden von 70.000,- Reichsmark. Durch Plakate wurden nach der Besetzung die Detmolder aufgefordert zu bezahlen. Balke berichtet weiter: "[...] in den nächsten Tagen meldeten Bürger aus allen Teilen der Stadt ihre 'Entnahme' und zahlten zusammen über 20.000,- RM".[47]

Emma Bergmann, die Frau von Dr. Bergmann, erfuhr am 5.4.1945, "daß das Magazin in Johannettental auch geöffnet oder geplündert worden ist und daß man bei Siekmann die Würste und Speckseiten armvoll hat wegtragen können."[48]

Die bisher zitierten Dokumente gestatten einen lebendigen Einblick in die Ereignisse und Erlebnisse bis zur 'Stunde Null' in Detmold. Es bleibt jetzt noch, die Situation unmittelbar nach dem Einmarsch der Amerikaner und den Beginn der eigentlichen Besatzungszeit zu schildern und der Frage nach Bruch oder Kontinuität nachzugehen.

III. Was nun?

Zunächst eine kurze Definition des Begriffs 'Stunde Null': Er bedeutet Ende und Neuanfang zugleich, wobei der Schwerpunkt auf dem Neuanfang liegt.

Wir sahen, daß weder die Wehrmacht, noch die Waffen-SS und schon gar nicht der Volkssturm den nach Detmold einrückenden Amerikanern Widerstand leisten konnten. Die nationalsozialistische Führung Detmolds verschwand kurz vor dem Einmarsch sang- und klanglos: Über das Schicksal des Gauleiters Dr. Alfred Meyer liegen sehr unterschiedliche und sich widersprechende Berichte vor: Der Schulrat Martin Wolf berichtet, der Gauleiter sei von fliehenden deutschen Soldaten erschossen und in die Weser geworfen worden. Ein geheimer Polizeibericht vom 29.5.1952 spricht von einer Leiche in Hess.-Oldendorf, die obduziert wurde, aber nicht einwandfrei als die des Gauleiters Meyer identifiziert werden konnte. Nach Peter Hüttenberger beging Meyer Selbstmord. Nach Heinz Wember war Meyer im Internierungslager Recklinghausen – laut einem

Interview mit Hans Heinecke. Nach Erklärungen eines Richard Scholz, Heiligenkirchen 125, soll Meyer Freimauerer gewesen sein. Die Engländer hätten deshalb die Festellungen über seinen Tod nur oberflächlich geführt.[49] Die Angelegenheit wird wohl nicht mehr zu klären sein.

Der Kreisleiter Wedderwille hatte seinen Posten verlassen, geriet unter nicht ganz geklärten Umständen als Volkssturmmann in amerikanische Gefangenschaft und wurde Anfang November 1945 nach Lemgo entlassen. Er wurde von der britischen Militärpolizei sofort wieder verhaftet, in das Landgerichtsgefängnis Detmold eingewiesen und nach wenigen Tagen in das Internierunglager Recklinghausen gebracht. Dort erkrankte er im Sommer 1946 schwer, wurde in das Internierunglazarett Vehlen verlegt und von dort am 27.9.1946 wegen Haftunfähigkeit entlassen. Er verstarb am 10.5.1947.[50]

In der Zeit vom 2. bis zum 4.4.1945, während der Bombardierung und Beschießung Detmolds, hat es sieben Tote gegeben. Aber nur ein einziger Selbstmord eines Detmolder Parteiführers als unmittelbare Konsequenz der unvermeidlichen politischen und militärischen Katastrophe ist mir bekannt: nämlich, wie schon oben erwähnt, der des Ortsgruppenleiters Betz, der sich – im Einverständnis mit seiner Frau, wie es heißt – vor Einnahme der Stadt durch die Amerikaner erschoß. Er hinterließ Frau und sechs Kinder.[51] Es liegen Informationen vor, daß weitere fünf Personen in Detmold am 4. und 5.4.1945 Selbstmord begangen haben.

Nach Einmarsch der Amerikaner versuchte sich Frau Meurer mit Schlaftabletten umzubringen, weil sie befürchtete – Zitat aus dem Bericht ihres Mannes – "der Feind werde sie wegen ihrer Tätigkeit in der Frauenschaft verfolgen und abführen." Außerdem litt sie entsetzlich unter, wie Meurer fortfährt, "unserem Zusammenbruch, der ja, das war gewiß, nur ein kleiner Vorläufer unseres allgemeinen völkischen Untergangs sein konnte." Sie konnte gerettet werden.

Die eigentliche Besetzung der Stadt forderte – meines Wissens – nur zwei Opfer. Die 83jährige Bertha von Basse im Hause Palaisstraße 39 wurde von amerikanischen Soldaten erschossen. Das geschah offensichtlich nicht von ungefähr, denn ihr 79jähriger Bruder, Oberst a.D. Adolf von Velsen, trat den feindlichen Soldaten mit dem Revolver in der Hand entgegen, und diese eröffneten daraufhin vom gegenüberliegenden Hause her das Feuer. Auch Herr Velsen wurde getroffen und erlag seinen Verletzungen am 16.4.1945 im damaligen Landeskrankenhaus in Detmold.[52] Dies scheint der einzige 'Widerstand' gewesen zu sein, der dem einrükkenden Feinde geleistet wurde. Bis zum 12.4.1945 erlagen noch drei weitere Personen ihren Verletzungen, die sie durch "Feindeinwirkung" erlitten hatten. Wann dies geschah, ist nicht mehr genau zu ermitteln (während der Beschießung und Bombardierung der Stadt; während der Besetzung oder der Ausgangssperre danach).

Politisch kann man zunächst von einer 'Stunde Null' im Sinne meiner Definition von Ende und Neuanfang sprechen. Nachdem die nationalsozialistischen Parteiführer ihre Posten verlassen hatten, richteten sich schon am 5.4. Offiziere der Besatzungsmacht im Regierungsgebäude und im Rathause in Detmold ein. Sie hatten "schwarze" und "weiße" Listen. Wer auf der schwarzen Liste stand, wurde verhaftet und in ein Internierungslager – die Detmolder zumeist nach Recklinghausen – gebracht; wessen Name auf der weißen Liste zu finden war, der wurde aufgefordert, ein Amt zu übernehmen. Die Amerikaner setzten den Fabrikanten Alex Hofmann als Bürgermeister[53] ein, dessen vordringlichste Aufgabe anfangs darin bestand, die Befehle der Besatzungsmacht auszuführen. Schon nach wenigen Tagen zogen sich die Amerikaner zurück, und die Briten übernahmen das Kommando. Der Vertreter der britischen Militärregierung in Detmold, Oberstleutnant Shepherd, ein schottischer 'Gentleman', fand in Heinrich Drake, dem 'alten' Landespräsidenten, nun auch den neuen, der sich aber zunächst recht bitten ließ und auch einige Forderungen stellte, die ihm zugestanden wurden. Im Rückblick schrieb Drake am 17.7.1956:

> Mir wurden bestimmte Rechte gegeben: Das Recht, die Amtsbezeichnung Landespräsident zu führen, die Landesregierung Lippe allein durch meine Person darzustellen, auf zuvorkommende Behandlung durch alle Dienststellen, das Recht auf unverzügliche Erledigung aller meiner Beschwerden bei allen militärischen Dienststellen bis zu den höchsten [...] Die alleinige Vertretung der Regierung durch mich – unter der Oberaufsicht der Regierung – wurde zugestanden, weil die Militärregierung dem ziemlich ausgeprägten Chaos zunächst hilflos gegenüberstand, und weil auf deutscher Seite von *einer* Stellung aus durchgegriffen werden mußte.[54]

Wir sehen hier – wie auch später in der Deutschlandpolitik bei Adenauer –, wie sich einzelne aus der Generation der Weimarer Politiker, wenn sie gerufen wurden, weder von der Besatzungsmacht als Büttel benutzen, noch umerziehen ließen, sondern ihren eigenen, traditionell autoritären Führungsstil fortsetzten, der im übrigen den britischen Offizieren, so weit er ihren Interessen diente, nicht unlieb war. So begannen, bevor ein politisches Chaos oder auch nur ein administratives Vakuum eingetreten war, die ersten Schritte einer deutschen Verwaltung; zunächst unter strenger Aufsicht der Briten, zur Sicherung und angemessenen Unterbringung ihrer Truppen; dann, mit wachsender Befugnis, bis hin zu den ersten freien Wahlen nach dem Krieg.

In den Amtsstuben in Detmold stellte man sich um. Letzte bzw. erste Amtshandlung: Entfernung der Hitlerbilder. Postrat Seehausen berichtet stolz über seine vorsorgliche Weitsicht: Er war im Keller. Oben liefen die Amerikaner herum. Sie waren durch die scheibenlosen Fenster eingestiegen.

> Was suchten sie dort? Geldbestände? Geheime Akten? Hitler-Bilder? Auch die waren nicht mehr da. Während der mageren Kriegsjahre tuschelte man ja, 'wann wird es wieder Butter geben? Wenn die Hitler-Bilder entrahmt werden.' Vorsorglich hatten wir am Charfreitag die 22 im Postamt vorhandenen Bilder aus dem Rahmen genommen und auch sonst alles verbrannt, was an die Partei erinnerte. Und das war gut so, denn in anderen Postgebäuden, wo das nicht geschehen war, haben die Amis alles zerschlagen. Das Glas der Bilder hat uns später die Instandsetzung der zerstörten Fensterscheiben wesentlich erleichtert.[55]

Die Mentalität, die sich in diesem Zitat ausdrückt, spricht für sich. Sie kann als typisch gelten für alle, die sich mit dem nationalsozialistischen Regime zwar arrangiert hatten, nun aber auch bereit waren, den neuen Herren zu dienen, ohne dabei in allzu große Gewissenskonflikte zu geraten, da sie sich keiner persönlichen Schuld bewußt waren. Sie dachten pragmatisch und nicht an eine kritische Aufarbeitung des Geschehenen. Ihre politische Wertwelt war national, bisweilen sogar etwas nationalistisch, aber nicht nationalsozialistisch orientiert. Sie bedauerten den Zusammenbruch des Vaterlandes, konnten sich jedoch umstellen, ohne daß ihre Welt zusammenbrach.

Die toten Zeichen der Vergangenheit ließen sich recht schnell beseitigen. Schwieriger war es bei vielen Bürgern jedoch mit der inneren Umstellung.

Wenn wir vorliegende Tagebuchberichte auf unsere Fragestellung hin untersuchen, stellen wir fest, daß die Menschen in Detmold sich des völligen, endgültigen Zusammenbruchs des nationalsozialistischen Systems bewußt waren. Wie sollte es auch anders sein; sahen sie doch die Besatzungstruppen der Alliierten in den Straßen täglich vor sich, lasen die Bekanntmachungen an jeder Anschlagsäule, die ihnen unmißverständlich klarmachten, wer von nun an die Herren im Lande waren; sie erfuhren ihre eigene Hilf- ja, Rechtlosigkeit gegenüber der Besatzungsmacht einerseits und den umherziehenden ehemaligen polnischen und russischen "Fremdarbeitern" und Gefangenen andererseits. Es ging auch an ihren eigenen kleinen Lebensraum, wenn das Haus binnen weniger Stunden für die Besatzungsmacht geräumt werden mußte und sie, unter Androhung drakonischer Strafen, kaum ein Möbelstück entfernen durften (das soll aber nicht heißen, daß sie es nicht doch immer wieder taten!); oder wenn "Plünderer, Mordbrenner oder feige Denunzianten"[56], wie z.B. umherziehende polnische "Fremdarbeiter" vielen damals erschienen, sie heimsuchten. Viele empfanden die Erniedrigung Deutschlands bitter. Jeder aber kämpfte zäh und trickreich ums Überleben und hatte wenig Zeit, sich Gedanken ums Grundsätzliche zu machen. Die meisten fragten weder nach der Schuld an diesem Kriege oder dem Unrecht, das Deutsche so vielen Nachbarvölkern angetan hatten, noch nach der bestmöglichen politischen Gestalt eines zukünftigen Gemeinwesens, in dem humane Gesetze gelten und auch der einzelne gestaltend mitwirken konnte. Bei keinem Tagebuchautor habe ich einen Gedanken an eigene Mitschuld gefunden. Das ist im nachhinein, besonders für die junge Generation, kaum verständlich, zeigt im übrigen aber die Schwierigkeit der Betroffenen, sich aus der bisherigen, vornehmlich national geprägten Denkweise zu lösen. Man fühlte sich befreit vom zermürbenden Bombenterror und überhaupt von den Leiden des Krieges. Man fand aber in der eigenen Not keine Zeit, noch war man bereit, sein eigenes Leid historisch richtig einzuordnen, da man sich dem bisherigen Feinde auf Gedeih und Verderb ausgeliefert fühlte und nun in anderer Weise um sein Leben kämpfen mußte. Hinzu kam bei vielen die Sorge und Ungewißheit um das Schicksal der Angehörigen, Väter und Männer, aber auch Kinder und Freunde, von denen man nichts mehr gehört hatte, seit der Gesichtskreis auf die unmittelbare Umgebung eingeengt war.

Durch die Besatzungsmacht wurden Unbelastete, einst von den Nationalsozialisten abgesetzte Personen, wieder in öffentliche Ämter eingesetzt. Diese 'Männer der ersten Stunde' wurden zu Trägern des Neuanfangs. Durch sie wurde aber zugleich auch Kontinuität gewahrt. Das beste Beispiel dafür ist wiederum Heinrich Drake. Er reagierte ganz pragmatisch auf die katastrophale Situation, wenn er am 27. April 1945 den berühmten Aufruf an seine Lipper erließ: "Steht nicht herum und bekakelt die Lage! Sie wird dadurch nur schlechter. Arbeitet! [...] Pflanzt Kartoffeln! Baut Gemüse! Pflegt die Obstbäume!"[57] Er wollte zunächst einmal heraus aus der Misere. Insoweit war das sicher ein Neuanfang; aber doch wohl nicht ganz bei 'Null', denn da waren die Lipper, die eben noch unter Wedderwille gedient hatten, mit ihren über den Krieg geretteten Habseligkeiten und ihrer aus ihrem bisherigen Leben entwickelten Denkweise. Zudem dachte und handelte auch Drake aus seiner Erfahrung in der Zeit vor 1933 und in der NS-Zeit. Mancher meinte gar, man könne einfach da wieder anfangen, wo man 1933 aufgehört hatte.

Zusammenfassend kann man sagen: Der 4.4.1945 war eine 'Stunde Null' in Detmold, ein totaler Zusammenbruch, aber eben auch ein Neubeginn; ein Neubeginn, der sich jedoch erst langsam und mühsam in den kommenden Jahrzehnten vollzog, der zunächst – trotz mancher andersgerichteten Einzelversuche – recht restaurativ wirkt. Es fehlte noch ein wirklich neues Konzept. In vielen Ämtern tauchten wieder dieselben Leute auf, die schon zu Hitlers Zeiten dort gewesen waren und die vom Althergebrachten retten wollten, was noch zu retten war. Wir müssen ihnen allerdings zubilligen, daß auch sie 1945 eine 'Stunde Null' in ihrem Leben, Denken und Tun erlebt haben, die sie schließlich zu Staatsbürgern unserer Demokratie hat werden lassen, die mitgearbeitet haben am Aufbau unseres Gemeinwesens zu dem, wie es heute geworden ist. Dabei ist sicher vieles, vielleicht allzu vieles, in alten, traditionellen Bahnen verlaufen. Man muß eben deutlich sagen, daß es eine 'Stunde Null' im eigentlichen Sinne in der Geschichte nie gibt. Dieser Begriff ist ein unscharfes, aber recht griffiges journalistisches Schlagwort und kein historischer Terminus. In allem geschichtlichen Wandel bleibt immer etwas Tradiertes erhalten. Die Probe aufs Exempel, ob wir 1945 die 'Stunde Null' zum Neuanfang wirklich genutzt haben, steht für unser Gemeinwesen noch aus.

Auch die 68er 'Kulturrevolution', die sicher im Zusammenhang mit der Entwicklung nach 1945 gesehen werden muß, hat nichts Grundlegendes geändert. Ihr revolutionärer Aufbruch ist weitgehend verebbt und die durch ihn verursachten Veränderungen sind weithin auch nur äußerlich geblieben, sozusagen vom 'Stresemann zur Jeanshose'.

Revolution, Umbruch, Veränderung, Wende sind zudem keine schlechthin positiven Begriffe. Wichtig ist, ob wir nach 1945 die dringenden Probleme der Zeit zu lösen versuchten und dazu klare politische und persönliche Wertmaßstäbe entwickelt haben. Wir müssen feststellen, daß eine Aufarbeitung der Probleme der Vergangenheit damals weitgehend unterblieb, und daher auch eine tiefgreifende Erneuerung im moralischen und politischen Denken kaum stattfand. Der Wiederaufbau trat vor den Neuaufbau. Die Demokratie wurde uns derzeit durch die Besatzungsmacht mit Hilfe einiger Weimarer Politiker in der Entnazifizierung und der Umerziehung wie eine Reparationsleistung auferlegt und sie drohte zunächst im Hunger der ersten Jahre zu ersticken. Erst das 'Wirtschaftswunder' hat sie uns allmählich schmackhaft gemacht. Wir leben heute sehr gut in ihr. Wir haben die materiellen Verluste des Krieges mehr als ersetzt. Wir sind eine reiche, DM-stolze, stark an amerikanische Wirtschafts- und Gesellschaftsstrukturen angelehnte Konsumgesellschaft geworden. Die Generation nach 1945 hat den Wiederaufbau der materiellen Basis mit Hilfe der amerikanischen Initialzündung durch den Marshallplan schließlich glänzend geschafft.

Doch der Nationalsozialismus hatte in zwölf Jahren Deutschland nicht nur materiell in einen Trümmerhaufen verwandelt, sondern auch ideell. Er hat z.B. die vaterländischen Werte, an die so viele positive Sekundärtugenden geknüpft waren, ad absurdum geführt und damit zerstört; und die humanen Werte der Demokratie haben wir noch nicht hinreichend verinnerlicht, wenn wir formalen Rechtsstaat und Wohlstand schon als vollständige Demokratie mißverstehen. Menschliche Gesellschaft kann bei der Gebrechlichkeit des Menschen selbst nie vollkommen sein; weder bei uns, noch in anderen Ländern. Aber gerade deshalb brauchen wir ein gemeinsames Ziel: das Ideal eines Gemeinwesens, in dem geistige, schöpferische Vielfalt herrscht. Wir sollten diesen 'Traum' im Sinne Martin Luther Kings nie aus den Augen verlieren; ihn vielmehr auf demokratischen Wegen und mit demokratischen Mitteln unter Beteiligung möglichst vieler zu verwirklichen suchen, um Bestehendes menschenwürdiger und zukunftsgerechter zu gestalten. Die Voraussetzung dafür ist aber der kompetente, engagierte – oder, wie es etwas abgegriffener heißt, der mündige Bürger. Die Konsumgesellschaft, die wir nach 1948 in Zähigkeit und Fleiß entwickelt haben, ist angenehm, aber sie allein reicht noch nicht für eine stabile, sich auch in Notzeiten bewährende Demokratie. Andere Staaten haben eine eigene, jahrhundertealte demokratische Tradition, wir noch nicht.

Detmold und die Detmolder haben im Rahmen der deutschen Gesamtentwicklung, trotz aller äußeren Erneuerungen der Stadt und trotz der inneren Neuorientierung und der Aufnahme von Tausenden von Neubürgern über 1945 hinaus ihre Besonderheit und somit auch Kontinuität bewahrt.

Die Eroberung Detmolds am 4.4.1945 durch amerikanische Soldaten war – so glaube ich abschließend feststellen zu können – Zusammenbruch und Neubeginn zugleich. Dies geschah allerdings nicht im luftleeren Raum, sondern als einschneidendes Ereignis im Verlauf eines historischen Prozesses, der nicht erst 1945, gleichsam aus dem Nichts heraus, begann, sondern der sich – auch das Erbe der davorliegenden Epochen mit sich führend – nach 1945 nur fortgesetzt hat, und in dem auch unsere heutige Zeit als Epoche ihren Platz finden wird. Wie sie zu beurteilen ist, hängt nicht nur vom Standpunkt kommender Generationen ab, sondern auch davon, was wir heute für sie aus ihr machen.

Anmerkungen

1. Die biographischen Daten Adolf Wedderwilles sind dem "Gesuch um eine gnadenweise Bewilligung einer laufenden Unterstützung nach meinem Mann, von 1933-1945 stellvertretender Staatsminister in Detmold", seiner Witwe, Frau Auguste Wedderwille vom 2. Mai 1970 an den Innenminister des Landes Nordrhein-Westfalen, Willi Weyer, und anderen persönlichen Unterlagen (z.B. Ausweisen) entnommen. StA DT. Vgl. D 70, Nr. 68.
2. Vgl. Hans Meurer, Die erste Aprilwoche 1945 in Detmold (Lippe). Detmold im Mai 1945. StA DT. D 71, 157, S. 2.
3. Zur Arbeit des Kreisleiters vgl. den Schriftverkehr der Kreisleitung der NSDAP in Detmold, z.B. StA DT. L 113, 1059 und 1069.
4. Vgl. Lippische Staatszeitung, Sammlung des Jahrgangs 1945, I, Lippische Landesbibliothek. Die Zitate sind datiert.
5. Wilhelm Gräfer, Bürgermeister von Lemgo, hatte noch am 15.1.1945 anläßlich der Gedenkfeier an die Lippewahl 1933 dem damaligen Reichsprotektor Dr. Frick öffentlich versichert, "daß die Heimat alles tue, um der kämpfenden Front den Rücken zu stärken, um so auf diese Weise zum Endsieg beizutragen." (Landesbibliothek Detmold, Lippische Staatszeitung vom 16.1.1945, I). Anfang April 1945 versuchte er, Lemgo kampflos den anrückenden amerikanischen Trupen zu übergeben. Er wurde vor ein Kriegsgericht gestellt, zum Tode verurteilt und noch vor Eintreffen der Amerikaner auf grausame Weise hingerichtet.
6. Lippische Staatszeitung vom 9.2.1945.
7. Unterlagen der Kreisleitung der NSDAP in Detmold, StA DT. L 113, 522, S. 92, 95.
8. Gauamtsleiter Steinecke, Brief vom 1.11.1944 an Gaustabsleiter, Wochenkurzbericht, StA DT. L 113, 1072, S. 38f.
9. Unterlagen der Kreisleitung der NSDAP in Detmold, Brief des K.-Ortsgruppenleiters Gelbrink aus Augustdorf vom 16.2.1945, StA DT. L 113, 1069, S. 243, 245.
10. Martin Bormann, Reichsleiter, Parteikanzlei, Schreiben an alle Gauleiter und Kreisleiter vom 15.10.1944, StA DT. L 113, 1023, S. 5.
11. S. Bormann, S. 5.
12. S. Bormann, S. 6.
13. S. Bormann, S. 7.
14. S. Bormann, S. 6; vgl. auch die zahlreichen Bittgesuche um Neueinstufung nach Aufgebot 2. in den Unterlagen der Kreisleitung in Detmold; StA DT. L 113, 1069.

15. Ortsgruppe der NSDAP Lemgo-West, Schreiben vom 14.3.1945 an die Kreisleitung in Detmold, StA DT. L 113, 1023, S. 28.
16. Ortsgruppe Lemgo-West.
17. Hankemeier, Bataillonsführer, Schreiben vom 28.3.1945 über die Ausstattung der Volkssturmkompanie "Lemgo" an den Kreisleiter in Detmold, StA DT. L 113, 1069, S. 203.
18. Keller, Kompanieführer, Schreiben vom 23.3.1945 an den Kreisleiter in Detmold, StA DT. L 113, 1069, S. 173.
19. Dr. Alfred Bergmann, Die Lippische Landesbibliothek im Jahre 1945. Eine Chronik. Hiddesen im September 1961 (Nach Tagebuchaufzeichnungen). StA DT. D 71, 157, S. 3.
20. Bergmann, S. 5.
21. Bergmann, S. 7.
22. Bergmann, S. 8.
23. Bergmann, S. 9.
24. Bergmann, S. 16. Welcher 'Herr Brand' hier gemeint ist, läßt sich nicht mehr mit Sicherheit ermitteln. Ich vermute, daß es sich um Heinrich Brand, einen Nachbarn von Dr. Bergmann, wohnhaft Alter Postweg 34, handelt. Heinrich Brand wurde später von der britischen Besatzungsmacht in Recklinghausen interniert.
25. Bergmann, S. 16.
26. Alex Hofmann, Erinnerungen des Fabrikanten A. Hofmann, Detmold, an seine Zeit als Bürgermeister (ab April 1945), niedergeschrieben i. J. 1950. StA DT. D 71, 157, S. 1.
27. Meurer, (Anm. 2), S. 1.
28. Meurer, (Anm. 2), S. 6.
29. Meurer, (Anm. 2), S. 9.
30. Bergmann, (Anm. 19), S. 19.
31. Adolf Rohlfing, Tagebucheintragung vom 1.4.1945, (Ostersonntag), Privatbesitz (Frau Irmgard Rohlfing).
32. Ursula Feind, Tagebuch, Privatbesitz.
33. Vgl. Schadensstatistiken der Stadt und des Kreises Detmold.
34. Bernhard Ebert, Die Detmolder Kriegstage 1945, S. 4, Privatbesitz (Frau Hedwig Eisenhardt).
35. Ebert, S. 6f.
36. Ebert, S. 8.
37. Ebert, S. 8f.
38. Ebert, S. 11.
39. Bergmann, (Anm. 19), S. 21.
40. Ebert, S. 9f.
41. Walther Seehausen, Aufzeichnungen, StA DT. D71, 157, S. 14, 16.
42. Ebert, S. 10f..
43. H. Tölke, Schilderung des Einmarsches amerikanischer Truppen in Detmold am 5. April 1945; StA DT. D 71, 157, S. 1, 2, 3.

44. Vgl. Martin Wolf, autobiographische Aufzeichnungen, 1966/67, Privatbesitz. In: Volker Wehrmann, Zusammenbruch und Wiederaufbau. Detmold, 1987, S. 61. Ferner Zeitzeugenaussagen, daß der Standesbeamte Röhler und Dr. Weber auf dem Rathause eine weiße Fahne gehißt hätten sowie der Bericht von Seehausen über eine Bemerkung des amerikanischen Kommandanten (in der Nähe des Kohlpotts) zu einem Angestellten der Post; vgl. Seehausen (Anm. 41), S. 16.
45. Tölke, (Anm. 43), S. 3.
46. "Bericht eines Detmolder Lebensmittelherstellers über die ereignisreichen Tage vom 2. bis 7. April 1945" (Balke-Bericht); Anhang zu Hofmann (Anm. 26).
47. Hofmann, Balke-Bericht.
48. Bergmann (Anm. 19), S. 22.
49. Vgl. Heiner Wember, Umerziehung im Lager, Klartext Verlag, Essen 1992, 2. Aufl., S. 65, dazu Fußnote 185. Andererseits: Wolf (Anm. 44), in Wehrmann (Anm. 44), S. 62. Ferner der geheime Polizeibericht vom 29.5.1952, StA DT. D 1, Nr. 25559.
50. s. Anm. 1.
51. Meurer, (Anm. 2), S. 36f.
52. Adolf Rohlfing (Anm. 31), Tagebucheintragung vom 5.4.1945; ferner Eintragungen im Sterberegister 1945 des Standesamtes Detmold unter den Nummern 278 (Frau Bertha v. Basse) und 329 (Herr Adolf v. Velsen).
53. Hofmann (Anm. 26), S. 2.
54. Heinrich Drake am 17. Juli 1956 im Rückblick auf die Regierungstätigkeit im Jahre 1945; zitiert nach Volker Wehrmann, Heinrich Drake, Detmold, 1981.
55. Seehausen (Anm. 41), S. 18.
56. Fritz Geise, Auszug aus dem Tagebuch von Schulrat a.D. Geise, Lage. Eintragung zum 9.4.1945: "Unter allen Fremdvölkern, die man ins Land geholt hat, erweisen sich die Polen durch ihre Rachsucht und Bosheit am gefährlichsten. Selbst da, wo sie eine menschenfreundliche Behandlung erfahren haben, erscheinen sie jetzt als Plünderer, Mordbrenner und feige Denunzianten." StA DT. D71, 157. Vgl. auch andere Berichte aus dieser Zeit zu diesem Punkte.
57. Drake, Aufruf vom 27. April 1945, D 72, Nachlaß Drake, zitiert nach Wehrmann, Heinrich Drake, S. 257.

Diether Kuhlmann

Alter Stamm und neue Köpfe im Detmolder Rathaus

Die Kommunalpolitik im Detmolder Rathaus vollzog sich nach dem Kriegsende in drei Etappen: der "ratlosen" Zeit vom April 1945 bis zum Januar 1946, der Zeit des ernannten Rates vom Januar 1946 bis zum September 1946 und schließlich dem Wirken des ersten frei gewählten Rates nach dem September 1946.

Kämpfe auf deutschem Boden

Mitte September 1944 erobern US-Einheiten den kleinen Ort Wallendorf, etwa 10 Kilometer nordwestlich des luxemburgischen Echternach gelegen, überqueren das Flüßchen Sauer und setzen sich an dessen Nordufer fest. Damit hat der Krieg nun auch im Westen deutschen Boden erreicht.

Der Oberste Befehlshaber der alliierten Streitkräfte, der US-General Eisenhower, erläßt daraufhin seine "Proklamation Nr. I An das deutsche Volk" und erklärt darin:

> Die alliierten Streitkräfte, die unter meinem Oberbefehl stehen, haben jetzt deutschen Boden betreten. Wir kommen als ein siegreiches Heer, jedoch nicht als Unterdrücker. [...] In dem deutschen Gebiet, das von Streitkräften unter meinem Oberbefehl besetzt ist, werden wir den Nationalsozialismus und den deutschen Militarismus vernichten.[1]

Mit dieser Proklamation hat Eisenhower nicht nur die Kriegsziele der Alliierten definiert, sondern zugleich die Maxime alliierter Besatzungspolitik – zumindest für die westlichen Besatzungszonen – formuliert: Sieger ja, Unterdrücker nein.

Die ersten Tage im besetzten Detmold

Nach Kämpfen in Berlebeck, Fromhausen, Heiligenkirchen und Hiddesen, in der Mordkuhle und in der Dörenschlucht besetzen in den Nachmittagsstunden des 4. April 1945 – es ist der Mittwoch nach Ostern – Einheiten der 30. US-Division kampflos Detmold.[2]

Am Morgen danach erhält der Fabrikant Alex Hofmann (Firma Klingenberg G.m.b.H.) die Mitteilung, im Rathaus würden "Off-limits"-Plakate ausgegeben, mit deren Hilfe die wiederholten "Besuche" alliierter Soldaten in seinem Betrieb künftig verhindert werden könnten.

Alex Hofmann begibt sich ins Detmolder Rathaus. Im Bürgermeisterzimmer trifft er etwa 25 Personen an. Ein Amerikaner brüllt ihn an "Get off!". Daraufhin verläßt er den Raum, Rechtsanwalt Schnitger und Dr. Nacke folgen ihm auf den Flur.

Dort bestürmen sie ihn, sich für das Amt des Bürgermeisters zur Verfügung zu stellen; schließlich spreche er Englisch und verstehe es, mit Menschen umzugehen.

"Auf die Gefahr, daß sonst die Kommunisten ans Ruder kommen könnten, machten sie besonders aufmerksam" – erinnert er sich später.

Dann stellt man ihn dem US-Kommandeur vor, der ihn mit Handschlag verpflichtet. Als äußeres Zeichen seiner Würde erhält er eine Armbinde mit der Aufschrift "Bürgermeister" und dem – falschen – Datum "5.3.1945".[3]

Die "ratlose" Zeit im Rathaus

Bereits am 11.4.1945 ordnet der neue Bürgermeister an: "Alle Beamten und Angestellten (der Stadtverwaltung) haben ihre Arbeit in dem bisherigen Umfange sofort wieder aufzunehmen."[4]

Und der Beginn der Kommunalpolitik vollzieht sich auch im Detmolder Rathaus schlicht und einfach: Die Besatzungsmacht ordnet an ("Bittet zu veranlassen", heißt es höflich in der Übersetzung) und der Bürgermeister sorgt für die Befolgung dieser 'Bitten'.

Am 12.4.1945 etwa bittet der "Supreme Military Commander of Detmold" folgendes zu veranlassen:

1. Drei Laufjungen-Boten für diese Behörde zu bestellen,
2. Zwei deutsche Frauen als Aufwartefrauen für die Bereinigung der Räume dieser Behörde zu bestellen [...],
3. Einen Mann zu schicken, der ein Glockensignalsystem in der Behörde einzurichten hat,
4. Zwei Fahrräder für die Bedürfnisse dieser Behörde zu bestellen,
5. Zwei Wandtafeln [...] zur Anheftung von Bekanntmachungen [...] zu bestellen.[5]

An den

Herrn Bürgermeister in DETMOLD

Sie werden gebeten folgendes zu veranlassen:

1. Drei Laufjungen-Boten für dise Behörde zu bestellen, di
auch bei Capt Richards-Everett am Montag den 15 April sich zu
haben.

2. Zwei deutsche Frauen als Aufwartefraun für die Bereini
der Räume dieser Behörde zu bestellen. Ihre Arbeits zeit is
täglich von 19,30 bis 20,30 Uhr, jedoch mittwochs und freitags
18.30 bis 21 Uhr, da an diesen Tagen das Waschen der Räume vorzu
ist. Diese Frauen haben sich Montag 15 April in dieser Behö
bei Caporal Rylands zu melden. Sie müssen Behsen mitnehmen.

3. Einen Mann zu schicken der ein Glockensignalsystem in
der Behörde einzurichten hat. Er hat sich Montag den 15 Apr
um 9 Uhr bei Capt Richards-Everett zu melden.

4. Zwei Fahrräder für die Bedürfnüsse dieser Behörde zu
stellen und dieselben Montag den 15 April Caporal Rylands zu
übergeben.

5. Zwei Wandtäflen, Grösse 1 zu 1/2 mtr. zur Anheftung vo
Bekanntmachungen bis Dienstag den 16 April zu stellen und
Capt Richards-Everett zu übergeben.

DETMOLD

Den 12 April 1945.

SUPREME MILITARY COMMANDER OF
DETMOLD.

Abb.1 Eine Anweisung des "Supreme Military Commander of Detmold" an den Detmolder Bürgermeister.

Alex Hofmann sah seine dringendsten Aufgaben darin, eine zivile Polizei aufzustellen (Schutz- und Kriminalpolizei waren bis 1946 städtische Aufgaben), eine Unmenge von Bekanntmachungen öffentlich anschlagen und die Straßen von Schutt und Schmutz reinigen zu lassen.

"Die Besatzungsmacht verfügte Tag und Nacht über mich", erinnert er sich später und fügt dann – bewundernd fast – hinzu: "Meine weitere Tätigkeit für die Engländer bestand in der Beschaffung von allem Möglichen, von der ganzen Messeeinrichtung bis zum Stempelkissen."[6]

Detmolds Bürgermeister mußte die neuen Sperrstunden bekanntmachen, sorgte dafür, daß die Müllabfuhr ihre regelmäßige Tätigkeit wieder aufnahm, und mußte schließlich den Betroffenen verkünden, daß sich Detmolds "Besatzungszone" zwischen Allee und Hans-Hinrichs-Straße, zwischen Weinbergstraße und der südlichen Stadtgrenze errstrecke: "Die Beschlagnahme aller Häuser in der Besatzungszone wird mit sofortiger Wirkung ausgesprochen."[7]

Daraufhin wurden noch im Jahre 1945 insgesamt 90 Wohnhäuser sowie 16 Gaststätten und Hotels beschlagnahmt.[8]

Betrachtet man einmal die Verwaltungsstrukturen jener Zeit nur äußerlich, läßt Inhalte, Absichten und Ziele beseite, wird man feststellen, daß sich diese Strukturen äußerlich in nichts von denen der NS-Zeit unterscheiden: Weisungen kommen von oben, werden befolgt oder nach ganz unten weitergeleitet.

Trotzdem beschränkt man sich im Rathaus nicht darauf, die zahllosen Mängel nur zu verwalten; immer wieder rafft man sich dazu auf, dem Mangel zu begegnen, ihn wenigstens zu mildern.

Bereits am 11.7.1945 funktioniert die Gasversorgung in einigen Stadtteilen wieder[9], allein 15 städtische Wohnungsermittler durchkämmen die Stadt[10], wenigstens die Grundschulen können am 14.8.1945 den Unterricht wieder beginnen[11], und im September 1945 fährt die Straßenbahn wieder bis Pivitsheide.[12]

Der Winter macht den Mangel an Heizmaterial schmerzlich spürbar, darum fordert der Bürgermeister auf: "Freiwillige vor! Hilfe beim Holzeinschlag ist Ehrenpflicht!"; danach kann die städtische Holzstelle am 12.12.1945 jedem Haushalt für zehn Tage zwei Zentner Brennholz zur Verfügung stellen.[13]

Doch dieser Winter 1945/46 ist außergewöhnlich streng, und so muß der Bürgermeister schließlich am 14.1.1946 zum äußersten Mittel greifen: Er verpflichtet alle gesunden Männer von 16 bis 50 Jahren als Hilfsarbeiter für die Holzversorgung der Stadt. Jeder von ihnen muß vier Raum-

Abb.2 Alex Hofmann (1879-1959)
Detmolds erster Nachkriegsbürgermeister (5.4. bis 14.6.1945)

meter in vier Tagen schlagen und darf zwei Raummeter davon für den eigenen Bedarf behalten.[14]

Das Erstaunlichste aber an diesen ersten neun Monaten der Nachkriegszeit in Detmold ist die Tatsache, daß sich scheinbar unbeeindruckt von Not und Elend ein vielgestaltiges, reichhaltiges kulturelles Leben in der Stadt entwickelt. Das ist sicher nicht zuletzt Verdienst jenes Mannes, der am 15.6.1945 von der Besatzungsmacht zum Detmolder Bürgermeister ernannt worden war und der damit Alex Hofmann in diesem Amt ablöste: Dr. Richard Moes.

Dr. Moes wurde 1887 in Breslau geboren und war von 1925 bis 1937 Bürgermeister der westfälischen Stadt Bünde. Seine Wiederwahl 1937 wurde von den Nationalsozialisten wegen "politischer Unzuverlässigkeit" verhindert.[15]

Bereits im September 1945 führt der Theaterring Detmold-Herford-Minden Shakespeares "Sommernachtstraum" am Mindener Glacis, auf dem alten Rathausplatz in Herford und im Detmolder Palaisgarten auf.[16]

Im Oktober 1945 unternimmt Dr. Moes erste Schritte, die später zur Gründung der Nordwestdeutschen Musikakademie in Detmold führten.[17]

Zur gleichen Zeit faßt er die Gründung einer "Städtischen Musikvereinigung" mit Oratorium, Männerchor, Jugendchor, Orchester- und Kammermusikvereinigung ins Auge[18], ist an der Gründung des "Lippischen Theatervereins" beteiligt (dessen Vorsitzender er neben Oberschulrat Dr. Kühn wird)[19], wirkt mit bei der Bildung des "Detmolder Kulturbundes" (auch hier wird er Vorsitzender)[20] und fördert eine Vortragsveranstaltung mit der lettischen Schriftstellerin Zenta Maurina.[21]

Im November 1945 – die Kriegshandlungen in und um Detmold liegen eben erst sieben Monate zurück – wird auf Anregung von Dr. Moes ein "Städtisches Orchester" gegründet[22], das bereits Ende Dezember 1945 das "Erste Detmolder Symphoniekonzert" veranstaltet, in dem unter Kapellmeister Erich Mewes der von Köln nach Detmold evakuierte Cellist Hans Münch-Holland als Solist auftritt.[23]

Am 9.12.1945 wird im Landesmuseum (damals im Palais untergebracht) die "Erste lippische Kunstausstellung" eröffnet, in der 90 Werke von 20 Künstlern zu sehen sind.[24] Und am 29.5.1946 nimmt schließlich das "Volksbildungswerk für Detmold und Umgebung" seine Tätigkeit auf, die Urzelle der Detmolder Volkshochschule.[25]

Abb.3 Dr. Richard Moes (1887-1968)
Bürgermeister von Detmold (15.6.1945 - 7.2.1946 und 24.3.1949 - 20.11.1952), Stadtdirektor (7.2. - 14.9.1946)

"Stadträte und Beiräte" werden ernannt

Im Herbst 1945 ordnet die Militärregierung die Bildung von Gemeinderäten an, zu denen in Gemeinden mit der Einwohnerzahl Detmolds fünf Mitglieder gehören, die vom Bürgermeister berufen werden.[26]

Am 19.9.1945 tritt dieser "Rat" zu seiner ersten Sitzung unter dem Vorsitz von Bürgermeister Dr. Moes zusammen.[27] Am 9.11.1945 sprechen diese "Stadträte und Beiräte" dem ehemaligen Reichsstatthalter Dr. Meyer und Hitlers ehemaligem Adjutanten Brückner das ihnen 1936 verliehene Ehrenbürgerrecht der Stadt Detmold ab.[28] (Dr. Meyer war 1945 in den Wirren der letzten Kämpfe ums Leben gekommen, Brückner starb 1954.)

Auf Vorschlag des Bürgermeisters ernennt die Militärregierung einen 30köpfigen Rat, dem auch drei Frauen angehören. Seine Zusammensetzung ist offenbar unter parteipolitischen wie ständischen Gesichtspunkten erfolgt: Ihm gehören Fabrikanten, Handwerksmeister, Angestellte und Arbeiter an, CDU, SPD und KPD sind in ihm vertreten.

Am 24.1.1946 tritt dieser ernannte Rat zu seiner ersten Sitzung zusammen. Außer Landrat Mellies und Oberkreisdirektor Neuse nimmt auch der Vertreter der Militärbehörde 823 Detmold, der britische Major Major, daran teil.

Ihm widmet Bürgermeister Dr. Moes eine besondere Begrüßung: Der Vertreter der Militärbehörde beabsichtige offenbar, im Detmolder Rathaus den Taktstock zu schwingen. Man bitte ihn, das möglichst zurückhaltend zu tun.[29]

Neun Mitglieder dieses ernannten Rates werden dann auch im ersten frei gewählten Rat sitzen, darunter die Fraktionsvorsitzenden von CDU und SPD. (Zwei Mitglieder dieses ernannten Rates leben noch heute unter uns: Martha Hausmann und Heinz Henne)

Am 7.2.1946 wählt der Rat den Lehrer Wilhelm Sünkel zum Bürgermeister und ernennt Dr. Richard Moes zum Stadtdirektor.[30]

Der Rat verabschiedet die "Verfassung der Landeshauptstadt Detmold". In ihr heißt es u.a.: "Die Stadt hat die Aufgabe, das Wohl der Einwohner zu fördern und sie zu fruchtbarer Arbeit in und an der Gemeinschaft des Volkes zu erziehen."[31]

Und nach der Feststellung, die Stadt habe ihre Selbstverwaltungsaufgaben selbständig in eigener Verantwortung zu erfüllen und die ihr durch

Gesetz auferlegten Pflichtaufgaben dazu, heißt es unmißverständlich: "Sie ist außerdem an die Weisungen der Militärregierung gebunden."

Damit ist in der Entwicklung der Detmolder "Stadtregierung" ein Zwischenstadium erreicht: Ein bürgerschaftliches Organ bestimmt mit im Rathaus, aber es verdankt Existenz und Zusammensetzung ausschließlich dem Willen der Besatzungsmacht.

Widerstand gegen Hausbeschlagnahmen

In den Protokollen von Rat und Ausschüssen jener Zeit kann man heute nachlesen, mit welchen Problemen sich die Männer und Frauen im Detmolder Rathaus damals herumschlagen mußten.

Da waren zunächst die drückenden Alltagssorgen der Bürger. Die nach Kriegsende häufigen Raubüberfälle gehörten anfangs dazu (so wurden im Januar 1946 bei einem Raubüberfall in Pivitsheide drei Personen ermordet)[32], vor allem aber die Versorgung mit dem Allernotwendigsten an Nahrung, Heizung und Kleidung. Die Unterbringung der zahlreichen Evakuierten aus dem Westen und der nicht abreißende Strom von Flüchtlingen aus dem Osten hatten zu einer empfindlichen Wohnungsnot geführt. Naturkatastrophen verschlimmerten die Notlage, so ein Hochwasser im Februar 1946[33] und ein Kälteeinbruch im Januar 1947.[34]

Auf Antrag der SPD-Fraktion tritt der ernannte Rat am 7.8.1946 zu einer Sondersitzung zusammen. Einziger Punkt der Tagesordnung: "Stellungnahme zu weiteren Beschlagnahmen von Wohnungen durch die Britische Militärregierung".[35]

In der fast dreistündigen Sitzung wird nicht nur die Tatsache der Beschlagnahmen beklagt, sondern vor allem auch an unverständlichen Maßnahmen Kritik geübt: Seit Monaten stünden 29 beschlagnahmte Wohnhäuser leer, andere seien nur schwach belegt. So wohnten im Hause "Fuchsbau" mit seinen 21 Zimmern nur 6 Personen.

Verbittert sagt der Sprecher der Sozialdemokraten, Walter Bröker:

> Wir haben durch die Terrorzeit der Nazis unsere politische Überzeugung hochgehalten. Wir haben es schon vor 1933 als unsere große Aufgabe angesehen, die Not des Volkes zu lindern. Wir können deshalb jetzt nicht unseren guten Namen in einer aussichtslosen Sache verlieren!

Das Protokoll der Sitzung und der Wortlaut der dort gehaltenen Reden werden ins Englische übersetzt und der Militärregierung vorgelegt. Und diese reagiert.

Am 29.8.1946 erscheint vor dem Detmolder Rat der britische Captain Whitley und hält eine Rede. Er weist die Kritik an der britischen Politik der Familienzusammenführung in Deutschland als unzulässig zurück, erklärt jede "zersetzende Kritik" überhaupt für nicht erlaubt und ermuntert zu "fördernder Kritik". Gleichzeitig kündigt er die Bildung eines britisch-deutschen Komitees zur Prüfung der Detmolder Situation an, wiegelt aber auch sofort wieder ab: "Ich möchte Sie warnen, von diesem Komitee zuviel zu erwarten!"[36]

Selbstverständlich wurden weitere Wohnhäuser, Hotels und Gaststätten beschlagnahmt:

Am 31.12.1946 waren es 137 Wohnhäuser, 18 Hotels und Gaststätten; am 31.12.1947 waren es 129 Wohnhäuser, 14 Hotels und Gaststätten.[37] (Es muß hier darauf aufmerksam gemacht werden, daß die letzten Beschlagnahmen erst 1957 aufgehoben wurden: für die Betroffenen wahrlich eine lange Besatzungszeit.)

Weichen für die Zukunft werden gestellt

Doch trotz dieser drückenden Sorgen vernachlässigte auch der ernannte Rat nicht den Blick nach vorn: Stadtentwicklung und die Pflege und Erweiterung des kulturellen Angebotes standen ständig auf der Tagesordnung.

Als Beispiel für eine weitsichtig betriebene Stadtentwicklungspolitik sei hier auf die Lösung des Problems der notwendigen Erweiterung des städtischen Friedhofes an der Meiersfelder (heute: Blomberger) Straße hingewiesen.

Bereits in seiner Sitzung vom 24.6.1946 beschließt der ernannte Rat, keine weitere Ausdehnung des Friedhofgeländes an der Meiersfelder Straße zuzulassen und stattdessen das (von der Verwaltung vorgeschlagene) "Projekt am Plantagenweg" zu verfolgen.[38]

Dennoch muß der Hauptausschuß am 28.11.1946 einer Teilerweiterung des Friedhofs an der Meiersfelder Straße zustimmen und dafür 20.000 RM zur Verfügung stellen; er fügt diesem ersten Beschluß einen zweiten an:

> Inzwischen sind die Verhandlungen wegen Anlegung eines Friedhofes auf dem Kupferberg in Heidenoldendorf mit Herrn Merkel sofort wieder aufzunehmen. Das neue Projekt ist nunmehr mit größter Beschleunigung zu bearbeiten.[39]

Doch die Kaufverhandlungen erweisen sich als langwierig. Am 15.4.1948 berichtet der Stadtdirektor darüber und wird vom Rat angewiesen, die Verhandlungen fortzusetzen und gleichzeitig geologische und hydrologische Gutachten einzuholen.[40]

Erst im Jahre 1954 können die Kaufverhandlungen erfolgreich abgeschlossen werden.

Der neue Waldfriedhof Kupferberg der Stadt Detmold wird schließlich am 11.11.1956, dem Totensonntag, feierlich eingeweiht, die erste Bestattung dort findet am 14.11.1956 statt.[41]

Abb.4 Erste Bestattung auf dem eben eingeweihten Waldfriedhof Kupferberg am 14.11.1956 (bestattet wird Schulrat a.D. August Haase).

Auch auf anderen Gebieten bemüht sich der ernannte Rat, Weichen für die Zukunft zu stellen.

So lobt die "Westfalen-Zeitung" am 19.7.1946 eine "zielstrebige Industriewerbung" der Stadt und zählt die Industrieansiedlungen der letzten Zeit auf: eine Weberei, drei chemische Fabriken und ein optisches Werk.

Zudem bemühe sich Professor Pelshenke, so berichtet das Blatt weiter, die "Reichsanstalt für Getreideverwertung" in Detmold anzusiedeln. Die Stadt habe dafür die Bereitstellung städtischer Gebäude auf dem Schützenberg in Aussicht gestellt.[42]

Und am selben Tag stellt der Verkehrsausschuß des ernannten Rates fest: "Das Verkehrsamt ist für die Zukunft der Stadt von großer Bedeutung."[43]

Die zweite Phase geht zu Ende

Am 29.8.1946 legt Bürgermeister Wilhelm Sünkel sein Amt nieder. Er war zum Leiter der Oberschulbehörde der Lippischen Landesregierung ernannt worden.

Angesichts der bereits für den 15.9.1946 anberaumten Gemeinderatswahl entschließt sich der Rat, von der Wahl eines Nachfolgers abzusehen, und betraut Sünkels Stellvertreter, den Rechtsanwalt Wilhelm Schnitger, mit der Wahrnehmung dieser Aufgabe.[44]

Am 10.9.1946 legt auch Stadtdirektor Dr. Moes sein Amt nieder. In einem Rundschreiben an alle städtischen Dienststellen begründet er diesen Schritt: "[...] die Voraussetzungen für eine erfolgreiche Wirksamkeit sind nicht mehr gegeben. Ich besitze das volle Vertrauen der Militärregierung nicht mehr."[45]

Die "Westfalen-Zeitung" meldet zehn Tage später (damals erschienen die "Tages"zeitungen nur zweimal wöchentlich): "Stadtdirektor Dr. Moes legt sein Amt aus gesundheitlichen Gründen nieder."[46]

Mit dem Abgang dieser beiden Männer ist die zweite Phase der Entwicklung der Detmolder "Stadtregierung" in der Nachkriegszeit zu Ende gegangen.

Es bleibt festzustellen, daß auch diese Phase voller Weichenstellungen war, die in die Zukunft weisen.

Der Mangel wird "mangelhaft" verwaltet

Auch im Detmolder Rathaus herrschte der Mangel – es fehlte nahezu an allem.

Am 15.1.1946 schreibt der Bürgermeister allen städtischen Dienststellen: "Papier und sonstige Büromaterialien sind z.Zt. nicht mehr zu kaufen. Größte Sparsamkeit wird nochmals zur Pflicht gemacht!"[47] Und am 30.4.1946 bleibt dem Bürgermeister nur die Feststellung: "Die Papiervorräte sind erschöpft. Für den laufenden Gebrauch können wir uns nur helfen durch Austrennen unbeschriebener Blätter aus alten Akten!"[48]

Selbst vom Haushaltsplan der Stadt stehen 1946 "nur einige handschriftlich gefertigte Exemplare zur Verfügung."[49]

Dennoch geht die Arbeit selbstverständlich weiter. Das wird sichtbar im "Verwaltungsbericht 1946/47", der dem Rat am 19.6.1947 vorgelegt wird.[50]

Dort verzeichnet das Standesamt 1.015 Geburten und 928 Sterbefälle, das Stadtjugendamt führt 283 Amtsvormundschaften, die Ernährungsstelle muß allein für eine vierwöchige Periode 25.369 Lebensmittelkarten ausgeben (es gab insgesamt 44 verschiedene Arten davon!), die städtische Müllabfuhr hat in einem Vierteljahr 1.032 m^3 Abfall abtransportiert und das Bauamt meldet, es habe auf etwa 10.000 m^2 Fläche insgesamt 2.400 kg Kartoffeln und 2.150 Köpfe Salat geerntet...

Vollbracht wurde diese Arbeit von einer wachsenden Zahl städtischer Bediensteter:

1946	Beamte	20 Stellen, besetzt 20,
	Angestellte	173 Stellen, besetzt 173,
	Summe:	193 Stellen, besetzt 193.[51]
1947	Beamte	42 Stellen, besetzt 26,
	Angestellte	231 Stellen, besetzt 226,
	Summe:	273 Stellen, besetzt 252.[52]

Der hauptberuflich tätige Bürgermeister erhält ein Jahresgehalt von 10.140 RM, das waren 845 RM monatlich.[53]

Auch die Detmolder Wirtschaft ist schon bald auf dem Weg aus der Talsohle. Das läßt sich am Eingang der städtischen Steuern ablesen:

	1945	1946		
Gewerbesteuer	613.105 RM	751.419 RM	+	23 %,
Vergnügungssteuer	84.525 RM	412.560 RM	+	388 %,
Getränkesteuer	18.117 RM	18.690 RM	+	3 %.[54]

Die erste freie Wahl nach 15 Jahren

Für den 15.9.1946 hatte die Britische Militärregierung in ihrer Besatzungszone Gemeinderatswahlen angesetzt und sie schon ein Jahr vorher, am 15.9.1945, durch ein Bündel von Verordnungen vorbereitet:

Verordnung Nr. 8	Regelung öffentlicher Aussprachen,
Verordnung Nr. 9	Öffentliche unpolitische Versammlungen,
Verordnung Nr.10	Politische Versammlungen,
Verordnung Nr.11	Öffentliche Umzüge,
Verordnung Nr.12	Bildung politischer Parteien.[55]

Eine politische Versammlung mußte volle sieben Tage vorher beantragt werden. Der Antrag mußte Namen und Anschriften der Verantwortlichen und der vorgesehenen Redner enthalten sowie die Höchstzahl der Personen benennen, die teilnehmen durften.

> Vor Beginn müssen die Vorschriften und Bedingungen der Genehmigung allen Anwesenden durch öffentliches Verlesen mitgeteilt werden.

Die Bildung politischer Parteien wurde zunächst nur "auf einer Kreisgrundlage" erlaubt, jedoch behielt sich die Militärregierung die Genehmigung größerer Einheiten vor.

Halbjährlich mußte der Militärregierung ein Bericht über die Aktivitäten, die Finanzen und die Namen der Vorstandsmitglieder vorgelegt werden.

Durch die Verordnung Nr. 26. vom 13.4.1946 wurde die Zahl der jeweils zu wählenden Vertreter festgesetzt. Für eine Gemeinde mit der Einwohnerzahl Detmolds waren das 27 Vertreter.[56]

Schließlich regelte die Verordnung Nr. 28 vom 20.4.1946 die Zulassung zum Wählerverzeichnis.[57]

Jeder Bewerber mußte eine bestimmte Anzahl von Unterschriften beibringen, seine Bewerbung wurde vom Entnazifizierungsausschuß überprüft. Erst danach entschied die Militärregierung über seine Zulassung.

Zur Ratswahl 1946 wurde in Detmold nur ein Bewerber nicht zugelassen, weil er 1933 vorübergehend der NSDAP angehört hatte. Zwar erhob der Entnazifizierungsausschuß keine Bedenken, doch die Militärregierung verweigerte die Zulassung.[58]

Von den 27 in Detmold zu wählenden Vertretern mußten 21 in Wahlbezirken direkt gewählt werden, die übrigen sechs Vertreter wurden in einem umständlichen Verfahren aus den Reservelisten ermittelt. Dieses Mehrheitswahlrecht kannte also nur in sehr geringem Ausmaß den Ausgleich zwischen Stimmen- und Sitzzahl.

Detmolds Stadtgebiet wurde in sieben Wahlbezirke eingeteilt. Jeder Wähler besaß drei Stimmen. Gewählt waren in jedem Wahlbezirk die drei Bewerber mit der jeweils höchsten Stimmenzahl.

Nach fast 15 Jahren – die letzte Kommunalwahl fand im Freistaat Lippe am 10.1.1932 statt – konnten Detmolds Wahlberechtigte zum erstenmal wieder in freier und geheimer Wahl den Rat ihrer Stadt wählen.

Sie taten das am 15.9.1946 mit dem folgenden Ergebnis:

In fünf Wahlbezirken wurden jeweils drei CDU-Kandidaten gewählt, in einem Wahlbezirk wurden drei SPD-Kandidaten gewählt und in einem

Wahlbezirk hatten zwei CDU- und ein SPD-Kandidat die höchste Stimmenzahl.

Aus der Reserveliste wurden der SPD drei Sitze zugesprochen, der CDU zwei Sitze und der FDP ein Sitz. Die KPD ging auch hier leer aus.[59]

Das Ergebnis im Überblick:

CDU	14.030 Stimmen	47.95 %	19 Sitze,
SPD	10.540 Stimmen	36.03 %	7 Sitze,
FDP	2.661 Stimmen	9.09 %	1 Sitz,
KPD	2.031 Stimmen	6.94 %	0 Sitze.

Hier erkennt man die Wirkung des Mehrheitswahlrechts:

CDU	Stimmenanteil	47.95 %	Sitzanteil	70 %,
SPD	Stimmenanteil	36.03 %	Sitzanteil	26 %,
FDP	Stimmenanteil	9.09 %	Sitzanteil	4 %,
KDP	Stimmenanteil	6.94 %	Sitzanteil	0 %.

Nur in der Kreistagswahl vom 13.10.1946 wird dieses Mehrheitswahlrecht noch einmal angewandt. Danach gibt man einem stärkter betonten Verhältniswahlrecht den Vorzug.

Von den 27 Mitgliedern dieses ersten frei gewählten Rates der Nachkriegszeit hatten schon neun dem ernannten Rat angehört. Das ermöglichte ein hohes Maß an Kontinuität.

Zu den Mitgliedern des ersten gewählten Rates der Stadt Detmold gehörten u.a.

Christa Schroeder (CDU)	Ratsherrin 1946-1970, MdB 1961-1976,
Walter Bröker (SPD)	Ratsherr 1946-1972, Bürgermeister 1964-1972,
Eugen Kraft (SPD)	Stellvertretender Bürgermeister 1946-1961.

Am 26.9.1946 wählt der Rat den Buchhändler Fritz Priester (CDU) zum Bürgermeister. Seine Wahl erfolgt einstimmig bei einer Enthaltung.[60]

Am 12.12.1946 wählt der Rat mit zwölf Stimmen bei elf Enthaltungen den Amtsgerichtsrat Dr. Heinz Schmidt zum Stadtdirektor. SPD und FDP begründen ihre Enthaltung mit der Feststellung, Dr. Schmidt sei Kriegsgerichtsrat ("Militarist") gewesen.[61]

Damit ist die Spitze der Stadt wieder vollständig besetzt. Und mit dieser neuen Spitze, mit dem ersten wieder frei gewählten Rat, beginnt die dritte und letzte Phase der Kommunalpolitik im Detmolder Rathaus in der Nachkriegszeit.

Stadt mit 'zu enger Weste'

Der Rat nimmt seine Arbeit unverzüglich auf. Bereits in seiner ersten Sitzung bildet er insgesamt neun Ausschüsse und bestimmt deren Vorsitzende.[62]

Auch der Blick dieses Rates geht nach vorn.

So beginnt er damit, die Stadt Detmold – die nach dem Anschluß Lippes an Nordrhein-Westfalen ihre Funktion als Landeshauptstadt verlieren wird – zum Mittelpunkt des dann neu entstehenden Regierungsbezirkes werden zu lassen.

Er fördert deshalb nach besten Kräften den Umzug der Bezirksregierung von Minden nach Detmold, wohl wissend, daß dadurch die in der Stadt herrschende Wohnungsnot noch verschärft werden wird.

Als Schwierigkeiten bei diesem Umzug entstehen, ja die Gefahr auftaucht, daß er ganz unterbleibt, faßt der Hauptausschuß am 16.6.1947 eine Entschließung:

> Es liegen heilige Verträge vor, nach denen Detmold Regierungssitz werden soll, und es würde gegen Treu und Glauben verstoßen, wenn diese gegebenen Versprechungen nicht eingehalten werden sollten. [...] Die Stadt Detmold wird die für sie damit verbundenen Opfer auf sich nehmen [...].[63]

Und als der Detmolder Haus- und Grundbesitzerverein am 16.3.1948 dem Gouverneur der Britischen Militärregierung in Düsseldorf gegenüber den Umzug der Bezirksregierung von Minden nach Detmold ablehnt, rückt der Hauptausschuß öffentlich von diesem Schreiben ab.[64]

Daneben bemüht sich auch dieser Rat wieder, den Verlust der Kreisfreiheit, den die Stadt durch das Gesetz vom 20.1.1934[65] hinnehmen mußte, wettzumachen. Die Auskreisung der Stadt Detmold (aus dem Landkreis Detmold) soll eine weitgehende Dezentralisierung der öffentlichen Verwaltung ermöglichen: Was vor Ort entschieden werden kann, soll nicht anderswo höheren Ortes entschieden werden müssen. In seiner Sitzung am 5.2.1948 fordert deshalb der Rat ein weiteres Mal die Kreisfreiheit für die Stadt Detmold.[66]

Ein weiteres großes Problem der Stadt Detmold ist ihre Raumnot. Ihr fehlt es an ausreichendem Grund und Boden für Wohnbauten, für Gewerbeansiedlung, für öffentliche Einrichtungen.

Es ist gewissermaßen ein Geburtsfehler dieser Stadt, daß ihre Weste von Anfang an zu eng geschneidert worden war. 1708 begründete Graf Friedrich Adolph das Privileg für die Detmolder Neustadt so: "Wasmassen hiesige unsere Residentz Stadt von geringer etendue (Ausdehnung), gleichwohl dabey sehr Volckreich."[67]

So leben am 1.1.1947 auf den 9,76 km^2 des Detmolder Stadtgebietes 27.770 Menschen[68], das sind 2.845 Einwohner je km^2 – ein Wert, den man in den Großstädten des Ruhrgebietes vorfindet.

Im Detmolder Rathaus weiß man natürlich ganz genau, daß dieser unhaltbare Zustand nur durch die Eingemeindung von Nachbargemeinden beendet werden kann.

Bereits im Mai 1946 macht sich das Detmolder Bauamt Gedanken darüber, doch der Vorschlag wirkt sehr unausgegoren.[69] Wenig später lehnt es die Militärregierung ab, dazu irgendwelche Vorschläge entgegenzunehmen.[70]

Am 24.3.1949 schließlich empfiehlt der als Stadtplaner engagierte Professor Gehrig (Bielefeld) dem Rat: Es sei wesentlich, aus der Erkenntnis des zu pflegenden guten Alten das Neue zu planen und zu fördern. Der Stadtkern müsse bis auf geringfügige Korrekturen erhalten bleiben und das Stadtgebiet durch eine geschickte Eingemeindungspolitik erweitert werden.[71]

Am 21.9.1950 schließlich beauftragt der Rat den Stadtdirektor, den Landesverband Lippe zu bitten, unbebaute landesverbandseigene Grundstücke zur Verfügung zu stellen und beim Ankauf des Rittergutes Braunenbruch behilflich zu sein.[72]

Von 1956 bis 1968 verhandelt die Stadt mit dem Besitzer des Rittergutes, und der Kauf des gesamten Gutes und die Umgemeindung seiner Flächen waren die erste erfolgreiche Erweiterung des Detmolder Stadtgebietes.[73]

Doch erst die Gebietsreform des Jahres 1970[74] beendet die Raumnot der Stadt.

Kampf um das kulturelle Erbe

Detmolds Rat bemüht sich auch weiterhin, das reiche kulturelle Angebot der Stadt zu bewahren und zu fördern.

Das gelingt ihm nicht mit dem Städtischen Orchester. Unter Generalmusikdirektor Balzer hat es allein in den Jahren 1946 und 1947 insgesamt 104 Konzerte gegeben und an 159 Theateraufführungen mitgewirkt.[75] Doch schon unmittelbar nach der Währungsreform sieht sich die Stadt außerstande, die notwendigen finanziellen Mittel bereitzustellen.

Auch die Versuche, das Orchester mit der Nordwestdeutschen Philharmonie zu vereinigen oder es im Sommer als Kurorchester einzusetzen, schlagen fehl.

So wird das Orchester am 15.3.1949 aufgelöst[76], Professor Balzer verläßt Detmold, der Geschäftsführer des Orchesters, Otto Will-Rasing, kehrt auf den Stuhl des Intendanten des Landestheaters zurück.

Dagegen gelingt es, vor allem dank des Einsatzes der Stadt Detmold, das Landestheater trotz dessen ständiger Geldnot am Leben zu erhalten.

Die Stadt ist Gründungsmitglied des Trägervereins, und sie ändert ihre Haltung auch nicht, als am 16.3.1949 der Stadtdirektor feststellen muß:

> Das Landestheater erfordert Zuschüsse in bisher nicht gekannter Größe. Der Theaterverein geriet an den Rand des Konkurses und konnte nur durch den großzügigen Einsatz öffentlicher Mittel gerettet werden.[77]

Und bekanntlich hat die Stadt diese Haltung bis zum heutigen Tag nicht geändert.

Daneben führt eine konsequente Förderung des Fremdenverkehrs zu einem ständigen Anwachsen der Besucher- und Übernachtungszahlen:

	Besucher	Übernachtungen
1949	22.890	46.436,
1950	28.376	54,578,
1951	30.765	60.536.[78]

In diesen Zahlen spiegelt sich zugleich die Tatsache wider, daß Detmolds Beliebheit als Veranstaltungsort für Tagungen der verschiedensten Art unverändert groß bleibt.

Auch die Ansiedlung möglichst nicht störender Betriebe verliert der Rat nicht aus den Augen.

Das in Detmold später aufkommende Gerücht, die Ansiedlung eines nicht störenden Betriebs der Firma Siemens sei an der störrischen Haltung der Stadtverwaltung gescheitert, erwies sich als falsch.

Auf Anfrage des Stadtdirektors erklärte die Firma später, eine solche Ansiedlung sei für den Standort Detmold nie beabsichtigt gewesen.[79]

Der Kampf gegen die Wohnungsnot

Die Lösung der vielschichtigen Wohnungs- und Raumprobleme war zunächst – wie oben dargelegt – beschränkt auf das Bemühen, das Vorhandene intensiv zu nutzen.

Doch natürlich wußte man auch im Detmolder Rathaus ganz genau, daß damit allein die Probleme nicht zu lösen waren.

So führte die Ankündigung des Landesbauamtes, es wolle südlich der Hornschen Straße Wohnungen für Landesbedienstete errichten lassen, zunächst wegen der dort befindlichen Kleingärten zu einem Protest des Hauptausschusses.[80] Der wurde dann aber ausdrücklich wieder zurückgenommen[81], und das Neubauviertel im Langen Feld konnte in Angriff genommen werden.

Schon vorher hatte der Hauptausschuß beschlossen, die Stadt solle Anteile der eben gegründeten "Lippischen Wohn- und Siedlungsgenossenschaft" (LWS) erwerben, um auch auf diesem Wege den dringend notwendigen Wohnungsbau voranzutreiben.[82]

Am 22.1.1948 beschließt der Hauptausschuß, der LWS Baugrundstücke an der Klüter (heute: Lemgoer) Straße gegenüber der Bertastraße zur Verfügung zu stellen. Gleichzeitig beauftragt er die städtische Grundstücksverwaltung, städtisches Gelände an der Wittekindstraße zwischen Teichstraße und Lagescher Straße für Bauzwecke freizumachen. Den Kleingärtnern dort sollen Ersatzgrundstücke zugewiesen werden.[83]

Und am 3.3.1949 bekräftigt der Hauptausschuß noch einmal die für ihn geltende Priorität,

> daß die zur Verfügung stehenden Mittel unter allen Umständen in erster Linie dem Wohnungsbau und vor allen übrigen Projekten dem Neubau von Schulen zugutekommen müßten.[84]

In öffentlicher Sitzung beschäftigt sich der Rat am 17.3.1949 mit der Förderung des Wohnungsbaus. Die dort gestellten Anträge (Freistellung Bauwilliger von der Grundsteuer/Sondersteuer zur Linderung der Wohnungsnot/Bau eines Mehrfamilienhauses) werden an Bau- und Finanzausschuß überwiesen.[85]

Die Wohnstandorte Schlesierhöhe, Langes Feld und Jerxer Schinken belegen noch heute, daß damals im Detmolder Rathaus nicht nur geredet worden ist.

Und die Einweihung des Neubaues der Südholzschule an der Lageschen Straße am 27.7.1951, der die Raumnot der beiden Detmolder Volksschulen zunächst beendete, gehört auch in dieses Kapitel.[86]

Die vom Rat damals für unverzichtbar gehaltene umfassende Stadtplanung wird im vorliegenden Band an anderer Stelle ausführlich dargestellt (vgl. den Beitrag von H. Prollius). Hier sei sie als kommunalpolitisches Ziel des damaligen Detmolder Rates ausdrücklich erwähnt.

Noch einmal: Bürgermeister Dr. Moes

Am 17.10.1948 findet die nächste Ratswahl statt. Ihr Ergebnis in Detmold sah wiederum die CDU als stärkste Partei, doch das nun angewandte Verhältniswahlrecht ließ das Verhältnis zwischen Stimmenanteil und Sitzanteil ausgewogener erscheinen. Es erhielten

CDU	4.990 Stimmen	(45.46 %)	12 Sitze	(46.15 %),
SPD	3.119 Stimmen	(28.42 %)	7 Sitze	(26.92 %),
FDP	2.197 Stimmen	(20.02 %)	5 Sitze	(19.23 %),
KPD	670 Stimmen	(6.10 %)	2 Sitze	(7.69 %).[87]

Eindeutige Gewinner waren demnach FDP und KPD, die SPD konnte ihre Stellung behaupten, Verlierer war die CDU.

Dem ernannten Rat hatten fünf der jetzt wiedergewählten Vertreter angehört, dem ersten gewählten Rat vier. Zwei Mitglieder des 1948 gewählten Rates leben heute noch: Heinz Henne und Kurt Hagendorf.

Am 28.10.1948 wählt der Rat den Geschäftsführer Dr. Helmut Stark (CDU) zum Bürgermeister. Das Ergebnis dieser Wahl offenbart erhebliche Vorbehalte vieler Ratsmitglieder gegen den Bewerber: Den 11 Ja-Stimmen stehen 13 Enthaltungen gegenüber, die Ratsherren der KPD beteiligen sich nicht an der Wahl.[88]

Das Ergebnis offenbart darüber hinaus, daß auch ein Vertreter der CDU dem Kandidaten der eigenen Partei die Zustimmung verweigerte.

Daß das kommunale Leben auch in Detmold vielfältiger und komplizierter geworden ist, zeigt die Liste der Ratsausschüsse, die nun gebildet werden: 18 Ausschüsse werden gebildet, dazu ein Stadtamt für Leibesübungen. In mehrere dieser Gremien werden außer Ratsmitgliedern weitere Sachkundige oder aber auch Betroffene gewählt.[89]

Am 15.3.1949 legt Bürgermeister Dr. Stark sein Amt nieder. Er begründet diesen Schritt damit, daß es längere Zeit in Anspruch nehmen werde, bis er im Entnazifizierungsverfahren sein Recht bekomme.[90]

Am 24.3.1949 wählt der Rat Dr. Richard Moes zum Bürgermeister. 21 der anwesenden 23 Ratsmitglieder geben ihm ihre Stimme, nur die beiden Vertreter der KPD verweigern sich "wegen der arbeiterfeindlichen Politik der CDU".[91]

In seiner Antrittsrede nennt Dr. Moes vier große Ziele seiner Tätigkeit: Detmold soll zum Mittelpunkt des gesamten (Regierungs-)Bezirkes gemacht werden, seine kulturelle Tradition soll gepflegt und in allen Sparten gefördert werden, Detmold soll wieder eine Fremden- und Verkehrsstadt werden und schließlich soll seine Steuerkraft durch Werbung und Ansiedlung möglichst nicht-störender Industrien gehoben werden.

In erster Linie aber gelte es, die Raum- und Wohnungsprobleme zu lösen und eine umfassende Stadtplanung zu betreiben.

Und auf Antrag des Stadtdirektors bewilligt der Rat in derselben Sitzung 25.000 DM für die Einrichtung einer Planungsstelle mit 2,5 Stellen.

Auffällig ist hier – aber auch schon bei früheren Absichtserklärungen Detmolder Kommunalpolitiker –, daß der Straßenverkehr in all diesen Überlegungen keine Rolle spielt. Zwar hat man im Juni 1946 bereits erste Überlegungen zur Verkehrslenkung im Innenstadtbereich angestellt und einen Einbahnstraßenring um den Stadtkern vorgeschlagen[92], diese Überlegungen dann aber mit dem Hinweis auf eine irgendwann zu planende Umgehungsstraße wieder relativiert.

Ursache für dieses Fehlen verkehrsplanerischer Überlegungen war sicher zunächst die Tatsache, daß damals nur wenige Kraftfahrzeuge zugelassen waren und alle weiträumigen Verkehrsplanungen an Detmolds engen Grenzen enden mußten. Auch wenn eine am 20.8.1949 am "Lippischen Hof" durchgeführte Verkehrszählung alarmierende Zahlen offenbarte (in 10 Stunden wurden dort 5.511 Kraftfahrzeuge gezählt[93]), führte das damals zu keinerlei Folgerungen.

Wer die Antrittsrede des Dr. Moes aufmerksam gelesen hat, dem wird nicht entgangen sein, daß ihre Inhalte nicht nur ein Programm für die eben beginnende Legislaturperiode waren, sondern zugleich auch eine Bestärkung und Bekräftigung der bislang auch von ihm vertretenen Kommunalpolitik enthielten.

Mit seiner (erneuten) Wahl zum Bürgermeister kehrte Dr. Moes noch einmal an die Schaltstelle im Detmolder Rathaus zurück. Noch einmal wird er für mehr als dreieinhalb Jahre die Detmolder Kommunalpolitik beeinflussen, und als dann mit der Ratswahl vom 9.11.1952 und dem Wahlsieg der FDP seine kommunalpolitische Laufbahn zu Ende geht, hatte er als Bürgermeister wie als Stadtdirektor nahezu ein halbes Jahrzehnt seiner Wahlheimat Detmold gedient.

Dr. Richard Moes starb am 10.7.1968 in Detmold. Die Stadt ehrte ihn 1983 mit der Benennung der "Richard-Moes-Straße" im Wohngebiet an den Schoren.

Die kommunalpolitische Landschaft verändert sich

Das Ende der Amtszeit des Bürgermeisters Dr. Richard Moes bedeutete zugleich den Abschluß einer Entwicklung: In den Kommunalwahlen der Jahre 1946[94], 1948[95] und 1952[96] hatte sich die Detmolder Parteienlandschaft gründlich verändert.

In diesen drei Wahlen schmolz die Fraktion der CDU im Detmolder Rat kontinuierlich zusammen: 19 Mandate (1946), 12 Mandate (1948) und schließlich 6 Mandate (1952).

Parallel zu dieser Entwicklung gewann die FDP von Wahl zu Wahl hinzu: ein Mandat (1946), fünf Mandate (1948) und elf Mandate (1952). Mit dem letzten Ergebnis war die FDP zur stärksten Fraktion des Detmolder Rates geworden und stellte von 1952 an (bis 1964) folgerichtig den Bürgermeister.

Die SPD veränderte ihre Stärke in jenen Jahren kaum, am linken Rande verschwand 1952 die KPD, am anderen trat der "Block der Heimatvertriebenen und Entrechteten" (BHE) auf den Plan.

Über die Ursachen dieser Entwicklung finden sich in den Medien der damaligen Zeit verständlicherweise nur Vermutungen und Deutungsversuche. Und Wahlforschung, wie wir sie heute kennen, gab es seinerzeit bekanntlich noch nicht.

Ein Zeitzeuge jener Veränderungen gab mir seine Erklärung dafür[97], und sie erscheint mir einigermaßen schlüssig und plausibel zu sein.

Er sieht die Ursachen jener Entwicklung zunächst darin, daß das 1946 angewandte Mehrheitswahlrecht die CDU als stärkste Partei überproportional bevorzugte, dazu seien dann aber die innere Zerrissenheit der Detmolder CDU und deren Haltung in den Auseinandersetzungen um die nordrhein-westfälische Verfassung gekommen.

Am 8.5.1947 erklärten mehrere Ratsmitglieder der CDU ihren Austritt. Sechs Wochen später widerspricht einer der Genannten dieser Behauptung, fünf ehemalige CDU-Ratsmitglieder bilden die "Arbeitsgemeinschaft der unabhängigen Ratsmitglieder". Am 14.11.1947 schließlich wird mitgeteilt, jene fünf Ratsmitglieder seien der CDU wieder beigetreten.[98]

Am 6.6.1950 hatte der nordrhein-westfälische Landtag mit den Stimmen von CDU und Zentrum den Entwurf der Landesverfassung verabschiedet. SPD und FDP stimmten gegen ihn und lehnten vor allem die Schulartikel, in denen die Errichtung von Bekenntnisschulen ermöglicht wurde, nachdrücklich ab.

Am 18.6.1950 wurde – gleichzeitig mit der Landtagswahl – der Verfassungsentwurf einem Volksentscheid unterworfen. 3,6 Mio. von 5,9 Millionen der Abstimmenden stimmten dem Verfassungsentwurf zu, das sind nahezu 62 Prozent.

Das waren etwa 800.000 Stimmen mehr, als die Befürworter der Verfassung (CDU und Zentrum) in der gleichzeitig durchgeführten Landtagswahl erhalten hatten, und etwa 850.000 Stimmen weniger, als die Gegner des Verfassungsentwurfes (SPD und FDP und KPD) in der Wahl erhalten hatten.[99]

Das Ergebnis des Volksentscheides war in Lippe genau entgegengesetzt: Dem Verfassungsentwurf – und damit den umstrittenen Schulartikeln – stimmten nur 35 Prozent zu, 65 Prozent lehnten ihn ab.[100]

Die Detmolder CDU, die Verfassung und Schulartikel bejahte, befand sich damit in einer Minderheitenposition.

"Steht nicht umher!"

"Was wir bisher erlebt haben, erinnert allzu sehr an Vergangenes, und der peinliche Eindruck, daß nichts weiter getan worden ist, als die Fäden mit den 1933 abgerissenen wieder zu verknüpfen, bleibt bestehen!"[101], stellt 1947 ein Angehöriger der Detmolder Stadtverwaltung resigniert fest.

Und in der Tat: Zwar wurden 1945 und in den Jahren danach die Spitzen im Detmolder Rathaus völlig ausgewechselt, in den Etagen darunter aber herrschte Kontinuität vor. So wurden 1949 die Kämmerei, das Wohlfahrtsamt, das Ordnungsamt, die städtische Grundstücksverwaltung und die Städtische Sparkasse von denselben Männern geleitet[102], die diesen Dienststellen auch schon 1934 vorgestanden hatten.[103]

Die Feststellung, "daß kein historischer Bruch [...] radikal genug sein kann, um alle oder auch nur eine Mehrzahl der Traditionen zu verändern"[104], gilt zweifellos auch für das Detmolder Rathaus nach 1945.

Ich will nicht in den Chor derer einstimmen, die der Gründergeneration unserer Republik heute vorwerfen, sie habe damals die "Trauerarbeit"

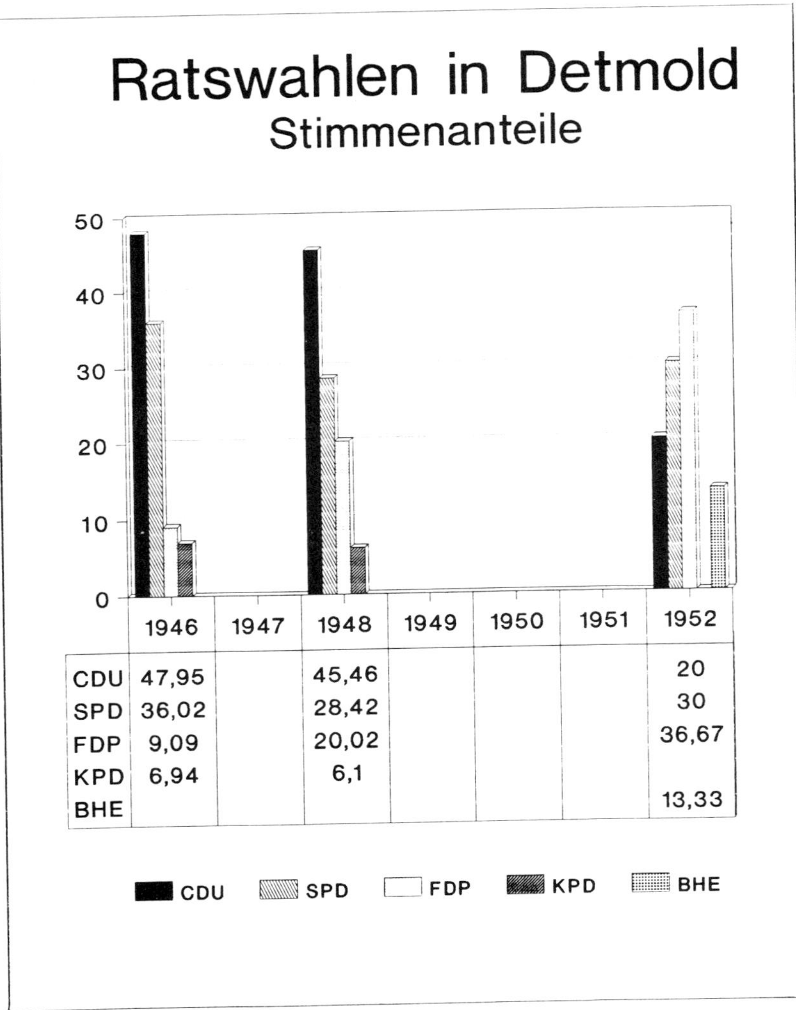

	1946	1947	1948	1949	1950	1951	1952
CDU	47,95		45,46				20
SPD	36,02		28,42				30
FDP	9,09		20,02				36,67
KPD	6,94		6,1				
BHE							13,33

Abb.5

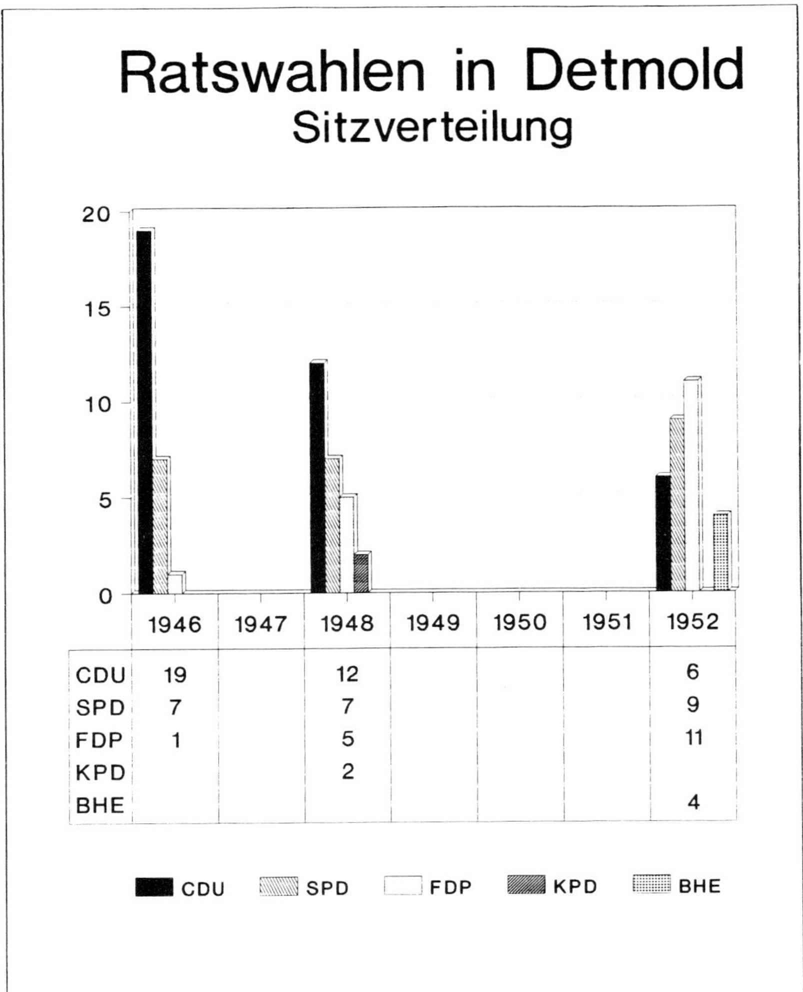
Ratswahlen in Detmold
Sitzverteilung
20
15
10
5
0
1946
1947
1948
1949
1950
1951
1952
CDU 19 12 6
SPD 7 7 9
FDP 1 5 11
KPD 2
BHE 4
CDU
SPD
FDP
KPD
BHE

Abb.6

nicht geleistet, sich innerlich nicht mit dem Geschehen der zwölf Jahre vorher auseinandergesetzt.

Damals, unmittelbar nach dem Ende des Krieges wurden Männer und Frauen benötigt, die nach vorne blickten und dachten.

Heinrich Drakes urtümlicher Aufruf "Steht nicht umher und bekakelt die Lage. Sie wird dadurch nur schlechter. Arbeitet!"[105] denkt in diese Richtung.

Anmerkungen

1. Amtsblatt der Militärregierung, Kontrollgebiet der 21. Armeegruppe, Nr. 2/ 1944.
2. Heinrich Röhr, Stationen und Gestalten am Wege. Detmold 1965, S. 248.
3. Staatsarchiv Detmold (StA DT) D 71 Nr. 157 Hofmann.
4. StA DT D 106 DT A Nr. 26.
5. StA DT D 106 DT A Nr. 2010.
6. StA DT D 71 Nr. 157 Hofmann.
7. StA DT D 106 DT A Nr. 2620.
8. StA DT D 106 DT A Nr. 1666.
9. Neue Westfälische Zeitung (NWZ) Nr. 10 vom 13.7.1945.
10. NWZ Nr. 14 vom 27.7.1945.
11. StA DT L 80 III Nr. 4278.
12. Werner Menninghaus, Straßenbahnen in Lippe-Detmold und im Paderborner Land. Lübbecke 1987, S. 138.
13. StA DT D 83 Nr. 443.
14. StA DT D 83 Nr. 444.
15. Johann-Friedrich Moes am 15.11.1992 in einem Schreiben an den Verfasser.
16. NWZ Nr. 30 vom 21.9.1945.
17. Richard Müller-Dombois, Die Gründung der Nordwestdeutschen Musikakademie Detmold. Detmold 1977, S. 5.
18. NWZ Nr. 34 vom 5.10.1945.
19. NWZ Nr. 38 vom 19.10.1945.
20. StA DT D 106 DT A Nr. 383.
21. Zenta Maurina, Die eisernen Riegel zerbrechen. Memmingen 1957, S. 565.
22. NWZ Nr. 44 vom 9.11.1945.
23. NWZ Nr. 57 vom 28.12.1945.
24. NWZ Nr. 54 vom 14.12.1945.
25. Westfalen-Zeitung (WZ) Nr. 23 vom 31.5.1946.
26. NWZ Nr. 26 vom 7.9.1945.
27. NWZ Nr. 32 vom 28.9.1945.
28. Stadtarchiv Detmold (Stadt-A) Nr. 138/10 Blatt 20.
29. Stadt-A. Nr. 138/10.

30. ebd.
31. ebd.
32. NWZ Nr. 65 vom 1.2.1946.
33. NWZ Nr. 73 vom 22.2.1946.
34. StA DT D 106 DT A Nr. 2446.
35. Stadt-A. Nr. 138/10.
36. ebda.
37. StA DT D 106 DT A Nr. 1666 (wie Anm. 7).
38. Stadt-A. Nr. 138/10.
39. Stadt-A. Nr. 138/86 Blatt 60.
40. Stadt-A. Nr. 138/86 Blatt 155.
41. Stadtverwaltung Detmold AZ 67.0.1.5.11
42. WZ Nr. 37 vom 19.7.1946.
43. Stadt-A. Nr. 1/11.
44. Stadt-A. Nr. 138/10.
45. StA DT D 106 DT A Nr. 27.
46. WZ Nr. 55 vom 20.9.1946.
47. StA DT D 106 DT A Nr. 27.
48. ebd.
49. Stadt-A. 6.7.900.1.0.0.
50. StA DT D 106 DT A Nr. 2568.
51. Stadt-A. 6.7.900.1.0.0.
52. Stadt-A. 6.10.900.1.0.0.
53. Stadt-A. 6.7.900.1.0.0.
54. Stadt-A. 6/900/1/0/0/18.
55. Amtsblatt der Militärregierung Nr. 4 S. 7ff.
56. Amtsblatt der Militärregierung Nr. 8.
57. Amtsblatt der Militärregierung Nr. 9.
58. StA DT D 106 DT A Nr. 2661.
59. Stadt-A. 138/86 Blatt 95.
60. Stadt-A. 138/11.
61. ebd.
62. ebd.
63. Stadt-A. 138/86 Blatt 95.
64. Stadt-A. 138/86 Blatt 156.
65. Lippische Gesetz-Sammlung 1934, S. 231.
66. Stadt-A. 138/86 Blatt 95.
67. zitiert nach: Gerhard Peters, Baugeschichte der Stadt Detmold. In: Geschichte der Stadt Detmold, Hg. Naturwissensch. und Hist. Verein, Detmold 1953, S. 188.
68. StA DT D 106 DT A Nr. 2446.
69. StA DT D 106 DT A Nr. 2569.
70. Stadt-A. 138/86 Blatt 27.
71. Stadt-A. 138/12.

72. ebd.
73. siehe auch: Diether Kuhlmann, Detmold 1967 – Im Westen viel Neues. In: Heimatland Lippe, Zeitschrift des Lippischen Heimatbundes und des Landesverbandes Lippe, Detmold Heft 11/1990, S. 339ff.
74. Gesetz- und Verordnungsblatt NW Nr. 77 vom 10.12.1969.
75. StA DT D 106 DT A Nr. 2568.
76. Stadt-A. 138/12.
77. ebd.
78. StA DT D 106 DT A Nr. 2622.
79. Interview mit Dr. Heinz Schmidt am 13.7.1987.
80. Stadt-A. 138/86 Blatt 105.
81. Stadt-A. 138/86 Blatt 115.
82. Stadt-A. 138/86 Blatt 109.
83. Stadt-A. 138/86 Blatt 137.
84. Stadt-A. 138/87 Blatt 26.
85. Stadt-A. 138/12.
86. "Eine kleine Residenz wuchs über sich hinaus." Hg. Stadt Detmold. Detmold o.J., S. 26.
87. Amtliche Nachrichten für den Kreis Detmold, Nr. 45 vom 20.10.1948.
88. Stadt-A. 138/12.
89. ebd.
90. ebd.
91. ebd.
92. WZ Nr. 29 vom 21.6.1946.
93. StA DT D 106 DT A Nr. 2448.
94. Stadt-A. 138/11.
95. Stadt-A. 138/12.
96. "Freie Presse" Nr. 261 vom 10.11.1952.
97. Interview mit Hans-Werner Bömelburg am 13.7.1992.
98. Stadt-A. Nr. 138/11.
99. Walter Först, Kleine Geschichte Nordrhein-Westfalens. Hg. Landeszentrale für politische Bildung. Düsseldorf 1986, S. 83.
100. Martin Wolf, Geschichte der lippischen Voksschule. Lemgo 1964, S. 245.
101. StA DT D 106 DT A Nr. 2446.
102. Adreßbuch der Regierungshauptstadt Detmold und der Gemeinde Hiddesen 1949. Detmold, Seite 7f.
103. Einwohnerbuch der Landeshauptstadt Detmold 1934. Detmold 1933, S. 9.
104. Werner Abelshauser. Der wirtschaftliche Neubeginn nach 1945 in der Bundesrepublik Deutschland. In: Geschichte und Politik und ihre Didaktik. Hg. Dr. Paul Leidinger, Warendorf, 15. Jahrgang 1987, Heft 1/2, S. 44ff.
105. Staatsanzeiger für das Land Lippe. Hg. Lippische Landesregierung. Nr. 9 1945, Detmold, den 14. Juni, S. 18.

Paul-Wolfgang Herrmann

Der Wiederbeginn gewerkschaftlichen Lebens in Detmold nach 1945

I. Die Entstehungsbedingungen

Die Wiedergründung der Gewerkschaften nach dem Zusammenbruch der Nazi-Diktatur war wie die Gründung der Parteien und die Entstehung politischer und sozialer Organisationsstrukturen überhaupt von der Zustimmung der alliierten Militärbehörden abhängig. Allerdings kam es schon vor Kriegsende in Aachen zu ersten Gewerkschaftsgründungen, und im Mai 1945 bildeten sich in Hamburg und Hannover erste Gewerkschaftsgruppen[1], so daß die 'Neue Westfälische Zeitung' vom 8.6.1945 melden konnte:

> Der Wiederaufbau der neuen Gewerkschaftsbewegung in den amerikanischen und britischen Besatzungsgebieten hat bereits in den ersten drei Wochen seit der Kapitulation bedeutende Fortschritte gemacht.[2]

Berichtet wurde u.a. von Gewerkschaftsausschüssen, die sich mit Genehmigung der britischen Besatzungsbehörden in Hamburg und Braunschweig gebildet hatten. Dabei wurde in Braunschweig schon über Organisationsprinzipien nachgedacht, ebenso über neu entwickelte Vorstellungen von Industriegewerkschaften anstelle einzelner Berufsgewerkschaften.[3]

Diese – mit Billigung der Militärbehörden entstandenen – ersten Anfänge gewerkschaftlichen Lebens waren allerdings rein lokale Aktivitäten. Während in der sowjetischen Besatzungszone mit dem Befehl Nr. 2 der Sowjetischen Militäradministration vom 10.6.1945 die Gründung von Parteien und Gewerkschaften zugelassen wurde und diese noch im selben Monat zu arbeiten begannen[4], hielten sich die westlichen Besatzungsmächte vorläufig noch zurück. Erst am 6.8.1945 verkündete der britische Oberbefehlshaber Montgomery in einer persönlichen Botschaft: "Es ist das Bestreben der Alliierten, soweit die Aufrechterhaltung der militärischen Sicherheit es erlaubt, die Bildung freier Gewerkschaften in Deutschland zu unterstützen."[5]

Schon im selben Monat rief der Landespräsident in Lippe und Schaumburg-Lippe, Heinrich Drake, mit einem Plakat zur Wahl von Betriebsräten auf, deren Wirkungsbereich sich allerdings "bis zur weiteren Entwicklung zu Gewerkschaftsausschüssen auf Fragen der Arbeiterwohlfahrt sowie auf Schlichtungsangelegenheiten innerhalb der einzelnen Betriebe" beschränken sollte. Eine Vereinigung der Betriebsräte, um Druck auf die Unternehmer auszuüben, war untersagt. Betriebsräte waren nicht verpflichtet, Gewerkschaften beizutreten. Vorbedingung sowohl für die Einrichtung von Betriebsräten als auch für die Bildung von Gewerkschaften auf örtlicher Ebene war die Zustimmung der Kreisdienststellen der Militärregierung in Detmold, Lemgo, Bückeburg oder Stadthagen.[6]

In den folgenden Wochen wurden die Bedingungen der Alliierten für die Gründung von Gewerkschaften konkretisiert. Diese waren sehr rigide und offensichtlich von Mißtrauen gegenüber zu großen Organisationsstrukturen und möglicherweise mangelnder demokratischer Basis geprägt. So wurde gefordert, daß kleine Gruppen, deren Zusammenkünfte von der Militärbehörde erlaubt sein mußten, Pläne für die Gewerkschaftsgründung ausarbeiten sollten, aus denen hervorzugehen hatte, "welche Klasse oder Klassen von Werktätigen sie als Mitglieder der Gewerkschaft heranzuziehen" wünschte, welche räumliche Ausdehnung und Ziele die Gewerkschaft haben sollte, und schließlich sollte ein Satzungsentwurf ausgearbeitet werden. Zu den Voraussetzungen für eine Genehmigung gehörte ferner der Nachweis, daß die geplante Gewerkschaft bei den Werktätigen, die sie organisieren wollte, "einen gewissen Grad von Unterstützung erhält". Zur Begründung hieß es: "Die Militärregierung möchte eine repräsentative und stabile Gewerkschaftsbewegung sehen. Das kann nicht über Nacht kommen."[7]

Die Organisationsfrage wurde zu einem zentralen Thema der gewerkschaftlichen Diskussion. Während unter vielen Gewerkschaftern der ersten Stunde aufgrund der bitteren Erfahrungen mit den Richtungsgewerkschaften und der Vielzahl von Berufsverbänden der Weimarer Zeit Bestrebungen zur Bildung starker zentraler Gewerkschaften vorhanden waren, in denen sie "eine Garantie für eine Festigung und Stabilisierung demokratischer Verhältnisse im Nachkriegsdeutschland" sahen, auch wenn diese Vorstellungen innerhalb der einzelnen Gewerkschaftsgruppen keineswegs einheitlich waren[8], wurde schnell klar, daß ein Zentralverband von den Alliierten nicht gewollt war. Vor allem die britische Besatzungs-

Bekanntmachung

Betriebsräte, Gewerkschaften und Arbeitgebervereinigungen

1. Es ist die Absicht der alliierten Mächte, Bedingungen auf demokratischer Grundlage zu schaffen, unter denen sich Gewerkschaften und Arbeitnehmerverbände entwickeln können, und die schließlich ihren vollen Wirkungskreis und ihre Berechtigungen zur Geltung bringen sollen, soweit die Verfolgung dieser Zwecke mit der Aufrechterhaltung von Gesetz und Ordnung vereinbar ist oder nicht zu einer Bedrohung der Sicherheit der Besatzungsmächte wird.
2. Es ist nötig, daß sich die Arbeitnehmer in ihren Fabriken, Geschäften, Betrieben und Gemeinden organisieren und einen Ausschuß unter der Bezeichnung **„Betriebsrat für ..... Firma“** wählen.
3. Daraus folgt **nicht**, daß so gewählte Vertreter verpflichtet sind, den Gewerkschaften beizutreten.
4. Der **Wirkungsbereich** dieser Betriebsräte bleibt bis zur weiteren Entwicklung zu Gewerkschaftsausschüssen auf Fragen der **Arbeiterwohlfahrt** sowie auf **Schlichtungsangelegenheiten** innerhalb der einzelnen Betriebe beschränkt.
5. **Politische Betätigung jeglicher Art ist den Betriebsräten verboten.**
6. Betriebsräte dürfen sich **nicht** vereinigen, um einen Druck auf die Unternehmer auszuüben. Irgendwelche Streitigkeiten, die nicht mit dem Arbeitgeber oder Betriebsführer geschlichtet werden können, sind der Militärregierung vorzutragen, solange die Einrichtung von Gerichtshöfen noch in der Schwebe ist.
7. Gesuche **zwecks Einrichtung von Betriebsräten** sind an die **Kreisdienststellen der Militärregierung in Detmold, Lemgo, Bückeburg und Stadthagen zu richten**, die die Bedingungen, unter denen diese Betriebsräte gewählt werden können, bekanntgeben.
8. Gesuche zwecks Bildung von Gewerkschaften sind an die oben genannten Kreisdienststellen der Militärregierung zu richten, die die wichtigsten Bedingungen bekanntgeben werden.
9. Ohne Zustimmung der Militärregierung ist keine Arbeitnehmervereinigung gestattet.

Detmold, den 25. 8. 1945

Der Landespräsident
in
Lippe und Schaumburg-Lippe
Drake

Druck: Bösmann, Detmold

Abb.1 Bekanntmachung vom 25.8.1945

macht favorisierte die Bildung von Gewerkschaften nach dem Industrieverbandsprinzip.[9]

Auf einer Gewerkschaftskonferenz in Hannover wurde im März 1946 die Errichtung eines Zonensekretariats und eines Zonenausschusses beschlossen, der die Gewerkschaftsarbeit in der britischen Zone zusammenfassen sollte. Die Diskussion über die zukünftige Organisationsform ging unter dem Einfluß der Alliierten immer stärker in Richtung eines Industrieverbandsprinzips, und deshalb sprach sich die Bielefelder Konferenz der Gewerkschaften im August 1946 für den Industrieverband nach dem Prinzip 'Ein Betrieb – eine Gewerkschaft' aus.[10] Noch im Jahr 1946 organisierten sich mehrere große Gewerkschaften als Industrieverbände; insgesamt waren im Dezember 1946 1.291.000 Mitglieder in den Gewerkschaften der britischen Zone organisiert. Der gewerkschaftliche Wiederaufbau dort war mit der Gründung des DGB (britische Zone) vom 22. bis 25.4.1947 in Bielefeld beendet. Hans Böckler wurde zum 1. Vorsitzenden gewählt. Der DGB (brit. Zone) organisierte bereits 2,1 Mio. Mitglieder.[11]

In der amerikanischen und französischen Zone ging man über zentrale Organisationen auf Landesebene, die zum Teil sogar erst 1947 gebildet wurden, nicht hinaus. Erst die wirtschaftliche Vereinigung der britischen und amerikanischen Zone zur Bizone führte zu einer enger werdenden Zusammenarbeit der Gewerkschaftsbünde; am 6.11.1947 wurde der Gewerkschaftsrat für die Bizone gegründet, dem sich ein Jahr später auch die Gewerkschaftsvertreter der französischen Zone anschließen konnten.[12]

Mit der Gründung des DGB (12. bis 14.10.1949) war der Aufbau der Gewerkschaften in der Bundesrepublik abgeschlossen. Hans Böckler wurde auch zum 1. Vorsitzenden des DGB gewählt. Die bisher existierenden Zonenverbände wurden aufgelöst. Gleichzeitig wurden Einzelgewerkschaften gegründet, deren Aktionsradius sich auf das gesamte Bundesgebiet erstreckte.[13]

II. Erste gewerkschaftliche Aktivitäten in Detmold und Lippe

Eine Darstellung des gewerkschaftlichen Wiederbeginns in Detmold und Lippe ist schwierig und nur ansatzweise möglich, da nur wenig Archivmaterial vorhanden ist und Zeitungsberichte über Gewerkschaftsaktivitäten kaum zu finden sind. Eine Ausnahme bildet die Entwicklung bis zur

Gründung der späteren Gewerkschaft Erziehung und Wissenschaft, die in Teil III dargestellt wird.

1. Der organisatorische Neubeginn

Im Dezember 1945 fanden auch in Lippe mit Zustimmung der alliierten Behörden die ersten Gewerkschaftsversammlungen auf örtlicher Ebene statt.

> Schon bald danach konstituiert sich die 'Freie Gewerkschaft der Holzarbeiter'. 1946 folgt die Gründung verschiedener anderer gewerkschaftlicher Organisationen in den Wirtschaftsbereichen Textil- und Bekleidungsgewerbe, Öffentlicher Dienst und Gaststättengewerbe, stets unter strenger Aufsicht der Alliierten.[14]

Am 1.5.1946 fanden in Detmold und anderen lippischen Städten die ersten Maifeiern der Gewerkschaften seit 1933 statt. An der Veranstaltung im 'Neuen Krug' waren das Städtische Orchester und der Theaterverein Detmold beteiligt.[15] Die Feier stand unter dem Motto "Wir wollen Völkerfrieden und Freiheit". Landrat Wilhelm Mellies hielt die Hauptrede im bis auf den letzten Platz besetzten Saal. In seiner Rede rechnete er mit dem Nationalsozialismus ab und forderte Völkerverständigung und Völkerfrieden, eine menschenwürdige Arbeitszeit sowie die Wiedereinführung der Sozialversicherung.[16]

Wie überall, so gab es auch in Detmold eine rege innergewerkschaftliche Diskussion, in deren Mittelpunkt organisatorische Fragen und gewerkschaftspolitische Zielsetzungen standen. So fand am Sonnabend, dem 11.5.1946, im großen Saale des Volkshauses eine öffentliche Gewerkschaftsversammlung für alle von der Militärregierung genehmigten Industriegruppen statt, auf der der Gewerkschafter Hans Böhm, Bielefeld, über das Thema "Gewerkschaftsprobleme der Gegenwart" referierte.[17] Böhm war einer der führenden Gewerkschaftsvertreter im ostwestfälischen Raum. Er wurde bei der Gründung des DGB für die britische Zone im April 1947 in Bielefeld zum ersten hauptamtlichen Beisitzer gewählt.[18]

Bei einer weiteren Veranstaltung zum Thema "Gewerkschaftsfragen der Gegenwart" am Sonntag, dem 19.5.1946, im "Gasthof zum Donoperteich", in Pivitsheide, referierte der Detmolder Gewerkschafter und SPD-Kreistagsabgeordnete Heinrich Gottenströter[19], der später erster Vorsitzender des DGB-Kreisausschusses wurde.[20]

Eine ordentliche Mitgliederversammlung der Detmolder Gewerkschaften wird zum ersten Mal erwähnt in der 'Freien Presse' vom 10.8.1946. Sie fand im Volkshaus statt, zugelassen waren nur Mitglieder, "die sich durch Mitgliedsbuch ausweisen können". Hans Böhm, inzwischen Bezirksleiter der Gewerkschaften, sprach über Organisationsfragen.[21]

Das Volkshaus, bis 1933 Domizil der Gewerkschaften, wurde nach dem 8.5.1945 von den Alliierten genutzt. Offenbar konnte es jedoch von den Gewerkschaften für Versammlungszwecke benutzt werden. Erst am 1.7.1948 stand es dem DGB-Kreis wieder voll zur Verfügung.[22] Bis dahin befanden sich die Gewerkschaftsbüros übergangsweise im Haus der Landesbibliothek in der Hornschen Straße[23] und danach in der Mühlenstraße Nr. 26.[24]

Zur erneuten Einweihungsfeier des Volkshauses als lippischer DGB-Zentrale am 1.7.1948 kam auch der 1. Vorsitzende des DGB der britischen Zone, Hans Böckler. Rund 14.000 Mitglieder in Lippe gehörten inzwischen 14 Ortsausschüssen an. Mit 4.000 Mitgliedern bildeten die Holzarbeiter die stärkste Gruppe[25]; deren Kreisbüro befand sich ab 1.1.1947 in Lemgo, Mittelstraße 6.[26]

Abb.2 Volkshaus

2. *Eintreten für soziale Rechte und wirtschaftliche Mitbestimmung*

Neben organisatorischen und gewerkschaftspolitischen Fragen beschäftigte die Gewerkschaften auch in Detmold und Lippe vor allem die wirtschaftliche und soziale Situation der Bevölkerung, besonders natürlich der organisierten Arbeitnehmerschaft. Die Kritik der Gewerkschaften richtete sich gegen die Verhaltensweisen bestimmter Bevölkerungsgruppen, die offenbar die sozialen Verhältnisse der unmittelbaren Nachkriegszeit für ihre Zwecke ausnutzten. So wetterte der Kreistagsabgeordnete und Gewerkschaftsvertreter Gottenströter im Detmolder Kreistag "in scharfen Worten gegen die Faulenzer und Drückeberger [...], gegen die er den Einsatz von Polizeikräften vorschlug, wenn sich keine andere Möglichkeit finde, um diese Leute zur Arbeit zu zwingen [...]".[27]

Aber auch das Verhalten der Arbeitgeber war Zielscheibe der gewerkschaftlichen Kritik und Aktivität im Interesse der Mitglieder. Der 1946 gegründete Landarbeiterverband zum Beispiel kritisierte die Verhältnisse auf einzelnen lippischen Gütern und Domänen. Viele Verwalter und Eigentümer segelten noch 'im nationalsozialistischen Fahrwasser' und verträten den 'Herrn-im-Hause-Standpunkt'. Vielen Arbeitern in der Landwirtschaft würde das Anrecht auf Deputate oder Tariflohn oder gar der Anspruch auf einen schriftlichen Arbeitsvertrag verweigert. Die 'Freie Presse' berichtete im Dezember, daß der Landarbeiterverband in den zwei Monaten seit Eröffnung des Arbeitsgerichtes in Detmold bereits ein Dutzend Domänen- und Rittergutsbesitzer wegen Verletzung von Arbeitnehmerrechten verklagt und die Nachzahlung von rund 2.000,- RM an rückständigen Forderungen erwirkt hätte. Auch aus anderen Berufsbereichen waren Klagen wegen der Behandlung der Arbeiter durch Arbeitgeber zu verzeichnen.[28]

Neben der Einrichtung von Arbeitsgerichten konnten die Gewerkschaften auf Zonenbasis weitere Erfolge am Ende des Jahres 1946 verbuchen, die auch ihre Auswirkungen auf Lippe hatten. Zu Beginn des Jahres 1947 zog der Bielefelder Gewerkschaftsführer W. Jostes in der 'Freien Presse' folgendes Fazit:

> Den Gewerkschaften brachte das nun abgelaufene Jahr gewissermaßen als Abschluß der von ihnen geleisteten Organisationsarbeit die Sanktionierung durch die englische Militärregierung im Rahmen regionaler Industrieverbände. Damit hat die Entwicklung nur einen einstweiligen Abschluß gefun-

> den, über den hinaus der Zusammenschluß im Länder- und Zonenmaßstabe bereits im Gange ist, so daß dieses Ziel noch im ersten Teil des neuen Jahres erreicht werden dürfte. Dieser Weg des Wiederaufbaus ihrer 1933 zerschlagenen Organisationen war den Gewerkschaften in den hinter uns liegenden eineinhalb Jahren nicht leicht gemacht worden [...].
> Die entscheidenden Gesetze, die der Kontrollrat 1946 erließ und die die Grundlage für das gegenwärtige Sozial- und Arbeitsrecht bilden, sind die Gesetze Nr. 21, 22 und 35. Es sind das Gesetz über die Errichtung von Arbeitsgerichten, das Betriebsrätegesetz und das Gesetz über die Schlichtung von Gruppenstreitigkeiten [...].[29]

Das Betriebsrätegesetz vom 10.4.1946 hob das Gesetz zur Ordnung der nationalen Arbeit, das die Nationalsozialisten 1934 nach der Zerschlagung der Gewerkschaften erlassen hatten, auf. Es ging in seinen Bestimmungen weit über das Betriebsrätegesetz von 1920 hinaus.[30]

Auch im Regierungsbezirk Minden und Lippe fanden auf der Grundlage des neuen Betriebsrätegesetzes, das den von den Militärbehörden anerkannten Gewerkschaften eine wichtige Rolle zuschrieb[31], im Herbst 1946 Betriebsratswahlen statt, die nach dem neuen Gesetz in allen Betrieben mit 20 oder mehr Arbeitnehmern durchzuführen waren.

Mit der gesetzlichen Absicherung sozialer Rechte und den damit verbundenen Mitwirkungsmöglichkeiten der Gewerkschaften ging auch eine zunehmende Selbstbestimmungsmöglichkeit der Gewerkschaften einher. Anfang Oktober 1946 meldete die 'Freie Presse':

> Die britische Militärregierung hält den Zeitpunkt jetzt für gekommen, die gewerkschaftlichen Organsationen sich ohne weiteres Eingreifen der Militärregierung frei entwickeln zu lassen [...]. Der Vertreter der britischen Militärregierung gab bekannt, daß die Gewerkschaftsbewegung als lebendes Element bei der Leitung der deutschen Angelegenheiten zukünftig in immer stärkerem Maße auf dem Gebiet der Lohnbildung an der Regelung von Lohnsätzen und Arbeitsbedingungen beteiligt würde [...].[32]

3. *Kampf gegen Hunger und Not*

Die Gewerkschaften sahen sich jedoch in der folgenden Zeit immer mehr gezwungen, sich in den Kampf für eine Verbesserung der unmittelbaren Lebensbedürfnisse der Bevölkerung einzuschalten, die unter den hohen Preisen und der schlechten Versorgungslage litt.

In Bielefeld forderten Gewerkschafter im Oktober 1946 eine Herabsetzung der von den Alliierten geforderten Reparationsleistungen, Herabsetzung der Preise, Auflockerung des Lohnstopps und Ankurbelung der Produktion.[33] Schon die erste Zonenkonferenz der Gewerkschaften im August 1946 in Bielefeld hatte in einer Entschließung einstimmig "die Auflockerung des bestehenden Lohnstopps, energische Maßnahmen zur Rückführung der überhöhten Preise auf ihren normalen Stand sowie schärfste Bekämpfung des Schwarzen Marktes" gefordert sowie eine Pause bei den Kohlelieferungen ins Ausland, um den Wiederaufbau der deutschen Wirtschaft zu ermöglichen.[33a]

Doch die Lebensbedingungen verschlechterten sich im Winter 1946/47 rapide. Im Januar 1947 meldeten die Zeitungen die ersten Hunger- und Kältetoten in Hamburg, Betriebsstillegungen in Hamburg und Köln infolge Stromsperren und drohende Betriebseinstellungen bei den westdeutschen Kohlekraftwerken wegen Kohlemangels. Sie berichteten gleichzeitig von Protesten der Kölner Gewerkschaften und des Arbeitgeberverbandes der Metallindustrie sowie der Hamburger Freien Gewerkschaften.[34] In Lippe verlängerte die Lippische Landesregierung die Weihnachtsferien der Schulen um zwei Wochen wegen der anhaltenden Kälte und der Heizungsschwierigkeiten.[35]

Trotz steigender Kohleförderung wurde die Notlage größer. Wegen der Kohle- und Energieknappheit ausfallende Arbeitsstunden führten zu Lohneinbußen bei gleichzeitig steigenden Preisen für Grundnahrungsmittel, sofern diese überhaupt zur Verfügung standen. Wegen der Brotknappheit in ihren Familien verweigerten 3.000 Bergarbeiter in Altenessen im Januar 1947 die Einfahrt ins Bergwerk; auch in Bielefeld herrschte Brotknappheit, weil die Mehlzuteilung ausfiel. Anfang Februar 1947 stand die Stadt am Rande einer Katastrophe.[36]

Die Verschärfung der Versorgungslage führte in vielen westdeutschen Städten, so in Bielefeld, Köln, Düsseldorf, Rheinhausen, Aachen und im Münsterland zu Hungerdemonstrationen und Protestkundgebungen, bei denen Gewerkschafter eine führende Rolle spielten. Besonders die Bergarbeiter im Ruhrgebiet reagierten mit Streiks, u.a. in Dortmund[37], die vom nordrhein-westfälischen Ministerpräsidenten Amelunxen, aber auch von den Mitgliedern des Bezirksausschusses und den Verbandsvorständen der Gewerkschaften in Nordrhein-Westfalen in einer Konferenz unter Leitung von Hans Böckler in Düsseldorf als ungeeignet zur Verbesserung der Situation kritisiert wurden, auch wenn die Gewerkschaftsführer in ihnen den "sichtbaren Ausdruck von Not und Verzweiflung" sahen.[38]

Erst im April wurden die Hunger-Streiks beendet, weil sich die Getreideversorgung und als Folge das Brotangebot verbesserten. Die Streiks der Bergleute hatten jedoch zum Ausfall von mindestens 180.000 bis 190.000 Tonnen in der Kohleförderung geführt.[39]

Während die Lebensmittelversorgung in Detmold und Lippe trotz der Energieknappheit Anfang 1947 noch ausreichend gewesen zu sein scheint, änderte sich die Lage spätestens ab Mai 1947. Die 1.Mai-Feiern im Lippischen Landestheater Detmold mit einer Ansprache des Detmolders Otto Hartwig und in den anderen lippischen Städten fanden trotz des schlechten Wetters eine gute Beteiligung und waren thematisch geprägt von Forderungen nach einer Bodenreform und besseren Ernährung.[40]

Das 'Volks-Echo' berichtete Anfang Mai von Menschenschlangen, die sich schon nach der letzten Kinovorstellung vor der Roßschlächterei bildeten, um sich für den Fleischverkauf am nächsten Tag anzustellen.[41] Die Versorgungssituation war so besorgniserregend, daß sich die Detmolder Stadtverordnetenversammlung mit einem Hilferuf an die Landesregierung Nordrhein-Westfalen wandte, in dem sie "schärfsten Protest gegen die offensichtliche Benachteiligung ihrer Einwohnerschaft hinsichtlich der Lebensmittelzufuhr gegenüber anderen Städten und Kreisen des Landes Nordrhein-Westfalen" erhob und um "sofortige Abstellung der untragbaren Zustände" ersuchte, da der völlige Zusammenbruch der Brotversorgung es der werktätigen Bevölkerung unmöglich mache, ihre Arbeit fortzusetzen.[42]

Die Brotknappheit betraf auch andere lippische[43] und westdeutsche Städte und führte z.B. in Hamburg erneut zu Gewerkschaftsdemonstrationen. Das Zentralamt für Arbeit in Lemgo stellte fest, daß aufgrund der schlechten Ernährung die Arbeitsleistungen der Beschäftigten in der britischen Zone nur bei etwa 50 Prozent der Leistung von 1938 lagen.[44] Erst ab September war in Detmold wieder eine ausreichende Versorgung der Bevölkerung mit Brot und Mehl gesichert.[45]

Die Verbesserung der Lage war jedoch nur vorübergehend, im Winter 1947/48 verschlechterte sich die Situation wieder, und im Januar 1948 kam es zu Streikaktionen der Hafenarbeiter in Hamburg, der Industriearbeiter bei Mannesmann in Duisburg oder von Bergleuten in Essen[46], die von offiziellen Gewerkschaftsvertretern, z.B. von Hans Böckler, kritisiert und abgelehnt wurden.[47]

In Lippe protestierte der Gewerkschafter Gottenströter auf einer Konferenz beim Regierungspräsidenten, an der Vertreter der Gewerkschaften, der IHK, der Handwerkskammer und der Bauernschaft teilnahmen, gegen das für Lippe erlassene Schlachtverbot und forderte, alles zu tun, um die beiden lippischen Kreise wieder mit Fleisch zu versorgen. Er kritisierte auch die Tatsache, daß eine Reihe von Orten nur Stubbenholz als Brennmaterial erhalten hatte, als "große Ungerechtigkeit".[48]

Die Mangelsituation war nicht nur in der Ernährung zu spüren, sondern auch in anderen Bereichen. Der DGB-Kreisausschuß verwies in einem Schreiben vom 18.12.1947 an die Kreisverwaltungen Lemgo und Detmold auf Klagen aus Gewerkschaftskreisen, "daß die Berufsausbildung in den Berufsschulen recht mangelhaft ist". Als Ursachen wurden neben schlechten Verkehrsverhältnissen Mängel an Papier, Lehr- und Lernmaterial sowie die Schulraumnot angeführt.[49]

Hauptproblem blieb allerdings der Ernährungssektor. Anfang Febraur 1948 beteiligten sich in der britischen Zone 1 1/2 Millionen Angestellte an einem 24stündigen Proteststreik gegen die mangelhafte Verteilung der Lebensmittel. Die Zentren der Aktionen in Nordrhein-Westfalen waren Dortmund, Düsseldorf und Köln, aber auch in Hannover, Lübeck und Bremen waren Streikzentren. Auch in der amerikanischen Zone beteiligten sich in Baden-Württemberg eine Million Arbeitnehmer an Streikaktionen.[50]

Auf Anordnung des Ministers für Ernährung und Landwirtschaft wurden Anfang 1948 zur Durchführung des Erfassungsgesetzes für landwirtschaftliche Erzeugerbetriebe auch in Lippe Kontrollgruppen eingerichtet, deren Aufgabe es war, die Nachprüfungen der Ablieferungsleistungen vorzunehmen. An den Kontrollgruppen, die jeweils drei bis vier Gemeinden des Kreises zu überprüfen hatten, waren auch Gewerkschaftsvertreter beteiligt. Da jedoch die Kreisbauernschaft Lippe die Arbeit der Kontrollgruppen zum Teil durch passiven Widerstand zu unterlaufen suchte, traten die Gewerkschaftsvertreter teilweise zurück, da es ihnen unmöglich war, ihre Arbeit durchzuführen.[51]

4. Die Frage der deutschen Einheit

Immer größeren Raum nahm in der politischen, aber auch in der gewerkschaftlichen Diskussion die Frage der deutschen Einheit ein. Spätestens ab 1946 wurden trotz gemeinsamer Gesetzgebung durch den Kontrollrat die unterschiedlichen Vorstellungen der Alliierten in bezug auf die Entwicklung Deutschlands in politischer und wirtschaftlicher Hinsicht deutlich und nahmen konkrete Formen an. Der wirtschaftliche Zusammenschluß der britischen und amerikanischen Zonen zur Bizone im Dezember 1946 war der erste organisatorische Schritt zur späteren Bundesrepublik. Der Kalte Krieg, der in der Truman-Doktrin vom Mai 1947 einen ersten ideologischen Ausdruck fand, verschärfte die internationale Lage und wirkte sich zunehmend verstärkend auf die unterschiedliche politische und wirtschaftliche Entwicklung in Ost- und Westdeutschland aus. Während in der SBZ schon 1945 die ersten Sozialisierungsmaßnahmen durchgeführt wurden, wurde z.B. vom englischen Militärgouverneur der Beschluß des nordrhein-westfälischen Landtages über die Sozialisierung des Kohlebergbaus im August 1948 nicht anerkannt.[52]

Während der politische Konflikt zwischen der Sowjetunion und den Westmächten nach der Verkündigung der Truman-Doktrin und dem Beginn des Marshall-Plan-Programms vorerst nur schwelte – die Moskauer Außenministerkonferenz im Frühjahr 1947 vertagte eine Entscheidung der deutschen Frage –, kam es auf der Londoner Konferenz der Außenminister im November 1947 zum offenen Bruch. Sie wurde ohne Ergebnis abgebrochen, weitere Verhandlungen auf unbestimmte Zeit vertagt. Als unmittelbare Folge deutete der amerikanische Außenminister Marshall ein separates Vorgehen der Westmächte in ihren Besatzungszonen an; als konkreter Schritt folgte im Februar 1948 die Umbildung der deutschen Organe der Bizone. Der Wirtschaftsrat, das im Mai 1947 eingerichtete Parlament, wurde vergrößert, an seine Seite trat ein Länderrat. Die Bank deutscher Länder mit Sitz in Frankfurt wurde gegründet. Die Weichen für eine Weststaat-Lösung waren damit gestellt. Die Sowjetunion verließ am 20.3.1948 den Kontrollrat; die Westmächte bereiteten die Währungsreform vor, die ab dem 20.6.1948 durchgeführt wurde.

Mit einer Serie von Volkskongressen versuchten die Gegner einer Weststaat-Lösung der Spaltung Deutschlands zwar Anfang 1948 noch entgegenzuwirken, doch wurden die geplanten Kongresse in den Westzonen von den Militärbehörden verboten, lediglich in Berlin fanden unter starkem kommunistischen Einfluß mehrere Volkskongresse statt.

Auch in Detmold beschäftigten sich Gewerkschafter mit der Frage der deutschen Einheit. So beschlossen am 13.1.1948 die Mitglieder des Detmolder Ortsvereins der Industriegewerkschaft "Graphisches Gewerbe und Papierverarbeitung", einen Delegierten zum "Volkskongreß für die Einheit Deutschlands und gerechten Frieden" nach Solingen zu entsenden. "Er wurde beauftragt, die Interessen Gesamtdeutschlands zu wahren und dafür zu sorgen, daß der Volkskongreß in Solingen nicht einen parteipolitischen Charakter erhält, sondern ein Kongreß des ganzes Volkes wird", berichtete das kommunistische 'Volks-Echo' von der Sitzung.[53] Der Kongreß wurde jedoch vom stellvertretenden Gouverneur General Baraclough verboten.[54]

5. Für ein gerechtes Lohn-Preis-Verhältnis

Die Währungsreform, die am Sonntag, dem 20.6.1948 auch in Detmold durchgeführt wurde[55], traf auf eine Situation, in der der Verfall der alten Reichsmark-Währung und die hohen Preise erneut zu Protestaktionen der Bevölkerung geführt hatten. Die Gewerkschaften des Kreisgebietes Lippe hatten zu Protestkundgebungen aufgerufen, die in Detmold, Lemgo und Bad Salzuflen zu Massenveranstaltungen wurden. So mußte die Protestveranstaltung in Detmold, die im Volkshaus stattfinden sollte, das den Gewerkschaften zum ersten Mal seit 1933 wieder völlig zur Verfügung stand, auf den Kronenlatz verlegt werden, weil die Zahl der protestierenden Arbeiter, Angestellten und Beamten in die Tausende ging.[56] Der Bielefelder Gewerkschaftsvertreter W. Jostes bezeichnete in seiner Rede die vom Wirtschaftsrat vorgesehene Erhöhung der Preise für Lebensmittel und Haushaltswaren als unerträgliche Belastung der arbeitenden Bevölkerung, forderte die sofortige Anpassung der Löhne an die gestiegenen Lebenshaltungskosten und rief zur "Einigkeit aller Schaffenden in den Gewerkschaften" auf. Auf der Protestkundgebung in Lemgo sprach der Bielefelder Gewerkschaftssekretär Generotzki, in Bad Salzuflen der lippische DGB-Kreisausschußvorsitzende Heinrich Gottenströter.

Von den Protestveranstaltungen wurden überall einstimmige Entschließungen angenommen, die die vorgesehenen Lohnerhöhungen von 15 Prozent als unzureichend bezeichneten, um die vorher durch Lohnstopp zurückgebliebenen Löhne dem Preisauftrieb anzupassen, und die Forderung nach neuen Tarifvereinbarungen als erstem Schritt zu einer neuen Lohnpolitik erhoben.[57] Die Protestveranstaltungen waren mit einer dreistündigen Arbeitsniederlegung verbunden.[58]

Auch nach der Währungsreform änderte sich die Situation keineswegs, im Gegenteil schienen die Anbieter von Waren die neue Währung zu weiteren Preiserhöhungen genutzt zu haben. Im August 1948 fand daher unter der Führung der Gewerkschaften ein Käuferstreik auf dem Detmolder Wochenmarkt statt. In Verhandlungen zwischen Gewerkschaftsvertretern, einer Hausfrauendelegation und Vertretern der Marktbeschicker wurde eine Neufestsetzung der Preise vereinbart, die sich in etwa am Stand der Preise von 1938 orientierten. Im Anschluß an die Aktion kündigte der Gewerkschaftsvorsitzende Gottenströter an, daß die Gewerkschaften auch mit der Industrie- und Handelskammer Verhandlungen führen wollte, um auch von dieser Seite Preissenkungen zu bewirken.[59]

Bis zum Herbst 1948 hatte sich die Lage jedoch so verschärft, daß der Vereinigungskongreß der Industriegewerkschaft Chemie, Papier und Keramik am 16.10. in Hannover mit großer Mehrheit einen Generalstreik gegen die Lohn- und Preisregelungen befürwortete.[60]

Der Gewerkschaftsrat der Bizone beschloß am 6.11.1948 in Frankfurt, für den 12.11. zu einem eintägigen Generalstreik aufzurufen. In einem 10-Punkte-Programm forderten die Gewerkschaften unter anderem die amtliche Verkündigung des wirtschaftlichen Notstandes, den Einsatz eines Preisbeauftragten mit besonderen Vollmachten sowie den Erlaß eines dem Notstand angepaßten Preis-, Kontroll- und Wuchergesetzes. Verstöße gegen Gesetze und Anordnungen in Verbindung mit dem Notzustand sollten in einem besonderen Verfahren schnellstens abgeurteilt werden.[61]

Zur Vorbereitung der Umsetzung dieses Beschlusses traten am 7.11. in Düsseldorf mehrere hundert Delegierte der Orts- und Kreisausschüsse des DGB NRW zu einer Konferenz zusammen. Es wurden Anweisungen zur Durchführung des Generalstreiks gegeben. In einem Aufruf hieß es:

> Vor der Währungsreform erlebten wir steigende Preise bei gestoppten Löhnen und Gehältern, den Schwarzmarkt mit Sabotage der Bewirtschaftung und öffentlich befürworteter Hortung. Nach der Währungsreform wurde das Spiel fortgesetzt mit unerhörten Hortungsgewinnen, Steuerhinterziehung, wucherisch steigenden 'legalen' Preisen, erneuter Hortung, Nichterfüllung der Ablieferungspflicht durch die Landwirtschaft und einen Schwarzen Markt, der wiederum die Währung gefährdet. Die Gewerkschaften haben auf die unabwendbaren Folgen dieser Wirtschaftspolitik hingewiesen. [...].
> Die Gewerkschaften haben mit Nachdruck vor der Entfesselung eines Wettlaufs zwischen Preisen und Löhnen gewarnt. Die Stimmen der Gewerkschaften blieben ungehört [...].[62]

Nach Angaben des DGB-Vorsitzenden Hans Böckler nahmen 6 Millionen Arbeiter, Angestellte und Beamte in der britischen Zone an dem Generalstreik teil.[63]

Auch in Detmold und anderen lippischen Orten wurde der Aufruf der Gewerkschaftsführung zum Streik befolgt. In den meisten Betrieben ruhte die Arbeit.

> Bei den Behörden war ein Bereitschaftsdienst eingerichtet; nur die Post und die Eisenbahn hatten die Arbeit nicht unterbrochen. Theater und Kinos waren geschlossen. In den Schulen fand der Unterricht wie an allen anderen Tagen statt. Auch ein großer Teil Gaststätten und Geschäfte waren geöffnet.[64]

In der Rubrik "Im Telegrammstil" berichtete die 'Freie Presse':

> Im Volkshaus in Detmold fanden sich am Freitagnachmittag sämtliche Gewerkschaftsvertreter zusammen und bekundeten einmütig ihren Willen, den Deutschen Gewerkschaftsbund aufzufordern, mit allen Mitteln, auch dem des Generalstreiks, den Wucherpreisen Einhalt zu gebieten.

Im selben Bericht wurde mitgeteilt, daß das Gewerkschaftshaus (Volkshaus) "von oben bis unten" renoviert und der große Festsaal bereits bis Weihnachten 1948 fast restlos ausverkauft sei.[65]

III. Die Anfänge der Gewerkschaft Erziehung und Wissenschaft

Als Beispiel für die Gründung und Aktivitäten einer Einzelgewerkschaft sollen im letzten Teil dieses Beitrages die Anfänge des Allgemeinen Lippischen Lehrervereins und des Allgemeinen Deutschen Lehrerverbandes der britischen Zone dargestellt werden; zum einen, weil für beide im Staatsarchiv Detmold eine hervorragende Quellensituation gegeben ist, zum anderen, weil mit der Gründung des ADLV, aus dem später die GEW hervorging, Detmold eine überörtliche Bedeutung erhielt.

1. Der Allgemeine Lippische Lehrerverein

Wie die anderen Gewerkschaften und Berufsorganisationen wurde 1933 auch der Lippische Lehrerverein gleichgeschaltet, dessen Anfänge sich bis zum Jahr 1847 zurückverfolgen lassen, als Lehrer Meyer in Lage alle lippischen Lehrer zu einer Versammlung zusammenrief. An seine Stelle trat der NSLV.[66]

Die Initiative zur Neugründung einer Interessenorganisation der lippischen Lehrer ging aus von Studienrat Heinz Röhr aus Detmold, der am 17.10.1945 in einem Schreiben an lippische Schulen bzw. Lehrer die Gründung eines "allgemeinen Lehrervereins" anregte.[67] Röhr war der letzte Vorsitzende des Lippischen Lehrervereins bis 1933.[68] Er erhielt auf sein Anschreiben eine Reihe positiver Antworten von Lehrerinnen und Lehrern aus dem ganzen lippischen Raum, die zum Teil später eine wichtige Rolle beim Aufbau der lippischen GEW-Vorläuferorganisation spielten.

Ein ähnlicher Vorschlag zur Einberufung einer lippischen Lehrerversammlung wurde offenbar von Dr. Klingler, dem Leiter des Leopoldinums und später des Aufbaugymnasiums, gemacht, gegenüber dessen Ansinnen der Schulrat Sprenger in einem Brief vom 21.11.1945 Bedenken äußerte, weil die Vorbereitungen dazu nicht weit genug gediehen seien und außerdem die Genehmigung der Militärbehörden nötig sei, wenn sich der zu gründende Verein als Gewerkschaft verstehen wolle. Er schlug daher vor, zuerst nur eine Gründungsversammlung für die Lehrerschaft in Detmold und Umgebung einzuberufen, der später ähnliche Versammlungen in anderen lippischen Städten folgen sollten.[69]

Diese Gründungsversammlung des Lippischen Lehrervereins für den Bezirk Detmold fand am 8.12.1945 mit 30 Teilnehmern statt, darunter waren u.a. Röhr, Sprenger, Haase, Sünkel, Flöttmann, Lambracht, Wolf und Dr. Flemming. Nach der Eröffnung durch Röhr sprachen Schulrat Sprenger über die Entstehung und Bedeutung der Lehrervereine und den Kampf der Lehrer um sozialen Aufstieg, Dr. Flemming als Vertreter der höheren Schulen und Flöttmann als Vertreter der Berufsschullehrer. Alle drei sprachen sich für einen einheitlichen Lehrerverein aus, wenn auch Flemming und Flöttmann innerhalb des Einheitsvereins eine fachliche Aufteilung befürworteten. Auf Vorschlag von Röhr wurde ein fünfköpfiger Vorstand des neuen Bezirksvereins gebildet; an der Spitze stand Dr. Flemming. Röhr entwickelte außerdem eine Zielperspektive für einen Allgemeinen Lippischen Lehrerverein, der sich aus elf örtlichen Bezirkskonferenzen zusammensetzen sollte, die je nach Größe eine bestimmte Delegiertenzahl für den ALLV stellen konnten, dessen Vorstand aus acht Vertretern der Volksschule, drei der Berufsschule und drei der höheren Schule bestehen sollte. Innerhalb des neuen Lehrervereins sollten drei Fachschaften gebildet werden: Volksschulen, Berufsschulen, höhere Schulen. Zur konkreten Arbeit sollten fünf Ausschüsse mit paritätischer Besetzung aus den Fachschaften gebildet werden.[70]

Noch im Dezember 1945 wurden weitere örtliche Bezirkskonferenzen gegründet, so z.B. am 19.12.1945 von 45 Teilnehmern in Lemgo. Auch dort betonten Diskussionsredner die Notwendigkeit einer einheitlichen Organisation der deutschen Lehrerschaft.[71]

Am 25.3.1946 fand in Detmold eine Lehrerversamlung statt, auf der erste Schritte zur Gründung eines überörtlichen Lehrervereins besprochen wurden. Wie für die Gründung anderer Gewerkschaften galten auch hier die Vorgaben der Militärregierung, z.B. das Einreichen genehmigungsfähiger Statuten. Ein Entwurf dazu war nach dem Vorbild des Hamburger

Lehrervereins, mit dem man seit Ende 1945 Kontakt hatte, bereits ausgearbeitet worden.[72]

Am 2.5.1946 richtete der Vorstand des früheren Lippischen Lehrervereins ein Schreiben an die Militärregierung von Lippe und Schaumburg-Lippe, in dem diese über die geplante Gründung eines Vereins, der die Lehrer aller Schularten erfassen sollte, "um im demokratischen Geiste an dem so bedeutungsvollen Erziehungswerk lebendigen Anteil zu nehmen", unterrichtet und um Genehmigung ersucht wurde. In einem beigefügten Satzungsentwurf waren der Aufbau des Vereins, seine Ziele und Aufgaben beschrieben.[73]

Im Antwortschreiben der Militärregierung an die Schulabteilung der Lippischen Landesregierung vom 30.7.1946 wurden die Bedingungen für die Zulassung von Lehrervereinen skizziert. Dazu gehörten: der Verein mußte unpolitisch sein, die leitenden Funktionen durften nur mit Zustimmung der Militärregierung besetzt werden, Mitglieder konnten nur Lehrkräfte werden, die auch von der Militärregierung im Amt bestätigt waren, schließlich war eine bestimmte Zahl von Satzungsexemplaren und eine Erklärung über die Ziele bei der Militärregierung in Minden einzureichen.[74]

In einem Schreiben an den Oberpräsidenten der Provinz Westfalen vom 13.8.1946 wies der Abteilungsleiter Schule und Kirche der Militärregierung diesen an, den deutschen Schulbehörden den Auftrag zu geben, die Öffentlichkeit über die Voraussetzungen der gewerkschaftlichen Organisation von Lehrern zu unterrichten. Darin wurde betont:

"Lehrer haben die Freiheit, sich zusammenzuschließen unter der Bedingung, daß die Forderungen der Militärbehörden erfüllt werden." Die Initiative müsse jedoch von den Lehrern selbst ausgehen.

Weiter heißt es:

> 3. Es steht den Lehrern also frei:
>   a) entweder eine getrennte, unabhängige Organisation zu schaffen,
>   b) oder je nach Wunsch eine getrennte Organisation im Rahmen der Allgemeinen Gewerkschaftsbewegung zu bilden, die Mitteilungen zufolge dazu bereit ist, innerhalb der Bewegung eine besondere Abteilung zu gründen, von der aus die Lehrer betreut werden.[75]

Nachdem durch das Schreiben der Militärregierung vom 30.7. die Voraussetzungen für die Gründung geklärt waren, lud Heinz Röhr für den 16.8.1946 zu einer Sitzung des vorbereitenden Ausschusses für die Bildung des Lehrervereins in den großen Sitzungssaal der Landesregierung ein. Eine Einladung erhielt auch Landrat Mellies.[76]

An der Sitzung am 16.8. nahmen 22 Teilnehmer aus ganz Lippe teil, unter ihnen Schulrat Haase (Detmold), Gewerbeoberlehrer Flöttmann (Detmold), Oberstudienrat Dr. Flemming (Detmold), Oberschulrat Sünkel (Detmold), Berufsschuldirektor Lambracht (Detmold), Schulrat Sprenger (Detmold), Lehrer Hagemann, Lemgo und Landrat Mellies. In der Diskussion wurde das weitere Vorgehen für die Gründung eines gesamtlippischen Vereins beraten. Es wurde beschlossen, vor der Gründung Bezirksvereine auf örtlicher Ebene zu etablieren. Für die Übergangszeit wurde ein Ausschuß gebildet, dem Haase, Röhr, v.Caven, Frl. Pölert, Sprenger, Schiffler und Frl. Dr. Schmidt angehörten.[77]

Mit Datum vom 26.8.1946 verschickte Schulrat Haase für den Ausschuß einen "Aufruf an die Lehrer aller lippischen Schulen" an die lippischen Schulleiter. Im Anschreiben kündigte er die "Bildung eines allgemeinen, d.h. überkonfessionellen, überparteilichen, alle Lehrergruppen und die Kindergärtnerinnen umfassenden Vereins" an. Beitrittserklärungen, die dem Aufruf angefügt waren, sollten bis zum 15.9. an die voräufigen Leiter der Bezirksvereine, von denen bisher 11 gebildet worden waren, eingereicht werden. In dem Aufruf (s. Abbildung) hieß es:

> Wir glauben jetzt die Zeit gekommen, uns in freier Entscheidung neu zusammenzuschließen, um die inneren Zerstörungen auszuheilen, die der Nationalsozialismus in unseren Reihen angerichtet hat. Wir wollen die alte demokratische Tradition der Lehrerschaft wieder fruchtbar machen und die ehrliche Aussprache unter uns pflegen. Wir wollen helfen, wo Not in unseren Reihen ist. Wir wollen alle Kraft einsetzen für eine innerlich erneuerte Schule, für unsere Jugend, für unser Volk!

Als Aufgabengebiete des neuen Lehrervereins wurden u.a. formuliert:

> Förderung des Schul- und Erziehungswesens, der pädagogischen Wissenschaft und der beruflichen Fortbildung des Lehrerstandes, [...] Sicherung der amtlichen Stellung und der wirtschaftlichen Lage der Lehrerschaft.[78]

Am 12.10.1946 fand im großen Sitzungssaal der Lippischen Landesregierung die Gründungsversammlung des Allgemeinen Lippischen Lehrervereins statt. Alle Bezirksvereine waren durch Delegierte vertreten, die rund 480 Mitglieder repräsentierten; das entsprach etwa 75 Prozent der gesamten lippischen Lehrerschaft von 620 Personen. Das Gros der Mitglieder stellten die Volksschullehrer, von denen viele schon vor 1933 dem lippischen Lehrerverein angehört hatten, auch katholische Volksschullehrer, die in anderen Teilen Nordrhein-Westfalens einen eigenen konfessionellen Verband gegründet hatten, waren in Lippe darunter.

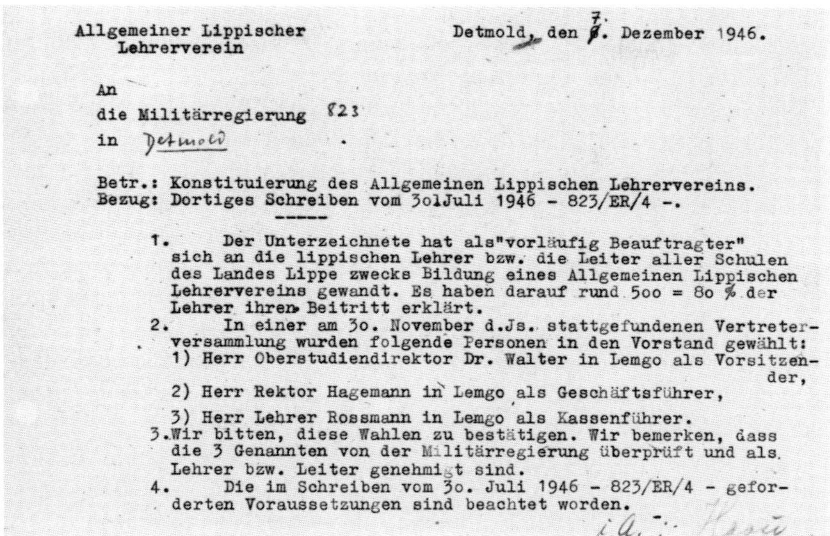

Allgemeiner Lippischer Lehrerverein

Detmold, den 7. Dezember 1946.

An
die Militärregierung 823
in Detmold

Betr.: Konstituierung des Allgemeinen Lippischen Lehrervereins.
Bezug: Dortiges Schreiben vom 30.Juli 1946 – 823/ER/4 –.

-----

1. Der Unterzeichnete hat als "vorläufig Beauftragter" sich an die lippischen Lehrer bzw. die Leiter aller Schulen des Landes Lippe zwecks Bildung eines Allgemeinen Lippischen Lehrervereins gewandt. Es haben darauf rund 500 = 80 % der Lehrer ihren Beitritt erklärt.
2. In einer am 30. November d.Js. stattgefundenen Vertreterversammlung wurden folgende Personen in den Vorstand gewählt:
1) Herr Oberstudiendirektor Dr. Walter in Lemgo als Vorsitzender,
2) Herr Rektor Hagemann in Lemgo als Geschäftsführer,
3) Herr Lehrer Rossmann in Lemgo als Kassenführer.
3. Wir bitten, diese Wahlen zu bestätigen. Wir bemerken, dass die 3 Genannten von der Militärregierung überprüft und als Lehrer bzw. Leiter genehmigt sind.
4. Die im Schreiben vom 30. Juli 1946 – 823/ER/4 – geforderten Voraussetzungen sind beachtet worden.

i.A.: Haase

Abb.3

Es wurde ein Satzungsentwurf diskutiert, der durch einen in der Versammlung gewählten Verfassungsausschuß, dem fünf Personen, darunter Röhr, angehörten, weiter ausgearbeitet werden sollte. Die Höhe des Beitrags wurde vorläufig mit 1 % des Nettoeinkommens festgelegt. Die Bestellung von Fach- und Arbeitsausschüssen wurde vorerst ebenso zurückgestellt wie die Wahl des Vorsitzenden und des Geschäftsführers, für die Dr. Walter und Lehrer Hagemann, beide Lemgo, vorgeschlagen wurden.

In der Versammlung wurde außerdem darauf hingewiesen, daß der Hamburger und der Braunschweiger Lehrerverein, die sich mit als erste nach 1945 konstituiert und miteinander verbunden hatten, beabsichtigten, am 18.12.1946 in Detmold einen "Deutschen Lehrerverein" zu gründen. Die Versammlung sprach sich grundsätzlich für den Anschluß des Lippischen Lehrervereins an den Deutschen Lehrerverein aus und erklärte auch die Bereitschaft, die Tagung in Detmold auszurichten.[79]

Mit Schreiben vom 7.12.1946 meldete Schulrat Haase als "vorläufig Beauftragter" der Militärregierung die vollzogene Gründung des Allgemeinen Lippischen Lehrervereins, dem inzwischen mit rund 500 Mitgliedern etwa 80 Prozent der Lehrer in Lippe angehörten.

In einer Vertreterversammlung am 30.11.1946 war inzwischen ein Vorstand gewählt worden. Ihm gehörten an: Oberstudiendirektor Dr. Walter, Lemgo, als Vorsitzender; Rektor Hagemann, Lemgo, als Geschäftsführer und Lehrer Roßmann, Lemgo, als Kassenführer.[80]

Die Gründungsphase des Allgemeinen Lippischen Lehrervereins als Vorläufer der GEW-Kreisvereinigung Lippe war damit abgeschlossen.

Wie es bei einer Lehrergewerkschaft zu erwarten ist, lag der Schwerpunkt der Aktivitäten des Allgemeinen Lippischen Lehrervereins in der Schul- und Bildungspolitik, und hier in den ersten Nachkriegsjahren besonders in bezug auf die Auseinandersetzung um die Konfessionalisierung des lippischen Volksschulwesens vor dem Hintergrund der Integration Lippes in das Land Nordrhein-Westfalen. Da sich ein anderer Beitrag ausschließlich mit dieser Thematik befaßt, soll hier nur insoweit darauf eingegangen werden, als die Position des ALLV in dieser Frage berührt ist.

Schon direkt nach der Gründung der ersten Bezirksvereine in Detmold und Lemgo und damit lange vor der Gründung des ALLV stand die Frage der Gemeinschafts- oder Bekenntnisschule auf der Tagesordnung.

In einem Brief vom 21.12.1945 teilte Gustav Hagemann, der spätere Geschäftsführer des ALLV, Heinz Röhr in Detmold nicht nur mit, daß soeben der Bezirksverein Lemgo gegründet worden war, sondern nahm auch kritisch Bezug auf eine Veröffentlichung des Landeskirchlichen Ausschusses, in der es offensichtlich um das Verhältnis Schule-Kirche gegangen war:

> [...] wird es höchste Zeit, daß der Lippsche Lehrerverein aktiv wird. Es ereignen sich Dinge, die wir nicht anerkennen können. Ich denke in erster Linie daran, daß der einzelne Lehrer und damit die Schule wieder in ein Abhängigkeitsverhältnis von der Kirche gebracht werden sollen [...]. Das grüne Kirchenblatt sagt genug, wohin es gehen kann.

Hagemann bedauerte, daß die von ihm kritisierte Veröffentlichung die Unterschrift von Hans Sprenger trug, der ja einer der Mitbegründer des Bezirksvereins Detmold war.[81]

In einem Schreiben an Pastor Dr. Hammelsbeck in Falkenhagen distanzierte sich Sprenger jedoch von der Veröffentlichung, in der es offenbar darum ging, Lehrer zu verpflichten, an gemeinsamen Arbeitsgemeinschaften von Schule und Kirche teilzunehmen. Sprenger schrieb wörtlich:

Detmold, den 26. August 1946.
Steinstoß 8.

Aufruf

an die Lehrer aller lippischen Schulen

Schwer hat der Druck der nationalsozialistischen Parteidiktatur auf uns Lehrern gelastet. Wir haben unsere Kräfte nicht frei für die Jugenderziehung einsetzen können, sondern haben schweigen müssen, wo unser Gewissen sich auflehnte gegen die unerträgliche Vergewaltigung der Persönlichkeit. Der kollegiale Zusammenhang war gefährdet. Eine uns gewaltsam auferlegte Berufsorganisation war nichts anderes als ein Mittel, uns noch enger in der Abhängigkeit von der Partei zu halten.

Wir glauben jetzt die Zeit gekommen, uns in freier Entscheidung neu zusammenzuschließen, um die inneren Zerstörungen auszuheilen, die der Nationalsozialismus in unseren Reihen angerichtet hat. Wir wollen die alte demokratische Tradition der Lehrerschaft wieder fruchtbar machen und die ehrliche Aussprache unter uns pflegen. Wir wollen helfen, wo Not in unseren Reihen ist. Wir wollen alle Kraft einsetzen für eine innerlich erneuerte Schule, für unsere Jugend, für unser Volk!

In diesem Sinne soll das Arbeitsgebiet des neu zu bildenden Lehrervereins folgende Einzelaufgaben umfassen: Förderung des Schul- und Erziehungswesens, der pädagogischen Wissenschaft und der beruflichen Fortbildung des Lehrerstandes, Beteiligung am Kulturleben und Hebung der Volksbildung, Sicherung der amtlichen Stellung und der wirtschaftlichen Lage der Lehrerschaft, Unterstützung der in Not geratenen Mitglieder oder der Hinterbliebenen. Als Beitrag ist 1 % vom Nettoeinkommen vorgesehen. Die endgültige Festlegung bleibt der Vertreterversammlung vorbehalten.

gez. Haase.

Erklärung

Den vorstehenden Aufruf habe ich zur Kenntnis genommen und erkläre meinen Beitritt mit dem Bemerken, daß ich von der Militärregierung zugelassen bin.

_______________, den _______________ 194___

____
(Unterschrift)

____
(Dienstbezeichnung)

____
(Anschrift)

Bösmann, Druckerei, R 29. 1. 1946, Detmold, 4996/1000, Aug. 1946, Kl. A

Abb.4

> [...] Die Lehrer lesen vielfach heraus, daß sie in Zukunft zwei Herren unterstellt sein sollen. Wenn der Religionsunterricht ordentliches Lehrfach ist, will es der Lehrer nur mit seiner staatlichen Behörde zu tun haben. Es ist Sache dieser Behörde, mit der Kirchenleitung eine Verständigung darüber herzustellen, unter welchen Voraussetzungen der Lehrer zur Erteilung des Religionsunterrichts zuzulassen ist, und welche Garantien für die bekenntnismäßige Erteilung zu geben sind.[82]

Anfang 1946 fanden auf Veranlassung der Lippischen Landesregierung mehrere Gespräche über die Stellung des Religionsunterrichts in der Volksschule statt, an denen als Vertreter des Lehrervereins auch Heinz Röhr teilnahm. Die Gespräche führten offenbar zu bedeutenden sprachlichen Veränderungen in den vom Landeskirchlichen Ausschuß für den Religionsunterricht vorgeschlagenen Grundsätzen, wie ein Schreiben der Abteilung III der Lippischen Landesregierung an Heinz Röhr vom 4.2.1946 zum Ausdruck brachte.[83]

Der Allgemeine Lippische Lehrerverein vertrat eindeutig die Position der Gemeinschaftsschule, wie eine nicht datierte Entschließung zeigt, in der es u.a. hieß:

> 1. Der Allgemeine Lippische Lehrerverein tritt ein für die Gemeinschaftsschule.
> 2. Die Gemeinschaftsschule umfaßt Kinder aller Konfessionen und Weltanschauungen.
>
> [...]
>
> 4. Die Anstellung der Lehrer erfolgt ohne Rücksicht auf konfessionelle und weltanschauliche Stellung derselben.
> 5. Die Gewissensfreiheit für Lehrer und Schüler ist unantastbares Recht.
> 6. Der Religionsunterricht ist ordentliches Lehrfach und nach den Bekenntnissen getrennt zu erteilen. Die Erteilung des Religionsunterrichts bleibt der Willenserklärung der Lehrer, die Teilnahme am Religionsunterricht der Willenserklärung desjenigen überlassen, der über die religiöse Erziehung des Kindes zu bestimmen hat.[84]

Auf der Vertreterversammlung des Allgemeinen Lippischen Lehrervereins am 23.7.1947 in Lage betonte Wilhelm Sünkel, seit 1946 als Oberschulrat Leiter der Oberschulbehörde des Landes Lippe und nach dessen Eingliederung in das Land Nordrhein-Westfalen am 21.1.1947 Mitglied der Schulabteilung bei der Bezirksregierung in Detmold, noch einmal, das Ziel des ALLV bleibe die Einheitsschule und die Gemeinschaftsschule ohne konfessionelle Aufspaltung. Damit befand sich der ALLV auch im Einklang mit dem inzwischen gegründeten Allgemeinen Deutschen Lehrerverband. Sünkel warnte auch davor, den Gedanken einer "reichseinheitlichen" Schulpolitik aufzugeben. Er verwies darauf, daß bei der Landesregierung bereits ein Referentenentwurf zu einem Schulverwaltungsgesetz fertiggestellt sei und kritisierte, daß "der Gedanke der Kommunalisierung des Schulwesens" immer noch in den Köpfen mancher Bildungspolitiker spuke.[85]

Der Erhalt der lippischen Gemeinschaftsschule war inzwischen auch Ergebnis der Verhandlungen zwischen dem Lippischen Landespräsidenten Drake und dem nordrhein-westfälischen Ministerpräsidenten Amelunxen, das in den sogenannten lippischen Punktationen vom 5.12.1946 festgehalten wurde, in denen es ausdrücklich hieß:

> Die lippische Gemeinschaftsschule bleibt im Rahmen der allgemeinen gesetzlichen Bestimmungen erhalten.[86]

Die Problematik des lippischen Schulwesens beschäftigte den ALLV jedoch noch bis 1950. Im Vorfeld des Volksentscheids über die nordrhein-westfälische Verfassung im Juni 1950 verabschiedete der an die inzwischen gegründete Gewerkschaft Erziehung und Wissenschaft angeschlossene Zweigverband Lippe eine Entschließung über die Erhaltung des lippischen Schulwesens, die mit Schreiben vom 4.1.1950 dem Regierungspräsidenten in Detmold zugeleitet wurde.

Darin bat die Vertreterversammlung den Regierungspräsidenten, sich "mit Nachdruck" dafür einzusetzen, daß bei den Beratungen über die neue nordrhein-westfälische Verfassung die Vereinbarungen der lippischen Punktationen berücksichtigt würden. Die lippische GEW drohte sogar:

> Die Vertreterversammlung würde eine Nichtbeachtung dieser gültigen und beide Seiten verpflichtenden Vereinbarungen als eine undemokratische Majorisierung und als einen Rechtsbruch ansehen. Sie müßte sich unter Berufung auf den § 141 des Bonner Grundgesetzes mit allen Mitteln dagegen zur Wehr setzen [...].[87]

Im Januar 1948 gab der Geschäftsführende Ausschuß des Allgemeinen Lippischen Lehrervereins eine Stellungnahme zum Referentenentwurf der Landesregierung ab, den er scharf kritisierte:

> Die Denkschrift läßt nicht erkennen, daß alles versucht worden ist, um eine Regelung für Gesamt-Deutschland zu erreichen. Die deutsche Lehrerschaft kann ihre Zustimmung nicht zu einer Schulorganisation geben, die sich von der in anderen deutschen Ländern wesentlich unterscheidet. Es fällt auf,

> daß nicht einmal eine Gleichrichtung mit den übrigen Ländern der britischen Zone erzielt ist. Die deutschen Lehrer beklagen die politische und wirtschaftliche Zerspaltung Deutschlands und bleiben bemüht, wenigstens die Zersplitterung auf kulturellem und schulischem Gebiet zu vermeiden.

Im Detail stellte der ALLV der im Entwurf als Fernziel formulierten Perspektive einer 6jährigen Grundschule die Forderung gegenüber, dieses Ziel müsse auf jeden Fall sofort realisiert werden; außerdem sei zu prüfen, ob nicht die 8jährige Grundschule anzustreben sei. Auch das im Entwurf enthaltene Konzept von drei Formen der höheren Schule wurde kritisch hinterfragt.[88]

Aber auch zu anderen Bereichen der Schulpolitik nahm der Allgemeine Lippische Lehrerverein Stellung, wozu er von der Schulabteilung der Lippischen Landesregierung auch ermuntert und aufgefordert wurde. So betonte die Abteilung III der Landesregierung in einem Schreiben an den Vorstand des ALLV vom 28.11.1946, daß sie Wert darauf lege, "die Aufgaben im Bereich des Unterrichts- und Erziehungswesens in enger Verbindung mit der Lehrerschaft zu lösen, wie das vor 1933 zum Segen der lippischen Schulen der Fall gewesen ist."

Die Schulabteilung bat darum, die Frage der Selbstverwaltung im Schulwesen, das Verhältnis Schule-Elternschaft, einen Gesamtlehrplan für die Volksschule und die Frage eines neuzeitlichen Geschichtsunterrichts in der Lehrerschaft zu diskutieren und das Ergebnis der Schulabteilung mitzuteilen. Die Lehrplanarbeit wurde dabei als vordringlich angesehen.[89]

Auf der Vertreterversammlung des ALLV am 30.11.1946 wurde deshalb der schon bei der Landesregierung bestehende Ausschuß für Lehrplanfragen personell erweitert, den Vorsitz übernahm Schulrat Sprenger; außerdem wurde ein Ausschuß für Geschichtsunterricht gebildet. Der noch zu bildende Ausschuß für Lehrbücher sollte eng mit dem Lehrplanausschuß zusammenarbeiten.[90]

Eine erste Stellungnahme gab der Ausschuß für Lehrplanfragen in einem Schreiben vom 6.1.1947 an die Schulabteilung zu dem Verfahren der Zulassung von Lesestoff durch die Landesregierung bzw. die Militärbehörden ab:

> 1. Die Landesregierung möge den Schulen nicht Verbotslisten zugehen lassen, sondern Listen von zugelassenen Schriften. Solche Verbotslisten verstärken in der Lehrerschaft die schon allzu sehr vertretene Meinung, daß sie in ihrer freien Betätigung eingeschränkt sei. Demgegenüber muß unter den Lehrern der Mut gestärkt werden, sich der ihnen tatsächlich eingeräumten Freiheit bewußt zu werden.

> 2. In der Sache selbst möge bei der Militärregierung versucht werden, das Verbot wenigstens der Schriften aufzuheben, die anerkannte Werke unserer nationalen Literatur enthalten.[91]

Der ALLV beschäftigte sich jedoch nicht nur mit schul- und bildungspolitischen Fragen, sondern versuchte auch, die Interessen der Lehrerschaft in wirtschaftlichen und sozialen Fragen zu vertreten.

Ein wesentliches Problem war die Wohnraumfrage, besonders hinsichtlich von Arbeitsräumen für Lehrer. Im Juni 1948 beklagte der ALLV in einem Schreiben an die Schulabteilung beim Regierungspräsidenten die Behandlung der Lehrer durch die örtlichen Wohnungsämter, die vielfach nicht die Notwendigkeit eines Arbeitszimmers anerkennen würden. Es sei Lehrern jedoch nicht zuzumuten, in der Küche oder in einem Aufenthaltszimmer für viele Personen Korrekturen durchzuführen oder Eltern von Schülern zu Gesprächen zu empfangen. Ein Lehrer dürfe nicht anders behandelt werden als ein Pfarrer, dem ja auch ein Arbeits- oder Dienstzimmer zuerkannt werde. Oberschulrat Sünkel sagte zwar seitens der Schulabteilung eine Prüfung der Frage zu[92], doch blieb das Problem noch für längere Zeit ungelöst und führte auch 1949 noch zu Klagen des ALLV gegenüber der Schulabteilung.

Auch die Lehrergehälter waren ein Grund zu Eingaben des ALLV an den Regierungspräsidenten, dem am 13.1.1949 eine Entschließung der Vertreterversammlung in Bad Salzuflen übermittelt wurde, in der die gewerkschaftlich organisierten Lehrer eine "Angleichung der Gehälter an den stark verteuerten Lebensunterhalt" forderten. Zur Begründung wurde darauf verwiesen, daß

> viele Lehrer durch die wirtschaftliche Teuerung unverschuldet in Schulden geraten sind und manche Lehrer sich bald gezwungen sehen, durch Verdienst auf Nebenwegen zum Unterhalt ihrer Familie beizusteuern [...].

Der Regierungspräsident leitete zwar die Eingabe weiter an den Kultusminister, dieser sah jedoch keine Realisierungsschance für die Forderung des ALLV.[93]

Ein letzter Bereich von Aktivitäten, der hier kurz angesprochen werden soll, ist die Mitbestimmungsfrage im Schulbereich. Auf eine Entschließung der Vertreterversammlung des ALLV, die im April 1949 der Abteilung II U beim Regierungspräsidenten zugeleitet wurde, antwortete Regierungsdirektor Sünkel im Juni 1949:

> Bezüglich der Entschließung wegen der Wiedereinrichtung einer amtlichen Vertretung der Lehrerschaft und Anerkennung der vorgeschlagenen Kreislehrerräte bemerke ich folgendes:
>
> a) Es handelt sich bei den Anträgen nicht um Lehrerräte im überkommenen Sinne, auch nicht um irgendwelche Organisationen im Sinne des Betriebsrätegesetzes, sondern um gewerkschaftliche Vertretungen.
> Ich bin bereit, mit solchen auf Bezirksebene gebildeten Ausschüssen in Fragen grundsätzlicher Art auf Antrag zu verhandeln und zu beraten. Doch dürfen bei der augenblicklichen Rechtslage diese Ausschüsse keine beschließende, sondern nur beratende Funktion ausüben [...].[94]

Im Juli 1949 fanden Verhandlungen zwischen dem Geschäftsführenden Vorstand des ALLV und Vertretern der Schulabteilung statt, in denen es auch um die Vertretung der Lehrerschaft ging. In dem Gespräch teilte Regierungsdirektor Sünkel mit, daß ein Lehrerrat mit 21 Mitgliedern auf Bezirksebene gebildet worden sei. Er begrüßte diesen als "Instrument zur Festigung gegenseitigen Vertrauens". Weiterhin wurde die Abgrenzung der Befugnisse von Regierung und Lehrervertretung diskutiert. Nach dem Protokoll der erweiterten Vorstandssitzung des ALLV vom 30.8.1949 in Detmold tagte der Bezirkslehrerrat zum ersten Mal am 25.8. in Detmold. Er beschäftigte sich u.a. mit der Entnazifizierung, mit Stellenbesetzungen und Beförderungen sowie mit der Dienstwohnungsfrage.[95]

2. Die Gründung des Allgemeinen Deutschen Lehrer- und Lehrerinnenverbandes (ADLLV) in Detmold

Detmold erlangte für die heutige Gewerkschaft Erziehung und Wissenschaft eine besondere Bedeutung durch die Gründung des GEW-Vorläufers Allgemeiner Deutscher Lehrer- und Lehrerinnenverband (ADLLV), die im Januar 1947 hier stattfand.

Wie in Lippe, so entstanden in der ganzen britischen Zone unmittelbar nach dem Kriege auf lokaler, zum Teil auch regionaler Ebene Lehrervereine, die an die Tradition der Lehrerorganisationen der Weimarer Zeit anknüpften. Teilweise schlossen diese sich schon im Jahre 1946 zu Landesverbänden zusammen, so z.B. in Niedersachsen, Bremen, Hamburg und Schleswig-Holstein. Am progressivsten waren die Verbände von Hamburg und Braunschweig, die an schulreformerische Traditionen der Weimarer Zeit anknüpften. In beiden Städten bildeten sich Gesamtverbände, die Lehrer und Lehrerinnen aller Schulformen zusammenschlossen. Ihre Vorsitzenden Max Traeger (Hamburg) und Heinrich Rodenstein (Braunschweig) trafen sich mit Mitgliedern ihrer Vorstände am 29.9.1946 in Celle bei Fritz Thiele, einem ehemaligen Funktionär des Deutschen Lehrervereins vor 1933, um über die Modalitäten einer neuen Dachorganisation zu beraten. Dabei herrschte Einigkeit, daß dieser neue Verband ein Gesamtverband der Lehrer aller Schularten, aller Konfessionen und beider Geschlechter sein sollte.

Ihre Fortsetzung fanden die Bemühungen um eine Neugründung in der Braunschweiger Konferenz am 15.10.1946, die von Traeger, Rodenstein und Thiele einberufen wurde. Sie diente dem Austausch über die unterschiedliche Entwicklung in den verschiedenen Regionen, die überall stark von den Vorgaben und Auflagen der Besatzungsbehörden geprägt war. Die Teilnehmer entschieden sich mehrheitlich für den Aufbau einer einheitlichen Organisation, die den Namen "Allgemeiner Deutscher Lehrerverband der britischen Zone" tragen sollte. Mit diesem Zusatz sollte auch Verbänden aus anderen Zonen die Möglichkeit des Anschlusses mit der jeweiligen Zonenbezeichnung gegeben werden.[96]

An der Sitzung des Vorbereitenden Ausschusses für die Gründung des geplanten Verbandes am 27.10.1946 in Hannover nahm für den inzwischen gegründeten Allgemeinen Lippischen Lehrerverein auch Schulrat Haase teil. Kontakte zum Hamburger und Braunschweiger Lehrerverband hatte es jedoch schon lange vorher gegeben. Es bestand auch große Übereinstimmung in den schul- und bildungspolitischen sowie gewerkschaftspolitischen Vorstellungen dieser drei Verbände. Der Beschluß, den neuen Dachverband in Detmold zu gründen, war offensichtlich schon auf der Braunschweiger Konferenz gefaßt worden, insofern ging es in Hannover vor allem schon um die Vorbereitung der Gründungsversammlung und um die Satzung des zukünftigen Verbandes. Wegen der umfassenden Tagesordnung waren zwei Tage für die Gründungsveranstaltung vorgesehen, geplant waren der 28. und 29.12. Die Versammlung sollte ein "feierliches Gepräge" haben; für das schulpolitische Referat wurde Senator Landahl, Hamburg, für das pädagogische Referat Müller, Arnsberg, vorgesehen. Des weiteren wurde der Tagungsablauf festgelegt sowie der Versammlungsvorstand mit Traeger und Rodenstein, die von Haase vorgeschlagen werden sollten. Man beschloß außerdem, Vertreter aus den drei übrigen Zonen als Gäste einzuladen.

Ein besonderer Schwerpunkt der schulpolitischen Diskussion sollte die Frage der Konfessions- oder Gemeinschaftsschule sein. Die nächste Sitzung des vorbereitenden Ausschusses sollte am 24.11.1946 in der Aufbauschule in der Küster-Meyer-Straße in Detmold stattfinden.[97]

Noch vor dem 27.10. hatten die "Gründungsväter" einen Aufruf erlassen, in dem sie Bezug nahmen auf Wilhelm Wanders Aufruf "An Deutschlands Lehrer" von 1848. Unter Hinweis auf die schwierige Zeit ("Wieder stehen wir an einem Anfang, aber auf einem Trümmerfeld ohnegleichen ...") hieß es:

> Wie immer in Zeiten der Not sind auch heute die Augen der Besten auf die Schule gerichtet, weil man alles für eine Erneuerung von einer vernünftigen Erziehung der Jugend erwartet.
> Wir dürfen, wir wollen, wir können uns diesem Ruf nicht entziehen [...]. Niemals aber darf die Schule [...] zu einem Tummelplatz solcher aufsplitternden Bestrebungen werden. Wir wollen deshalb die Tradition unserer alten Verbände wieder aufnehmen, wollen die Grundsätze, auf denen unsere Bildungsarbeit ruhen soll, vor allem ableiten aus den gesicherten Ergebnissen seelenkundlicher Forschung [...].

Einem flammenden Votum für die Einheit folgte der Aufruf zur Teilnahme an der Gründungsveranstaltung in Detmold am 28.12.1946. Unterzeichnet war der Aufruf von Vertretern von fünf Lehrerverbänden (Hamburg, Bremen, Braunschweig, Lippe, Niedersachen) und sieben Einzelpersonen, darunter Fritz Thiele. Für Lippe unterzeichnete Haase als vorläufiger Vorsitzender des ALLV.[98]

Es hätte jedoch nicht viel gefehlt, und Detmold wäre nicht zu der Ehre gekommen, die Wiege der späteren GEW zu werden, was mit der besonderen lippischen Situation durch die Besatzung zusammenhing. So mußte die ursprünglich für den 24.11. in Detmold geplante Sitzung des Vorbereitenden Ausschusses nach Hannover verlegt werden. Der Grund war: der 24.11. war ein Sonntag, und sonntags fuhren in Lippe keine Eisenbahnzüge, weil dann die Strecken Herford-Altenbeken und Bielefeld-Hameln von der Militärregierung als "Lehrbahnen" benutzt wurden, so daß der zivile Verkehr ruhen mußte.

Haase schlug daher in einem Brief an Fritz Thiele vor, die Vorbereitungssitzung nach Hannover zu verlegen, und wies auch darauf hin, daß in Detmold in der Weihnachtswoche eine englische Theatergruppe unterzubringen sei, wodurch die Quartiernot, die durch die Unterbringung von Flüchtlingen gegeben sei, noch gesteigert werde. Er schlug daher als Termin für die Gründungsversammlung den 3./4.1.1947 vor. Auch dann müsse wegen der Quartiernot das außerhalb gelegene Internat der Musikakademie benutzt werden, wofür außer Bettwäsche auch Bettdecken mitzubringen seien. Außerdem könne wegen der auch alltags ungünstigen Verkehrssituation in Lippe den lippischen Lehrern nicht zugemutet werden, an zwei Tagen nach Detmold zu reisen. Der für die Öffentlichkeit gedachte Teil der Gründungsversammlung müsse also auf einen Tag, und zwar auf einen Vormittag gelegt werden.[99]

Trotz all dieser Probleme beschloß der Vorbereitende Ausschuß am 24.11. in Hannover, die Gründung doch in Detmold vorzunehmen; als Termin wurde nunmehr der 8./9.1.1947 vorgeschlagen. Als Tagungsorte waren für den ersten Tag das Theater oder ein evangelisches Gemeindehaus, für den zweiten der Landtag vorgesehen.[100]

Die letzte Vorbereitungssitzung fand dann am 11.12. schließlich doch in Detmold statt. An ihr nahmen von lippischer Seite Haase, Röhr und Sprenger teil. Die Beratungen führten noch einmal zu einer Verschiebung des Termins. Da bis zum 8.1.1947 in Detmold eine andere Tagung stattfand und daher eine Unterbringung vom 7. auf den 8.1. nicht möglich war, mußte der Gründungskongreß auf den 9./10.1. verschoben werden. Auch wurde als Tagungsort nicht mehr ein evangelisches Gemeindehaus, sondern das Vereinshaus in der Wiesenstraße vorgesehen. Zur Unterbringung standen 80 Plätze in Detmold und 50 Plätze in Holzhausen zur Verfügung, vorwiegend in Doppelzimmern. Bettwäsche war mitzubringen. Die Verpflegungsfrage wurde so geregelt, daß die Teilnehmer gemeinsam gegen Markenabgabe essen konnten. Alternativ war noch erwogen worden, die Tagung in Bielefeld durchzuführen, doch einigte man sich schließlich doch auf Detmold.

Nach den Planungen sollte die Tagung am 9.1.1947 um 9 Uhr im evangelischen Vereinshaus mit einem Musikstück eröffnet werden. Danach sollte ein lippischer Vertreter die Begrüßung vornehmen und auch den Vorschlag für die Wahl des Tagungsvorstands unterbreiten. Nach der Begrüßung durch den Vorstand sollte Fritz Thiele ein Organisationsreferat halten. Am Nachmittag sollte die Tagung im Hermannssaal mit Referaten von Müller, Arnsberg, und Frau Bechmann, Hamburg, (der früheren Vorsitzenden des Allgemeinen Deutschen Lehrerinnenvereins) fortgesetzt werden. Für den 10.1. war morgens im evangelischen Vereinshaus ein Referat von Landahl, Hamburg, vorgesehen, am Nachmittag sollten im Sitzungssaal des Landtags geschäftliche Angelegenheiten wie die Verabschiedung der Satzung und von Entschließungen, so zur Sozialversicherung, Entnazifizierung, gegen Lehrer als Kommunalbeamte, gegen Verwaltungsdiktatur, gegen den Einfluß der Kirche auf die Anstellung von Lehrkräften und die Gestaltung des Religionsunterrichts, erledigt werden.[101]

Über die Gründung des Allgemeinen Deutschen Lehrer- und Lehrerinnenverbandes am 9. und 10.1.1947 berichtete die hiesige Presse am 15.1. sehr ausführlich; so schrieb z.B. die 'Freie Presse':

> In Detmold fanden sich am Donnerstag und Freitag der letzten Woche die Vertreter der Lehrerschaft zusammen, um den Allgemeinen Deutschen Lehrerverband der britischen Zone aus der Taufe zu heben. Die Tagung, die zu Beginn im Zeichen begeisterter Reden über die wiedergewonnene geistige Freiheit stand, nahm einen glänzenden Verlauf. Nach der Begrüßung durch Schulrat Haase wurde vom vorbereitenden Zonenausschuß der Vorstand vorgeschlagen, der dann auch einstimmig gewählt wurde. Folgende Lehrer gehören ihm an: Traeger, Hamburg; Rodenstein, Braunschweig; Musold, Hannover; und als Geschäftsführer Müller, Arnsberg [...].[102]

Das 'Volks-Echo' vom selben Tage berichtete:

> Der Lehrerverband der britischen Zone, der der entsprechenden Organisation in der Ostzone mit beträchtlichem Zeitabstand folgt, wird die Pädagogen aller Schularten umfassen und somit gegenüber der Zeit vor 1933 mit ihrer Aufspaltung in Philologen-Verband, Berufsschullehrer-Verband usw. einen beachtlichen Fortschritt darstellen. [...] Die Demokratisierung des Schulwesens und die Anerkennung des Staates als Träger der Schulen waren zwei Forderungen, die ebenfalls allseitige Zustimmung fanden, während leider nur eine im wesentlichen aus Vertretern des Westens bestehende Minderheit sich zu der klaren Erkenntnis bekannte, daß der Lehrerverband den Gewerkschaften beitreten solle. Die Mehrzahl sprach sich dafür aus, zunächst einmal den Lehrerverband zu begründen und die Frage des Anschlusses an die Gewerkschaften einer weiteren Prüfung zu überlassen.[103]

Damit war die Gründung eines Dachverbandes auf Zonenebene abgeschlossen. Ende 1947 gehörten dem ADLLV 20.000 Mitglieder an.

Die Aufnahme in den Gewerkschaftsbund der britischen Zone erfolgte am 1.10.1948. Der Verband nannte sich nun "Gewerkschaft Erziehung und Wissenschaft (ADLLV)". Am 10.10.1949 erfolgte der Anschluß an den DGB für das Gebiet der Bundesrepublik.[104]

Anmerkungen

1. Dieter Schuster, Die deutsche Gewerkschaftsbewegung, 4.Aufl. Düsseldorf 1978, S.78.
2. Neue Westfälische Zeitung – Nachrichtenblatt der alliierten Militärbehörde (NWZ), 8.Juni 1945, S.5.

3. NWZ, 8.Juni 1945, S.5.
4. Rudolf Herbig, Notizen aus der Sozial-, Wirtschafts- und Gewerkschaftsgeschichte vom 14. Jahrhundert bis zur Gegenwart, Hrsg. DGB-Bundesvorstand, 5.Aufl. Düsseldorf 1976, S.215.
5. NWZ, 7.August 1945.
6. "Bekanntmachung: Betriebsräte, Gewerkschaften und Arbeitgebervereinigungen", Plakat vom 25.8.1945, STA DT D 81 Nr. 593.
7. "Ankündigung der Militärregierung über das Verfahren bei der Bildung von Gewerkschaften", NWZ, 11.Sept. 1945, S.2.
8. Dieter Schuster, a.a.O., S.78.
9. IG Metall, Verwaltungsstelle Detmold, Hrsg., Die Vergangenheit begreifen, um die Zukunft zu bewältigen. Detmold 1984, S.65.
10. Dieter Schuster, a.a.O., S.79.
11. Rudolf Herbig, a.a.O., S.219.
12. Dieter Schuster, a.a.O., S.79.
13. IG Metall, Verwaltungsstelle Detmold, Hrsg., a.a.O., S.65.
14. IG Metall, Verwaltungsstelle Detmold, Hrsg., a.a.O., S.66.
15. Freie Presse, Mi., 1.Mai 1946.
16. Freie Presse, Sa., 4.Mai 1946.
17. Freie Presse, Sa., 11.Mai 1946.
18. Volks-Echo, Sa., 26.April 1947.
19. Freie Presse, Sa., 18.Mai 1946.
20. Auskunft des DGB-Kreisvorsitzenden Jürgen Frodermann.
21. Freie Presse, Sa., 10.August 1946.
22. IG Metall, Verwaltungsstelle Detmold, Hrsg., a.a.O., S.66.
23. Freie Presse, Sa., 31.Aug. 1946.
24. Freie Presse, Sa., 13.Dez. 1947.
25. IG Metall, Verwaltungsstelle Detmold, Hrsg., a.a.O., S.66.
26. Volks-Echo, Mi., 8.Januar 1947.
27. Freie Presse, Mi., 3.Juli 1946.
28. Freie Presse, Sa., 14.Dezember 1946.
29. Freie Presse, Neujahr 1947.
30. Rudolf Herbig, a.a.O., S.217.
31. "Zusammensetzung und Wahl der Betriebsräte" (Plakat), STA DT D 81, Nr. 1232.
32. Freie Presse, Mi., 9.Okt. 1946.
33. Freie Presse, Sa., 19.Okt. 1946.

33a. Volks-Echo, Fr., 23.August 1946.

34. Volks-Echo, Sa., 11.Jan. 1947.
35. ebenda.
36. Volks-Echo, Sa., 8.Febr. 1947.
37. Volks-Echo, Sa., 29.März 1947 und Mi., 2.April 1947.
38. Freie Presse, Sa., 5.April 1947.
39. Freie Presse, Do., 10.April 1947.

40. Freie Presse, Sa., 3.Mai 1947.
41. Volks-Echo, Sa., 3.Mai 1947.
42. Chronik der Stadt Detmold 1947, S.8, STA DT D 106 DT A Nr. 2446.
43. ebenda.
44. Freie Presse, Sa., 10.Mai 1947.
45. Chronik der Stadt Detmold 1947, S.11, STA DT D 106 DT A Nr. 2446.
46. Freie Presse, Mi., 7.Jan. 1948.
47. Freie Presse, Sa., 10.Jan. 1948.
48. Freie Presse, Mi., 14.Jan. 1948.
49. Freie Presse, Mi., 11.Febr. 1948.
50. Volks-Echo, Sa., 7.Febr. 1948.
51. Freie Presse, Mi., 18.Febr. und Sa., 28.Febr. 1948.
52. Dieter Schuster, a.a.O., S.83.
53. Volks-Echo, Sa., 17.Jan. 1948.
54. Volks-Echo, Sa., 24.Jan. 1948.
55. WZ vom 22.Juni und Freie Presse vom 23.Juni 1948.
56. WZ, Sa., 12.Juni 1948.
57. Freie Presse, Sa., 12.Juni 1948.
58. WZ, Sa., 12.Juni 1948.
59. Freie Presse, 7.Aug. 1948, und WZ, 7.Aug. 1948.
60. Volks-Echo, Mo., 18.Okt. 1948.
61. Volks-Echo, Mo., 8.Nov. 1948.
62. Volks-Echo, Mo., 8.Nov. 1948.
63. Volks-Echo, Sa., 13.Nov. 1948.
64. Chronik der Stadt Detmold 1948, S.31, STA DT D 106 DT A Nr. 2447.
65. Freie Presse, Sa., 13.Nov. 1948.
66. Vorbemerkung zum Findbuch ALLV – GEW Lippe, STA DT D 107 H.
67. STA DT D 107 H Nr. 15.
68. STA DT D 107 H Nr. 23.
69. STA DT D 107 H Nr. 15.
70. ebenda.
71. ebenda.
72. Protokoll vom 25.3.1946, STA DT D 107 H Nr. 15.
73. STA DT D 107 H Nr. 16.
74. STA DT D 107 H Nr. 15.
75. STA DT D 107 H Nr. 16.
76. STA DT D 107 H Nr. 15.
77. ebenda.
78. STA DT D 107 H Nr. 16.
79. ebenda.
80. ebenda.
81. STA DT D 107 H Nr. 15.
82. ebenda.
83. ebenda.

84. ebenda.
85. STA DT D 107 H Nr. 17.
86. In: "Land Lippe, Berichte, Aktenauszüge und Bemerkungen zu den Vorgängen in den Jahren 1945, 1946, 1947 mit einigen Hinweisen auf Auswirkungen und Entschließungen in den späteren Jahren", von Heinrich Drake, STA DT D 72 Drake, Nr. 745, S.12.
87. STA DT D 107 H Nr. 74.
88. STA DT D 107 H Nr. 15.
89. STA DT D 107 H Nr. 16.
90. ebenda.
91. STA DT D 107 H Nr. 16.
92. STA DT D 107 H Nr. 74.
93. STA DT D 107 H Nr. 19.
94. STA DT D 107 H Nr. 74.
95. STA DT D 107 H Nr. 23.
96. Hans-Georg Meyer, "Skizze zur Geschichte der GEW". In: Rainer Zech, Hrsg., Individuum und Organisation, Probleme gewerkschaftlicher Politik 1. Hannover 1990, S.156f.
97. STA DT D 107 H Nr. 16.
98. ebenda.
99. ebenda.
100. ebenda.
101. ebenda.
102. Freie Presse, Mi., 15.Jan. 1947.
103. Volks-Echo, Mi., 15.Jan. 1947.
104. Hans-Georg Meyer, a.a.O., S.157f.

Jürgen Scheffler

Eva Maria Ehrmann (1900 – 1984): Die Lebensgeschichte einer zum Judentum übergetretenen Arbeiterfrau

Einleitung

Als der Vorsitzende der Sozialdemokratischen Partei Deutschlands, Erich Ollenhauer, im März 1957 mit einer kleinen Delegation nach Israel reiste, war er der erste führende deutsche Politiker, der dem Land einen offiziellen Besuch abstattete.[1] Zum Programm der Rundreise gehörten neben politischen Begegnungen der Besuch von Industrieanlagen und Arbeitersiedlungen sowie ein Abstecher in den Kibbuz Maayan Zwi. Dort traf Ollenhauer mit Eva Maria Ehrmann zusammen, die im Jahre 1949 mit ihrem Mann Wilhelm, ihren beiden Söhnen Hans und Karl sowie ihrer Tochter Ruth von Heidenoldendorf bei Detmold nach Israel ausgewandert war. Ollenhauer überbrachte Eva Maria Ehrmann kleine Geschenke sowie Grüße von Wilhelm Mellies, dem stellvertretenden Vorsitzenden der SPD. Noch Jahre später erinnerte sich Eva Maria Ehrmann an diese Begegnung mit dem deutschen Politiker: "Er war sehr nett, u. wir haben uns eine ganze Weile gut unterhalten."[2]

Den Anstoß für diese persönliche Begegnung am Rande der politischen Reise hatte Wilhelm Mellies gegeben, der selbst an Ollenhauers Israelbesuch nicht teilnehmen konnte.[3] Eva Maria Ehrmann und Wilhelm Mellies hatten von September 1933 bis zum April 1949 als Nachbarn in der Siedlung Waldheide gelebt, die zur Gemeinde Heidenoldendorf gehörte. Auch nach der Auswanderung der Familie Ehrmann nach Israel sowie dem Wechsel von Wilhelm Mellies nach Bonn, wo er seit 1949 dem Bundestag angehörte und von 1952 bis 1957 das Amt des stellvertretenden Vorsitzenden der SPD innehatte, riß die Verbindung nicht ab. Für Eva Maria Ehrmann war der Briefwechsel mit Wilhelm Mellies eine Möglichkeit, auch nach der Auswanderung den Kontakt mit ihrem früheren Wohnort aufrechtzuerhalten, wie sie in einem Brief aus dem Jahre 1954 schrieb:

> Der einzige, mit dem ich die ganzen Jahre in Verbind(ung) bin [...], ist Herr Mellies. Er ist zwar meist in Bonn, ab u. zu ist er mal in (der) Waldheide u. teilt mir im(m)er das Neueste mit.[4]

Wilhelm Mellies blieb auch nach seinem Wechsel in die Bundeshauptstadt der Gemeinde Heidenoldendorf zunächst eng verbunden.[5] So gehörte er noch bis in die fünfziger Jahre hinein der Gemeindevertretung an, die ihre Sitzungen deshalb immer am Wochenende abhalten mußte.[6] Die Briefe, die er ein- bis zweimal im Jahr an Eva Maria Ehrmann schrieb, enthielten Streiflichter über seine Tätigkeit in Bonn sowie kurze Notizen über die Waldheide, wobei er stets den ruhigen Gleichklang des dörflichen Lebens betonte: "Dort hat sich ausser den üblichen Vorgängen im menschlichen Leben – hier wird gefreit und anderswo begraben – nicht viel geändert."[7] Die Verbindung zu Eva Maria Ehrmann beruhte für ihn auf der Erfahrung des nachbarschaftlichen Zusammenlebens in den Jahren der NS-Herrschaft:

> Ich werde mich immer freuen, wenn sie gelegentlich einmal von sich hören lassen, denn wenn man zwölf furchtbare Schicksalsjahre in enger Nachbarschaft erlebt hat, so gibt das doch eine tiefe menschliche Bindung.[8]

Für Eva Maria Ehrmann war die Erinnerung an Deutschland geprägt durch ihre Erfahrungen in der NS-Zeit, in der das Leben ihrer Familie durch die antijüdischen Verfolgungsmaßnahmen des NS-Regimes bestimmt wurde. Da die aus einer katholischen Familie stammende Eva Maria Ehrmann nach den NS-Rassengesetzen nicht als Jüdin galt, obwohl sie im Jahre 1927 zum Judentum übergetreten war, wurde ihre Ehe als "Mischehe" eingestuft, und ihre Kinder erhielten den Status von "Halbjuden".[9] Als "Mischfamilie" unterschied sich das Schicksal der Familie Ehrmann von dem der anderen Juden, die in der Stadt bzw. dem Amt Detmold lebten. Wilhelm Ehrmann und die drei Kinder waren zwar gezwungen, den "Judenstern" zu tragen, aber sie entgingen den Deportationen in den Jahren 1941/42. Als letzte Gruppe der jüdischen Bevölkerung wurden die als "Mischlinge" eingestuften Juden im Herbst/Winter 1944/45 nach Theresienstadt deportiert. Wohl nur das Kriegsende und der Zusammenbruch der NS-Herrschaft hat sie vor dem Transport in ein Vernichtungslager bewahrt.[10] Nach der Deportation blieb Eva Maria Ehrmann allein in der Waldheide zurück. Auf den Erfahrungen der Verfolgung, die ihre Familie in der NS-Zeit erlebt hatte, beruhte der Wunsch, Deutschland nach dem Krieg endgültig zu verlassen und nach Israel auszuwandern. Im

SOZIALDEMOKRATISCHE PARTEI DEUTSCHLANDS

DER PARTEIVORSTAND

Frau
Eva E h r m a n n

Maajan Zwi,
bei Sichron Jaahow,

I s r a e l

BONN, den 15. 8. 1956
FRIEDRICH-EBERT-ALLEE 170
Fernsprecher 2 1901 - 07
Fernschreiber-Nr. 0 886 890
Telegr.-Adr. Sopade Bonn

M/Br.

Liebe Frau Ehrmann !

Herzlichen Dank für Ihren Brief vom 8. August d.J. Ich bekam ihn gleich, nachdem ich aus einem 4-wöchigen Erholungsurlaub zurückgekommen war. Diese Erholung hat mir sehr gut getan und ich werde meine Arbeit jetzt mit frischer Kraft erledigen können.

Es freut mich sehr, dass es der ganzen Familie so gut geht. Sie werden mit Ihren Enkelkindern ja jetzt viel Arbeit, aber gleichzeitig auch sehr viel Freude haben.

Ihrer Bitte werde ich natürlich sehr gern entsprechen. Sie können immer meinen Namen nennen, wenn irgendwelche Zeugen für Ihre Verfolgung in der nationalsolzalistischen Zeit gebraucht werden.

Es hat mich gerührt, dass Sie immer noch wissen, wann ich meinen Geburtstag habe. Aber nachdem Ihr Enkel jetzt einen Tag später seinen Geburtstag feiert, ist es wahrscheinlich nicht so schwer, das zu behalten.

Besondere Neuigkeiten gibt es bei uns nicht. In der Waldheide ist auch alles noch beim alten. Der Tod hat im letzten Jahr manchen geholt und es wächst wieder in den Kindern ein neues Geschlecht heran - wie es eben überall so geht in der Welt.

Ich freue mich immer, wenn ich von Ihnen höre und vor allen Dingen, wenn Sie mir berichten können, dass es Ihnen allen gut geht.

Mit herzlichen Grüssen, auch von meiner Frau,

bin ich Ihr

Wilhelm Mellies

(Wilhelm Mellies)

Postscheckkonto: 113684 Köln, Erich Ollenhauer und Alfred Nau - Bankhaus v. Schulz, Tegtmeyer & Co., Bonn, Nr. 1401, Erich Ollenhauer

Abb.1 Brief von Wilhelm Mellies an Eva Maria Ehrmann vom 15.8.1956

Kibbuz Maayan Zwi, wo sie bis zu ihrem Tode lebte, fand sie eine zweite Heimat. Für Emigranten, die nach Deutschland zurückkehrten, hatte sie kein Verständnis, wie sie im Jahre 1973 schrieb:

> Wir haben noch nie daran gedacht, auch nicht im Traum, noch einmal dahin zurückzugehen, wo wir als Menschen zweiter Klasse, als Freiwild behandelt wurden.[11]

Dennoch hielt Eva Maria Ehrmann den brieflichen Kontakt zu ehemaligen Nachbarn und Bekannten nicht nur aufrecht, sondern weitete ihre Korrespondenz in den sechziger Jahren aus und empfing auch Besucher aus der Waldheide als Gäste in Maayan Zwi. Neben den Erfahrungen der Verfolgung, auf denen ihr von Skepsis und Distanz geprägtes Deutschlandbild beruhte, stand die Erinnerung an Nachbarn, die sich unter dem Druck des nationalsozialistischen Antisemitismus nicht von der jüdischen Familie abgewandt hatten. Hans Ehrmann antwortete in einem Interview auf die Frage nach seinen Erinnerungen an die NS-Zeit, "daß Heidenoldendorf für uns nicht so schlimm war wie vielleicht andere Dörfer. Oder die Stadt selber – Detmold." Als Begründung verwies er auf die "anständigen Nachbarn", mit denen die Familie Ehrmann in der Waldheide zusammenlebte.[12] Auch für seine Schwester Ruth war die Erinnerung an ihre Kindheit geprägt durch die Erfahrung nachbarschaftlicher Unterstützung.[13] Und Eva Maria Ehrmann betonte in einem Brief an Horst Watermann, den Sohn ihrer früheren Nachbarin Martha Watermann, "in welch' gutem Verhältnis wir mit Deinen lb. Eltern standen, trotz Hitler, Boykott u. Schikanen von allen Seiten."[14]

Die Erinnerungen an die dörfliche Nachbarschaft, in der die Familie Ehrmann von 1929 bis 1949 lebte, bilden den Ausgangspunkt für die folgende Fallstudie zu den Lebensverhältnissen und Handlungsräumen einer jüdischen Familie während der NS-Zeit. Die Nachbarschaft als ein wichtiger Aspekt der sozialen Beziehungen zwischen christlicher Mehrheit und jüdischer Minderheit ist erst in den letzten Jahren stärker in das Blickfeld der historischen Forschung über den Nationalsozialismus und die Judenverfolgung gerückt, wobei immer wieder die Frage nach den Ursachen dafür gestellt wird, daß in wenigen Jahren "aus Nachbarn Juden" wurden.[15] Neuere Studien zu den Reaktionen der nicht-jüdischen Bevölkerung auf die Verfolgung der Juden, die vor allem auf der Auswertung von Gestapo- und SD-Berichten beruhen, haben deutlich gemacht, wie verbreitet nicht nur Teilnahmslosigkeit und Schweigen waren, sondern auch in welchem Maße die Haltung der nicht-jüdischen Deutschen durch passive Komplizenschaft und aktive Mittäterschaft geprägt war.[16] Der Prozeß des "Verschwinden(s) der Juden aus der Wahrnehmung und dem Bewußtsein der nicht jüdischen Deutschen", dessen Grundlage antisemitische und völkische Einstellungen und Ressentiments waren, ging einher mit der fortschreitenden Depersonalisierung und Ghettoisierung der Opfer der Verfolgung.[17] Nur dort, wo die soziale Desintegration aufgehalten oder durchbrochen wurde, kam es zu Solidaritätsbekundungen oder gar Protest und Widerstand: Die alles in allem nicht sehr zahlreichen Beispiele von aktiver Hilfe, die den Juden von Nichtjuden geleistet wurde, beruhten in der Regel auf persönlichen Bekanntschaften und direkten Kontakten sowie nachbarschaftlichen Beziehungen, die auch in der Zeit der Verfolgung Bestand hatten.[18]

Im Mittelpunkt der folgenden Studie steht die Biographie von Eva Maria Ehrmann, die als Ehefrau und Mutter unmittelbar mit den antijüdischen Maßnahmen des NS-Regimes konfrontiert war. Als "Mischfamilie" standen Eva Maria und Wilhelm Ehrmann sowie ihre drei Kinder zwischen der verfolgten jüdischen Minderheit und der nicht-jüdischen Mehrheit und waren den Reaktionen von Nichtjuden zum Teil unmittelbarer ausgesetzt als jene Juden, die in dem erzwungenen sozialen Ghetto der Judenhäuser leben mußten und aus dem öffentlichen Leben immer stärker ausgeschlossen waren.[19] Die Rekonstruktion der Lebenssituation einer jüdischen "Mischfamilie" ist von daher auch ein Beitrag zu der Frage, wie die christliche Mehrheit auf die antijüdischen Maßnahmen des NS-Regimes reagiert und wie sie sich gegenüber den Opfern der Verfolgung verhalten hat.

Autobiographische Erinnerungen und lebensgeschichtliche Interviews sind wesentliche Quellen für die Erforschung der Lebenssituation jüdischer Menschen in der NS-Zeit. Ihre Bedeutung liegt vor allem darin, daß sie einen Blick auf die "Innenseite" jüdischer Existenz eröffnen und damit die Handlungsräume und Überlebensstrategien der Juden deutlich werden lassen, nach denen in einer ausschließlich auf die Opferrolle fixierten Forschungsperspektive in der Regel kaum gefragt wird.[20] Auch die folgende Studie beruht auf der Auswertung lebensgeschichtlicher Zeugnisse. Von Eva Maria Ehrmann gibt es allerdings weder autobiographische Aufzeichnungen noch Gesprächsprotokolle oder Tonbandaufnahmen. Da die deutsche Oral History-Forschung sich erst seit Anfang der achtziger Jahre intensiver mit den Lebensgeschichten von Juden beschäftigt hat, die die Verfolgungsmaßnahmen des NS-Regimes überlebt haben, gehörte die im Jahre 1984 verstorbene Eva Maria Ehrmann zu einer Generation, von der nur noch wenige Auskunft geben konnten, als die Suche und Befragung von Zeitzeugen in größerem Umfang begann.[21] Eva Maria Ehrmann hat aber zahlreiche persönliche Schriftstücke und Briefe hinterlassen, die als Grundlage für den Versuch einer biographischen Rekonstruktion dienen können.[22]

Vor allem die Briefe an Host Watermann haben einen besonderen Quellenwert, da sie als vollständige Serie von mehr als hundert Briefen aus den Jahren 1950 bis 1984 überliefert sind.[23] Anhand dieser Briefe läßt sich einerseits der Prozeß der Integration in den Alltag des Kibbuz Maayan Zwi nachvollziehen; andererseits enthalten die Briefe eine Reihe von autobiographischen Passagen über das Leben in der Waldheide in den Jahren 1929 bis 1949.

Briefe waren für Eva Maria Ehrmann immer auch Erinnerungsstücke, die sie sorgsam aufbewahrte und die sie von Zeit zu Zeit hervornahm, um in ihnen zu blättern und zu lesen. So schrieb sie im Jahre 1974 an Horst Watermann:

> Ich lese [...] sehr oft in alten Briefen, von Dir u. von Verwandten u. Bekannten, u. meine Kinder werden einmal, wenn ich nicht mehr bin, viel wegzuwerfen haben, denn für sie bedeutet das nicht soviel wie für mich.[24]

Daß die Kinder von Eva Maria Ehrmann die Schriftstücke und Briefe, die sich im Nachlaß ihrer Mutter befanden, nicht achtlos wegwarfen, sondern als Dokumente eines ungewöhnlichen Lebensschicksals aufbewahrten, ist eine wesentliche Voraussetzung für den folgenden Versuch, den Lebensweg von Eva Maria Ehrmann nachzuzeichnen und damit zugleich einen Blick auf das Schicksal einer jüdischen Familie zu werfen, die in der NS-Zeit als "Mischfamilie" in einer lippischen Gemeinde lebte.

Der Weg in die Waldheide: Herkunft, Heirat und Familiengründung

Der Umzug von München nach Detmold war für Eva Maria Ehrmann der Abschluß eines vor allem durch ihr katholisches Herkunftsmilieu geprägten Lebensweges und der Beginn eines neuen Lebensabschnittes, der durch die Heirat, den Übertritt zum Judentum und die Familiengründung bestimmt wurde. Eva Maria Ehrmann wurde am 14.11.1900 als Tochter des Schutzmanns Alois Baierl und seiner Frau Therese in Amberg (Oberpfalz) geboren. Sie war das dritte Kind aus der ersten Ehe ihrer Mutter; nach dem Tod ihres Mannes im Jahre 1911 heiratete Therese Baierl ein zweites Mal, und auch aus dieser Ehe hatte sie mehrere Kinder. Eva Maria Ehrmann wuchs in einem katholischen Milieu auf und besuchte von 1906 bis 1913 die Werktagsschule sowie von 1913 bis 1916 die Sonntagsschule in Amberg, die sie beide mit der Gesamtnote sehr gut abschloß. Nach dem Ende der Schulzeit sollte sie ein Stipendium erhalten, um eine Lehrerinnenausbildung absolvieren zu können, aber, wie Ruth Margalit den Erzählungen ihrer Mutter entnommen hatte, "ihre Eltern waren zu stolz, lehnten das Stipendium ab." Im Jahre 1919 ging sie nach München und arbeitete dort als Zimmermädchen in einem Hotel. Dort lernte sie ihren späteren Ehemann Wilhelm Ehrmann kennen.[25]

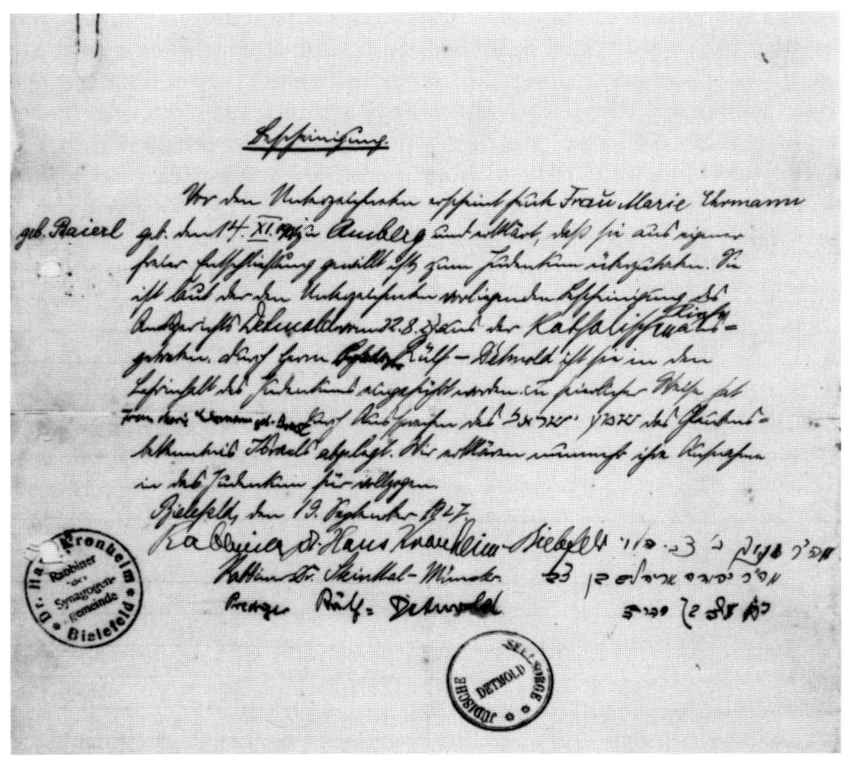

Bescheinigung.

Vor den Unterzeichneten erschien heute Frau Marie Ehrmann geb. Baierl geb. den 14. XI. 1900 in Amberg und erklärt, daß sie aus eigener freier Entschließung gewillt ist zum Judentum überzutreten. Sie ist laut der den Unterzeichneten vorliegenden Bescheinigung des Amtsgerichts [illegible] 22.8. aus der Katholischen Kirchengemeinde ausgetreten. Durch Herrn Prediger Rülf-Detmold ist sie in den Lehrinhalt des Judentums eingeführt worden. In feierlicher Weise hat Frau Marie Ehrmann geb. Baierl [illegible] des "[illegible]" des Glaubensbekenntnis Israels abgelegt. Wir erklären nunmehr ihre Aufnahme in das Judentum für vollzogen.

Bielefeld, den 19. September 1927.

Rabbiner Dr. Hans Kronheim-Bielefeld

Rabbiner Dr. Steinthal-Münster

Prediger Rülf-Detmold

Dr. Hans Kronheim Rabbiner der Synagogengemeinde Bielefeld

Jüdische Gemeinde Detmold

Abb.2 Bescheinigung über den Übertritt zum Judentum v. 19.9.1927

Wilhelm Ehrmann, geboren am 12.2.1891, stammte aus einer jüdischen Familie, die in Nußloch bei Heidelberg lebte. In seinem 1915 ausgefertigten Soldbuch war als Beruf Kaufmann angegeben.[26] Als Unteroffizier war er am 15.3.1915 durch einen Gewehrschuß so schwer verletzt worden, daß er bis zum Kriegsende einer Kriegslazarett-Abteilung angehörte. Auch nach dem Kriege wurde Wilhelm Ehrmann von der Kriegsopferfürsorge betreut und unterstützt. Von 1925 bis 1927 arbeitete er als Maler und Anstreicher in München. Seit 1927 war er als Packer und Hilfsarbeiter bei der Möbelfirma Neugarten und Eichmann in Detmold beschäftigt.[27]

Im August 1927 erklärte Maria Baierl, wie der Mädchenname von Eva Maria Ehrmann lautete, vor dem Detmolder Amtsgericht ihren Austritt aus der katholischen Kirche. Von dem Detmolder Lehrer und Prediger Moritz Rülf wurde sie "in den Lehrinhalt des Judentums eingeführt", und am 19.9.1927 wurde "ihre Aufnahme in das Judentum für vollzogen" erklärt. Die Bescheinigung trägt die Unterschriften der beiden Rabbiner Dr. Hans Kronheim (Bielefeld) und Dr. Fritz Steinthal (Münster) sowie des Predigers Moritz Rülf.[28] Am 25.9.1927 erfolgte die religiöse Trauung durch den Detmolder Prediger. Die Kinder Hans August, Karl Ferdinand und Ruth wurden am 14.3.1928, am 17.9.1929 und am 28.2.1931 geboren.[29] Seit dem Jahre 1929 lebten Eva Maria und Wilhelm Ehrmann in der Waldheide, wo sie ein Haus gekauft hatten. Noch nach mehr als fünfzig Jahren erinnerte sich Eva Maria Ehrmann an die Anfangsjahre in der Waldheide:

> [...] das Leben dort war ruhig u. erträglich. Wir konnten zwar nichts auf die hohe Kante legen, der Verdienst reichte trotz großer Sparsamkeit gerade von einer Woche zur andern, aber wir waren zufrieden, bis dann der Hitler kam [...].[30]

Heidenoldendorf 1933: Zur politischen Kultur einer Arbeiterwohngemeinde

Als Siedlung entlang eines Weges, der in den Jahren 1919/20 erweitert worden war, lag die Waldheide am Rande der Gemeinde Heidenoldendorf. Um die Jahrhundertwende gehörte die Ortschaft zu den Zieglerdörfern im Fürstentum Lippe: im Jahre 1905 waren 31,2% der männlichen Bevölkerung als Wanderarbeiter tätig. Bis zum Jahre 1923 ging der Anteil

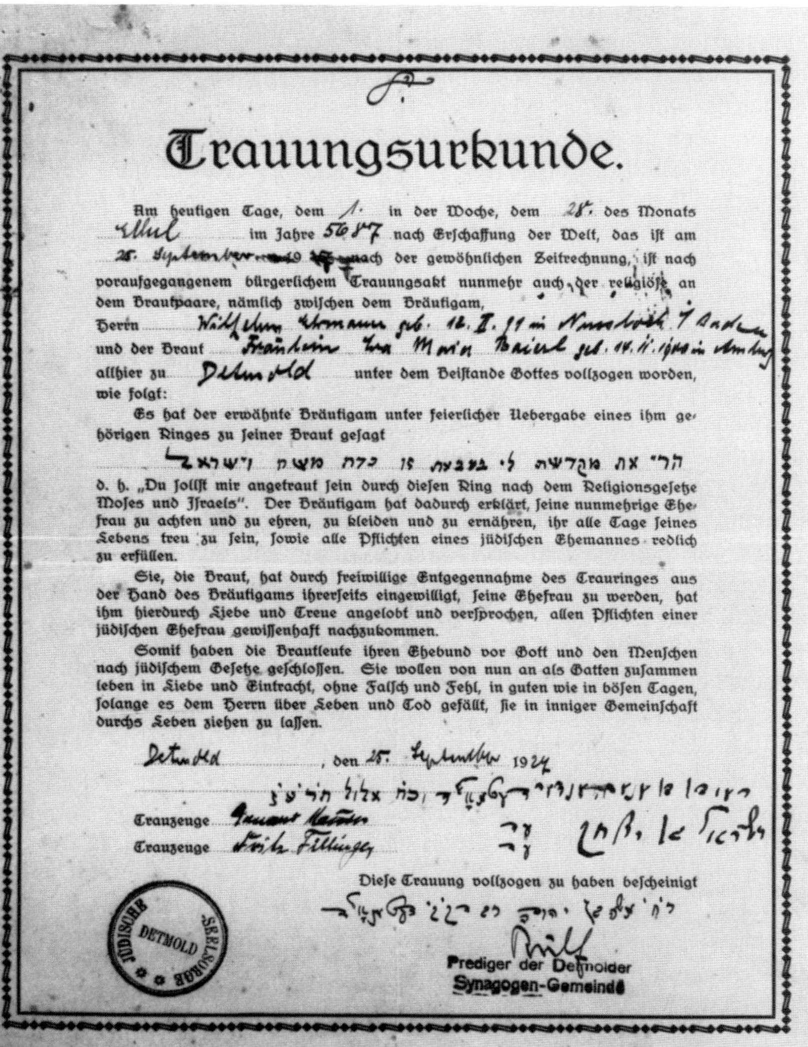

Trauungsurkunde.

Am heutigen Tage, dem 1. in der Woche, dem 28. des Monats Elul im Jahre 5687 nach Erschaffung der Welt, das ist am 25. September 1927 nach der gewöhnlichen Zeitrechnung, ist nach voraufgegangenem bürgerlichem Trauungsakt nunmehr auch der religiöse an dem Brautpaare, nämlich zwischen dem Bräutigam,

Herrn Wilhelm Ehrmann geb. 12. II. 91

und der Braut Fräulein Eva Maria Baierl geb. 14. 11. 1900 in Amberg

allhier zu Detmold unter dem Beistande Gottes vollzogen worden, wie folgt:

Es hat der erwähnte Bräutigam unter feierlicher Uebergabe eines ihm gehörigen Ringes zu seiner Braut gesagt

הרי את מקודשת לי בטבעת זו כדת משה וישראל

d. h. „Du sollst mir angetraut sein durch diesen Ring nach dem Religionsgesetze Moses und Israels". Der Bräutigam hat dadurch erklärt, seine nunmehrige Ehefrau zu achten und zu ehren, zu kleiden und zu ernähren, ihr alle Tage seines Lebens treu zu sein, sowie alle Pflichten eines jüdischen Ehemannes redlich zu erfüllen.

Sie, die Braut, hat durch freiwillige Entgegennahme des Trauringes aus der Hand des Bräutigams ihrerseits eingewilligt, seine Ehefrau zu werden, hat ihm hierdurch Liebe und Treue angelobt und versprochen, allen Pflichten einer jüdischen Ehefrau gewissenhaft nachzukommen.

Somit haben die Brautleute ihren Ehebund vor Gott und den Menschen nach jüdischem Gesetze geschlossen. Sie wollen von nun an als Gatten zusammen leben in Liebe und Eintracht, ohne Falsch und Fehl, in guten wie in bösen Tagen, solange es dem Herrn über Leben und Tod gefällt, sie in inniger Gemeinschaft durchs Leben ziehen zu lassen.

Detmold, den 25. September 1927

Trauzeuge

Trauzeuge

JÜDISCHE SEELSORGE DETMOLD

Diese Trauung vollzogen zu haben bescheinigt

Prediger der Detmolder Synagogen-Gemeinde

Abb.3 Trauungsurkunde v. 25.9.1927

der Ziegler an der männlichen Bevölkerung auf 12,6% zurück.[31] Die Gemeinde, mit 1.897 Einwohnern im Jahre 1919 die zweitgrößte im Amt Detmold, war seit 1926 durch eine Straßenbahnlinie mit der Stadt Detmold verbunden, so daß Heidenoldendorf immer mehr zum Wohnort von Arbeiterinnen und Arbeitern wurde, die in der Detmolder Holz- und Möbelindustrie bzw. in anderen Industriezweigen beschäftigt waren. Damit unterschied sich Heidenoldendorf von anderen lippischen Gemeinden, die um die Jahrhundertwende ebenfalls einen hohen Wanderarbeiteranteil aufwiesen, in denen aber der Wandel von der Wander- zur Industriearbeit auf Grund des fehlenden Arbeitsplatzangebotes nur langsam vorankam. In Heidenoldendorf dagegen war, wie in einem Artikel der 'Lippischen Landes-Zeitung' aus dem Jahre 1926 konstatiert wurde, "die Umstellung der Bevölkerung vom Zieglergewerbe zur ortsansässigen Industrie oder zum heimatlichen Handels- und Handwerksgewerbe fast vollzogen."[32] Eine weitere wirtschaftliche Entwicklungsmöglichkeit für die Gemeinde erhoffte man sich von der Entfaltung des Fremdenverkehrs. Vor allem die Waldheide warb als Sommerfrische um Touristen, die einen Ort suchten, an dem sich Natur (Wald und Heide), Geschichte (das Hermannsdenkmal) und Erholung verbinden liessen.[33]

In der vorwiegend von Arbeiter- und Handwerkerfamilien bewohnten Gemeinde konnte die SPD, deren Ortsverein im Jahre 1906 gegründet worden war, bei den Wahlen in den zwanziger Jahren die Mehrzahl der Wählerstimmen auf sich vereinigen. In den frühen dreißiger Jahren aber ging der Stimmenanteil der SPD zurück, während sowohl die NSDAP als auch die KPD Stimmengewinne verbuchen konnten. Bei der Wahl zum Detmolder Kreistag vom 10.1.1932 wurde die KPD in Heidenoldendorf sogar die stärkste Partei: mit 23,9% der Stimmen lag sie knapp vor der SPD mit 21,2%, während sie im Landesdurchschnitt mit 11,4% ein deutlich schlechteres Wahlergebnis erreichte als die SPD mit 27,7%. Die NSDAP erzielte bei dieser Wahl in Heidenoldendorf 18,4% der Stimmen und lag damit deutlich unter ihrem Landesdurchschnitt von 30,8%. Auch bei der von den Nationalsozialisten zur "Entscheidungsschlacht" aufgewerteten lippischen Landtagswahl vom 15.1.1933 schnitt die NSDAP in Heidenoldendorf mit 26,1% der Stimmen deutlich schlechter ab als im Landesdurchschnitt, wo sie mit 39,5% die stärkste Partei im Landtag wurde. In Heidenoldendorf dagegen konnte die SPD mit 31,6% (Landesdurchschnitt: 30,2%) die meisten Stimmen auf sich vereinigen, während die KPD bei 17,3% gegenüber einem Landesdurchschnitt von 15,3% lag.[34] Die Wahlergebnisse zeigen eine dörfliche politische Kultur, die sich in den Jahren vor der nationalsozialistischen Machtergreifung zunehmend polarisierte. Während die NSDAP "nur" ca. ein Viertel der Wählerstimmen auf sich vereinigen konnte, errreichten SPD und KPD bis zur Machtergreifung einen Wähleranteil von zusammen ca. 50%. Allerdings war die traditionelle politische Hegemonie der Arbeiterbewegung im Dorf damit auf zwei Parteien verteilt, die in den politischen Auseinandersetzungen in der Endphase der Weimarer Republik auch miteinander stark im Konflikt standen.[35]

Angesichts des starken Wählerpotentials der KPD, die über eine eigene Ortsgruppe in Heidenoldendorf verfügte, überrascht es kaum, daß sich die Gemeinde im Sommer 1933 zu einem Zentrum des kommunistischen Widerstandes in Lippe entwickelte. Der Klempnermeister Fritz Büker, der auch in der Waldheide wohnte, druckte im Keller seines Wohnhauses zwei Ausgaben der Zeitung 'Lippische Rote Post' sowie ein Flugblatt, wobei er die Vorlagen von Bernhard Beutner, dem Bielefelder Bezirksinstrukteur der KPD, erhalten hatte. Büker übernahm zusammen mit anderen Mitgliedern der von den Nationalsozialisten verbotenen KPD auch die Verteilung der illegalen Schriften in Lippe. In der Nähe von Heidenoldendorf fanden darüber hinaus Treffen und Besprechungen der in die Illegalität gedrängten KPD-Mitglieder statt, an denen auch Beutner teilnahm. Im September und Oktober 1933 wurden die Mitglieder der Gruppe um Fritz Büker verhaftet. Der Polizei fielen bei einer Hausdurchsuchung, die sie in Bükers Haus in der Waldheide durchführte, zahlreiche Dokumente über die illegale Organisation der KPD in Lippe in die Hände, was das vorläufige Ende der kommunistischen Widerstandsaktivitäten bedeutete.[36] Fritz Büker wurde im Oktober 1934 zusammen mit Beutner und anderen Kommunisten vom Oberlandesgericht Hamm zu einer Zuchthausstrafe verurteilt. Nach seiner Freilassung wurde er im Jahre 1936 auf Grund einer Denunziation aus dem Dorf erneut verhaftet und zu einer weiteren Zuchthausstrafe verurteilt. Danach kam Fritz Büker ins KZ Sachsenhausen, wo er am 11. Oktober 1944 nach einem Aufstandsversuch zusammen mit anderen Widerstandskämpfern hingerichtet wurde.[34]

Aber die Polizei beobachtete im September und Oktober 1933 nicht nur das Haus von Fritz Büker in der Waldheide, sondern auch das Lebensmittelgeschäft, das Wilhelm Mellies nach seiner Entlassung aus dem Schuldienst am 1.9.1933 in der Waldheide eröffnet hatte, wurde zu einem Objekt polizeilicher Überwachung. So berichtete die Staatliche Kontrollpolizei als Reaktion auf eine "vertraulich eingegangene" Mitteilung am 16.10. 1933: "Seit einiger Zeit wird beobachtet, daß besonders in den Abendstunden viele frühere SPD-Anhänger nach Mellies gehen und scheinbar dort Zusammenkünfte abhalten." Das Geschäft wurde daraufhin von der

Abb.4 Wilhelm und Anni Mellies (1957)

Gendarmeriestation Hiddesen, der Hilfspolizei und der SA "dauernd unauffällig überwacht", aber der "dauernd unauffällig überwacht", aber der Gendarmeriemeister aus der Nachbargemeinde Hiddesen konnte am Ende seiner Ermittlungen keine greifbaren Belege für die behaupteten illegalen Treffen vorlegen.[38] Allerdings ist durch mündliche Berichte aus der Nachkriegszeit bestätigt worden, daß der Laden in der Waldheide Treffpunkt von Sozialdemokraten war.[39] Zugleich aber unterstützten einige Sozialdemokraten mit ihren Einkäufen den aus dem Schuldienst entlassenen Lehrer, dessen Einkünfte aus dem Laden wohl eher gering ausfielen. So fuhr der Lemgoer Stellmacher und Sozialdemokrat Franz Edler alle 14 Tage mit seinem Fahrrad nach Heidenoldendorf, um den Einkauf für die Familie im Laden von Wilhelm Mellies zu erledigen und ihm dadurch zu zusätzlichen Einnahmen zu verhelfen.[40] Während Wilhelm Mellies auf diese Weise durch Freunde und Bekannte aus den Reihen der von den Nationalsozialisten verbotenen SPD-Unterstützung erhielt, wurde er selbst zu einem wichtigen Helfer und Ratgeber der jüdischen Familie Ehrmann, deren Nachbar er durch seinen Umzug in die Waldheide geworden war.

Eine jüdische Familie in dörflicher Nachbarschaft: Die Familie Ehrmann in der Waldheide 1933-1949

Die Familie Ehrmann wurde bereits in den ersten Monaten nach der Machtergreifung mit den nationalsozialistischen Verfolgungsmaßnahmen konfrontiert. Wilhelm Ehrmann gehörte zu jenen jüdischen Männern, die zusammen mit Kommunisten und Sozialdemokraten im Frühjahr 1933 verhaftet wurden. Vom 13. bis zum 17.3.1933 sowie vom 19. bis zum 29.4.1933 befand er sich in "Schutzhaft", und es gehörte zu den Kindheitserinnerungen des 1928 geborenen Hans Ehrmann, daß er zusammen mit der Mutter den Vater im Gefängnis besuchte.[41]

Wie Eva Maria und Wilhelm Ehrmann auf die Verhaftung und Inhaftierung reagiert haben, ist durch eigene Aussagen nicht belegbar. Auch gibt es keine Selbstzeugnisse, die darüber Auskunft geben könnten, welche Auswirkungen die NS-Judenpolitik der Jahre 1933 bis 1938 auf das Leben des Ehepaares hatte. Im Alltag der drei Kinder, die im Dorf aufwuchsen, hinterließen die antijüdischen Maßnahmen zunächst nur wenige Spuren. Hans Ehrmann hatte zahlreiche Freunde unter den Jungen aus den Nachbarfamilien und erinnerte sich, daß die Leute in Heidenoldendorf "weitgehend höflich zu uns Kindern, zu den Eltern" waren. Die Kinder gingen in die Heidenoldendorfer Schule, mit der Ruth Margalit durchweg positive Erinnerungen verbindet: "[...] ich bin gern in Heidenoldendorf zur Schule gegangen, ich habe den Weg von der Waldheide bis zur Schule gern gehabt, es gab so allerlei Abkürzungen, und wir konnten viel Blödsinn anstellen."[42] Obwohl sie im Dorf von antijüdischen Angriffen und Beschimpfungen weitgehend verschont blieben, waren Eva Maria und Wilhelm Ehrmann, deren Ehe seit den "Nürnberger Gesetzen" aus dem Jahre 1935 den Status einer "Mischehe" hatte, beunruhigt und dachten über die Möglichkeit der Auswanderung nach. Als die Brüder von Wilhelm Ehrmann im Jahre 1937 und seine Mutter sowie eine Schwester im Jahre 1938 in die USA emigrierten, bemühte sich auch Wilhelm Ehrmann um eine Auswanderungsgenehmigung. Aber auf Grund seiner Kriegsbeschädigung taten sich Hürden auf. Hans Ehrmann erinnerte sich daran, daß die Familie Anfang des Jahres 1939 nach Stuttgart ins amerikanische Konsulat fuhr,

> und da hat man gesagt, der Vater könne allein nach Amerika für ein Jahr, um zu beweisen, daß er fähig ist, zu arbeiten und eine Familie zu ernähren. Wenn das klappt, kann die Familie nachkommen. Und da hat der Vater gesagt, allein fährt er nicht [...] und da sind wir geblieben.[43]

Während die Verbindungen zu den Geschwistern von Wilhelm Ehrmann bis zu deren Auswanderung sehr eng waren, war der Kontakt zwischen Eva Maria Ehrmann, ihrer Mutter, die 1957 starb, sowie ihren Geschwistern von unterschiedlicher Intensität. Die engste Beziehung bestand zu dem jüngeren Bruder Hans, der einige Zeit im Haus der Ehrmanns in der Waldheide lebte und später eine Frau aus Heidenoldendorf heiratete, mit der er dann zusammenwohnte. Er wurde 1939 als Soldat eingezogen und starb 1945 in den letzten Kriegswochen. Eine Schwester von Eva Maria

Ehrmann hatte einen regen brieflichen Kontakt mit den Ehrmanns und kam 1938 zu einem Besuch in die Waldheide. Eine andere Schwester war mit einem Angehörigen der Waffen-SS verheiratet, dem gegenüber die Familie der zum Judentum übergetretenen Schwester verheimlicht wurde. Im Jahre 1944 riß der Kontakt zwischen Eva Maria Ehrmann und ihren Verwandten ab. Erst nach dem Krieg wurde die Verbindung durch Briefe und Besuche wiederaufgenommen. Wie wenig aber die Schwestern auch in der Nachkriegszeit über das Leben der Eva Maria Ehrmann wußten, zeigt eine Episode, die man Ruth Margalit bei einem ihrer jüngsten Besuche in der Familie ihrer Mutter erzählt hat:

> wenn ein Brief von meiner Mutter aus Israel gekommen ist, [...] (hieß) es immer [...], die Maria hat aus Amerika geschrieben, dabei blieb es.[44]

In den Erinnerungen von Hans Ehrmann und Ruth Margalit war mit den Ereignissen der Pogromnacht vom 9./10.11.1938 ein tiefer Einschnitt in ihren Lebensweg verbunden. Am frühen Morgen des 10. November war ein Nachbar nach Beendigung der Nachtschicht in das Haus der Familie Ehrmann gekommen und hatte über die Zerstörung von Geschäften und der Synagoge in Detmold sowie über die Verhaftung der jüdischen Männer berichtet. Wilhelm Ehrmann ging daraufhin am 10. November nicht zur Arbeit, sondern wartete zu Hause auf seine Verhaftung. Die Umstände der Verhaftung, an die sich Hans Ehrmann erinnert hat, waren charakteristisch für die ambivalente Situation der jüdischen Familie im Dorf: Einerseits bestand auf Grund der räumlichen Nähe und persönlichen Bekanntschaft mit vielen Dorfbewohnern ein in der Regel freundschaftliches Nachbarschaftsverhältnis, andererseits wurde die Familie durch die antijüdischen Maßnahmen, deren Durchführung zu den Aufgaben der Polizei gehörte, sukzessive aus dem dörflichen Lebenszusammenhang ausgegrenzt.

> Und der Dorfpolizist, der kam dann auch. Ich war noch in der Schule. Im Dorf waren ja alle gut bekannt. Und der hat sich dann erst hingesetzt, (eine) Tasse Kaffee getrunken. Und dann ist er damit 'rausgerückt, daß er den Vater einsperren muß. Der Polizist ist dann mit dem Fahrrad und der Vater mit der Straßenbahn nach Detmold gefahren, und in der Stadt haben sie sich [...] getroffen. Dann hat er ihn auf der Polizeiwache abgeliefert.[45]

Als Kriegsbeschädigter wurde Wilhelm Ehrmann noch am gleichen Abend wieder entlassen. Er gehörte zu den wenigen der am 10.11.1938 in Detmold verhafteten jüdischen Männern, die nicht in das KZ Buchenwald transportiert wurden.[46]

Durch eine weitere Folge der Pogromnacht wurde die Integration der Kinder in das dörfliche Leben aufgehoben. Am 19.11.1938 ordnete der Reichsstatthalter in Lippe und Schaumburg-Lippe wie im übrigen Reich per Erlaß die Aufhebung des gemeinsamen Unterrichts von nichtjüdischen und jüdischen Schülern und Schülerinnen an. In Detmold entstand im Jahre 1939 in der Gartenstraße 6 eine jüdische Volksschule, die im Jahre 1940 von siebzehn schulpflichtigen Kindern und Jugendlichen aus Lippe sowie aus einigen Nachbarkreisen besucht wurde.[47] Hans, Karl und Ruth Ehrmann gehörten zu den wenigen Kindern, die im Elternhaus wohnen konnten. Sie fuhren täglich mit der Straßenbahn zur Schule und wurden auf ihrem Schulweg nicht selten mit den Erscheinungsformen des alltäglichen Antisemitismus konfrontiert. Nicht nur, daß sie als Juden, die ab Herbst 1941 den "Judenstern" tragen mußten, in der Straßenbahn keinen Sitzplatz erhielten, sondern darüber hinaus kam es häufig zu Beschimpfungen und Angriffen durch die Schüler des Gymnasiums, das sich in räumlicher Nähe zur jüdischen Schule befand. Ruth Margalit hat sich erinnert, daß ihre Mutter die Kinder daraufhin zur Schule brachte und nach Schulschluß wieder abholte.

> Und wenn wir dann von der Schule nach Hause wollten, haben die schon auf uns gewartet. Und es gab täglich Schlägereien. Bis meine Mutter das nicht mehr mitansehen konnte und uns täglich zur Schule begleitete und abholte.[49]

Als sich Karl Ehrmann im Herbst 1941 nach einer solchen Beschimpfung wehrte und es zu einer Schlägerei mit einem Gymnasiasten kam, wurde er von einem Passanten ins Gesicht und auf den Kopf geschlagen. Im Jahre 1947 hat Wilhelm Ehrmann in einer Vernehmung seine Erfahrungen nach diesem Vorfall geschildert:

> Ich bin damals mit meinem Sohn zu dem damaligen Oberschulrat Wollenhaupt gegangen. Dort wurde mir gesagt, daß sich an der Sache nichts ändern ließe. Danach habe ich mich an die Kriminalpolizei in Detmold gewandt. Dort wurde mir gesagt, daß ich ein ärztliches Attest beschaffen müßte. Gleichzeitig wurde ich abgeraten, weitere Schritte zu unternehmen.[49]

Bis zum Frühjahr 1942 bestand die jüdische Schule in der Gartenstraße. Nach den Deportationen des Jahres 1942 blieben von den ehemaligen

Schülern nur der vierzehnjährige Hans, der dreizehnjährige Karl und die elfjährige Ruth Ehrmann, die als "Halbjuden" der Deportation entgingen, in Detmold zurück. Mit der Schließung der jüdischen Schule endete ihre Schulzeit. Hans und Karl Ehrmann erhielten Arbeitsstellen in einer Tischlerei bzw. in einer Bäckerei, Ruth half ihrer Mutter im Haushalt. Darüber hinaus ging sie jeden Nachmittag für einige Stunden zu einer Nachbarin, um als Kindermädchen auf deren Sohn aufzupassen.[50]

Die Lebensumstände der jüdischen Familie wurden zunehmend schwieriger. Im Winter 1938/39 mußten sie ihre Hauptwohnung zugunsten eines Mieters aufgeben und in eine Bodenkammer des eigenen Hauses ziehen, wo die fünfköpfige Familie sehr beengt lebte. Die Nachbarin Martha Watermann bot Mitte des Jahres 1939 einen Ausweg aus den unzureichenden Wohnverhältnissen an: Da ihr Mann gleich zu Kriegsbeginn eingezogen worden war, wollte Frau Watermann zusammen mit ihrem Sohn zurück in ihr Elternhaus in die Gemeinde Bechterdissen gehen und die dadurch freiwerdende Wohnung der Familie Ehrmann überlassen. So konnten Ehrmanns in das kleine, bislang von den Nachbarn bewohnte Haus umziehen. Allerdings blieb das Zusammenleben mit den Bewohnern ihrer ehemaligen Wohnung konflikthaft, wie sich Ruth Margalit erinnerte: "[...] die haben uns furchtbar schikaniert."[51]

Auch bei der Versorgung mit Nahrungsmitteln halfen die Nachbarn. Zwar besaß die Familie einen kleinen Garten, in dem sie Roggen und Kartoffeln anbaute und aus dem sie ihr Gemüse bezog, so daß sie sich mit grundlegenden Lebensmitteln selbst versorgen konnte. Aber der Kauf der für den Lebensunterhalt notwendigen Waren wurde auf Grund der antijüdischen Einkaufsrestriktionen, die seit Ende des Jahres 1939 existierten, immer schwieriger. Voraus ging dem Einkauf der Weg zur Gemeindeverwaltung, wo die Lebensmittelkarten ausgegeben wurden. Diejenigen, die die Familie Ehrmann erhielt, waren mit einem "J" gestempelt, so wie es in den Kriegsjahren die allgemeine Praxis der zuständigen Behörden den Juden gegenüber war. Hans Ehrmann erinnerte sich daran, daß eine Angestellte zu seiner Mutter, die die Marken auf der Gemeindeverwaltung abholte, "immer so gehässige Äußerungen" machte. Wiederum war es eine Folge der besonderen Situation dörflichen Zusammenlebens, in der die persönliche Bekanntschaft eine große Rolle spielte, daß Eva Maria Ehrmann der demütigende Spießrutenlauf nach einiger Zeit erspart blieb.

> Bis eines Tages der Bürgermeister zu meiner Mutter gesagt hat, Frau Ehrmann kommen Sie zu mir 'rein! Und dann hat er seiner Sekretärin gesagt,

> sie soll die Lebensmittelkarten holen. Er hat hier und da einen Stempel hingemacht, und damit war der Fall erledigt.[52]

Vor allem aber die Nachbarn unterstützten die jüdische Familie. Eine Verwandte von Wilhelm Mellies, der seit dem Sommer 1939 als Soldat eingezogen war, stellte jeden Abend einen Korb mit Lebensmitteln über die Hecke. "Ich glaube, sonst wären wir verhungert."[53] Zwar waren die "Mischfamilien" den Deportationen, die zwischen März 1941 und Juli 1942 durchgeführt wurden, entgangen, aber auch diese Familien blieben von Zwangsarbeitseinsätzen nicht verschont. Vom 17.6. bis zum 17.11.1943 wurden Wilhelm und Hans Ehrmann in ein Arbeitslager nach Bielefeld gebracht, von wo aus sie zusammen mit anderen jüdischen Männern im Straßen- und Gleisbau eingesetzt wurden. Die beiden Ehrmanns mußten an der Bahnstrecke zwischen Bielefeld und Gütersloh arbeiten.[54] Nach Beendigung dieses Arbeitseinsatzes kehrten beide nach Detmold an ihre früheren Arbeitsplätze zurück. Am 19.9.1944 wurden Wilhelm Ehrmann und seine beiden Söhne verhaftet und nach Bielefeld in die als Sammellager dienende ehemalige Gaststätte "Eintracht" gebracht, von wo aus die ca. 180 verhafteten jüdischen Männer und Frauen, die in einer "Mischehe" lebten oder als "Mischlinge" galten, noch am gleichen Abend in die Arbeitslager Elben bei Kassel bzw. Zeitz in Thüringen transportiert wurden.[55] Eva Maria Ehrmann wollte zusammen mit ihrer Tochter, die für die Fahrt nach Bielefeld den "Judenstern" abnahm, ihre Söhne und ihren Mann in der "Eintracht" noch besuchen, aber die beiden kamen auf Grund eines Fliegeralarms nicht rechtzeitig an.

> Wir haben dann nur noch gesehen, wie man sie abtransportierte. Wir sind die ganze Zeit neben ihnen hergelaufen, durften aber nicht mit ihnen sprechen. Bis zum Bahnhof nach Bielefeld. Meine Mutter und ich fuhren dann sehr zerbrochen zurück nach Hause.[56]

Nach der Deportation blieb Eva Maria Ehrmann mit ihrer Tochter allein in der Waldheide zurück. Von einem Bauern, bei dem sie nachmittags in der Kartoffelernte arbeitete, erhielt sie Brot und Kartoffeln für sich und die Tochter, die im Haus auf ihre Mutter wartete. Ruth Margalit hat diese Wochen im Rückblick als "eine der schlimmsten Zeiten" ihres Lebens bezeichnet: "alleine zuhause, Fliegerangriffe, die Angst, wenn ich starke Schritte draußen gehört habe, jetzt werde ich abgeholt und verschickt."[57] Wilhelm Ehrmann wurde Ende Oktober 1944 aus dem Arbeitslager entlassen und kehrte in die Waldheide zurück. Auch der 15jährige Karl Ehrmann konnte nach Hause zurückkommen, während sein Bruder Hans zu denjenigen gehörte, die von Zeitz aus direkt nach Theresienstadt deportiert wurden. Vor seiner Deportation hat ihn Eva Maria Ehrmann in dem Arbeitslager Sitzendorf bei Zeitz besucht, nach einer beschwerlichen Reise mit vielen Unterbrechungen wegen der Bombenangriffe sowie der an vielen Stellen zerstörten Gleisanlagen. Unter Aufsicht von Angehörigen der Bewachungsmannschaft, so erinnerte sich Ruth Margalit, war es ihrer Mutter möglich, den Bruder im Arbeitslager zu sprechen.

In der Zeit, die zwischen der Rückkehr aus dem Arbeitslager Sitzendorf Ende Oktober 1944 und der Deportation nach Theresienstadt im Februar 1945 lag, hat Wilhelm Ehrmann in der Detmolder Möbelfirma Uhe & Niemöller gearbeitet. Ob im Kreis der Arbeitskollegen über die Erfahrungen, die Wilhelm Ehrmann bei seinem Aufenthalt in dem Zwangsarbeitslager gemacht hat, gesprochen wurde? Die Wiederaufnahme der Arbeit war keine Rückkehr zu einem normalen Familienleben; zu sehr prägte die Angst vor einer erneuten Deportation den Alltag der Familie. Im Februar 1945 wurden die Ehrmanns von dem Dorfpolizisten, der "uns immer vorher Bescheid gesagt (hat), wenn irgendein Akt im Anzug war" (Ruth Margalit), darüber informiert, daß Wilhelm Ehrmann und die Kinder nach Theresienstadt deportiert werden sollten. Am 12.2.1945 wurden sie von SA-Männern abgeholt und erneut in das Sammellager "Eintracht" in Bielefeld gebracht. Eva Maria Ehrmann war zum Bahnhof gekommen und mußte dort in stummer Verzweiflung dem Abtransport ihrer Familienangehörigen zusehen. Der Abschied von ihrer Mutter ist Ruth Margalit in deutlicher Erinnerung geblieben.

> Ich werde das Bild niemals vergessen, wie meine Mutter in Bielefeld auf dem Bahnhof stand und schaute, wie wir abfuhren, wie ein Stein, nicht eine Träne. Und ich dachte, die hat mich nicht lieb, die weint nicht einmal, daß ich verschickt werde.[58]

Aus Theresienstadt hat Eva Maria Ehrmann bis zur Befreiung des Lagers am 9. Mai 1945 keine Nachricht von ihren Angehörigen erhalten, und auch eine Unterstützung durch Hilfssendungen war nicht möglich.

> Als meine Familie dort hinkam, im Februar 1945, gab es nicht mehr die Erlaubnis, 'was zu schicken. Im übrigen hatte ich ja keinerlei Nachricht u. wußte nur anhand von Karten, die sie unterwegs schrieben, daß sie wohl dort sein könnten, denn die letzte Karte war von Leitmeritz, das ganz in der Nähe liegt.[59]

Das Kriegsende und den Zusammenbruch der NS-Herrschaft erlebte Eva Maria Ehrmann im April 1945. Ein Neffe, der im Jahre 1937 in die USA ausgewandert war und der in der amerikanischen Armee diente, gehörte zu den Soldaten, die am 5. April 1945 Detmold erobert hatten. Nach der Erinnerung von Ruth Margalit hatte er darum gebeten, an den militärischen Aktionen in Detmold beteiligt zu sein, "er wollte wissen, was mit uns ist."[60] Der Soldat suchte Eva Maria Ehrmann auf und half ihr in den Tagen des Umbruchs, so daß sie in ihr Haus zurückkehren konnte und auch mit Lebensmitteln versorgt wurde.

Eva Maria Ehrmann befand sich in den letzten Wochen vor dem Kriegsende in einer schweren Depression. Ruth Margalit hat von den Nachbarn später Berichte über den Zustand der Mutter gehört: sie "wollte die Türen nicht öffnen, nichts essen, vielleicht hatte sie auch nichts. Sie sagte, das Leben hätte keinen Zweck mehr, wir würden nicht mehr leben."[61] Auch nach dem Kriegsende in Detmold blieb sie ohne Nachricht von ihren Angehörigen. Das erste Lebenszeichen erhielt sie wenige Tag nach der Befreiung des Konzentrationslagers durch einen aus Bielefeld stammenden Mann, der sofort nach der Befreiung mit dem Fahrrad von Theresienstadt nach Bielefeld gefahren und bei Eva Maria Ehrmann vorbeigekommen war, um ihr zu sagen, daß ihre Angehörigen am Leben waren. Aber, so wurde es Ruth Margalit erzählt, sie konnte die Nachricht zunächst nicht begreifen, erst durch die Vermittlung eines Nachbarn wurde ihr langsam klar, daß ihr Mann und ihre Kinder zu den Überlebenden gehörten.

Hans, Karl und Ruth Margalit waren an Typhus erkrankt und konnten deshalb erst im Sommer 1945 nach Hause zurückkehren.

> Als wir im Juli oder August nach einer zehntägigen Reise [...] in Detmold ankamen, konnten wir alle nicht glauben, daß wir wieder eine richtige Familie sind. Es kam nicht oft vor, daß eine Familie wieder zusammenkam.[62]

Das Haus in der Waldheide wurde rasch zum Treffpunkt und Aufenthaltsort für überlebende Jüdinnen und Juden, die in den Konzentrations- und Vernichtungslagern ihre Angehörigen verloren hatten. So brachten Wilhelm Ehrmann und seine Kinder den aus der Gemeinde Schlangen stammenden Robert Levi sowie zwei Kinder mit in die Waldheide, deren Eltern in Auschwitz umgebracht worden waren. Auch für Karla Frenkel aus Lemgo sowie für Ilse und Rose Ikenberg aus Altenbeken wurde das Haus der Familie Ehrmann zu einem Anlaufpunkt. Die Treffen mit Überlebenden "waren immer Freuden, die von Schatten begleitet wurden, weil der größte Teil der Familien nicht zurückkam."[63]

An Wilhelm Ehrmann waren die Sorgen und Nöte der NS-Zeit nicht spurlos vorübergegangen. Robert Levi, der Wilhelm Ehrmann im April 1945 in Theresienstadt wiederbegegnet war, zeichnete im Rückblick das Bild eines Menschen mit angegriffener Gesundheit.

> Aus der Unterhaltung mit ihm habe ich damals entnommen, daß die Verfolgungsjahre mit Inhaftierungen, Entbehrungen und Aufregungen, die er persönlich hatte, und die Sorge in dieser bösen Zeit um seine Familie ihn körperlich und seelisch zermürbt und krank gemacht haben.[64]

Die ersten Nachkriegsmonate brachten weitere Belastungen auf Grund der schlechten Versorgungssituation und nach wie vor vorhandener antijüdischer Ressentiments in der Bevölkerung. Trotz seines angegriffenen Gesundheitszustandes engagierte sich Wilhelm Ehrmann in der am 15.7.1946 offiziell gegründeten Jüdischen Gemeinde für den Kreis Detmold, deren erster Vorsitzender er wurde. Zu ihren Hauptaufgaben gehörten die Versorgung der häufig krank und mittellos aus den Konzentrationslagern zurückkehrenden Menschen sowie die Auseinandersetzungen um die Rückgabe des den Juden während der NS-Zeit entzogenen Eigentums. Zahlreichen Eingaben war es zu verdanken, daß im Jahre 1947 die Rückgabe des Hauses Gartenstraße 6 erreicht werden konnte, in dem im Jahre 1948 ein neues Gemeindezentrum mit Bet- und Unterrichtsräumen entstand. Im Rückblick hat es die Jüdische Gemeinde Detmold als Verdienst Wilhelm Ehrmanns bezeichnet, daß er in den Nachkriegsjahren die Voraussetzungen für den Wiederbeginn jüdischen Lebens in der Stadt geschaffen hat.[65]

Neben dem Engagement für die zurückkehrenden Juden und den Wiederbeginn des Gemeindelebens mußte der Lebensunterhalt für die Familie bestritten werden. Wilhelm Ehrmann gründete nach seiner Rückkehr aus dem Konzentrationslager eine kleine Möbelhandlung, Eva Maria Ehrmann kümmerte sich um den Haushalt und die Menschen, die den "Holocaust" überlebt hatten und nun zeitweise in dem Haus in der Waldheide Unterkunft, Hilfe und seelischen Beistand suchten. Hans, Karl und Ruth Ehrmann kamen in den Genuß der neugewonnenen Freiheiten. Sie gingen zum Tanz und beteiligten sich an den Aktivitäten der wiedergegründeten Jugendorganisation "Die Falken". Ruth Ehrmann besuchte eine Haushaltsschule in Detmold und arbeitete im Jahre 1948 in einem Kinderheim, das die Stadt Detmold auf der Insel Amrum unterhielt. Im Rückblick hat Ruth Margalit diese Zeit auf der Insel als ihr "schönstes Lebensjahr" in Deutschland bezeichnet.[66]

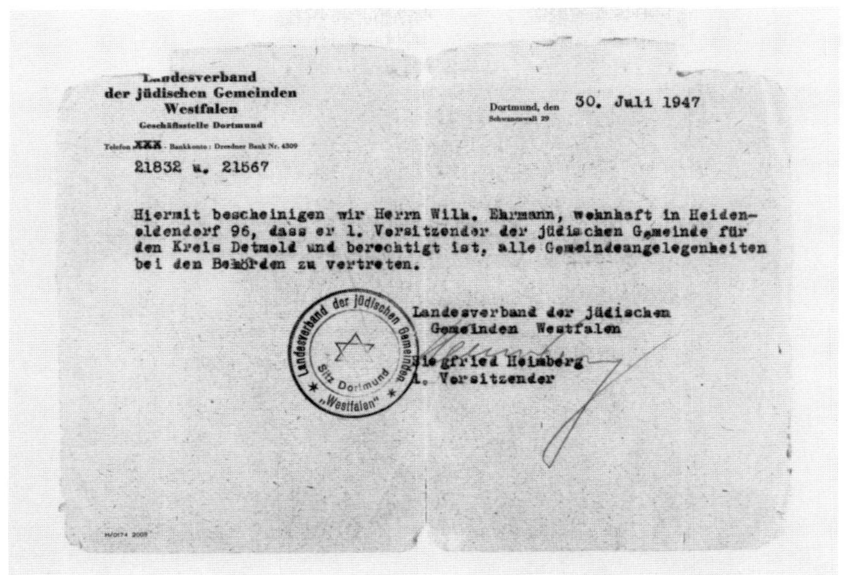

Landesverband
der jüdischen Gemeinden
Westfalen
Geschäftsstelle Dortmund

Telefon XXX - Bankkonto: Dresdner Bank Nr. 4309
21832 u. 21567

Dortmund, den 30. Juli 1947
Schwanenwall 29

Hiermit bescheinigen wir Herrn Wilh. Ehrmann, wohnhaft in Heidenoldendorf 96, dass er 1. Vorsitzender der jüdischen Gemeinde für den Kreis Detmold und berechtigt ist, alle Gemeindeangelegenheiten bei den Behörden zu vertreten.

Landesverband der jüdischen Gemeinden Westfalen

Siegfried Heimberg
1. Vorsitzender

Abb.5 Bescheinigung des Landesverbandes der jüdischen Gemeinden Westfalen vom 30.7.1947.

Aber weder der Wiederbeginn des jüdischen Lebens in Detmold noch die Schaffung einer neuen Existenzgrundlage für die Familie konnten die Gefühle der Enttäuschung und Verletztheit, die aus den Erfahrungen der Verfolgung in der NS-Zeit resultierten, überdecken. Ähnlich wie bei vielen Juden, die aus den Konzentrationslagern in ihre Heimatorte zurückkehrten, reifte in den frühen Nachkriegsjahren der Entschluß heran, Deutschland endgültig zu verlassen. Nach den Erinnerungen von Hans Ehrmann und Ruth Margalit war es ihre Mutter, die darauf drängte, nach Israel auszuwandern. Karl Ehrmann verließ Detmold im November 1948, die Eltern sowie die beiden Geschwister folgten im April 1949 nach. Den Entschluß zur Auswanderung hat Eva Maria Ehrmann, folgt man ihren Äußerungen aus den Briefen an Horst Watermann, nicht bedauert. So schrieb sie im Jahre 1954:

> Ich danke es unserem lb. Papa heute noch, daß wir nach hier gegangen sind, so ein ruhiges Leben ohne finanzielle u. materielle Sorgen hätte ich auf (der) Waldheide niemals gehabt. Ich lebe ein ruhiges, freies Leben u. bin glücklich u. zufrieden in unserem schönen Maayan Zwi.[67]

Abb.6 Eva Maria Ehrmann vor der Auswanderung nach Israel (April 1949)

Schluß: Die "Zweite Heimat" – Eva Maria Ehrmann im Kibbuz Maayan Zwi

Nach einer Abschiedsfeier, die von der Jüdischen Gemeinde in Detmold organisiert worden war, ging die Reise der Familie Ehrmann über Bergen-Belsen, wo ein Sammellager für Auswanderer eingerichtet worden war, und Marseille nach Haifa. Nach der Ankunft in Israel gehörten Max Heilbrunn, der in den zwanziger Jahren als Kaufmann in Detmold gelebt hatte und mit seiner Familie bereits 1933 in das damalige Palästina ausgewandert war, sowie Karla Rülf, die seit 1940 in Palästina lebende Tochter des früheren Detmolder Lehrers und Predigers an der Synagogengemeinde Moritz Rülf, zu den Ansprechpartnern und Ratgebern der Familie Ehrmann. Hans und Ruth Ehrmann gingen nach einigen Monaten als Mitglieder in den Kibbuz Maayan Zwi, in dem auch Karla Rülf seit ihrer Einwanderung lebte. Eva Maria und Wilhelm Ehrmann wurden ebenfalls in den Kibbuz aufgenommen, obwohl sie auf Grund ihres Alters keine Mitglieder werden konnten.[68]

Der Kibbuz Maayan Zwi war 1938 von einer Gruppe junger deutscher Juden gegründet worden, die aus der jüdischen Pfadfinderbewegung hervorgegangen war. Sie waren 1935 nach Palästina eingewandert und bildeten die Kerngruppe der Siedlung, der man den Namen "Maayan", d. h. Born oder Quelle, gab. Der Kibbuz entstand auf einem Gelände der "Palestine Jewish Colonisation Association", das sich vom Abhang des Berges Carmel bei Sichron Jaakov bis an die Küste des Mittelmeers erstreckte. Auf Grund zahlreicher Malaria-Erkrankungen mußte die Ansiedlung in der Ebene aufgegeben werden, und 1941 entstand eine neue Siedlung auf halber Höhe des Berges. Von den 149 erwachsenen Kibbuzmitgliedern des Jahres 1945 stammten 109 aus Deutschland. Bis zum Jahre 1957 wuchs die Bevölkerungszahl des Kibbuz auf über 500 Erwachsene und Kinder an. Von den 221 Mitgliedern und Kandidaten stammten 114 aus Deutschland, von den 34 im Kibbuz lebenden Eltern von Mitgliedern waren es 16. Etwa ein Drittel der aus Deutschland stammenden Mitglieder kam aus Berlin.[69]

Der Kibbuz wurde für Eva Maria Ehrmann zur "zweiten Heimat", wie sie es in ihren Briefen bezeichnet hat. Während sich Wilhelm Ehrmann nach der Erinnerung von Ruth Margalit mit den beengten und wenig komfortablen Lebensverhältnissen im Kibbuz zunächst ein wenig schwer tat, hat sich Eva Maria Ehrmann sehr schnell eingelebt. Sie hat eine Arbeit in der Küche bekommen und in ihrer Freizeit die beiden Sprachen Iwrit und Englisch gelernt. Ruth Ehrmann fand eine Beschäftigung in der Küche, während Hans Ehrmann als Tischler arbeitete. Ruth heiratete Anfang des Jahres 1950 den aus Wien stammenden Benjamin Margalit. Er kam im April 1940 mit der Jugendalija in das damalige Palästina; seine Eltern gehörten zu den Opfern des "Holocaust".

Wenige Tage nach der Hochzeit starb Wilhelm Ehrmann am 29.1.1950. Der frühe Tod ihres Mannes überschattete die ersten Jahre, die Eva Maria Ehrmann in ihrer neuen Heimat verbrachte. Nicht nur von ihren Kindern, sondern auch von den Verwandten ihres verstorbenen Mannes, die in den USA lebten, erhielt sie tröstenden Zuspruch und das Versprechen zukünftiger Unterstützung, wenn sie erforderlich sein sollte. Der Bruder von Wilhelm Ehrmann betonte in seinem Kondolenzbrief, wie froh er – bei aller Trauer über den frühen Tod seines Bruders – über die Auswanderung der Familie nach Israel und den Eintritt in den Kibbuz war.

> Wie trostlos wäre es jetzt, wenn dies noch in Detmold passiert wäre, unter all den unsicheren Verhältnissen. So ist im Unglück immer wieder ein Trost & eine glückliche Fügung Gottes zu finden. Wir hoffen, daß die Zukunft, auch ohne Euren lieben Papa, für Euch alle eine bessere sein möge, als die vergangenen 10 Jahre waren. Wir sahen hier ds. Woche einen Palästina Film, hauptsächlich über das Leben im Kibbuz, & waren sehr angenehm überrascht über das reibungslose Zusammenleben der verschiedensten Menschen. Wir sind glücklich, Euch [...] dabei zu wissen.[70]

Aus den Briefen, die Eva Maria Ehrmann geschrieben hat, und aus den Berichten ihrer Kinder Hans und Ruth wird deutlich, wie sehr sie sich mit den Grundprinzipien des Kibbuzlebens identifiziert hat. Auf dem Hintergrund ihrer Erfahrungen in Deutschland betonte sie immer wieder die gute, wenn auch einfache Versorgung und das sorgenfreie Leben in der Gemeinschaft des Kibbuz. Überhaupt fielen ihre Berichte über das Gemeinschaftsleben in Maayan Zwi durchweg positiv aus.

> Das Schönste u. Idealste ist, hier ist einer wie der andere, keiner hat mehr, keiner weniger. Gehäßigkeit, Streit u. Mißgunst u. Neid gibt es nicht. In Freud u. Leid, es wird gemeinsam gefeiert u. getrauert, wir haben es erlebt, erst bei der Hochzeit, dann beim Todesfall.

Nach dem Tod ihres Mannes suchte sie Zerstreuung bei der Arbeit in der Küche, wo sie pro Tag acht Stunden beschäftigt war.

> [...] Arbeit ist ein guter Trost u. die beste Medizin. In der Küche wird viel gesungen u. gelacht bei der Arbeit, denn es hat doch keiner Sorgen, alles setzt sich doch an den gut gedeckten Tisch. Ein Leben, einfach ideal, ich muß sagen, noch (nie) in meinem Leben war ich so sorglos u. unbeschwert wie hier, und so wird mein Lebensabend die schönste Zeit meines Lebens sein.[71]

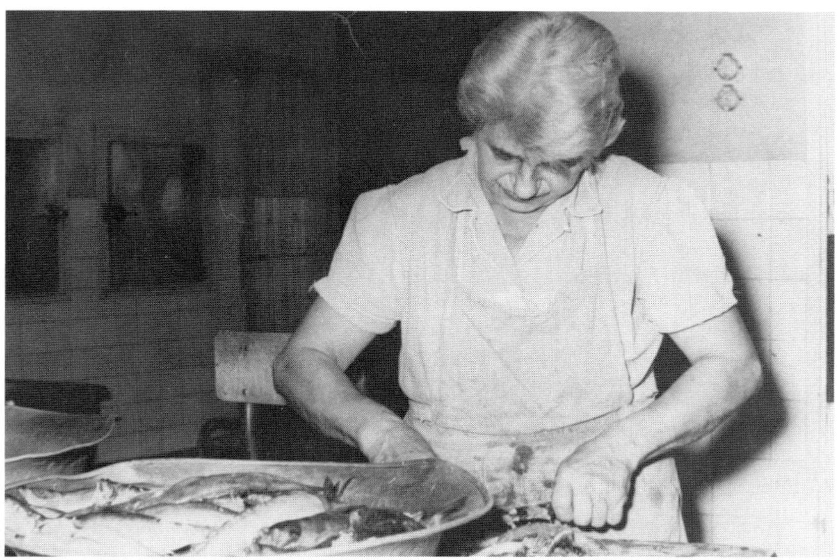

Abb.7 Eva Maria Ehrmann im Kibbuz Maayan Zwi

Die Hoffnung auf einen sorgenfreien Lebensabend wurde in den folgenden Jahren überschattet von den politischen Konflikten im Nahen Osten, die auch das Leben im Kibbuz nicht unberührt ließen. Mitglieder des Kibbuz gehörten zu den Opfern der Kriege, die zwischen Israel und seinen arabischen Nachbarstaaten stattfanden. Die Briefe, die Eva Maria Ehrmann in der Zeit des Suez-Krieges, des "Sechs-Tage-Krieges", sowie des Jom-Kippur-Krieges schrieb, waren geprägt von der Sorge um die Familie und die Mitglieder des Kibbuz. Dennoch hat Eva Maria Ehrmann an eine Rückkehr nach Deutschland nie gedacht. So schrieb sie im Jahre 1969:

> Wir sprechen noch manches Mal von den Jahren auf der Waldheide, den guten u. den schlechten unter Hitler. Aber eines sage ich Dir [...], ich möchte um keinen Preis mehr zurück, es ist so schön hier, allein die herr-

> liche Sonne u. der große, weite, blaue Him[m]el, ich genieße jeden Tag aufs Neue, trotz der zwanzig Jahre, die wir schon hier sind.[72]

Durch Briefe hielt sie den Kontakt mit ihren früheren Nachbarn aufrecht. Der letzte Brief, den sie am 1.12.1983 an Horst Watermann schrieb, ist ganz von diesen Gefühlen der Erinnerung geprägt.

> Im großen, ganzen bin ich gut eingelebt hier in meiner zweiten Heimat, aber so manches Mal denke ich an die Waldheide u. unseren stillen Winkel, so nannte Frau Wachtmann, die nun auch so viele Jahre nicht mehr ist, unsere stille Ecke, wo wir wohnten. Keiner mehr ist am Leben, alle sind sie in der Erde, Fam. Watermann, Frau Heuwinkel, Mina W. u. ihr Mann Willi, Walter Opfer, Herr u. Frau Mellies, Dein lieber Vater usw. Gott gebe ihnen allen die ewige Ruhe.[73]

Eva Maria Ehrmann ist im Alter von 84 Jahren am 3.4.1984 in Maayan Zwi gestorben.

Anmerkungen

Vorbemerkung:
Ohne die vielfältige Unterstützung, die ich bei der Quellensammlung erhielt, wäre die vorliegende Fallstudie nicht zu realisieren gewesen. Mein besonderer Dank gilt: Ruth Margalit (Maayan Zwi/Israel) für die Überlassung von Schriftstücken aus dem Nachlaß ihrer Mutter sowie für zahlreiche schriftliche und mündliche Auskünfte; Horst Watermann (Leopoldshöhe-Bechterdissen) für seine Bereitschaft, die Sammlung von Briefen, die er im Verlauf von mehr als dreißig Jahren von Eva Maria Ehrmann erhielt, für einen längerern Zeitraum als Leihgabe zur Verfügung zu stellen; Dr. Joachim Meynert (Bad Oeynhausen/Minden) für die Überlassung der Cassette mit dem Interview, das er mit Hans Ehrmann in Maayan Zwi wenige Monate vor dessen plötzlichem Tod geführt hat; Wolfgang Müller (Detmold) für zahlreiche wertvolle Hinweise zur Geschichte der jüdischen Gemeinde in Detmold sowie – last but not least – Karla Raveh (Tivon/Israel), die mir bei einem Besuch in Israel 1987/88 den Kontakt zu ihren Freunden Ruth und Benjamin Margalit vermittelt hat.

1. Zur Israelreise von Erich Ollenhauer vgl. den Bericht in: *Vorwärts* Nr. 13 vom 29.3.1957. – Der Besuch wird von Inge Deutschkron kurz erwähnt, während er in der Darstellung von Michael Wolffsohn keine Berücksichtigung findet. Inge Deutschkron, Israel und die Deutschen. Das besondere Verhältnis. Köln 1983, S. 143. – Michael Wolffsohn, Ewige Schuld? 40 jahre deutsch-jüdisch-israelische Beziehungen. München 1988.

2. Brief von Eva Maria Ehrmann an Horst Watermann, 16.12.1963. Die Briefe befinden sich im Besitz von Horst Watermann, Leopoldshöhe-Bechterdissen. – Eva Maria Ehrmann hatte im Radio von Ollenhauers Tod gehört.
3. Wilhelm Mellies hatte in verschiedenen Briefen an Eva Maria Ehrmann seine Hoffnung auf eine Reise nach Israel zum Ausdruck gebracht. So schrieb er am 25.3.1952: "Wenn ich einmal die Möglichkeit habe, das Mittelmeer zu bereisen, werde ich sicher auch nach Israel kommen, und es wird eine grosse Freude bei dem Wiedersehen geben." Einen Monat vor dem Ollenhauer-Besuch schrieb er ihr: "Ich würde dann sehr gern mitkommen, aber Sie können sich denken, daß einer von uns hier in Bonn bleiben muss." (Brief vom 25.2.1957). – Ruth Margalit hat die Briefe von Wilhelm Mellies als Dauerleihgabe dem Frenkel-Haus in Lemgo überlassen. Sie befinden sich im Städtischen Museum "Hexenbürgermeisterhaus" Lemgo, Sammlung Ruth Margalit.
4. Brief von Eva Maria Ehrmann an Horst Watermann, 27.2.1954, wie Anm. 2.
5. Zu den Aufgaben, die Wilhelm Mellies in der SPD übernommen hatte, und zu seiner Bedeutung in der Partei vgl. Kurt Klotzbach, Der Weg zur Staatspartei. Programmatik, praktische Politik und Organisation der deutschen Sozialdemokratie 1945 bis 1965. Berlin/Bonn 1982, S. 280f. – Zur Biographie von Wilhelm Mellies vgl. die Erinnerungen von Heinrich Drake in: Lippe heute, Nr. 5, Mai 1968, S. 8/9, sowie August Berlin in: Lippische Landes-Zeitung Nr. 116 vom 18.5.1968. – Im Unterschied zum Wirken von Heinrich Drake, dem früheren lippischen Landespräsidenten, hat die Tätigkeit von Wilhelm Mellies als Landes- und Bundespolitiker (Mitglied und zeitweiliger Präsident des lippischen Landtages vor 1933, Landrat des Kreises Detmold, Mitglied des Frankfurter Wirtschaftsrates, Bundestagsabgeordneter, stellvertretender Partei- und Fraktionsvorsitzender der SPD, Vorsitzender des Bezirksvorstandes des SPD-Bezirks Östliches Westfalen) bislang weder in der regional- noch in der zeitgeschichtlichen Forschung eine größere Beachtung gefunden. – Von Wilhelm Mellies gibt es aus den Jahren 1939-1945 im Staatsarchiv Detmold ein Konvolut von Feldpostbriefen, die er an Heinrich Drake schrieb. Vgl. Hans-Peter Wehlt, Denk nicht zuviel an die Zukunft! Denk zurück an die schönen Tage! Feldpost und andere private Aufzeichnungen aus dem Kriege. In: Wir zeigen Profil. Aus den Sammlungen des Staatsarchivs Detmold, Detmold 1990 (= Veröffentlichungen der Staatlichen Archive des Landes Nordrhein-Westfalen, Reihe D, H. 24), S. 70-80.
6. Freie Presse Nr. 222 vom 25.9.1952.
7. Wilhelm Mellies an Eva Maria Ehrmann, 28.12.1953, wie Anm. 3.
8. Wilhelm Mellies an Eva Maria Ehrmann, 25.3.1952, wie Anm. 3.
9. Ruth Margalit, Jugendjahre einer "Halbjüdin" im nationalsozialistischen Deutschland. Erinnerungen an Detmold und Heidenoldendorf, in: Jürgen Scheffler/Herbert Stöwer (Red.), Juden in Lemgo und Lippe. Kleinstadtleben zwischen Emanzipation und Deportation. Bielefeld 1988 (= Forum Lemgo, H. 3), S. 202 ff.

10. John A. S. Grenville, Die "Endlösung" und die "Judenmischlinge" im Dritten Reich. In: Ursula Büttner (Hg.), Das Unrechtsregime. Internationale Forschung über den Nationalsozialismus. Bd. 2, Hamburg 1986 (= Hamburger Beiträge zur Sozial- und Zeitgeschichte, Bd. XXII), S. 94.
11. Eva Maria Ehrmann an Horst Watermann, 21.7.1973, wie Anm. 2.
12. Interview mit Hans Ehrmann, 19.3.1986. Das Interview mit dem am 29.10.1986 verstorbenen Hans Ehrmann hat Joachim Meynert (Bad Oeynhausen/Minden) geführt.
13. Ruth Margalit, wie Anm. 9, S. 203.
14. Eva Maria Ehrmann an Horst Watermann, 18.12.1972, wie Anm. 2.
15. Frances Henry, Nachbarn und Opfer. Erinnerungen an eine Kleinstadt im Nationalsozialismus, Bonn 1992. – Hazel Rosenstrauch/Abraham Pisarek, Aus Nachbarn wurden Juden. Berlin 1988.
16. Otto Dov Kulka/Aron Rodrigue, The German Population and the Jews in the Third Reich. Recent Publication and Trends in Research on German Society and the "Jewish Question". In: Yad Vashem Studies, Vol. 16, 1984, S. 421-435. – Hans Mommsen, Was haben die Deutschen vom Völkermord an den Juden gewußt? In: Walter H. Pehle (Hg.), Der Judenpogrom 1938. Von der "Reichskristallnacht" zum Völkermord. Frankfurt 1988, S. 176-200. – Als neuere Gesamtdarstellung: David Bankier, The Germans and the Final Solution. Public Opinion under Nazism. Oxford/Cambridge 1992.
17. Gabriele Rosenthal, Antisemitismus im lebensgeschichtlichen Kontext. Soziale Prozesse der Dehumanisierung und Schuldzuweisung. In: Österreichische Zeitschrift für Geschichtswissenschaften 3 (1992), S. 454.
18. Avraham Barkai, Volksgemeinschaft, "Arisierung" und der Holocaust. In: Arno Herzig/Ina Lorenz (Hg.), Verdrängung und Vernichtung der Juden unter dem Nationalsozialismus. Hamburg 1992 (= Hamburger Beiträge zur Geschichte der Juden, Bd. XIX), S. 138 ff.
19. Ursula Büttner, Die Not der Juden teilen. Christlich-jüdische Familien im Dritten Reich. Beispiel und Zeugnis des Schriftstellers Robert Brendel. Hamburg 1988 (= Hamburger Beiträge zur Sozial- und Zeitgeschichte, Bd. XXIV), S. 70/71. – Wolfgang Benz (Hg.), Die Juden in Deutschland 1933-1945. Leben unter nationalsozialistischer Herrschaft. München 1988, S. 684-690. – Ursula Büttner, The Persecution of Christian-Jewish Families in the Third Reich, sowie Jeremy Noakes, The Development of Nazi Policy towards the German-Jewish "Mischlinge" 1933-1945. In: Leo Baeck Institute, Year Book Vol. XXXIV, 1989, S. 267-354.
20. Dirk Blasius, "Geträumte Sicherheit" – Lebensgeschichten jüdischer Menschen in Deutschland. In: Geschichte und Gesellschaft 9 (1983), S. 459.
21. Joachim Meynert, Was vor der "Endlösung" geschah. Antisemitische Ausgrenzung und Verfolgung in Minden-Ravensberg 1933-1945. Münster 1988, S. 31 ff. – Als Beispiele für regionalgeschichtliche Projekte: Manfred Treml/Otto Helwig, "Das war meine liebe Heimat ..." Gespräche mit jüdischen Zeitzeugen aus Bayern. Ein Forschungsbericht. In: Dachauer Hefte, H. 6, November 1990,

S. 121-134. – Michael Zimmermann, Lebensgeschichtliche Interviews mit Juden aus Essen. Ein Erfahrungsbericht. In: Dieter Kastner (Red.), Mündliche Geschichte im Rheinland. Köln/Bonn 1991 (= Landschaftsverband Rheinland). Archivberatungsstelle. Archivhefte 22), S. 319-323. – Allgem. zur Situation jüdischer Frauen in der NS-Zeit: Sybil Milton, Women and the Holocaust: The Case of German and German-Jewish Women. In: Renate Bridenthal u.a. (Hg.), When Biology Becomes Destiny. Women in Weimar and Nazi Germany. New York 1984, S. 297-333.

22. Zum Stand und zu den Quellen der Biographieforschung vor allem in Museen vgl. Hermann Heidrich (Hg.), Biographieforschung. Gesammelte Aufsätze der Tagung des Fränkischen Freilandmuseums am 12. und 13. Oktober 1990. Bad Windsheim 1991 (= Schriften und Kataloge des Fränkischen Freilandmuseums, Bd. 14).
23. Zum Quellenwert von Briefen: Stefan Weiss, Briefe. In: Bernd-A. Rusinek u. a. (Hg.), Einführung in die Interpretation historischer Quellen. Schwerpunkt: Neuzeit, Paderborn u.a. 1992, S. 45-60. – Vgl. auch die Bemerkungen zum Quellenwert privater Briefserien in: Wolfgang Helbich u.a. (Hg.), Briefe aus Amerika. Deutsche Auswanderer schreiben aus der Neuen Welt 1830-1930. München 1988, S. 31 ff. (am Beispiel von Auswandererbriefen) sowie Dalia Ofer, Personal Letters in Research und Education on the Holocaust. In: Holocaust and Genocide Studies, Vol. 4, 1989, S. 341-355 (am Beispiel von Briefen jüdischer Emigranten, die Opfer des Holocaust wurden).
24. Eva Maria Ehrmann an Horst Watermann, 23.4.1974, wie Anm. 2.
25. Ruth Margalit, Meine Mutter, unv. Manuskript (im Besitz des Verfassers). – Die biographischen Daten sind der Geburtsurkunde und den Zeugnissen von Eva Maria Ehrmann entnommen. Zusammen mit anderen Schriftstücken aus dem Nachlaß ihrer Mutter hat Ruth Margalit diese Dokumente dem Frenkel-Haus in Lemgo überlassen. Sie befinden sich im Städtischen Museum "Hexenbürgermeisterhaus" Lemgo, Sammlung Ruth Margalit.
26. Soldbuch von Wilhelm Ehrmann (1915-1918), Städt. Museum "Hexenbürgermeisterhaus" Lemgo, Sammlung Ruth Margalit.
27. Staatsarchiv Detmold, D 100 Detmold/Lemgo, Zug. 1/88 Nr. 719.
28. Städt. Museum "Hexenbürgermeisterhaus" Lemgo, Sammlung Ruth Margalit.
29. Familien-Stammbuch der Familie Margalit (im Besitz von Ruth Margalit, Maayan Zwi/Israel).
30. Eva Maria Ehrmann an Horst Watermann, 1.12.1983, wie Anm. 2.
31. Zu den Zahlen: Peter Steinbach, Industrialisierung und Sozialsystem im Fürstentum Lippe. Zum Verhältnis von Gesellschaftsstruktur und Sozialverhalten einer verspätet industrialisierten Region im 19. Jahrhundert. Berlin 1976 (= Historische und Pädagogische Studien, Bd. 7), Anhang.
32. F. W. Hille, Heidenoldendorfs neuere Entwicklung. In: Lippische Landes-Zeitung Nr. 242 vom 15.10.1926.
33. Auf Urlaub in der Waldheide des Teutoburger Waldes. Plauderei von P. S. Holste, Dortmund (maschinenschriftliches Manuskript). Staatsarchiv Detmold,

D 72 Rothaus, unverzeichneter Zugang (Den Hinweis verdanke ich Wolfgang Müller). – Allgem. zur Geschichte Heidenoldendorfs vgl. auch: 25 Jahre Heimat- und Verkehrsverein Heidenoldendorf. Festschrift mit kleiner Dorfchronik. Detmold 1981. Allerdings ist das Heft als Quelle nicht sehr ergiebig.

34. Die Wahlergebnisse nach: Lippische Landes-Zeitung Nr. 9 vom 12.1.1932 sowie ebd., Nr. 15 vom 16.1.1933.
35. Vgl. hierzu Karl-Heinz Henne, Die lippische Arbeiterbewegung im Kampf gegen Verelendung und Faschismusgefahr während der letzten Jahre der Weimarer Republik. Ein Beitrag zur Sozialgeschichte Ostwestfalen-Lippes in der Zeit der Weltwirtschaftskrise 1929-1933 und zur Didaktik regionaler Sozialgeschichte. Diss. Bielefeld 1976 (allerdings mit einer stark an der damaligen DDR-Zeitgeschichtsschreibung orientierten Perspektive).
36. Staatsarchiv Detmold, M 1 I P Nr. 602. – Reinhard Wulfmeyer, Lippe 1933. Die faschistische Machtergreifung in einem deutschen Kleinstaat. Bielefeld 1987, S. 167-170.
37. Zur Biographie von Fritz Büker vgl. die Hinweise in: Wolfgang Müller, Widerstand und Verweigerung in Lippe 1933-1945. Detmold 1991 (= Lernort: Staatsarchiv Detmold, Themenheft 7), S. 3/4 sowie ders., Denkmal: Erinnerung, Mahnung, Ärgernis... Themenvorschläge für den Schülerwettbewerb Deutsche Geschichte um den Preis des Bundespräsidenten. Detmold 1992, Nr. 14.6.
38. Staatsarchiv Detmold, D 21 B Zug. 124/59 Nr. 36.
39. Reinhard Wulfmeyer, wie Anm. 36, S. 160.
40. Gespräch des Verf. mit den inzwischen verstorbenen Eheleuten Marie und Franz Edler, 11.12.1977. – Zu den schwankenden Einkünften, die Wilhelm Mellies aus seinem Geschäft erzielte und die seiner eigenen Ansicht nach "für eine ausreichende Lebenshaltung" nicht immer genügten, vgl. die Angaben in: Staatsarchiv Detmold, D 100 Detmold/Lemgo Zug. 1/88 Nr. 936.
41. Interview mit Hans Ehrmann, wie Anm. 12. – Zu den Daten der Inhaftierung: Staatsarchiv Detmold, D 22 Detmold Zug. 31/86.
42. Ruth Margalit, wie Anm. 25. – Interview mit Hans Ehrmann, wie Anm. 12.
43. Interview mit Hans Ehrmann, wie Anm. 12.
44. Ruth Margalit, wie Anm. 25. – In Amberg, wo Therese Braun, die Mutter von Eva Maria Ehrmann, sowie die Geschwister lebten, gab es eine kleine jüdische Gemeinde. Vgl. Dieter Albrecht, Die nationalsozialistische Judenpolitik mit besonderer Berücksichtigung der Oberpfalz. In: Hans Bungert/Franz Prechtl (Hg.), Ein Jahrtausend Amberg. Vortragsreihe der Universität Regensburg zum Stadtjubiläum 1984. Regensburg 1985, S. 132/133.
45. Interview mit Hans Ehrmann, wie Anm. 12.
46. Dina van Faassen/Jürgen Hartmann (Bearb.), "...dennoch Menschen von Gott erschaffen" – Die jüdische Minderheit in Lippe von den Anfängen bis zur Vernichtung. Bielefeld 1991, S. 95 ff. – Reinhard Wulfmeyer, Vom "Boykott-Tag" zur "Reichskristallnacht": Stufen der Judenverfolgung in Lippe von 1933 bis 1939. In: Jürgen Scheffler/Herbert Stöwer (Red.), wie Anm. 9, S. 220 ff.

47. Wolfgang Müller, Gartenstraße 6. Zur Geschichte eines Detmolder "Judenhauses" und seiner Bewohner. Detmold 1992 (= Panu Derech – Bereitet den Weg. Schriften der Gesellschaft für Christlich-Jüdische Zusammenarbeit in Lippe, H. 7), S. 10 ff.
48. Ruth Margalit, wie Anm. 9, S. 203.
49. Zit. nach Wolfgang Müller, wie Anm. 47, Dok. 30.
50. Ruth Margalit, wie Anm. 25.
51. Ruth Margalit, wie Anm. 9, S. 204.
52. Interview mit Hans Ehrmann, wie Anm. 12.
53. Ruth Margalit, wie Anm. 9, S. 205.
54. Interview mit Hans Ehrmann, wie Anm. 12. – Vgl. hierzu Joachim Meynert, wie Anm. 21, S. 234/235.
55. Vgl. hierzu Monika Minninger/Anke Stüber/Rita Klussmann (Bearb.), Einwohner – Bürger – Entrechtete. Sieben Jahrhunderte jüdisches Leben im Raum Bielefeld. Bielefeld 1988 (= Bielefelder Beiträge zur Stadt- und Regionalgeschichte, Bd. 6), S. 242. – Joachim Meynert, wie Anm. 21, S. 262 ff.
56. Ruth Margalit, wie Anm. 9, S. 204.
57. Dies., wie Anm. 25.
58. Ebd.
59. Eva Maria Ehrmann an Horst Watermann, 18.1.1964, wie Anm. 2.
60. Ruth Margalit, wie Anm. 25.
61. Ebd.
62. Ebd.
63. Ebd.
64. Robert Levi, Bescheinigung vom 26.2.1961. – Die Bescheinigung befindet sich unter den Schriftstücken aus dem Nachlaß von Eva Maria Ehrmann, die Ruth Margalit dem Frenkel-Haus in Lemgo überlassen hat. Sie befinden sich im Städtischen Museum "Hexenbürgermeisterhaus" Lemgo, Sammlung Ruth Margalit.
65. Pressenotiz (ohne Herkunftsnachweis), abgedruckt in: Jürgen Scheffler/ Herbert Stöwer (Red.), wie Anm. 9, S. 208. – Zur Jüdischen Gemeinde Detmolds in der Nachkriegszeit vgl. den Beitrag von Wolfgang Müller im vorliegenden Band sowie "Bekakelt nicht die Lage..." Detmold in der Nachkriegszeit. Detmold 1992 (= Veröffentlichungen der Staatlichen Archive des Landes Nordrhein-Westfalen, Reihe D, H. 25), S. 53 ff.
66. Ruth Margalit, wie Anm. 25.
67. Eva Maria Ehrmann an Horst Watermann, 27.2.1954, wie Anm. 2. – Wilhelm Ehrmann hat in einem Kondolenzbrief vom 7.10.1949 an die frühere Nachbarin Elisabeth Linde, deren Ehemann Rudolf tödlich verunglückt war, in ähnlicher Weise zum Ausdruck gebracht, daß er den Entschluß zur Auswanderung nicht bereute. "Uns geht es hier gut und gefällt uns auch allen hier im Lande. Bis jetzt haben wir es noch nicht bereut, dass wir hierher gefahren sind, und ich glaube auch nicht, dass wir es je bereuen werden." Ich danke Roland Linde, Horn, für eine Abschrift dieses Briefes aus dem Besitz seiner Großmutter.

68. Vgl. hierzu: Hermine Oberück/Ingrid Schäfer/Karl Heinz Schäfer/Karola Scharfenberg, Lebenswege. Lippische Juden in Israel. Bilder und Berichte. Detmold 1993 (= Panu Derech – Bereitet den Weg. Schriften der Gesellschaft für Christlich-Jüdische Zusammenarbeit in Lippe, H. 10), S. 45 ff.
69. "Maayan-Zwi". Die ersten zwei Jahrzehnte einer Siedlung in Israel. Maayan Zwi 1957.
70. Ferdinand Ehrmann an Eva Maria Ehrmann und die Kinder, 7.2.1950. – Städtisches Museum "Hexenbürgermeisterhaus" Lemgo, Sammlung Ruth Margalit.
71. Eva Maria Ehrmann an Horst Watermann, 27. 5. 1950, wie Anm. 2.
72. Eva Maria Ehrmann an Horst Watermann, 7.7.1969, wie Anm. 2.
73. Eva Maria Ehrmann an Horst Watermann, 1.12.1983, wie Anm. 2. – Auch der in Anm. 67 genannte Bäcker Rudolf Linde, der zusammen mit seiner Frau von 1931 bis 1933 in Heidenoldendorf lebte, gehörte zu den Freunden, die der Familie halfen. Wilhelm Ehrmann schrieb in seinem Kondolenzbrief vom 7.10.1949: "Er war mir in den Jahren meiner Bedrückung stets ein treuer Freund u. Helfer, und was er uns in dieser Zeit getan hat, werden ihm weder meine Frau noch ich vergessen." Vgl. Anm. 67.

Wolfgang Müller

Die Jüdische Gemeinde Detmold in der Nachkriegszeit

Wir haben beim letzten Vortrag von dieser Stelle gehört, daß 1945 Männer und Frauen benötigt worden seien, "die nach vorne blickten und dachten" und denen man deshalb den Verzicht auf die "Trauerarbeit" und die Auseinandersetzung "mit dem Geschehen der zwölf Jahre vorher" nicht vorwerfen dürfe.[1]

Heute soll von einer kleinen Gruppe von Menschen die Rede sein, deren Trauer angesichts dessen, was sie erlebt hatten, "unendlich" war und die mit dieser Trauer weitgehend alleingelassen wurden: die zurückgekehrten jüdischen Konzentrationslagerhäftlinge.

Über sie zu sprechen ist möglich geworden, weil uns seit einiger Zeit die Akten der Jüdischen Gemeinde Detmold zugänglich sind, die in der Herforder Synagoge verwahrt werden, weil die jüdischen Familien in Israel, England und den USA, zu denen Kontakte geknüpft werden konnten, Briefe und Aufzeichnungen aus dieser Zeit zur Verfügung stellten oder in Gesprächen und Interviews Auskunft gaben und im Staatsarchiv die Akten der Stadt und die bei der "Rückerstattung" und der "Entschädigung" angefallenen Unterlagen ausgewertet werden können.[2] Einige von Ihnen werden sich vielleicht auch an die Veranstaltung mit den vier überlebenden ehemaligen Schülerinnen und Schüler der jüdischen Schule in der Gartenstaße 6 erinnern, die im Rahmen des 1. Lippischen Kirchentages 1992 stattgefunden hat, und bei der es ebenfalls um die Erlebnisse in der Nachkriegszeit ging.

Das Ausmaß des Völkermords

Nur einen schwachen Widerschein der Katastrophe, welche die nationalsozialistische Rassenpolitik über die jüdische Gemeinde in Detmold gebracht hatte, fassen wir in den ersten Briefen, in denen sich die jüdischen Emigranten von Kontinent zu Kontinent über das informierten, was sie über das Schicksal ihrer zurückgebliebenen Angehörigen und Freunde hatten erfahren können:

> Onkel Arthur (Buchholz) wurde nie wieder gesund nach seiner ersten Haft in einem Konzentrationslager. Als er am 28. Juli 1942 mit all den (anderen) lippischen Juden in Lippe deportiert wurde, mußte er zum Zug getragen werden. Am 22. November 1942 starb er in Theresienstadt nach einer Operation. Auch Vater war nicht gesund genug, um die Deportation und die primitiven Lebensbedingungen im Ghetto von Lodz durchzustehen [...]. Im Sommer 1944 schrieb Mutter die folgende Postkarte an Frau Quadfass in Detmold, von der sie nicht wußte, daß sie ebenfalls schon nach Theresienstadt deportiert worden war: "Abs. Wwe. Elsa Buchholz, Alexanderhofstr. 8 19/a, Litzmannstadt. Ich freue mich, nach langer Zeit ein Lebenszeichen von mir geben zu können. Ich bin gesund, mir geht es gut. Ich bitte umgehend um die Adressen der Verwandten. Viele Grüße an Meier Exterstrasse [– der Bäckerladen. Eine versteckte Bitte, Brot zu schicken. –] Herzl. Grüsse Elsa."
> Eine andere Postkarte kam von Tante Aenne aus Minsk, datiert vom Ende 1943:
> "Wir sind gesund. Es geht uns gut. Aenne und Edith". Auch nach Theresienstadt geschickt im Juli 1942 und wahrscheinlich nach Auschwitz im Oktober 1944 wurden Moritz, Johanna und Gerda Herzberg, Herr und Frau Kauders, Herr und Frau Hirschfeld und Wertheims..."

Mit diesem Brief informierte Carl Buchholz am 20. Januar 1946 seinen Bruder Werner in Canada über das, was ein Onkel (Erich Buchholz) bei einem Besuch in Detmold erfahren hatte.[3]

Carl Buchholz und auch Herbert Rülf – in einem Brief an seine Schwester Karla vom 24. September 1945[4] – nennen nur wenige Namen, insgesamt aber wurden über achtzig jüdische Kinder, Frauen und Männer aus Detmold von den Nationalsozialisten ermordet, sie wurden erschlagen, vergast oder verhungerten.[5]

Der Empfang der Konzentrationslagerhäftlinge

Nur einige wenige haben überlebt. Sie kehrten von Mai bis Juli 1945 aus dem Konzentrationslager Theresienstadt nach Lippe zurück: Helene Hamlet, Helene Kaufmann, Emma und Julius Linz, Ernst Maas, Erna Quadfass nach Detmold, Tobias Blaustein, Wilhelm Ehrmann und seine Kinder Hans, Karl und Ruth nach Heidenoldendorf. Im November 1945 kam auch Minna Ries aus der Schweiz, wohin sie im Februar 1945 von Theresienstadt mit einem Rotkreuz-Transport gebracht worden war, wieder nach Detmold.[6]

Lippische Landesregierung
Landespolizeidirektor

Detmold, den 31.7.1945

An Lippische Landesregierung Abtlg. I
Herrn Reg.- Rat Heine

hier

Betr.: K.Z. Angehörige.

Es mehren sich die Fälle, daß sich in vielen Gemeinden des Landes Personen als ehemalige Insassen von K.Z. Lagern ausgeben und unter diesem Vorwand versuchen, Vorteile vieler Art zu erreichen.

Dorfbewohner und auch Dorf==Bürgermeister sehen sich nur zu leicht veranlasst diesen Leuten Glauben zu schenken, ohne zu prüfen, ob es XXXX tatsächlich ehemalige K.Z. Insassen sind.

Den Schwindlern und Hochstaplern wird dadurch ihre Arbeit, durch Vorspiegelung falscher Tatsachen sich in den Besitz von Waren aller Art zu setzen, sehr erleichtert.

Zu bedenken ist ferner, daß unter den ehemaligen Insassen der K.Z. sich viele befinden, die wegen krimineller Verbrechen dort untergebracht wurden. Diese Elemente versuchen jetzt ihr unlauteres Treiben fortzusetzen.

Um diesen Treiben zu begegnen ist eine Klärung für die Betreuung und Behandlung der ehemaligen K.Z. Insassen für das Land Lippe erforderlich.

Diese Stellen wären meines Erachtens bei den Landratsämtern einzurichten.

Wenn XXXX dann noch Personen versuchen sollten sich unter Berufung darauf, daß sie im K.Z. waren bei der Bevölkerung besondere Vorteile zu verschaffen, ohne im Besitz eines entsprechenden Ausweises zu sein, ist polizeiliche Festnahme erforderlich.

Die Herren Landräte sind anzuweisen die Bürgermeister entsprechend zu unterrichten.

Heine

Landespolizeidirektor

Abb.1 "Kriminelle Elemente"?

Natürlich gab es auch in Detmold Szenen ehrlicher Freude beim Wiedersehen. Ruth Ehrmann hat davon erzählt, der Malermeister Otto Meier in der Hermannstraße hat davon berichtet, wie sich seine Mutter und Helene Hamlet, die seit ihrer Zeit als Weißnäherinnen bei Wäsche-Priester befreundet waren, 1945 in die Arme gefallen seien.[7] Und auch Herbert Rülf schrieb an seine Schwester, daß sich August Linne und seine Frau, die viele Jahre mit seinen Eltern in der Sachsenstraße 25 zusammengewohnt hatten, "schrecklich" mit ihm gefreut hätten, als er sie von Bünde aus, wo er beim britischen Search Bureau arbeitete, am Jom Kippur 1945 besuchte.[8]

Nur diese Fälle sind bezeugt, in der Regel wurden die Überlebenden des Völkermords keineswegs "mit offenen Armen" empfangen. Das "Problem" schien doch gelöst, und nun waren einige Deportierte wieder da, und ihr bloßes Dasein war ein Vorwurf an die Nachbarn von früher und die Beamten in den Verwaltungen, die dort weiter Dienst taten. Sie stießen auf Unverständnis und Sprachlosigkeit. Und nicht einmal die selbst verfolgten Sozialdemokraten hatten offenbar begriffen, was sich in den Konzentrationslagern abgespielt hatte. Anders ist nicht zu verstehen, daß der schon erwähnte August Linne, der zum lippischen Landespolizeidirektor ernannt worden war, am 31. Juli 1945 darauf hinweisen zu müssen glaubte, "daß unter den ehemaligen Insassen der K.Z. sich viele befinden, die wegen krimineller Verbrechen dort untergebracht wurden", und daß diese "Elemente versuchen" würden, "jetzt ihr unlauteres Treiben fortzusetzen".[9] Linne befand sich mit dieser Einschätzung in "höchster" Gesellschaft, verlangte doch auch der Oberpräsident der Provinz Westfalen, der spätere Ministerpräsident des Landes Nordrhein-Westfalen Dr. Amelunxen, am 31. Oktober die "Erfassung" aller Konzentrationslagerhäftlinge, um

> dann eine Scheidung in politische und kriminelle Häftlinge vorzunehmen. Dem Vernehmen nach haben in den Lagern die kriminellen Häftlinge vielfach die Mehrzahl gebildet. Es ist auch darauf zu achten, daß keine kriminellen Häftlinge die Führung in Zusammenschlüssen ehemaliger Konzentrationslagerhäftlinge übernehmen.[10]

Dieser Erlaß hatte zur Folge, daß in Detmold achtunddreißig zurückgekehrte Konzentrationslagerhäftlinge zur Stadt zitiert wurden und eine eidesstattliche Erklärung abgeben mußten, daß sie keine Kriminellen seien. Auch die jüdischen Heimkehrer mußten sich dieser entwürdigenden Prozedur unterziehen. Lore Baer mußte diese Erklärung für ihren im Arbeitslager verhungerten Vater abgeben. Nur bei zwei Häftlingen lagen

Vorstrafen vor, und nur in einem Fall waren offensichtlich Straftaten der Grund für die Einweisung in ein Lager gewesen.[11] So sah die vom Oberpräsidenten behauptete "Mehrzahl" aus!

Die Entlastungsfunktion, welche die ständigen Hinweise auf die kriminellen Konzentrationslagerhäftlinge haben sollten, ist den Verfolgten damals natürlich nicht verborgen geblieben. So druckten die "Mitteilungen für ehemalige politische Gefangene des Landes Nordrhein-Westfalen" schon am 15.11.1946 einen Aufsatz des Freiburger Generalstaatsanwalts Prof. Dr. Karl S. Bader nach, der unmißverständlich darlegte, daß auch den kriminell Vorbestraften und selbst den Gewohnheitsverbrechern durch das KZ großes Unrecht geschehen ist und daß ihre Befreiung 1945 unbedingt gerechtfertigt war.[12]

Zögerliche Hilfen

Die aus den Konzentrationslagern zurückgekehrten jüdischen Häftlinge waren alle unterernährt und krank. Sie waren völlig mittellos, da man ihnen bei der Deportation alles weggenommen hatte.

Die erste finanzielle Unterstützung kam von der Stadt. Sie hatte vom Oberpräsidenten der Provinz Westfalen als Richtlinie die Aufforderung bekommen, "im Falle nachgewiesener Mittellosigkeit Unterhaltsbeiträge in Höhe der Sätze der gehobenen Fürsorge" zu zahlen, aber einen sehr strengen Maßstab anzulegen, da "die Geldmittel, die vorläufig noch gar nicht zur Verfügung stehen, voraussichtlich gering sein werden".[13] Was das bedeutete, zeigt ein Vermerk des Wohlfahrtsamtes der Stadt Detmold vom 17.10.1945:

> Es erscheint heute Herr Julius Linz aus Detmold, Sachsenstraße 4, und trägt vor: Den Bescheid des Wohlfahrtsamtes über die Festsetzung meines Unterhaltsbeitrages habe ich erhalten. Nach Bestreitung der Mietausgaben in Höhe von RM 50.- verbleiben mir für meinen und meiner Ehefrau Lebensunterhalt im Monat noch RM 60,-. Soweit ich unterrichtet bin, sind bei der Festsetzung der Unterhaltsbeiträge für Juden und KZ-Häftlinge in Bielefeld höhere Richtsätze zugrunde gelegt worden. Ich bitte zu prüfen, ob nicht auch die Stadt Detmold ein Gleiches tun kann [...].[14]

Obwohl die Anfrage in Bielefeld ergab, daß dort ein "rassisch verfolgtes" Ehepaar 96,- RM und die volle Miete erhielt, blieb man in Detmold "mit Rücksicht auf die angespannte Finanzlage der Stadt", wie es hieß, bei den alten Sätzen.[15]

Zwar durften die Rückkehrer nach einigen Wochen wieder in ihre alten Häuser und Wohnungen einziehen, mußten dafür aber, wie wir von Julius Linz gehört haben, Miete an das Finanzamt zahlen, das die 1942 beschlagnahmten Häuser im Auftrag des Reiches nach wie vor verwaltete. Die Häuser und Wohnungen aber waren leer, Möbel, Hausgeräte und Wäsche waren nicht vorhanden. Am 28. August 1945 wurde deshalb (nach Lemgoer Vorbild) in der Neuen Westfälischen Zeitung eine Verfügung des Detmolder Bürgermeisters mit einer "Aufforderung zur Meldung von Judeneigentum" veröffentlicht. In ihr hieß es:

> Alle Personen, die jüdisches Eigentum, mit Ausnahme von Grundbesitz, in Händen haben, das sie seit dem 1.3.42 erworben haben, gleichgültig ob direkt von Juden oder aus dritter Hand gekauft, geschenkt oder auf sonstige Weise erworben, haben dieses sofort [...] beim Bürgermeister, Rathaus, Zimmer Nr. 17, unter Vorlage einer entsprechenden Liste zu melden. Wer dieser Aufforderung nicht nachkommt, hat mit Bestrafung zu rechnen.[16]

Die Aufforderung führte zu vielen ungehaltenen Reaktionen. Nur wenige übergaben die Sachen aus Einsicht und ohne Murren an die alten Besitzer. Einige beriefen sich auf das Stichdatum oder gaben an, nur aus Mitleid gekauft zu haben. Andere bestritten den Erwerb, bis sich herumsprach, daß die Behörde die Verkaufslisten der NSV zur Verfügung hatte.[17] Mit den zurückgegebenen Sachen waren aber die Wohnungen noch lange nicht wieder eingerichtet. Jede Sonderanschaffung mußte mühsam beim Wohlfahrtsamt erbettelt werden. Beschämend waren die Erfahrungen, die Julius Linz und Minna Ries bei ihrem Versuch machten, ihre Wohnungen in der Sachsenstraße 4 auch wieder mit Gardinen und Lampen auszustatten. Es bedurfte erst eines Eingreifens des Stadtdirektors Dr. Moes am 5. Juni 1946, damit das Wohlfahrtsamt auch die Erstattung der Rechnungen der Firmen Kesting und Temde in Höhe von 283,45 RM übernahm:

> Nach Ansicht von Herrn Dr. Moes hat Herr Linz sich (bei der Aufgabe seiner Bestellung) im guten Glauben befunden und würden bei Nichtübernahme der Kosten durch die Stadt die betreffenden Geschäftsleute die allein Geschädigten sein. Herr Linz ist auf keinen Fall in der Lage, diese Beträge von seiner geringen laufenden Unterstützung zu zahlen.[18]

Das ganze wurde dann aber Julius Linz mit belehrendem Unterton und der Drohung mitgeteilt, "daß eine weitere Kostenübernahme [...] nicht mehr in Frage kommen kann".[19]

Die größte Sorge der Beamten in diesem Zusammenhang war, die Auslagen für die überlebenden Juden beim Finanzamt und beim Oberfinanzpräsidenten in Münster "zur Erstattung" anzumelden. Immer wieder fragten sie danach, wann ein "Wiedergutmachungsgesetz", das diese Erstattung regeln würde, erlassen werde.[20]

Das Land Lippe verfügte als "selbständiges Land mit eigener Landesregierung und eigenem Landtag" über "hoheitsrechtliche Funktionen auch auf dem Gebiet der Wohlfahrt" – so Landespräsident Heinrich Drake in einem empörten Schreiben an den nordrhein-westfälischen Sozialminister.[21] Es hätte also, was die Hilfen für die zurückgekehrten Konzentrationslagerhäftlinge angeht, durchaus eigene Akzente setzen können. Nichts dergleichen ist geschehen. Es war vor allem Heinrich Drake selbst, der alle Initiativen blockierte. Am 27. Juli 1945 stellte Wilhelm Ehrmann bei der Lippischen Landesregierung den Antrag,

> eine Betreuungsstelle für politisch und rassisch Verfolgte einzurichten [...] Die Einrichtung einer derartigen Stelle sei im Interesse der Betroffenen, die vielfach nicht wüßten, wohin sie sich mit ihren Anträgen wenden müßten, dringend erforderlich.[22]

Am 11. August 1945 unterstützte der "Beauftragte des Antifaschistischen Landesausschusses des Landes Lippe", Wilhelm Vehmeier, den Antrag Ehrmanns und forderte umfangreiche Kompetenzen für diese Betreuungsstelle.[23] Drake legte die Anträge der Konferenz der Landräte und Bürgermeister am 20. August 1945 vor und faßte das Ergebnis der Beratung in folgendem Vermerk zusammen:

> Übereinstimmend ging die Ansicht dahin, daß von besonderen Maßnahmen abgesehen werden möchte. Die Landräte und Bürgermeister wiesen darauf hin, daß die in Frage kommenden Personen nach Lage des Einzelfalles betreut würden, und daß sich ohne Zweifel alle Bürgermeister bemühten, ihnen in Notfällen soweit wie möglich entgegen zu kommen. Jede schematische Regelung werde zu Schwierigkeiten führen. Vor der Einrichtung besonderer Ausschüsse und Stellen, die zu überwachen hätten, würde besonders gewarnt. Die Arbeit der Verwaltungsstellen sei ohnehin schwierig genug. Klagen und Beschwerden über unzulängliche Versorgung seien übrigens noch nicht geltend gemacht worden.[24]

Erst die Anweisung Nr. 20 der Militärregierung über Zonenpolitik vom 4.12.1945 erzwang auch für Lippe die Einrichtung von "Kreis-Sonderhilfsausschüssen". Die Instruktion verfolgte eine klare politische Zielsetzung. So hieß es im Appendix 'A' zu dieser Anweisung:

> Zweck dieses Planes ist nicht nur, aus Gründen der Menschlichkeit demjenigen zu helfen, der gelitten hat, sondern auch der deutschen Öffentlichkeit vor Augen zu führen, daß demjenigen, der als Gegner des Nationalsozialismus gelitten hat, angemessene Anerkennung gezollt wird.[25]

Allerdings ließ sie zunächst die Hinterbliebenen der Ermordeten sowie die unberücksichtigt, die zwar nicht im Konzentrationslager gewesen, aber durch andere Formen der Verfolgung schwer gelitten hatten.[26] Erst im März 1946 wurde sie auf alle notleidenden Personen ausgedehnt, "die in Deutschland Unterdrückung erlitten haben und als Opfer des Nazismus anzusehen sind".[27] Der Kreis-Sonderhilfsausschuß sollte jeweils aus drei Mitgliedern bestehen, einem ausgebildeten Richter mit der Befähigung zum Richteramt als Vorsitzenden, einem Vertreter der Bürgerschaft und einem ehemaligen KZ-Häftling als Beisitzer. Für den Kreis Detmold ernannte die Militärregierung am 26.2.1946 den Rechtsanwalt Fritz Blanke, Detmold, den Kraftfahrer August Strate, Pottenhausen, und Wilhelm Ehrmann zu Mitgliedern.[28]

Die als Opfer des Faschismus anerkannten Personen erhielten einen Ausweis, Lebensmittelkarten für Schwerarbeiter, die vorzugsweise Zuteilung von Wohnung und Arbeit und eine finanzielle Sonderhilfe bei Arbeitsunfähigkeit, die 50 % über den Richtsätzen der allgemeinen Fürsorge lag – zunächst aber nur für sechsundzwanzig Wochen. Auch die Hinterbliebenen der in den Konzentrationslagern Umgekommenen erhielten diese Unterstützung. Gegen die Entscheidungen der Kreis-Sonderhilfsausschüsse konnte man ab Juli 1947 bei einer Berufungskammer beim Regierungspräsidenten[29] in Detmold und bei einer Landesberufungskammer beim Sozialminister von NRW Berufung einlegen.

Die gewährte "Sonderhilfe" reichte gerade zum Überleben, für jede Anschaffung und die bitter nötigen Kuraufenthalte mußte ein Antrag auf einen Geldzuschuß gestellt werden, dessen Bewilligung, da es keinen Rechtsanspruch gab, vom Wohlwollen der Beamten bei der Stadt, dem Kreis und dem Regierungspräsidenten abhing. Die Nachbarn aber sahen nicht die "angemessene Anerkennung" für das erlittene Leid, sondern nur die Sonderleistungen, die sie maßlos überschätzten. Sie führten auch in Detmold zu Neid und Mißgunst, so daß die politische Absicht der Militärregierung auch hier gründlich verfehlt wurde.

Bis zum 11.Oktober 1946 waren in Lippe 483 Personen als "Opfer des Faschismus" anerkannt, 415 erhielten Lebensmittelkarten für Schwerarbeiter und 177 die finanzielle Sonderhilfe.[30]

Die Gründung der Jüdischen Gemeinde für den Kreis Detmold

Auch die Zahl der Juden unter diesen Betreuten hatte sich in Lippe und in Detmold inzwischen beträchtlich erhöht. Einzelpersonen oder Familien wie die Familie Segall aus Berlin hatten durch Zufall ihren Weg nach Detmold gefunden. Und auch unter den Flüchtlingstransporten, die in großer Zahl Lippe erreichten, befanden sich Juden. So traf im Juni 1946 aus Breslau ein Transport mit dreiundvierzig Menschen in Detmold ein, die als Angehörige von "Mischehen" den Holocaust überlebt hatten, von den polnischen Behörden aber als Deutsche ausgewiesen worden waren, so daß die Gruppe der Juden im Kreis Detmold auf fast fünfzig Personen anwuchs.[31]

Ostjüdische Überlebende, also jüdische "Displaced Persons", kamen nicht nach Detmold, sondern in den Kreis Lemgo, wo man sie auf die Gemeinden im lippischen Nordosten, vor allem Alverdissen und Bösingfeld verteilte und damit völlig isolierte.[32] Anders als in der amerikanischen Besatzungszone[33] fanden die Menschen in der britischen Zone keine Aufnahme mehr in den Lagern für "Displaced Persons", da die Militärregierung Mitte des Jahres 1946 die Register geschlossen hatte, so daß sie außerhalb der Lager von den normalen knappen Essensrationen und Unterstützungen zu leben hatten – inmitten der deutschen Bevölkerung, deren Sprache sie oft nicht kannten und die sie nach den Erfahrungen der Vergangenheit als Verfolger fürchteten.[34]

Mit der Ankunft des Breslauer Transports stellte sich auch in Detmold mit großer Dringlichkeit die Frage, ob und in welcher Form sich hier wieder ein jüdisches Leben gestalten sollte. Nur die wenigsten Juden in der Welt konnten sich nach 1945 vorstellen, daß Deutschland jemals wieder ein Land mit jüdischem Leben sein könnte. Die meisten waren der Überzeugung, daß Deutschland wie Spanien ein "gebanntes Land" sein würde. Der jüdische Journalist Robert Weltsch, der 1933 mit dem Artikel "Tragt ihn mit Stolz, den gelben Fleck!" in der Jüdischen Rundschau (4.4.1933) die deutschen Juden zum Bleiben aufgefordert hatte[35], schrieb 1946 nach einem Besuch im besetzten Deutschland:

> Wir können nicht annehmen, daß es Juden gibt, die sich nach Deutschland hingezogen fühlen. Hier riecht es nach Leiden, nach Gaskammern und nach Folterzellen [...] Dieser Rest jüdischer Siedlung soll so schnell wie möglich liquidiert werden [...] Deutschland ist kein Boden für Juden.

Auch der Jüdische Weltkongreß erklärte 1948, daß kein Jude mehr deutschen Boden betreten werde.[36]

Die Not, in der sich die überlebenden Juden in Lippe befanden, ließ aber keinen anderen Weg zu, als sich zusammenzuschließen. Ein enger sozialer und religiöser Zusammenschluß für den eigenen Halt und den Umgang mit den Organen der Besatzungsmacht und den deutschen Behörden erwies sich als lebensnotwendig.[37] Und so trafen sich am 15. Juli 1946 fünf jüdische Frauen und fünf jüdische Männer, um, wie es im Protokoll der Gründungsversammlung hieß, "eine jüdische Interessengemeinschaft zu gründen". Zu ihrem ersten Vorsitzenden wählten sie Wilhelm Ehrmann aus Heidenoldendorf, sein Stellvertreter wurde Julius Linz.[38]

Abb.2 Wilhelm Ehrmann, der 1. Vorsitzende der Jüdischen Gemeinde für den Kreis Detmold in der Zeit von 1946 bis 1949, hier im Jahr 1947 bei der Konferenz der jüdischen Juristen im Detmolder Schloß

Schon bald unterrichtete Wilhelm Ehrmann die Militärregierung, die Lippische Landesregierung, die Landräte und Bürgermeister davon, daß sich eine neue jüdische Gemeinde "als Vertreterin aller im Kreise Detmold ansässigen Juden, Halbjuden sowie Frauen und Kinder der im KZ ermordeten Juden" konstituiert und sich den Namen "Jüdische Gemeinde für den Kreis Detmold" gegeben habe.[39]

Das Verhältnis der Jüdischen Gemeinde zu den deutschen Behörden war von Anfang an gespannt, und auch die Britische Militärregierung half nur manchmal gequält, sah sie doch in den deutschen Juden in erster Linie die Deutschen, die Angehörigen eines besiegten Volkes. Rat und Hilfe kamen jedoch von den jüdischen Hilfsorganisationen in England und den USA, so etwa vom Jewish Committee For Relief Abroad in London und vom American Joint Distribution Committee mit Sitz in Bergen-Belsen direkt oder über den "Landesverband der jüdischen Gemeinden Westfalen" in Dortmund, die in regelmäßigen Abständen "Betreuung", d.h. zusätzliche Lebensmittel und Kleidungsstücke, nach Detmold schickten. Da aber diese Mittel begrenzt waren, durften sie nur an "Juden" vergeben werden. Die Jüdische Gemeinde mußte also wieder prüfen, wer "Jude" war, so daß die von den Nationalsozialisten eingeführte, moralisch und wissenschaftlich nicht haltbare Terminologie ("Volljude", "Halbjude", "Mischehe" usw.) nicht nur bei den deutschen Behörden, sondern auch von den jüdischen Stellen selbst weiterbenutzt wurde.[40]

Die ständigen "Status-Überprüfungen" durch die jüdischen Organisationen haben allerdings Materialien hinterlassen, die uns heute einen genauen Einblick in die Zusammensetzung der Jüdischen Gemeinde für den Kreis Detmold erlauben. So zeigt die Antwort auf eine Anfrage des "Oberrabbinats aller jüdischen Gemeinden in der Britischen Zone Deutschlands" vom 1.4.1948 folgendes Bild:

- Gesamtzahl der Mitglieder der Jüdischen Gemeinde für den Kreis Detmold: 46 Personen (24 männlich, 22 weiblich),
- Mitglieder, "die während der Hitlerzeit den Judenstern tragen mußten": 22 Personen,
- Mitglieder, "die in Mischehen leben": 20 Personen, – Jugendliche bis 25 Jahre: 13 Personen (9 männlich, 4 weiblich),
- Kinder, "die noch nicht beschnitten sind": 6 Jungen,
- "Ehefrauen, die bei ihrer Verheiratung zur jüdischen Religion übergetreten sind": 3 Frauen,
- "Hinterbliebene der Jüdischen Gemeinde [...] (nichtjüdische Ehefrauen)": 5 Frauen.[41]

Verfügte die jüdische Gemeinde in Detmold bis 1933, fast genau der übrigen Sozialstruktur der Stadt Detmold entsprechend, über das ganze soziale Spektrum vom Millionär bis zum Fürsorgeempfänger, waren jetzt alle in ihrer sozialen Existenz gefährdet. Und sie schleppten Erinnerungen an Erlebnisse mit sich, die ihren Lebensmut und ihre Initiative dämpften, so sehr auch die jungen Leute versuchten, durch Feste und Feiern für ihre vorenthaltene Kindheit und Jugend entschädigt zu werden. Wieder sind es die erhalten gebliebenen Fragebögen des "Landesverbandes der jüdischen

Gemeinden Westfalen", die uns unter der Rubrik "Angaben über besondere Erlebnisse im 3. Reich" Auskunft über die lastende Vergangenheit geben:

"Existenz genommen, Tochter nach Warschau verschleppt und ich seit 1942 nach Theresienstadt KZ" (Helene Hamlet).

"Mein Vater durch die Gestapo 1935 auf Grund falscher Angaben von (den) Nazis verhaftet und durch Sondergericht Hannover zu 9 Monaten KZ verurteilt. An den Folgen der Behandlung gestorben. Ich selbst bin 1942 von der Gestapo verhaftet und nach KZ Theresienstadt gebracht. Meinen Sohn mußte ich allein mit 14 Jahren zurücklassen, der auch dann von der Gestapo geholt und durch drei Lager gegangen ist" (Erna Quadfass).

"Durch die Gestapo zwangsverschickt Judenarbeitslager Sitzendorf und weiter nach dem K.Z. Theresienstadt. Meine Mutter in Theresienstadt ums Leben gekommen. Meine beiden Schwestern nach Polen verschleppt und sind dort ermordet" (Ernst Maas).

"bin 1942 am 1.Oktober nach Theresienstadt gekommen, meine einzige Tochter mit Ehemann und 18jähr. Tochter sind am 23. Oktober 1944 von Theresienstadt nach Auschwitz transportiert worden und sind nicht zurückgekehrt" (Helene Kaufmann, geb. Ries).

"Nov. 1938 – Febr. 1939 im KZ-Lager Buchenwald. 1940 – 1944 Zwangsarbeit in Bielefeld und Zwangsarbeitslager Sitzendorf, Februar 1945 – Kriegsende im KZ-Lager Theresienstadt, 1944 durch Bombenschaden alles verloren. Die beiden ersten Kinder ebenfalls im Zwangsarbeitslager interniert gewesen" (Tobias Blaustein).

"Oktober 1938 nach Polen ausgewiesen, vom 15. XI. 1940 bis Juni 1942 im Ghetto Warschau, dann geflohen. Juni 1942 – April 1944 in Polen versteckt gehalten. April 1944 illegal nach Deutschland zurückgekehrt. April 1944 bis zum Einmarsch der Russen (3.V.45.) in Berlin versteckt" (Max-Horst Segall).[42]

Der lange Kampf für ein eigenes Gemeindehaus

Blättert man in den Akten der Jüdischen Gemeinde, so fällt das breite Aufgabenspektrum auf, das der Vorsitzende zu bewältigen hatte. Und Wilhelm Ehrmann wuchs dabei über sich selbst hinaus. Seine Briefe weisen aus, mit welcher bewunderungswürdigen Sicherheit er die schwierigsten Sachverhalte dargestellt und gemeistert hat. Neben der Organisation der sozialen Hilfe und der Beratung der Mitglieder mußte eine Fülle von Auskünften gegeben werden an lippische Juden in aller Welt, die nach ihren Angehörigen forschten. Auch den Auswanderungswilligen, die keine Chancen mehr für sich in Deutschland sahen, mußte geholfen werden. Und dann war da noch die Sorge für den Unabhängigkeitskampf in Palästina, so daß Sammlungen für die Haganah, die jüdische Kampforganisation, organisiert werden mußten.[43]

Für uns heute unvorstellbar groß war die Mühe, die Wilhelm Ehrmann aufbringen mußte, um seiner Gemeinde wieder die Möglichkeit des Gottesdienstes und eines bescheidenen Gemeindelebens zu verschaffen. Dabei sollte das Haus Gartenstraße 6, in dem sich von 1939 bis 1942 die jüdische Schule und das jüdische Altersheim Detmold befunden hatte, wieder eine Rolle spielen.[44]

> Alle Religionsgemeinschaften bis zur kleinsten Sekte sind wieder im Besitz von Räumen zur Abhaltung ihrer Gottesdienste. Die Jüdische Gemeinde für den Kreis Detmold aber, der man ihr Gotteshaus niedergebrannt und die ca. 180 Menschen durch Ermordung in den KZ verloren hat, ist bis heute nicht in der Lage, sich in einem Raum zur Abhaltung ihrer Gottesdienste zu versammeln. Auch ist es uns nicht möglich, unsere Alten und Hilflosen zum Zweck unserer gemeinsamen Betreuung in einem Raum unterzubringen.[45]

Mit diesen Worten beschwerte sich Wilhelm Ehrmann am 6. November 1946 bei der Militärregierung über den Bürgermeister der Stadt Detmold. Es bedurfte noch vieler weiterer erbitterter Eingaben an die Stadt und die Militärregierung, bis das Haus im Jahr 1947 von den Mietern, die nach der Beschlagnahmung durch das Deutsche Reich 1942 eingezogen waren, geräumt wurde. Danach stand das Haus noch ein ganzes Jahr ungenutzt, weil es Wilhelm Ehrmann nicht gelang, für die erforderlichen Reparaturen die notwendigen Handwerker aufzutreiben. Anträge der Jüdischen Gemeinde an die Stadt oder den Kreis, ihr bei der Wiedereinrichtung des

Hauses zu helfen, wurden nur zögernd beantwortet oder von einer Behörde zur anderen geschoben. So vermochte der Finanzausschuß der Stadt Detmold am 28.3.1947 nicht einzusehen, daß eine Hilfe der Stadt "schon beginnen soll, bevor nicht alle anderen zunächst zuständigen Stellen erschöpfend eingegriffen haben".[46] Auch das Bemühen von der Mietzahlung an das Finanzamt befreit zu werden, indem man das Haus aus der Verfügungsgewalt des Finanzamts in die eigene Verwaltung nahm, führte zu keinem Erfolg.[47]

Im Jahr 1948 bezogen wieder einige alte jüdische Menschen das jüdische Altersheim in der Gartenstraße 6, darunter auch Helene Hamlet, die schon 1942 hier gewohnt hatte.[48] Und es wurde endlich auch ein Betraum eingerichtet, ein "kleines vorbildliches Hakneseth", wie es 1949 in einem Zeitungsartikel hieß.[49] Der erste feierliche Gottesdienst in der Synagoge Gartenstraße 6 fand zu Pessach 1948 statt. Wilhelm Ehrmann schrieb dazu in einem Artikel für das Jüdische Gemeindeblatt für die britische Zone: "Wir haben in unserem Gemeindemitglied Herrn Tobias Blaustein einen 'Baal Tefilla', wie man ihn heute unter Laien selten findet und der es versteht, unsere Gottesdienste in zu Herzen gehender Weise zu gestalten und uns in passenden Worten den Sinn unserer Feiertage nahezubringen".[50] 1949 fand in der Gartenstraße 6 im Beisein des Oberrabbiners Broch die erste Barmitzwa-Feier seit 1942 statt.[51]

Und es wurde auch wieder unterrichtet und gelernt in der Gartenstraße 6. Ein Privatlehrer gab den jüdischen Kindern zusätzlichen Unterricht, hatte man ihnen doch viele Jahre jede Schulbildung vorenthalten. Um den kümmerlichen Zuschuß für diesen Unterricht mußte Wilhelm Ehrmann allerdings erst jedesmal beim Regierungspräsidenten betteln: "Die Väter dieser Kinder sind im Konzentrationslager umgekommen, und die Gewährung dieses Antrags wäre ein kleiner Beitrag zur Wiedergutmachung an diesen Kindern".[52] Sechs Schülerinnen und Schüler wurden bis zum Ende des Winterhalbjahres 1948/49 in der Gartenstraße zusätzlich unterrichtet.[53]

"Wiedergutmachung"

Große Tage erlebte die Detmolder Gemeinde, als sie gleichsam Gastgeberin der Konferenz der jüdischen Juristen in der britischen Zone war, die das Jewish Committee For Relief Abroad vom 21. bis 23. März 1947 im Ahnensaal des Detmolder Schlosses veranstaltete. An ihr nahmen auch die führenden Beamten der Justizverwaltungen der Länder der britischen Zone und etliche lippische Juristen teil. Nach einer feierlichen Weiherede des britischen Militärrabbiners Dr. Alexander Carlebach ging es um die Fragen der "Wiedergutmachung" durch den Staat, die Anfechtung nationalsozialistischer Unrechtsurteile, den Rechtsschutz gegen die Aufhetzung zum Rassenhaß und ein Gesetz zur Bestrafung der Denunziationen in der Zeit des Nationalsozialismus.[54] Für die "Wiedergutmachung" durch den Staat schlug der Rechtsberater des Jewish Committee For Relief Abroad Dr. Weis die Bildung eines besonderen Gerichts vor, das dem Oberlandesgericht unterstellt sein und dem ein Beisitzer aus der Gruppe der Geschädigten angehören sollte. In der britischen Zone könnte "auf diese Weise das Problem der Wiedergutmachung mit etwa 100 Richtern in zwei Jahren gelöst werden".[55] Wir wissen heute, wie wenig diese Hoffnung berechtigt war. Es dauerte noch bis 1953, bis der Deutsche Bundestag das Bundesentschädigungsgesetz erließ. Und manches Opfer mußte noch bis in die 60er Jahre warten, bis es die ersten kargen Zahlungen für, so hieß es im Gesetz, den erlittenen "Schaden an Leben, Körper, Gesundheit, Freiheit, Eigentum, Vermögen, in seinem beruflichen oder in seinem wirtschaftlichen Fortkommen" erhielt.[56]

Auch die Rückgabe des den Juden durch Zwang oder unter Ausnutzung ihrer Notlage entzogenen Eigentums wurde von der britischen Militärregierung unverständlich lange hinausgezögert. Seit Juli 1945 waren diese Vermögen "gesperrt".[57] Jede Verfügung darüber war unmöglich. Nicht einmal die vom Reich beschlagnahmten Häuser wurden ihren jüdischen Eigentümern zurückgegeben.[58] Und so mußte z.B., wir haben es schon gehört, Julius Linz für das Bewohnen des eigenen Hauses in der Sachsenstraße Miete an das Finanzamt zahlen. Erst das Militärgesetz Nr. 59 vom 12.5.1949 (Britische Zone) ordnete die "Rückerstattung" des damals noch feststellbaren Vermögens an, das im Zuge der religiösen, rassischen und politischen Verfolgung während der Zeit vom 30.1.1933 bis zum 8.5.1945 "entzogen" worden war. Der Antragsgegner mußte bei Privatverträgen nachweisen, daß der Kaufpreis angemessen war, für Verträge ab 1935 sogar glaubhaft machen, daß das Rechtsgeschäft auch ohne Herrschaft des Nationalsozialismus abgeschlossen worden wäre. Rückgabe bei Erstattung des Kaufpreises, Nachzahlung des Unterschiedes und Ersatz bei Schädigung waren die wichtigsten Möglichkeiten dieses Gesetzes. Ziel war die gütliche Einigung.[59] Streitfälle entschied die Wiedergutmachungskammer beim Landgericht Detmold.

Wer den Streit um den jüdischen Friedhof in Hamburg-Ottensen miterlebt hat, wird sich wundern, daß die Jüdische Gemeinde Detmold 1950 auf die Rückgabe des alten Friedhofs zwischen der Spitzenkamptwete und der Richthofenstraße, den die Stadt 1939 an sich gebracht hatte, verzichtete. Die Stadt hatte auf den Verzicht gedrängt, da sie das Gelände "zum weitaus größten Teil für Straßenzwecke" und den Rest "zur Schaffung einer Grünanlage" verwenden wollte.[60] Die Jüdische Gemeinde fühlte sich offensichtlich, da sie keine Mittel bekam, durch die Pflege zweier Friedhöfe überfordert und glaubte, der Stadt auch einmal entgegenkommen zu müssen. Die Gegenleistung der Stadt bestand darin, daß sie die alten Grabsteine, sie stammen zum Teil aus dem ersten Drittel des 18. Jahrhunderts, auf den "neuen" Friedhof an der Spitzenkamptwete überführte und die Pflege des Friedhofs übernahm.[61] Heute befindet sich an der Stelle des alten jüdischen Friedhofs, der von einer schönen Bruchsteinmauer umgeben war, ein häßlicher asphaltierter Parkplatz, und nichts erinnert mehr daran, daß dort jüdische Tote ruhen.

Von den Mitgliedern der Jüdischen Gemeinde Detmold selbst konnten nur die wenigsten Ansprüche stellen, aber es meldeten sich trotz der knappen Fristen die Emigranten oder ihre Erben. Die alle noch vorliegenden "Rückerstattungsakten" weisen aus, daß es um eine große Zahl von Nutznießern und um beträchtliche Werte ging.[62] Die Verhandlungen der überlebenden Juden oder der Erben der Ermordeten mit den "Arisierern", wie es damals hieß, oder Käufern der Betriebe, Geschäfte, Häuser und Grundstücke wurden mit großer Erbitterung geführt. Daß die meisten Ausflüchte und Schutzbehauptungen der Nutznießer der nationalsozialistischen Judenpolitik von den Opfern nicht akzeptiert werden konnten, führte auch in Detmold zu einer Verschärfung der sowieso schon vorhandenen antisemitischen Grundstimmung, die den Mitgliedern der Jüdischen Gemeinde das Leben noch mehr erschwerte.

Der Antisemitismus saß auch in Lippe so tief oder war im Sinne der Sündenbocktheorie noch immer so wirkmächtig, daß nicht einmal das Erschrecken über den millionenfachen Mord ausreichte, um die Menschen von ihrem tradierten Judenfeindbild zu befreien.[63] Er trat zutage in der Schändung jüdischer Friedhöfe in Horn (1948) und Schwalenberg (1950)[64], in den falschen Zungenschlägen in Behördenschreiben und Zeitungsartikeln, gegen die sich Wilhelm Ehrmann vergeblich wehrte[65], oder im Umgang mit den jüdischen Kindern und Jugendlichen. "In der Schule wollte schon wieder keiner mehr neben mir sitzen!" – so Karl Ehrmann bei seinem Besuch in Detmold auf dem Podium des 1. Lippischen Kirchentages 1992.

Die juristische "Bewältigung" der Vergangenheit

Mit großer Aufmerksamkeit und wachsender Verbitterung verfolgten die Mitglieder der Jüdischen Gemeinde auch die unzureichenden Versuche der Justiz, die in der NS-Zeit an den Juden in Detmold begangenen Verbrechen zu verfolgen. Ernst Maas, den man 1934 wegen seiner Eheschließung mit einer Nichtjüdin mit einem Schild durch die Stadt getrieben und mißhandelt hatte, konnte wenigstens die Bestrafung von zwei Tätern, der ehemaligen SA-Leuten Gustav Borowski und Heinrich Reineke, erleben.[66] (Abb.3) Auch die Straftaten gegen die Familie und das Geschäft Baer in der Bruchstraße in der Nacht vom 9. zum 10. November 1938 und dann noch einmal am 10. Dezember 1938 wurden geahndet. Der Hausmeister Wilhelm Radau wurde am 5.8.1948 für sein Wüten im Hause Baer in der "Kristallnacht" zu einer Gefängnisstrafe von sechs Monaten verurteilt.[67] Der ehemalige stellvertretende Bürgermeister und Leiter der Außenstelle Detmold des Sicherheitsdienstes der SS (SD) Wilhelm Schürmann, die Pfarrerswitwe Meta Ulmke und noch einmal der Zimmermann Heinrich Reineke wurden am 14.12.1948 zu mehrmonatigen Gefängnisstrafen verurteilt, weil sie am 10. Dezember 1938 die Aktion einer großen Menschenmenge gegen das inzwischen wieder eröffnete Geschäft der Familie Baer angeführt hatten.[68] Mag das Strafmaß auch angemessen erscheinen, so zeigt ein Blick in die "Gnadenhefte" der Staatsanwaltschaft, daß die Angeklagten nur einen Bruchteil der Strafen verbüßen mußten. Eingaben von Verwandten und Freunden und großzügige ärztliche Atteste und Amnestiegesetze hatten dafür gesorgt.

So bekam Wilhelm Radau schon am 10. Juni 1949 drei Monate seiner Strafe erlassen.[69] Meta Ulmke brauchte von den zehn Monaten Gefängnis, zu denen sie verurteilt worden war, nur vierzehn Tage abzusitzen.[70] Und das, obwohl das Urteil ihre Rolle vor dem Geschäft Baer folgendermaßen beschrieben hatte:

> Die Angeklagte Ulmke wußte, daß der Kaufmann Baer kein Volljude, sondern Mischling ersten Grades war, daß er wegen der Zerstörungen in der sogenannten "Kristallnacht" eine hohe Entschädigung erhalten hatte und daß sein Geschäft geschützt werden sollte. Trotzdem versammelte sie alsbald nach Aufschließen der Ladentür des Geschäftes Baer am 10. Dezember 1938, 17 Uhr, eine große Schar von schulpflichtigen Jungen, die zum größten Teil der Hitlerjugend angehörten, und auch einige Mädchen vor

FREIE PRESSE **Mittwoch, 18. Februar 1948**

Jetzt sind sie gar keine Helden mehr!

Borowski und Reinicke vor der Strafkammer — Verbrecher gegen die Menschlichkeit

Am Montag begann vor der Strafkammer Detmold der erste der etwa zehn Prozesse, die wegen Verbrechens gegen die Menschlichkeit im Lipperland durchgeführt werden. Die früheren SA-Männer Güst. Borowski und Heinrich Reinicke, beide aus Detmold, standen unter der Anklage, am 1. März 1934 den Viehhändler Maas aus Detmold körperlich mißhandelt und durch die Straßen der Stadt geführt zu haben.

Dieser Vorfall, der damals in Detmold beträchtliches Aufsehen erregte, war nicht denkbar ohne eine entsprechende Aufputschung in der „Lippischen Staatszeitung". Die Zeitung hatte die bevorstehende Eheschließung des jüdischen deutschen Staatsangehörigen mit einer Detmolderin zum Anlaß genommen, das „Volksempfinden aufzuputschen. Maas wurde schon „vorsorglich" am 28. Februar von der Polizei in Schutzhaft genommen. Am Morgen des 1. März wurden dann einige SA-Männer aufgeboten (darunter die beiden Angeklagten), um dem „Volk" ein Schauspiel zu bieten.

Der als Zeuge genannte Polizeimeister Brand hatte dem Angeklagten geraten, sich ruhig zu verhalten, sonst sei er verloren. Auch Maas wurde als Zeuge vernommen. Seine Schilderung gab ein erschütterndes Bild von der Verkommenheit der Rechtsauffassung der damaligen Gewalthaber. Ein Zivilist sei zuerst erschienen, der ihn in der gemeinsten Weise beschimpfte. Die Schilder lagen schon bereit, die er umzuhängen hatte. Die beiden Angeklagten eskortierten diesen Zug. Vorher habe aber Borowski, um die Beförderung nach draußen schnell in Gang zu bringen, durch Stöße und Fußtritte nachgeholfen.

An jeder Straßenecke wurde gehalten, und selbst die Schulkinder wurden aufgefordert, das Lied vom „Judenblut am Messer" zu singen. Nach etwa zweistündigem Marsch wurde Maas dann ins Gerichtsgefängnis eingeliefert; er wurde durch Intervention seiner Schwiegereltern nach 14 Tagen wieder auf freien Fuß gesetzt. Die Vernehmung der beiden Angeklagten, die sehr zurückhaltend in ihren Aussagen waren, hat ergeben, daß Borowski 1932 und Reinicke 1931 in die Partei und in die SA eingetreten waren. Borowski bekleidete zuletzt den Rang eines Sturm- und Reinicke den eines Obersturmführers.

Borowski wollte glauben machen, daß er den Text auf dem Schild erst im Gerichtsgefängnis gesehen habe. Im übrigen sei er der Auffassung gewesen, daß sie zum „Schutz des Maas, damit ihm nichts passiere", aufgeboten worden seien. Im übrigen sei der Verantwortliche Sturmführer Focke gewesen. Der Oberstaatsanwalt beantragte gegen Borowski zehn, gegen Reinicke sieben Monate Gefängnis. Er wies darauf hin, daß ihm viele Detmolder in Erinnerung an diese Tage geäußert hätten, daß dieses Schauspiel eines der widerlichsten gewesen sei, das sie überhaupt jemals gehabt hätten.

Das Urteil der Strafkammer lautete: Borowski wird wegen Nötigung in Tateinheit mit gefährlicher Körperverletzung und auf Grund des Vergehens gegen das Kontrollratsgesetz Nr. 10, Art. 3, § 1, Ziffer C, zu einer Gefängnisstrafe von 8 Monaten verurteilt. Reinicke wird wegen Nötigung und wegen Verstoßes des Gesetzes Nr. 10 zu 5 Monaten verurteilt.

In der Begründung führte der Vorsitzende aus, daß die beiden Angeklagten vorsätzlich das Menschenrecht und die Menschenwürde verletzt hätten. Sie hätten den Maas nicht nur der öffentlichen Diffamierung, sondern der Gefahr weiterer Angriffe ausgesetzt.

Abb.3 "Jetzt sind sie gar keine Helden mehr!" (Freie Presse, Ausgabe Detmold, v. 18.2.1948)

> dem Geschäft Baer um sich herum und bildete mit ihnen einen Sprechchor. Sie sprach den Jungens und Mädels bestimmte Worte und Sätze vor, kommandierte "eins, zwei, drei" oder "drei, vier" und ließ dann die Schuljugend die vorgesprochenen Worte und Sätze nachschreien. Mit lauter Stimme erschallten im Sprechchor wiederholt die Ausrufe: "Jude, Jude, Jude", "Feiger Jude, komm heraus!", "Der Jude sitzt im Keller!", "Der Jude sitzt auf dem Dache!", "Das Judenpack muß heraus!", "Der Jude soll verrecken!", "Wir wollen Judenblut fließen sehen!"[71]

Auch später habe sie die Tochter Otto Baers immer wieder beleidigt, indem sie ihr auf der Straße "Ghettoblüte" und "Judenschickse" nachgerufen habe.[72] Und als die Demolder Juden mit Lastkraftwagen vom Marktplatz deportiert wurden, habe sie zu den Umstehenden gesagt: "Diesen Itzigs sollte man erst den Bauch aufschneiden und sie dann wegbringen!".[73]

Für Wilhelm Schürmann hatte sich schon bei dessen Spruchkammerverfahren im Jahr 1947 neben vielen anderen der Leiter der Städtischen Oberschule für Mädchen, Dr. Gerhard Bonwetsch, in einem "Gutachten" eingesetzt:

> Ich habe ihn stets für einen Idealisten gehalten, der bedingungslos den Nationalsozialismus für die edelste Weltanschauung hielt und für den das Wort des "Führers" Evangelium war. Aus diesem Glauben heraus hat er sich ohne jede Rücksicht auf die eigene Person bis zur äußersten Grenze seiner Kräfte für die Erfüllung der übernommenen Pflichten eingesetzt.

Er habe ihm als Schulleiter nie Schwierigkeiten gemacht und ihn gegen die Versuche gewisser Parteidienststellen, ihn aus dem Amt zu entfernen, erfolgreich geschützt.

> Auf Grund dieser Erfahrungen habe ich Schürmann stets für einen menschlich durchaus anständigen Charakter gehalten, der seine Fähigkeiten und Kräfte aus reinem Wollen für eine Sache einsetzte, deren tiefe Unsittlichkeit er nicht erkannte.[74]

Keine Gerechtigkeit fand Wilhelm Ehrmann wegen der nach dem Krieg geschaffenen Rechtslage für seinen Sohn Karl, den der Ofensetzer Werner Heldke im Herbst 1941 blutig geschlagen hatte. Auch Proteste des Jewish Committee For Relief Abroad und des "Landesverbandes der jüdischen Gemeinden Westfalen" hinderten den Detmolder Oberstaatsanwalt nicht daran, das Verfahren einzustellen:

> In der Strafsache gegen den Ofensetzer Werner Heldke wegen Körperverletzung teile ich Ihnen mit, dass ich das Verfahren eingestellt habe. Die Schläge, die der Beschuldigte Ihrem Sohn, dem damaligen Schüler Karl Ehrmann, im Jahre 1941 versetzt hat, stellen eine Körperverletzung, Vergehen gegen § 223 StGB. dar, deren Verfolgung verjährt ist. Eine Nachholung der Strafverfolgung auf Grund der Verordnung zur Beseitigung nationalsozialistischer Eingriffe in die Strafrechtspflege vom 23.5. 1947 ist aber nicht möglich, weil die Straftat höchstens mit Gefängnis bis zu drei Jahren bestraft werden kann und nach § 1 Abs. 2 dieser Verordnung Vergehen nur noch verfolgt werden können, wenn sie mit einer Höchststrafe von mehr als drei Jahren bedroht sind. Ich bemerke noch, dass diese Straftat als Verbrechen gegen die Menschlichkeit im Sinne des Artikels II 1 c des Kontrollratsgesetzes Nr. 10 selbst dann nicht bewertet werden kann, wenn die Misshandlung aus rassischen Gründen erfolgt sein sollte, (was übrigens von dem Beschuldigten in Abrede genommen wird), weil als Verbrechen gegen die Menschlichkeit nur besonders schwere Gewalttaten anzusehen sind.[75]

Nur als Skandal konnten es die Juden in Detmold empfinden, als der Oberstaatsanwalt am 6.8.1948 das Verfahren gegen die einundsechzig Personen einstellte, die beschuldigt worden waren, an der Zerstörung der Detmolder Synagoge in der Nacht vom 9. zum 10. November 1938 beteiligt gewesen zu sein.

Die Ermittlungen hatten ergeben, daß der damalige NSDAP-Kreisleiter und stellvertretende Staatsminister Adolf Wedderwille die treibende Kraft bei der Zerstörung der Detmolder Synagoge gewesen ist. Ihn hätte das Gericht verurteilen müssen, Wedderwille starb aber schon im Mai 1947. Bei den anderen Beschuldigten muß man den Eindruck haben, daß die Untersuchungsbehörden an einer Überführung nicht interessiert waren. Der Oberstaatsanwalt akzeptierte hanebüchene Ausreden und verzichtete darauf, den Widersprüchen in den Aussagen nachzugehen. Er schonte vor allem die Akademiker und "Honoratioren", während er bei den Beschuldigten "aus einfacheren Kreisen" unterstellte, daß sie in anderen Verfahren schon höhere Strafen zu erwarten hätten, so daß die in dem Verfahren wegen der Zerstörung der Synagoge in Frage kommenden Strafen "nicht ins Gewicht" fallen würden.[76]

Damit paßt das Detmolder Ermittlungsverfahren genau zu den Beobachtungen, die Dieter Obst bei seiner Analyse der "Reichskristallnacht"-Prozeßakten in den westlichen Besatzungszonen allgemein gemacht hat. Nach zunächst scharfen Urteilen in den Jahren 1946 und 1947 gingen die Gerichte ab 1948 entsprechend dem Stimmungsumschwung bei den Politikern und in der Bevölkerung mehr und mehr dazu über, einzelne Tatbestandsmerkmale zu problematisieren und im starken Maße zugunsten der Angeklagten zu interpretieren. Zwar wurde der Landfriedensparagraph nicht in Frage gestellt, aber die "Rädelsführerschaft" sehr eng ausgelegt. Den Aussagen der Belastungszeugen wurde immer weniger Beweiskraft zugestanden. Außerdem hatten die Täter inzwischen ausreichend Gelegenheit gehabt, sich untereinander abzusprechen.[77]

Und nur noch resigniert nahm man das Scheitern der Entnazifizierung und die ungenierte Rückkehr der Belasteten in die Amtsstuben und in das politische Leben zur Kenntnis. So wurde z.B. der ehemalige Detmolder NSDAP-Bürgermeister Hans Keller von der CDU im Wahlkreis Lemgo als Kandidat für die Bundestagswahl 1953 aufgestellt.[78] Und der ehemalige Obergefolgschaftsführer der HJ und "Rassenforscher" Dr. Hans Pieper war zu Beginn der 50er Jahre Landesvorstandsmitglied und Bezirkssekretär des Bundes der Heimatvertriebenen und Entrechteten (BHE) für Ostwestfalen-Lippe.[79]

Das weitere Schicksal der Jüdischen Gemeinde in Lippe

Viele Mitglieder der Jüdischen Gemeinde sahen auch auf Grund dieser Fehlentwicklungen keine Perspektiven mehr für sich in Detmold und wanderten aus, so gern sie auch in ihrer Heimat geblieben wären, unter ihnen auch der 1. Vorsitzende Wilhelm Ehrmann, der 1949 mit seiner Familie nach Israel ging.

Sein Nachfolger wurde Tobias Blaustein. Er führte im Mai 1950 die Vereinigung mit der Jüdischen Gemeinde von Stadt und Kreis Lemgo herbei und schuf im städtischen Haus Allee 13 (alte Zählung) der Gemeinde ein neues Zentrum mit einer Synagoge und Wohnungen für alte Menschen.

Es mußten 25 Jahre vergehen, bis man in Detmold in der Lortzingstraße eine Gedenktafel zur Erinnerung an die Zerstörung der Synagoge im Jahre 1938 anbrachte. Sie trägt die Inschrift:

> Haben wir nicht alle einen Vater? Hat uns nicht ein Gott geschaffen? Warum verachten wir denn einer den andern und entheiligen den Bund, mit unsern Vätern gemacht? Maleachi 2,10 – Zur Erinnerung an die zerstörte Synagoge 1938 10. November 1963.

Abb.4 Feier der Goldenen Hochzeit des Ehepaars Wartenberger im jüdischen Gemeindezentrum Detmold, Allee 13 (alte Zählung), im Dezember 1957: stehend 2. von rechts Tobias Blaustein, der 1. Vorsitzende der Jüdischen Kultusgemeinde Detmold von 1949 bis 1970.

Gestiftet und bezahlt wurde sie von der Lippischen Landeskirche und der Katholischen Kirchengemeinde Detmold. Zwei Pfarrer waren es vor allem, die auf ihre Anbringung gedrängt hatten: Augustinus Reineke und Heinrich Bödeker. Sie konnten sich nicht mit dem Versagen ihrer beiden Kirchen abfinden, die auch in Lippe nach 1945 nicht das Gespräch mit den Juden gesucht oder ihnen geholfen hatten.[80] Die Rolle der Stadt kann in diesem Zusammenhang nur als gönnerhaftes Gewährenlassen beschrieben werden. Bürgermeister Kirchhof hatte, wie es im Protokoll des Detmolder Hauptausschusses vom 21.2.1963 heißt, in einem Gespräch mit dem Landessuperintendenten

> zum Ausdruck gebracht, daß die Stadt gegen die Anbringung der Plakette sicher nichts einzuwenden habe und sie auch bereit sei, die Plakette nach der Enthüllung in ihre Obhut zu nehmen.[81]

Die Tafel wurde damals deutlich sichtbar in Augenhöhe an einer Wand des Gebäudes der Evangelischen Familienfürsorge angebracht. Später "wanderte" sie auf den Boden am Rand des Bürgersteigs, wo die in Lippe so beliebten Bodendecker ihr Werk taten, so daß jüdische Besucher nicht

Abb.5 Dechant Augustinus Reineke bei der Enthüllung der Erinnerungstafel an die Zerstörung der Detmolder Synagoge am 10.11.1963, im Hintergrund in der Mitte der Detmolder Bürgermeister Bruno Kirchof (nach einem Dia der Jüdischen Gemeinde Detmold).

einmal dieses bescheidenene Erinnerungsmal an den Platz der Synagoge finden konnten oder zum Lesen des Textes in die Knie gehen mußten. Auf Proteste hin wurde sie Jahre später wenigstens wieder auf einen niedrigen Sockel gesetzt. Augenblicklich wird auf Grund einer Eingabe ehemaliger lippischer Juden, die heute in Israel leben, an einer neuen Lösung gearbeitet.

Weitere 25 Jahre sollte es dauern, bis die Stadt hinter der alten Synagoge in der Exterstraße eine Gedenkstätte errichtete, an der zum ersten Mal auch von den Ermordeten die Rede war. 1988 lud die Stadt Detmold, und seitdem tut sie das Jahr für Jahr, zum ersten Mal ehemalige Detmolder Juden ein, die den Holocaust überlebt haben.

1970 ging die Geschichte einer selbständigen jüdischen Gemeinde in Detmold zu Ende, die mit der Unterbrechung von 1942 bis 1946 viele Jahrhunderte bestanden hatte. Tobias Blaustein verließ Detmold, die Jüdische Gemeinde für den Kreis Detmold mit ihren nun nur noch zehn Mitgliedern verschmolz mit der Gemeinde in Herford zur "Jüdischen Kultusgemeinde Detmold und Herford". Die Thorarollen und Kultgegenstände, die nicht nach Herford kamen, wurden an Synagogen in ganz Deutschland verschenkt.

Vom Reden über die Vergangenheit

Leider hat man in Lippe Drakes Aufforderung, nicht zu reden, sondern zur Tagesordnung des Wiederaufbaus überzugehen, nur allzu gern befolgt. Man hat zu wenig über die Vergangenheit gesprochen und es vor allem versäumt, die Juden nach ihren Erlebnissen zu fragen und über ihre Probleme zu sprechen. Auch die jüdischen Emigranten wurden nicht gerufen. Und wenn doch einmal über die Vergangenheit gesprochen wurde wie bei der "Gedächtnisfeier zu Ehren der in den Jahren der Verfolgung getöteten 191 Landesbürger jüdischen Glaubens" am 10. Oktober 1948 in Lemgo, geschah das in einer Rhetorik, die eine nüchterne Analyse der Vergangenheit verhinderte und teuflischen Mächten die Schuld an der Ermordung der lippischen Juden gab, und durch den Vortrag von Gedichten, die dem Sterben der lippischen Juden einen höheren Sinn unterstellten, aber die Frage nach der Schuld und den Schuldigen vermied.[82] Heute wissen wir, daß der Verzicht auf Formen und Worte, "die alte Wunden aufreißen oder die Schuldigen anklagen" würden, für die Initiatoren, den Detmolder Verleger und liberalen Politiker Max Staercke und den Lemgoer Schulleiter Dr. Ulrich Walter, der Preis war, den sie glaubten entrichten zu müssen, um die führenden lippischen Persönlichkeiten für die Teilnahme zu gewinnen.[83] Der Preis war zu hoch, denn viele der Eingeladenen ließen sich, wie ihre Absagen ausweisen, "entschuldigen", weil sie an diesem Tag unbedingt verreisen mußten. Der Sonntag 10. Oktober 1948 muß der intensivste Reisetag der Nachkriegszeit gewesen sein, und das, obwohl keine Züge fuhren und ein Sonntagsfahrverbot für Autos bestand.[84]

Ich habe mich bisher bewußt auf die Perspektive der zurückgekehrten Konzentrationslagerhäftlinge beschränkt. Aber gibt es nicht Argumente, mit denen man das Verhalten der Politiker, der Verwaltungsbeamten und der meisten Bürger in der Nachkriegszeit, das zu Ralph Giordanos Verdikt von der "zweiten Schuld" geführt hat[85], vielleicht erklären kann. Diese Argumente sind im Rahmen unseres stadtgeschichtlichen Projekts allerdings schon mehrfach zur Sprache gekommen oder einfach als "selbstverständlich" vorausgesetzt worden.

Ich will dazu aber dennoch eine Stimme zitieren, und zwar eine jüdische. Karla Raveh, die nach einer grauenhaften Odyssee durch die Konzentrationslager Theresienstadt, Auschwitz und Bergen-Belsen nach Lemgo zurückkehrte, hat es nicht versäumt, sich in einem Film auch zu der Frage zu äußern, warum die Menschen nach dem Krieg so wenig das Leid der überlebenden Juden wahrgenommen haben: Für jeden sei der Alltag schwer gewesen, und fast jede Familie habe eigene Tote zu beklagen gehabt.[86] Die lippischen Juden nahmen die Trauer ihrer Nachbarn ernst und verweigerten ihnen nicht ihre Anteilnahme. Sie versagten sich dem gemeinsamen Gedenken an die Toten allerdings dann, und zwar auf eine sehr stille Art, wenn aus Uneinsichtigkeit oder Gedankenlosigkeit nicht mehr zwischen Opfern und Tätern unterschieden wurde. So geschehen, als der Vorsitzende der Jüdischen Kultusgemeinde Detmold, Tobias Blaustein, die auf einer Einladung der Ortsgruppe Detmold des Volksbundes Deutscher Kriegsgräberfürsorge e.V. zu einer "Gedenkstunde für die Toten beider Weltkriege" am 18.11. 1956 als Mitveranstalter genannte "Hilfsgemeinschaft der Soldaten der ehemaligen Waffen-SS" mit dem Bleistift unterstrich und folgende Antwort an den Volksbund sandte: "Es ist uns leider nicht gegeben, an dieser Veranstaltung teilzunehmen."[87]

Anmerkungen

1. Diether Kuhlmann, "Das Wohl der Einwohner zu fördern..." Kommunalpolitik in schwerer Zeit. Typoskript des Vortrags vom 15.10.1992, S. 18; vgl. jetzt den Schluß des Beitrags "Alter Stamm und neue Köpfe im Detmolder Rathaus" von Kuhlmann in diesem Band.
2. Staatsarchiv Detmold, Bestände D 106 Detmold A, D 20 B, D 100 Detmold/ Lemgo 1/88 und D 1. Die Signaturen beziehen sich im folgenden immer, wenn nicht anders vermerkt, auf das Staatsarchiv Detmold.
3. Carl H. Buchholz, Camp Roberts, Calif., an Werner Buchholz, Toronto, Canada v. 20.1.1946 (Übersetzung aus dem englischen Original). Ich danke Herrn Werner Bucholz für die Überlassung dieses Briefes.
4. Herbert Rülf, Bünde, an seine Schwester Karla Timna, Maayan Zwi, Palästina, v. 24.9.1945. Ich danke Frau Timna für die Kopie dieses Briefes.
5. Vgl. das Gedenkverzeichnis, das Jürgen Hartmann erstellt hat. In: Dina van Faassen, Jürgen Hartmann, "...dennoch Menschen von Gott geschaffen" – Die jüdische Minderheit in Lippe von den Anfängen bis zur Vernichtung. Bielefeld 1991, S. 127 - 133
6. Fragebogen v. 11.3.1946, Jüdische Gemeinde Detmold, Ordner "Adolf Sternheim, Lemgo".
7. Interview mit Herrn Otto Meier, Detmold, v. 28.4.1991.
8. wie Anm. 4.
9. Landespolizeidirektor an Lippische Landesregierung Abt. I v. 31.7.1945, L 80 Ic XLII 70 Nr. 3.
10. Oberpräsident der Provinz Westfalen an Lippische Landesregierung v. 31.10.1945, D 106 Detmold A Nr. 209.
11. Liste der eidesstattlichen Erklärungen v. 26.11. bis 11.12.1945, wie Anm. 10.
12. Karl S. Bader, Der kriminelle KZ-Häftling. Ein kriminologisches Gegenwartsproblem. Sonderabdruck aus Nr. 14/15 der Halbmonatsschrift "Die Gegenwart", Freiburg i. Br. In: Mitteilungen für ehemalige politische Gefangene des Landes Nordrhein-Westfalen, Jg. 1, 15.11.1946, Nr. 10-11, Anhang 2, D 72 Sternheim Nr. 1.
13. Oberpräsident der Provinz Westfalen an Lippische Landesregierung v. 23.8.1945, wie Anm. 10.
14. wie Anm. 10.
15. Verfügung des Wohlfahrtsamtes v. 6.11.1945, wie Anm. 10.
16. D 106 Detmold A Nr. 342.
17. wie Anm. 16.
18. Vermerk des Wohlfahrtsamtes v. 5.6.1946, wie Anm. 10.
19. Wohlfahrtsamt an Julius Linz, o.D., wie Anm. 10.
20. wie Anm. 10.
21. L 80 Id XXII 1 Nr. 5.
22. Vermerk der Lippischen Landesregierung v. 27.7.1945, wie Anm. 9.
23. Wilhelm Vehmeier an Lippische Landesregierung v. 11.8.1945, wie Anm. 9.

24. Vermerk des Landespräsidenten Heinrich Drake v. 21.8.1945, wie Anm. 9.
25. Appendix 'A' zur Anweisung Nr. 20, wie Anm. 10. Zu dieser Instruktion vgl. Ursula Büttner, Not nach der Befreiung. Die Situation der deutschen Juden in der britischen Besatzungszone 1945 bis 1948. In: Ursula Büttner (Hrsg.), Das Unrechtsregime. Internationale Forschung über den Nationalsozialismus. Bd. 2, Hamburg 1986, S. 373 - 406, S. 377 ff..
26. Büttner, S. 378.
27. Oberpräsident der Provinz Westfalen an Lippische Landesregierung v. 22.3.1946, wie Anm. 21.
28. Landrat des Kreises Detmold an die Städte und Gemeinden des Kreises v. 26.2.1946, wie Anm. 10.
    1947 beklagte sich Adolf Sternheim beim Landesvorstand der VVN in Düsseldorf darüber, daß Rechtsanwalt Blanke in Lemgo in einer Mietangelegenheit einen Nazi vertrete, der im Februar 1942 die jüdische Bankierswitwe Lenzberg mit brutaler Gewalt aus ihrem Haus vertrieben habe, und fragte an, ob ein solcher Jurist, der einen Nazi in einem Rechtsstreit gegen einen Verfolgten vertrete, noch als Vorsitzender eines Kreis-Sonderhilfsausschusses tragbar sei. Adolf Sternheim, Lemgo, an die VVN, Düsseldorf, v. 5.8.1947, D 72 Sternheim Nr. 1.
29. Vgl. die Protokolle der Berufungskammer beim Regierungspräsidenten Detmold, D 1 Nr. 6251 - 53.
30. Antwort der Lippischen Landesregierung v. 11.10.1946 auf eine Anfrage der FDP-Fraktion des Lippischen Landtags v. 16.7.1946 wie Anm. 21. Der Antrag der FDP-Fraktion selbst in: D 100 Lemgo Nr. 1969 sowie D 72 Krekeler Nr. 9.
31. Vgl. "Breslauer Liste", Jüdische Gemeinde Detmold, Ordner 1.
32. Vgl. "Fragebögen", Jüdische Gemeinde Detmold, wie Anm. 6.
33. Vgl. dazu Wolfgang Jacobmeyer, Jüdische Überlebende als "Displaced Persons". Untersuchungen zur Besatzungspolitik in den deutschen Westzonen und zur Zuwanderung osteuropäischer Juden 1945 - 1947. In: Geschichte und Gesellschaft 9, (1983), S. 421 - 452.
34. Büttner, S. 375. Adolf Sternheim berichtete am 7.7.1946 dem Landesverband der jüdischen Gemeinden Westfalen von seinen Protesten bei der Lippischen Landesregierung gegen die Verteilung der jüdischen Flüchtlinge auf die Dörfer, Jüdische Gemeinde Detmold, wie Anm 32.
35. Nachdruck in: Ja-Sagen zum Judentum. Eine Aufsatzreihe der "Jüdischen Rundschau" zur Lage der deutschen Juden. Berlin 1933, S. 24 - 29.
36. Zitiert nach: Monika Richarz, Juden in der Bundesrepublik Deutschland und in der Deutschen Demokratischen Republik. In: Micha Brumlik u.a. (Hrsg.), Jüdisches Leben in Deutschland seit 1945. Frankfurt am Main 1988, S. 13 - 30, S. 14.
37. Frank Stern, Im Anfang war Auschwitz. Antisemitismus und Philosemitismus im deutschen Nachkrieg. Gerlingen 1991, S. 68.
38. Protokoll der Gründungsversammlung v. 15.7.1946. Die Namen der Teilnehmerinnen und Teilnehmer lauten: Tobias Blaustein, Heidenoldendorf, Dr.

Hans Kaufmann, Hiddesen, Fritz Bloch, Kohlstädt, Ernst Maas, Detmold, Julius Linz, Detmold, Rosa Heumann, Hörstmar, Emma Linz, Detmold, Helene Kaufmann, Detmold, Minna Ries, Detmold, Jüdische Gemeinde Detmold, wie Anm. 31.

Adolf Sternheim, der noch das ältere jüdische Honoratiorentum vertrat, verfolgte diese Gründung und die Arbeit von Wilhelm Ehrmann mit Mißtrauen, verstand er sich doch selbst als das berufene Oberhaupt der lippischen Juden. So beklagte er sich am 7.7.1946 in einem Brief an den Vorstand des Landesverbandes der jüdischen Gemeinden Westfalen: "[...] Herr Ehrmann ist zwar durch seine politische Einstellung Mitglied des Sonderhilfsausschuß, hat aber sonst in Gemeindesachen niemals eine Rolle gespielt, auch sich nicht betätigt. Da mir doch die Betreuung der Juden in Lippe unterstellt, ich auch seit 1911 ununterbrochen an der Spitze der hiesigen Synagogen-Gemeinde, ca. 25 Jahre auch ehrenamtlich im Synagogen-Verband tätig war, konnte ich mir dies eigenmächtige Vorgehen des Herrn Ehrmann nicht erklären und sezte mich telefonisch mit ihm in Verbindung. Er sagte mir dann, dass er sich mit Ihnen in Verbindung gesetzt hätte und Ihre Zustimmung zu diesem Vorgehen erhalten habe. Ich war umso peinlicher von dieser Aktion berührt, da ich noch wenige Stunden vorher angeblich als Vertreter jüdischer Interessen in Lippe in dieser Eigenschaft mit dem Landespräsidenten verhandelt hatte... Es dürfte Ihnen bekannt sein, dass ich ein Menschenalter im öffentlichen Leben gestanden habe und für meine sachliche und gewissenhafte Führung vom Oberpräsidenten Prinz v. R.C., Staatsminister Freiherr v.B., Landrat v. L. (sic) und vielen anderen hohen Stellen nicht nur vollste Anerkennung, sondern auch außergewöhnliche Ehrungen und Ordensauszeichnungen verbuchen konnte. Da möchte ich mich nun nicht jetzt von einem geltungsbedürftigen Gemeindemitglied, für welches ich auch noch in ernsten Zeiten immer zu haben gewesen bin, blamieren lassen". Jüdische Gemeinde Detmold, wie Anm. 6.

Sternheim mußte aber zurückstecken. Der Kompromiß sah so aus, daß zwar über der Jüdischen Gemeinde für den Kreis Detmold eine "Jüdische Kultusvereinigung für das Land Lippe" mit Adolf Sternheim als Vorsitzenden und Stellvertretern aus Detmold akzeptiert wurde, die Jüdische Gemeinde für den Kreis Detmold aber bestehen blieb. Adolf Sternheim an den Landesverband der jüdischen Gemeinden Westfalen v. 21.11. und 5.12.1946, Jüdische Gemeinde Detmold, wie Anm. 6.

39. Z.B. Jüdische Gemeinde für den Kreis Detmold an die Lippische Landesregierung v. 25.7.1946, L 80 Id XXII 1 Nr. 6.

40. Von Adolf Sternheim sind einige Briefe erhalten, in denen er sich erbittert für die Anerkennung von Gemeindemitgliedern als Juden beim Vorstand des Landesverbandes der jüdischen Gemeinden Westfalen einsetzte: Frau Edel war "bei ihrer Verheiratung zum Judentum übergetreten; vier Kinder sind als Juden geboren, die Jungen beschnitten, sämtliche Familienmitglieder, wie durch Vorlegung fotographischer Aufnahmen unter Beweis gestellt, Sternenträger, der Ehemann in Buchenwald zu Tode gekommen, die Familie, wie aus den vorge-

legten Papieren ersichtlich, am jetzigen Wohnort Pivitsheide als Juden angemeldet und von mehreren Familien unseres Bezirkes als Angehörige der Breslauer jüdischen Gemeinde legitimiert! Und da verlangen Sie noch weiteres Beweismaterial?" "Sodann möchte ich Sie in meiner Eigenschaft als Vorsitzender der Kultusvereinigung des Landes Lippe sehr darum bitten, die Frau von Herrn Tobias Blaustein in Detmold unter allen Umständen bei der Betreuung wieder zu berücksichtigen. Frau Elisabeth Blaustein war Christin, sie hat sich seit 25.1.47. offiziell zum Judentum bekannt. Dieses Bekenntnis nehme ich persönlich nicht so tragisch und lege hier weniger Wert darauf, als auf die Tatsachen, daß die Frau seit über 20 Jahren ihrem jüdischen Gatten eine treue Ehekameradin und auch in den 12 furchtbaren Jahren diese Treue unter Beweis gestellt hat. Aus eigener Erfahrung weiß ich aber auch, daß diese Frau mit dem Judentum innig verwachsen ist und sich nur als Jüdin fühlt. Ihr Sohn Erich wurde kürzlich in Düsseldorf mit der Organisation der jüdischen Jugend im Reg. Bezirk Detmold-Minden beauftragt und wird bei dieser Aufgabe von seiner Mutter tatkräftig unterstützt. Wir verdienen nicht den Namen Juden, wenn wir solche Gesinnung nicht zu würdigen wüßten. Herr Blaustein hat uns zu den Feiertagen für die Juden in Lippe einen schönen Gottesdienst abgehalten. Also die ganze Familie arbeitet für jüdische Belange, und da dürfen wir erst recht nicht engherzig sein!" Adolf Sternheim an den Landesverband der jüdischen Gemeinden Westfalen v. 13.10. und v. 31.10.1947, Jüdische Gemeinde Detmold, wie Anm. 6.

41. Jüdische Gemeinde für den Kreis Detmold an Oberrabbinat v. 1.4.1948, Jüdische Gemeinde Detmold, Ordner 2.
42. Jüdische Gemeinde Detmold, wie Anm. 6.
43. Vgl. etwa den Brief Wilhelm Ehrmanns an alle Gemeindemitglieder v. 7.6.1948: " Betr.: Haganah. In Palästina kämpfen unsere Schwestern und Brüder einen schweren Kampf. Viele von ihnen bezahlen ihren Einsatz mit ihrer Gesundheit und viele von ihnen mit ihrem Leben. Jeder von ihnen kämpft für uns mit, denn Palästina und der neue Staat "Israel" ist die Zukunft unserer Kinder und die Lösung der Judenfrage in der Welt. Jeder von uns muß helfen. Es ist deshalb unbedingt erforderlich, dass jedes unserer Mitglieder sofort einen Beitrag an mich absendet. Jeder nach seinem Können. Kein Beitrag ist zu niedrig, aber auch keiner zu hoch. Helft alle mit unseren Schwestern und Brüdern in Israel zu helfen." Jüdische Gemeinde Detmold, wie Anm. 41.
44. Zur Geschichte dieses "Judenhauses" vgl. Wolfgang Müller, Gartenstraße 6. Zur Geschichte eines Detmolder "Judenhauses" und seiner Bewohner. Detmold 1992 (Panu Derech - Bereitet den Weg. Schriften der Gesellschaft für Christlich-Jüdische Zusammenarbeit in Lippe e.V., Band 7).
45. Jüdische Gemeinde für den Kreis Detmold an Militärregierung 823 Detmold v. 6.11.1946, Jüdische Gemeinde Detmold, wie Anm. 31.
46. D 106 Detmold A Nr. 341.
47. Innenminister des Landes NRW an Jüdische Gemeinde für den Kreis Detmold v. 22.10.1948, D 27 E KA Nr. II/1 V 61/35.

48. Meldeunterlagen der Stadt Detmold.
49. Undatierter Zeitungsartikel aus dem Jahr 1949, abgedruckt bei Ruth Margalit, Jugendjahre einer "Halbjüdin" im nationalsozialistischen Deutschland. Erinnerungen an Detmold und Heidenoldendorf. In: Archiv- und Museumsamt Lemgo (Hrsg.), Juden in Lemgo und Lippe. Kleinstadtleben zwischen Emanzipation und Deportation. Bielefeld 1988, S. 202 - 208, S. 208.
50. Jüdische Gemeinde für den Kreis Detmold an die Redaktion des jüdischen Gemeindeblatts für die britische Zone v. 8.5.1948, Jüdische Gemeinde Detmold, wie Anm. 41.
51. wie Anm. 49.
52. Jüdische Gemeinde für den Kreis Detmold an den Regierungspräsidenten Detmold v. 12.8.1948, L 80 III Nr. 1902.
53. Jüdische Gemeinde für den Kreis Detmold an den Regierungspräsidenten Detmold v. 19.8.1948, wie Anm. 52.
54. Programm der Konferenz, Jüdische Gemeinde Detmold, wie Anm. 31.
55. Freie Presse, Ausgabe Detmold, v. 26.3.1947.
56. BGBl I, 1953, S. 1387. Zum Thema "Wiedergutmachung" vgl. jetzt Ludolf Herbst, Constantin Goschler (Hrsg.), Wiedergutmachung in der Bundesrepublik Deutschland. München 1989. Constantin Goschler, Wiedergutmachung. Westdeutschland und die Verfolgten des Nationalsozialismus (1945-1954). München 1992.
57. Vgl. die Akten des "Amts für gesperrte Vermögen", D 27, im Staatsarchiv Detmold.
58. Büttner, wie Anm. 25, S. 384 ff.
59. H.G. van Dam, Rückerstattungsgesetz (Gesetz Nr. 59. für die Britische Zone. Koblenz 1949.
60. Stadtbauamt Detmold an die Wiedergutmachungsstelle Detmold v. 20.10.1948, D 27 KA 61/12/1324 b.
61. Vergleich vor dem Wiedergutmachungsamt beim Landgericht Detmold v. 30.1.1950, wie Anm. 60.
62. Vgl. Bestand D 20 B Rückerstattungen im Staatsarchiv Detmold. Die genaue Untersuchung des "Rückerstattungsvorgangs" in Detmold und Lippe soll einer eigenen Arbeit vorbehalten bleiben.
63. Zum Antisemitismus in der Nachkriegszeit vgl. jetzt Frank Stern, wie Anm. 37.
64. Jüdische Gemeinde Detmold, wie Anm. 41; Briefe 1950 - 1951.
65. Etwa Jüdische Gemeinde für den Kreis Detmold an die Redaktion der Freien Presse, Bielefeld v. 10.1.1948:

   "In Ihrer Zeitung vom Mittwoch, 7. Januar 1948, bringen Sie auf Seite 3 eine Veröffentlichung, deren erster Teil wie folgt lautet:

   "Bevölkerungszahlen aus dem Kreis Detmold

   Am 30. November 1947 zählte der Kreis Detmold 137.346 Einwohner, davon waren 94.753 Ortsansässige, 37.945 Ortsfremde, 4.582 Ausländer und 66 Juden.

Es fehlen nur noch die Zahlen der Zigeuner und Neger, und die Statistik nationalsozialistischer Prägung wäre vollständig.
Ich will Ihrem Berichterstatter zugute halten, daß er sich bei Einreichung dieses Artikels keine besonderen Gedanken gemacht hat. Eine Zeitung, für die ein Carl Severing verantwortlich zeichnet, eine Zeitung, deren Richtlinie Demokratie und Gleichberechtigung aller Bürger vor Gesetz und Öffentlichkeit ist und nach dieser Richtung über allem Zweifel steht, durfte diese, sicher noch von einer im alten Tritt laufenden amtlichen Stelle erhaltenen Zahlen nicht veröffentlichen, ohne diese Stelle schärfstens zu kritisieren. Bei einer Veröffentlichung der Bevölkerungsziffern nach Konfessionen ist es selbstverständlich, daß auch Juden angegeben werden. Bei einer Aufstellung aber, die die Bevölkerung in Ortsansässige, Ortsfremde und Ausländer teilt, gehören Juden ebenfalls zu einer dieser Gruppen. Ihre besondere Herausstellung ist mit oder ohne Absicht eine Diskriminierung eines Bevölkerungsteils, die man schärfstens zurückweisen muß". Jüdische Gemeinde Detmold, wie Anm. 41.

66. D 21 B 34/76 Nr. 139; Freie Presse, Ausgabe Detmold, v. 18.2.48.
67. D 21 B 34/76 Nr. 154.
68. D 21 B 1/80 Nr. 131; Westfalen-Zeitung. Neue Lippische Rundschau v. 16.12.1948.
69. Verfügung des Oberstaatsanwalts Detmold v. 10.6.1949, wie Anm. 67.
70. Der Oberstaatsanwalt Detmold stimmte am 10.8.1950 einer Haftentlassung aus Krankheitsgründen zu. Oberstaatsanwalt Detmold an das Strafgefängnis Bochum v. 10.8.1950, wie Anm. 68, Vollstreckungsheft, S. 23.
71. Urteil v. 14.12.1948, wie Anm. 68, S. 143. Der Vorgang selbst ist auch in der NSDAP-Akte L 113 Nr. 996 dokumentiert.
72. wie Anm. 68, S. 149.
73. wie Anm. 68, S. 148.
74. wie Anm. 68, Handakten.
75. Oberstaatsanwalt Detmold an Wilhelm Ehrmann v. 4.7.1947, D 21 B 43/1960 Nr. 112.
76. Einstellungsverfügung des Oberstaatsanwalts Detmold v. 6.8.1948, D 21 B 34/6 Nr. 149.
77. Dieter Obst, Die "Reichskristallnacht" im Spiegel westdeutscher Nachkriegsprozeßakten und als Gegenstand der Strafverfolgung. In: GWU 44 (1993), S. 205 - 217, S. 208ff.
78. Freie Presse v. 1.9.1953.
79. D 72 August Berlin Nr. 1054.
80. Martin Stöhr, Gespräche nach Abels Ermordung. Die Anfänge des jüdisch-christlichen Dialogs. In: wie Anm. 36., S. 197 - 229, S. 212 ff.
81. Auszug aus dem Protokoll des Hauptausschusses v. 21.2.1963, D 106 Detmold A unverz. (Alte Signatur: 41-3/1/2).
82. Vgl. die von Max Staercke gesammelten Unterlagen, D 72 Staercke Nr. 18. Jürgen Scheffler hat als erster kritische Anmerkungen zu dieser Feier gemacht: Jürgen Scheffler, Museum und Begegnungsstätte: Das Frenkel-Haus in Lemgo.

In: wie Anm. 49, S. 272 -294, S. 274 ff. Noch schärfer fiel die Kritik einer Schülergruppe aus, die 1991 im Rahmen eines von mir betreuten Unterrichtsprojekts im Staatsarchiv Detmold die Gedenkfeier untersucht hat: Michael Marker, Evangelische Christen und Juden im 3. Reich, dargestellt an ausgewählten Beispielen in Lippe. Eine Unterrichtsreihe zur Relevanz regionalgeschichtlicher Archivarbeit im Religionsunterricht, Detmold 1991, D 71 Nr. 1215, S. 45 ff.

83. Max Staercke an Dr. Ulrich Walter v. 6.7.1948, D 72 Staercke Nr. 18.
84. Vgl. die gesammelten Absagen, wie Anm. 83.
85. Ralph Giordano, Die zweite Schuld oder Von der Last Deutscher zu sein. Hamburg 1987.
86. "Karla Raveh: Lebensstationen einer Lemgoer Jüdin". Film von Jürgen Scheffler und Uli Veith 1986.
87. Jüdische Gemeinde Detmold, Briefe 1955 - 1957.

Volker Schockenhoff

Vom "fremdvölkischen Arbeiter" zum "landfremden Banditen"?

Kriegsgefangene, Zwangsarbeiter und "Displaced Persons" in Detmold und Lippe

Im August 1992 erschien im Lokalteil der 'Lippischen Landeszeitung' ein umfangreicher Artikel. Er trug die journalistisch ausgefeilte Überschrift "Ostarbeiterin auf dem Hof Ostmeier". In diesem Artikel heißt es unter anderem:

> Freiwillig verließ die 19jährige Krysanowa Daryes ihr Heimatdorf im April 1943 gewiß nicht. Aber es war Krieg, die Wehrmacht beherrschte die Ukraine, das Arbeitsamt vermittelte 'mit Nachdruck' sogenannte 'Ostarbeiter' in jene Löcher, die der Krieg hierzulande in die Arbeitswelt gerissen hatte. Kaum zu glauben: Die heute 68jährige Frau aus Luzk erinnert sich gern an jene zwei Jahre auf dem Hof Ostmeiers in der 'Wülferheide', wie das Dorf damals noch hieß. Als die junge Ukrainerin am 14. April 1943 zu ihrem Arbeitseinsatz auf dem Hof mit bangen Erwartungen im heutigen Salzufler Ortsteil Wülfer-Bexten eintraf, fand sie überraschend positive Aufnahme. Sie durfte am Tisch mitessen, damals auf dem Land durchaus keine Selbstverständlichkeit [...].[1]

Betrachten wir diesen Zeitungsartikel zunächst einmal nur von seiner formalen Seite. Er zeigt, daß das historische Phänomen "Zwangsarbeit" heute durchaus noch von aktuellem Interesse auch in unserer Region ist. Doch was hat die Salzufler Zwangsarbeiterin Daryes Krysanowa mit dem Thema "Detmold in der Nachkriegszeit" zu tun?[2] Die Beantwortung dieser Frage enthält zwei Aspekte, einen inhaltlichen und einen mehr historisch-methodischen. Als historisch-methodisches Problem erweist sich die Quellen- und Literaturlage. Es gibt derzeit keine stadtgeschichtliche Untersuchung zu diesem Thema, auf die man zurückgreifen könnte, wie sie beispielsweise für Herford mit der Veröffentlichung "Deckname Genofa"[3] vorliegt. Zudem lassen sich nicht alle zu einem Thema gehörenden historischen Phänomene in einem engen regionalen Rahmen abhandeln. Es werden daher im folgenden immer wieder Beispiele aus Lippe insgesamt angeführt. Die Funktion Detmolds, zunächst als Landeshauptstadt und später als Kreisstadt, d.h. als Sitz entscheidender politischer Institutionen, scheint zudem dieses Vorgehen zusätzlich zu legitimieren.

Es bleibt die Beantwortung des inhaltlichen Aspekts der Frage, was das NS-Phänomen "Zwangsarbeiter" mit der Nachkriegsgeschichte zu tun hat? Anstatt eine direkte Antwort zu geben, soll noch einmal aus einer lippischen Zeitung zitiert werden, diesmal allerdings aus der 'Lippischen Rundschau' von 1951. Dort heißt es:

> In diesen Tagen jährt sich zum sechsten Male die Vernichtung Lopshorns. [...] Die im Wehrmachtslager Augustdorf untergebrachten russischen und polnischen Kriegsgefangenen und Fremdarbeiter zogen nach ihrer Befreiung durch die Amerikaner allnächtlich plündernd und brandschatzend durch die Umgebung, wobei vor allem die Augustdorfer unter dauernden Überfällen und Beraubungen zu leiden hatten. In einzelnen Fällen wurden auch Häuser niedergebrannt und Brunnen verschüttet. So blieb auch Lopshorn nicht verschont. Nachdem das Schloß und der Meierhof ausgeplündert waren, und alles Vieh geschlachtet oder abgetrieben war, legten die Russen Feuer in die Gebäude. Hochauf schlugen die Flammen. Tagelang wüteten die Brände [...].[4]

Diese Art des Bildes von den "Displaced persons" oder "Heimatlosen Ausländern" ist typisch für die bürgerlich-bundesrepublikanische Nachkriegsgesellschaft. Die Kriminalität dieser Ausländergruppen – also Polen und Russen – in der unmittelbaren Nachkriegszeit nimmt in der Publizistik und im Bevölkerungsbewußtsein einen breiten Raum ein. Es soll daher im folgenden gezeigt werden, welche Funktion dieses Geschichtsbild erfüllt, und daß dieses Geschichtsbild nur existieren kann durch die Beschränkung der Perspektive auf eine sehr kurze Phase in der Nachkriegszeit sowie durch die Ausblendung der Ereignisse in der NS-Zeit. Es wird daher zunächst auf die Zwangsarbeiter und Kriegsgefangenen aus Osteuropa in Detmold und Lippe einzugehen sein, um dann in einem zweiten Teil die Geschichte der "Displaced Persons" bzw. "Heimatlosen Ausländer" aufzuzeigen.

Zwangsarbeiter in Detmold und Lippe

Im Dezember 1933 fand eine Überprüfung der Arbeitsberechtigungen ausländischer Arbeitnehmer in Lippe statt – "im Hinblick auf die schwierige Arbeitsmarktlage und das fremdenpolizeiliche Interesse"[5] – wie es zur Begründung in dem entsprechenden Erlaß hieß. "Schwierige Arbeitsmarktlage" – das war zu diesem Zeitpunkt hohe Arbeitslosigkeit, so daß wenig Interesse an einer Beschäftigung von Ausländern in Deutschland bestand. Überprüft wurde daher vor allem auch, ob die polnischen Saisonarbeiter vorschriftsmäßig das Deutsche Reich zum 15.12. wieder verlassen hatten. Die Überprüfung ergab, daß im ganzen Land Lippe 131 Ausländer in der Landwirtschaft und 29 in Industrie, Handel und Gewerbe beschäftigt waren, davon 10 Personen im Stadtbezirk Detmold.[6]

Elf Jahre später, im Jahre 1944, arbeiteten allein in der Stadt Detmold 70 Franzosen, 90 Holländer, 65 Polen und 200 'Ostarbeiter' beiderlei Geschlechts.[7] Schon Ende 1940 arbeiteten alleine in der lippischen Landwirtschaft 1.900 polnische Arbeitskräfte, 1.200 französische Kriegsgefangene waren in Landwirtschaft und gewerblicher Wirtschaft tätig.[8]

Auf dem Gebiet des "Großdeutschen Reichs" befanden sich Ende 1944 etwa 7,6 Millionen ausländische Arbeitskräfte, davon 1,9 Millionen Kriegsgefangene und 5,7 Millionen zivile Arbeitskräfte, darunter 2,8 Millionen Sowjetbürger, 1,7 Millionen Polen, 1,3 Millionen Franzosen, 590.000 Italiener usw.[9] Wie war es zu dieser Situation gekommen?[10]

Die massive Aufrüstung in den 30er Jahren führte zu einem Arbeitskräftemangel, der sich durch die Landflucht insbesondere in der Landwirtschaft bemerkbar machte. Er konnte auch durch das Landjahr und ähnliche Maßnahmen nicht behoben werden. Der Arbeitermangel nahm für die expansionistischen Bestrebungen des Systems bedrohliche Züge an. Es bestand aus NS-Sicht die Gefahr einer innerpolitischen Destabilisierung durch Abbröckeln des sozialen Konsensus. Andererseits widersprach der Import von ausländischen Arbeitskräften aus dem Osten den rassenideologischen Vorstellungen der NSDAP und beinhaltete damit eine nicht abzuschätzende sicherheitspolitische Gefahr. Als sich dann sehr schnell nach Kriegsbeginn herausstellte, daß die etwa 300.000 in der deutschen Landwirtschaft eingesetzten polnischen Kriegsgefangenen bei weitem nicht ausreichten, wurde der Einsatz von etwa einer Million polnischer ziviler Arbeitskräfte Anfang 1940 angekündigt. Dieser erste massive Einsatz von Ausländern stellte einen systemimmanenten Kompromiß dar: Er war gedacht als eine vorübergehende Notmaßnahme, die durch diskriminierende Regelungen zur Behandlung der Polen akzeptabel gemacht werden sollte.

Wie diese Regelungen aussahen, läßt sich anhand der "Polenerlasse" veranschaulichen. Sie bildeten Einstieg und Vorbild in das in den nächsten Jahren folgende – nach Nationalitäten differenzierte – Sonderrecht für ausländische Arbeiter aus dem Osten.

In seinem grundlegenden Erlaß vom 8.3.1940, der durch einzelne Verordnungen anderer Stellen weiter spezifiziert werden sollte, setzte Göring als Beauftragter für den Vierjahresplan

- die polizeiliche Erfassung durch eine Arbeitserlaubniskarte mit Lichtbild,
- die Kennzeichnungspflicht
- sowie "Regeln zur einwandfreien Lebensführung" als notwendig fest.

In der von Himmler unterzeichneten, die Modalitäten der Kennzeichnungspflicht regelnden Polizeiverordnung heißt es:

> Arbeiter und Arbeiterinnen polnischen Volkstums, die im Reichsgebiet zum zivilen Arbeitseinsatz eingesetzt sind oder eingesetzt werden, haben auf der rechten Brustseite jedes Kleidungsstückes ein mit ihrer jeweiligen Kleidung fest verbundenes Kennzeichen stets sichtbar zu tragen. Das Kennzeichen besteht aus einem auf der Spitze stehenden Quadrat mit 5 cm Seiten und zeigt bei ½ cm breiter violetter Umrandung auf gelbem Grunde ein 2 ½ cm hohes violettes P.[11]

Diese Maßnahme stellte die erste öffentliche Kennzeichnung von Menschen im 'Dritten Reich' dar.

Die Erläuterungen zum Erlaß Görings geben Aufschluß, was von der nationalsozialistischen Führung unter "Regeln zur einwandfreien Lebensführung" verstanden wurde: "Die Zivilarbeiter und -arbeiterinnen polnischer Volkstums stehen" – so heißt es zur Begründung – "dem Deutschtum fremd und größtenteils ablehnend gegenüber." Es seien Vorschriften zu erlassen, die eine engere Berührung zwischen Deutschen und Polen verhindern. Durch Einschränkung ihrer Bewegungsfreiheit solle den Polen klar gemacht werden, "daß sie lediglich zur Arbeitsleistung nach Deutschland gekommen sind und ihren Arbeitsverpflichtungen nachzukommen haben."[12]

Diese Vorgaben wurden in Lippe durch die – in der Lippischen Gesetzessammlung veröffentlichte – Verordnung vom 23.4.1940 umgesetzt. Danach durften die polnischen Arbeiter und Arbeiterinnen ihre Beschäftigungsgemeinden nicht verlassen, hatten im Sommer zwischen 21 und 5 Uhr, im Herbst und Winter zwischen 20 Uhr und 6 Uhr in ihrer Wohnung zu bleiben und durften öffentliche überörtliche Verkehrsmittel nur mit polizeilicher Genehmigung benutzen. Verboten wurde der Besuch deutscher kultureller, kirchlicher oder geselliger Veranstaltungen sowie der Besuch von Gaststätten.[13] Den polnischen Arbeitern und Arbeiterinnen wurde ihr Sonderrechtsstatus durch Verlesen einer Erklärung mit dem Titel "Pflichten der Zivilarbeiter und -arbeiterinnen polnischen Volkstums während ihres Aufenthaltes im Reich" zur Kenntnis gebracht. Hier findet sich in unmißverständlicher Sprache über das bisher gesagte die Androhung: "Wer lässig arbeitet, die Arbeit niederlegt, andere Arbeiter aufhetzt, die Arbeitsstätte eigenmächtig verläßt usw. erhält Zwangsarbeit im Konzentrationslager." Und: "Wer mit einer deutschen Frau oder einem deutschen Mann geschlechtlich verkehrt oder sich ihnen sonst unsittlich nähert, wird mit dem Tode bestraft."[14]

Die weitere Entwicklung der Beschäftigung von Kriegsgefangenen und Zivilarbeitern in unserer Region läßt sich grob wie folgt skizzieren. Das Gros der polnischen Kriegsgefangenen wurde im Sommer 1940 unter Verlust der Privilegien des Kriegsgefangenenstatus in den Zivilarbeiterstatus überführt, um die Lager für französische Kriegsgefangene freizumachen. Die gleichzeitig eingesetzten westlichen Zivilarbeiter kommen zunächst freiwillig ins Reich, werden später aber zum Teil zwangsverpflichtet.

Diesen folgten Mitte 1941 serbische Kriegsgefangene, unmittelbar danach sowjetische Kriegsgefangene und ab März 1942 in großem Umfang sowjetische Zivilarbeitskräfte, dann, nach dem Sturz Mussolinis 1943, italienische Militärinternierte. Der Einsatz sowjetischer Arbeitskräfte in größerem Ausmaß in zivilen Arbeitsverhältnissen im Deutschen Reich schien sich aus NS-Führungsperspektive zunächst nicht rechtfertigen zu lassen. Das Scheitern der Blitzkriegstrategie im Osten – der erwartete Sieg über die Sowjetunion noch vor Wintereinbruch 1941 gelang nicht – und damit das Ausbleiben von Zehntausenden deutscher Arbeitskräfte für die Rüstungsindustrie zwang auch hier zu einem Kompromiß. Dieser Kompromiß führte wie bei den "Polenerlassen" zu diskriminierendem Sonderrecht und wurde für die sowjetischen Zivilarbeiter in den sogenannten "Ostarbeitererlassen" festgeschrieben. Soviel zur Erlaßlage.

Nun ist aus den Verordnungen und Erlassen allenfalls der politische Wille zur Diskriminierung zu rekonstruieren, die realen Verhältnisse sind es nicht. Wie sahen diese Verhältnisse aus – soweit sie überhaupt mit den uns zur Verfügung stehenden Quellen zu rekonstruieren sind? Ein namentliches Verzeichnis "über sämtliche im Landkreis Detmold ansässigen Ausländer"[15] von Anfang 1944 zeigt die typische Beschäftigungs- und Wohnsituation für ausländische Zivilarbeiter einer wenig industrialisierten Stadt. Die etwa 70 Franzosen und ca. 90 Holländer arbeiteten in Klein- und Kleinstbetrieben und wohnten überwiegend bei ihren Arbeitgebern. Ähnliches galt auch für die ca. 65 Polen in der Stadt Detmold. Von den insgesamt etwa 200 in Detmold beschäftigten sowjetischen Arbeiterinnen und Arbeitern waren allein ca. 100 in einem Lager in der Wittekindstr. 2 untergebracht. Sie arbeiteten im Rüstungsbetrieb der Firma Focke-Wulf.

Daß durch die Restriktivität der "Polenerlasse" Konflikte vorprogrammiert waren, ist offensichtlich. In welchem Umfang dies aber der Fall war, läßt sich eindrucksvoll belegen. Es sind allein für den Amtsgerichtsbezirk Detmold – in Lippe existierten damals noch acht weitere Amtsgerichte - über 500 Verfahren gegen polnische Zwangsarbeiter dokumentiert.[16]

In diesen Verfahren wurden Bestrafungen ausgesprochen, und zwar: etwa 190 wegen unerlaubten Aufenthalts nach 20 bzw. 21 Uhr außerhalb der Unterkunft, etwa 160 wegen unerlaubten Verlassens der Beschäftigungsgemeinde und etwa 130 mal wegen Nichttragens des Kennzeichens "P". Es folgten in quantitativer Reihenfolge: Diebstahl (25), Arbeitsvertragsbruch (17), verbotener Arbeitsplatzwechsel (6), verbotene Benutzung öffentlicher Verkehrsmittel (5), Arbeitsverweigerung (5), Körperverletzung (5), Verlassen der Arbeitsstelle (4), verbotene Benutzung eines Fahrrads (3) usw. usw.

Es soll im folgenden anhand einiger ausgewählter Fälle illustriert werden, was sich konkret für den einzelnen Zwangsarbeiter hinter so juristisch-martialischen Begriffen wie "unerlaubtes Verlassen der Aufenthaltsgemeinde" oder "Arbeitsvertragsbruch" verbarg.

Unter der Überschrift "Es war ein kurzer Traum" berichtete die 'Lippische Staatszeitung' am 30.12.41 folgendes:

> Auch in unserer Stadt [gemeint ist Detmold, V.S.] sind bei mehreren Geschäftsleuten polnische Zivilarbeiter beschäftigt. Die ihnen anvertrauten Arbeiten sind durchaus auszuhalten und außerdem ist die Verpflegung in Ordnung. Vier dieser Arbeiter wollten gestern mit der Reichsbahn einen Abstecher in eine größere Stadt machen, ohne hiervon der Schutzpolizei vorher Nachricht zu geben. Sie hatten jedoch die Rechnung ohne die hiesige Schutzpolizei gemacht, die diese Ausreißer bereits in Herford wieder in Empfang nahm und sie ihren Arbeitsstätten wieder zuführte. Eine Bestrafung kann nicht ausbleiben, da sie die bestehenden Gesetze überschritten haben.

Der Artikelschreiber versucht, den Lesern zu suggerieren, daß es für die Fahrt keine Notwendigkeit gab, wohl aber eine Möglichkeit bestanden hätte, wenn nur die Schutzpolizei zuvor informiert worden wäre. Das ist schon insofern irreführend, als § 2 der oben zitierten Verordnung vorsah, daß die Erlaubnis durch die Schutzpolizei nur dann erteilt werden durfte, wenn der Arbeitseinsatz dies erforderlich machte.[17]

In den Akten des Amtsgerichts finden wir dann folgende Aussage des 17jährigen Stanislaw C.:

> Am 27.12.1941 bin ich mit 3 anderen Polen mit dem Zuge um 19.21 von Detmold fortgefahren. Unser Reiseziel war Berlin. In Berlin wohnt mein Bruder Michael. [...] Ich wollte nur einen Tag in Berlin bleiben und dann wieder nach Detmold zurückkommen, um meine Arbeit bei dem Kohlenhändler Ebker wieder aufzunehmen.

Das Amtsgericht hat dieser Darstellung Glauben geschenkt. Es verurteilte den polnischen Jugendlichen "nur" wegen Verlassens der Aufenthalts- und Beschäftigungsgemeinde, unbefugter Benutzung öffentlicher Verkehrsmittel und Nichttragens des Kennzeichens "P" zu 29 Reichsmark Geldstrafe, ersatzweise 6 Wochen Straflager, zuzüglich 2 Mark 50 Verfahrenskosten, insgesamt 31 Mark 50, d.h. etwa 1 ½ Wochenlöhne.[18]

Ein anderer Fall: Die 22jährige Landarbeiterin Maria S. hatte am 2.12.1942 ihre Arbeitsstelle beim Bauern Fritz Beine in Oettern-Bremke verlassen. Sie begab sich zum Arbeitsamt in Detmold und bat um eine andere Arbeitsstelle. Sie begründete ihren Wunsch wie folgt:

> Bei dem Bauern bin ich 2 Jahre und 6 Monate als landwirtschaftliche Arbeiterin beschäftigt gewesen. Weil der Bauer mich ausschimpfte und ich ihm die Arbeit nicht gut genug machen konnte, habe ich öfters gesagt, daß ich meine Arbeit im Stich lassen und weglaufen wollte. Es ist richtig, daß ich meine Arbeitsstelle bei dem Bauern Beine dann verlassen habe und mich zu dem Hofe des Bauern Flockenhaus begeben habe. Bei dem Bauern Flockenhaus war es ganz gut. Von Flockenhaus bin ich wieder zu Beine zurückgebracht worden. [...] Ich habe wieder den Hof von Beine verlassen und bin zum Arbeitsamt gegangen, um eine andere Stelle zu erhalten. Vom Arbeitsamt sollte ich zu Beine wieder zurückgebracht werden, ich habe mich aber geweigert, dorthin zurückzukehren.[19]

Der Schutzpolizist sagt dazu aus:

> Ich habe die Angeklagte, als sie sich beharrlich weigerte, freiwillig zurückzukehren, geknebelt und in das Landgerichtsgefängnis hier eingeliefert.

Der als Zeuge geladene Arbeitgeber erklärte:

> In der Erntezeit mußte auch sonntags eingefahren werden. Die Angeklagte wurde bei den Arbeiten dickfellig und widerspenstig. Auch wurde sie so wütend, daß ihr der Schaum vor dem Munde stand. Ich habe sie dann zurechtgesetzt.

Das Urteil lautete: Arbeitsvertragsbruch, acht Monate Straflager. In der Urteilsbegründung heißt es u.a.:

> Wie die Hauptverhandlung ergeben hat, hat sich Beine der Angeklagten als Angehöriger polnischen Volkstums gegenüber so benommen, wie es ihm als deutschem Bauern zukommt.

Dieser hier ausführlich zitierte Fall verdeutlicht den Zwangscharakter des Arbeitseinsatzes sowie die Hilf- und Rechtlosigkeit der Arbeiterin. Ein letztes Beispiel. Es macht deutlich, wie die Erlasse das alltägliche Leben reglementierten: Der 30jährige polnische Landarbeiter Janusz S., Brokhausen, Kreis Detmold, ging am 4.7.1942 zum Baden nach Biesen. Er sagte aus:

> Das Baden war erforderlich, weil ich mehrere Tage im Heu gearbeitet hatte. Um 21.40 war ich wieder zurück. [...] An anderen Tagen bin ich immer um 21.00 auf dem Hofe.[20]

Das Amtsgericht verurteilte Janusz S. zu 28 RM Geldstrafe, ersatzweise vier Wochen Straflager. Einschließlich Gerichtskosten machte das 30 RM 50 Pfennige. Das entsprach etwa 1 ½ Monatslöhnen des landwirtschaftlichen Arbeiters. Begründung: Er habe als Zivilarbeiter polnischen Volkstums seine Aufenthaltsgemeinde ohne Genehmigung verlassen, sei bis 21 Uhr nicht in seine Unterkunft zurückgekehrt und habe an einem Ort gebadet, der für Polen nicht freigegeben sei.

Nun war das Amtsgericht nur für die "kleineren Vergehen" zuständig. Bedeutendere Fälle zog die Gestapo an sich. Das war zum einen der sogenannte "Arbeitsvertragsbruch", ein irreführender Sammelbegriff für Arbeitsverweigerung, langsames und unwilliges Arbeiten sowie "Widersetzlichkeit".

So wurden am 8.4.1940 die polnischen Zivilarbeiter Julian T. und Antoni G. auf der Domäne Varenholz wegen "Arbeitsverweigerung" verhaftet und ihre "Überführung in Schutzhaft und in ein Arbeitserziehungslager" beantragt.[21] Das gleiche widerfuhr dem Landarbeiter Josef P., weil er "arbeitsscheu" sei und andere polnische Arbeiter gegen den Betriebsführer aufgehetzt habe mit den Worten: "Bei deutschen Bauern viel Arbeit und wenig Geld".[22]

Himmler hatte in den "Polenerlassen" sowohl die "Bekämpfung der Widersetzlichkeit und Arbeitsunlust" als auch die Bekämpfung von "Verfehlungen auf sittlichem Gebiet" als Aufgabe der Gestapo definiert. Uns liegen aus dem Landratsamt Lemgo Listen mit hunderten von Unterschriften polnischer Arbeiterinnen und Arbeiter vor, die in extra einberufenen Versammlungen oder einzeln darüber belehrt wurden, daß "jeglicher Geschlechtsverkehr sowie jede unsittliche Handlung mit Deutschen mit dem Tode bestraft wird."[23] Da diese Belehrungen auf Anordnung der Gestapoleitstelle in Münster erfolgten, müssen sie auch in Detmold durchgeführt worden sein.

Daß es auch in Lippe zu Beziehungen zwischen Polen und Deutschen gekommen ist, läßt sich nicht nur vermuten, sondern aus den Akten mehrfach belegen.[24] Am 11.1.1941 nahm die Gestapo Bielefeld den polnischen Zivilarbeiter Stefan B. und die Ehefrau Luise K. aus Ehrsen fest, weil sie, wie es in der Sprache der Unmenschen heißt, überführt und geständig sind,

> seit August 1940 ein Liebesverhältnis unterhalten und des öfteren den Geschlechtsverkehr ausgeführt zu haben. [...] Wegen der Schwere der Handlungen und mit Rücksicht darauf, daß der Ehemann der K. in der Wehrmacht dient, werde ich gegen B. die Sonderbehandlung und gegen die K. die Schutzhaft und ihre Überführung in ein Konzentrationslager beantragen.[25]

Stefan B. wurde von der Gestapo im Juli 1941 in einem Steinbruch bei Ehrsen-Breden ermordet.

Für die Ostarbeiter galten ähnlich diskriminierende Vorschriften, die in den sogenannten "Ostarbeitererlassen" geregelt worden waren.[26] Hinzu kam, daß sie im industriellen Bereich eingesetzt, in eingezäunten Massenquartieren untergebracht wurden, Ausgang nur in Gruppen erhielten und schlechter bezahlt und ernährt wurden. Im Interesse der Effektivierung ihrer Arbeitskraft wurden die Lebensbedingungen der 'Ostarbeiter' bis Ende 1944 an den Status der polnischen Zwangsarbeiter angenähert.[27]

Im Industriebereich eingesetzte "Ostarbeiter" gab es auch in der Stadt Detmold. Die Quellenlage ist allerdings äußerst dürftig.

Als das Arbeitsamt Detmold im April 1943 versuchte, die 'Ostarbeiterinnen' aus der Möbelindustrie abzuziehen, um sie in die Rüstungsproduktion umzusetzen und durch deutsche Arbeiterinnen zu ersetzen, waren davon die Firmen König, Tölle, Westdeutsche Holzindustrie, Vereinigte Möbelfabriken, Schäferhenrich und die Lippischen Möbelfabriken betroffen. Die gegen eine Umsetzung der 'Ostarbeiterinnen' vorgebrachten Argumente sprechen für sich:

> Gewisse Arbeiten in der Möbelindustrie sind der deutschen Frau und Mutter nicht zuzumuten. Es sind dies u.a. schwere Transportarbeiten, Nachtarbeit, Arbeit an schweren Maschinen, Kauritleim-Arbeiten.[28]

Noch problematischer als im Hinblick auf die Rekonstruktion der Lebensverhältnisse polnischer und sowjetischer Zwangsarbeiter stellt sich die Quellenlage für die Rekonstruktion der Lage der Kriegsgefangenen dar, so daß hier größtenteils nur generelle Aussagen möglich sind.

Kriegsgefangene in Detmold und Lippe

Nach einer Aufstellung des Arbeitsamtes Detmold gab es im Sommer 1944 in Lippe 14 Arbeitskommandos mit 778 sowjetischen Kriegsgefangenen, 4 Arbeitskommandos mit 186 französischen Kriegsgefangenen und 6 Arbeitskommandos mit 263 italienischen Militärinternierten.[29] Alle diese Kriegsgefangenen unterstanden dem Stalag 326 in Stukenbrock-Senne.

Bei der Behandlung der französischen Kriegsgefangenen hielt sich das NS-Regime formal an die Genfer Konvention, so daß vor allem durch die Möglichkeit zum Erhalt zusätzlicher Care-Pakete "im Normalfall" eine Existenzsicherung gegeben war.

Der Kontakt zu den Kriegsgefangenen war der deutschen Bevölkerung strikt untersagt. Allerdings kam es gerade am Arbeitsplatz immer zu zwischenmenschlichen Beziehungen. So verurteilte das Amtsgericht Detmold die bei den Lippischen Eisenwerken in Remmighausen beschäftigte Emma K. zu einer hohen Geldstrafe "wegen verbotenen Umgangs mit Kriegsgefangenen": Sie hatte zusammen mit ihrer Arbeitskollegin einem französischen Kriegsgefangenen auf einem Zettel zum Geburtstag gratuliert und sich von demselben Kriegsgefangenen dessen Bild schenken lassen, weil – so Emma K. – der französische Kriegsgefangene André immer sehr hilfsbereit gewesen sei und für sie die 35-40 kg-Kisten geschleppt hatte. Der Kriegsgefangene wurde durch Zurückversetzung in das Stalag Hemer bestraft.[30]

Am unteren Ende in der rassistisch orientierten NS-Hierarchie rangierten die russischen Kriegsgefangenen. Auf flüchtige sowjetische Kriegsgefangene war laut Wehrmachtsbefehl ohne vorherigen Anruf zu schießen. In einer treibjagdartig angelegten Aktion umzingelten sechs Landwachtmänner aus lippisch und preußisch Veldrom einen Unterschlupf von vier geflohenen russischen Kriegsgefangenen in der Schnat bei lippisch Veldrom. Die Kriegsgefangenen hatten sich durch Einsteigediebstähle ernährt.

Abb.1 Erdhöhlen im Stalag 326 – "Wohnungen" für sowjetische Kriegsgefangene 1941

Abb.2 Eine Arbeitskolonne sowjetischer Kriegsgefangener am Hagertor

Gauleiter Meyer gratulierte dem Organisator der Aktion, dem Ortsgruppenleiter Eilert, mit folgenden Worten:

> Ich habe mich darüber gefreut, daß die unter Ihrer Führung stehenden Landwachtmänner so tatkräftig vorgegangen sind, so daß diesen Russen die Flucht nicht mehr gelang. Wenn dabei drei Russen erschossen wurden, so ist das für mich erst recht der Beweis, daß durchgegriffen worden ist. Die Bevölkerung hat die Gewißheit, daß sie solchen Elementen nicht schutzlos preisgegeben ist.[31]

In der Nacht vom 11. auf den 12. Oktober erschossen SS-Männer der Panzer-Abt. 503 Augustdorf-Nordlager zwischen Augustdorf und Hiddesen drei vorher festgenommene russische Kriegsgefangene wegen angeblichen Fluchtversuchs.[32]

In Detmold wurden russische Kriegsgefangene vom Arbeitskommando 1310 in Heidenoldendorf aus eingesetzt. Über ihre Behandlung in diesem Arbeitskommando im einzelnen ist nichts bekannt. Generell läßt sich jedoch festhalten, daß arbeitsunfähige kranke Kriegsgefangene ins Stalag 326 zurückgeschickt wurden. Die unbeschreiblichen Zustände im Stalag sind bekannt, die überlebenden Opfer überlieferten die Zahl von 65.000 Toten. Über die Zustände unmittelbar nach der Befreiung des Lagers durch amerikanische Truppen schrieb der US-Kriegsberichterstatter John Mecklin unter der Überschrift "8.610 vor Hunger wahnsinnig gewordene Gefangene wie Tiere in Dreck und Elend gehalten."

> Fast 4.000 Russen sind an Seuchen, nicht verheilten Wunden oder Unterernährung erkrankt. [...] Die Gefangenen [...] liefen wie besessen auf die Lebensmittelbaracken zu, sobald die Amerikaner auftauchten.

Und er fügte hinzu: "Wenn die Amerikaner, die heute hier waren, die Deutschen nicht sowieso schon haßten, dann tun sie es jetzt."[33]

Als Zwischenergebnis ist festzuhalten: Der Versuch, eine einheitliche Aussage über "die" Lebensverhältnisse der Zwangsarbeiter generell oder in Lippe zu geben, wäre im Ansatz verfehlt, da es doch gerade Ziel der NS-Politik war, durch eine hierarchische Differenzierung mit rassistischer Begründung Unterschiede herzustellen und aufrechtzuerhalten. Entsprechend der nationalsozialistischen Rassenideologie, sicherheitspolitischen Erwägungen und außenpolitischen Gegebenheiten waren die Kriegsgefangenen und Zivilarbeiter unterschiedlichen arbeits- und (polizei)rechtlichen Maßnahmen unterworfen, die im Laufe des Krieges vor allem aus Gründen der Arbeitsökonomie stetig verändert wurden. Generell kann man feststellen, daß sich die Situation der Arbeiter aus dem westlichen Ausland nicht so sehr durch die materiellen Bedingungen von den deutschen Arbeitern unterschied, sondern durch den zunehmenden Zwangscharakter ihres Aufenthalts in Deutschland. Die Lage der Polen und 'Ostarbeiter' hingegen war generell durch Diskriminierung gekennzeichnet. Abgestuft galt für Polen, 'Ostarbeiter' und sowjetische Kriegsgefangene, daß ihre Lage durch schlechte Ernährung, Bezahlung, Unterbringung und Kleidung, mangelnde ärztliche Versorgung, Diffamierung und teilweise Mißhandlung gekennzeichnet war, wobei bedeutende regionale, betriebliche und individuelle Unterschiede zu verzeichnen sind. Objektiv gesehen war beispielsweise der Einzeleinsatz in der Landwirtschaft günstiger als der Masseneinsatz im Industriebetrieb.

Die Hierarchisierung der zur Arbeit im Reich eingesetzten Ausländer diente der Herrschaftsstabilisierung: Dem überwiegenden Teil der deutschen Bevölkerung wurde so – unter den objektiv sich zunehmend verschlechternden Bedingungen im Krieg – eine soziale und ideelle Überlegenheit suggeriert. Zudem sollte die Differenzierung unter den ausländischen Arbeitskräften eine Solidarisierung verhindern. Die "Spaltung der Entrechteten" läßt sich mit Schminck-Gustavus daher als ein Funktionsgeheimnis des NS-Herrschaftssystems bezeichnen.

Vom Zwangsarbeiter zum "Heimatlosen Ausländer"

Nach alliierten Angaben befanden sich allein in den drei Westzonen 1945 etwa 6,3 Millionen "Displaced Persons". Unter dieser einheitlichen Bezeichnung faßten die Alliierten zunächst eine heterogene Gruppe, die von ausländischen KZ-Häftlingen über französische und polnische Zivilarbeiter zu sowjetischen Kriegsgefangenen reichte. Es bildeten sich jedoch sehr schnell gravierende Unterschiede zwischen den einzelnen DP-Gruppen heraus. Obwohl ihr Schicksal im einzelnen größtenteils unerforscht ist, läßt sich generell feststellen, daß wiederum viele von denjenigen ein besonders schweres Schicksal erlitten, die schon während des Krieges in Deutschland am stärksten diskriminiert worden waren.

Wegen der großen Anzahl DPs gelang es den Alliierten erst Wochen nach Ende der Kampfhandlungen, diese Menschen in Sammelunterkünften unterzubringen und ausreichend zu versorgen. Die meisten Westarbeiter kehrten unmittelbar, in wandernden, sich in den Dörfern selbstversorgenden Trupps in ihre Heimat zurück.

Für die sowjetischen Staatsangehörigen war auf der Konferenz von Jalta eine Zwangsrepatriierung beschlossen worden. Hier gab es erheblichen Widerstand von einzelnen wie von Nationalitätengruppen, die mit den Deutschen kollaboriert hatten oder aber die pauschal seitens der sowjetischen Führung der Kollaboration verdächtigt wurden: Esten, Letten, Balten – in geringem Umfang Ukrainer. Bis auf einige zehntausend sind nach und nach alle DPs repatriiert worden. Viele Nicht-Repatriierte – unter ihnen viele Polen – versuchten auszuwandern oder blieben als Heimatlose Ausländer in der Bundesrepublik.

In Detmold waren am 1.7.1945 in der Kaserne I etwa 617 Polen, Letten und Esten, in der Kaserne Werrestraße 364 Italiener, Griechen, Tschechoslowaken und Jugoslawen und im Lager Augustdorf ca 11.000 Russen untergebracht. Die Zwangsrepatriierung der russischen Kriegsgefangenen und Zwangsarbeiter erfolgte sehr schnell bis Ende August. Mitte September stellte sich dann die Situation wie folgt dar: In der Kaserne I in Detmold lebten 285 Letten, Esten und Polen, am Schützenberg 475 Letten, in Hiddesen 190 Letten und in Augustdorf 3.700 Polen.[34] Schließlich diente nur noch das Lager Augustdorf zur Unterbringung von DPs, später von den deutschen Behörden als "Heimatlose Ausländer" bezeichnete Personen.

In einer relativ kurzen Phase von Mai 1945 bis Anfang 1946 kam es zu Übergriffen, die – wie in dem eingangs zitierten Zeitungsartikel über die Zerstörung Lopshorns – in der 'Lippischen Rundschau' "*den* Russen und Polen" angelastet wurden. In einem Artikel der 'Lippischen Landeszeitung' von 1952 mit der Überschrift "Schreckensnächte am Kupferberg" ist von "landfremden Banditen" die Rede, die "Häuser plünderten" und einen "ehrsamen Bürger erschossen."[35]

Nicht nur für den Kreis Detmold sind die einzelnen Delikte akribisch und minutiös von den deutschen Behörden erfaßt worden.[36] Danach sollen bis März 1946 von Ausländern im Kreis Detmold 16 Morde bzw. Totschläge, 10 Vergewaltigungen, 165 Bandenüberfälle, davon 133 mit Plünderung und 37 mit Tötung, Körperverletzung oder Mißhandlung begangen worden sein. Inwieweit diese Vorwürfe im Detail berechtigt sind, kann nicht überprüft werden. Jedoch bedarf die unbestreitbar vorhandene Kriminalität einer historischen Erklärung.

Nach dem Zusammenbruch des NS-Regimes und seines Zwangsarbeitersystems entstand kurzfristig ein Macht- und Rechtsvakuum, daß nicht sofort gefüllt werden konnte. Die befreiten Zwangsarbeiter sahen sich kurzfristig auf der Seite der Sieger; ein großer Teil der von den Deutschen als "Plünderung" klassifizierten Delikte dürfte so von vielen von ihnen wohl subjektiv eher als legitime "Requirierung" denn als kriminelle Tat angesehen worden sein. "Gehamstert" bzw. "organisiert" – wie es auf deutscher Seite hieß – wurde natürlich auch von Lippern: So räumten "ehrsame Bürger" aus Schling die Gaststätte Grotenburg aus.[37] Und als "die" Pivitsheider sich im Nordlager in Augustdorf umsahen, kurz nachdem es von der SS verlassen worden war, mußten sie leider feststellen – so ein Zeitzeuge im O-Ton, "daß die Scheiß-Augustdorfer schon vor uns da waren."[38]

Nun sind ein Teil der Morde und Totschläge aus individueller oder kollektiver Rache erfolgt und aus dem Leidensdruck von Zwangsarbeitern und Kriegsgefangenen erklärbar, was nicht heißt, diese Taten entschuldigen zu wollen. Doch es gab natürlich auch unter den DP's Kriminelle, wirkliche Schwerstkriminalität und organisierte Banden. So verurteilte z.B. ein britisches Militärgericht im Mai 1946 den Polen Walesek zum Tode, der u.a. im Verdacht stand, bei Überfällen 37 Morde begangen zu haben.

Die britische Besatzungsmacht vermochte wegen der Knappheit eigener Sicherheitskräfte der Lage kaum Herr zu werden: Andererseits verbot sich verständlicherweise zunächst eine Bewaffnung der deutschen Polizei.

Wolfgang Jacobmeyer glaubt, in seiner Studie "Vom Zwangsarbeiter zum Heimatlosen Ausländer" nachweisen zu können, daß die Kriminalitätsrate der von Ausländern und der von Deutschen begangenen Straftaten keine gravierenden Unterschiede aufweise.[39] Auch m.E. wird sie nicht wesentlich über der der deutschen städtischen Bevölkerung gelegen haben. Ausländer-Kriminalität – so Jacobmeyer weiter – ist erfahrungsgemäß immer dann überproportional hoch, wenn die Gruppe der Ausländer scharf isoliert ist, wie es bei den DPs der Fall war.

> Kriminalität hängt stets mit der Intaktheit von Sozialverhältnissen zusammen, so daß die Entscheidung zu nicht-kriminellem Verhalten auf weite Strecken zunächst keine individualethische Leistung ist.[40]

Und ich möchte hinzufügen: schon gar nicht eine nationalethische!

In dem eingangs zitierten Zeitungsartikel aus der 'Lippischen Rundschau' von 1951 hieß es:

> [...] Die im Wehrmachtslager Augustdorf untergebrachten russischen und polnischen Kriegsgefangenen und Fremdarbeiter zogen nach ihrer Befreiung durch die Amerikaner plündernd und brandschatzend allnächtlich durch die Umgebung [...].[41]

Es waren eben nicht "die" Russen und "die" Polen, die marodierend das schöne Lipperland verwüsteten, sondern einzelne oder Gruppen ehemals diskriminierter Zwangsarbeiter oder Kriegsgefangener, die in einer spezifischen Situation als "Displaced Persons" aus unterschiedlichen Motiven unterschiedliche kriminelle Handlungen begingen.

Wie kam es nun zu dieser pauschalen Verurteilung "der" Russen und Polen in der bürgerlichen Regionalpresse und im öffentlichen Bewußtsein?

Ulrich Herbert hat in seiner Fremdarbeiterstudie folgende Analyse gegeben: Solche Berichte über Ausschreitungen der DPs kamen vielen Deutschen offenbar nicht ungelegen, ja, sie scheinen manchmal geradezu herbeigewünscht worden zu sein, konnte dadurch doch eine Art von Abrechnung gleich zu gleich postuliert werden. Für viele Deutsche waren sie offenbar willkommene Anlässe nicht nur zu nachträglicher Rechtfertigung der Behandlung vor allem der 'Ostarbeiter' während des Krieges, sondern wurden Teil einer gigantischen Aufrechnung nach Soll und Haben, die Plünderungen der Fremdarbeiter gegen ihre Verschleppung und schlechte Behandlung. So kam es zu einer Art von bruchloser Fortsetzung, ja Bestätigung in der Haltung gegenüber den ehemaligen 'Fremdarbeitern' und jetzigen DPs.[42]

Parallel zu diesem öffentlichen und veröffentlichten Bewußtsein – wobei letzteres natürlich nur auf dem Hintergrund des Kalten Krieges zu verstehen ist – findet sich in der bundesrepublikanischen Rechtsprechung die Ablehnung von Wiedergutmachungsforderungen, die ich nur an einem typischen Beispiel dokumentieren möchte.

Die 1915 in Dubno/Polen geborene Kamila L. wird 1944 dort festgenommen und mit ihrem eineinhalbjährigen Kind zu den Lippe-Aluminiumwerken in Lünen/Westfalen zum Arbeitseinsatz deportiert. Bei einem Luftangriff wird sie durch Bombensplitter verletzt, weil die Luftschutzeinrichtungen für Zwangsarbeiter vollkommen unzureichend waren. Kamila L. erleidet dadurch eine achtzigprozentige Erwerbsminderung. Nach der Befreiung 1945 lebt Frau L. bis 1950 im DP-Lager Augustdorf und wandert dann in die USA aus. Der Antrag auf Entschädigung wird vom Landgericht Detmold abgelehnt, u.a. mit folgender Begründung:

> Die Klägerin ist nicht aus Gründen ihrer Nationalität unter Mißachtung der Menschenrechte geschädigt worden. Aufgrund der übereinstimmenden Auskünfte der Stadtverwaltung Lünen und des Lippe-Werkes in Lünen steht vielmehr fest, daß es sich bei ihrer Heranziehung zur Arbeit im Lippewerk um einen normalen Ostarbeitereinsatz gehandelt hat. Die Klägerin ist gemeinsam mit deutschen Arbeitskräften unter ähnlichen Bedingungen

> wie diese eingesetzt gewesen. [...] Es mag sein, daß die Klägerin nicht freiwillig, sondern durch eine zwangsweise Anordnung der damaligen Besatzungsbehörde in Polen ins deutsche Reichsgebiet verbracht worden ist. Diese Umstände berechtigen aber noch nicht zu der Annahme, daß mit der Verbringung der Klägerin ins Reichsgebiet auch die Menschenrechte mißachtet seien. Derartige Heranziehung von Bevölkerungsteilen in besetzten Gebieten zu kriegswichtigen Arbeiten sind regelmäßig allein aus Gründen der deutschen Kriegs- und Rüstungswirtschaft erfolgt.[43]

Kommen wir zum Schluß noch einmal auf den ganz zu Anfang zitierten Artikel vom 7.8.1992 in der 'Lippischen Landeszeitung' zurück. Ich will nicht bezweifeln, daß es der "Ostarbeiterin auf dem Hof Ostmeier" den Umständen entsprechen gut gegangen ist.

Aber nur der historisch wirklich gut Informierte weiß, daß dies nur der Fall sein konnte,

- weil die objektiven Bedingungen günstig waren: nämlich Einzeleinsatz in der Landwirtschaft;
- weil die subjektiven Bedingungen auf Seiten des Betriebsführers günstig waren: Bei ihm handelte es sich offensichtlich um einen anständigen Menschen, der die diskriminierenden Möglichkeiten, die ihm als "deutschem Bauern" gegeben waren, nicht ausnutzte;
- und weil die subjektiven Bedingungen auf Seiten der Daryes Krysanowa wohl so waren, daß sie mit der Fülle der sie diskriminierenden und in ihrer persönlichen Entfaltung hemmenden Vorschriften nicht in Konflikt geraten ist.

Es handelt sich also um einen glücklichen Individualfall. Ein Hinweis darauf hätte dem Artikel gut getan. Denn so erweckt er den Eindruck, als wolle er dem Leser vermitteln, daß das mit den 'Fremdarbeitern' damals in Lippe doch wohl nicht so schlimm gewesen sein kann.

Wenn sich nun diese glücklichen Individualfälle quantifizieren ließen, und wenn sich dann auch noch herausstellte, daß es gerade in Lippe viele solcher glücklichen Individualfälle gegeben hat, würde ich als Historiker die Ursachen dafür erst einmal im strukturellen Bereich suchen.

Das heißt nicht, daß ich den Lippern Anständigkeit absprechen möchte. Doch glaube ich, daß auch für Lipper eine Weisheit gilt, die nach einem Erlebnisbericht über das Ende des Zweiten Weltkriegs ein amerikanischer GI in Berlebeck abgegeben haben soll: Ein durch Einquartierung geschädigter Lipper klopfte dem hilfreichen GI auf die Schulter und sagte in seinem besten Sonntagsnachmittagsausgehenglisch: "You are good man, but not all your camerads!" Worauf der GI antwortete: "Overall good and bad men!"[44]

Anmerkungen

1. Lippische Landeszeitung, 7.8.1992.
2. Der Redakteur des Artikels hat offenscihtlich den Vor- und Familiennamen vertauscht.
3. Vgl. Helga Kohne und Christoph Laue (Hrsg.), Deckname Genofa. Zwangsarbeit in Raum Herford 1939 bis 1945. Bielefeld 1992.
4. Lippische Rundschau, 3.7.1951
5. Vgl. StA DT, L 80 II a Gr. XVI Tit. 1 Nr. 1 Bd. 6.
6. Vgl. Anm. 5.
7. Vgl. StA DT, D 100 Nr. 291. Mit diesen Zahlen sind nur die wichtigsten Nationalitäten genannt.
8. StA DT, L 113 Nr. 963.
9. Vgl. Ulrich Herbert, Fremdarbeiter. Politik und Praxis des "Ausländer-Einsatzes" in der Kriegswirtschaft des Dritten Reiches. Berlin, Bonn (2. Auflg.) 1986, S. 11.
10. Folgendes nach Ulrich Herbert, S. 64 ff.
11. StA DT L 80 I e Gr. IV Tit. 3 Nr. 30.
12. Vgl. Anm 11.
13. Lippische Gesetzessammlung, Bd 25, S. 487 f. Für spätere Änderungen vgl. S. 517 und Bd. 26, S. 59 f.
14. Vgl. Anm. 11.
15. Vgl. Anm. 7.
16. Vgl. Bestand StA DT, D 23 Detmold.
17. Vgl. Anm. 13.
18. Vgl. StA DT, D 23 Detmold Nr. 3420.
19. StA DT, D 23 Nr. 4125, dort ebenso die folgenden Zitate.
20. StA DT, D 23 Detmold Nr. 3810. Zum folgenden vgl. ebd.
21. Vgl. StA DT, M1 IP Nr. 637.
22. Vgl. StA DT, M1 IP Nr. 638.
23. Vgl. StA DT, D 100 Lemgo Nr. 1218.
24. Vgl. dazu ausführlicher Gabriele Freitag, Der Einsatz von Arbeitskräften aus Osteuropa in der Landwirtschaft Lippes 1939-1945. Unveröffentlichte Magisterarbeit. Frankfurt 1992, S. 64 ff.
25. Vgl. Anm. 22.
26. Vgl. Reichsgesetzblatt I vom 30.6.1942, S. 419 ff und Lippische Gesetzessammlung, Bd. 26, S. 59 f.
27. Zur genaueren Entwicklung der Lebens- und Arbeitsbedingungen vgl. Ulrich Herbert (wie Anm. 9), S. 154 ff.
28. StA DT, D 3 Detmold Nr. 92.
29. Vgl. StA DT, L 113 Nr. 967.
30. Vgl. StA DT, D 23 Detmold Nr. 3549.
31. StA DT, L113 Nr. 778.
32. Vgl. StA DT, D 21 Zugang 1/80 Nr. 105.

33. Zitiert nach Karl Hüser, Reinhard Otto, Das Stammlager 326 (VI K) Senne 1941-1945. Bielefeld 1992, S. 176 f.
34. Vgl. StA DT, L 80 I d Gr. XXI Tit. 1 Nr. 1 Bd. 6.
35. Lippische Landeszeitung, 1.11.1952.
36. Vgl. z.B. StA DT, D 100 Detmold Nr. 18.
37. Vgl. StA DT, D 100 Nr. 306.
38. Gespräch mit Herrn Gerhard Henken-Mellies aus Pivitsheide im August 1992.
39. Wolfgang Jacobmeyer, Vom Zwangsarbeiter zum Heimatlosen Ausländer. Die Displaced Persons in Westdeutschland 1945-1951. Göttingen 1985, S. 48 ff.
40. Wolfgang Jacobmeyer, S. 215.
41. Vgl. Anm. 4.
42. Vgl. Ulrich Herbert (wie Anm. 9), S. 343.
43. StA DT, D 20 B Nr. 240.
44. StA DT, D 71 Nr. 157.

Horst-Günter Benkmann

Vertriebene und Flüchtlinge in Detmold

In einer neuen Heimat oder auf Zwischenstation?

Vorbemerkung

Es war ein guter Gedanke der Stadt Detmold, sich einmal der Zeit unmittelbar nach 1945 anzunehmen und sie aufzeichnen zu lassen, solange es noch einen Zeitbezug gibt. Ich habe den Auftrag gerne übernommen, einen Bericht zu geben über Sorgen, Leben und Arbeit der Vertriebenen. Ich gehöre zu den wenigen noch lebenden Zeitzeugen, die die damalige Zeit als Vertriebene selbst miterlebt haben, und ich durfte ja auch einen kleinen Teil mitgestalten. Das vorhandene Material ist verhältnismäßig dürftig. So manche Akte ist nicht mehr vorhanden, sofern überhaupt eine angelegt wurde. Das Staatsarchiv Detmold war mir eine wichtige Quelle. Mancher Leser, vor allem meine Landsleute, werden sich wundern, wenn ich grundsätzlich den Ausdruck 'Flüchtlinge' verwende. Das war zum einen der damalige allgemeine Sprachgebrauch und zum anderen wurde er auch amtlich gebraucht in den Bezeichnungen Flüchtlingsamt, Flüchtlingsausschuß, Interessengemeinschaft der Flüchtlinge u.a.m. Auch das Flüchtlingsgesetz des Landes Nordrhein-Westfalen kannte nur Flüchtlinge A, B und C. Erst das Bundesvertriebenengesetz brachte eine einheitliche Bezeichnung. Dann waren wir Vertriebene, Heimatvertriebene und Ostvertriebene. Da mein Bericht mit dem Jahre 1950 endet, habe ich mich des damaligen Sprachgebrauchs bedient. Der Wandel des Begriffs ist auch eine Zeiterscheinung. Ich danke allen, die mir geholfen haben.

I. Der Flüchtlingsstrom

Die Flüchtlinge kamen ab Ende Januar 1945 zunächst einzeln nach Detmold. Sie hatten Anschriften von Verwandten oder Bekannten. Doch in den seltensten Fällen war damit eine Unterkunft verbunden.

Diese Personen kamen mit der Bahn, mit einem Fuhrwerk oder zu Fuß in die Stadt oder in die anliegenden Dörfer. Zum Teil waren sie mehrere Wochen oder Monate unterwegs gewesen. Es waren Flüchtlinge aus den deutschen Ostgebieten, aber auch schon Flüchtlinge aus der Sowjetzone. Sie hatten zum großen Teil ein grausames Schicksal hinter sich und waren froh, nun im Westen Ruhe und Freiheit zu finden. Ich selbst habe nach der Flucht aus Allenstein meine Familie zunächst in Schönberg/Mecklenburg gefunden, um dann am 17.6.1945 in Jerxen-Orbke im wahrsten Sinne des Wortes einzuwandern. Eine Schwägerin, deren Anschrift hoffentlich stimmte, war unser Ziel.

Dann kamen die unzähligen Kriegsgefangenen nach Hause. Aber viele hatten eben auch nur die Anschrift eines Kameraden. Andere kamen auf gut Glück, hoffend, hier eine Bleibe zu finden und in Ruhe ihre Familie suchen zu können. Nur nicht in der Sowjetzone zu bleiben, war ihr Wunsch. Fast jeder dieser ehemaligen Gefangenen hatte eine Familie, die nun plötzlich auch ankam und untergebracht werden wollte.

Die Masse der Flüchtlinge kam mit Transportzügen nach Detmold. Diese Transporte kamen völlig unregelmäßig, unangemeldet und unterstanden bis zum Bahnhof Detmold der Militär-Regierung. Die Personen wurden sofort in die Werrekaserne gebracht, deren Personal immer bereitstehen mußte für den Fall, daß ein Transport ankommen könnte. Das war für die Kreisverwaltung keine leichte Aufgabe. Die Werrekaserne war die erste Unterkunft für die Flüchtlinge mit ärztlicher Betreuung und Verpflegung.

Eine genaue Übersicht über diese Transporte gibt es nicht. In den Akten des Staatsarchivs sind einzelne Berichte des Lagers an den Kreis Detmold erhalten geblieben, zu dessen Aufgaben nicht nur die Betreuung im Lager, sondern auch die weitere Unterbringung der Ankömmlinge gehörte.

In der Hauptsache sind Berichte erhalten aus der ersten Hälfte des Jahres 1946. Es ist denkbar, daß Berichte über andere Transporte vom Kreis Detmold direkt an die Militär-Regierung weitergegeben wurden und in deren Akten verschwunden sind. Wer machte damals schon Durchschläge, geschweige denn Kopien; Papier war kostbar.

Die mit den Transporten ankommenden Flüchtlinge kamen überwiegend aus Schlesien, zum Teil waren auch Flüchtlinge aus der Sowjetzone zugeteilt. Im Jahre 1946 waren die gewaltsamen Vertreibungen aus Schlesien am stärksten. Auch das mag ein Grund dafür sein, daß spätere Berichte über Transporte nicht vorliegen, weil diese gar nicht mehr nach Detmold kamen. Aber auch die vorhandenen Berichte und Aktenvermerke, die ich ohne Kommentar folgen lasse, geben genügend Aufschluß über das furchtbare Geschehen und das Leiden dieser Menschen. Es ist anzunehmen, daß die britische Militär-Regierung diese Transporte erst an der Grenze zur Sowjetzone übernahm.

Der erste Bericht datiert vom 7.1.1946. Es ist ein Sammelbericht über die Monate zuvor. Ihm entnehmen wir:

Oktober 1945 bis 20.12.1945 – Durchlauf von 15.018 Flüchtlingen. 10.163 Personen waren Ostflüchtlinge, 4.875 waren Evakuierte aus dem Westen, die in ihre Heimat wollten. Nach Mitteilungen sind weitere 13.000 bis 20.000 Flüchtlinge noch zu erwarten, vielleicht sogar mehr.
Die Flüchtlinge aus dem Osten sind "stark verschmutzt und ohne jegliches Gepäck, das ihnen in der russischen Zone abgenommen sei."
Februar 1946 – Transport aus Rengersdorf (Kreis Glatz). Ungeheizte Viehwaggons. (StA DT L 80 und D 100)
3. März 1946 – Transport aus Glatz mit 1521 Flüchtlingen. "Der Gesundheitszustand war sehr schlecht, sehr viele alte und gebrechliche Leute. Ausnahmsweise viele kleine Kinder. Gepäck sehr wenig, da des öfteren von den Polen ausgeplündert." (StA DT D 100 Dt Nr. 19)
2.4.1946 – Transport aus Reichenbach. "Gesundheitszustand befriedigend, jedoch auch viele alte Leute und kleine Kinder. Auch sehr wenig Gepäck." (StA DT D 100 Dt Nr. 19)
27.4.1946 – Transport aus Schlesien. "Die Schlesier sind der Meinung, daß sie nur vorübergehend hier untergebracht werden und bald wieder in ihre Heimat zurück können."
20.5.1946 – Transport aus Breslau. "Gesundheitszustand nicht befriedigend. Allgemein keine arbeitsfähigen Männer, viele kranke Leute und kleine Kinder. Eine große Anzahl mit Hautkrankheiten. Auch wenig Gepäck, bis auf die ca. 900 Juden, die dementsprechend sehr viel hatten." (StA DT D 100 Nr. 19)
20.6.1946 – Transport aus Breslau. "Gesundheitszustand nicht befriedigend. Fast keine arbeitsfähigen Männer, viele alte Leute und kleine Kinder. Allgemein wenig Gepäck." (StA DT D 100 Nr. 19)

26.6.1946 – Transport aus Breslau.

Kreis Detmold | Detmold den 28.6.1946
Der Oberkreisdirektor
Gesch. St. IV (Flüchtlingslager)
An die Mil-Regierung 121
Detmold Lippe
Betr. Bericht über den Flüchtlingstransport vom 26.6.1946

In dem am 26.6.1946 18.50 hier eingetroffenen Flüchtlingszug waren laut Transportliste 1510 Ausgewiesene aus der Stadt Breslau. Der Zug hatte die Transportnummer 26 SW 289. Die Transportliste war nicht vollständig, etwa 30 Personen waren namentlich nicht erfasst, sodaß sich die Gesamtzahl von 1510 auf 1540 erhöht. Aufgeführt sind 347 Männer, 381 Frauen und 332 Kinder.
Der Abtransport der Leute und des Gepäcks vom Bahnhof zum Flüchtlingslager geschah wie üblich mit LKW. Im Flüchtlingslager ärztliche Untersuchung, Entlausung, Ausgabe von warmer Verpflegung, Kaffee und kalter Kost. Unterbringung für die Nacht im Flüchtlingslager. Der Abtransport in die einzelnen Gemeinden begann am 27.6. 7.00 und war gegen 16.00 beendet, und zwar kamen in den Kreis Detmold 752 Personen und der Rest in den Kreis Lemgo.
Am 27.6. wurde an die Flüchtlinge nochmals warmes Mittagessen ausgegeben. Der Allgemeinzustand dieser Flüchtlinge war sehr schlecht, 60 Personen mußten ärztlich behandelt und in ein Krankenhaus eingewiesen werden. Die Abwicklung bzw. die Unterbringung des Transports während der Nacht war besonders schwierig und unübersichtlich, da keine elektrischen Glühbirnen vorhanden sind. Um eine reibungslose Abfertigung der Flüchtlingstransport zu gewährleisten, sind ca. 300 Glühbirnen dringend erforderlich. Trotz mehrmaliger Anforderderung an die Mil.Regierung und die zivilen Stellen sind bisher keine Birnen geliefert worden."

(StA DT D 100 Dt Nr. 19)

5.8.1946 – Transport aus (?). Grössere Anzahl von Flüchtlingen der Gemeinde Hiddesen zugewiesen. Auszug aus einem Brief der Gemeinde an die Regierung:
"Da in der Gemeinde Hiddesen der Zustrom von Flüchtlingen in der letzten Zeit sehr stark zugenommen hat, sind wir nicht mehr in der Lage, allen denen eine Schlafmöglichkeit zu gewähren. Bei der seiner Zeit erfolgten Beschlagnahme von Häusern für Letten, Litauer und Esten mußten aus den Beständen der hiesigen Bevölkerung ca. 60 bis 70 Betten zur Verfügung gestellt werden, so daß die Beschaffung von weiteren Betten und Auflegepolstern in der hiesigen Gemeinde äußerst schwierig ist."
Der dann folgenden Bitte um Überlassung von nicht genutzten Betten aus Beständen des Standortlazaretts konnte nicht stattgegeben werden.

(StA DT L 80 I c Gr. XXXIX Tit. 62 Nr 6 II)

September 1946 – Transport aus Jauer. Etwa 1000 Personen.

Schon am 1.8.1946 hatte der Hauptausschuß des Rates der Stadt Detmold beim Kreis gegen weitere Zuweisungen von Flüchtlingen protestiert. 19.9.1947 – Der Minister für Wiederaufbau erklärt u.a. die Stadt Detmold zum "Brennpunkt des Wohnungsbedarfs". Zuzug ist grundsätzlich verboten. (Lippische Mitteilungen. Amtliches Bekanntmachungsblatt der Kreisverwaltung Lemgo im Einvernehmen mit der britischen Militärbehörde. 1. Jahrgang, Nr. 7 vom 4.12.1947)

> 6.3.1948 – Im Saal des "Arminius-Hotels" [heute Nadler] sind 97 Flüchtlinge untergebracht. (StA DT D 106 Dt A Nr. 2461)

Diese Belegung ist nur sehr kurzfristig gewesen. Doch dann wurde es sehr schwierig im Sommer 1948. Neben den wohl weniger werdenden Transporten der Militär-Regierung kamen nunmehr Transporte aus schon vorhandenen Auffanglagern aus dem Westen des Landes. Es handelte sich meist um Personen, die aus der Sowjetzone ohne Genehmigung eingewandert waren und von keinem Kreis aufgenommen wurden, da die Militär-Regierung sie auf die "Kontingente" nicht anrechnen wollte.

> 20.8.1948 Nach sorgfältiger Überlegung und Beratung wurde die folgende Entschließung des Kreises Detmold angenommen, um durch den Landrat dem Düsseldorfer Wiederaufbau- und Sozialministerium vorgelegt zu werden:
> Die am 20. August 1948 versammelten Bürgermeister des Kreises Detmold erheben einmütig Protest gegen die beabsichtigte weitere Zuweisung von Flüchtlingen. Sie erklären mit aller Deutlichkeit, daß eine weitere Zusammendrängung der Bevölkerung nicht ohne Gefahren für Ruhe und Ordnung, nicht zuletzt für die hygienischen Erfordernisse, möglich ist. Solange Flüchtlinge noch in Räumen untergebracht sind, die dem primitivsten Menschenrecht Hohn sprechen, lehnen es alle Bürgermeister kategorisch ab, einer weiteren Zusammenpferchung von Menschen die Hand zu leihen. Die Bürgermeister sehen sich außerstande, bei dieser Flüchtlingsaktion mitzuhelfen. Sie erklären einmütig, falls die Zuweisung doch noch erfolgen sollte, ihre Ämter zur Verfügung zu stellen und es anderen zu überlassen, Unruhe und Unordnung in die Gemeinwesen zu tragen.
> (Mitteilungsblatt der Interessengemeinschaft der Ostvertriebenen, Detmold 4/48 vom 15.9.48; StA DT D 106 Dt A Nr. 2447).

Und nun die dramatischen Ereignisse am gleichen Tage und an den Tagen danach.

Vom 20. bis zum 28.8.1948 kommen vier Transporte mit der Bahn an. Über den ersten Transport am 20.8. abends berichtet die Presse:

> Diese kommen aus den Flüchtlingslagern Siegen und sind vielfach schon länger als drei Jahre unterwegs, von einem Sammellager zum anderen, zuletzt in einem Kasernenraum mit 60 bis 70 Personen. Der Lagerleiter in Siegen hatte ihnen gesagt, sie würden in Detmold in spätestens zwei Tagen

> Wohnungen erhalten. Aber es sah anders aus. Zu ihrer Begrüßung hatte sich der Oberkreisdirektor eingefunden, der ihnen erklärte: "Wissen Sie, daß ich Sie alle gleich wieder zurückschicken kann? Ich habe keine Vollmacht, Ihre Aufnahme zu verfügen. Das kann nur der Kreistag beschließen und der hat weitere Aufnahmen abgelehnt."

"Eine Rückführung war wegen der späten Nachtstunden nicht mehr möglich" schreibt die 'Freie Presse' am 25.8. Immerhin hatte der Oberkreisdirektor vor dem Bahnhofsgebäude Lastwagen mit offenen Anhängern bereitstellen lassen. Der "Rücktransport" sollte dann ohne Verpflegung erfolgen.

Doch mitfühlende Beamte der Kreisverwaltung und eine einflußreiche Engländerin der 'Salvation Army' verhinderten den Abtransport.

Die Unterbringung erfolgte in der Werreturnhalle, im Falkenkrug und im Haus am Postteich. Wie wenig man auf einen solchen "Zuzug" eingestellt war, beweist folgender Pressebericht:

> Besuch im Falkenkrug:
> In einem Raum, mehr Stall als Halle, ist längs den Wänden eine dünne Strohlage ausgebreitet für 80 Personen. Seitenwände oder Kojen für die einzelnen Familien kennt man schon seit Jahren nicht mehr. Hier liegen alle nebeneinander, Eheleute, Familien, Einzelgänger, Arm- und Beinamputierte, schwangere Frauen, Mütter mit Säuglingen, ansteckend Kranke. Ein Detmolder Arzt lehnte jede Verantwortung für die Gesunderhaltung ebenso ab wie die Verantwortung für die Verhütung gefährlicher Infektionskrankheiten und von Epidemien.
> Eine junge Mutter, die kurz nach Eintreffen des Transportes zur Entbindung kam, liegt hier auf Stroh wie weiland die heilige Mutter Maria. Aber sie ist nicht allein mit Mann und Kind, sondern mitten unter 80 anderen Menschen. Nicht weit entfernt ein Kranker mit offener Tuberkulose.
> Der Raum wird von einer kleinen Stubenlampe beleuchtet. Im gleichen Raum ist der primitive Lokus. Kein Spind, kein Schrank, nur ein wackliger Tisch mit ein paar Stühlen. Das Dach ist nicht dicht. Bei Regen stehen die Lager unter Wasser. Im hinteren Teil des Raumes liegt wohl schon seit Jahren allerlei altes Gerümpel.
> Und des Nachts bekommen die Flüchtlinge – Menschen wie ihr und wir – Besuch. Die Dunkelheit bietet den Gästen Schutz. Es sind Mäuse und Ratten, vor denen die Mütter ihre kleinsten Kinder zu schützen haben.
> Hier liegen unsere Brüder und Schwestern. Für 80 Personen wurden 50 Decken ausgegeben.
> In der Turnhalle befinden sich die Lager zum Teil auf Steinfußboden. Dort sind nicht einmal genug Stühle vorhanden, und das Essen muß stehend eingenommen werden.

> Wer diese Zustände duldet, begeht ein Verbrechen gegen die Menschlichkeit.
> (Mitteilungsblatt der Interessengemeinschaften der Ostvertriebenen, Detmold 4/48 vom 15.9.48)

Das Echo auf verschiedene Presseberichte zu diesen Vorgängen war groß. Behörden, karitative Verbände und auch die Militär-Regierung wurden munter. Die Bevölkerung half ebenfalls. Regierungspräsident Drake besuchte den Falkenkrug und die Turnhalle, er nannte die Zustände auf einer Bürgermeisterkonferenz eine "Schweinerei" und forderte sofortiges Handeln. Die Kreisvereinigung der Ostvertriebenen im Kreise Detmold richtete an die ostdeutschen Landsleute folgenden Aufruf:

> In Massenunterkünften in Detmold und Heidenoldendorf harren seit Wochen 320 Ostvertriebene, die seit drei Jahren von Lager zu Lager geschoben worden sind, auf ihre endliche Unterbringung in menschenwürdigen Wohnungen. Bürokratische Bedenken verzögern diese Unterbringung von Woche zu Woche.
> Wir Ostvertriebenen nehmen uns unserer Brüder und Schwestern an, die das gleiche Schicksal tragen wie wir, nur unter weit schwereren Umständen. Wir wollen helfen, daß sie so schnell als möglich zur Ruhe kommen!
> Jede Orts-IG meldet daher sofort an die Kreisvereinigung die leeren oder unterbelegten Wohnräume – auch in den Fremdenheimen – jeder Gemeinde. Die Angaben müssen unbedingt zuverlässig sein und dürfen nicht auf Gerüchten beruhen, die einer Nachprüfung nicht standhalten.
> Folgende Angaben sind erforderlich: Gemeinde, Hausnummer, Wohnungsinhaber, Anzahl der Räume, beheizbar oder nicht, wieviel Personen können darin untergebracht werden.
> Die Kreisvereinigung stellt die Meldungen dann zusammen ohne die betr. Namen, so daß niemand persönliche Nachteile haben kann.
> Es wird erwartet, daß alle Ostvertriebenen zu ihren Landsleuten stehen und mithelfen, daß sie zu ihrem Menschenrecht kommen!

In Nr. 5/48 konnte das Mitteilungsblatt der Kreisvereinigung melden:

> Es war doch möglich! Die seit Wochen in den Massenlagern Falkenkrug, Turnhalle und Postteich in Detmold hausenden Flüchtlinge, über deren Unterbringung die Bürgermeister zu stolpern drohten, finden nun doch ein menschenwürdiges Unterkommen in unserem Kreis.
> Wir sind dem Regierungspräsidenten und der Militär-Regierung für die verständnisvolle Unterstützung unseres Einsatzes für unsere Schicksalsgefährten dankbar.

Am 18.10. konnte die Turnhalle dann schon geräumt werden. Von weiteren Transporten nach Detmold ist nichts bekannt. Was aber blieb, war das ständige "Einsickern" von Einzelflüchtingen und Familienangehörigen, so daß die Gemeinden trotz Wohnungszwangswirtschaft oft dem Verzweifeln nahe waren.

Über die jeweilige Zuteilung der Ankömmlinge auf die Stadt und die Nachbargemeinden sind Unterlagen leider nicht vorhanden.

Die Gesamtzahlen im Jahre 1950 sind aus der Tabelle auf der folgenden Seite zu entnehmen.

Doch vorweg noch einige Zahlen aus den Jahren 1946 und 1947. Im Jahre 1946 hatte die Stadt Detmold 25.700 Einwohner, davon waren 21.700 Alteingesessene, d.h., daß sich rd. 5.000 Flüchtlinge und Evakuierte in der Stadt aufhielten.

Am 6.1.1947 wurden ermittelt:

3.116	Flüchtlinge aus dem Osten
239	Flüchtlinge aus dem Westen
1.149	Evakuierte
780	Entlassene Soldaten aus dem Osten
1.120	Lagerinsassen (einschl. Ausländer)

6.404	

Bei gleichbleibender Zahl der Alteingesessenen hatte sich die Zahl der Zugezogenen von 1946 auf 1947 von 5.000 auf 6.404 erhöht.

Die Tabelle mit den Zahlen von 1950 zeigt uns, daß die heutige Gesamtstadt 75,5 Prozent der Alteingesessenen hatte. In einigen Gemeinden war der Prozentsatz aber wesentlich geringer. In Hakedahl und Schönemark sind es nicht einmal 50 Prozent. In drei weiteren Gemeinden waren es nicht 60 Prozent. In Brokhausen und Pivitsheide VL waren es gerade 80 Prozent. Der Zuzug verschärfte sich weiterhin, während allerdings die Evakuierten in immer größerer Zahl in ihre Heimat zurückkehrten.

Tabelle:

	VZ 1939	*VZ 1950*	*Altein-gesessene*	*deren Anteil*	*Flücht-linge*
Barkhausen	262	418	238	56.94 %	137
Bentrup	370	548	372	67.88 %	114
Berlebeck	1.275	1.826	1.466	80.28 %	242
Brokhausen	301	457	325	71.12%	107
Dehlentrup	641	856	671	78.39 %	154
Hakedahl	166	319	158	49.53 %	118
Heidenoldendorf	2.883	4.100	3.239	79.00 %	589
Heiligenkirchen	1.627	2.352	1.763	74.96 %	383
Hiddesen	2.783	4.109	3.061	74.50 %	559
Hornoldendorf	152	267	169	63.30 %	73
Jerxen Orbke	887	1.384	967	70.52 %	213
Leistrup- Meiersfeld	602	886	630	71.11 %	213
Loßbruch	260	381			89
Mosebeck	295	533	327	61.35 %	153
Niederschönhagen	97	187	101	54.01 %	83
Nienhagen	291	464	320	68.97 %	97
Niewald	93	156	87	55.77 %	58
Oberschönhagen	330	574	356	63.59 %	159
Oettern-Bremke	155	265	166	62.64 %	86
Pivitsheide VH	1.129	1.601	1.221	76.26 %	234
Pivitsheide VL	2.005	2.720	2.177	80.04 %	326
Remminghausen	738	1.199	873	72.81 %	226
Schönemark	260	419	208	49.64 %	156
Spork Eichholz	994	10425	971	68.14 %	267
Vahlhausen	353	595	387	65.04 %	155
	19.246	28.041	20.271		
Detmold	20.573	30.178	23.396	77.53 %	4.772
	39.819	58.219	43.667	75.50 %	9.898

(Quelle: VZ 1939: Staatsanz. f. d. Land Lippe Nr. 66/1939, StAD D 100 LE Nr. 181 VZ 1950: Statistisches Landesamt NRW, Die Wohnbevölkerung in den Gemeinden Nordrhein-Westfalens; Dieter Kuhlmann, Chronik der Stadt Detmold. In diesem Band S. 579)

II. Wohnungsbeschaffung

Die Wohnungsbeschaffung – wie diese Tätigkeit hoffnungsvoll hieß – war die schwierigste Aufgabe, die sich der Stadt und den Gemeinden stellte.

Stadt und Umland waren durch Kriegszerstörungen verhältnismäßig wenig betroffen. Drei Luftangriffe und etwas Artilleriebeschuß hatten in der Stadt 64 Personen getötet. 18 Häuser waren in der Stadt total und 238 Häuser teilweise zerstört. An Reparaturen war nicht zu denken, da das Baumaterial fehlte.

Die Belegung mit Ausländern aus verschiedenen Ländern war recht stark. In der Kaserne I lagen 617 Polen, Letten und Esten. In der Kaserne Werrestraße waren es 364 Italiener, Griechen, Tschechen, Slowaken und Jugoslawen. Ende 1946 verließen die ersten Ausländer die Stadt.

Die britische Militär-Regierung hatte bis zum Frühjahr 1948 etwa 200 Häuser in der Stadt beschlagnahmt, davon waren rund 2.000 Personen betroffen, die fast alle in der Stadt bei Verwandten oder Freunden Unterkunft erhalten hatten.

Das Wohnungsamt der Stadt mußte im Dezember 1949 noch melden, daß über 40 Familien mit vier oder mehr Personen in einem Raum hausen mußten. 579 Familien waren in Baracken oder Notunterkünften untergebracht. So war die Ausgangssituation für die zuströmenden Flüchtlinge.

Natürlich gab es die "Wohnungszwangswirtschaft", aber richtige Wohnungen standen den Wohnungsämtern zur Verteilung kaum zur Verfügung. Kammern, Bodenverschläge, Kellerräume u.a.m. wurden "erfaßt", beschlagnahmt und zugewiesen. Das ging selten ohne Streit ab. Gespannte Verhältnisse zwischen 'Vermietern' und den neuen 'Mietern' waren das Normale. In der Stadt konnte manchmal noch mit Polizeigewalt nachgeholfen werden. Aber in den Landgemeinden, wo jeder jeden kannte, waren die Bürgermeister oft machtlos. Wir wollen natürlich nicht die vielen Fälle von gutem Willen bei den Vermietern vergessen, nicht selten war es, daß sie die Flüchtlinge in die Hausgemeinschaft mit Familienanschluß aufnahmen. Aber es gab auch Fälle, wo anstatt des zugewiesenen Zimmers den ankommenden Flüchtlingen nur ein Bodenverschlag übergeben wurde. Neue Zwangsräumung war dann die Folge. Auf dem Land gab es viele Räume, die zum Wohnen ungeeignet waren, nunmehr aber bezogen werden mußten. Ich selbst habe mit meiner vier-, später fünfköpfigen Familie in Orbke in zwei Bühnenräumen drei Jahre wohnen müssen. Die Räume waren weder vorher jemals bewohnt worden, noch wurden sie nach meinem Auszug im Juli 1948 je wieder bezogen.

Einige Schriftstücke aus den Akten sollen die Verhältnisse illustrieren:

> Der Landespräsident Detmold, d.23.7.46
> An das Kreisflüchtlingsamt in Detmold
> Betr.: Beschlagnahme von Wohnraum nach dem Reichsleistungsgesetz für Flüchtlinge.
> Wie mir berichtet wurde, machen die Leistungspflichtigen (Quartiergeber) bei der Einweisung von Flüchtlingen sehr oft grosse Schwierigkeiten, verschiedentlich ist die Aufnahme auch verweigert worden.
> Ich empfehle in solchen Fällen Anzeige gemäß § 34 des Reichsleistungsgesetzes zu erstatten, sofern die Beschlagnahme formgerecht nach dem RLG erfolgt ist.

Die Militär-Regierung Land Lippe beschwert sich am 9.8.1946 beim Landespräsidenten:

> Betr.: Pflege und Wiederunterbringung deutscher Flüchtlinge.
> Es wird im wachsenden Maße augenfällig, daß die Behörden in vielen Bezirken das Flüchtlingsproblem unter gänzlicher Außerachtlassung des menschlichen Gefühls behandeln. Dies ist ein Mangel an Pflichtgefühl gegenüber ihrem eigenen unglücklichen Volk und eine Mißachtung des Gesetzes Nr. 18 der Mil.Regierung.
> Deutsche Flüchtlinge werden in Kuhställen 'untergebracht', in Scheunen und anderen ähnlichen Plätzen, während angemessene Unterbringungsmöglichkeit in den anliegenden Wohnhäusern zur Verfügung steht.
> Fälle von herausfordernder Weigerung, diese unglücklichen Leute zu beherbergen und ihnen beizustehen, ereignen sich vielerorts. Dies steht im Widerspruch zu dem Gesetz Nr. 18 der Mil.Regierung und offenbar werden gewisse Personen bevorzugt. In dieser Zeit können einige wenige nicht bevorzugt werden.

Das Landesflüchtlingsamt Westfalen in Münster schreibt am 8.10.1946 an die Landesregierung Lippe, Flüchtlingsamt:

> Betr.: Unterbringung von Flüchtlingen
> Von verschiedenen Stellen der Brit. Mil.Regierung ist auf die Vorstellungen über eine zu dichte Belegung mit Flüchtlingen wiederholt darauf hingewiesen worden, daß die Belastungen, die sich für die Bevölkerung durch die Aufnahme der großen Zahl von Flüchtlingen ergeben, zwar keineswegs verkannt werden, daß jedoch immer wieder festgestellt werden mußte, daß

> durchaus nicht überall eine gleichmäßige und gerechte Verteilung der Flüchtlinge auf die Bevölkerungsgruppen erfolgt ist. Insbesondere sei festgestellt worden, daß in sehr vielen Fällen die Wohnungen folgender Bevölkerungskreise oft gar nicht oder nur in sehr geringem Umfange mit Flüchtlingen belegt worden sind: Geistliche, Ärzte und Tierärzte, Bürgermeister sowie sonstige Beamte der örtlichen Verwaltung, Fabrikanten und Wirtschaftsleute.
>
> gez. Dr. Kehren
>
> (Alle Schreiben aus: StA DT L 80 Ic Gr. XXXIX Tit. 62, Nr. 6 II und D 100 Dt Nr. 19)

III. Versorgung

Neben der Wohnraumbeschaffung war die Versorgung der Flüchtlinge mit Kleidung, Hausrat jeder Art und Möbeln eine Aufgabe, die kaum zu lösen war. Die Militär-Regierung, die Gemeinden und die caritativen Verbände riefen oft zu Sammlungen auf, bei denen aber meist nicht viel zusammenkam. Es fehlte ja an allem.

Am 30.7.1945 rief Bürgermeister Dr. Moes die Bevölkerung auf, Kleider jeder Art zu spenden; Frist: 2.8.1945. Die Militär-Regierung unterstützte diesen Aufruf.

Am 25.10. ordnete die Militär-Regierung die Ablieferung von Decken, Bettzeug und Kleidung aus jedem ungeschädigten Haushalt zur Verteilung an die Flüchtlinge an. Am 16.11. wird der Aufruf sehr eindringlich wiederholt, da nur wenig abgeliefert worden war. (StA DT D 83 Nr. 443)

Am 9.8.1946 heißt es in einem Schreiben der Militär-Regierung an den Landespräsidenten:

> Eigentlich sollte ich es nicht nötig haben, die Aufmerksamkeit auf den Bekleidungszustand vieler dieser Menschen zu lenken, und es ereignen sich Fälle, wo kein Versuch unternommen wird, sie für eine Rückkehr in zivilisierte Verhältnisse und normale Lebensweise angemessen auszustatten.

Dieser Brief zeigt die Unkenntnis der tatsächlichen Lage, die Gemeinden versuchten schon zu helfen, so gut sie konnten.

Andererseits gab es auch Fälle wie diesen: Die Gemeinde Jerxen-Orbke hatte für die Flüchtlinge eine Menge blaukariertes Bettzeug aus den Kasernen erhalten. Uns Flüchtlingen wurde das erst bekannt, als zahlreiche Einheimische mit daraus gefertigten Dirndlkleidern und Schürzen zu sehen waren. Der Rest wurde dann an die Flüchtlinge verteilt. Meine vierköpfige Familie erhielt zwei Bettbezüge und zwei Kopfkissenbezüge. Trotzdem waren wir glücklich, wenigstens das zu erhalten.

In einem Bericht des Staatlichen Gesundheitsamtes des Kreises Detmold an den Landespräsidenten vom 20.1.1947 heißt es:

> Erhebliche Zunahme der Tuberkulose, mit schweren Formen, Krankheit und Todesfälle etwa doppelt seit 1939, Diphterie desgleichen um das Doppelte gestiegen. Geschlechtskrankheiten Vermehrung um das 15 bis 20fache. Überfüllung der Krankenhäuser trotz Angliederung des Standortlazaretts ans Landeskrankenhaus. Gründe: Größere Anfälligkeit der Bevölkerung, verlängerte Krankheitsdauer wegen Mangel an Nahrung, Kleidung, Wärme und Wohnraum. Bekämpfungsmaßnahmen sehr schwierig, trotzdem ist Lippe von größeren Seuchen verschont geblieben.
> Säuglingssterblichkeit bisher nicht beunruhigend, englische Krankheit hat zugenommen. Untersuchungen der Schulkinder ergeben allgemeine Gewichtsabnahmen, z.T. erhebliche im Sinne einer Unterernährung, Jugendliche schwerer beeinträchtigt, auch Fälle von Hungerödemen sind mehrfach gemeldet worden. Sterblichkeit in höheren Altersklassen erheblich zugenommen.
> (StA DT L 80 I a Gr. II Tit. 4 Nr. 3).

Die Flüchtlinge waren natürlich die Hauptbetroffenen. Auf der Flucht kamen sie mit Polen, russischen Soldaten u.a. in Kontakt, und die Zahl der an Typhus oder Fleckfieber Erkrankten unter diesen Menschen ging in die Tausende.

Im Protokoll einer Sitzung des Landesflüchtlingsausschusses heißt es, daß es leider viele Ärzte gab, die zwar, mit allen Mitteln ausgerüstet, hervorragende Leistungen vollbringen konnten, die aber kein Improvisationstalent besaßen, eine Eigenschaft, die in dieser Zeit bitter nötig war. Dafür gab es auch viele junge Ärzte, die sehr anpassungsfähig waren, aber wegen eben dieser 'Fähigkeit' häufig Posten bei der NSDAP innegehabt hatten. Sie durften nicht beschäftigt werden.

Abschließend noch ein Bericht des Stadtdirektors Dr. Schmidt im Verwaltungsbericht 1947/48:

> Die Arbeit der Wirtschaftsstelle der Stadt erforderte nicht weniger an persönlicher Aufopferung und Hingabe. Die Bedürfnisse der Bevölkerung stiegen wegen des zunehmenden Verbrauchs aller Bekleidungsstücke und hauswirtschaftlichen Gegenstände, während die Zuteilungen dem Vorjahr gegenüber erheblich fielen. Während im Jahre 46/47 noch acht Zuteilungen erfolgten, sank ihre Zahl in 47/48 auf drei Kontingente. Besonders knapp

waren die Zuteilungen an Spinnstoffen aller Art. Vollkommen unzureichend waren sie aber an Herden, Öfen und Ofenrohren. Zur Illustration darf ich einige Zahlen nennen. Es wurden insgesamt an Lederstraßenschuhen für Männer 351 Paar zugeteilt. Das bedeutet, daß sich 26 Männer ein Paar Schuhe teilen müssen. 696 Lederstraßenschuhe für Frauen bedeuten, daß 18 Frauen sich ein Paar Schuhe teilen müssen. 24 Männer zusammen erhielten ein Paar Arbeitsschuhe und 150 Frauen ebenfalls ein Paar Arbeitsschuhe. Ein weiteres Beispiel: Zugeteilt wurden 22 Paar Männerhosen. Das bedeutet, daß auf 416 Mann eine Hose kommt. Die Taschentuchzuteilung erreichte 62 Stück, was nicht mehr und nicht weniger bedeutet, daß sich 500 Personen ein Taschentuch teilen. Ein so dringender Artikel wie Fahrräder wurde mit 10 Stück im ganzen Jahr bedacht. Das sind wahllos herausgegriffen nur einige Zahlen aus den der Stadt zur Verfügung gestellten Kontingenten. Sie zeigen ohne jeden Kommentar schonungslos, in welche Not die Bevölkerung geraten ist und wie wenig von der Stadtverwaltung dagegen getan werden kann.

IV. Eine erste Zusammenfassung

Das waren die Lebensumstände, in die die Flüchtlinge 1945 bis etwa 1950 hineingerieten. Dazu kam die Arbeitslosigkeit. Beim Detmolder Arbeitsamt machten die Flüchtlinge über 30 Prozent der Arbeitslosen aus.

Verbitterung war verständlich. Nur wenigen gelang es, festen Fuß zu fassen. War das hier die neue Heimat oder nur eine Zwischenstation? Dieser Frage mußte sich jeder stellen. Die Hoffnung, in die alte Heimat zurückzukehren, überwog. Daher traten auch nur wenige Flüchtlinge in bestehende oder sich bildende Vereine, wie Sportvereine, Gesangvereine usw. ein. Andererseits strömte man sofort in die Flüchtlingsvereinigungen, als diese endlich erlaubt wurden. Diese Zurückhaltung dem Leben in der neuen Heimat gegenüber beeinträchtigte das Einleben erheblich und war auf die Dauer gesehen nicht gut. Erst die Generation der Kinder war in dieser Hinsicht unbefangener.

Die politische Situation betreffend enthielt der Potsdamer Vertrag die Feststellung, daß die Ostgebiete den Polen zur Verwaltung übergeben seien bis zur Regelung durch einen Friedensvertrag. Auch die Militär-Regierung vertrat diese Ansicht. Das Flüchtlingsgesetz von NRW vom 2.6.1948 formulierte in seiner Präambel den Satz, daß "die Not der Flüchtlinge nur durch Rückkehr in die alte Heimat zu lösen sein wird." Die polnische Regierung protestierte sofort und erhielt die Antwort, daß der Satz auch die

Meinung der Britischen Regierung wiedergeben würde. Die zum Teil hoffnungslose Lage der Flüchtlinge verstärkte diesen Wunsch. Auch die politischen Parteien vertraten damals die Forderung nach Rückgabe der deutschen Ostgebiete. Warum sollten die Flüchtlinge nicht daran glauben? Man kann davon ausgehen, daß die Mehrzahl der Flüchtlinge ihren Aufenthalt hier nur als eine sicher sehr lange Zwischenstation ansahen. Heimatrecht im Osten und Menschenrecht im Westen, war die Forderung.

Auch die einheimische Bevölkerung hoffte auf eine Rückgabe der Ostgebiete, weil die drangvolle Enge im vorhandenen Wohnraum vielen unerträglich war.

Als es der Stadt Detmold – gegen Proteste der Städte Bielefeld und Herford – gelang, Sondermittel für den Wohnungsbau für Flüchtlinge zu erreichen, vertrat die inzwischen gegründete "Lippische Wohnungs- und Siedlungsgenossenschaft" den Standpunkt, daß die Neubauten von Einheimischen bezogen werden sollten, da die Flüchtlinge wohl kaum die Miete (etwa 40,-) aufbringen könnten und ohnehin bald in ihre Heimat zurückkehren würden. In einer sehr harten Auseinandersetzung im Januar 1948 setzte sich die Stadt Detmold durch und die Siedlung Schlesierhöhe konnte für Flüchtlinge gebaut werden. Die Sondermittel hat die Stadt auch deshalb erhalten, weil die Bezirksregierung und die entsprechende Militär-Regierung aus Minden nach Detmold umzog und Sonderwohnungsmittel dafür vorgesehen waren. Wenn nicht auch gleichzeitig etwas gegen die Wohnungsnot bei den Flüchtlingen getan würde, gäbe es Unruhen bei ihnen.

Ein weiteres Beispiel: Ein Fleischermeister aus Ostpreußen wollte der Detmolder Fleischerinnung beitreten. Er hoffte, einmal wieder selbständig zu werden. Die Innung lehnte ihn ab, weil er doch wieder gen Osten ziehen würde. Erst die angerufene Handwerkskammer mußte die Detmolder Innung belehren, daß Flüchtlinge gleichberechtigte Partner seien.

Zum Einleben in der neuen Heimat gehörte auch gegenseitiges Vertrauen und Verständnis. Viele glaubten den Erzählungen der Flüchtlinge nicht. Über die furchtbaren Ereignisse im Osten hatte die Presse während der nationalsozialistischen Zeit nur spärlich berichtet, um die Bevölkerung nicht zu beunruhigen. Und die wenigen Berichte hielten viele für NS-Propaganda. Die Presse nach 1945 brachte wenig zu diesem Thema, um die Militär-Regierung nicht zu verärgern. Den Erzählungen der Flüchtlinge brachte man erst nach längerem Zusammenleben Verständnis entgegen. Man konnte vieles einfach nicht glauben. So ist es dem Bürgermeister in Jerxen-Orbke auch nicht übel zu nehmen, wenn er mich bei meiner Anmeldung mit den Worten begrüßte: "Wenn Ihr dort weggelaufen seid, dann habt Ihr auch etwas ausgefressen. Von mir gibt es keinen 'Zuzug'." Nun, mit Hilfe der Landesregierung, bei der ich mich als Staatsbeamter meldete und dort in eine Bewerberliste eingetragen wurde, erhielt ich nach einigen Tagen dann doch den notwendigen "Zuzug" nach Jerxen-Orbke.

Bezeichnend war auch ein Gespräch, das ich mit einem alten Detmolder Ende des Jahres 1948 hatte. Er sagte mir, daß ich als Flüchtling hier an zweiter Stelle der Verwaltung stände, halte er für gut angesichts der vielen Flüchtlinge in der Stadt. Aber jetzt der Schlesier Dr. Stark als Bürgermeister, das gehe zu weit, zumal der Stadtdirektor Dr. Schmidt ja auch kein richtiger Lipper sei, seine Familie sei doch während des Ersten Weltkrieges nach Detmold gezogen. Auf meinen Hinweis, daß ich für meine Kinder hoffte, daß sie hier Anerkennung finden würden, meinte er, wenn Ihre Kinder groß sind, dann seid Ihr schon lange wieder in eurer Heimat.

V. Flüchtlingsausschüsse

Zusammenschlüse der Flüchtlinge waren grundsätzlich verboten. Am 26.1.1946 hatten die deutschen Ländervertreter bei Stimmenthaltung von Hamburg sogar die Militär-Regierung gebeten, ein solches Verbot zu erlassen. Diese kam dem gerne nach. Erst im Laufe des Jahres 1948 wurde das Verbot stillschweigend aufgehoben.

Das Land NRW begann aber schon früh, mit den Flüchtlingen zusammenzuarbeiten. Es gründete am 25.10.1945 besondere Flüchtlingsausschüsse, zunächst noch ohne Beteiligung der Betroffenen. Das tat auch der Kreis Detmold. Schon bald, im April 1946, zog man Flüchtlingsvertreter hinzu. Diesem Kreisflüchtlingsausschuß gehörten aus dem Raum Detmold August Meissner aus Heidenoldendorf und Fräulein Rohmann aus Detmold an. Am 9.8.1946 wurde in Detmold eine Flüchtlingsversammlung in das "Volkshaus" einberufen. Hier wurden die Vertreter für den städtischen Flüchtlingsausschuß gewählt. Er trat am 27.8.1946 erstmals zusammen; Ratsherr Bock war Vorsitzender, ferner gehörten dem Ausschuß an: die Damen Heep, Krenzien, Strohmenger, Weidlich und die Herren Pastor Rolfing, Ratsherr Ziegenbein, Dr. Burchardt, Dr. Stark und Bahr. Am 29.10. wurde der Ausschuß vergrößert. Erster Vorsitzender war Herr Bahr, seine Vertreter wurden Dr. Burchardt und Dr. Stark. Ferner gehörten dazu von Seiten der Flüchtlinge Frau Rusche und die Herren von

Klitzing, Becker, Kleefeld, Wuttig, von einheimischer Seite Frau von Schilgen, Herr Böke und Herr Zurheide.

In den einzelnen Gemeinden fanden ähnliche Gründungen von Flüchtlingsausschüssen statt. In einigen Gemeinden begnügte man sich mit einem Flüchtlingsvertreter im Gemeindeparlament.

Dem Kreisflüchtlingsausschuß gehörten aus dem Raum Detmold von Seiten der Flüchtlinge an: Dr. Burchardt (Detmold), Ernst Zimmerer (Heidenoldendorf), Gerhard Schmalsch (Hiddesen). 1947 kamen dann noch dazu: Dr. Stark (Detmold) und Lehrer Schwindt (Remmighausen). Den Vorsitz führte Herr Richard Kinat (Horn), der auch 1949 als Abgeordneter des Kreises in den ersten Bundestag einzog.

Dem Rat der Stadt Detmold gehörte ab 1946 über die Liste der CDU Herr Alois Terlecki an.

Ich nenne diese Vertreter bewußt namentlich, weil es in diesen Jahren ganz besonders hoch anzuerkennen war, wenn sich Flüchtlinge, die selbst in bitterer Not lebten, für die Arbeit in der Gemeinschaft zur Verfügung stellten. Sie sollen nicht vergessen sein. Aus den Gemeinden liegen Unterlagen nicht vor. In Remmighausen war der Vertreter Herr Schwindt, in Hiddesen Herr Schmalsch, in Heidenoldendorf waren die Herren Zimmerer und Drews. In Jerxen-Orbke wurde Herr Hans Krüger gewählt, und nach dessen Fortzug war ich dann dort der Vertreter im Gemeinderat, wenn Sozialfragen auf der Tagesordnung standen.

Diese Ausschüsse bzw. Vertreter in den Gemeindeparlamenten haben sehr nützliche Arbeit leisten können. Als sich nach dem Oktober 1948 – also nach der Gemeinderatswahl – besondere Flüchtlingsvertreter erübrigten, weil Flüchtlinge über die Parteien in die Gemeinderäte gekommen waren, gab es nur noch Ausschüsse in den Städten und beim Kreis. Der Kreisausschuß, der jetzt "Kreisvertriebenenbeirat" heißt, berät auch heute noch den Kreis in wichtigen Anliegen der Vertriebenen und wacht über die richtige Verteilung staatlicher und kommunaler Zuschüsse für die Kulturarbeit der einzelnen Vereinigungen. Aussiedlerfragen sind hinzugekommen.

Am 14. 11. 1948 wurde der Flüchtlingsausschuß der Stadt Detmold gewählt. Ihm gehörten an: die Damen Rusche, Strohmenger und von Knüpffer und die Herren Dr. Jäger, Becker, Bahr, Diewock, Wuttig, Mahnke und Kaschny.

VI. Landsmannschaftliche Zusammenschlüsse – "Interessengemeinschaften der Ostvertriebenen"

Schon bald nach ihrer Ankunft in Detmold wünschten sich die Flüchtlinge Zusammenschlüsse möglichst landsmannschaftlicher Art. Man wollte Not und Leiden gemeinsam tragen und sich mit Landsleuten aussprechen. Doch das war aber nun mal verboten. Trotzdem traf man sich in kleineren Gruppen nach Mundpropaganda. So trafen sich die Schlesier seit Oktober 1945 in regelmäßigen Abständen in der Bahnhofsgaststätte, zusammengerufen von Oberstleutnant a.D. Wolf. Es war aber immer nur ein kleiner Kreis, der sich in der kleinen Gaststätte zusammenfand. Nach Herrn Wolf war es der Kaufmann Dosse, der die Schlesier versammelte.

Die Ost- und Westpreußen rief Werner Dumcke zusammen, beginnend im Oktober 1946. Die Pommern wurden von Amtsgerichtsrat a.D. Amelung betreut und die Sudetendeutschen hatten in Professor Diewock einen unermüdlichen Sprecher. Die Baltendeutschen sammelten sich um Alexander Taube, die Danziger um Rechtsanwalt Dr. Monath.

Seit der zweiten Hälfte des Jahres 1947 folgte im ganzen Land, ohne Rücksicht auf Verbote, eine Vereinsgründung nach der anderen. Die Militär-Regierung griff nicht ein, sondern duldete stillschweigend. Auch überörtlich hatte sich in Lippstadt der "Hauptausschuß der Ostvertriebenen" unter dem Geistlichen Rat Goebel gebildet. Die allgemeine Parole war: 'Heimatrecht im Osten und Menschenrecht im Westen'. Von Detmold aus hatte ich mehrere Kontakte geknüpft, sowohl zu dem Hauptausschuß in Lippstadt wie auch zu Vereinigungen im Sauerland. Mustersatzungen wurden ausgetauscht. Im Dezember 1947 wählten mich die Ost- und Westpreußen zu ihrem Sprecher, da Herr Dumcke aus beruflichen Gründen keine Zeit mehr für dieses Amt hatte.

Am 15.1.1948 trat die "Verordnung Nr. 122" der Militär-Regierung in Kraft. Sie erteilte Vereinsfreiheit für die deutsche Bevölkerung. Es konnten also nunmehr "Interessengemeinschaften der Vertriebenen" auf Orts- und Kreisebene mit Erlaubnis der Militär-Regierung gegründet werden. Verboten blieb ein parteipolitischer Zusammenschluß der Flüchtlinge. Noch im Januar suchten der Schlesier Dr. Stark und ich die Detmolder Militär-Regierung auf und beantragten die Genehmigung von Flüchtlingsinteressengemeinschaften in Detmold. In einer langen Aussprache mußten wir Zweck und Ziel erläutern.

Es wurde zur Bedingung gemacht, daß die Interessengemeinschaften überparteilich und überkonfessionell zu sein hatten. Ziele sollten sein: die Erlangung der politischen, wirtschaftlichen, sozialen und kulturellen Gleichberechtigung, die Betreuung der Flüchtlinge und ihre ausreichende, den Verhältnissen der einheimischen Bevölkerung entsprechende Versorgung mit Wohnraum, Gartenland, Bedarfsgütern, Mangelwaren, Arbeitsplätzen und Erwerbsmöglichkeiten, die Besetzung der Flüchtlingsbetreuungsstellen und Ämter mit Flüchtlingen, die Beratung bei Geltendmachung von Ansprüchen verschiedenster Art, die Aufrechterhaltung der ideellen Verbindung mit der alten Heimat durch Pflege heimatlichen Kulturgutes und Sammlung von Material zur Unterstützung der Ansprüche auf die alte Heimat.

Jeder Punkt wurde ausgiebig besprochen. Eine Genehmigung wurde uns in Aussicht gestellt. Als im März noch keine Genehmigung erfolgt war, gingen wir wieder hin. Als man uns erneut vertrösten wollte, erklärten wir, daß eine Radikalisierung der Flüchtlinge dann nicht zu vermeiden sei und zwar in kommunistischer Richtung. Das wirkte. Vor Linksradikalen hatten die Engländer eine Mordsangst. Wir erhielten die mündliche Genehmigung zur Gründung der von uns gewünschten Vereinigungen.

Es gab nun mehrere Möglichkeiten. Einmal einen Zusammenschluß ohne Rücksicht auf landsmannschaftliche Bindung oder Landsmannschaften. Diese erste Möglichkeit hätte eine Aufteilung nach Stadtteilen erfordert. Denn nur eine einzige Organisation innerhalb der Stadt war aus Raumgründen einfach nicht praktikabel. Es stand nur der Saal im Falkenkrug zur Verfügung, der aber mit 300 Personen ausgelastet war. Überörtliche landsmannschaftliche Verbände, wie wir sie heute kennen, gab es damals noch nicht. So entschieden wir uns, die bisher lose gewachsenen Zusammenschlüsse zur Grundlage zu nehmen. Das waren einmal die Schlesier mit Herrn Dosse als Vorsitzendem, dann sollten die Ost-Westpreußen eine Nordostdeutsche Landsmannschaft gründen, die den anderen Gruppen offenstand. Das zu organisieren sollte meine Aufgabe sein. Die Sudetendeutschen blieben für sich mit Prof. Diewock. Ab Herbst 1948 waren die beiden Gruppen als "Interessengemeinschaften" gegründet; dieser Name war von den Engländern vorgeschrieben. In jede der Versammlungen entsandten sie einen Zuhörer. Beide große Gruppen trafen sich von nun an monatlich im Falkenkrug, der immer voll besetzt war.

In den Dorfgemeinden war es natürlich leichter. Hier waren die als Flüchtlingsvertreter gewählten Personen fast überall die geborenen Vorsitzenden eines Ortsverbandes. So gründete Dr. Pockrandt schon im April eine Vertriebenengruppe in Hiddesen. Im Mai/Juni waren es dann schon über 20 Ortsvereinigungen, darunter Jerxen-Orbke und Berlebeck. Es folgten bald Heidenoldendorf, Pivitsheide V.H. und V.L. Genauere Unterlagen über das Gebiet der heutigen Stadt Detmold habe ich nicht finden können. Man kann aber davon ausgehen, daß spätestens im September 1948 in jeder Gemeinde ein entsprechender Ortsverband bestand.

Die Gründung der Gruppen außerhalb der Stadt Detmold zwang zu der Überlegung, nun einen Kreisverband zu gründen, um die Ortsverbände mit Rat und Tat zu unterstützen. Am 9. Mai 1948 fand im Rathaus in Detmold in meinem Amtszimmer (ich war inzwischen 1. Beigeordneter der Stadt geworden) eine Besprechung statt, an der noch teilnahmen Dr. Pockrandt (Hiddesen), Dr. Jäger (Detmold), Herr Amelung (Detmold), Herr Dosse (Detmold) und Herr Funk (Detmold). Wir wählten einen provisorischen Vorstand mit Dr. Pockrandt an der Spitze. Diese Sitzung war die eigentliche Geburtsstunde des späteren Kreisverbandes. Eine Bleibe erhielten wir bald beim Mieterschutzverein im Gasthaus "Zum grünen Jäger". Geschäftsführer wurde zunächst ehrenamtlich und ab 1.8.1948 dann hauptamtlich Ernst Funk. Beim Amtsgericht reichten wir einen Antrag auf Genehmigung ein, wohl wissend, daß es nicht so einfach gehen würde. So war es auch: Das Amtsgericht gab den Antrag zurück mit dem Auftrag, zunächst eine Versammlung der Vorsitzenden der Ortsverbände einzuberufen, eine Satzung zu beschließen und einen vorläufigen Vorstand zu wählen. Das wußten wir bereits vorher, aber wir konnten nun sagen, daß wir uns im Gründungszustand befänden und so schon eine, wenn auch kleine, Legitimation nach außen hin besäßen. Wir taten einfach so, als ob wir schon genehmigt seien.

Am Abend des 9. Mai 1948 fand im Volkshaus eine vom Vorsitzenden des Flüchtlingsausschusses der Stadt, Herrn Dr. Stark, einberufene Versammlung mit über 500 Teilnehmern statt.

Mit der Organisation, einschließlich der Formulierung einer Satzung, konnten wir uns jetzt Zeit lassen.

Zunächst brachten wir ein Mitteilungsblatt für den Bereich des Kreises Detmold heraus (Schriftleiter: Helmut Schering). Es erschien mit vier, sechs oder acht Seiten Umfang je nach Bedarf, aber zweimal monatlich. Den Regierungspräsidenten Drake baten wir um ein Geleitwort, das er uns auch gerne gab.

Zum Geleit

Der Bitte, ein paar Worte des Geleits zur Herausgabe dieses Mitteilungsblatts für die Ostvertriebenen zu schreiben, komme ich gerne nach. Denn ich verstehe ihre Nöte und Sorgen und kann mir auf das Lebhafteste vorstellen, was es bedeutet, nicht nur Hab und Gut verloren zu haben, sondern wohl gar liebe Angehörige und die Heimat dazu. In gar vielen Fällen sind die Familien auseinandergerissen und sie harren des Tages, da ihnen ein gütiges Geschick den Vater, die Mutter, die Brüder und Schwestern wieder zuführt.
Nur wer selber seiner Heimat aufs innigste verbunden ist, weiß dies alles im Grunde und Herzen mitzuempfinden.

Die Aufgaben, die hier gelöst werden müssen, sind klar zu erkennen:

Allen Ostvertriebenen muß die Heimat wieder werden, – daran müssen wir arbeiten und dürfen nicht verzweifeln, so gering in der Gegenwart auch die Aussichten scheinen mögen.

Inzwischen muß allen Vertriebenen ihr Recht werden, bei uns gleichberechtigte Aufnahme zu finden. Wie das im einzelnen durchzuführen sei, ist wohl schwierig zu lösen und zu finden, aber da leitend nur der Gesichtspunkt des Wohls der Gesamtheit sein kann, wird man sich in einem ehrlichen Streben über die Wege zu einigen haben.

Und die Aufgabe ist eine gesamtdeutsche, nicht eine Aufgabe der einzelnen Länder.

Das unantastbare Rechtsgefühl aller Ostvertriebenen und Flüchtlinge und ihr fester Wille, im deutschen Volke ihre Lebensaufgabe gewissenhaft zu erfüllen, müssen mit dem beharrlichen Streben beantwortet werden, sie nicht zu enttäuschen.

Die berechtigte Enttäuschung dieser unserer gutwilligen Brüder und Schwestern wäre weiter nichts als Verrat an unserem gemeinsamen Vaterlande.

Dabei gebe ich in dieser so ernsten und von Gefahren umwitterten Stunde meiner Überzeugung Ausdruck, daß es auf allen Seiten beherzte Männer und Frauen geben werde, die Rechts- und Gerechtigkeitsgefühl in gesunder Überlegung mit dem Sinn für das Gemeinwohl verbinden.

Ich wünsche dem Mitteilungsblatt einen guten Weg! Allen Ostvertriebenen und Flüchtlingen gilt mein Gruß!

Detmold, den 20. Juli 1948.
Heinrich Drake
Regierungspräsident

Dieses Blatt wurde im April 1949 von der Militär-Regierung ohne Begründung verboten. Rundbriefe und Flugblätter mußten aushelfen, aber im Jahre 1950 war das Blatt wieder da. Es war nötig zur Betreuung der einzelnen Ortsverbände, da die sogenannte große Presse sich uns verschloß, angeblich aus Platzmangel.

Am 8.8.1948 hatten wir für eine Großveranstaltung den Geistlichen Rat Goebel aus Lippstadt, den "Trommler der Ostdeutschen", eingeladen. Über 4.000 Flüchtlinge trafen sich auf dem Platz vor dem "Krummen Haus". "Für Heimat und Recht" war die Parole der Kundgebung. Mit eindringlichen Worten forderte der Redner die Anwesenden auf, nicht zu verzagen und die Hände nicht in den Schoß zu legen, sondern mit anzupacken, um die Gleichberechtigung auch durch eigene Arbeit zu erreichen und die Einheimischen mitzureißen in den Kampf um die ostdeutsche Heimat. Am Tage darauf trafen sich Vertreter der Kreisverbände des Regierungsbezirks im Rathaus und gründeten die erste Bezirksarbeitsgemeinschaft in NRW.

Im Oktober 1948 waren in sämtlichen Gemeinden des Kreises Detmold "Interessengemeinschaften der Ostvertriebenen" gegründet. Nun konnte auch der Kreisverband ordnungsgemäß gegründet werden. Zum 5.12.1948 wurden die Vertreter aller Ortsvereine zusammengerufen. Ein Satzungsentwurf wurde vorgelegt und angenommen. Das Gründungsprotokoll unterschrieben die Landsleute Dr. Pockrandt, Kutschkow, Benkmann, Schwindt, Schastok, Dr. Jäger, Arendt, Kaschny, Dr. Görner und Schering. Bis auf Herrn Arendt aus Horn waren alle aus dem Raum Detmold. Ein geschäftsführender Vorstand wurde einstimmig gewählt:
1. Vorsitzender Dr. Pockrandt (Hiddesen), 2. Vorsitzender Rechtsanwalt Kaschny (Detmold), Schriftführer Lehrer Schwindt (Remmighausen) und Fleischermeister Arendt (Horn). Kassenwart Regierungsoberinspektor Kutschkow (Berlebeck) und Angesteller Schastok (Pivitsheide).

Gründungsprotokoll und Satzung wurden nunmehr dem Regierungspräsidenten zur Genehmigung vorgelegt. Das Verfahren zog sich fast endlos hin. Erst am 13.10.1949 kam die Genehmigung. Der Text ist von historischer Bedeutung:

> Nach Prüfung der mir eingereichten Satzung und Unterlagen erteile ich hiermit die vorläufige Zulassung für die "Kreisvereinigung der Interessengemeinschaften der Ostvertriebenen des Kreises Detmold", gegründet am 5. 12. 1948, Sitz Detmold, Vorsitzender Dr. Paul Pockrandt, Regierungsveterinärrat z.D., Hiddesen, Hermannstr. 352. Auf die Einhaltung der Anordnung der Militärregierung (Regional Commissioner's Office HQ Land Nordrhein-Westfalen, Düsseldorf 714 HQ CCG (BE) BAOR - NRW/ RGO/2563/103) vom 24. Juni 1948 sowie des Runderlasses des Sozialmi-

nisters – Abt. IC – 6002 a – Ih – und des Innenministers Abt. I – 111 – vom 15. 7. 1949 weise ich hin.

Ich mache besonders darauf aufmerksam, daß jede Satzungsänderung zur Genehmigung vorzulegen und jeder Wechsel im Vorstand usw. unverzüglich anzuzeigen ist.

Mit dieser Zulassung ist keine Lizenz zum Druck von Mitteilungsblättern usw. verbunden.

Eintragung in das Vereinigungs-Verzeichnis gemäß Ziffer 4 Abs. 1 der Richtlinien über Zulassung von Vertriebenen-Vereinigungen vom 15. Juli 1949 erfolgte unter Detmold Nr. 1. Verwaltungsgebühr entfällt.

In Vertretung gez. Schöne

Bevor ich über die eigentliche Arbeit der Vereinigungen berichte, zunächst noch ein Exkurs in die Politik. Die Kommunalwahl vom 17.10.1948 zwang auch die Flüchtlinge, sich zu entscheiden, was sie nun tun sollten.

Vertrauen zu den vorhandenen Parteien gab es überwiegend nicht. Eine eigene Flüchtlingspartei zu gründen, war noch verboten. Die Debatten in den Vorständen und auf den Versammlungen waren erregt und leidenschaftlich. Es gab Anträge, die Wahl grundsätzlich abzulehnen und zu Hause zu bleiben. Die Mehrzahl aber war für den Versuch, mitzumachen. Die Parteien warben sehr in unseren Reihen, stellten die Flüchtlinge doch ein erhebliches Wählerpotential dar. Durch geschickte Verhandlungen gelang es, bei allen drei Parteien Kandidaten unterzubringen, meist sogar verbunden mit einer Befreiung von der Fraktionsmeinung.

Das Ergebnis war, daß im Kreisgebiet mehr als 50 Flüchtlinge im Kreistag und in Gemeindeparlamenten vertreten waren. Das war schon ein großer Erfolg, obwohl ihr Bevölkerungsanteil natürlich größer war.

In den Kreistag wurden gewählt für die CDU der Schlesier Dr. Stark aus Detmold, der Ostpreuße Richard Kinat aus Horn für die SPD und für die Westpreußen Dr. Pockrandt aus Hiddesen und Arendt aus Horn für die FDP. Im Stadtparlament Detmold fanden sich die Schlesier Dr. Stark und Kaschny bei der CDU, der Schlesier Hagendorf bei der SPD und der Ostpreuße Dumcke bei der FDP. Aus den Gemeindeparlamenten liegen mir Angaben nicht vor. Die Gewählten haben mit Ernst und Eifer die Interessen ihrer Landsleute vertreten. Dr. Stark wurde sogar zum Bürgermeister gewählt, mußte aber dieses Amt nach sechs Monaten wieder abgeben, weil es Probleme mit seiner Entnazifizierung gab. Ein längeres Verfahren war mit dem Amt des Bürgermeisters nicht zu vereinbaren.

Doch nun nahte die erste Bundestagswahl. Flüchtlingsparteien wurden zwar im lezten Augenblick erlaubt, aber in Nordrhein-Westfalen waren die Flüchtlinge noch nicht so weit, dies umzusetzen. Der BHE (Block der

Heimatvertriebenen und Entrechteten) wurde in Detmold erst im August 1950 gegründet. Erlaubt waren aber sogenannte "unabhängige Kandidaten".

Wieder bestand die Abneigung, die großen Parteien zu wählen. Ihre Aussagen zu den ostdeutschen Gebieten waren allesamt gleich. Sie forderten ihre Rückgabe und die Rücksiedlung der Vertriebenen. Aber innenpolitisch war ein Eingehen auf die Sorgen der Flüchtlinge nur auf örtlicher Ebene festzustellen. Auf Landes- und dann Bundesebene galt wohl der Grundsatz, den Einfluß der Flüchtlinge nicht zu stark werden zu lassen. In den eigenen Reihen wollte man nur "ganz sichere Kandidaten" sehen.

Daher entschied sich der Vorstand der Interessengemeinschaften in Detmold, einen unabhängigen Kandidaten aufzustellen, mehr aus Protest, als in der Hoffnung, er könnte direkt gewählt werden. Eine Reserveliste für unabhängige Kandidaten gab es natürlich nicht. Man entschied sich für den Baltendeutschen Dr. Rudolf von Knüpffer, der auch schon auf Landesverbandsebene für die Vertriebenen tätig war.

Der Wahltag wurde von den Flüchtlingen mit einer Kundgebung am Hermannsdenkmal eingeleitet. Auf diese Weise wollte man Flüchtlinge aus Nachbarkreisen anlocken, die dann mit Wahlschein hier den unabhängigen Kandidaten wählen sollten, sofern sie keinen eigenen hatten. Die Kundgebung war zwar recht gut besucht, aber allzuviele Wähler waren wohl nicht darunter. Insgesamt sollen es etwa zehn Busse gewesen sein, deren Insassen dann in Detmold ihre Stimme abgaben. Ein Gedränge entstand im Wahllokal im Palais, als drei Busse gleichzeitig vorfuhren. Zu Zwischenfällen kam es nirgends. Das Ergebnis war recht interessant:

Kreis Detmold:	SPD	23.945
	CDU	22.229
	FDP	7.139
	KPD	3.502
	Zentrum	1.250
	Unabhängige	7.060
	Sonstige	5.517

Die Wahlbeteiligung lag bei 77,4 Prozent; direkt gewählt wurde Mellies (SPD). Der Stimmenanteil des unabhängigen Kandidaten war verhältnismäßig hoch. Unter den "Sonstigen" dominierte die "Deutsche Reichspartei", die auch überwiegend von Flüchtlingen gewählt worden war. – Auf der Reserveliste der SPD war Richard Kinat, der Ostpreuße aus Horn, gewählt worden.

Doch nun zurück zu den Zusammenschlüssen der Flüchtlinge. Sie sollten ja nicht Selbstzweck sein, sondern den Mitgliedern helfen und die Behörden beraten und unterstützen. Der Kreisverband hatte bald 68 Ortsverbände im Kreis Detmold. Vor allem die Landsleute auf den Dörfern hatten es bitter nötig, Nachrichten und Berichte über ihre Möglichkeiten zu erhalten. Daher war die schon erwähnte Gründung des "Mitteilungsblattes der Interessengemeinschaften" ein erstes Erfordernis. Der Kreisverband hat alles nur Mögliche versucht, um seinen Mitgliedern zu helfen, ihren Zusammenhalt zu stärken und die Zusammenarbeit mit den Behörden zu pflegen. Aber auch bei den Behörden waren es immer einzelne, die in ihrer hilfsbereiten Art diese Zusammenarbeit ermöglichten. Wenn ich das hier dankend erwähne, möchte ich auch Namen nennen. Bei der Bezirksregierung war es der Oberregierungsrat Heine, der stets ein warmes, mitfühlendes Herz für uns hatte. Bei der Kreisverwaltung Detmold war es der damalige Leiter des Sozialamtes Karl Schauf, dem die Flüchtlinge sehr viel zu verdanken haben, vor allem, wenn es galt, Kreditmittel vom Land hereinzuholen. Daneben soll nicht vergessen werden, daß bei der Kreisverwaltung Detmold bis 1948 bereits 64 Flüchtlinge eingestellt waren. Die Verhältnisse bei der Stadt waren ähnlich. Hier war es der unermüdliche Reinhold Konopek, selbst Schlesier, der seit 1945 als Leiter des städtischen Flüchtlingsamtes wirkte und allgemein als "Vater der Flüchtlinge" in Detmold galt. Auch als Rentner stand er bis zu seinem Tode weiter der Gruppe der Schlesier vor. Ehre seinem Andenken.

Als das Lastenausgleichsgesetz eine Flut von Behördenarbeit mit sich brachte, stellte sich der Kreisverband sofort mit zahlreichen ehrenamtlichen Helfern zur Verfügung. Daneben führte er von Anfang an Beratungen durch für Landwirte (Dr. Kuhlmann), für Angehörige des öffentlichen Dienstes (Siemann), in Rechtsfragen (mehrere Rechtsanwälte), Mietangelegenheiten (zusammen mit dem Mieterschutzbund), in Handwerks- und Wirtschaftsfragen.

Aber auch eine "Kulturveranstaltung" sei erwähnt, die im "Palais" am 10.3.1949 stattfand. Sie wurde organisiert vom Kreisflüchtlingsausschuß zusammen mit dem Kreisverband. Je 150 Flüchtlinge und einheimische Personen wurden geladen. Es gab musikalische Darbietungen, verbunden mit Rezitationen über den deutschen Osten. Anschließend gab es ein gemütliches Beisammensein, das sogar durch einen Zuschuß von der Bezirksregierung gefördert wurde. Die Veranstaltung hatte ein recht hohes Niveau und wurde in Detmold allgemein anerkannt.

Schon um die Jahreswende 1946/47 erschien in den Kreisaltersheimen Frau Dora von Knüpffer aus Detmold, die kostenlos in Notlagen und seelischen Konflikten vielen alten Leuten in ihrer Einsamkeit und Hilflosigkeit mit Rat und Tat half. Den Behörden gegenüber setzte sie sich intensiv für ihre Schützlinge ein und erreichte oft sehr viel. Seit Juni 1947 hatte sie im Sozialamt des Kreises ein Zimmer zur Verfügung und hielt wöchentlich eine Beratungsstunde ab.

Bald stellte ihr auch das Sozialamt der Stadt Detmold einen Raum; ein Zeichen, wie sehr man ihre Arbeit schätzte. Die Detmolder Interessengemeinschaften baten in ihrem Sammelantrag vom 28.10.1948 mit sozialen Forderungen auch, Frau von Knüpffer eine Vergütung von 75,- DM zu zahlen und den Kreis zu bitten, das gleiche zu tun. Die Stadt stellte ihr einen Telefonanschluß zur Verfügung. Frau von Knüpffer war sonst mittellos, eine Fürsorgeunterstützung lehnten ihr Mann und sie ab.

Die Beratungen beim Kreis hörten Ende 1949 auf, bei der Stadt wurden sie weitergeführt, bis ein Umzug nach Düsseldorf auch das beendete.

Wer war nun diese Frau und was tat sie? Am besten gibt darauf ein Interview mit der 'Freien Presse' von Anfang 1949 Antwort, aus dem ich in Auszügen zitiere:

> Überschrift: Neuer Lebensmut – kostenlos. Erste Beratungsstelle für seelische Konflikte in Deutschland.
> Frau Dora von Knüpffer, die in den Höllennächten von Berlin Hab und Gut verlor, die beim Tode ihrer beiden Kinder alle Schmerzen einer Mutter durchlitt, die nach einem neuen Lebensinhalt suchte und vor zwei Jahren die Detmolder Behörden bestimmte, ihr für die Betreuung seelisch kranker Menschen einen amtlichen Raum zur Verfügung zu stellen, geht bereitwillig auf meine Bitte ein, etwas von ihrer Arbeit zu erzählen. "Vier Fünftel meiner Patienten sind Flüchtlinge", erzählt sie, "die Einheimischen haben noch Hemmungen; und fast die Hälfte aller Ratsuchenden – das werden Sie kaum glauben – sind Männer, alte und junge Männer, rührend hilflos die einen, trotzig aufbegehrend, mit mit dem Schicksal hadernd die anderen." "Diese Menschen scheuen die Behörden. Ich helfe ihnen, die falsche Scham zu überwinden." "Das sind Konflikte, die aus der wirtschaftlichen Not erwachsen. Sie machen etwa zwei Fünftel aller Ratsuchenden aus. Schwieriger sind die Fälle rein seelischer Not. Sehr häufig kommen 'ältere Mädchen' von dreißig Jahren und darüber. Bis jetzt hatten sie gehofft. Dann kam die Erkenntnis, daß sie zum Alleinbleiben verurteilt sind. Sie sehen kein vernünftiges Lebensziel mehr und sprechen von Selbstmord. Es kommen ganz junge Mädchen, die ein Kind erwarten. Von einem Ausländer. Von ihren Bekannten werden sie gemieden. Sie fragen mich verzweifelt: Bin ich schlecht? Dann kommen Frauen von Heimkehrern oder die Heimkehrer selbst. Sie finden sich in ihrer Ehe nicht mehr zurecht. Ich rate zur Geduld, zum Verzeihen, ich spreche mich mit jedem Partner allein

und dann mit beiden zusammen aus. Ich rate nach bestem Gewissen – wenn es sein muß, auch zum Schlußmachen. Ehekonflikte führen etwa ein Drittel aller Ratsuchenden zu mir. Häufig rufen mich auch Ärzte an, damit ich Menschen, die ihr Leben wegwerfen wollten, die einen Selbstmordversuch unternahmen oder die sonstwie seelisch entgleist sind, neuen Lebensmut zuspreche."
"Sie sind keine Ärztin, wie lassen sich Ihre erstaunlichen Erfolge bei der Behandlung seelisch kranker Menschen erklären?" Frau von Knüpffer lächelt. "Vielleicht habe ich so etwas wie den sechsten Sinn. Es strengt mich immer sehr an, aber es gelingt mir, mich ganz in die Menschen, die Hilfe heischen, hineinzudenken und hineinzufühlen. So finde ich meistens schnell ihr Vertrauen. Dann erzählen sie. Die meisten sprechen sich gerne aus, sobald das Eis gebrochen ist. Sie wissen auch, von dem, was hier gesprochen wird, dringt kein Sterbenswörtchen nach draußen. Grundsätzlich mache ich mir während der Beratung keine Notizen. Von vornherein sage ich den Ratsuchenden: Sie brauchen mir keinen Namen zu nennen. Von manchen Leuten, die wiederholt zu mir kamen, weiß ich bis heute noch nicht Name noch Stand. In meiner Kartei stehen sie mit einem Kennwort verzeichnet, meistens kommt aber doch eines Tages die Stunde, in der sie freiwillig ihr Inkognito lüften. Ich habe mich oft selbst gefragt, wie es kommt, daß ich vielen Menschen ihr seelisches Gleichgewicht wiedergeben kann. Ich glaube, es liegt daran, daß ich niemals jemanden verdamme."

Frau von Knüpffer wurde von vielen Landsleuten, denen sie geholfen hat, geradezu verehrt. An dieser Stelle soll dieser so aktiven Frau dankend gedacht werden.

Dem Wohnungsproblem wollten die Flüchtlinge mit eigenen Mitteln beikommen. Man wollte eine Wohnungs- und Siedlungsgenossenschaft gründen. Interessenten waren genügend vorhanden, aber es fehlte natürlich an Eigenkapital. Das sollten öffentliche Mittel sein. Aber diese waren – wenn überhaupt – kaum zu erwarten. Inzwischen war nämlich vom Kreis Detmold und den meisten Gemeinden die "Lippische Wohnungs- und Siedlungsgenossenschaft" gegründet worden. Das nötige Kapital kam vom Kreis und den Gemeinden, die kein Interesse hatten, noch eine Konkurrenz zu finanzieren. Zu dieser Genossenschaft flossen auch die staatlichen Zuschüsse und Kredite. In Detmold wurde dann von dieser Genossenschaft die Siedlung "Schlesierhöhe" mit 82 Wohnungen gebaut, die zwischen Ende 1950 und April 1951 bezogen werden konnten. Der Anfangsmietpreis betrug damals etwa 40,- DM. Die Auswahl der Mieter war für das Wohnungsamt eine schöne, aber auch recht schwierige Aufgabe, kamen doch etwa 400 ernsthafte Bewerber in Frage. Auch in einigen Gemeinden, wie zum Beispiel Heidenoldendorf, entstanden erste Wohnungen. Die gut gemeinten Planungen der Flüchtlinge zur Selbsthilfe mußten so leider scheitern.

Doch eine andere Eigenhilfe wurde ein großer Erfolg. Nach vielen Vorbesprechungen wurde am 25.10.1948 eine Verbrauchergenossenschaft mit der Firmenbezeichnung "Ostvertriebenen-Sozialwerke GmbH" gegründet. In der Generalversammlung wurde sogleich der Aufsichtsrat gewählt. Alles mußte entsprechend den gesetzlichen Bestimmungen für Warengenossenschaften geschehen. Der Aufsichtsrat bestand aus folgenden Personen: Stadtrat Benkmann (Detmold), Professor Diewock (Detmold), Kaufmann Dosse (Detmold), Zimmermann Engeleit (Öttern), Gärtnereibesitzer Falkenhein (Fromhausen), Handelsvertreter Glauer (Detmold), Angestellter Dr. Görner (Detmold), Angestellter Dr. Jäger (Detmold), Handelsvertreter Kreisel (Holzhausen), Frau Rusche (Detmold), Lehrer Schwind (Remmighausen), Glasermeister Werner (Hiddesen). Der Aufsichtsrat wählte Benkmann zum Vorsitzenden, Kaufmann Buchanenko (Detmold) und Dr. Pockrandt (Hiddesen) zu Vorstandsmitgliedern. Die Mitgliedschaft stand nur Mitgliedern der Interessengemeinschaften der Flüchtlinge offen. Eintrittsgeld: DM 1,-, Geschäftsanteil: DM 10,-, er konnte in zwei Raten gezahlt werden. Haftsumme DM 20,-. Gegenstand des Unternehmens war der "Gemeinschaftliche Einkauf von Lebens- und Wirtschaftsbedürfnissen im großen und Ablaß im kleinen." Es sollte also eine billige Einkaufsstätte werden.

Am 21. Februar 1949 fand die Eröffnung der Verkaufsstelle statt. Im Hause Sachsenstraße 11 war Raum gefunden worden. Die Presse berichtete:

> Nach einer kurzen Würdigung der geleisteten Vorarbeit durch den Vorsitzenden des Aufsichtsrates gab dann Kaufmann Buchanenko, der den weitaus größten Anteil an dieser Aufbauarbeit geleistet hat und dem sehr wesentlich das Zustandekommen mit zu verdanken ist, das Geschäftslokal, vor dem schon eine Schlange von Käufern stand, frei. Insbesondere kamen Wollmützen zum Verkauf, deren Wolle geeignet ist zur Verarbeitung zu Strümpfen, Strickjacken und Handschuhen. Muster von preiswerten Schuhen und Textilien (punktfrei!), die in einigen Tagen erwartet werden, sowie Gebrauchsgegenstände aus der Produktion von Flüchtlingsbetrieben (Bürsten, Spiegel, Bilder) wurden lebhaft begrüßt, zumal der Genossenschaftsanteil allein beim Einkauf von einem Paar Schuhe schon wieder eingespart ist.

In kurzer Zeit entwickelte sich das Unternehmen aus kleinsten Anfängen heraus zu einem gutgehenden Geschäft. In ihm war das Ehepaar Grüning tätig, das für nur geringen Lohn seine Arbeitskraft einsetzte.

In Nordrhein-Westfalen gründeten sich insgesamt 18 solcher Flüchtlingsverbrauchergenossenschaften. Das erregte die Aufmerksamkeit der Konkurrenz. Die Eintragung einer Genossenschaft beim Genossenschaftsregister des zuständigen Amtsgerichts war nur möglich, wenn der Genossenschaftsverband zustimmte. Der Genossenschaftsverband bestand in der Hauptsache aus ehemaligen Konsumgenossenschaften. Wegen "sicher zu geringen Umsatzes" und aus anderen kleinlichen Gründen wurde in NRW in allen Fällen die Zustimmung verweigert. Nur eine bereits sehr große Genossenschaft in Gelsenkirchen setzte sich im Prozeßweg durch. Das Amtsgericht Detmold mußte uns die Eintragung verweigern und die Auflösung verlangen. Da der zuständige Richter aber ein Landsmann (Schlesier) war, zögerte er die Auflösung mit immer neuen "Wiedervorlagevermerken" hinaus, bis es wirklich nicht mehr ging.

Am 20.9.1952 mußte die Genossenschaft ihre Auflösung beschließen. Das Vermögen wurde an den bisherigen Angestellten Sigismund Grüning verkauft, er zahlte die Anteilshaber aus. Das Geschäft blieb erhalten, bis auch hier die Konkurrenz der Großmärkte dem kleinen Einzelhandel ein Ende bereitete.

Eine weitere Hilfe gerade für die älteren Flüchtlinge war der Abschluß eines Gruppensterbeversicherungsvertrages zwischen dem Kreisverband und einem großen Versicherungsunternehmen. Es lief so, daß die Interessengemeinschaften eine errechnete Pauschale an die Versicherung überwiesen. Der Verband mußte das Inkasso und die Auszahlung bei Sterbefällen übernehmen. Die Höhe der einzelnen Beiträge mußte der Kreisverband festsetzen, je nach Eintrittsalter des Versicherungsnehmers. Die Pauschale mit einem kleinen Zuschlag für den Kreisverband mußte aber erreicht werden. Das Inkasso selbst war eine Erschwerung für die Ortsverbände, deren Kassierer nun doppelt kassieren mußten. Der geringe Beitrag fiel dennoch so manchem Landsmann schwer, und wir erreichten beim Kreissozialamt, daß die Beiträge der jeweiligen Fürsorgeunterstützung zugezählt werden konnten. Das ging bis in die 80er Jahre recht gut.

Ein weiterer Beweis des Selbsterhaltungswillens der Flüchtlinge war die erste Leistungsschau am 5.12.1948. Sie war ein großer Erfolg. Die Aussteller konnten mit neuen Rohmaterial- und Halbfabrikatherstellern Kontakt herstellen, so daß mancher Engpass dank dieser Ausstellung überwunden werden konnte. Das Gesamtergebnis dieser Leistungsschau ermutigte den Kreisverband, für das nächste Frühjahr, in Verbindung mit einer Leistungsschau, eine Verkaufsausstellung in wesentlich größerem Rahmen zu planen. Es wurde daran gedacht, diese Ausstellung dann auf die Flüchtlingsunternehmen des Regierungsbezirks Detmold auszudehnen.

Die Besucherzahl am 5. Dezember wurde von den Ausstellern auf etwa 4.000 Personen geschätzt. Bürgermeister Dr. Stark gab bei der Eröffnung seiner Freude darüber Ausdruck, daß diese Leistungsschau ein deutliches Zeichen dafür sei, daß die Ostdeutschen nicht in Lethargie verfallen, sondern einen Auftrieb bekommen haben, in den ehrlichen Konkurrenzkampf einzutreten und durch ihre Leistungen zu beweisen, daß sie ein beachtlicher Faktor in allen Gebieten sein und werden können. Zweifellos könnten wir für das kommende Jahr mit freudigen Überraschungen in dieser Hinsicht rechnen. Der Landrat, der Kreiskommandant und andere Spitzen der Behörden zeigten lebhaftes Interesse für diese erste Ausstellung.

Aber auch für die kulturelle Betreuung setzten sich die Interessengemeinschaften ein. So erreichte man bei Vorlage des Mitgliedsausweises bei der Volkshochschule in Detmold eine Ermäßigung von 20 Prozent.

Mit dem Landestheater wurde ein Pauschalvertrag abgeschlossen. Der Kreisverband bezahlte eine ganze Vorstellung und verkaufte die Karten nach eigenem Ermessen an seine Mitglieder. Der Preis war erheblich niedriger als beim Einzeleintritt. Bis in die 70er Jahre erhielt sich diese Regelung zugunsten der Flüchtlinge.

Eine besondere Verantwortung in der Betreuung ihrer Mitglieder lag bei den örtlichen Vereinigungen. In Detmold gab es drei Gruppen: die Landsmannschaft der Schlesier, die Nordostdeutsche Landsmannschaft und die Gruppe der Sudetendeutschen. Diese Gruppen mußten nicht nur die Mitglieder in sozialer Hinsicht unterrichten und ihnen Ratschläge erteilten, sondern es galt auch, den Mitgliedern kulturelle Darbietungen u.a.m. anzubieten, um sie ihre Tagessorgen einmal vergessen zu lassen.

Die sozialen Sorgen und Nöte gibt am besten der Antrag der Detmolder Interessengemeinschaften vom 28.10.1948 an den Rat der Stadt wieder. Der Rat nahm den Antrag zur Kenntnis, überwies ihn an die Ausschüsse, wo noch manches erläutert und dann beschlossen wurde. Ich gebe den Antrag wörtlich wieder:

1. Flüchtlingsgesetz.
   Das Flüchtlingsgesetz vom 2.6.48 ist endlich am 25.9.48 in Kraft getreten. Seine Durchführung ist durch das Fehlen der angekündigten Durchführungsverordnung infragegestellt. Seit dem 2.6.48 ist reichlich

Zeit gewesen, diese Verordnung vorzubereiten. Die Ratsversammlung wird gebeten, die Forderung der Ostvertriebenen auf die Durchführungsverordnung zum Flüchtlingsgesetz durch eine entsprechende Entschließung zu unterstützen.

2. Geldliche Soforthilfe.
Die Beschaffung der Wintervorräte ist den Flüchtlingen in diesem Jahr besonders schwer, da Rücklagen jeder Art verlorengegangen sind. Die Ratsversammlung wird gebeten, eine Sonderbeihilfe zu bewilligen.

3. Die Richtsätze der Fürsorgeunterstützung sind an sich schon sehr gering. Sie stellen das Existenzminimum schon lange nicht mehr dar. Völlig unsozial erscheint es aber in heutiger Zeit, diese Richtsätze noch durch die Auffanggrenzen zu beschneiden, die in früheren Jahren vielleicht ihre Berechtigung gehabt haben. Es wird gebeten, an den Bezirksfürsorgeverband heranzutreten um Erhöhung oder besser völlige Streichung der Auffanggrenzen, zumindest aber für kinderreiche Familien, die davon besonders hart betroffen werden.

4. Wohnungs- und Siedlungsbau.
In der Erkenntnis, daß das bestehende Wohnungselend – das größte Flüchtlingsproblem überhaupt – nur durch weitgehende Selbsthilfe der Ostvertriebenen wesentlich gelindert werden kann, hat die Interessengemeinschaft bereits entsprechende Vorarbeiten geleistet. Die Gründung einer gemeinnützigen Wohnungsbau- und Siedlungsgenossenschaft e.G.m.b.H. mit dem Sitz in Detmold ist vorbereitet und erfolgt in Kürze.

5. Die Ratsversammlung wird gebeten, das für das nachstehende Programm geeignete Gelände zu bewilligen oder bei der Beschaffung behilflich zu sein.
Die Interessengemeinschaft hat folgendes Programm:
   1) Erstellung von etwa 40 Zwei- bis Drei-Zimmer-Wohnungen mit Küche und Nebenräumen. Geeignetes Gelände hierfür ist auf dem Langen Feld an der Domäne Johannettental an der Hornschenstr. vorhanden. (Anschluß an die beabsichtigten Wohnungsbauten für Regierungsbeamte).
   2) Erstellung von etwa 100 Kleinsiedlungen mit je einer Einliegerwohnung auf dem Gelände des Gutes Herberhausen auf der Sylbecke an der Siegfriedstr.

Die Durchführung des Programms, das zur Entlastung der katastrophalen Wohnungsverhältnisse führen wird, liegt nicht zuletzt auch im wohlverstandenen Interesse der alteingesessenen Detmolder Bevölkerung.

6. Vermietung von Leerraum.
Eine Soforthilfe im Wohnungssektor ist nicht möglich. In vielen Fällen müssen aber die Flüchtinge möbliert wohnen, ohne die Möglich-

keit zu haben, durch eigene Möbel das Heim wohnlicher zu gestalten. Die I.G. beantragt, die Ratsversammlung wolle beschließen, das Wohnungsamt anzuweisen, auf Einzelantrag jeden möblierten Raum in Leerraum umzuwandeln, sofern die Vermieter nicht unbedingt auf das möblierte Vermieten angewiesen sind.
Es darf nur die soziale Lage des Vermieters eine Rolle spielen, nicht aber die Frage der anderweitigen Unterbringung der Möbel. Wer nicht vermieten muß und zuviel Möbel hat, kann diese verkaufen. Sofern bei Notlage des Vermieters sich der Mieter bereiterklärt, den möblierten Mietpreis zu zahlen, ist – dann allerdings nur bei der Möglichkeit anderweitiger Unterbringung der Möbel – der möblierte Raum ebenfalls leer zu vermieten. Diese Forderung entspricht einem bereits vorhandenen Erlaß des Regierungspräsidenten, der aber bisher nur in neuen Fällen angewandt worden ist.

7. Hausrat u.a.
Das dringend gewünschte Hausratsgesetz ist in Düsseldorf gescheitert. Die I.G. bittet die Ratsversammlung, eine Entschließung an das Sozialministerium zu senden mit der dringenden Forderung, neue Wege zu einem solchen Gesetz sofort zu suchen. Die I.G. bittet ferner die Ratsversammlung, in der Stadt Detmold alle Mittel und Wege ausfindig zu machen, die eine Erfassung des zahllosen unbenutzten Hausrates ermöglichen.

8. Verbrauchergenossenschaft.
Hausrat, Textilien usw. haben inzwischen wieder inflationistische Preise erhalten. Die I.G. hat zur Selbsthilfe gegriffen und eine Verbrauchergenossenschaft gegründet. Diese kann bei weitgehender Steuerfreiheit und Ausschaltung des Einzelhandelsgewinns erheblich billigere Verkauspreise erzielen. Die I.G. bittet die Ratsversammlung, den Wirtschaftsausschuß anzuweisen, die ersten geeigneten Räume der Verbrauchergenossenschaft zur Verfügung zu stellen. Diese Räume könnten auch gleichzeitig der Siedlungsgenossenschaft als Geschäftsräume bzw. -Stelle dienen. Das wäre eine wirkliche Soforthilfe.

9. Kinderkleidung.
Es fehlt vor allem an warmer Kinderkleidung. Die I.G. regt an, durch die Wohlfahrtsverbände, vor allem aber durch die Schulen eine Sammlung hierfür durchzuführen. Bei den Schulen könnte die Sammlung vielleicht unter dem Motto "Kinder sammeln für Kinder" steigen. Die I.G. ist der Ansicht, daß, wenn auch sonst Sammlungen wenig Erfolg haben, bei einer solchen Sammlung doch noch etwas zu erreichen ist.

10. Schulspeisung.
Die Freistellen bei den Schulen und die Freistellen, die durch die Fürsorge gewährleistet sind, reichen nicht aus, um die tatsächlich bedürftigen Kinder zu erfassen. Es gibt immer noch zahllose Flüchtlinge, die

gezwungen sind, ihre Kinder von der Schulspeisung abzumelden. Es wurde beantragt, hier grundsätzlich allen Flüchtlingskindern, deren Eltern kein normales Einkommen haben, die Schulspeisung frei zu verabfolgen. Die Mittel müßten, wenn das seitens der Stadt nicht möglich ist, durch die Wohlfahrtsverbände aufgebracht werden.

11. Lehrmittel.
Bei den Schulkindern macht sich die Lehrmittelnot besonders bei den Flüchtlingskindern bemerkbar, da es diesen vielfach nicht möglich ist, teure Bücher anzuschaffen, während in einheimischen Haushalten immer noch Bücher von älteren Kindern vorhanden sind. Auch hier wird gebeten, weitgehendst Zuschüsse zu Lehrmitteln zu gewähren.

12. Die Tätigkeit von Frau von Knüpffer ist allen Dienststellen und Behörden bekannt und bedarf keiner näheren Erläuterung. Bereits im Juli bestand der dringende Wunsch, diese bis dahin ehrenamtliche Tätigkeit in irgendeiner Weise zu finanzieren. Damals konnte sich der Wohlfahrtsausschuß aufgrund der kürzlich erfolgten Währungsreform nicht entschließen. Nunmehr wird seitens der Interessengemeinschaft gebeten, daß Kreis, Stadt und die Wohlfahrtsverbände sich zusammentun, um hier eine überparteiliche und überkonfessionelle Wohlfahrtsstelle zu schaffen.

An örtlichen kulturellen Aktivitäten gab es einen Singkreis (Dr. Unger) aller Gruppen gemeinsam, Kindergruppen und Frauengruppen (Frau Grüning), eine Ostdeutsche Jungenschaft (Brandt) und eine historische Vortragsreihe (11 Abende vom 16.1.-3.7.1949 mit Dr. Kumsteller). Am besten zeigt ein Veranstaltungskalender der Nordostdeutschen Landsmannschaft, womit man sich in den vielen Versammlungen beschäftigte:

1948	2.12.	Tanzabend, um das Weihnachtsfest zu finanzieren
	22.12.	Weihnachtsfeier
1949	21.1.	Soforthilfe und Lastenausgleich
	25.2.	Erinnerung an den Dichter Simon Dach (Ritter)
	7.4.	Pommernabend (Dr. Haxel)
	5.5.	Tag der Arbeit, Muttertag (Ritter)
	2.6.	Ausflug zusammen mit den Schlesiern
	5.7.	Tagesfragen
	11.8.	Blick nach Osten (Dr. Kumsteller)
	8.9.	Pommern (Dr. Kumsteller)
	6.10.	Erntedank (Ritter)
	10.11.	Mitgliederversammlung
	18.12.	Weihnachtsfeier für 140 Kinder
	20.12.	Weihnachtsfeier für Erwachsene

	21.12.	2. Weihnachtsfeier für Erwachsene (Der Saal reichte am 20. 12. nicht aus)
1950	12.1.	Rückblick und Ausblick (Dr. Kumsteller)
	9.2.	Bunter Abend
	2.3.	Lichtbildervortrag in der Musikakademie (Düpont)
	13.4.	Unser Weg und Kampf (Jugendgruppe und Dr. Kumsteller)
	11.5.	Muttertag (Dr. Kumsteller mit Singkreis und Opernsänger)
	22.6.	Sonnenwende mit Jugendgruppe am Schützenberg
	6.7.	Versammlung
	10.8.	Tag der Heimat (Dr. Kumsteller, Dr. Haxel und Ritter)
	14.9.	Lönsabend mit Dr. Haxel und Gesangsvorträgen
	12.10.	Erntedank (Bartel)

Bei der Gruppe der Schlesier wird es ähnlich gewesen sein. Hier lagen die Aktivitäten bei den Herren Dosse, Dr. Handke und Konopek, dazu Kremser, Dressler, Dr. Görner und das Ehepaar Sarembe. Von den Pommern ist noch der Tischlermeister Kuske besonders zu erwähnen.

Aber zahlreich waren in allen Gruppen die vielen nicht genannten Mitarbeiterinnen und Mitarbeiter. Es wurde viel selbstlose, ehrenamtliche Arbeit geleistet, wie es heute leider nur noch selten anzutreffen ist.

Die Seele aller dieser Abende der Nordostdeutschen Landsmannschaft war Frau Hildegard Grüning, ihr haben wir viel zu verdanken. Erwähnenswert ist, daß sie mit Herrn Sinofzik und mir noch heute den Vorstand der – natürlich wesentlich kleineren – Gruppe der Nordostdeutschen Landsmannschaft bildet, neben ihrer Tätigkeit als Leiterin des Frauenkreises des Verbandes und im Kreisvertriebenenbeirat.

Ein alter Detmolder sprach mich damals einmal an und fragte, was wir denn so in den vielen Versammlungen eigentlich machten, wir schimpften wohl nur auf die Einheimischen. Meine sehr ausführliche Antwort können die Leser sich wohl denken.

Die Gruppe der Sudetendeutschen gründete am 10.5.1948 ihre Interessengemeinschaft. Auch hier fanden sich bei den Veranstaltungen über 100 Personen zusammen. Ab Oktober 1949 kam von Detmold aus für die Bundesebene eine Zeitschrift heraus: "Sudetenland-Heimatland". Am 24.1.1950 wurde in Detmold der "Hauptverband der Sudetendeutschen Landsmannschaft" gegründet. Ihr 'Motor' war Prof. Diewock. Eine "Detmolder Erklärung" wurde beschlossen und bildete die Vorlage für die am 5.8.1950 in Stuttgart beschlossene "Charta der Heimatvertriebenen".

Zum Leben und Treiben der Flüchtlinge in Detmold gehören auch einige herausragende Persönlichkeiten, die hier Erwähnung finden sollen. Ich nenne Dr. jur. Ernst Ziehm, Flüchtling aus Danzig. Er war der letzte demokratisch gewählte Senatspräsident (Staatsoberhaupt) des Freistaates Danzig von 1930 bis 1933, damals Mitglied der Deutschnationalen Partei. Er wohnte zunächst in Berlebeck und zog dann nach Detmold. Der Träger des Großen Bundesverdienstkreuzes wurde zu offiziellen Anlässen gerne in das Rathaus eingeladen, er war ein beliebtes Mitglied der Detmolder Ressource. Im Alter von über 90 Jahren verstarb er Ende der 50er Jahre.

Aus Ratibor in Oberschlesien war der Rechtsanwalt und Notar Kaschny, der frühere Oberbürgermeister von Ratibor, nach Detmold gekommen. Er war als Vertreter des Zentrums auch Mitglied des Preußischen Staatsrates gewesen. Bei uns widmete er sich der CDU und wurde im Oktober 1948 Ratsmitglied. Am 16.9.1951 fiel dieser Mann bei einem Bundestreffen der Schlesier einem Autounfall zum Opfer. Auch die Interessengemeinschaften verloren damit einen wertvollen und emsigen Mitarbeiter.

Der geborene Schlesier Friedrich-Wilhelm Töpper kam im August 1945 als Flüchtling aus Pommern nach Detmold. Von Beruf war er Zeichenlehrer, ein Maler von gutem Ruf über die Provinzgrenzen hinaus. In Detmold konnte ihn nur die Volkshochschule etwas beschäftigen. Seine Zeichnungen und Aquarelle waren schnell beliebt. Auch im Detmolder Rathaus hing bald so manches Bild von ihm. Angetan hatte es ihm u.a. die verschwindende Romantik der Ecke Lippischer Hof/Hornsche- und Paulinenstraße. Den alten Zustand zeigen seine Bilder. 1955 starb er in Detmold, der Landesverband Lippe widmete ihm vor einigen Jahren eine Sonderausstellung.

Eine bekannte Persönlichkeit war auch der litauische Schriftsteller Dr. Wilhelm Storost-Vydunas. Er war 1868 in Jonaten (Kreis Heydekrug) geboren, hatte Philosophie studiert und wurde vor dem Ersten Weltkrieg Lehrer in Tilsit. Nach dem Kriege verließ er den Staatsdienst und lebte in Tilsit als freier Schriftsteller. Dort verlor er 1945 "ein schönes Heim mit vielen Büchern und Musikinstrumenten", wie er mir bei einem Besuch erzählte. Die Flucht hatte ihn 1946 nach Detmold verschlagen. Dort wurde er Mitglied der Nordostdeutschen Landsmannschaft. Er bezeichnete sich als "Deutscher mit litauischer Nationalität". Hier beschäftigte er sich mit sprachvergleichenden Studien zwischen der litauischen, der indischen und der lateinischen Sprache. In der Landesbibliothek war er Dauergast, im Detmolder Stadtbild galt er als Original. Er trug einen langen, schwarzen, bis zu den Knöcheln reichenden Mantel, der von einem Strick zusammengehalten wurde. Das lange, bis zur Schulter reichende Haar hielt ein schwarzer Schnürsenkel zusammen. Am 20.2.1953 ist er gestorben. Im litauischen Kulturleben wurde er hochgeehrt. Anfang Oktober 1991 wurden seine Gebeine vom Friedhof an der Blomberger Straße in seine Heimat überführt. Beigesetzt wurde er dann in Bittehnen unterhalb des Berges Rombinus gegenüber der Stadt Ragnit. Es ist nicht ohne Reiz, eine schriftliche Äußerung dieses originellen Mannes über Detmold zu lesen:

> 24.8.1947
> Ich besuche Veranstaltungen, um verschiedene Vorträge zu hören. Das geistige Leben und der Gedankenaustausch sind hier in Detmold höchst rege. Detmold könnte ein besonders wichtiges Geisteszentrum in Deutschland werden. Es ist möglich, daß ich auch mich einschalte.

Meinen Bericht möchte ich abschließen mit einer Erinnerung an die Großkundgebung am Hermannsdenkmal am 16.7.1950 zum Gedenken an die Abstimmung in Ostpreußen und Teilen von Westpreußen am 11.7.1920, als in Ostpreußen 97,5 Prozent und in den westpreußischen Kreisen 92,4 Prozent der Stimmen für Deutschland abgegeben wurden.

Über 20.000 Personen demonstrierten für ihre Heimat im Osten. Die Presse berichtete mehrseitig über die Veranstaltung. Es war für alle Teilnehmer ein großartiges Erlebnis. Besonderer öffentlicher Dank galt der vorbildlichen Organisation durch die Kreisvereinigung der Interessengemeinschaften, der Bundesbahn (Sonderzüge), der Bundespost (Sonderbusse), der Polizei (Verkehr) und dem Deutschen Roten Kreuz. Der Schauspieler Böhnert eröffnete die Veranstaltung mit Worten von Ernst-Moritz Arndt. Dann begrüßte Dr. Kumsteller die Erschienenen, vor allem aber die Spitzen der Behörden und die Abgeordneten. "Niemals wollen wir aufhören, mit der Waffe des Rechts um unsere Heimat zu kämpfen". Dann sprach Regierungspräsident Drake. Er versprach seine und seiner Behörden Hilfe, um hiesige Not zu lindern und die verlorene Heimat wiederzuholen. Musik und Worte von Agnes Miegel leiteten über zur Rede von Prof. Diewock, der alle Sorgen der Vertriebenen zusammenfaßte und diese selbst aufrief, zusammenzustehen.

Hauptredner war der Bundestagsabgeordnete Dr. Linus Kather, der als Ostpreuße selbst am Abstimmungsgeschehen teilgenommen hatte. Er forderte auch jetzt eine freie Volksabstimmung, um die Welt davon zu überzeugen, daß hier deutsches Land auf Grund falscher polnischer Behauptungen abgetrennt worden war, und daß nur das Recht einen Frieden gewährleisten könne. Sein besonderer Appell galt der ostdeutschen Jugend:

> Die Haltung unserer Jugend ist von allergrößter Wichtigkeit, sie ist sogar entscheidend, sie allein kann unsere Tradition bewahren, sie allein kann un-

> ser ostdeutsches Erbe in kultureller Hinsicht pflegen und sie allein ist auch berufen, die alte Heimat wieder einmal glücklich zu machen. Seid stolz darauf, Ihr Jungen und Mädchen, daß Ihr aus dem Osten gekommen seid. Hütet das Erbe der Väter in aller Zukunft und erhebt immer wieder den Anspruch auf die Heimat!

Dann erklang aus über 20.000 Kehlen das niederländische Dankgebet: "Wir treten zum Beten vor Gott den Gerechten [...] Dein Name sei gelobt, o Herr mach uns frei! Herr mach uns frei!"

Quellen

Akten des Staatsarchivs Detmold.
Mitteilungsblatt der Interessengemeinschaften der Ostvertriebenen im Kreise Detmold.
Detmolder Zeitungen: 'Freie Presse', 'Lippische Landeszeitung'.
Kotzyba, Ferdinand: "Die Eingliederung der Flüchtlinge in Lippe".
Kuhlmann, Dieter: "Chronik der Stadt Detmold".
Persönliche Unterlagen des Verfassers.

Ernst Siemer

Detmold wird Sitz der Bezirksregierung für Ostwestfalen-Lippe und die Folgen für die Stadt

Vor fünf Jahren – am 18.1.1987 – fanden in Detmold sowohl im Kreishaus als auch drei Tage später im Landestheater Veranstaltungen statt, die an den Tag erinnerten, an dem das Land Lippe 40 Jahre zuvor seine staatliche Selbständigkeit verloren hatte und mit dem Land Nordrhein-Westfalen vereinigt worden war. Ministerpräsident Johannes Rau stellte in seiner Festrede mit großer Befriedigung fest:

> Die Geschichte und die Kultur, die landschaftliche und die menschliche Eigenart dieses Landes sind uns seit dem Januar 1947, als das Land Lippe nach 800 Jahren Selbständigkeit ein Bestandteil unseres Landes wurde, ans Herz gewachsen. Und darum blicken wir mit Zuneigung auf diese lippische Rose, die aus unserem Landeswappen nicht wegzudenken ist.[1]

Der Historiker Peter Hüttenberger hatte im Festakt im Kreishaus in Detmold zu der Frage der Integration Lippes in Nordrhein-Westfalen noch vorsichtig formuliert:

> Ob inzwischen ein Verschmelzungsprozeß von Gesamtland und Lippe stattgefunden hat, mag hier und heute eine offene Frage bleiben. Das Land als Staatsgebilde hat sich längst etabliert und auch Profil gewonnen. Ob von ihm ein Homogenisierungsprozeß auf seine Regionen ausging, vermag niemand bis heute genau zu sagen. Es gibt derartige Strömungen und Bewegungen, aber jede Bewegung erzeugt auch ihre Gegenbewegung. Also belassen wir dieses Problem als Aufgabe der Zukunft.[2]

Den Reigen der Veranstaltungen vor fünf Jahren beschloß Regierungspräsident Walter Stich, der mit einem "Frühlingsfest" in seiner Behörde am 4.6.1987 des Tages vor 40 Jahren gedachte, an dem als Folge der vorausgegangenen staatsrechtlichen Veränderungen die Regierung in Minden mit der Lippischen Landesregierung mit dem Sitz in Detmold zusammengelegt worden war.

Im Rahmen des Projekts "Detmold in der Nachkriegszeit" haben wir uns mit der Frage befaßt, wie es zu den Entscheidungen über die Aufgabe der staatlichen Selbständigkeit Lippes gekommen ist, warum es zur Eingliederung in das Land Nordrhein-Westfalen kam und welche spektakulären Schwierigkeiten zu überwinden waren, bevor Detmold endgültig Sitz der Bezirksregierung und damit Regionalhauptstadt wurde.

Die staatliche Selbständigkeit Lippes im historischen Prozeß

Erich Kittel schreibt in seiner Heimatchronik des Kreises Lippe:

> Die Frage des Fortbestandes der staatlichen Selbständigkeit erscheint im historischen Rückblick als das Hauptproblem der letzten 150 Jahre lippischer Geschichte – mag sie auch in Jahrzehnten durch andere Sorgen und Anliegen überdeckt worden sein, in jeder Krise hat sie sich unfehlbar erhoben.[3]

Nun sollen und können hier nicht die letzten 150 Jahre lippischer Geschichte nachgezeichnet werden. Nur so viel: Das weltliche Fürstentum Lippe überstand unbeschadet nicht nur den Reichsdeputationshauptschluß von 1803, sondern ebenso die Auflösung des Reiches im Jahre 1806. Während der Herrschaft Napoleons erkämpfte sich die Fürstin Pauline die Mitgliedschaft im Rheinbund und wahrte dadurch Lippes Selbständigkeit, die selbst der Wiener Kongreß nicht antastete. Hugo Preuß, einer der Väter der Weimarer Reichsverfassung, war der Meinung, daß mit dem Sturz der Monarchien auch die Einzelstaaten, diese "Zufallsbildungen rein dynastischer Hauspolitik" verschwinden und einem deutschen Einheitsstaat Platz machen müßten. Lippe sollte dabei mit Westfalen verbunden werden. Diese Auffassung unterschätzte – nicht nur in Lippe – das historisch gewachsenen Zusammengehörigkeitsgefühl der Bevölkerung und das gemeinsame Interesse ihrer Bürokratien und politischen Parteien an der Erhaltung des status quo.[4]

Zwar sah Artikel 18 der Weimarer Reichsverfassung eine Neugliederung des Reiches vor mit einer Volksabstimmung als Voraussetzung, aber dieser Artikel ist in den vierzehn Jahren seiner Gültigkeit in keinem wesentlichen Fall der Neuordnung angewendet worden. Der preußische Ministerpräsident Braun hat es zwar als Grundsatz seiner Politik bezeichnet, auf die Kleinstaaten keinen Druck auszuüben, um sie zur Aufgabe ihrer Selbständigkeit zu zwingen, doch stand er andererseits auf dem Standpunkt, daß die kleinen Länder schon wegen ihrer bedrohlichen Finanznot von sich aus bald den Anschluß an Preußen suchen würden. Er dachte dabei vor allem an die Hansestädte, an Oldenburg, Schaumburg-Lippe und

Lippe. Schon im März 1920 trat Drake an das Preußische Staatsministerium mit der Bitte heran, Verhandlungen über die Möglichkeit der politischen Angliederung Lippes an preußische Gebietsteile einzuleiten. Bezeichnend ist die dabei gegebene Begründung:

> Bei dem Landespräsidium hat stets die Überzeugung bestanden, daß die politische Selbständigkeit namentlich der Kleinstaaten nicht mehr aufrecht zu erhalten sei. Und bei den allgemeinen wirtschaftspolitischen Maßnahmen des Reiches – Steuerhoheit des Reiches, einheitliche Verkehrspolitik, Reichswirtschaftpolitik – schrumpft die selbständige Gesetzgebung der Einzelstaaten, und besonders die der Kleinstaaten, zu einer mehr oder weniger zwangsläufigen, auch formell verhältnismäßig aber sehr kostspieligen Betätigung ein, die mancherlei Gefahren und Nachteile hat.[5]

Offizielle Anschlußverhandlungen haben daraufhin nicht stattgefunden, abgesehen von gelegentlichen Besprechungen Drakes in den Berliner Ministerien, die jedoch keine konkreten Fortschritte brachten. Gleichwohl ist die Anschlußdiskussion während der Weimarer Zeit nicht zur Ruhe gekommen.

1927 unternahm Heinrich Drake erneut einen Anlauf. In einem Schreiben an den Preußischen Finanzminister Dr. Höpker-Aschoff konkretisierte er drei seiner schon 1923 aufgestellten Kernpunkte, auf die es ihm wesentlich ankam, nämlich die Erhaltung des Domanialbesitzes, und – wie er sich ausdrückte – "der öffentlichen Einrichtungen (... Schulen, Landgerichte usw. ...)" sowie den Ausbau der lippischen Verkehrslinien. In diesem Zusammenhang sprach er – offenbar erstmalig – auch die Verlegung des Sitzes der Regierung an. Er formulierte:

> Es würde sich fragen, ob bei der Eingliederung Lippes in den Regierungsbezirk Minden nicht zweckmäßigerweise der Regierungssitz in die Mitte des Gebietes, d.h. nach Detmold verlegt würde.[6]

Drake mußte sich dann in einem Schreiben des Preußischen Ministerpräsidenten Braun vom 14.3.1928 darauf hinweisen lassen, daß "die 3 Fragen, auf die schon jetzt eine Antwort erbeten wird" Angelegenheiten betreffen,

> die der Natur der Sache nach zu den Hauptgegenständen etwaiger späterer Verhandlungen gehören würden. Es erscheint mir weder zweckmäßig, noch entspricht es der Übung, daß schon vor derartigen Verhandlungen und bevor feststeht, ob solche überhaupt in Gang kommen, eine einseitige Bindung des einen Vertragsteils über die wichtigsten Teile des zukünftigen

> Vertrages herbeigeführt wird. Dies muß dem Gange der späteren Verhandlungen vorbehalten bleiben.[7]

Im Landtag und in der Bevölkerung Lippes überwog die Auffassung, die staatliche Selbständigkeit zu erhalten und zu verteidigen, solange keine zwingenden Gründe für einen Anschluß an Preußen sprächen. Das Lippische Landespräsidium beschloß schließlich (1929) "die Sache vorläufig auf sich beruhen zu lassen."[8]

In Lippe konnte man die Entwicklung inzwischen auch mit einer gewissen Gelassenheit verfolgen, weil die Finanzsituation des Landes sich seit 1926 infolge erhöhter Reichszuschüsse aufgrund des § 35 des Reichsfinanzausgleichsgesetzes etwas entspannt hatte. Gleichwohl stellte der Reichssparkommissar in seinem Gutachten über die Landesverwaltung Lippes im Jahre 1930 zur Finanzlage und voraussichtlich künftigen Finanzentwicklung fest:

> Stellt man die Frage nach den letzten Ursachen der Finanznot Lippes, so ist festzustellen, daß sie weniger eine Folge unsparsamer Verwaltung als vielmehr die Folge seiner geringeren Steuerkraft und wirtschaftlichen Leistungsfähigkeit ist.

Durch die von den nationalsozialistischen Machthabern erlassenen Gleichschaltungsgesetze von 1933 und das Gesetz über den Neuaufbau des Reiches vom 30.1.1934 (RGBI. I S. 95) verlor Lippe wie alle Länder faktisch seine staatliche Selbständigkeit, die verwaltungsmäßige Autonomie jedoch blieb erhalten.

Als im Jahre 1938 dem Gauleiter des Gaues Westfalen-Nord Dr. Meyer neben den bisher schon ausgeübten Funktionen als Reichsstatthalter für Lippe und Schaumburg-Lippe noch das Amt des Oberpräsidenten von Westfalen übertragen wurde, versuchte der Reichsinnenminister im Einvernehmen mit Göring, Heß und Bormann Lippe an Westfalen anzuschließen. Dabei wurde auch die Frage der Verlegung des Regierungssitzes von Minden nach Detmold erörtert. Diese Pläne scheiterten am Widerstand Meyers, der seine Machtposition nicht schmälern lassen wollte und sich auf eine Anordnung Hitlers aus dem Jahre 1935 berufen konnte, die jegliche Diskussion über die Reichsreform untersagt hatte.[9] Kurz vor Ende des Zweiten Weltkrieges versuchte der Reichsinnenminister noch einmal Änderungen in der Verwaltungsorganisation in Ostwestfalen und Lippe vorzunehmen. So sollte die Landesregierung Lippe in Detmold stillgelegt werden unter Übertragung der Aufgaben auf den Regierungspräsidenten in Minden. Diese Überlegungen konnten infolge der sich überstürzenden Kriegsereignisse nicht mehr in die Tat umgesetzt werden.[10]

Am Ende der Naziherrschaft war zwar eine durchgreifende Reichsreform mit einer territorialen Neugliederung des Reiches nicht zustande gekommen, aber die Verklammerung Lippischer Verwaltungsstrukturen mit denen der preußischen Provinz Westfalen war insbesondere im Bereich der Spezialbehörden fortgeführt worden. So waren bei Kriegsende westfälische Behörden z. B. in der Straßenbauverwaltung, der Wasserwirtschaft, dem Eichwesen, der Katasterverwaltung auch für Lippe zuständig.

Der Neuaufbau und das Ringen um eine territoriale Neugliederung

Nach der bedinglungslosen Kapitulation des Deutschen Reiches am 8.5.1945 übernahmen die alliierten Siegermächte – jeweils für ihre Besatzungszone – die höchste gesetzgebende, rechtsprechende und vollziehende Gewalt. In den Richtlinien der Militärregierung für die Verwaltung in Deutschland hieß es:

> Die Verwaltung in Deutschland ist zur Zeit sowohl seitens der Militärregierung wie deutscherseits vollständig exekutiv. Deutsche sind in erster Linie angestellt worden, um die wirksame Durchführung von Befehlen, für welche die Militärregierung verantwortlich ist, zu sichern. [...] Ausführende Verwaltung dieser Art muß "sine ira et studio" durchgeführt werden. Eine derartige Verwaltung ist daher autoritär und muß, solange sie währt, eine wohlwollende "Gewaltherrschaft" sein, um überhaupt zufriedenstellende Arbeit zu leisten.[11]

Die britische Militärregierung übernahm die in Ostwestfalen und Lippe vorgefundenen Verhältnisse in den Verwaltungsstrukturen. Die staatliche Selbständigkeit Lippes wurde – mit den Einschränkungen, die sich aus dem Besatzungsrecht ergaben – zunächst erneuert. Am 17.4.1945 wurde Heinrich Drake von der britischen Militärregierung an die Spitze der lippischen Verwaltung berufen.[12] Fünf Tage später wurde der Regierungsrat Dr. Paul Zenz zum Regierungspräsidenten des Regierungsbezirks Minden ernannt.[13] Sehr bald begannen Überlegungen sowohl bei der Militärregierung als auch bei deutschen Stellen über die territoriale Neugliederung der britischen Zone. Diese Pläne wurden insbesondere im Zonenbeirat diskutiert, der sich am 6.3.1946 in Hamburg konstituiert hatte. Der Zonenbeirat setzte sich aus Vertretern der Parteien, der Verwaltung und verschiedener Berufs- und Interessengruppen zusammen und hatte die Aufgabe, den britischen Militärgouverneur zu beraten. Mit der Neugliederung der Länder in der britischen Zone wurde auf Anordnung der Kontrollkommission im Juli 1946 ein Sonderausschuß im Zonenbeirat eingesetzt, dem vorgegeben wurde, daß höchstens fünf Länder gebildet werden sollten. Dabei wurde das Gebiet des Landes Nordrhein-Westfalen von den Überlegungen ausgenommen, da der britische Kabinettsbeschluß zur Bildung dieses Landes bereits am 21.6.1946 gefallen war. Bekanntgegeben wurde dieser Beschluß am 17.7.1946 in Berlin. Die Besatzungsmacht erklärte darin nicht nur, daß Westfalen und der nördliche Teil der Rheinprovinz zum Land Nordrhein-Westfalen zusammengeschlossen würden, sondern auch, daß Lippe mit dem Bezirk Hannover vereinigt worden sei.[14]

Offenbar hatten die Engländer auf die – wie sie damals noch hieß – Industrie- und Handelskammer für Lippe und Schaumburg-Lippe, die Handwerkskammer und die Kreisbauernschaft Lippe Rücksicht genommen, die am 4.5.1946 folgende Resolution verfaßt hatten:

> Die unterzeichneten Stände treten ein
> 1. für die Beibehaltung der bisherigen gewissen Selbständigkeit des Landes Lippe
> 2. für eine gewisse Zusammenfassung der Länder Lippe, Schaumburg-Lippe und der im Jahre 1932 der Provinz Hannover angegliederten Grafschaft Schaumburg (Kreis Rinteln) und deren Gesamtanschluß an die Provinz Hannover.[15]

Landespräsident Heinrich Drake – und wohl auch ein großer Teil der lippischen Bevölkerung – konnte und wollte sich mit dieser Entscheidung nicht abfinden, und so berief Drake für den 19.7. den am 9.5.1946 neu installierten Lippischen Landtag zu einer Sitzung nach Detmold, in der die Abgeordneten in einer Entschließung Drake beauftragten, den Briten klarzumachen, daß Lippe aus historischen, wirtschaftlichen und kulturellen Gründen nicht von Minden-Ravensberg getrennt werden dürfe, und Minden-Ravensberg gehörte nach wie vor zu Westfalen. Die Resolution hatte Erfolg: Die Briten erklärten sich bereit, den Anschluß an Hannover noch nicht zu vollziehen. Damit war zunächst einmal Zeit gewonnen.[16]

Parallel zu der Meinungsbildung auf britischer Seite und in gewisser Abhängigkeit von dieser verlief die Diskussion um die zukünftige territoriale Neugliederung in den deutschen Gremien. Im Zonenbeirat wurden mehrere Vorschläge zur Neuordnung erörtert. Letztlich blieben aber nur die Vorschläge des hannoverschen Oberpräsidenten und späteren niedersächsischen Ministerpräsidenten Hinrich Wilhelm Kopf[17] sowie die des Oberpräsidenten der Nordrheinprovinz Robert Lehr[18] in der Diskussion. Beide Pläne sahen in Übereinstimmung mit der britischen Maßgabe die Einteilung der Zone in die drei Flächenstaaten Schleswig-Holstein, Niedersachsen und Nordrhein-Westfalen und die beiden Stadtstaaten Hamburg und Bremen vor. Allerdings wurde Lippe sowie die Kreise Minden, Lübbecke, Bielefeld, Herford und Halle von Hannover beansprucht. Im Plan des Oberpräsidenten Lehr wurden diese Gebiete entsprechend der anderen Interessenlage dem Land Nordrhein-Westfalen eingefügt. Zum Gutachten von Hinrich Wilhelm Kopf, zur "Abgrenzung und Verwaltungsstruktur eines zukünftigen Landes Niedersachsen" erschien eine Karte, in der nach der zeichnerischen Darstellung u.a. das Land Lippe schon fest in Niedersachsen "eingegliedert" war. Aber auch die Gebietsansprüche Hannovers an Westfalen – immerhin die Kreise Minden, Lübbecke, Herford, Bielefeld, Halle und Tecklenburg werden aus dieser Karte ersichtlich.

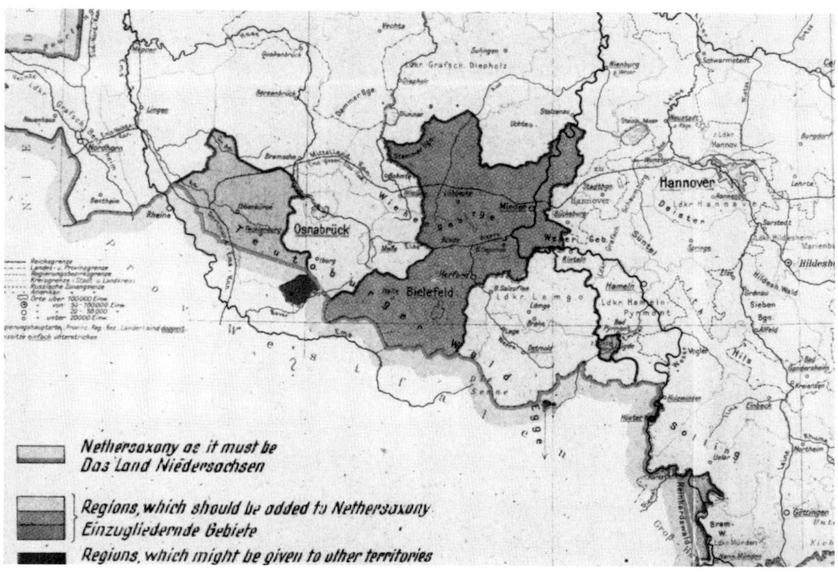

Abb.1 Zu der Denkschrift des hannoverschen Oberpräsidenten Hinrich Wilhelm Kopf vom 1.4.46 zur "Abgrenzung und Verwaltungsstruktur eines künftigen Landes Niedersachsen" erschien die auszugsweise abgedruckte Karte, in der u.a. die Kreise Minden, Lübbecke, Bielefeld (mit Stadt Bielefeld), Herford und Halle aus dem Regierungsbezirk Minden sowie der Kreis Tecklenburg für eine "Eingliederung" in Niedersachen vorgesehen waren.

Die innerlippische Meinungsbildung in den Verbänden, den politischen Parteien und bei den kommunalen Körperschaften für eine Eingliederung in Nordrhein-Westfalen oder Niedersachsen war in hohem Maße interessenbedingt. Die wichtigsten Gesichtspunkte für Hannover waren dabei die bessere Ernährungslage, eine niedrigere Ablieferungspflicht der Bauern sowie ein niedrigeres Lohnniveau in Niedersachsen. Aus dem zuletzt genannten Grunde waren die Gewerkschaften und große Teile der Arbeitnehmerschaft für einen Anschluß an Nordrhein-Westfalen.

Am 30.11.1946 optierten auch die Kreistage von Detmold und Lemgo in "geheimen Sitzungen" für Hannover und lehnten die Eingliederung in Nordrhein-Westfalen mit Mehrheit ab.[20] Zu diesem Zeitpunkt verhandelte Heinrich Drake bereits seit Monaten unter strikter Geheimhaltung mit dem Ministerpräsidenten Amelunxen über eine Eingliederung in Nordrhein-Westfalen. Dabei ging es der lippischen Seite vor allem um die Sicherung des Domanialbesitzes in einer eigenen Körperschaft und um die Verlegung der Bezirksregierung von Minden nach Detmold. Heinrich Drake verhandelte am 27.10.1946 auch mit dem Oberpräsidenten Hinrich Wilhelm Kopf aus Hannover,[21] von dem er aber keine vergleichbaren Zugeständnisse hinsichtlich der Behandlung des Domanialbesitzes erhielt, wie sie ihm Ministerpräsident Amelunxen aus Nordrhein-Westfalen offenbar schon in Aussicht gestellt hatte. Jedenfalls hat Heinrich Drake später in einem Zeitungsaufsatz erklärt: "Ich machte Schluß mit Niedersachsen", und er datiert seine Entscheidung auf Ende Oktober 1946 – also nach dem Gespräch mit Kopf.[22]

Anfang Dezember 1946 formulierte Drake seine Anschlußforderungen in 16 Punkten, den sogenannten Punktationen. Die Landesregierung von Nordrhein-Westfalen akzeptierte diese Bedingungen, in denen es zu den hier behandelten Fragen wie folgt heißt:

Punkt 3: Lippe wird Teil des Regierungsbezirks Ostwestfalen.
Punkt 4: Als Sitz der Verwaltung dieses Regierungsbezirks wird Detmold in Aussicht genommen.[23]

Anfang Januar 1947 unterrichtete Drake den Kommandeur der britischen Militärregierung, Oberst McGregor, über ein vertrauliches Gespräch, in dem Amelunxen ihm, Drake, den Posten des Regierungspräsidenten angeboten hatte. Drake war also mit Amelunxen einig, und deshalb hob die britische Militärregierung am 21.1.1947 mit ihrer Verordnung Nr. 77 die staatliche Selbständigkeit von Lippe auf und gliederte es in Nordrhein-Westfalen ein (Abb.2). Um 14.30 Uhr an diesem Tage trat der von der

Militärregierung — Deutschland
Britisches Kontrollgebiet

Verordnung Nr. 77
Land Lippe

Um die Neugliederung der Länder in der britischen Besatzungszone zu fördern und unbeschadet einer Neugliederung, die hiernach in Verfolg eines innerhalb von fünf Jahren nach dem Inkrafttreten dieser Verordnung abzuhaltenden Volksentscheides angeordnet werden kann, wird hiermit folgendes verordnet:

ARTIKEL I

Mit Inkrafttreten dieser Verordnung verliert das Land Lippe seine Selbständigkeit als Land und wird Teil des Landes Nordrhein-Westfalen.

ARTIKEL II

Vorbehaltlich der Bestimmungen einer gemäß Artikel III dieser Verordnung auszuübenden Gesetzgebung, ist das Land Nordrhein-Westfalen als Rechtsnachfolger des Landes Lippe anzusehen.

ARTIKEL III

Die Gesetzgebung über diejenigen Änderungen der Verfassung, der Amtsbezeichnungen, der Verwaltung, der Finanzen und auf sonstigen Gebieten, welche zur Ausführung dieser Verordnung erforderlich oder angebracht sind, wird von der Militärregierung oder mit ihrer Zustimmung von der gesetzgebenden Körperschaft des Landes Nordrhein-Westfalen ausgeübt.

ARTIKEL IV

Vorbehaltlich der Bestimmungen dieser Verordnung oder einer nach ihr auszuübenden Gesetzgebung, berührt der Verlust seiner Selbständigkeit durch das Land Lippe nicht:

a) die Befugnisse, Aufgaben, Pflichten, Rechte, Verbindlichkeiten sowie die Haftung der dortigen Regierungs-, Verwaltungs- und sonstigen öffentlichen Behörden, Beamten und Angestellten,

b) die Gültigkeit der Gesetze, Verordnungen, Erlasse, Bestimmungen und sonstigen Vorschriften, die dort in Kraft sind.

ARTIKEL V

Diese Verordnung ist als am 21. Januar 1947 in Kraft getreten anzusehen.

Im Auftrage der Militärregierung

Abb.2 Mit der Verordnung Nr. 77 der britischen Militärregierung verlor das Land Lippe mit Wirkung vom 21.1.1947 seine staatliche Selbständigkeit und wurde Teil des Landes Nordrhein-Westfalen.

Militärregierung ernannte Lippische Landtag zu seiner letzten Sitzung zusammen[24], und Amelunxen telegrafierte an Drake:

> Anläßlich der Eingliederung des Landes Lippe in unser Land Nordrhein-Westfalen sende ich Ihnen und der Bevölkerung des Landes Lippe einen herzlichen Willkommensgruß. Die Landesregierung von Nordrhein-Westfalen wird in freundschaftlichem Zusammenwirken mit Ihnen, Herr Landespräsident, in Übereinstimmung mit unseren bisherigen Besprechungen die verwaltungsmäßige Verschmelzung durchführen. Das wird ohne jede Überstürzung in einer behutsamen Form geschehen. Alle berechtigten Wünsche der dortigen, uns Rheinländern und uns Westfalen so sympathischen Bevölkerung werden volle Berücksichtigung finden. Die an Raum und Tradition gebundenen Verwaltungsaufgaben sollen pfleglichste Betreuung finden.[25]

Nach Artikel I der Verordnung Nr. 77 verlor das Land Lippe mit Wirkung vom 21.1.1947 seine Selbständigkeit als Land und wurde Teil des Landes Nordrhein-Westfalen. Wichtig war auch die Vorschrift in Art. IV, wonach die Lippischen Gesetze und Verordnungen zunächst in Kraft blieben. In den folgenden Jahre ist das zunächst noch fortgeltende lippische Recht in einzelgesetzlichen Regelungen an die nordrhein-westfälischen Bestimmungen angepaßt worden.

Mehr Kummer als die sachlichen Bestimmungen der Verordnung Nr. 77 bereitete die Formulierung in der Präambel, daß innerhalb von fünf Jahren eine Volksabstimmung abzuhalten sei über die Frage, ob das frühere Land Lippe beim Land Nordrhein-Westfalen verbleiben soll. Darauf wird später noch einzugehen sein.

Die Ernennung Heinrich Drakes zum Regierungspräsidenten des Regierungsbezirks Detmold

Am 1.4.1947 wurde der "Regierungsbezirk Minden-Lippe" mit dem Sitz in Detmold gebildet. Heinrich Drake wurde zum Regierungspräsidenten dieses neuen Verwaltungsgebietes ernannt.[26]

Er reiste am Tage nach seiner Ernennung nach Düsseldorf, um mit Ministerpräsident Amelunxen und dessen Staatssekretär Wandersleb Einzelheiten der Amtsübernahme und des Umzugs zu besprechen. Dabei verfaßte man eine beschwichtigende Erklärung für Rundfunk und Presse, die über den Kabinettsbeschluß noch nicht unterrichtet worden waren. In der Pressemitteilung hieß es erläuternd:

Zunächst ist nur die Überführung der Präsidialabteilung nach Detmold vorgesehen. Weitere Abteilungen werden erst allmählich folgen, wenn der erforderliche Wohnraum für die Beamten und Angestellten in Detmold bereitgestellt ist. Einzelne Abteilungen und Einrichtungen der Regierung werden voraussichtlich dauernd in Minden verbleiben.

Am 3. April schließlich fuhr Drake nach Minden, um sich seinen neuen Mitarbeitern vorzustellen.[27] Zu dem sehr ungewöhnlichen Verfahren, daß sich der Chef einer so wichtigen Behörde selbst einführen mußte, antwortete Drake später in einem Rundfunkinterview:

Ach, das ist mir nicht sehr angenehm, aber ich will es Ihnen gern schildern, weil es nun einmal geschildert werden soll. Dr. Amelunxen kam zu mir und sagte: 'Ja, wir sind also damit einverstanden, daß Sie die Regierung übernehmen. Wollen Sie sie nun übernehmen?' Da habe ich mich noch einmal besonnen, habe gesagt: 'Ja, nun, große Neigung habe ich im Augenblick nicht'. Aber er sagte dann drastischerweise, 'Sie haben den Salat einmal angerührt' – Verzeihung, daß ich es so sage – 'nun muß er auch ausgelöffelt werden.' Da habe ich sofort gesagt: 'Aber selbstverständlich! Wenn Sie mich so nehmen, dann wird das eben gemacht.' Und dann haben wir es gemacht. Na ja, dann habe ich nicht angenehme Augenblicke gehabt. Er ließ mich zunächst einmal stehen, und ich hatte meine Ernennung in der Tasche, hatte von ihm die Mitteilung: 'Ach, das Beste ist, Sie gehen hin.'
'Na schön' sagte ich 'dann geh' ich hin und stelle mich vor.' Dann bin ich allein hingegangen nach Minden und habe mich vorgestellt, und dann war der Empfang nicht besonders eindrucksvoll, im Gegenteil: es war eine Reserviertheit da, die ich ein paar Mal kennengelernt habe. Aber ich hatte mich ja eben durchzusetzen und habe es getan.

Dabei hätte es der neue Regierungspräsident fraglos leichter gehabt, wenn Ministerpräsident Amelunxen oder Innenminister Menzel ihn nach Minden begleitet hätten. So fühlte Drake sich mit Recht im Stich gelassen. In dieser Situation half auch nicht viel, daß Amelunxen schließlich am 10.5.1947 nach Detmold kam, um Drake doch noch offiziell einzuführen.[28] An dieser Veranstaltung konnten die Mitarbeiter der Mindener Behörde nicht teilnehmen; es fehlte auch Drakes Vorgänger, Regierungspräsident Dr. Zenz, der mit Kurierpost aus Düsseldorf in den Wartestand versetzt worden war. Daß Drake vielfältige Unterstützung brauchte, und zwar nicht nur gegenüber den Mindenern und Detmoldern, sondern auch gegenüber der Besatzungsmacht, sollte sich bereits in den folgenden Tagen zeigen.

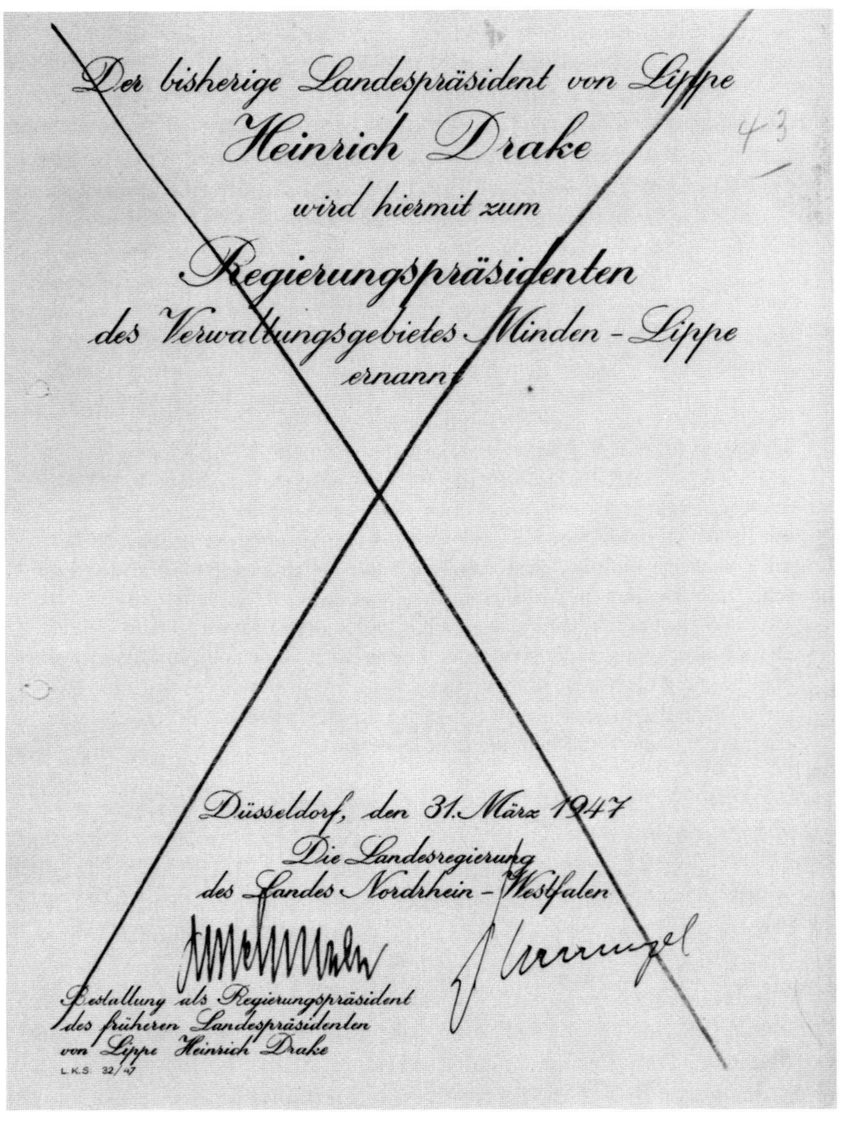

Der bisherige Landespräsident von Lippe
Heinrich Drake
wird hiermit zum
Regierungspräsidenten
des Verwaltungsgebietes Minden - Lippe
ernannt

Düsseldorf, den 31. März 1947
Die Landesregierung
des Landes Nordrhein - Westfalen

Bestallung als Regierungspräsident
des früheren Landespräsidenten
von Lippe Heinrich Drake
L.K.S. 32/47

Abb.3 Die von der Landesregierung NRW zunächst ausgefertigte Ernennungsurkunde Heinrich Drakes zum Regierungspräsidenten wurde nach seinen massiven Einwendungen ungültig gemacht.

Zunächst war Heinrich Drake über seine Ernennungsurkunde bekümmert (Abb.3). Er wandte sich Anfang Mai in einem Schreiben an den Innenminister in Düsseldorf und bat zu prüfen,

> ob der Bestallungsurkunde nicht ein anderer Wortlaut gegeben werden kann. Ich schlage aus sprachlichen Gründen und aus Rücksicht auf die nunmehr gegebene Lage folgenden Wortlaut vor: <Der Lippische Landespräsident Heinrich Drake wird hiermit zum Regierungspräsidenten in Detmold ernannt.> [...]

Zur Begründung seines Anliegens führte Drake aus:

> Sprachlich ist die Bezeichnung <Landespräsident von Lippe> nicht gut, eine solche Bezeichnung wurde auch nie gebraucht. Auch in Preußen hieß es <Der Preußische Ministerpräsident> und nicht <Der Minister von Preußen>. Ebenso in anderen Ländern. Der Ausdruck <bisherige Landespräsident> klingt ebenfalls nicht gut, entspricht auch nicht den tatsächlichen Verhältnissen, weil der Landespräsident gemäß der Verordnung Nr. 77 vorläufig bestehen bleibt und Funktionen auszuüben hat.

Schließlich machte Drake den Vorschlag, der in den bisherigen Verhandlungen offenbar noch nicht erörtert worden war. Er schrieb: "Ferner glaube ich, daß für das neue Verwaltungsgebiet die einfache Bezeichnung <Regierungsbezirk Detmold> richtig sein würde."

Dieses Schreiben löste lebhafte Aktivitäten in der Ministerialbürokratie aus:

- Heinrich Drake erhielt umgehend eine Urkunde mit dem von ihm erbetenen Wortlaut, wobei noch der Zusatz "auf Lebenszeit" eingefügt wurde. Dabei hatte man wohl übersehen, daß der Betroffene die Altersgrenze von 65 Jahren schon überschritten hatte,[29]
- in einem Erlaß vom 2.6.1947 ordnete der nordrhein-westfälische Innenminister an, daß die vereinigten Behörden zukünftig die Bezeichnung "Der Regierungspräsident Detmold" führen und die neue Verwaltungseinheit "Regierungsbezirk Detmold" heißt.[30]

Damit war zwar eine bestimmte Organisationsstruktur vorgegeben, aber die Schwierigkeiten in der Praxis fingen erst an.

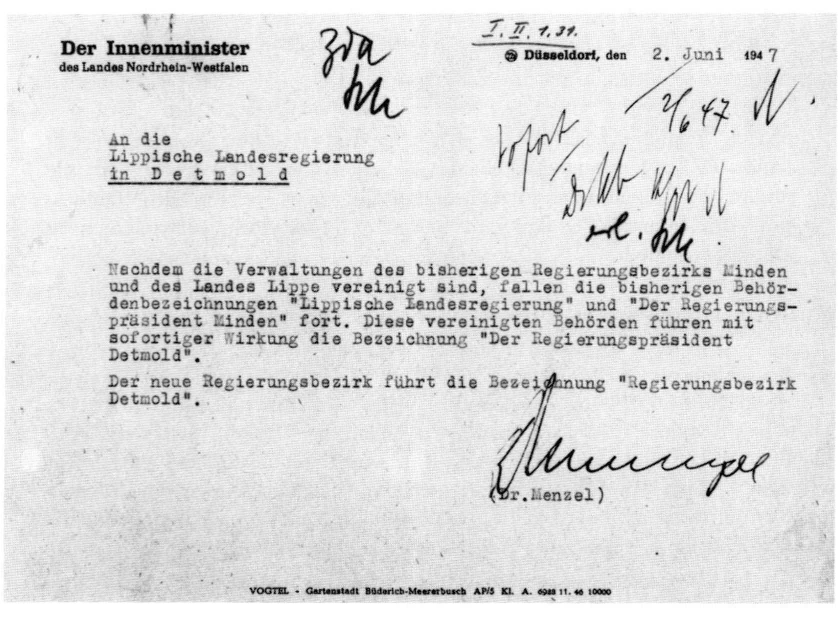

Der Innenminister
des Landes Nordrhein-Westfalen

Düsseldorf, den 2. Juni 1947

An die
Lippische Landesregierung
in Detmold

Nachdem die Verwaltungen des bisherigen Regierungsbezirks Minden und des Landes Lippe vereinigt sind, fallen die bisherigen Behördenbezeichnungen "Lippische Landesregierung" und "Der Regierungspräsident Minden" fort. Diese vereinigten Behörden führen mit sofortiger Wirkung die Bezeichnung "Der Regierungspräsident Detmold".

Der neue Regierungsbezirk führt die Bezeichnung "Regierungsbezirk Detmold".

(Dr. Menzel)

VOGTEL - Gartenstadt Büderich-Meererbusch AP/5 Kl. A. 6988 11. 46 10000

Abb.4 Die schlichte "Gründungsurkunde" des Regierungsbezirks Detmold und der Behörde des Regierungspräsidenten Detmold.

Die Schwierigkeiten bei der Verlegung des Regierungssitzes

Die Stadtverwaltung Detmold muß sehr schnell geahnt haben, welche Schwierigkeiten für die Stadt durch die Verlegung der Mindener Regierung zu erwarten waren. Stadtdirektor Dr. Schmidt stellte in einem Schreiben vom 1.4.1947, das er noch an die "Lippische Landesregierung" adressierte, die Auswirkungen der Verlegung auf die Wohnraumsituation in Detmold dramatisch wie folgt dar:

> Wenn die Regierung von Minden nach Detmold verlegt wird, entstehen für die Stadt Detmold außerordentlich schwierige Wohnungsprobleme. Den Hauptnutzen von der Verlegung wird die Stadt Detmold haben, und sie wird deshalb auch bereit sein müssen, die Hauptlasten zu tragen. Darüber hinaus hat aber weiter der Kreis Detmold, aber auch das gesamte Land Lippe, den Vorteil dieser Verlegung schon deshalb, weil dann der Weg zur Regierung nach Detmold der weitaus kürzere ist und eine Regierung in

Detmold die größere Gewähr dafür bietet, daß die besonderen lippischen Interessen respektiert werden. Es erscheint deshalb gerecht, daß die Lasten dieser Verlegung anteilmäßig auch vom Kreis Detmold und vom Land Lippe getragen werden. Die bisher angegebene Zahl von 298 Beamten, Angestellten und Arbeitern, die von Minden anch Detmold umgesiedelt werden sollen, wird wohl kaum zutreffen,[31] aber immerhin besteht die Möglichkeit, daß ca. 250 Mitarbeiter der Regierung in Minden mit ihren Familien, also ca. 1.000 Personen, nach Detmold einströmen. Der Hauptteil davon wird Familien-Wohnungen fordern, die kaum zur Verfügung stehen. Die Unterbringung dieser Familien würde, wenn die bisherigen Maßstäbe der Wohnungsbewirtschaftung beibehalten werden, Jahre dauern. Es kommt hinzu, daß aller Voraussicht nach auch die englischen Dienststellen auf gleicher Stufe von Minden nach Detmold verziehen und dadurch die Wohnraumnot noch erheblich verschärft wird.

Dann wurden in diesem Schreiben eine Reihe von Maßnahmen erörtert, wie den zu erwartenden Schwierigkeiten begegnet werden müßte. Verlangt wurde mit großer Dringlichkeit

- eine sofortige völlige Zuzugssperre für die Stadt Detmold von mindestens einem Jahr (Ausnahmen sollten nur für zurückkehrende Kriegsgefangene gelten),
- eine radikale Überprüfung und Erfassung des Wohnraums in den umliegenden Gemeinden,
- eine Anordnung der Lippischen Landesregierung (gemeint ist wohl des Regierungspräsidenten), in der die um Detmold liegenden Gemeinden verpflichtet werden müßten, freien Wohnraum zu melden und diesen nur mit Regierungsangehörigen zu belegen.

Da diese Maßnahmen die zu erwartenden Schwierigkeiten kaum lösen konnten, kam Schmidt auf den Vorschlag, den wir heute unter rechtsstaatlichen Gesichtspunkten nicht mehr nachvollziehen können. Er schlug vor, daß eine zwangsweise Umquartierung einer entsprechenden Personengruppe (d.h. also etwa 1.000 Personen) von Detmold nach Minden ins Auge gefaßt werden müsse. Gott sei Dank ist nicht ernsthaft versucht worden, diese Überlegungen in die Tat umzusetzen.

Schließlich wurden noch einige praktische Vorschläge gemacht:

- Schaffung von Wohnraum durch Dachausbauten,
- Baustoffzuteilungs-Sperre für das ehem. Land Lippe zugunsten der Stadt Detmold,
- Freigabe der beschlagnahmten Kasernen,
- aus dem Grundbesitz des ehem. Landes Lippe sollte Baugelände zur Verfügung gestellt werden.[32]

Die nächste Hürde wurde von der Besatzungsmacht aufgetürmt. Bereits fünf Tage nach dem Kabinettsbeschluß vom 31.3.1947 warnte Oberst McGregor davor, die Verlegung zu überstürzen oder mit dem Umzug einer einzigen Abteilung die Regierung zu zerreißen. Er mahnte Heinrich Drake:

> Ich möchte Sie dagegen wissen lassen, daß ich es nicht für klug halte, in gegenwärtiger Zeit bei der kritischen Wohnungs- und Wirtschaftslage eine Verlegung tatsächlich durchzuführen.[33]

Im Fall des Umzugs mußte auch die Militärregierung ihren Sitz von Minden nach Detmold verlegen. Und wenn der Bedarf an Wohnungen und Büros für die Militärregierung gedeckt werden sollte, hätten militärische Formationen aus Detmold verlegt werden müssen. Eine solche Maßnahme bedurfte aber der Zustimmung des Alliierten Kontrollrats, und wenn der ablehnte, dann mußte die Bezirksregierung in Minden bleiben. Sicherlich spielten bei den Briten auch persönliche Gründe eine große Rolle. Die Militärregierung war erst knapp ein Jahr zuvor von Detmold nach Minden verlegt worden, und die Familien der Offiziere hatten sich gerade in dem von Deutschen geräumten Bad Oeynhausen und in der schönen Umgebung von Minden – für die damaligen Verhältnisse – komfortabel eingerichtet. Der Kommandeur der britischen Militärregierung für den Regierungsbezirk verlangte Anfang August von Drake Vorschläge darüber, wie die bereits nach Detmold versetzten 24 Bediensteten nach Minden zurückverlegt werden könnten. Die Bezirksregierung, so erklärte er, dürfe nicht zerrissen werden und für den gesamten Verwaltungsstab sei in Detmold kein Platz. Aber Drake gab nicht auf. Er wandte sich hilfesuchend an Karl Arnold, der inzwischen – nach der ersten Landtagswahl – Ministerpräsident von Nordrhein-Westfalen geworden war, an die Gewerkschaften sowie an den Rat der Stadt Detmold. Dieser faßte am 4.9.1947 einstimmig folgende Resolution:

> Die Ratsversammlung protestiert auf das Schärfste dagegen, daß seitens bestimmter Stellen die Anordnung getroffen worden ist, daß wesentliche Teile der sich in Detmold befindenden Dienststellen der Regierung nach Minden zurückverlegt werden sollen. Die Ratsversammlung, als die von 28.000 Bürgern gewählte politische Vertretung, empfindet die Anordnung der Rückführung der Regierung von Detmold nach Minden als eine Maßnahme, die den primitivsten Anforderungen an die Grundsätze von Treu und Glauben widerspricht. Der lippischen Bevölkerung ist es auferlegt worden, ihre eigene staatliche Selbständigkeit aufzugeben und damit eine über

> 800jährige Tradition zu verlassen. Ihr ist dafür zugesagt worden, daß der Regierungssitz des Regierungsbezirks Minden nach Detmold verlegt wird. Wenn jetzt diese Zusagen nach den getroffenen Maßnahmen in ihrer praktischen Auswirkung nicht eingehalten werden, dann verstößt das gegen Treu und Glauben und wird in der Bevölkerung das Gefühl des Betrogenseins hinterlassen.[34]

Schließlich einigte man sich bei der Rückführung der Beamten nach Minden etwa auf der Mitte, allerdings mit einem kleinen Vorsprung für Drake: Elf Bedienstete konnten zurück nach Minden, 13 mußten in Detmold bleiben. Bei diesem Zustand blieb es bis Ende April 1948, nachdem am 15.9.1947 die Landesregierung von Nordrhein-Westfalen noch einmal ausdrücklich beschlossen hatte: "Es bleibt bei Detmold als Verwaltungssitz des Regierungsbezirks gleichen Namens."[35]

Anfang März 1948 entschlossen sich die britischen Besatzungsbehörden nun ihrerseits, nach Detmold überzusiedeln und erwarteten jetzt, daß die Bezirksregierung ebenfalls innerhalb von zwei Monaten nach Detmold verlegt sein würde. Drake hoffte, daß der Umzug der Militärregierung eine Signalwirkung auch für die zivile Vewaltung haben würde. Aber er hatte nicht mit einem so massiven Widerstand der Bediensteten in Minden und geharnischten Protesten aus der Detmolder Bevölkerung gerechnet. Die Mindener Bediensteten hielten Protestversammlungen ab, verfaßten Denkschriften, organisierten sich zum Widerstand und verhinderten – so wörtlich – "im Namen der sozialen Gerechtigkeit und im Namen der Menschlichkeit" die Verlegung des Kommunaldezernats.[36] Die für den Umzug vorgesehenen Möbelwagen mußten so leer nach Detmold zurückfahren, wie sie in Minden angekommen waren. Heinrich Drake mußte schließlich Hilfe von der Landesregierung in Anspruch nehmen, um einige Tage später die Anordnung zum Umzug eines Dezernats mit Polizeieinsatz durchzusetzen. Wer heute Zeitungsberichte aus den Tagen, in denen die Auseinandersetzungen eskalierten, liest, wird unschwer feststellen können, wie aufgeheizt die Stimmung in Minden war.

Auch wenn man von einigen journalistischen Überzeichnungen absieht, so zeigen die Berichte doch, wie die Verhältnisse sich hochgeschaukelt hatten. Da bei diesen Auseinandersetzungen auch das Vertrauensverhältnis zwischen Drake und seinem Vizepräsidenten von Lüpke verlorengegangen war, wurde dieser auf Betreiben Drakes von der nordrhein-westfälischen Landesregierung in den Wartestand versetzt. Gleichzeitig wurde der Vorsitzende des Betriebsrats, Regierungsrat Kronsbein, wegen – so wörtlich – "eklatanten Rechtsbruchs" schlicht entlassen, weil man im Innenministerium in Düsseldorf festgestellt hatte, daß er als Beamter überhaupt nicht rechtswirksam auf Lebenszeit ernannt worden war.[37]

Widerstand aus der Detmolder Bevölkerung und Auseinandersetzungen mit der Stadtverwaltung

Es gab aber nicht nur den massiven Widerstand der Mindener Bediensteten, sondern auch Teile der Detmolder Bevölkerung wehrten sich vehement gegen die Verlegung. Der Haus- und Grundbesitzerverein in Detmold wandte sich in einem Schreiben vom 16.3.1948 an den Militärgouverneur des Landes NRW in Düsseldorf. In diesem Protest hieß es:

> Die unserem Verbande angeschlossenen Hauseigentümer sind aufs äußerste beunruhigt über die augenscheinlich neuerdings wieder forciert betriebene Verlegung weiterer Regierungsstellen von Minden nach Detmold. Der Verein bittet dringend, derartige Maßnahmen einstweilen einen sofortigen Stopp entgegensetzen zu wollen. Zur Begründung wird folgendes angeführt: Die Stadt Detmold kann die mit der Verlegung zwangsläufig verbundene weitere wohnungsmäßige Belastung niemals tragen. Entgegenstehende Ansichten gehen an dem Kern des Problems vorbei. Auch an Büroräumen herrscht in Detmold und nahegelegenen Gemeinden nach wie vor größter Mangel, eine weitere Entfremdung von Wohnraum wird durch die notwendigerweise folgenden Anforderungen der Besatzungsmacht unerträglich, das ist auch kürzlich innerhalb der Stadtvertretung zum Ausdruck gebracht worden. [...][38]

Drake nahm dieses Schreiben und eine weitere Eingabe von Hausbesitzern, die um die Beschlagnahme ihrer Häuser fürchteten (Abb.5), zum Anlaß, Bürgermeister Priester und Stadtdirektor Dr. Schmidt am 31.5.1948 den Ernst der Situation noch einmal darzustellen. Er sparte auch nicht mit Vorwürfen, wenn er schrieb:

> Die besonderen Vorteile, die der Stadt Detmold auf die Dauer durch den Sitz der Bezirksregierung entstehen werden, sind unverkennbar. Allerdings machen in Verbindung hiermit die sonstigen Kultureinrichtungen und -anstalten, die in Detmold begründet oder vorgesehen sind, einige Sorgen. Sie sind zeitlich zu werten und können den Blick eines unbeirrt über gewisse Zeiträume hinweg in die Zukunft sehenden Menschen nicht beirren. [...] Ich muß aber bitten, nunmehr beherzt und entschieden den Standpunkt aufzugeben, daß etwa in erster Linie alle frei werdenden Wohnungen für sonstwie zuziehende und die ansässige Bevölkerung zu vergeben seien. Woh-

Detmold 25. 5. 1948.

An den

Herrn Regierungspräsidenten D r a k e ,

D e t m o l d

Regierung.

Am gestrigen Tage wurde von 3 Offizieren der Besatzungsmacht unter Führung des Herrn Capt. Taylor und dem Leiter des Wohnungsamtes, Detmold eine erneute Besichtigung verschiedener Häuser Detmolds vorgenommen, insbesondere die Häuser der Unterzeichneten.

Bisher erfolgte fast regelmässig eine Beschlagnahme nach einer Besichtigung.

Im engl. Unterhaus wurde vor kurzem erklärt, dass weiter Beschlagnahmungen von Wohnungen seitens der Besatzungsmacht nicht mehr erfolgen würden.

Sämtliche Unterzeichnete erklären, dass sie bei einer Beschlagnahme nur der rohen Gewalt weichen werden.

Wir ersuchen Sie deshalb Ihren Einfluss geltend zu machen dass Besichtigungen bezw. Beschlagnahmungen nicht mehr erfolgen.

Bemerken möchten wir noch, dass eine Copie dieses Schreibens und ein weiteres Schreiben, von dem Sie in der Anlage Copie erhalten, an die untenstehenden Stellen gesandt wurde.

Copien an:
Ministerpräs. v. Nordrh.Westf. Arnold
Vizepräs. des Reg. Bez. Minden, Lübke
Mil. Reg. Detmold, Kreiskommandant
Stadtdirektor Dr. Schmidt, Detmold
Wohnungsamt, Detmold
Unterhausminister Stokes, London
Engl. Quartieramt, Lippspringe
Engl. Hauptquartier, Bad Oeynhausen
Freie Presse, Detmold
Westfalen Zeitung, Detmold
Westf. Tageblatt, Detmold
Volks-Echo, Detmold
N.W.D.R. Abt. Echo des Tages, Hamburg

Abb.5 Der massive Protest Detmolder Bürger zeigt die Not der Wohnraumversorgung und den Widerstand gegen die Beschlagnahmungen durch die Besatzungsmacht.

nungsausschuß, Wohnungsamt und Stadtrat werden erkennen, daß eingegangene Verpflichtungen gehalten werden müssen, und daß es nunmehr in den nächsten Monaten mehr als je darauf ankommen wird, nicht nur Einzelzimmer, sondern auch eine bestimmte Anzahl von Wohnungen für die wichtigsten von Minden herüberzunehmenden Kräfte verfügbar zu machen. Der Herr Stadtdirektor hat bei mir vor kurzem angefragt, ob ich geneigt sei, in einer öffentlichen Versammlung über diese Angelegenheit zu sprechen. Ich bin in Würdigung der Verhältnisse, wie sie nun einmal sind, bereit, vor einer Versammlung von verantwortlichen Bewohnern der Stadt und namentlich den verantwortlichen Vertretern der politischen Parteien über die Sache zu reden. Bei der Verschärfung der Lage kann ich nicht sprechen in einer bunt zusammengewürfelten Volksversammlung, weil ich glaube, daß sie gewissen unsachlichen Treibereien anheim fiele, die den Zweck vereiteln könnten. [...][39]

Der Stadtdirektor antwortete am 1.6.1948 zugleich im Namen des Bürgermeisters und wehrte sich mit Nachdruck gegen die im Schreiben Drakes enthaltenen Vorwürfe. Wörtlich hieß es:

Der Stadtvertretung und der Stadtverwaltung ist bekannt, daß weite Teile der Bevölkerung der Stadt Detmold der Verlegung der Regierung von Minden nach Detmold passiv, ja sogar ablehnend gegenüberstehen, nicht des Prinzips wegen oder aus politischen Ambitionen, sondern deswegen, weil sie die damit verbundenen Unzuträglichkeiten als Last empfinden. Stadtvertretung und Stadtverwaltung sind aber der Meinung, daß auf lange Sicht gesehen nur die Entscheidung richtig sein kann, die Regierung nach Detmold zu bekommen. Sie halten daran fest auch ohne Rücksicht darauf, ob diese Beschlüsse populär sind oder nicht. Wenn in ihrem Schreiben allerdings der Vorwurf gegen die Stadt erhoben wird, daß sie mehr Initiative entwickeln müsse, so sehe ich mich, beauftragt von der Stadtvertretung, aber auch im Namen der Verwaltung, veranlaßt, diesen Vorwurf, nachdem er nun wiederholte Male erhoben worden ist, in aller Form zurückzuweisen. [...] In verschiedenen mündlichen Besprechungen hat die Stadtverwaltung u.a. auch auf die dringende Notwendigkeit hingewiesen, daß die umliegenden Gemeinden in stärkerem Maße an der Wohnraumbeschaffung für die Beamten aus Minden herangezogen werden müßten. Die Gemeinde Detmold hat diese Einwirkungsmöglichkeit nicht, sie liegt vielmehr nur beim Kreis Detmold oder bei der Regierung selbst, die entsprechende Anweisungen an den Herrn Oberkreisdirektor geben könnte.[40]

Als sich nach der Währungsreform (20.6.1948) die Möglichkeiten zur Beschaffung von Baumaterial besserten, entspannte sich die schwierige Wohnraumsituation merklich. Die begehrte Deutsche Mark sorgte zusätzlich dafür, daß möblierte Zimmer in größerem Umfange zur Verfügung gestellt wurden, als das bis dahin der Fall war. So können wir im Verwaltungsbericht der Stadt Detmold für die Jahre 1948/49 lesen:

> Die Verlegung der Regierung von Minden nach Detmold wurde im Berichtsjahr fast vollständig zu Ende geführt. Die sich daraus insbesondere wohnungsmäßig für die Stadt ergebende Belastung war außerordentlich spürbar und erfuhr dadurch eine Verschärfung, daß durch Erlaß des Herrn Wiederaufbauministers vom Januar 1949 den versetzten Regierungsbeamten und ihren Familien eine Bevorzugung bei der Zuteilung von Wohnungen eingeräumt wurde. Es wurden allein 22 Wohnungen und 138 Unterkünfte für Regierungsbeamte zur Verfügung gestellt. Leider beteiligten sich die umliegenden Gemeinden entgegen den ursprünglichen Absichten der Regierung nicht an der Unterbringung der Regierungsbeamten. [...]

Die Bezirksregierung hatte inzwischen von sich aus einen Omnibuszug (Motorwagen mit Anhänger) gekauft, um im Rahmen eines Berufslinienverkehrs zwischen Minden und Detmold die Mindener Bediensteten täglich zu befördern. An diesem Berufslinienverkehr, der ab 1.9.1948 eingerichtet wurde, nahmen in der ersten Zeit etwa 70 bis 80 Personen ständig teil.

Die Wohnungssituation verbesserte sich schlagartig, als die "Lippische Wohnungs- und Siedlungsgenossenschaft" auf Betreiben der Bezirksregierung und mit Unterstützung der Stadt Detmold ein größeres zusammenhängendes Bauvorhaben mit 48 Wohnungen an der Hornschen Straße verwirklichen konnte. Diese Wohnungen konnten Anfang 1950 bezogen werden. Beim Umzug der Mindener Dienststellen nach Detmold, der im wesentlichen in den Monaten Juni bis September 1948 durchgeführt wurde, zeigte sich sehr schnell, daß das Gebäude der ehemaligen Lippischen Landesregierung den Raumbedarf für die nun deutlich größer gewordene Behörde nur zu einem kleinen Teil befriedigen konnte. Neben dem Gebäude der ehemaligen Lippischen Landesregierung an der jetzigen Heinrich-Drake-Straße (das heutige Amtsgericht) wurden Dienststellen in angemieteten Räumen und Häusern untergebracht:

- in der früheren "Fürstlichen Landes-Spar- und Leihekasse", zusammen mit der damaligen Kreissparkasse, die im Erdgeschoß untergebracht war,
- im ehemaligen lippischen Landtagsgebäude,
- in der Hermannstr./Ecke Alexanderplatz. (Hier wurde das bis dahin selbständige Straßenverkehrshauptamt mit übernommen.),

Abb.6 Der Gebäudekomplex der ehemaligen Lippischen Landesregierung am Kaiser-Wilhelm-Platz wurde auch zum Hauptgebäude der Behörde des Regierungspräsidenten.

Abb.7 Die ehemalige Kaserne an der Leopoldstr. bot Platz für mehrere Dezernate, die von Minden nach Detmold verlegt wurden. Ende der fünfziger Jahre mußte die Kaserne dem Regierungsneubau an dieser Stelle weichen.

- in den Kasernengebäuden an der Bielefelder Straße,
- im damaligen "Hotel Fürst Leopold" an der Paulinenstraße (gegenüber der Bahnhofsstraße),
- im "Volkshaus" an der Ecke Paulinenstraße/Röntgenstraße,
- in der Kaserne an der Richthofenstraße, die zwar durch Kriegseinwirkungen stark beschädigt war, aber sofort wieder aufgebaut wurde und ab Mitte 1951 vor allem die Schulabteilung, die Forstabteilung, das Oberversicherungsamt und das Staatshochbauamt aufnehmen konnte,
- in der Kaserne an der Leopoldstraße mit dem ehemaligen Arresthaus (im hinteren Teil des Grundstücks).

Stellenbesetzung, innere Organisation und Geschäftsverteilung der Behörde des Regierungspräsidenten

Nachdem der größte Teil der Verwaltung aus Minden nach Detmold übergesiedelt war, wurde die Behörde organisatorisch neu gegliedert. Zunächst erschien am 7.8.1948 eine vorläufige Dienstordnung, die Rege-

Abb.8 Ministerpräsident Karl Arnold (zweiter von rechts) mit seinem Kabinett bei einer Rundreise durch Ostwestfalen-Lippe im Jahr 1951. Dritter von links: Regierungspräsident Heinrich Drake.

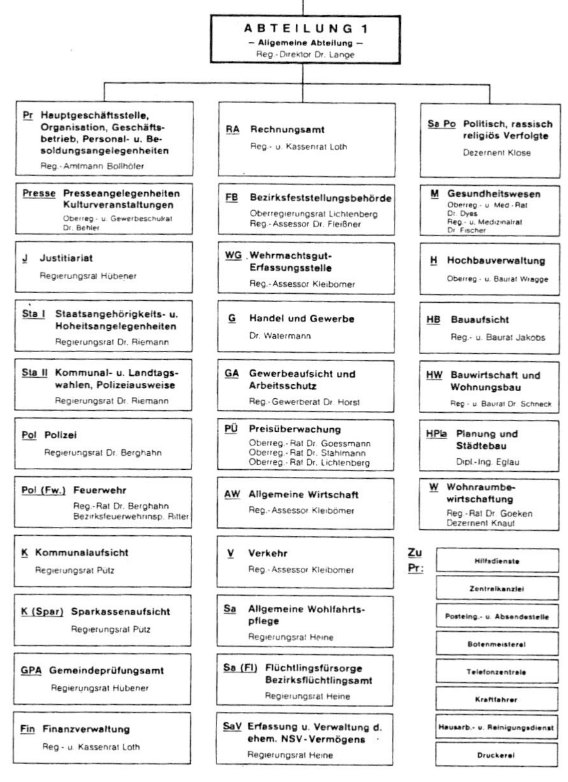

Abb.9 Erster Organisationsplan der zusammengelegten Behörden Minden-Detmold

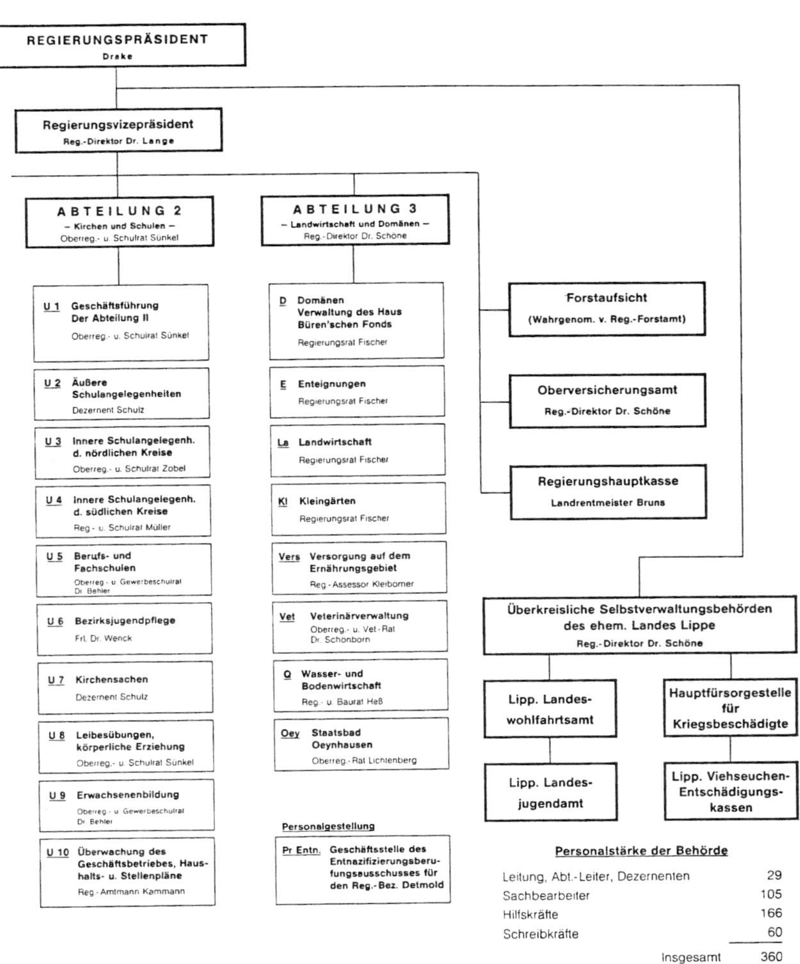

REGIERUNGSPRÄSIDENT
Drake
Regierungsvizepräsident
Reg.-Direktor Dr. Lange
ABTEILUNG 2
– Kirchen und Schulen –
Oberreg.- u. Schulrat Sünkel
ABTEILUNG 3
– Landwirtschaft und Domänen –
Reg.-Direktor Dr. Schöne
U 1 Geschäftsführung Der Abteilung II
Oberreg.- u. Schulrat Sünkel
U 2 Äußere Schulangelegenheiten
Dezernent Schulz
U 3 Innere Schulangelegenh. d. nördlichen Kreise
Oberreg.- u. Schulrat Zobel
U 4 Innere Schulangelegenh. d. südlichen Kreise
Reg.- u. Schulrat Müller
U 5 Berufs- und Fachschulen
Oberreg.- u. Gewerbeschulrat Dr. Behler
U 6 Bezirksjugendpflege
Frl. Dr. Wenck
U 7 Kirchensachen
Dezernent Schulz
U 8 Leibesübungen, körperliche Erziehung
Oberreg.- u. Schulrat Sünkel
U 9 Erwachsenenbildung
Oberreg.- u. Gewerbeschulrat Dr. Behler
U 10 Überwachung des Geschäftsbetriebes, Haushalts- u. Stellenpläne
Reg.-Amtmann Kammann
D Domänen Verwaltung des Haus Büren'schen Fonds
Regierungsrat Fischer
E Enteignungen
Regierungsrat Fischer
La Landwirtschaft
Regierungsrat Fischer
Kl Kleingärten
Regierungsrat Fischer
Vers Versorgung auf dem Ernährungsgebiet
Reg.-Assessor Kleibömer
Vet Veterinärverwaltung
Oberreg.- u. Vet.-Rat Dr. Schönborn
Q Wasser- und Bodenwirtschaft
Reg.- u. Baurat Heß
Oey Staatsbad Oeynhausen
Oberreg.-Rat Lichtenberg
Personalgestellung
Pr Entn. Geschäftsstelle des Entnazifizierungsberufungsausschusses für den Reg.-Bez. Detmold
Forstaufsicht
(Wahrgenom. v. Reg.-Forstamt)
Oberversicherungsamt
Reg.-Direktor Dr. Schöne
Regierungshauptkasse
Landrentmeister Bruns
Überkreisliche Selbstverwaltungsbehörden des ehem. Landes Lippe
Reg.-Direktor Dr. Schöne
Lipp. Landeswohlfahrtsamt
Hauptfürsorgestelle für Kriegsbeschädigte
Lipp. Landesjugendamt
Lipp. Viehseuchen-Entschädigungskassen
Personalstärke der Behörde
Leitung, Abt.-Leiter, Dezernenten 29
Sachbearbeiter 105
Hilfskräfte 166
Schreibkräfte 60
Insgesamt 360

lungen für den Geschäftsablauf und grundsätzliche Hinweise darüber enthielt, wie die Dezernate zusammenzuarbeiten hatten.

Hinsichtlich der Arbeitsweise der Bediensteten wurde in der für Drake typischen Diktion verfügt:

> Anfragen [...] sind gewissenhaft und pünktlich zu bearbeiten. Es ist keine Art und Weise, Gesuchsteller wochen- oder gar monatelang auf Antwort warten zu lassen. Wenn angenommen werden muß, daß die Angelegenheit zur gewissenhaften Erledigung längere Zeit in Anspruch nimmt (Rückfragen, Erhebungen bei anderen Dienststellen usw.), so ist es unbedingt erforderlich, den Einsender durch einen höflichen und sachlichen Zwischenbescheid zu verständigen.

Etwas später hieß es:

> Jede sachlich unnötige Verzögerung in der Erledigung eines Geschäftsvorganges muß vermieden werden. Bei wiederholten Verfehlungen hiergegen bleibt ein Vermerk in den Personalakten vorbehalten.[41]

Die Behörde wurde organisatorisch in drei Abteilungen gegliedert. Dazu kamen außerhalb der Abteilungsgliederung noch die Aufsicht über die Forsten, die vom Regierungsforstamt wahrgenommen wurde, sowie das Oberversicherungsamt und die Regierungshauptkasse. Aus dem Aufgabenbestand der früheren Lippischen Landesregierung waren noch
- das Lippische Landeswohlfahrtsamt,
- das Lippische Landesjugendamt,
- die Hauptfürsorgestelle für Schwerbeschädigte und
- die Lippische Viehseuchenentschädigungskasse

vorhanden, deren Aufgaben solange von der Behörde des Regierungspräsidenten mit wahrgenommen wurden, bis sie nach Gründung des Landschaftsverbandes Westfalen-Lippe im Jahre 1953 auf die Verwaltung in Münster übergingen.

Nicht mit in den Geschäftsverteilungsplan aufgenommen wurden die Personen- und Sachgebiete, die für den in Gründung befindlichen Landesverband Lippe vorgesehen waren. Das nordrhein-westfälische Gesetz über die Vereinigung des Landes Lippe mit dem Land Nordrhein-Westfalen vom 5.11.1948, das wegen der zunächst fehlenden Zustimmung der Militärregierung erst Mitte Oktober 1949 in Kraft treten konnte, enthielt die Regelung, daß die Beamten und Angestellen in ihrer bisherigen Rechtsstellung anteilmäßig von der neuen Körperschaft zu übernehmen seien.[42] Größere personelle Schwierigkeiten haben sich bei der Überleitung nicht ergeben. Aus der zentralen Verwaltung der früheren Lippischen Landesregierung sind etwa 18 Personen zum Landesverband Lippe übergetreten.[43] Von den leitenden Personen sind hier zu nennen: Oberregierungsrat Dr. Petri, Regierungsrat Dr. Berghahn und der spätere Oberverwaltungsrat Hüls.

Die Auseinandersetzungen über eine Volksabstimmung

Wie angekündigt, ist noch ein Wort über die in der Präambel der Verordnung Nr. 77 angekündigte Volksabstimmung zu sagen. Darüber hat es in Lippe und darüber hinaus noch Auseinandersetzungen gegeben. Die Landesregierung von Nordrhein-Westfalen legte dem Landtag mit Landtags-Drucksache Nr. 230 – das war im März 1951 – einen Gesetzentwurf vor, nach dem die Bevölkerung von Lippe nunmehr darüber abstimmen sollte, ob sie bei Nordrhein-Westfalen bleiben wolle oder nicht. Zu dem Volksentscheid, der nach der damaligen Stimmungslage mit großer Sicherheit eine Mehrheit für Nordrhein-Westfalen gebracht hätte, konnte es aber aus rechtlichen Gründen nicht kommen. Das Besatzungsstatut hatte den Art. 29 des Grundgesetzes suspendiert, in dem das Recht auf Volksbefragungen und Volksentscheide bei Neugliederung des Bundesgebietes oder bei Änderung der Landeszugehörigkeit geregelt ist. Das paßte nun aber gar nicht dem Ende 1948 gebildeten "Ausschuß zur Vorbereitung eines Volksentscheides über den Anschluß Lippes an die Nachbarländer Niedersachsen oder Nordrhein-Westfalen". Dieser Ausschuß, der sich unter maßgeblicher Mitwirkung des damaligen Herausgebers der 'Lippischen Landeszeitung', Hofrat Staercke gebildet hatte, setzte sich in einer Agitationsschrift "Gehört Lippe zu Niedersachsen oder Nordrhein-Westfalen?" massiv für eine Eingliederung Lippes in Niedersachsen ein. Später hat sich herausgestellt, daß die Agitation für Niedersachsen pikanterweise von der niedersächsichen Landesregierung mit öffentlichen Geldern, die zur Verschleierung über den dortigen Heimatbund flossen, gefördert worden war. Als klar war, daß eine Volksbefragung nur eine Art Meinungserforschung – mithin ohne rechtliche Wirkung – sein konnte, erklärten die vier lippischen Landtagsabgeordneten stellvertretend für ihre Wähler und einige maßgebliche Organisationen, daß die Bevölkerung in Lippe keinen Wert auf eine Abstimmung lege, zu der es dann auch nicht mehr gekommen ist.

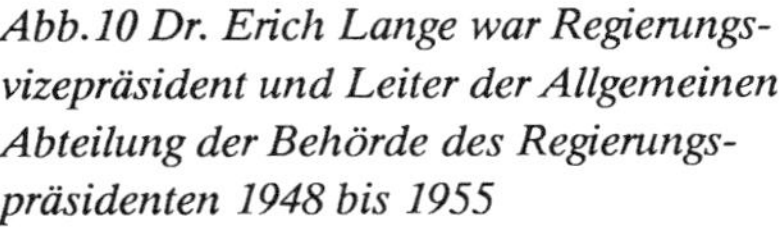

Abb.10 Dr. Erich Lange war Regierungsvizepräsident und Leiter der Allgemeinen Abteilung der Behörde des Regierungspräsidenten 1948 bis 1955

Abb.11 Abteilungsleiter der Abteilung 2 (Kirchen und Schulen) wurde Regierungsdirektor Wilhelm Sünkel

Abb.12 Abteilungsleiter der Abtelung für Landwirtschaft und Domänen wurde Regierungsdirektor Dr. Bruno Schöne, der später Regierungsvizepräsident dieser Behörde war. Das Bild (zweiter von rechts) zeigt ihn bei der Amtseinführung von Regierungspräsident Ernst Graumann am 19.10.64. Die weiteren Personen im Vordergrund (v. rechts): Oberbürgermeister Hinnendahl (Bielefeld), Regierungsvizepräsident Dr. Schöne, Präsident des Oberverwaltungsgerichts Dr. Pötter, Innenminister Dr. Weyer, Regierungspräsident Graumann, Frau Graumann, Regierungspräsident a.D. Drake.

Detmold als Kultur- und Verwaltungszentrum der Region Ostwestfalen-Lippe

Nach mehr als 4½ Jahrzehnten erscheinen uns aus heutiger Sicht die damaligen Ereignisse, als Detmold Sitz der Bezirksregierung wurde, nur noch als Episode; damals jedoch fanden sie weitere Beachtung und rissen Wunden, die erst nach vielen Jahren verheilt sind. Heute präsentiert sich die Bezirksregierung als modernes Dienstleistungsunternehmen für die Region Ostwestfalen-Lippe. Dazu Regierungspräsident Walter Stich:

> Heute ist unbestritten: Die Einheit des Verwaltungsgebietes als Regierungsbezirk fördert die Entwicklung von Gemeinsamkeit und Gemeinschaft in der Region. Die Bezirksregierung ist längst nicht mehr Zankapfel zwischen Ostwestfalen und Lippern, sondern wird als Bindeglied zwischen Lippe und Ostwestfalen begriffen und akzeptiert. Sie ist weder regional noch gesamtstaatlich ein Auslaufmodell. Keine Behörde kann gesamtstaatliche, regionale und kommunale Interessen besser miteinander verbinden. Ministerpräsident Johannes Rau hat kürzlich erklärt: <Das Zueinander politischer Ziele geschieht im Kabinett. Das Zueinanderbringen praktischer Ziele vor Ort ist Sache der Regierungspräsidenten.> Diese Aussage darf zumindest mittelfristig getrost als Bestandsgarantie für die staatliche Mittelinstanz in Nordrhein-Westfalen gesehen werden, auch für die zentrale ostwestfälisch-lippische Verwaltungsbehörde in Detmold. Längst ist die Bezirksregierung heimisch in Detmold und in Lippe. Bei kaum einer anderen Behörde in Nordrhein-Westfalen gibt es unter den Mitarbeitern so viel anhängliche Liebe zur Stadt und zur Landschaft, in der wir arbeiten und leben dürfen. Das ist auch eine wichtige Stütze des lippischen Besitzstandes.

Wenn die Stadt Detmold heute als Kultur- und Verwaltungszentrum der Region Ostwestfalen-Lippe anerkannt ist und beste Einkaufs-, Freizeit- und Erholungsmöglichkeiten bietet, dann hat dazu auch die Behörde des Regierungspräsidenten in nicht unerheblichem Maße beigetragen. Der langjährige Bürgermeister dieser Stadt, Friedrich Vogt, hat das beim hundertsten Geburtstag von Heinrich Drake (1981) zutreffend ausgedrückt: "Was wäre diese Stadt ohne ihre Bezirksregierung?"[45]

Abb. 13 Das Regierungsgebäude in Detmold (Bildmitte) im Jahre 1991 aus der Vogelschau. Die Behörde des Regierungspräsidenten konnte am 1.8.1991 ihr 175jähriges Bestehen feiern.

Anmerkungen

1. In: Heimatland Lippe (1987), Nr. 4, S. 130.
2. ebd., S. 118.
3. Erich Kittel, Heimatchronik des Kreises Lippe. 2. verb. u. erg. Aufl. Köln 1978 (Heimatchronik der Städte und Kreise des Bundesgebiets, Bd. 44), S. 194.
4. Ich folge der Darstellung von Hermann Niebuhr und Klaus Scholz: Der Anschluß Lippes an Nordrhein-Westfalen. Behauptung und Ende staatlicher Selbständigkeit 1802/3 – 1947. Eine Dokumentation. Detmold 1984, S. 23.
5. StA DT L 75 X, 1 Nr. 17 I. Zitiert von Ernst Siemer, Zusammenbruch und neue Ordnung. Von Minden nach Detmold. Eine Dokumentation. Detmold 1987, S. 121.
6. StA DT L 75 X, 1 Nr. 23. Zitiert wie Anm. 5, S. 130.
7. StA DT L 75 X, 1 Nr. 17 I. Zitiert wie Anm. 5, S. 132.
8. Wie Anm. 7.
9. Bundesarchiv Koblenz R 18/382. Zitiert wie Anm. 5, S. 134 ff.

10. Gutachten des Reichsinnenministers vom 13.9.1944. Zitiert von Ernst Siemer, 175 Jahre alt – Bezirksregierung in Ostwestfalen 1816-1991. Eine Dokumentation. Detmold 1991, S. 173.
11. Richtlinien der Militärregierung für die Verwaltung, die örtliche und die Gebietsregierung sowie für den öffentlichen Dienst. Zweite Auflage (revidiert am 1.2.1946) S. 9-11. Zitiert wie Anm. 4, S. 116f.
12. Diether Kuhlmann, Chronik der Stadt Detmold. Vom Kriegsende bis zur Gründung der Bundesrepublik Deutschland. 1945-1949. In diesem Band S. 579)
13. Schreiben der Militärregierung vom 22.4.1945. Zitiert wie Anm. 10, S. 184.
14. StA DT L 80 Ia Ib zu Nr. 11. Zitiert wie Anm. 4, S. 133.
15. Archiv der Industrie- und Handelskammer Detmold. Zitiert wie Anm. 4, S. 124 ff.
16. Schreiben der britischen Militärregierung vom 18.8.1946. StA DT 80 I a. II, 1 Bd. III. Zitiert wie Anm. 5, S. 151.
17. Denkschrift vom 1.4.1946. StA DT L 80 I a II 1 Nr. 28, Bd. I. Zitiert wie Anm. 4, S. 119.
18. Ursula Rombeck-Jaschinski, Heinrich Drake und Lippe. Düsseldorf 1984, S. 220.
19. Schreiben des Oberpräsidenten Dr. Lehr an Landespräsident Drake v. 17.5.1946. StA DT L 80 Ia I 6 zu Nr. 11. Zitiert wie Anm. 4, S. 129 f.
20. Protokolle der Kreistagssitzungen des Kreises Detmold und des Kreises Lemgo vom 30.11.1946 im Archiv des Kreises Lippe.
21. Handschriftlicher Vermerk Drakes vom 27.10.1946. StA DT L 80 I a II 1 Nr. 28, Bd. III. Zitiert wie Anm. 5, S. 152.
22. Lippische Landeszeitung vom 21.1.1967.
23. "Richtlinien für die Aufnahme des Landes Lippe in das Gebiet des Landes Nordrhein-Westfalen," Verabschiedet von der Landesregierung Nordrhein-Westfalen am 5.12.1946. StA DT L 80 I a II 1 Nr. 28. Zitiert wie Anm. 5, S. 15 8 f.
24. Volker Wehrmann, Heinrich Drake 1881 – 1970. Sein Leben in Bildern und Dokumenten. Detmold 1981, S. 326 ff.
25. StA DT L 80 I a II 1 Nr. 28 Bd. II. Zitiert wie Anm. 24, S. 329.
26. In: Freie Presse vom 5.4.1947. Zitiert wie Anm. 5, S. 197.
27. StA DT D 1 6358 Bd. I. Zitiert wie Anm. 5, S. 198.
28. StA DT D 1 6358 Bd. I.
29. Personlakte Drake beim Regierungspräsidenten in Detmold. Zitiert wie Anm. 5, S. 207.
30. StA DT D1 Nr. 6358 Bd. I.
31. Die Personalstärke der Regierung in Minden betrug bei der Zusammenlegung tatsächlich 298 Personen.
32. StA DT D 1 Nr. 6358. Zitiert wie Anm. 4, S. 203 ff.
33. StA DT D 70 Nr. 136. Zitiert wie Anm. 5, S. 198 f.
34. Stadtarchiv DT 138/11.

35. Protokoll der 53. Sitzung des Kabinetts von NRW. Hauptstaatsarchiv Düsseldorf NW 30. Zitiert wie Anm. 5, S. 235.
36. StA DT D 70 Nr. 78. Zitiert wie Anm. 5, S. 259.
37. Registratur Regierungspräsident Detmold.
38. StA DT D 1 Nr. 6359. Zitiert wie Anm. 5, S. 212 f.
39. StA DT D 1 Nr. 6360 Bd. III. Zitiert wie Anm. 5, S. 271 f.
40. StA DT D 1 Nr. 6360 Bd. III. Zitiert wie Anm. 5, S. 272 ff.
41. Rundschsreiben vom 7.8.1948 – Pr. –.
42. § 10 Ges. über die Vereinigung des Landes Lippe mit dem Land Nordrhein-Westfalen vom 5.11.1948 (GV. NW. 1949 S. 267).
43. Gesetz über den Landesverband Lippe vom 5.11.1948 (GV. NW. 1949 S. 269).
44. Walter Stich, Vom preußischen Import zum lippischen Besitzstand. In: Lippische Landeszeitung vom 7.2.1992 (Sonderausgabe zum 225jährigen Bestehen).
45. Lippische Rundschau vom 12.12.1981.

Wilfried Reininghaus

Die Industrie- und Handelskammer Detmold, die lippische Wirtschaft und der Anschluß an Nordrhein-Westfalen

Die Geschichte einer Industrie- und Handelskammer mag im Rahmen einer Vortragsreihe über die Zeit nach 1945 auf den ersten Blick nicht als vordringlich zu behandelndes Theam erscheinen, wo doch über die Not und den Hunger, den Wiederaufbau und das Problem der Heimatvertriebenen und Flüchtlinge, die Gründung demokratischer Parteien zu sprechen näher läge. Nun sind ja zum einen viele dieser Fragen in den bisherigen Veranstaltungen dieser Reihe angesprochen worden. Die sehr informative Ausstellung im Staatsarchiv hat zusätzlich darüber unterrichtet.[1] Zum anderen weiß jeder, der die Wirtschaftsgeschichte der Jahre 1945 bis 1950 kennt, welche zentrale Bedeutung die Industrie- und Handelskammern in dieser Zeit hatten.[2] Sie vermittelten unmittelbar zwischen Betrieben und der Besatzungsmacht, waren in die Verfahren zur Bewirtschaftung knapper Güter eingeschaltet, sie kämpften gegen Demontage und halfen, das Chaos zu beseitigen. Über das Alltagsgeschäft hinaus leisteten sie mit anderen und auch gegen andere einen wichtigen konzeptionellen Beitrag zum Aufbau der sozialen Marktwirtschaft, die für die Bundesrepublik Deutschland charakteristisch werden sollte.

Vor diesem Hintergrund stellte sich die Frage: Was war das Besondere an der *lippischen* Industrie- und Handelskammer? Schnell stößt man auf zwei Bereiche, die zentral sind und die so woanders nicht vorkommen könnten. Ich werde deshalb erstens die 'Wiedergründung' der Kammer zwischen 1945 und 1947 einschließlich ihrer langen Vorgeschichte erörtern. Sie ist deshalb unmittelbar in die lippische Landesgeschichte einzuordnen, weil sie das Ergebnis des Kampfes um Erhaltung der Selbständigkeit bzw. Eigenständigkeit Lippes war. Die Erklärung von Ministerpräsident Arnold am 22.1.1952 über die Verwaltung der lippischen Gebietsteile Nordrhein-Westfalens bekräftigte endgültig diesen Sachverhalt. In Punkt 11 heißt es, daß die Selbstverwaltungskörperschaften der gewerblichen Wirtschaft in Lippe den Wunsch geäußert hätten, daß ihre Grenzen nicht geändert werden. "Die Landesregierung", so Arnold, "beabsichtigt nicht, eine Veränderung der Grenzen der Industrie- und Handelskammer [...] zu betreiben".[3]

Arnolds Erklärung von 1952 steht am Schluß einer langwierigen Entwicklung, deren einzelne Schritte 1984 unter dem Titel "Behauptung und Ende staatlicher Selbständigkeit 1802/3-1947" vom Staatsarchiv Detmold dokumentiert worden sind und die mit dem "Anschluß Lippes an Nordrhein-Westfalen" endeten. Die Akten der Industrie- und Handelskammer Detmold erlauben, die interne Meinungsbildung der lippischen Wirtschaft in der Anschluß-Frage zu rekonstruieren.[4] Die Kammer als Teil der lippischen 'Stände' – über diesen Begriff werden wir noch sprechen müssen – hatte eine wichtige Position im Meinungsbildungsprozeß innerhalb der lippischen Öffentlichkeit. Der 'Anschluß' und die Stellungnahmen der lippischen Wirtschaft sind daher das Thema des zweiten Abschnitts.

I. Der Kampf um die Selbständigkeit der Kammer 1942-1947

Die lippische Industrie- und Handelskammer ist ein Gründung des Jahres 1904.[5] Sie ging hervor aus dem Handels- und Gewerbeverein und wehrte 1923 erstmals einen Versuch ab, mit der Handelskammer Bielefeld verschmolzen zu werden. Der preußische Handelsminister hatte dies im Zusammenhang mit der Reichsreform in der Weimarer Zeit angeregt. Die Vollversammlung in Detmold hielt dem im Oktober 1923 entgegen, "das Bedürfnis der lippischen Wirtschaft nach einer eigenen Handelskammer bestehe mindestens solange, wie Lippe selbständig bleibe".[6] Die Reichsreform zur Neuordnung der Länder geriet ins Stocken und wurde auch von den Nationalsozialisten nicht zustande gebracht. Ein letzter Anlauf zur Neugliederung der Reichsgaue mit den Folgen für die lippische Handelskammer sorgte im Februar 1935 den Kammervorstand ein letztes Mal[7], dann verschwanden die Pläne in den Schubladen.

Doch 'Organisationsruhe' – ein Schlagwort jener Zeit – herrschte nur scheinbar. Die Herrschaftsstruktur des NS-Staates mit seinen rivalisierenden Machtzentren schuf zwischen 1933 und 1945 ständig neue Behörden und Apparate und trug zu einem schleichenden Verlust der Selbständigkeit der lippischen Handelskammer bei. Sie hatte sich 1933 einige Zeit gegen eine Gleichschaltung gesperrt, es dauerte verhältnismäßig lange, bis am 12.6.1933 eine neugebildete Vollversammlung zusammentrat. Das "Gesetz zur Vorbereitung des organischen Aufbaus der deutschen Wirtschaft" vom 27.2.1934 und die folgenden Verordnungen von Reichswirtschaftsminister Schacht leiteten dann eine Umorganisation von Handelskammern und Verbänden ein, die in einer Reichswirtschaftskammer zusammengefaßt wurden. Als regionale Untergliederungen der Reichswirtschaftskammer entstanden regionale Wirtschaftskammern. Lippe wurde der am 14.3.1935 gegründeten Wirtschaftskammer Westfalen-Lippe mit Sitz an der Industrie- und Handelskammer Dortmund zugewiesen. Diese Wirtschaftskammer ging über die preußische Provinz Westfalen hinaus und bezog nicht nur beide Lippe, sondern Teile der heutigen Rheinland-Pfalz und Hessen mit ein. Von dieser Wirtschaftskammer sah die lippische Kammer zunächst keine Gefahr ausgehen, denn ihre Autonomie blieb erhalten. Traditionelle Kompetenzen mußte sie nicht abgeben – im Gegenteil, neue Aufgaben, etwa im Bildungsbereich und in der Betreuung des Handels und des Kleingewerbes, wuchsen den einzelnen Kammern zu. Allerdings war schon 1936 eine regionale Umorientierung nötig. Detmold verließ den Kammerverband Niedersachsen-Kassel.

Die Wirtschaftskammern waren zunächst ein loser regionaler Dachverband, boten aber eine Angriffsfläche für den Staat.[8] Je mehr aufgerüstet wurde und je mehr die einzelnen Betriebe Bewirtschaftungs- und Planverfahren unterworfen wurden, um so mehr Dirigismus hielt über die Wirtschaftskammer Einzug in die Handelskammern, so sehr sie sich auch gegen eine "überflüssige Überorganisation"[9] wehrten. An zwei Stellen höhlten die Wirtschaftskammern von oben die Autonomie aus. Seit 1936 konzentrierten sie die Vergabe der öffentlichen Aufträge bei sich, seit Sommer 1939 gab es eine wehrwirtschaftliche Abteilung, durch die die Kammer unmittelbar einer mittleren Behörde, dem neugebildeteten Bezirkswirtschaftsamt Münster, unterstellt wurde. Aus Sicht der einzelnen Firmen und der Kammer entstand ein Kompetenzwirrwarr. So lautete der Briefkopf in allen kriegswirtschaftlichen Auftragsangelegenheiten: "IHK in Detmold. Der Reichskommissar".[10]

Zwar gab die Kammer ihre Abwehrhaltung gegen die Einbeziehung in den staatlichen Behördenapparat förmlich zu Protokoll, jedoch ohne Chance, sich der gelenkten Kriegswirtschaft zu entziehen. Kriegsbedingt sollte auch die "Organisation der gewerblichen Wirtschaft" vereinfacht und vereinheitlicht, die Zahl der Kammern drastisch reduziert werden. In Westfalen sollten nur noch zwei Gauwirtschaftskammern, entsprechend den NSDAP-Gauen Westfalen-Nord und -Süd bestehen bleiben. Die Detmolder Kammer hörte "gerüchteweise", "daß beabsichtigt sei, sie der Kammer Bielefeld anzugliedern bzw. zu unterstellen".[11] Die Bielefelder Wirtschaftskammer im Bezirk der Gauwirtschaftskammer Westfalen-Nord in Münster war vorgesehen, weil der ganze Gau von Münster aus nicht zu betreuen war. Die Kammer Detmold wollte nun aber auf keinen

Fall Bielefeld untergestellt werden, sondern favorisierte den Ursprungsplan, als Zweigstelle Münster unterstellt zu werden. Einer mißlichen "Bürokratisierung" wurde das "Aufrechterhalten der ehrenamtlichen Mitwirkung der Unternehmer in den Kammern" auch im Krieg gegenübergestellt. Dennoch mußte in der Beiratssitzung vom 31.3.1943 der amtierende Vorsitzende des Beirats Nagel (Eickernmühle) den Übergang von der Industrie- und Handelskammer Detmold zur Zweigstelle der Wirtschaftskammer Bielefeld bekanntgeben, die einen Tag später eingesetzt wurde. Nagel bemängelte, daß "wir in der Frage der Umgestaltung unserer Kammer überhaupt nicht angegangen und gehört [worden] sind".[12] Hier klingt ein Motiv an, daß nach 1945 allen Widerstand gegen Pläne über Anschluß an die eine oder andere Seite begründete, nämlich das Gefühl, nicht gefragt worden zu sein. Nagel verband es mit der Einsicht, "daß die Organisation der gewerblichen Wirtschaft fruchtbare Arbeit nur dann leisten kann, wenn die erforderliche Betriebsnähe und die unmittelbare Verbindung mit der Betriebspraxis gewahrt bleibt". Er kämpfte daher bis in das Jahr 1944 hinein für Unabhängigkeit von Bielefeld.[13] Ihm gelang es zwar nicht, den Gauleiter zu umgehen, aber er ließ eigene Gremien für Detmold im Apparat der Wirtschaftskammer verankern. Die dank Nagels Einsatz gemilderte Unselbständigkeit blieb ein kurzes Intermezzo, wegen der Kriegsereignisse blieb die Organisation der Gauwirtschaftskammern ein Provisorium. Sie war aber verantwortlich für ein Vakuum, das nach dem Ende der Kriegshandlungen entstand. Während in anderen Städten die Handelskammern die allerersten Ansprechpartner der Besatzungstruppen in Wirtschaftsfragen waren, trat in Lippe ein Industrieausschuß an die Stelle der Kammer. Diese für ganz Westdeutschland ungewöhnliche Entwicklung erklärt sich aus der Unsicherheit in der Rechtslage, die eine lokale Abweichung zuließ. Die Wirtschaftskammer war noch nicht aufgehoben, eine Zweigstelle Detmold, deren Haus in der Bismarckstraße 19 im übrigen die Briten beschlagnahmt hatten, war unerwünscht. Georg Müller aus Oerlinghausen war der führende Kopf des Industrieausschusses, der mit der Militärregierung um Betriebsgenehmigungen rang. Müller verfolgte mit dem Industrieausschuß durchaus eine neue Konzeption. Er sollte sich auf die Industrie konzentrieren und den Handel ausschließen. Nur ein Industrieausschuß könne z.B. in Bewirtschaftungsfragen kompetent auftreten, während der Kammer an einem Interessenausgleich gelegen sein müsse. Müller wollte sie auf hoheitliche Aufgaben beschränkt sehen.[14] Als Müller im Juli 1945 sein Konzept niederschrieb, hatte der Industrieausschuß bereits einige seiner Aufgaben an die neukonstituierte Kammer wieder abgegeben. Der 'Ausschuß' hatte von sich aus die Neugründung betrieben. Anlaß waren Ende Mai 1945 Beschwerden über Eingriffe der Amerikaner in die Holzindustrie; die Kammer wurde schmerzlich vermißt. Am 16.6.1945 ordnete Colonel Harley gegenüber Landespräsident Drake folgendes an:

- Die Bildung einer Industrie- und Handelskammer für Lippe und Schaumburg-Lippe zu Detmold wird bestätigt.
- Die Kammer untersteht der Gerichtsbarkeit und Gewalt des Landeswirtschaftsamts Westfalen.
- Eine Nebenkammer der holzverarbeitenden Industrie sollte errichtet werden, weil in Friedenszeiten die Holzindustrie mit 4.000 Arbeitern von 12.000 insgesamt dominierend sei.[15]

Drake ragierte sofort positiv und präsentierte auf Vorschlag Müllers als hauptamtlichen Geschäftsführer der Kammer Curt L. Schmitt, einen politisch unbelasteten ehemaligen Manager der AEG. Schmitt, Müller und Drake hielten die "Nebenkammer" für absolut überflüssig und setzten sich damit auch durch: "A subdivision of the Kammer itself would interfere with its character as a head organisation".[16] Den von Drake am 4.7.1945 vorgelegten Entwurf zur Gründung einer Industrie- und Handelskammer genehmigte die Militärregierung vorläufig. Drakes Entwurf orientierte sich am lippischen Kammergesetz von 1926. Ihn unterstützte bei den weiteren Vorbereitungen neben Schmitt für den Kreis Lemgo Fleischwarenfabrikant Heinrich Siekmann aus Lage. Die Dreierrunde listete 36 Persönlichkeiten auf, von denen dann zwölf für die neue Handelskammer ernannt werden sollten. Aus Detmold wurden Alex Hofmann von der Firma Klingenberg, Paul Jacobs, Heinrich Viesselmann und Fritz Müller genannt. In der Vollversammlung, die dann tatsächlich vom 7.9.1945 bis 7.7.1947 amtierte, war Fritz Müller nicht vertreten, an seiner Stelle rückte Wilhelm Schäferhenrich nach. Detmold stellte also vier der neun lippischen Vertreter, weitere drei kamen aus Schaumburg-Lippe. Am 7.9.1945 wurden Herbert Küster, Chef des Kolibri-Werks in Schötmar, zum Präsidenten und Alex Hofmann zum Vizepräsidenten gewählt. Zu diesem Zeitpunkt löste sich dann der Industrie-Ausschuß auf. Die Vollversammlung war zwar nicht durch Wahl, sondern durch Ernennung bestellt worden, doch im Vergleich zu den Kammern in der damals noch bestehenden Provinz Westfalen hatte die lippische Kammer im Ehrenamt viel schneller an die Zeit vor 1933 anknüpfen können.

Im August 1945 konnte daran gedacht werden, im Gebäude Fürstengartenstraße 22 mit der Verwaltungstätigkeit zu beginnen: "Die Kammer", so hieß es, "nimmt zunächst solche Arbeiten vor, die keinerlei Aufschub erleiden dürfen". Die lippische Wirtschaft benötigte dringend Rohstoffe, Kohle, Petroleum, Benzin. Drake mahnte Alex Hofmann, trotz der Vielzahl der Aufgaben "noch in Erwägung zu ziehen, daß es sich anempfehlen möchte, alle Organisationsformen der IHK klein aufzuziehen und lieber langsam wachsen zu lassen als umgekehrt".[17]

Spannungen zwischen der britischen Militärregierung und der Kammer blieben trotz Drakes Mahnung nicht aus. Am 21.2.1946 warf Major Paul der Kammer vor, sie "erteile nicht nur Gutachten und Ratschläge, sondern Weisungen und Befehle und üben Kontrolle aus." Am 20.4.1946 verfügten die Briten zwischenzeitlich die Entlassung des damaligen Kammermitarbeiters Dr. Rudolf Haus, der 1947 als Hauptgeschäftsführer auf Schmitt folgen sollte.

Die ersten regulären Kammerwahlen seit 1931 fanden am 7.7.1947 statt. Zu diesem Zeitpunkt waren die Schaumburger Vertreter seit einem Vierteljahr ausgeschieden. Im Zuge der Klärung der Anschlußfrage zugunsten von Nordrhein-Westfalen wurde konsequenterweise Schaumburg-Lippe an eine niedersächsische Kammer, nämlich Hannover, "abgetreten". Detmold wollte dafür durchaus einen Ersatz geltend machen.[18] Am 6.1.1947 berieten Schmitt und Drake vertraulich darüber, ob sich die Kammer nicht südlich des Teutoburger Waldes ausdehnen und ihren Bezirk auf die Kreise Paderborn, Büren, Höxter und Warburg erweitern solle. Auch in dieser Frage galt es, Hinterlassenschaften der Gauwirtschaftskammerzeit zu bewältigen. Höxter gehörte zwar schon seit 1880 zur Kammer Bielefeld, die restlichen drei Kreise waren jedoch erst zum 1.4.1943, von der Kammer Arnsberg kommend, zur Wirtschaftskammer Bielefeld gestoßen. Drake ließ seinen eigenen Plan jedoch schnell fallen und hielt ihn schon am 13.1.1947 für zu wenig ausgereift. Damit war eine Ausdehnung des Kammerbezirks vom Tisch.

Exkurs: Die Demontage im Schötmarer Kolibri-Werk

Jetzt schon könnten die Etappen des "Anschlusses" aus Sicht der Wirtschaft aufgerollt werden. Es ist jedoch lohnend, in einem Exkurs auf den Präsidenten der lippischen Kammer, Herbert Küster aus Schötmar, einzugehen. Er bekleidete dieses Amt fast 30 Jahre bis zum November 1974 und gehört sicher zu den markantesten lippischen Persönlichkeiten nach dem Krieg. Sein Unternehmen erreichte einen hohen Bekanntheitsgrad, weil es – ohne Schuld – in einen der spektakulärsten Demontagefälle verwickelt war.[19]

Auf der Konferenz von Jalta hatten die alliierten Kriegsgegner Deutschlands im Februar 1945 beschlossen, neben der Vernichtung des Kriegspotentials von Deutschland, in größtmöglichem Maße Schadensersatz zu verlangen. Noch 1944 begannen hierzu die Planungen (Stichwort: Morgenthau-Plan), nach Kriegsende legten verschiedene Industriepläne den Rahmen für die vorgesehenen Demontagelisten und Reparationsleistungen fest. Etliche Fachkommissionen prüften und veränderten mehrfach die Demontagelisten. Insgesamt sollten allein in Nordrhein-Westfalen 386 Werke ganz oder teilweise abgebaut werden, darunter nicht nur Rüstungsfabriken, sondern auch sonstige Industriewerke. Aus Lippe waren insgesamt sechs Unternehmen direkt von der Beschlagnahmung bedroht, mittelbar verspürten viele Abnehmer die stockenden Lieferungen bei Demontage der Werke ihrer Geschäftspartner. Am 20.5.1947 ging den Vereinigten Möbelfabriken in Detmold, dem einzigen demontagegefährdeten Werk dieser Stadt, der Beschlagnahmebescheid zu. Grund war die Auftragsfertigung des Werks für den Flugzeughersteller Focke-Wulf seit 1943. Cockpits aus Holz waren mit Spezialmaschinen von Focke-Wulf in Detmold hergestellt worden. Da diese Maschinen 1947 nicht mehr in Detmold standen, strichen die Alliierten die Vereinigten Möbelfabriken wieder von ihren Listen.

Dafür erregte die tatsächlich durchgeführte und dann rückgängig gemachte Demontage in Küsters Kolibri-Werk in Schötmar um so mehr Anteilnahme in der deutschen wie der europäischen Öffentlichkeit. Der Fall kam sogar vor das englische Unterhaus.

Die Ereignisse nahmen am 24.5.1946 ihren Ausgang. Eine englische Kommission der T-Force besichtigte Küsters Werk in Schötmar, das seit 1892 bestand und Kämme herstellte. Sechs von acht Maschinen sollten beschlagnahmt werden. Herbert Küster setzte anderthalb Jahre lang alles in Bewegung, um die Maschinen zu retten. Drake und später die nordrhein-westfälischen Ministerien halfen ihm dabei. In der Bevölkerung stießen die Demontagen auf schroffe Ablehnung, weil die Gefährdung der Arbeitsplätze und damit der Zukunft auf der Hand lag. In Schötmar waren 1946/47 60 Arbeitsplätze betroffen.

Küsters Fall war paradox. Als Freimaurer galt er als politisch unbelastet, sein Unternehmen hatte immer nur Kämme und nie für die Rüstung produziert. Formal waren die Engländer durchaus im Recht, denn die alliierten Beschlüsse hatten durchaus auch den Abbau von Maschinen aus dem Nicht-Rüstungssektor vorgesehen. Die politische Gesamtlage war jedoch schon 1946/47 verändert, der Ost-West-Konflikt warf seine Schatten voraus. Deshalb konnte Küster auch auf Verständnis für seinen Kampf hoffen. Das Kolibri-Werk war auf die Demontageliste geraten, weil ein englischer Konkurrent aus dem Embassy Work in Irthlingborough der Begutachtungskommission im Mai 1946 angehört hatte und Küsters Maschinen für sich reklamierte. Dessen Gegenargumentation sprach drei Punkte an: Erstens produziere er für den Frieden; zweitens seien die Maschinen nicht neuartig, sondern der Typ sei seit langem bekannt; drittens produziere er in Friedenszeiten zu einem Drittel für den Export. Das Küstersche Werk könne mit zwei Tagen Arbeit die Rohstoffzufuhr nach Lippe für einen Monat sichern.

Der Fall geriet im Laufe des Jahres 1947 in die Mühlen der Besatzungsbürokratie. Die deutsche wie die englische Politik und die Presse in der Schweiz und in England wurden eingeschaltet. U. a. ist über den Fall Küster im ersten Jahrgang des 'Spiegel' nachzulesen. Trotz des Einsatzes auf allen Ebenen ließen die Engländer bei passivem Widerstand der Belegschaft Ende Juli 1947 die Maschinen abbauen.

Unverdrossen kämpfte Küster für die Rückerstattung, stellte aber gleichzeitig Anträge auf Ersatz der Maschinen durch amerikanische Hersteller. Der NRW-Wirtschaftsminister Nölting brachte in London beim britischen Deutschland-Minister Lord Pakenham den Fall zur Sprache. Der berühmte Publizist Gollancz und der einflußreiche Labour-Abgeordnete Stokes plädierten für Küster. In einer Unterhaus-Debatte vom 26.10.1947 nahm Stokes den Fall Küster zum Anlaß, um – gegen englische Unternehmer gewandt – zu betonen: "Die Geier haben sich auf die deutsche Leiche gestürzt". Jetzt fragten selbst englische Zeitungen: Wo bleibt das Fair play? Im März 1948 hatte sich das Blatt endgültig zugunsten von Küster gewendet. Er erhielt seine Maschinen zurück. Für alle noch ausstehenden Demontagen diente sein Unternehmen als Beispiel für den Aberwitz des Maschinenabbaus.

II. Der Anschluß Lippes an Niedersachsen

Bei Herbert Küster liefen die Fäden zusammen, als die lippische Wirtschaft Stellung beziehen mußte in der Frage 'Nordrhein-Westfalen oder Niedersachsen'. In den ersten zwölf Monaten nach Kriegsende spielte das Thema der staatlichen Zukunft Lippes in den Akten der Handelskammer noch keine besondere Rolle. Nur einmal, im August 1945, reagierte die Kammer, als es um die Zugehörigkeit Lippe zum Bezirk des Oberlandesgerichts Celle ging. Der neue Geschäftsführer Schmitt argumentierte für Hannover und stellte fest: "Die lippische Industrie hat mit der Großindustrie Westfalens nicht das geringste zu tun."[20] Er knüpfte an ein Motiv der 1921 kontrovers geführten Diskussion um die Grenzen des Bezirkswirtschaftsrats an. Damals hatten SPD und Gewerkschaften für eine Ausrichtung nach Westfalen plädiert, während die Handelskammer darlegte, "daß die Kosten der Lebenshaltung und damit die Produktionsbedingungen bei uns erheblich niedriger sind als im Industriebecken Rheinland-Westfalen". Konkurrieren könne Lippe nur bei einer Produktion zu geringeren Kosten als im Ruhrgebiet.[21] Schon damals klang an, daß Lippe auf ein "bodenständiges Gewerbe, nämlich die Holzverarbeitung umgestellt" habe, und daß auch deshalb eher der Anschluß an das Wirtschaftsgebiet Niedersachsen zu suchen sei.

Im übrigen plädierten sämtliche lippischen Wirtschaftszweige, Landwirtschaft, Handwerk, Handel und Industrie unisono zuallererst für die Selbständigkeit Lippes, zuerst am 11.11.1945 im Gespräch mit Drake[22], dann in einer vielbeachteten Denkschrift, die Drake am 4.5.1946 übergeben wurde und für die Haltung der Kammer das ganze Jahr 1946 bindend war. In dieser Denkschrift traten die 'Stände', Industrie- und Handelskammer, Handwerkskammer und Kreisbauernschaft Lippe

> 1. für die Beibehaltung der bisherigen gewissen Selbständigkeit des Landes Lippe, 2. für eine gewisse Zusammenfassung der Länder Lippe, Schaumburg Lippe und der im Jahre 1932 der Provinz Hannover angegliederten Grafschaft Schaumburg (Kreis Rinteln) und deren Gesamtanschluß an die Provinz Hannover[23] ein.

Die Sitzungen des Zonenbeirats und die Londoner Pläne zur Neugliederung der Länder brachten die Diskussion in Gang und erforderten eine Stellungnahme, die die Industrie- und Handelskammer festlegte, obwohl schon zu diesem Zeitpunkt in größeren Teilen der lippischen Industrie Gründe für einen Anschluß an das kommende Nordrhein-Westfalen vorgetragen wurden.

Der Geschäftsführer der Kammer, Schmitt, formulierte im April den Leitgedanken.[24] Er reklamierte es in einem Schreiben an Vizepräsident Alex Hofmann als eines der ersten Privilegien der ständischen Organisation, unter Umgehung aller Instanzen unmittelbar der Landesobrigkeit vortragen zu können. Die Landstände aus der Zeit des Alten Reiches hatten in der organischen Gesellschaftslehre von Othmar Spann in den 1920er Jahren eine Renaissance erfahren, und sie kamen nach dem Kriege in der Anschluß-Frage deshalb ins Spiel, weil der Landesregierung und vor allem Drake an einem Ausgleich der Interessen und an einer breiten Meinungsbildung gelegen war. Schmitt hielt in einem Entwurf ausführlicher die Motive für die später vielzitierte Denkschrift fest. Er leitete aus den Erfahrungen mit expansionshungrigen westfälischen Gauleitern in den Jahren 1933 bis 1945 Aversionen gegen Westfalen ab. "Hannover" dagegen habe "zu allen Zeiten das größte Verständnis für die kleinstaatlichen Belange Lippes gehabt", während Westfalen "noch zu stark mit dem Gedanken an die Nazizeit belastet" sein. Von einem Anschluß an Westfalen befürchte man "die kulturelle Versteppung des lippischen Raumes". Schmitt argumentierte – und das überrascht – kaum mit ökonomischen Fakten. Die geschichtliche, kulturelle und konfessionelle Verbundenheit Lippes mit Niedersachsen waren die zentralen Glieder in seiner Beweiskette, die strukturelle Ähnlichkeit der dortigen Wirtschaft mit der lippischen eher zweitrangig.

In der überarbeiteten Denkschrift ist die Handschrift Küsters zu erkennen; die Verflechtung mit der Provinz Hannover im Verkehrssektor und in der Energieversorgung wurde hervorgehoben, die von Schmitt behauptete, aber offenkundig nicht erzielte Übereinstimmung mit der Arbeiterschaft wurde stillschweigend gestrichen. Bestand hatten die Seitenhiebe gegen die Großindustrie:

> Die großbetriebliche und kapitalistische Gestaltung der Betriebe gibt dem westfälischen Raum das Gepräge, während für Hannover, Lippe, Schaumburg-Lippe und Minden-Ravensberg die große Menge kleiner Betriebe sowie eine gesunde Mischung von Landwirtschaft, Industrie und Handel ein von Westfalen abweichendes Bild geben".[25]

Innerhalb der Handelskammer war das Votum der Denkschrift für Hannover nicht unumstritten. Paul Jacobs aus Detmold wandte für die Möbelindustrie ein, daß die Rohstoffe zwar aus Niedersachsen kämen, der Absatz aber in Richtung Westfalen gehe. Vor allem sei jedoch Lippe mit Bielefeld und Herford verzahnt. Otto Künne, Generaldirektor von Hoffmanns Stärkefabriken, benannte Küster in einem ausdrücklich als privat bezeichneten Schreiben am 26.7.1946 fünf Gegenargumente[26]:

> 1. Der Verkehr laufe nicht einseitig nach Niedersachsen, vielmehr sei Lippe durch Nebenbahnen mit den großen Durchgangslinien verbunden.
> 2. Nach 1945 habe sich die Ausrichtung ganz eindeutig in Richtung Westfalen verlagert. Ursache sei die Kohle: "Mit der Kohle steht und fällt die Wirtschaft".
> 3. Das Argument 'Schwerindustrie' zähle nicht mehr. Westfalen sei nicht allein durch sie geprägt, sondern ebenso von der Nahrungs- und Genußmittelindustrie.

4. Die Rheinlande und Westfalen stellten das Hauptabsatzgebiet für lippische Produkte dar.
5. Die meisten Besucher der lippischen Kurorte kämen aus Westfalen und den Rheinlanden.

Künne ist nicht zitiert, um ihm gegen Küster und Schmitt nachträglich recht zu geben. Vielmehr war die Lage kompliziert, für den Anschluß zur einen oder anderen Seite gab es Argumente pro und contra, die Selbständigkeit ließ sich keinesfalls erhalten, wie den Lippern durch die Radionachricht vom 17.6.1946 schmerzlich bewußt wurde, als die Militärregierung den Anschluß Lippes an Niedersachsen per Dekret bekanntgab.

Kammergeschäftsführer Schmitt warf Drake in vertraulich gehaltenen Briefen vor, mit Bielefeld zu paktieren und für Nordrhein-Westfalen Stimmung zu betreiben. Es fiel das Wort "Anschlußpropaganda". Der Landespäsident hatte sich offenbar mit der Handelskammer Bielefeld beraten und von dort Unterlagen zur wirtschaftlichen Verflechtung zwischen Minden-Ravensberg und Lippe erhalten. Bielefeld bezog gegen die Denkschrift vom 5.5.1946 Position und ließ das auch die Kammer in Detmold wissen. Die Argumente lauteten ähnlich wie die Künnes. Ziel einer Verwaltungsreform müsse es sein, möglichst große, leistungsfähige Einheiten zu schaffen. Der Bielefelder Hauptgeschäftsführer hielt fest (und das mag Drakes späteres Handeln mit beeinflußt haben):

> Berechtigte Sonderwünsche Lippes werden innerhalb des Landes, dem die Provinz Westfalen künftig angehören wird, ebenso gut Berücksichtigung finden können wie bei Niedersachsen".[27]

Der Detmolder Kammerpräsident Küster ließ sich von Schmitts Zorn nicht anstecken. Obwohl er unverändert für Niedersachsen plädierte, reagierte er gelassen und stellte sich auf eine veränderte Lage ein. Er schrieb am 8.7.1946 an Künne und Hofmann: "Daß Herr Drake nach Westfalen tendiert, ist nicht verwunderlich. Trotzdem halte ich es für richtig, sich nicht zu sehr auf ein Bein zu stellen".[28] Öffentlich und in offiziellen Verlautbarungen suchte Küster den Schulterschluß mit Handwerk und Landwirtschaft, intern war er fexibel. Auch er verkannte nicht die enge Verflechtung mit Minden-Ravensberg, zumal er mit führenden Industriellen des Raumes Bielefeld-Herford gut bekannt war.

Am 26.7.1946 bezogen die drei 'Stände' gegenüber Drake noch einmal Stellung:

> Das Land Lippe und der Raum Minden-Ravensberg gehören durch eine in weitem Maße gemeinsame Struktur wirtschaftlich, sozial und kulturell zusammen. Die [...] Stände halten es daher für äußerst wünschenswert, wenn auch der Raum Minden-Ravensberg an Niedersachsen angeschlossen würde. Es wird für zweckmäßiger erachtet – wenn es sein muß – ohne Minden-Ravensberg einen Anschluß bei Niedersachsen als mit Minden-Ravensberg bei Westfalen.[29]

Einen repräsentativen Querschnitt durch die Meinung der lippischen Wirtschaft erfaßte die Umfrage vom Juli/August 1946. Das Ergebnis konnte unentschiedener nicht sein. 45 Firmen wurden befragt, 15 verhielten sich mehr oder minder neutral. Zwischen Industrie und Handel gab es kleine Abweichungen. Die Industrie stimmte mit einem Plus von zwei eher für Westfalen, der Handel mit der kleinen Zahl für Niedersachsen.[30]

Die Zahlen verraten nichts über die Motive, die nur selten so klar lagen wie beim ehemaligen Reichswirtschaftsminister Dr. Alfred Hugenberg, der für die Baustoffwerke Rohbraken antwortete, "mit dem kurzen tatsächlichen Hinweis [...], daß unter normalen Umständen fast unser gesamter Ziegelsteinabsatz, soweit er nicht in Lippe verbleibt, nach Niedersachsen einschl. Schaumburg-Lippe geht."

Die Mehrzahl der Firmen argumentierte differenzierter. Die Möbelindustrie mußte zwei Seiten berücksichtigen, den Einkauf des Rohstoffs Holz wie den Absatz der fertigen Möbel. Ein Teil der Möbelfabriken bezog sein Holz im Niedersächsischen, ein anderer Teil im Bereich des Forst- und Holzwirtschaftsamts Rinkerode bei Münster oder im Bereich der preußischen Forstämter im Eggegebirge. Skepsis blieb, wie diese Materiallücke beseitigt werden konnte. Noch mehr bedrückte die Frage des Absatzes:

> Die größten Befürchtungen liegen [...] für Lippe in der Zukunft, wenn nach dem Willen der alliierten Mächte das Ruhrgebiet und Rheinland selbständig verwaltet, vielleicht auch durch internationale Kontrollen und Zollschranken von den anderen deutschen Provinzen abgetrennt werden. Lippe würde gerade mit seiner Holzindustrie seinen größten Abnehmer verlieren".[31]

Von den meisten Industriebetrieben wurden außerdem die engen Wirtschaftsverbindungen zu Minden-Ravensberg ins Felde geführt:

> Die Versorgung mit Kohle, Benzin, Eisen, Beschlägen und allem sonstigen vielseitigen Bedarf an Industrieartikeln dürfte sich durch die Trennung [...] sicherlich verschlechtern".[32]

Die Leinewebereien in Oerlinghausen befürchteten die Unterbrechung der Garnzufuhr aus den Spinnereien in Bielefeld. Aus heutiger Sicht werden die Probleme und Nöte nur verständlich, wenn wir berücksichtigen, daß es 1946 größte Schwierigkeiten gab, auch nur von Provinz zu Provinz zu liefern. Aus Sicht der Industrie war die Frage 'Niedersachsen oder Westfalen?' zwar momentan schon die Frage nach der Wahl des Absatzgebietes. Das erklärt das leichte Plus in dieser Gruppe für Westfalen. Der Handel hatte jedoch andere Probleme. Er kaufte zwar traditionell in Westfalen ein. Einem Anschluß an Niedersachsen wollte ein Kaufmann aus Detmold nur zustimmen, wenn gewährleistet werde, "daß der technische Großhandel nach wie vor ohne jede Einschränkung seine Bezugsquellen in Westfalen in Anspruch nehmen kann". Die lippischen Baustoffhändler etwa benötigen für den Weg zu niedersächsischen Zementwerken zwei, nach Geseke und Beckum nur einen Tag Transport. Allerdings verärgerte das Landesernährungsamt Westfalen-Lippe. Es benachteiligte Lippe, während Hannover in der Lage war, die aufgerufenen Lebensmittel und sogar zusätzliche Konserven zur Verfügung zu stellen. Einen Detmolder Großhändler in Lebensmitteln nahm das entschieden gegen Westfalen ein:

> Da das Land Lippe in den Augen des Ernährungsamtes Westfalen das sogenannte 'gelobte Land' ist, wird man uns auch in Zukunft bei Verteilungen von Lebensmitten entsprechen behandeln. Man vergißt dabei, daß gerade hier sehr viele Evaquierte aufgenommen werden konnten [...].

Ein anderer Großhändler machte das Landesernährungsamt dafür verantwortlich, daß der Einzelhandel zur Selbsthilfe schreiten und den dringendsten Lebensmittelbedarf der Verbraucher in der Provinz Hannover decken mußte. Im allgemeinen befürwortete man angesichts des "Flüchtlingsstroms, der im Wesentlichen auch das Land Lippe betraf", die Gründung eines eigenen Landeswirtschaftsamtes für Lippe.

Sehr viele Stimmen sprachen sich dafür aus, über den Tag hinaus zu denken: Wilhelm Schäferhenrich wies z. B. darauf hin,

> daß Deutschland [...] nur dann einen natürlichen Wiederaufbau beginnen kann, wenn alle Provinzen miteinander in wirtschaftlicher wie in politischer Hinsicht restlos verbunden sind und für die jetzt entstandenen vielen Ver-

> waltungsstellen eine zentrale politische und wirtschaftliche Verwaltungsbehörde wieder eingesetzt werden kann.

Angesichts der "verwüsteten Städte und Dörfer und der unendlichen Belastungen durch Reparationen, Kriegsversehrte, Invalide und Kranke" dürfte sich das Land nicht erlauben, einen Beamtenapparat aufzubauen, der die Steuerkraft der Wirtschaft schmälere.

Auf Grund dieser Patt-Situation im Meinungsbild der Mitglieder rückte die Industrie- und Handelskammer intern von der Landwirtschaft und den Handwerkern ab. Während auf der politischen Ebene im Sommer durch die Rücknahme des Anschlusses an Niedersachsen alles wieder offen wurde, ließ Küster den Vorsitzenden der Kreisbauernschaft Gehring am 26.9. darüber nicht im unklaren, daß die Bevölkerung und größere Teile der Industrie einer-, Bauern und Handwerker andererseits in verschiedene Richtungen wollten.[32] Auch an den Celler Oberlandesgerichtspräsidenten von Hodenberg schrieb Küster, der Standpunkt der Kammer könne nicht ganz eindeutig sein. "Die Industrie sieht allgemein die Absatzgebiete, mit denen sie seit langer Zeit in Verbindung steht, sieht die Kohlenlage". Dagegen sei die Handwerkskammer und die Kreisbauernschaft eindeutig auf Seiten Niedersachsens.

Im November und Dezember 1946 bahnte sich die Entscheidung an, ohne daß neue Sachargumente für oder gegen das eine oder andere Land aufgetaucht wären. Küster versicherte sich noch einmal der Meinung der Vollversammlungsmitglieder, beriet sich aber auch mit seinem Vetter[34], der ein entschiedener Befürworter eines Anschlusses an Niedersachsen war. Für Fritz Küster sprach die Wahl der Landeshauptstadt Düsseldorf gegen Nordrhein-Westfalen, weil Lippe dadurch an die Peripherie gedrängt würde. Man rechnete in Kilometern Abstand zur jeweiligen Landeshauptstadt. Paul Jakobs setzte weiterhin auf die Option für Nordrhein-Westfalen. Der Detmolder Einzelhändler Heinrich Vießelmann bekannte offenherzig, sich noch nicht entschieden zu haben. Für Hannover spräche die ernährungswirtschaftliche Frage, von Minden-Ravensberg dürfe aber keine Trennung erfolgen.

Aus dieser Situation heraus überrascht das eindeutige Votum aller drei 'Stände', die am 19.11.1946 an den niedersächsischen Ministerpräsidenten Kopf schrieben und ihm ihre Entscheidung zugunsten seines Landes mitteilten.[35] Die 'Stände' hielten

> mit Rücksicht auf die Eigenart der Bevölkerung und das daraus entspringende Zusammengehörigkeitsgefühl und mit Rücksicht auf die Wirtschafts-

> verhältnisse des Landes die Errichtung eines Verwaltungsbezirkes 'Mittelweser' für dringend wünschenswert.

Angesichts der schwankenden Stimmung bedarf dieser Schritt einer Erklärung. Erstens hielten die drei Verbündeten an der Position vom 4.5.1946 fest; sie konnten und wollten nicht davon abrücken. Die Folgen dieser Festlegung sprach Künne bei Küster ausdrücklich an. Zweitens zeigte die Agitation von Max Staercke beim Mittelstand Wirkung.[36] Versammlungen von Einzelhändlern in Barntrup und in Lemgo stimmten am 27.11. und 6.12. mit überwältigenden Mehrheiten für Niedersachsen.[37] Völlig anders war dagegen die Lage bei der Industrie.

Führende Industrielle des Landes, darunter Alex Hofmann, Künne, Küster und Georg Müller, waren am 7.12. zu Drake eingeladen, um über die Frage des Anschlusses zu sprechen. Drakes protokollarische Notiz ist deutlich:

> Die Versammelten sprachen sich einmütig für das Verbleiben bei Minden-Ravensberg aus. Auf die zweimalige Frage des Landespräsidenten Drake, ob einer der Anwesenden für einen Anschluß an Niedersachsen sei bei gleichzeitiger Trennung Lippes von Minden-Ravensberg, meldete sich niemand. Landespräsident Drake stellte darauf Einmütigkeit aller Versammelten fest.[38]

III. Der Anschluß Lippes an Nordrhein-Westfalen

Am Tag zuvor hatte Drake vom nordrhein-westfälischen Ministerpräsidenten Amelunxen eine unterzeichnete Fassung der sogenannten 'Punktuationen' erhalten[39], in denen die Bedingungen für den Anschluß Lippes festgehalten wurden. Der niedersächsische Ministerpräsident war nicht bereit, Lippe ähnliche Bedingungen zuzusagen. Kopf wollte Lippe gegenüber den in Niedersachsen aufgegangenen Ländern, vor allem Oldenburg, keine Sonderkonditionen gewähren. Dies führte Jahre später zu einem Stoßseufzer des ersten Bundestagspräsidenten Ehlers, einem gebürtigen Oldenburger, der 1951 die lippische Handelskammer wissen ließ, er könne gut nachvollziehen, warum die Lipper sich für Nordrhein-Westfalen entschieden hätten.[40]

Gern wüßten wir, wieviel Drake von seinem Wissen im Gespräch mit den lippischen Industrieunternehmern am 7.12.1946 preisgegeben hat. Für den lippischen Landespräsidenten war das einstimmige Votum für ein

Zusammengehen mit Minden-Ravensberg eine Bestätigung seines Kurses, der im Januar 1947 dann endgültig zum Anschluß Lippes an Nordrhein-Westfalen führte.

Wegen der binnen fünf Jahren anzuberaumenden Volksabstimmung über den endgültigen Verbleib Lippes bei Nordrhein-Westfalen oder dem Wechsel nach Niedersachsen war das Thema im Januar 1947 noch nicht vom Tisch, auch nicht in der Industrie- und Handelskammer, die sich in ihren Vollversammlungen mehrfach damit beschäftigte. Insbesondere ließ Hofrat Staerke nicht locker. Er agitierte für Niedersachsen und berief sich u. a. auf das bekannte Gutachten der drei 'Standesvertretungen'. Im April 1948 mußte er jedoch erfahren,

> daß heute die Meinungen bei den Kammernmitgliedern durchaus geteilt seien und eine etwaige Stellungnahme der Kammer, selbst wenn sich eine Mehrheit für Niedersachsen ergäbe, nicht an der namhaften Minderheit, die für Nordrhein-Westfalen sei, vorbeigehen könne.[40]

Insbesondere der Präsident der Kammer, Herbert Küster, hatte seine Meinung geändert. In einem Brief vom Sommer 1948, am Vortag der Währungsreform, schrieb an den Hauptgeschäftsführer der IHK Essen:

> Ich bin ehrlich genug, zu sagen, daß ich meine Meinung von 1946 geändert habe, weil ich einsehe, daß ein 'Ruhrstaat' [gemeint ist Nordrhein-Westfalen] ein Glacis braucht, das kräftig ist, und ich denke, daß eine Bastionen dieses Glacis das Lipperland [ist].[42]

Als deshalb 1951 vor dem Ende der Fünf-Jahres Frist zur Abhaltung des Volksentscheides Argumente pro und contra Nordrhein-Westfalen aufgezählt wurden, trat die Industrie- und Handelskammer Detmold mit einer weithin beachteten Denkschrift an die Öffentlichkeit ("Die gewerbliche Wirtschaft Lippes und Nordrhein-Westfalen. Denkschrift für den Herrn Regierungspräsidenten in Detmold").[43]

Sie vermied eine Entscheidung in der Frage, "ob das Verbleiben bei Nordrhein-Westfalen für Lippe vorteilhaft ist", sondern stellte umgekehrt dar, "welche Bedeutung Lippes Wirtschaft für Nordrhein-Westfalen hat". Zugleich verschwieg die Kammer die strukturellen Probleme Lippes nicht und leitete daraus Erwartungen an das Land ab. Diese Denkschrift zu analysieren und unter dem Aspekt auszuwerten, ob die Erwartungen wirklich erfüllt worden sind, kann an dieser Stelle nicht unternommen werden. Deshalb muß zum Schluß ein Kommentar von Dr. Rolf Böger, dem Hauptgeschäftsführer der Kammer, aus dem Jahr 1982 genügen:

Die enge wirtschaftliche Verflechtung Lippes mit Nordrhein-Westfalen, besonders auch mit dem Ruhrgebiet, ließen es den Vertretern der lippischen Wirtschaft als unbedingt notwendig erscheinen, weiterhin bei Nordrhein-Westfalen zu bleiben. Die lippische Wirtschaft erkannte auch dankbar an, daß die Landesregierung Nordrhein-Westfalen dem lippischen Gebietsteil erhebliche Förderung hatte zuteil werden lassen.[44]

Anmerkungen

1. "Bekakelt nicht die Lage..." Detmold in der Nachkriegszeit. Detmold 1992.
2. Zur Geschichte der Industrie- und Handelskammern nach 1945 vgl. u. a. Diethelm Prowe, Im Sturmzentrum: Die Industrie- und Handelskammern in den Nachkriegsjahren 1945 bis 1949. In: K. van Eyll u. a. (Hrsg.), Zur Politik und Wirksamkeit des Deutschen Industrie- und Handlestages und der Industrie- und Handelskammern 1861 bis 1949. Stuttgart 1987, S. 91-122. Dietmar Petzina/ Walter Euchner (Hrsg.), Wirschaftspolitik im britischen Besatzungsgebiet 1945-1949. Düsseldorf 1984.
3. Hermann Niebuhr/Klaus Scholz (Bearb.), Der Anschluß Lippes an Nordrhein-Westfalen. Behauptung und Ende staatlicher Selbständigkeit 1802/03-1947. Detmold 1984.
4. Westfälisches Wirtschaftsarchiv Dortmund (=WWA) K 17 Nr. 25-29.
5. Vgl. Rudolf Haus, Abriß der Geschichte der Industrie- und Handelskammer Detmold und ihrer Vorläufer. Detmold 1954.
6. Ebd., S. 15 f.
7. WWA K 17 Nr. 14, Protokoll der Vorstandssitzung vom 19.2.1935. Das folgende stützt sich im wesentlichen auf die Protokolle der Vorstands- und Beiratssitzungen, ebd. Nr. 14 ff.
8. Zur Geschichte der Wirtschafts- bzw. Gauwirtschaftskammern in Westfalen vgl. meinen Aufsatz: Selbstverwaltung oder Befehlsempfang? Die Wirtschaftskammer Westfalen-Süd im Dritten Reich. In: Klaus Möltgen (Hrsg.), Kriegswirtschaft und öffentliche Verwaltung im Ruhrgebiet 1939-1945. Gelsenkirchen 1990, S. 55-77. Ergänzend: Gerhard Kratzsch, Der Gauwirtschaftsapparat der NSDAP. Menschenführung, "Arisierung", Wehrwirtschaft im Gau Westfalen-Süd. Münster 1989.
9. Zitat aus dem Protokoll des Beirats vom 27.11.1935, WWA K 17 Nr. 14.
10. WWA K 17 Nr. 16, Protokoll der Beiratssitzung vom 10.11.1939, S. 19.
11. Ebd., Protokoll der Beiratssitzung vom 9.12.1942, S. 25.
12. Ebd., Protokoll der Beiratssitzung vom 31.3.1943, S. 3. Aus Bielefelder Provenienz sind an Akten zur Gauwirtschaftskammer Westfalen-Nord bzw. Wirtschaftskammer Bielefeld herangezogen worden WWA K 5 Nr. 974, 1496.
13. Vgl. Nagels Handakte K 17 Nr. 24 mit einer dichten Überlieferung zu den Jahren 1942 bis 1945. Auf diese Akte stützt sich meine Darstellung.

14. Müller an Sartorius (IHK Bielefeld) v. 17.7.1945, in: WWA K 5 Nr. 1496.
15. NRW-Staatsarchiv Detmold L 80 IIa, V, 4 Bd. 4. Diese Akte liegt der folgenden Darstellung zur Rekonstitution der Kammer zugrunde; ergänzend vgl. Haus sowie Ursula Rombeck-Jaschinski, Heinrich Drake und Lippe. Düsseldorf 1984, S. 181 ff.
16. Ebd., Drake an Militärregierung v. 16.6.1945.
17. Ebd., Drake an Alex Hofmann v. 7.9.1945.
18. Ebd.
19. Quelle: WWA K 17 Nr. 30-33 (darin Handakten Küster); vgl. Stefan Wiesekopsieker, Schötmar – ein Zentrum der deutschen Celluloidwarenindustrie. In: Lippische Mitteilungen 61 (1992), S. 229-272, 254 ff.
20. WWA K 17 Nr. 26, IHK Detmold an OLG Celle v. 22.8.1945.
21. Niebuhr/Scholz, S. 85.
22. Ebd., S. 112.
23. Ebd., S. 124.
24. Ausführlich dazu: WWA K 17 Nr. 25.
25. Niebuhr/Scholz, S. 126.
26. WWA K 17 Nr. 27, Künne an Küster v. 26.7.1946.
27. Ebd., Mskr. vom 17.6.1946 (durchschriftlich an Küster).
28. Ebd.
29. Ebd.
30. Sammlung der Antworten in WWA K 17 Nr. 25.
31. So die Fa. Vereinigten Werkstätten Schäferhenrich & Co., Detmold, v. 29.7.1946, ebd.
32. So das Kondor-Holzwerk, Lemgo, 5.8.1946.
33. WWA K 17 Nr. 27, Küster an Gehring, 26.9.1946, an v. Hodenberg, ebd., 21.10.1946.
34. Die Korrespondenz Küsters vom November/Dezember ebd.; vgl. auch Niebuhr/Scholz, S. 168-170. Fritz Küster war Vetter, nicht Bruder des Kammerpräsidenten, wie ebd., S. 170 Anm. 1 bemerkt.
35. Text der Eingabe an Kopf in WWA K 17 Nr. 27.
36. Hierzu vgl. Rombeck-Jaschinski, S. 229 f.
37. WWA K 17 Nr. 27.
38. Niebuhr/Scholz, S. 180.
39. Rombeck-Jaschinski, S. 233.
40. WWA K 17 Nr. 29, Protokollnotiz von Dr. Haus, 5.12.1951.
41. WWA K 17 Nr. 27, so Dr. Haus an Küster (Essen), 16.7.1948.
42. Ebd., H. Küster an Dr. August Küster (Essen), 16.7.1948.
43. Zit. nach dem Exemplar in WWA K 17 Nr. 26.
44. Rolf Böger, Aus der Tätigkeit der Industrie- und Handelskammer Lippe zu Detmold 1955-1982. Detmold 1982, S. 9.

Helffried Prollius

Die städtebauliche und bevölkerungspolitische Entwicklung Detmolds nach 1945

Zum Einstieg: Es war nicht die Stunde Null

Wie sah es denn aus in dieser Stadt nach 1945, nach Zusammenbruch und Ende der kriegerischen Handlungen? Ein einheimischer Detmolder, der 1939 als Soldat Detmold verließ, 1945 in seine Heimatstadt zurückkehrte, wird diese seine Stadt, abgesehen von einigen Spuren ausgebombter Häuser, kaum verändert vorgefunden haben. Gemessen an den zerstörten Städten auch in Detmolds Nachbarschaft, z. B. Paderborn, würde ihm dieses erhaltene Detmold als unerwartetes Wunder erscheinen. Insoweit wäre eigentlich das Schicksal Detmolds nach 1945 gegenüber den vielen anderen Städten, die sich mühen mußten, aus ihren Zerstörungen heraus völlig neu anzufangen, weniger erwähnenswert, und es bedürfte keiner umfangreichen Untersuchung, wie wir sie hier und heute versuchen.

Schauen wir jedoch näher hin, ziehen Zeitzeugen zu Rate, untersuchen die Archive und Akten dieser ersten Nachkriegszeit, so haben sich zwar gemessen an anderen deutschen Städten weniger dramatische Entwicklungen vollzogen, und es war eben nicht bei der Stunde Null anzusetzen.

Aber es haben sich in diesen ersten Jahren entscheidende Veränderungen und Umbrüche dieser vielhundertjährigen ehemaligen Residenzstadt im Rahmen ihrer städtbaulichen Entwicklung und ihrer Bevölkerungsstruktur angebahnt, die damals noch gar nicht in ihren Auswirkungen überschaubar waren. Um es überspitzt zu formulieren: Die eigentlichen schweren Zeiten und Zeiten der Herausforderungen begannen in Detmold eigentlich erst nach 1945.

Was nach 1945 städtebaulich in dieser Stadt passierte: Die Ursachen und Anstöße kamen von außen. Die Stadt mußte sich wohl oder übel diesen Aufgaben stellen.

Im Gegensatz zum Wachsen einer Pflanze aus innerem Gesetz nach Plan der Natur, also im Sinne eines aktiven Wachstumsvorgangs, waren insoweit die nach 1945 in Gang kommenden Entwicklungen weder geplante noch planbare Reaktionen auf Ereignisse, auf die die Stadt in keiner

Weise vorbereitet war. Man muß dies zu Beginn dieser Untersuchung deutlich herausstellen, um der Versuchung vorzubeugen, aus heutiger Sicht sehr schnell mit Kritik zur Hand zu sein, daß damals ggf. nicht alles wunschgemäß gelaufen sei.

Zum Verständnis der Entwicklung nach 1945 erscheint ein knapper Rückblick auf die Vita dieser Stadt zweckdienlich, der zugleich auch Aufklärung geben dürfte für grundsätzliche Schwierigkeiten, mit denen die Stadt nach 1945 zu kämpfen hatte und die trotz scheinbar heiler Welt gar nicht so klein waren.

A. Der Rückblick: historisch, städtebaulich, bevölkerungs- und stadtpolitisch

Nach der Gründung Mitte des 13. Jahrhunderts als letzte der lippischen Städte blieb Detmold bis in die Mitte des 16. Jahrhunderts gegenüber der reich gewordenen Hansestadt Lemgo sowie Horn und Blomberg die kleinste der lippischen Städte mit einer Fläche von gerade 17,5 ha (im Vergleich zu Herford 56 ha, Höxter 42 ha).

Entscheidende städtebauliche und bevölkerungspolitische Entwicklungen sollte erst das große Ereignis mit sich bringen, durch das Mitte des 16. Jahrhunderts Detmold von den Edelherren zur Lippe zur ständigen Residenzhauptstadt erhoben wurde.

Erste städtebauliche Erweiterung der Stadt nach Süden durch Initiative des regierenden Grafen Friedrich Adolf um 1708: Entlang einer in die freie Landschaft nach Süden angelegten Wasser-Luststraße mit Seeabschluß und Orangerie-Anlage entstand mit dem Stadtpalais seiner zweiten Gemahlin Amalie eine bescheidene Zeile von 10 Reihenhäusern unter einem gemeinsamen Mansarddach: die Neustadt.

Mit Wegfall der Befestigungsanlagen um 1720 erhielt die Stadt um ihre Mauern herum einen breiten Gürtel von Gärten, in denen aber das Bauen grundsätzlich untersagt war, weniger aus städtebaulichen Gründen als aus Gründen der nicht zu garantierenden Sicherheit für die Bewohner.

Mit den Durchbrüchen durch die Stadtmauer zu Beginn des 19. Jahrhunderts dehnte sich die Stadt zunächst in östlicher Richtung aus, bis dann ab Mitte des 19. Jahrhunderts der nächste Entwicklungsschub der Stadtentwicklung stattfand; die Entwicklung der Stadt nach Westen zu einem echten neuen Stadtteil mit dem Kaiser-Wilhelm-Platz als städtebaulicher Mitte.

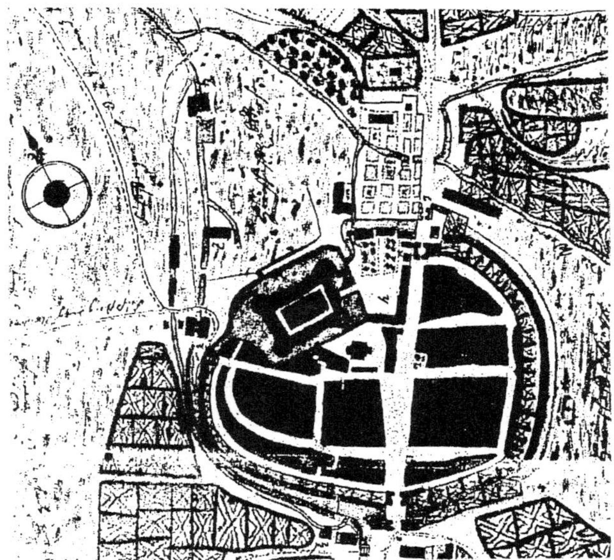

Abb.1 Grundriß der Residenzstadt Detmold um 1750

Die Verbindung des Hornschen Tores bis zur Lageschen Straße als erste Umgehungsstraße der Altstadt dauerte bis zu ihrer Fertigstellung (die heutige Paulinenstraße) über 20 Jahre. Mit dieser westlichen Erweiterung, dem neuen Bahnhof und der neuen Eisenbahnlinie, deren Zustandekommen über 50 Jahre von 1845 bis 1895 dauerte, war die städtebauliche Entwicklung eigentlich bis weit ins 20. Jahrhundert hinein abgeschlossen, wenn man von der allgemeinen Bau- und Gewerbeentwicklung absieht, die aber die städtbaulichen Strukturen nur unwesentlich beeinflußte.

Von 2.200 Einwohnern im Jahre 1806 über 6.500 Einwohner im Jahre 1871 war die kleine Stadt Detmold schließlich 1939 auf eine Einwohnerzahl von 20.573 gestiegen.

Über die Kriegszeit ist die Stadt Detmold gut hinweggekommen, jedenfalls was den Bestand der Stadt und die Bevölkerungsentwicklung angeht.

Gegen Ende des Krieges fanden einige Luftangriffe und Artilleriebeschuß statt, bei denen 63 Detmolder Bürger und eine unbekannte Zahl von Soldaten ihr Leben verloren; die Zerstörungen hielten sich jedoch in Grenzen. Es wurden 18 Häuser völlig zerstört und 65 teilzerstört, überwiegend im Bereich der Eisenbahnlinie. 1945 fand sich Detmold insoweit einigermaßen gut erhalten wieder als Landeshauptstadt in einem nach wie vor existierenden Land Lippe.

Abb.2 Wiesenstraße nach dem Bombenangriff vom 24. März 1945 (nach Räumung der Fahrbahn)

B. Umbruch und Neubeginn
a. Die lippische Landeshauptstadt wird Sitz einer Bezirksregierung in Nordrhein-Westfalen

Mit dem 21.1.1947 verliert Lippe seine Selbständigkeit und wird Teil des neu geschaffenen Landes Nordrhein-Westfalen.

Dieser politische Akt wird für die Entwicklung Detmolds von entscheidender Bedeutung, da im Zuge dieser Neugliederung nunmehr die ehemalige preußische Regierung von Minden nach Detmold verlegt wird. Die ehemalige kleine Landeshauptstadt wird zur Regierungshauptstadt für einen großen Bereich mit ca. 1 Million Einwohner.

Gemäß Protokoll vom 13.3.1947 wird diese beschlossene Verlegung vom Hauptausschuß der Stadt Detmold außerordentlich begrüßt, gefolgt von einem Protest des Hauptausschusses vom 4.9.1947 gegen Absichten, Teile der Regierung in Minden zu lassen, offensichtlich aufgrund erheblicher Schwierigkeiten einer möglichen Unterbringung in Detmold.

Am 1.6.1948 beginnt der offizielle Umzug. Bevölkerungspolitisch bedeutete dies für Detmold den Zuzug aller Mindener Regierungsbeamten und ihrer Familien.

Nach den mir zugänglich gewordenen Unterlagen handelte es sich ursprünglich um den Umzug von über 400 Familien. Konkret wurde dann im weiteren Verlauf von 240 Familien gesprochen, für die unmittelbar Wohnraum in Detmold zu schaffen war. Genau sind es dann 298 Familien geworden.

b. Der Strom der Vertriebenen aus dem Osten erreicht Detmold

Der wesentlich größere Bevölkerungsschub dieser ersten Nachkriegszeit mit entsprechender Wirkung auf die bevölkerungspolitische und städtbauliche Entwicklung war jedoch der bereits 1946 anlaufende Zuzug von Vertriebenen aus Schlesien, Ostpreußen und Pommern, die nach Lippe und Detmold kamen, zusätzlich zu den vielen Evakuierten, die schon während des Krieges in Detmold Zuflucht gefunden hatten.

So befanden sich unter den 26.713 Einwohnern nach einer ersten Zählung im Jahre 1946 über 1.500 Evakuierte. Noch 1948 waren in Detmold 1.343 Evakuierte gemeldet.

Einige Daten hierzu:

3.3.1946:	1.521	Vertriebene aus Schlesien,
6.3.1948:	97	Vertriebene im Saal Hotel Arminius,
28.8.1948:	160	neue Vertriebene.

Außer den Evakuierten und Flüchtlingen befanden sich bereits 1945 nahezu 1.000 sogenannte Displaced Persons in Detmold, die überwiegend aus Mangel an Wohnraum in der Kaserne(!), der Jugendherberge und der Schule Leopoldsstraße untergebracht werden mußten.

Die wachsenden Schwierigkeiten der Unterbringung dieser vielen Menschen wird durch eine Notiz vom 20.8.1948 belegt, worin die Bürgermeister des Kreises geschlossen mit Amtsniederlegungen drohten, wenn der Kreis weitere Flüchtlinge aufnehmen muß.

Nach den ersten Zählungen im Jahre 1946 mit einem Bestand von 26.713 Bewohnern waren es bei der nächsten Zählung im Jahre 1948 28.606 Einwohner, unter ihnen 4.485 Vertriebene und 378 Ausländer; eine Vermehrung der Bevölkerung innerhalb von zwei Jahren also um 2.000 Menschen. Die Zahlen für 1949 betragen – weiter steigend – bereits 29.822.

Nach den amtlichen Zahlen der ersten großen Volkszählung 1950 betrug die Einwohnerzahl der Stadt dann 30.178 Personen. Von diesen Einwohnern waren lediglich 21.117 Bürger bereits 1939 Bewohner von Detmold gewesen.

Damit hatte die Einwohnerzahl der Stadt innerhalb von 10 Jahren um 50 Prozent zugenommen.

Daß diese bevölkerungspolitische Entwicklung Auswirkungen nicht nur auf die Schaffung von Wohnraum, sondern auf die gesamte städtebauliche, ja gesellschaftliche Struktur haben würde, dürfte selbstverständlich sein.

C. Entwicklung der städtebaulichen Struktur als Folge der bevölkerungspolitischen Entwicklung im Spiegel der Akten

Bei der Untersuchung und Darstellung dieser städtebaulichen Struktur und ihrer Veränderung aufgrund dieses eingetretenen Bevölkerungszuwachses möchte ich zwei verschiedene Wege beschreiten.

Auf der einen Seite werde ich ausgehen vom Studium archivierter Unterlagen der Verwaltung, einschließlich Presseberichten und Aktenbelegen.

Auf der anderen Seite werde ich versuchen, anhand von Plänen die städtebauliche Entwicklung nachzuzeichnen im Bild der neuen Stadtviertel dieser frühen Jahre, und schließlich das Ganze anzureichern mit eigenen Erfahrungen und Erlebnissen, die ich als damaliger Leiter des Kreisbauamtes Detmold von 1946-1949 beitragen kann.

a. Daten zur Lage

1946	Stadt Detmold: 146 Häuser mit ausbaufähigem Dachgeschoß festgestellt, 30 wurden ausgebaut, 8 wurden beschlagnahmt. Zunehmende Ablehnung der Eigentümer, Dachgeschoßausbauten vorzunehmen wegen der dann zwangsläufig folgenden stärkeren Belegung und der Unmöglichkeit, selbst über den ausgebauten Raum zu verfügen. Der gesetzlich vorgeschriebene Mietpreis sei nicht kostendeckend, also auch finanziell kein Anreiz zum Ausbau.
Juli 1946	128 Wohnhäuser beschlagnahmt
August 1946	Protest gegen weitere Zuweisung von Flüchtlingen

9.2.1947	Das Stadtbauamt erklärt, zur Beschaffung von Wohnraum seien nur Kriegsschädenbeseitigungen und Ausbau von Dachgeschossen möglich; Neubauten könnten nicht vorgesehen werden.
25.7.1947	Bildung von 4 Kommissionen des Rates zur Überprüfung aller Wohnungen
19.9.1947	Die Landesregierung erklärt Detmold zum Brennpunkt des Wohnungsbedarfs, Zuzug verboten.
15.1.1948	Zur Schaffung von Neubauten fordert die Stadt geeignete Grundstücke vom Land Lippe, nachdem die Stadt selbst über keinen geeigneten Grundbesitz verfüge.
17.2.1948	Bericht der Stadt an den Regierungspräsidenten mit Vorschlag eines Wohnungsbauprogramms.
17.2.1948	Aktenvermerk des Regierungspräsidenten über eine Besprechung mit der Stadt. Das Bauprogramm der Stadt wird als "nicht klar ausgearbeitet" kritisiert. Zitat: "Die Stadt hat bisher irgendeinen positiv verwertbaren Vorschlag nicht eingereicht. Die allgemeinen Berichte, die in sehr großzügiger Weise Forderungen aufstellen, sind unbrauchbar [...] Der RP ist nicht dazu da, der Stadtverwaltung irgendeine Arbeit abzunehmen, die sie notwendigerweise selber zu leisten hat. Die Schwierigkeiten sind bekannt [...]." "Sie soll innerhalb 14 Tagen geeignete Pläne vorlegen, damit ich [-RP-] meine Zusagen gegenüber den Ministerien halten kann oder die Stadt muß positiv erklären, daß sie es nicht kann oder es nicht will [...]." gez. Drake
23.2.1948	Die gewünschten Pläne wurden von der Stadt termingerecht vorgelegt.
26.2.1948	Aktennotiz des RP.: Die von Minister Paul im Januar 1948 gegebene Zusage, die Stadt Detmold bei ihren Wohnungsbaumaßnahmen zu fördern, wird mit dem Übergang des Ministerpostens an Halbfell abgeschwächt. Halbfell erklärt, offenbar gedrängt durch das Ruhrgebiet, "die wenigen zerstörten Gebiete können nicht gefördert werden wie bisher. Außerdem wären Detmold mit Rücksicht auf die dortigen Probleme (Regierungsumzug) 3000 Flüchtlinge ferngehalten worden".
3.3.1948	Schreiben des RP an den Minister für Wiederaufbau in Düsseldorf: "Die Stadt Detmold hat durch die Verlegung von kulturellen, wirtschaftlichen und wissenschaftlichen Einrichtungen, insbesondere durch die Bildung des Regierungssitzes Detmold mit einer außergewöhnlichen Entwicklung zu rechnen".

Der RP stellt des weiteren fest, daß nach den bisherigen Erfahrungen über Instandsetzungen kriegsgeschädigter Wohnungen und Dachgeschoßausbauten eine Lösung des Wohnungsproblems nicht mehr möglich sei. Die Inangriffnahme von Wohnungsneubauten sei unverzichtbar. In diesem Zusammenhang wird von einem ersten Projekt von 4 Häusern mit je 6 Wohnungen in der Form von zweigeschossigen Reihenhäusern gesprochen.

18.3.1948 Bildung einer Kommission, die bei Gründung des Landesverbandes Lippe die Grundstückswünsche der Stadt Detmold anmelden soll.

30.7.1948 Die Stadt legt ihr Neubauprogramm mit Finanzierungsplänen vor. Die Bemühungen um Finanzierung bleiben jedoch nach wie vor ohne Erfolg. Der Regierungspräsident weist darauf hin, daß die nunmehr schon seit 2 Jahren zu zahlenden Trennungsentschädigungen eine Summe erreichten, mit der sich monatlich bereits 2½ Wohnungen erstellen ließen. In 4½ Jahren wäre insoweit der Gesamtbedarf von 140 Wohnungen für Regierungsbeamte und Polizei allein durch Ablösung der Trennungsentschädigungskosten abgedeckt. Es könne nur Neubau helfen. Detmold sei überfüllt und ein großer Teil der Altwohnungen renovierungsbedürftig und zum großen Teil beschlagnahmt. Es sei beabsichtigt, auf staatseigenem lippischen Gelände der Domäne Johannettental in unmittelbarer Nähe von Detmold als ersten Abschnitt 24 Wohnungen zu bauen.

20.8.1948 In einem Aktenvermerk des RP wird dieses Programm auf 48 Wohnungen angehoben mit dem Antrag, die Grundstücke unentgeltlich zur Verfügung zur stellen.

9.9.1948 Der Landesfinanzminister teilt dem Wiederaufbauminister mit, daß er für die Finanzierung nicht zuständig sei.

19.11.1948 Aktenvermerk des RP und ein Hinweis an den Landesminister: Detmold ist inzwischen über das Problem der Unterbringung der Regierungsbediensteten hinaus mit Flüchtlingen überfüllt. Die Versprechungen des Landes beim Übergang Lippes an Nordrhein-Westfalen seien in keiner Weise eingehalten worden.

22.11.1948 Schreiben des RP an den Landesfinanzminister: "Der Umzug der Regierung von Minden nach Detmold als Folge des Anschlusses des Landes Lippe an das Land Nordrhein-Westfalen ist durchgeführt".

Nach wie vor bemühen sich Stadt und Regierung um den Neubau von Beamtenwohnungen. Ein Finanzierungsplan sei

	bereits am 30.7.1948 eingereicht worden, jedoch ohne Erfolg.
3.3.1949	Beschluß des Hauptausschusses: Wohnungsbau hat erste Priorität, jedoch in gleicher Weise auch der Neubau von Schulen.

Soweit diese auszugsweise Dokumentation ausgewerteten Aktenmaterials.

b. Die städtebauliche Auswirkung

Die neue Regierung residierte, wie bisher die Lippische Landesregierung, im bisherigen Regierungsgebäude am Kaiser-Wilhelm-Platz. Insoweit hatte sich äußerlich nichts verändert. Nur, daß Heinrich Drake jetzt nicht mehr als Landespräsident, sondern als Regierungspräsident für über 1 Million Einwohner morgens pünktlich um ½ 8 Uhr durch seine Diensträume ging, um sich zu vergewissern, ob auch all da waren. Aber es wurde doch sehr eng.

Es dauerte noch 10 Jahre, bis, gezwungen durch die räumliche Enge der großgewordenen Verwaltung, der Neubau an der Leopoldstraße in den Jahren 1957-1961 errichtet wurde.

Ein erheblicher städtebaulicher Eingriff, wenn auch am Rand der Altstadt, und sehr stark der Kritik ausgesetzt. Aber das sei jetzt Stadtgeschichte, wie mir der damalige Planer, Baurat Wiersing, Jahre später klarmachte. Doch von diesem städtebaulichen Schwerpunkt zurück in das Jahr 1948. Mit der Durchforschung der Akten konnte ein mosaikartiger, aber fast lückenloser Überblick über die wohnungspolitische Entwicklung bis in die 50er Jahre hinein erbracht werden.

c. Das Problem

Ich glaube, die damals Verantwortlichen haben es verdient, daß man sich ihrer Arbeit erinnert und uns heute zugleich die Schwierigkeiten vor Augen führt, mit denen sie, noch dazu mit beschränkten Vollmachten, zu kämpfen hatten. Traf doch die Verlegung der Regierung zusammen mit dem laufend anwachsenden Strom von Vertriebenen aus dem Osten in eine zwar heile, aber weder geistig noch materiell darauf vorbereitete kleine Stadt.

Als drittes Problem kam hinzu, daß durch die hier etablierte Militärregierung von Kriegsende an und von Jahr zu Jahr steigend immer mehr Wohnungen beschlagnahmt wurden.

So waren Ende 1947 129 Wohnhäuser mit einer entsprechend größeren Zahl von Wohnungen beschlagnahmt, die darüber hinaus nur sehr großzügig genutzt wurden.

Diese Zeit der Beschlagnahmung dauerte bis in das Jahr 1957. Hinzukamen Beschlagnahmungen der meisten Hotels und nicht zuletzt des Landestheaters über Jahre.

Die Stadt Detmold und ihre Bürger vermochten sich offensichtlich erst nach und nach zu der Erkenntnis durchzuringen, daß mit der Verlegung der Regierung nach Detmold und dem großen Zustrom neuer Bewohner auf Dauer ein völlig neues Zeitalter für die Stadt angebrochen war, dem eine entsprechende Strukturentwicklung hätte folgen müssen.

Dies wurde in den späten 40er und frühen 50er Jahren offensichtlich noch nicht erkannt. Erklärend könnte man darauf verweisen, daß in diesen frühen Jahren der Entscheidungsraum der Stadt durch die neue Landesregierung insbesondere aber auch durch die in Detmold residierende Militärregierung erheblich eingeschränkt war, und das alles in einer Stadt ohne Geld und eigene Grundstücksreserven.

d. Hoffnungsvolle Initiativen

Abgesehen von einer offensichtlich kleinmütigen, wenig optimistischen Grundeinstellung, die aber nach dem Ende des Krieges durchaus verständlich erscheint, bedarf es da um so mehr der besonderen Hervorhebung, daß auf Kreisebene bereits am 21.8.1947 eine Wohnungsbaugenossenschaft gegründet wurde, die den Namen "Lippische Wohnungs- und Siedlungsgenossenschaft" erhielt. Mit einem Aufsichtsrat aus 12 Mitgliedern, in dem neben dem Landrat Dr. Johanning auch die Stadt Detmold mit Baurat Wähdel, Dr. Schmidt und das heimische Handwerk und Gewerbe, u.a. Zimmermeister Greimeier, Adolf Köster, um nur einige wenige zu nennen, repräsentativ vertreten waren.

Ich selbst habe an dem Zustandekommen der Wohnungsbaugenossenschaft in meiner damaligen Position als Leiter des Kreisbauamtes intensiv mitwirken können.

Der Tag der Gründungsversammlung, an der ich teilzunehmen hatte, ist mir als ein Tag in Erinnerung geblieben, wo entgegen allen pessimistischen Kritiken ein neuer Wille zum Anfassen der Probleme dokumentiert wurde. Die ersten Neubauten waren vier Doppelhäuser im Gebiet Jerxer Schinken, deren Richtfest am 17.12.1949 gefeiert werden konnte.

Die Lippische Wohnungs- und Siedlungsgenossenschaft entwickelte sich von nun an geradezu sprunghaft, wobei sich ihre Arbeit sehr schnell über Detmold hinaus über das gesamte Gebiet des Kreises Detmold erstreckte.

Bis Ende 1950 waren im Kreisgebiet bereits 492 Wohnungseinheiten errichtet. Ich konnte der Generalversammlung im Dezember 1950 einen umfassenden Bericht über diese Bautätigkeit vorlegen, wobei meine Mitteilung ein besonderes Echo fand, daß ein von uns entwickelter Bautyp, der von den Düsseldorfer Instanzen abgelehnt worden war, in Bonn eine begeisterte Aufnahme fand, ja als Musterbeispiel exakter Bauplanung bezeichnet wurde.

Die mit Rücksicht auf die Steigerung der Wirtschaftlichkeit vorgenommene Entwicklung von Wohnungstypen bezog sich sowohl auf Eigenheime und Siedlungshäuser als auch auf Mietwohnungen.

Genossenschaftler bauten 492 Wohnungen
Generalversammlung der Lipp. Wohnungs- und Siedlungs-Genossenschaft

Detmold. Etwa hundert der mehr als 800 Mitglieder der Lippischen Wohnungs- und Siedlungs-Genossenschaft des Kreises Detmold hatten sich gestern nachmittag zur Generalversammlung im "Falkenkrug" eingefunden. Der Vorsitzende des Aufsichtsrates, Landrat Dr. Johanning, eröffnete die Versammlung und gab zunächst dem neuen Geschäftsführer Dr. Kreke das Wort zu den Jahresabschlüssen 1949 und 1950. Die Bilanz ergab am Ende des Rechnungsjahres 1950 einen Reingewinn von rund 5800 DM. Dieser Reingewinn soll der gesetzlichen Rücklage zugeführt werden. Der Abstimmung über die Jahresrechnung 1949 war eine heftige Debatte vorausgegangen. Sie wurde jedoch mit 35 gegen 5 Stimmen gutgeheißen. Der Rest enthielt sich der Stimme. Die Jahresrechnung 1950 wurde ohne Gegenstimmen angenommen. In der Erägnzungswahl für die vier turnusgemäß ausgeschiedenen Aufsichtsratmitglieder wurden Stadtdirektor Dr. Schmidt, Detmold, wiedergewählt, Landtagsabgeordneter Pankoke, Schieder, Gemeindedirektor Budde, Heidenoldendorf und Herr Grüning, Detmold, neugewählt. In einer Satzungsänderung wurde beschlossen, die Einladungen zu Generalversammlungen künftig durch einmalige Veröffentlichungen in den drei Tageszeitungen vorzunehmen.
Mit besonderem Interesse folgten die Genossen einem Lichtbildervortrag von Baurat Prollius über die bisher durch die Wohnungs- und Siedlungs-Genossenschaft erstellten Bauten im Kreise Detmold. Baurat Prollius konnte mitteilen, daß bereits 492 Wohnungseinheiten gebaut wurden. Die künftigen Siedler wurden mit den einzelnen Typen der Miet- und Sied-

lungshäuser vertraut gemacht. Das bisher größte Projekt der Gesellschaft war bekanntlich die Schlesierhöhe oberhalb der Lageschen Straße in Detmold. (Lippische Landeszeitung vom 15.12.1951)

Nach viel Kritik doch noch Einmütigkeit
Generalversammlung der Lippischen Wohnungs- und Siedlungsgenossenschaft / Eine bebilderte Bilanz

Detmold. Es war zu erwarten, daß die Generalversammlung der Lippischen Wohnungs- und Siedlungsgenossenschaft am Freitagabend auf dem "Falkenkrug" nicht ganz ohne kritische Bemerkungen vorüberging. Als man aber die wirklich überraschende Bildserie der Erfolge an sich vorüberziehen sah, war man zum größten Teil freudiger gestimmt, obwohl niemand verkennen kann, daß in diesem Jahr die Bautätigkeit des Vorjahres nicht erreicht werden konnte, da die Landeszuschüsse fehlten. Die Geschäftsführung der vergangenen Jahre hatte ihr Hauptaugenmerk darauf gerichtet, möglichst viel Gelder hereinzubringen und hatte dabei die rein bürotechnischen Arbeiten vernachlässigt. Wer sich aber zurückerinnert, wie schwer die Aufbauarbeit im Kreis Detmold und wie mühsam die Werbung der Gemeinden und Siedler war, wird nicht ohne weiteres bereit sein, der Kritik freien Lauf zu lassen.

Das Schönste war unzweifelhaft der Bildbericht von Baurat Prollius, der aufzeigte, daß die Genossenschaft zur Zeit 828 Mitglieder zählt und die vielen Bauten in Stadt und Land Revue passieren ließ. Auch die Bauplanung der Genossenschaft hatte besondere Erfolge zu verzeichnen. Ein Bautyp in Heidenoldendorf, der von den Düsseldorfer Instanzen abgelehnt wurde, fand in Bonn so begeisterte Aufnahme, daß der Heidenoldendorfer Bautyp als Musterbeispiel exakter Bauplanung bezeichnet wurde.

Seltsame Abstimmungen

Die Bilanz von 1948/49, die von der Aufsichtsbehörde ohne sonderliche Randbemerkungen genehmigt wurde, fand bei den Genossen keine allgemeine Zustimmung. Und es wird überraschen, zu hören, daß die Annahme dieser Bilanz nur mit 35:5 Stimmen bei vielen Stimmenthaltungen über die Bühne ging. Dagegen wurde die Bilanz 1950, für die der Prüfungsbericht noch nicht vorliegt, mit 37 Stimmen angenommen, während sich der Rest der Stimme enthielt. Immer wieder mußte der Aufsichtsratvorsitzende, Landrat Dr. Johanning, der neue Geschäftsführer Dr. Kreke und nicht zuletzt Sparkassendirektor Kaufmann in die Debatte eingreifen, um die Mißverständnisse zu klären.
[...] (Freie Presse vom 15.12.1951)

D. Entwicklung der städtebaulichen Struktur, dargestellt anhand der Planungen und der neuen Baugebiete

Wie hat sich nun diese umfangreiche Arbeit, wie sie aus den Akten deutlich gemacht werden konnte, in der architektonischen, planerischen und städtebaulichen Entwicklung der Stadt ausgewirkt?

In ähnlicher Weise wie bei der verwaltungsmäßigen Bearbeitung gab es auf dem planerischen Gebiet bei der Durchführung von Baumaßnahmen Schwierigkeiten erheblicher Art.

a. Gesetzliche Grundlagen

So waren die Vollmachten der Baubehörde durch die Militärregierung erheblich eingeschränkt, da alle Baumaßnahmen der Genehmigung des building officer unterworfen waren. Private Neubauten wurden zunächst grundsätzlich nicht genehmigt. Soweit Neubauten durchgesetzt werden konnten, wurden zunächst Keller nicht genehmigt, da sie als Luxus angesehen wurden, der den Deutschen wohl nicht zustand. Im nachhinein habe ich erfahren, nachdem das Kreisbauamt selbstverständlich gegen derartige Entscheidungen begründet protestierte, daß der building officer von seiner Auffassung abging, aber erklärte, daß in England auf dem Lande Keller nicht üblich seien und er sie deshalb auch in Deutschland nicht für notwendig gehalten habe.

Interessanterweise galten die bestehenden Gesetze, Verordnungen und Satzungen uneingeschränkt weiter. Einzige gesetzliche Grundlage für städtebauliche Planungen war die Ortssatzung über die Anlegung, Veränderung und Behebung von Straßen und Plätzen in der Stadt Detmold vom 1.7.1937 auf der Grundlage des alten, nach wie vor gültigen, seinerzeit sehr fortschrittlichen lippischen Fluchtliniengesetzes von 1899.

1950 trat dann als erstes neues Städtebaugesetz das Aufbaugesetz in Kraft. Die alte Bauordnung der Stadt Detmold blieb aber weiterhin gültig bis zum Jahre 1957, in dem der Regierungspräsident eine Bezirksbauordnung für den gesamten Regierungsbezirk Detmold erließ. Eine Verordnung über die Regelung der Bebauung folgte am 9.9.1959.

1951 wurde in Verbindung mit dem Landkreis Detmold ein erster Wirtschaftsplan, wie er nach dem Aufbaugesetz als Gesamtplan jetzt vorgeschrieben war, für die gesamte Stadt aufgestellt und im September 1952

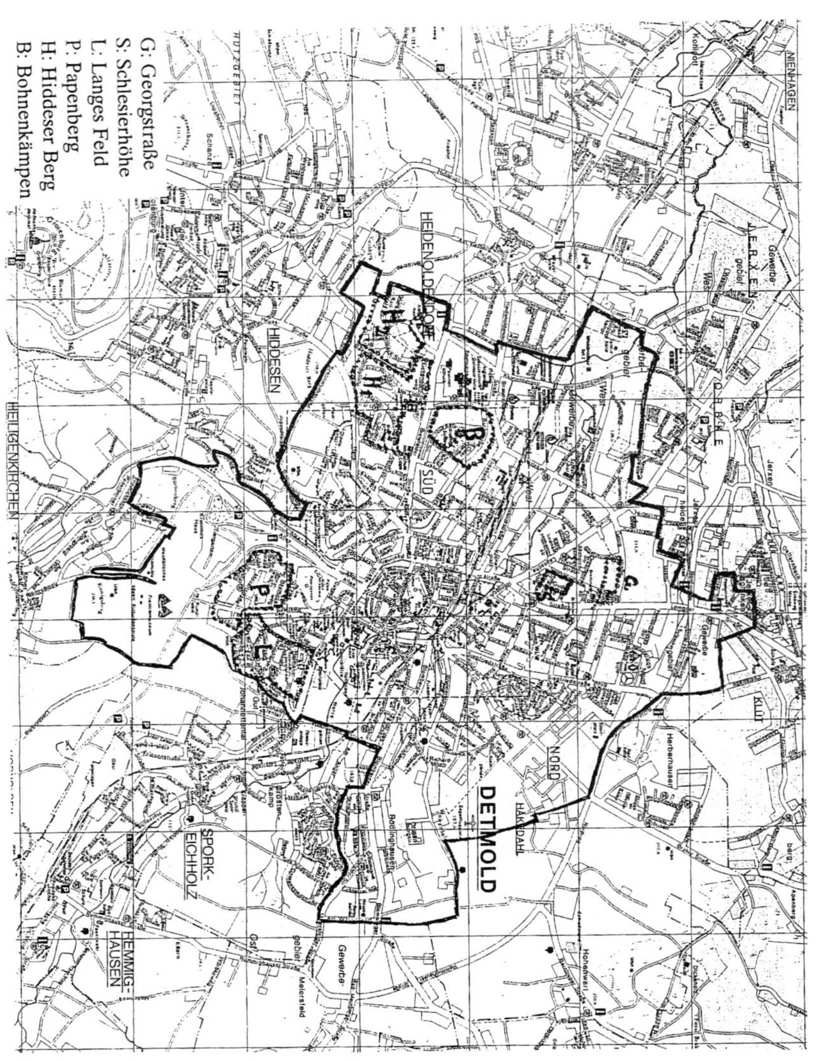

Abb.3 Stadtplan Detmold mit den Grenzen 1970 und Eintragung der Neubaugebiete nach 1945

genehmigt in Verbindung mit einem ersten Baugebietsplan. In diesem Baugebietsplan war das Lange Feld enthalten, aber noch nicht das künftige Baugebiet Bohnenkämpen, und auch das Papenberggebiet nur im unteren Bereich bis zum Römerweg.

1957 beschloß der Rat auf der Grundlage des Aufbaugesetzes die Aufstellung eines Leitplanes, der ein Jahr später bereits offengelegt wurde. Beim Baugenehmigungsverfahren blieb es jedoch bei der Handhabung, daß die Stadt die Bauanträge zu prüfen hatte, während der Landkreis Detmold die Baugenehmigungen erteilte.

Was den Leitplan betraf, der nunmehr in eigener Zuständigkeit zu entwickeln war, wurde ein entsprechender Aufstellungsbeschluß am 23.6.1960 gefaßt. Die Bearbeitungshoheit hat sich dann über Jahre hingezogen. Der Plan wurde erst 1965, nunmehr als Flächennutzungsplan, fertiggestellt und am 23.11.1965 vom Rat genehmigt mit der Unterschrift des damaligen Bürgermeisters Bröker.

Der Plan von 1965 enthält bereits die Querspange, im Norden eine Umgehung vom Bereich Jerxen-Orbke und im Süden die erste Planung der Südumgehung mit einer Linienführung durch den Ortskern von Heiligenkirchen, was naturgemäß sofort zu Protesten der Gemeinde führen mußte und schließlich im Osten bereits eine Umgehungsverbindung von der Lemgoer Straße bis zur B 239 in Schönemark, eine Linienführung, die der heutigen Führung des Nordrings ziemlich genau entspricht.

Dieser Plan zeigte für alle sichtbar, daß Detmold eine Stadt ohne hinreichenden Raum war, bis an ihre Grenzen beplant und ohne Baulandreserven, umgeben von kleinen Gemeinden, die alle ihre eigene Planung betrieben ohne gegenseitige Abstimmung. Damals habe ich daraufhin über den Lippischen Heimatbund die Bildung einer Planungsgemeinschaft Detmolds mit seinen Umlandgemeinden empfohlen, eine Empfehlung, die vom Kreis Detmold aufgenommen wurde.

b. Entwicklung neuer Baugebiete

Wenden wir uns nun den einzelnen Baugebieten und ihrer Entwicklung zu, insbesondere, soweit sie sich in der Entwicklung von Bebauungsplänen niedergeschlagen haben. Der zeitlichen Reihenfolge nach hat sich die Wohnraumentwicklung eigentlich zunächst mehr zufällig vollzogen, je nachdem, wo Wohnbaugrundstücke erreichbar waren.

Es fing an mit dem ehemaligen Domänengelände Johannettental, das sich dann zum Baugebiet Langes Feld entwickelte, gefolgt von einem be-

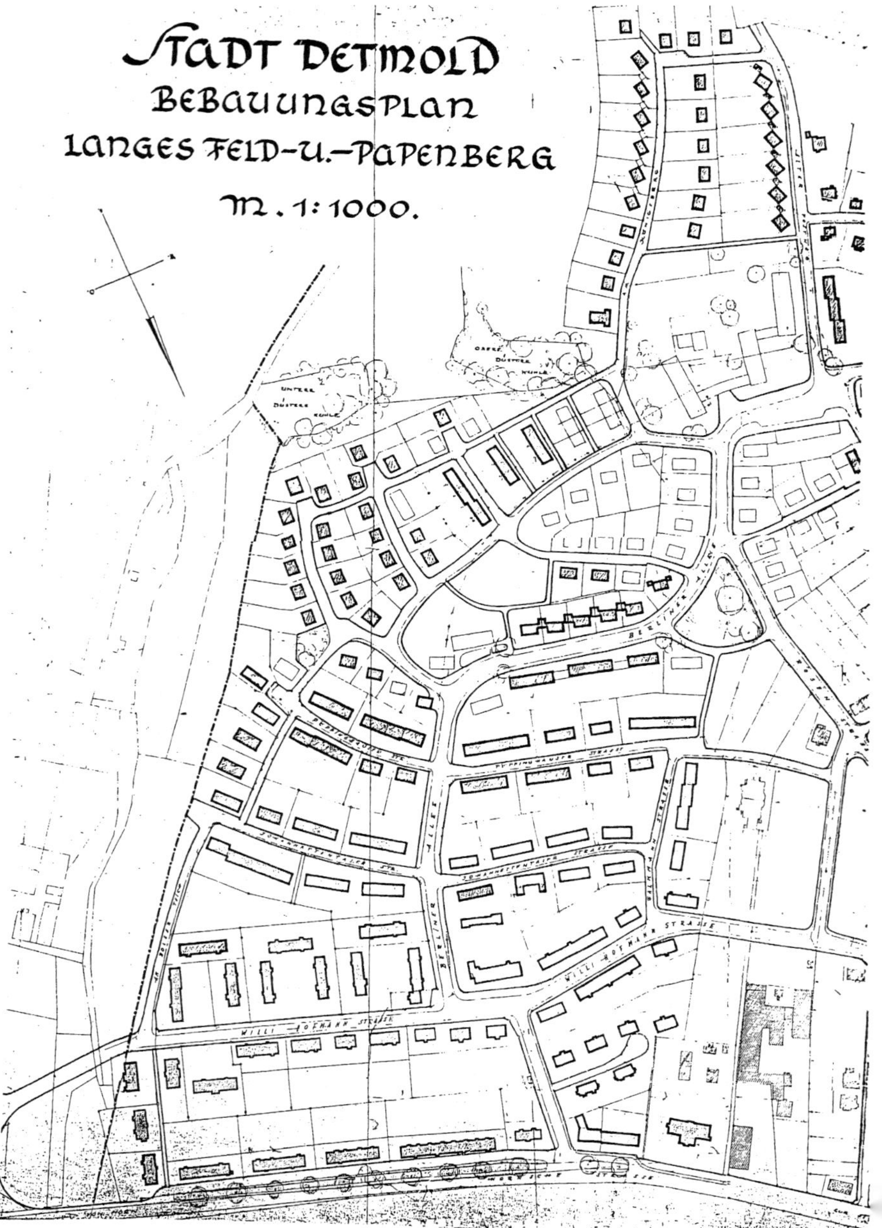

Abb.4 Bebauungsplan Langes Feld

grenzten Gebiet nördlich der Lageschen Straße, dem sogenannten Südholzgelände, erworben vom Rittergut Herberhausen, gefolgt von einem westlichen Wohngebiet, den sogenannten Bohnenkämpen. Das spätere Baugebiet Hiddeser Berg sei hier nur kurz erwähnt. Diese Bautätigkeit liegt bereits außerhalb der zu untersuchenden Zeitspanne.

1. Stadtteil Langes Feld

Es wurde letztlich ein richtiger neuer Stadteil mit einer in sich geschlossenen städtebaulichen Struktur, entwickelt auf dem ehemaligen Domänengelände Johannettental, das der Stadt vom Landesverband zur Verfügung gestellt wurde. Als erster Bauabschnitt wurden von der jungen Lippischen Wohnungs- und Siedlungsgenossenschaft entlang der Hornschen Straße 24 Wohnungen errichtet für Landesbedienstete aus Minden, da hier keine neuen Erschließungsarbeiten als Voraussetzung für den Baubeginn erforderlich waren. Städtebauliche Grundlage: ein einfacher Vorentwurf der Stadt vom 5.12.1947. Wie bereits gewohnt, gab es laufend Schwierigkeiten, bis es zum Bauen kam und bis die ersten Häuser standen.

21.7.1948	Die Stadt berichtet an den RP, daß sie die Planung für die ersten Wohnungsneubauten für Beamte übernommen habe. Eine Finanzierung sei jedoch noch völlig offen, nachdem nach Auskunft des Ministers nur Finanzmittel zum Bau von Kleinsiedlungen bereitgestellt würden.
18.11.1948	Schreiben der Stadt an den RP. Die im Vertrauen auf Finanzierung bereits begonnenen 24 Baumaßnahmen seien zum Erliegen gekommen, da die Finanzierung nicht gesichert sei. Die Stadt beklagt sich über ungerechte Verteilungsquoten des Wohnungbauprogramms.
25.12.1949	Schreiben der Lippischen Wohnungs- und Siedlungsgenossenschaft an den RP. Die LWS teilt mit, daß sie sich außerstande sähe, die laufenden Handwerkerrechnungen für die begonnenen Wohnungsbaumaßnahmen im Langen Feld zu bezahlen, nachdem die erforderlichen Eintragungen der Belastungen noch nicht vorgenommen werden könnten, weil die Umschreibung der Eigentümerschaft des früheren Landes Lippe auf den inzwischen gegründeten Landesverband Lippe noch nicht erfolgt sei und sich übermäßig lange hinziehe. Die LWS erklärt, "sofern die Klärung der grundbuchlichen Eintragung nicht schnellstens erfolge, wird das Bauvorhaben stillgelegt".

Langes Feld Detmold

Baugr.	*Lage*	*Anz. d. Häuser*	*Anz. d. Wohnungen*	*Baujahr*
0	Detmold Hornsche Str. 67-81	8	48	1949
7	Detmold Berliner Allee 2-4 W. Hofmann Str. 37, 39	4	24	1951
8	Detmold Am Dolzer Teich 3-5 W. Hofmann Str. 53, 55	4	27	1951
9	Detmold Berliner Allee 6-8	2	8	1952
12	Detmold Am Dolzer Teich 7-9	2	10	1953
13	Detmold Johannettentaler Str. 11-17	4	20	1953
14	Detmold Johannettentaler Str. 18-25	4	30	1953
21	Detmold Am Schäfergraben 8	1	7	1955
28	Detmold Berliner Allee 9	1	4	1957
Insgesamt		30	178	

15.2.1950 48 Wohnungseinheiten für Landesbedienstete auf dem Langen Feld durch die LWS fertiggestellt.

In den kommenden Jahren ging es dann bergaufwärts weiter bis hin zum Alten Postweg: zunächst ohne Bebauungsplanverfahren, lediglich auf der Grundlage von Bebauungsplanentwürfen, mit der Lippischen Wohnungs- und Siedlungsgenossenschaft und der jetzt gegründeten Detmolder Wohnungsbaugesellschaft, getragen vom Detmolder Handwerk. Daneben beteiligen sich noch die Ravensberger Heimstätte und die Dortmunder Handwerksbau an der Entwicklung dieses Baugebietes.

Was die gesamte planerische Entwicklung des Langen Feldes angeht, so hat es von 1948 bis 1954 gedauert (auch wieder mit Schwierigkeiten, als im obersten Bereich eine Enteignung notwendig wurde, die wegen der sich änderenden Gesetze längere Zeit in Anspruch nahm) bis schließlich ein Gesamtbebauungsplan als Entwurf vom Stadtbauamt fertiggestellt war.

Dieser Plan ist dann im weiteren Verlauf im oberen Bereich noch entscheidend verändert worden, als die Berliner Allee nicht in einem Zuge bis zum Alten Postweg mit einer sehr starken Steigung gebaut wurde, sondern dem Gelände besser angepaßt, im oberen Teil verschwenkt wurde, so daß die entsprechenden Neubauten gleichlaufend mit den Höhenlinien errichtet werden konnten und die Straßensteigung wesentlich verringert wurde.

Der weitere Ausbau bis zum Alten Postweg erfolgte nach Abschluß des Enteignungsverfahrens in den folgenden Jahren bis 1959.

Nach einer Zusammenstellung der Wohnungsbaugenossenschaft Lippe-Weserbergland – so der heutige Name der damaligen Lippischen Wohnungs- und Siedlungsgenossenschaft – und der Detmolder Wohnungsbaugesellschaft haben allein diese beiden Bauträger in den ersten Nachkriegsjahren bis zum Jahre 1959 insgesamt 442 Wohnungen allein im Langen Feld errichtet.

Der Bau des Stadtteils ist dann aber noch ca. 10 Jahre weiter fortgeführt worden, so daß sich dieses Gebiet heute als in sich geschlossenener Stadtteil mit inzwischen hohem Wohnwert darstellt, nachdem insbesondere im Wohnraumbereich neben dem Mietwohnungsbau der Bauträger auch der private Wohnungsbau zum Zuge kam und sich hier reizvolle Wohnbereiche in unmittelbarer Verbindung zum Königsberg entwickeln konnten.

Übersicht über die Mietwohngrundstücke

Objekt	*Grundstücksgröße* *Eigentum*	*Erbbaurecht*	*Wohnungen insgesamt*	*(davon mit Heizung)*
Fertige Mietwohnhäuser (abgerechnet bis 31.12.82)				
Marienstr. 66/68	20,14 a		12	(12)
Willi-Hofmann-Str. 40/42/44		44,37 a	19	(19)
Willi-Hofmann-Str. 46/48		18,01 a	12	(2)
Willi-Hofmann-Str. 41-51		44,89 a	36	(4)
Willi-Hofmann-Str. 50-56		41,70 a	24	(24)
Südholz Str. 54-56 Ostland Allee 1-7		31,42 a	24	(24)
Johannettentaler-Str. 1		7,73 a	6	(1)
Johannettentaler-Str. 2		12,41 a	6	(4)
Johannettentaler-Str. 4/6		12,98 a	12	(3)
Johannettentaler-Str. 8/10		13,01 a	12	(4)
Johannettentaler-Str. 12		10,05 a	6	(3)
Hornsche Straße 61 a+b		12,66 a	6	(1)
Georgstr. 45		9,33 a	6	(6)
Pöppinghauser Str. 1		9,54 a	5	(3)
Pöppinghauser Str. 3		9,65 a	6	
Pöppinghauser Str. 5/7		15,04 a	18	(7)
Pöppinghauser Str. 2		5,80 a	5	(4)
Pöppinghauser Str. 4/6		14,41 a	12	(6)
Pöppinghauser Str. 8		10,21 a	6	(2)
Pöppinghauser Str. 10		12,59 a	6	(6)
Südholzstr. 20/30/32		22,75 a	24	(24)
Berliner Allee 46	7,94 a		4	(4)
Kissinger Str. 43/45/47/49	24,50 a		13	(13)
Im Lindenort 6-16	78,99 a		36	(36)
Fritz-Reuter-Str. 12-16	28,84 a		12	(12)
Insgesamt	160,42 a	358,55 a	328	(224)

Büro	*Läden*	*Garagen*	*Wohnfläche qm*	*Nutzfläche gewerblich*	*Bezogen am*
–	–	14	888,--	205,66	15.08.51
–	–	–	1.159,60	–	01.10.52
–	–	–	571,60	–	01.12.52
–	–	–	1.677,48	–	01.01.53
–	–	–	1.446,--	–	01.08.53
–	–	11	1.389,98	173,70	01.11.53
–	–	–	432,-	–	15.09.53
–	–	–	420,52	–	01.12.53
–	–	–	655,96	–	01.03.54
–	–	–	673,48	–	15.10.54
–	–	–	429,92	–	01.06.54
–	4	5	396,78	289,53	15.12.53
–	–	–	347,74	–	15.11.54
1	–	–	272,98	59,41	01.11.54
–	–	–	332,78	–	15.12.54
–	–	7	1.093,97	96,98	10.10.56
–	–	4	191,43	52,40	01.03.57
–	–	–	661,98	–	01.04.56
–	–	–	332,39	–	01.08.55
–	–	–	439,54	–	01.07.55
–	–	4	1.382,94	60,64	07.06.57
–	–	2	381,96	36,57	15.12.57
–	4	6	878,82	462,17	01.06.61
–	–	16	2.767,32	208,44	10.09.62
–	–	8	1.332,--	102,40	01.04.66
1	8	77	20.557,17	1.747,90	

2. Südholzgelände

Im Zuge der Suche nach bebauungsfähigem Wohngelände konnte die Stadt 1949 vom Rittergut Herberhausen ein Gelände im Winkel zwischen Lagescher und Lemgoer Straße zum Zwecke der Schaffung von Wohnraum für Vertriebene erwerben. Das Projekt wurde der neu gegründeten Lippischen Wohnungs- und Siedlungsgenossenschaft übertragen, die hier zum ersten Mal seit ihrer Gründung eine geschlossene städtebauliche Anlage entwickeln konnte. Diese gesamte Planung konnte ohne jeden Abstrich in einem Zug in den Jahren 1949 bis 1951 realisiert werden, insgesamt entstanden hier 62 Mietwohnungen.

Im Hinblick auf die Herkunft der Vertriebenen erhielt das Wohngebiet den Namen Schlesierhöhe. Der Bereich ist bis zum heutigen Tag unverändert geblieben und erfreut sich allgemeiner Beliebtheit: ein Zeichen, daß die damalige Planung nicht nur zeitgerecht, sondern auch vorausschauend den richtigen Weg beschritten hat.

3. Wohngebiet Georgstraße

In den Jahren 1951-1952 wurden in Verbindung bereits vorhandener Straßen 60 Wohnungen für verschiedene Nutzungen errichtet. Es gab ca. 140 verschiedene Förderungs'töpfe' aus Landes- und Bundesmitteln für Flüchtlinge, für Kinderreiche, für Kriegshinterbliebene, für Behinderte. Bezogen werden konnten diese Wohnungen nur von Personengruppen, die diesen Förderungsrichtlinien entsprachen. Hier ergaben sich erhebliche Schwierigkeiten. Die Bebauung dieses Wohngebietes hatte den Vorteil, daß wegen vorhandener Straßen zusätzliche Erschließungskosten für den Straßenbau nicht entstanden.

4. Wohngebiet Bachstaße/Bohnenkämpen

Hier entstanden 152 Wohnungen mit dem Bauträger Neue Heimat (Münster) auf einem Gelände, das für 2 Millionen DM vom Rittergut Braunenbruch angekauft worden war.

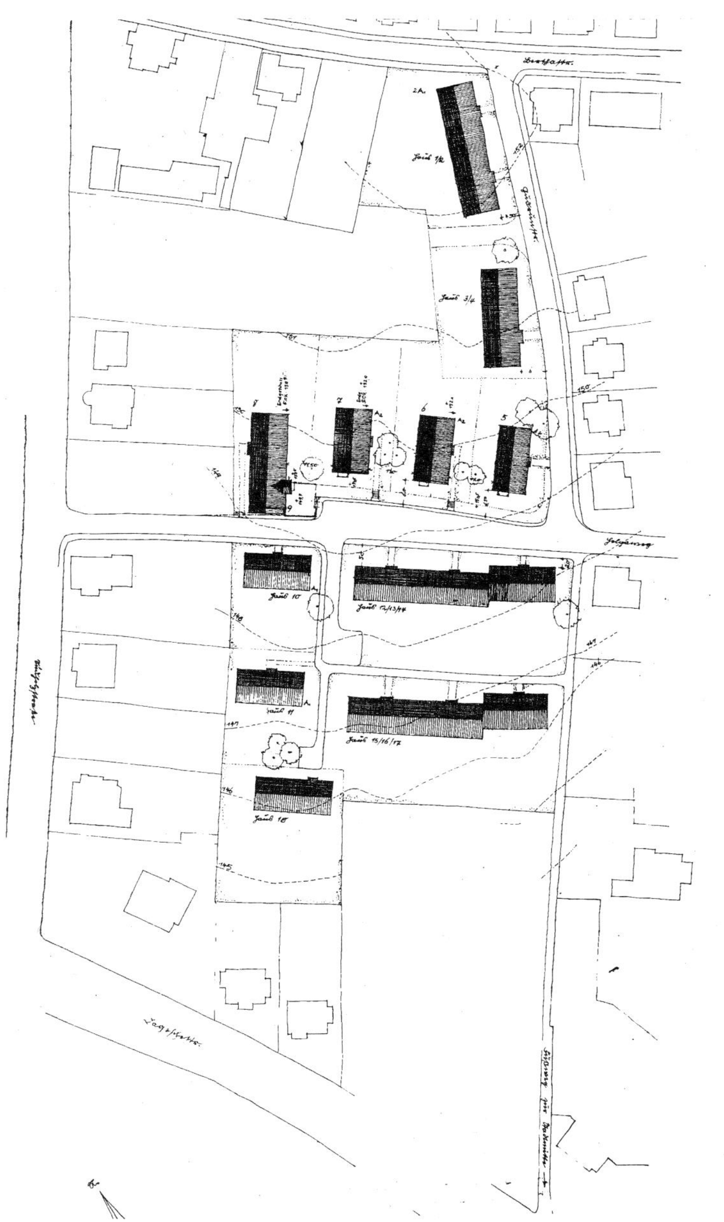

Abb.5 Bebauungsplan Schlesierhöhe (Südholzgelände)

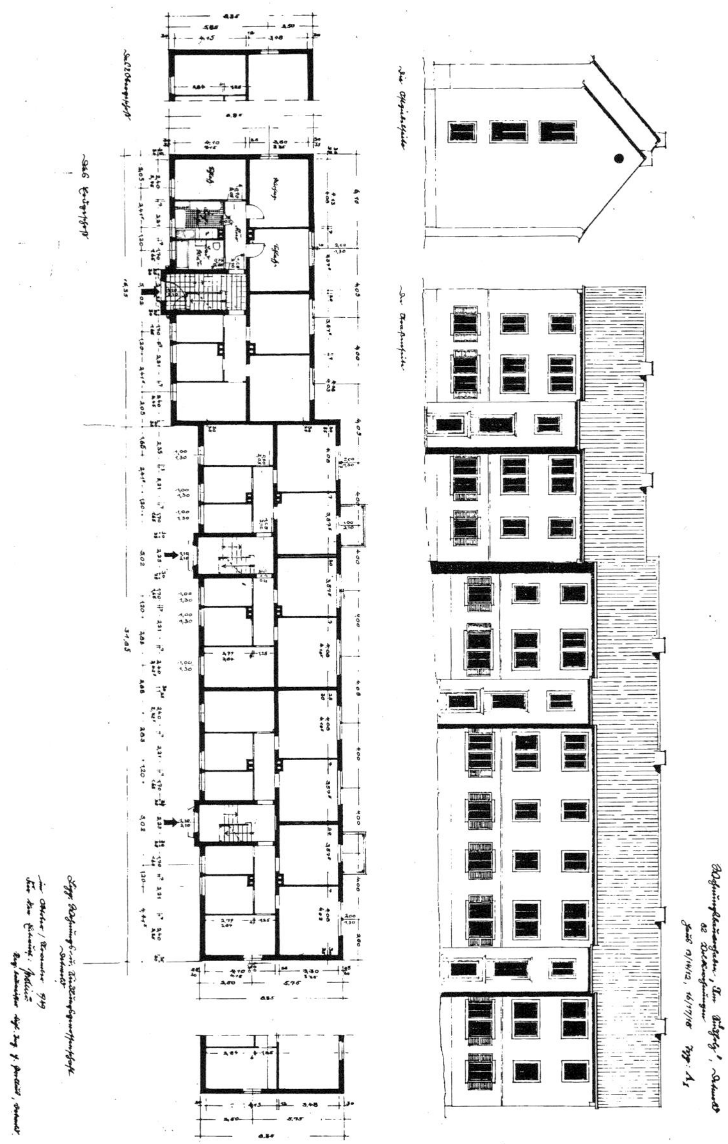

Abb.6 Wohnungstypen Schlesierhöhe

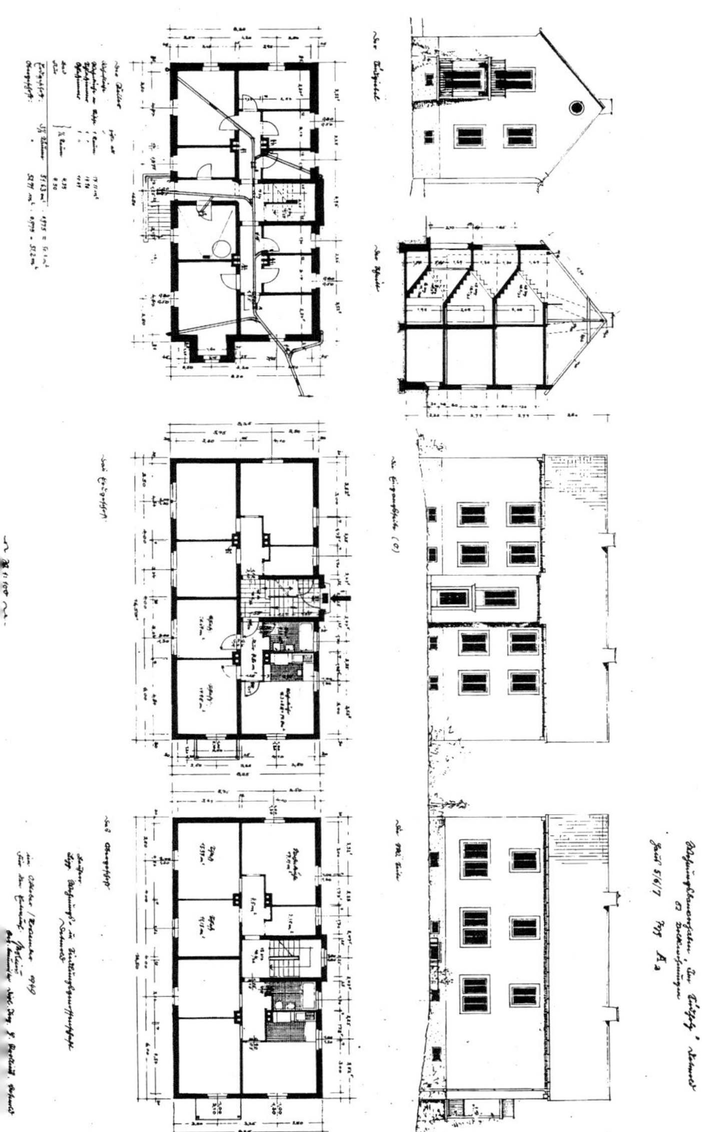

Abb.7 Wohnungstypen Schlesierhöhe

Abb.8 Schlesierhöhe 1950/51

Abb.9 Schlesierhöhe 1950/51

Die öffentlichen Mittel wurden im November 1954 kurzfristig angeboten, nachdem der Einsatz dieser Mittel in Herford nicht möglich war. Bedingung: Bis zum 15. Dezember, also innerhalb 4 Wochen, müßte der Bewilligungsbescheid erteilt sein.

Mit einem erheblichen Einsatz an Arbeitskräften und Energie, einschließlich Eilsitzungen des Rates, gelang es, diesen Termin einzuhalten, so daß der Bewilligungsbescheid erteilt werden konnte, und als Voraussetzung für den Bau der Wohnungen der Rat seine Zustimmung zu einem Erschließungsvertrag erteilte, nachdem die Stadt kein Geld einbringen konnte, um die erforderliche Erschließung durchzuführen.

Dieses war der erste Fall, daß ein Bauträger die Vorfinanzierung der gesamten Erschließung übernahm. Mit der Neuen Heimat trat bei diesem Bauvorhaben zum ersten Mal ein größerer auswärtiger Bauträger auf. Die Verbindung hatte Stadtdirektor König hergestellt.

Diese 152 Wohnungen waren der Anfang des neuen westlichen Baugebietes Bohnenkämpen, das in den folgenden Jahren weiter ausgebaut wurde, fortgesetzt mit den Wohnungsbauten an der Saganer Straße bis zu dem durchaus umstrittenen Hochhaus. Es war die Zeit, als auch hier die Stadt ihr Hochhaus haben mußte, das als städebauliche Dominante städtebaulichen Rang zu beanspruchen vorgab.

An der Saganer Straße wurden zum ersten Mal nach dem Krieg Eigenheime errichtet, deren Finanzierung nach heutigen Vorstellungen als abenteuerlich zu bezeichnen ist, da die Eigenmittel eigentlich nur in handwerklicher Eigenleistung bestanden.

Für das gesamte Gebiet Bohnenkämpen wurde im November 1956 der inzwischen baurechtlich festgesetzte Durchführungsplan nach dem Aufbaugesetz von 1950 in Kraft gesetzt.

5. Papenberggelände

Im Zuge der Beschaffung von Wohnungen für die Dozenten der Musikakademie wurden auf dem oberen Papenberggelände Reihenhauseigenheime errichtet sowie eine Mensa. Zuvor schaffte die Stadt neben der allgemeinen Straßenerschließung die Möglichkeit zur Bebauung durch Errichtung eines Wasserturms zur Sicherung des Wasserbedarfs in diesem Gebiet. Die Erschließung dieses Wohngebietes war dementsprechend aufwendig.

Dieses Gebiet konnte eigentlich nur deswegen für Wohnzwecke bereitgestellt werden, da es sich um Eigentum der öffentlichen Hand (Landesverband) handelte, das zur Verfügung gestellt werden konnte; von der reinen Nordhanglage her war es als Wohngebiet nicht unbedingt optimal gelegen. Positiv war jedoch die nahe Lage zum Wald und zur Musikhochschule zu werten. Heute stellt sich dieses Gebiet als bevorzugtes Wohngebiet dar.

6. Baugebiet Hiddeser Berg

Der Erwerb des bisher westlich der Bohnenkämpen völlig unbebauten Geländes im Eigentum des Rittergutes Braunenbruch hat zwangsläufig die Stadterweiterung für den zwingend erforderlichen Wohnungsbau zur Behebung der immer größer werdenden Wohnungsnot ein großes Stück vorangebracht.

Seit 1945 hatte sich die Einwohnerzahl der Stadt von 19.000 auf 32.000 erhöht. Unmittelbar vor Abschluß der Kaufhandlungen zwischen dem Rittergut Braunenbruch und der Stadt Detmold verkaufte das Rittergut das Gelände an die Neue Heimat, die sich gleichzeitig bereiterklärte, mit der Stadt auch wieder einen Erschließungsvertrag abzuschließen und insoweit die gesamte Erschließung vorzufinanzieren. Jedoch mußte die Stadt Detmold, anders als bei den Bohnenkämpen, den gesetzmäßig vorgeschriebenen Anteil von 10 Prozent der Erschließungskosten selbst übernehmen. Dieser Betrag wurde jedoch später mit fiktiven Ansiedlungskostenträger verrechnet.

Auf Druck des Regierungspräsidenten, der mit den stadtplanerischen Bemühungen nicht einverstanden war, wurde ein anerkanntes Stadtplanungsbüro beauftragt, einen Bebauungsplan für das gesamte Gelände zu erstellen, der dann auch die Grundlage für die Bebauung bildete.

Die Qualität des damaligen Bebauungsplanes war von Anfang an sowohl städtebaulich als auch in seiner Architektur umstritten, insbesondere da sich sehr schnell herausstellte, daß ein Bebauungsplan eben nicht nur technische Auswirkungen zeigt, sondern auch in seinen Vorgaben die künftige Struktur entscheidend beeinflußt, möglicherweise positiv, aber ebenso auch negativ. In unserem Fall eher spürbar negativ, denn das Wohngebiet Hiddeser Berg ist bis heute als problematisch einzustufen.

In der Zeit von 1951 bis 1974 sind im Raum der Kernstadt Detmold ca. 3.000 Wohnungen mit öffentlichen Mitteln gefördert und errichtet worden, im wesentlichen verteilt auf die dargestellten Wohngebiete.

E. Veränderung der Infrastruktur

Nach dem Aufzeigen der städtebaulichen Entwicklung ab 1945 ein kurzer Blick auf die Entwicklung der allgemeinen Infrastruktur nach 1945, wie sie sich in den Bereichen von Verwaltung, Schule, Industrie, Verkehr, um nur einige Schwerpunkte zu nennen, vollzogen hat.

Nach einem Ratsbeschluß vom 3.3.1949, daß neben dem Wohnungsbau auch der Schulbau erste Priorität haben sollte, hat die Stadt, nachdem die bestehenden Schulen in ihrem Bestand erhalten geblieben waren, aufgrund der gestiegenen Schülerzahlen zunächst mit dem Bau von Grundschulen begonnen.

Erster Schulneubau war die Hauptschule Heidenoldendorf im Jahre 1951, noch außerhalb der Stadtgrenzen, gefolgt von der Südholzschule im Jahre 1951. Es folgte 1960 die Schule an der oberen Berliner Allee, gefolgt vom neuen Stadtgymnasium 1963, bis hin zum heutigen Schulzentrum Mitte im Westen der Stadt.

Die Industrieentwicklung konnte sich nur schwer durchsetzen, nachdem zunächst das Interesse der Stadt, insbesondere vertreten von Bürgermeister Dr. Moes, auf die Entwicklung der Kultur ausgerichtet war, auf der anderen Seite in den damaligen Stadtgrenzen Gewerbeflächen nicht angeboten werden konnten. Einziges Ergebnis war schließlich die Entwicklung eines Gewerbegebietes an der Ernst-Hilker-Straße im Norden der Stadt an einem schönen Südhang, der eigentlich mehr für eine Wohnbebauung geeignet war.

Fast unbemerkt von der Stadt vollzogen sich industrielle Entwicklungen demgegenüber in den Randgemeinden. So schon sehr früh in Berlebeck, indem die Gemeinde ihre Festhalle zur Ansiedlung eines Flüchtlingsbetriebes der Elektronikbranche aus dem Sudentenland zur Verfügung stellte, den es bisher im Detmolder Raum mit seiner von der Holzindustrie bestimmten Monostruktur nicht gab. Ein Anstoß zur Strukturänderung kam damit in Gang. Aus dem Flüchtlingsbetrieb ist heute ein überregionaler Industriekomplex geworden, der nunmehr auf einem Gelände innerhalb des größeren Detmolds errichtet wurde.

Verkehrsfragen wurde nach 1945 so gut wie gar nicht Rechnung getragen, denn Probleme der Art, wie wir sie heute vor uns haben, konnten in keiner Weise erwartet werden. Ich habe noch den Ausspruch eines damaligen Beamten in den Ohren, der mir erklärte, daß nach dem verlorenen Krieg nur noch Pferdewagen durch die Straßen fahren würden. Eine motorisierte Entwicklung in Deutschland würde auch von den Alliierten gar nicht gewollt. Daß die Dinge dann ganz anders gekommen sind, wissen wir heute. Mögliche Fernstraßenbauten, wie sie als Planungen aus der Zeit vor 1945 bereits vorlagen, wie z.B. die Hollandlinie der Autobahn aus Richtung Osnabrück bis Kassel, mit Abzweigung in Detmold Richtung Hameln, wurden zu den Akten gelegt mit der eigenartigen Begründung seitens der neuen Bezirksregierung, daß diese Planungen als Planungen des 'Dritten Reiches' nicht weiter zu verfolgen seien.

Abschließend darf jedoch ein Projekt nicht unerwähnt bleiben, das schon sehr früh auf Initiative von Heinrich Drake in die Diskussion gebracht wurde: die Errichtung eines Freilichtmuseums im bäuerlichen Bereich, eine Diskussion, aus der schließlich Detmold als Standortsieger hervorging gegenüber dem Kloster Dalheim als Mitbewerber. Der damals aufgestellte Bebauungsplan wurde Grundlage sowohl für die Errichtung und Verteilung der Bauvorhaben des Freilichtmuseums selbst, als auch der vorzusehenden Erschließungen des Geländes.

Dieser letzte Punkt hat zu Schwierigkeiten geführt, die auch heute noch nicht als behoben angesehen werden können. Es muß jedoch festgehalten werden, daß das Projekt Freilichtmuseum eine hohe kulturelle, aber auch wirtschaftliche Bedeutung für unsere Stadt entwickelt hat, das zu fördern Aufgabe aller Verantwortlichen sein sollte und insoweit auch einen wesentlichen Teil der städtischen Entwicklung darstellt.

Neben dieser frühen positiven Entscheidung hat es allerdings auch erhebliche Versäumnisse gegeben, jedenfalls aus heutiger Sicht. Ich nenne nur das vergebliche Bemühen Detmolds, Universitätsstadt zu werden, den Neubau einer wirklich leistungsfähigen, der Größe der Stadt angepaßten Stadthalle durchzusetzen und schließlich auch den Verzicht der Stadt, sich um eine Landesgartenschau im Bereich der Inselwiese zu bewerben. Ein Angebot, das für den Bereich Inselwiese durchaus interessant hätte werden können, zumal im Zusammenhang mit dem Freilichtmuseum durch die Wiederherstellung des Barockgartens der Orangerie eine einmalige große zusammenhängende Naturanlage hätte geschaffen werden können. Verpaßte Sternstunden!

Auf der anderen Seite ist aber positiv die schnelle Entscheidung der Stadt zu vermerken, Bauten für die Fachhochschule Lippe im Westen der Stadt zu errichten, um zu vermeiden, daß diese Hochschule ggf. gar nicht oder aber in anderen Städten des Raumes etabliert worden wäre.

Zusammen mit der frühen Gründung der Musikhochschule, deren Gründung allerdings weniger auf Stadtinitiative, sondern auf das persönliche Engagement nicht zuletzt von Heinrich Drake zurückzuführen ist, sind beide Hochschulen aus heutiger Sicht zu einem wichtigen Markenzeichen unserer Stadt geworden.

Damit bin ich an den inhaltlichen Grenzen meines Beitrags angelangt, aber auch gleichzeitig an den Anfang zurückgekehrt. Irgendwie stehen wir ja in unserer städtebaulichen Entwicklung immer wieder am Anfang vor einem leeren Zeichenblatt, das auf neue Entwürfe wartet. Stadtplanung ist insoweit eine unendliche Geschichte, ein immerwährender, fortlaufender Prozeß.

Um so wichtiger ist es, sich der Wurzeln bewußt zu werden und zu bleiben, aus denen eine solche Stadt ihr Kräfte bezieht, insbesondere die großen Zusammenhänge im Auge zu behalten und nicht in Stadtteildenken abzugleiten, um in der Lage zu sein, die Herausforderungen von Gegenwart und Zukunft zu meistern.

F. Zusammenfassung und Ausblick

Bedenken wir die gesamte Entwicklung nach 1945 aus heutiger Sicht, so kann positiv festgestellt werden, daß die seit 1945 schneller und stärker als in allen Jahrhunderten zuvor gewachsene Stadt Detmold im Ergebnis eine neue Stadtbevölkerung hat entstehen lassen. Eine interessante und gute Mischung der neu zugezogenen Kräfte mit neuen Anstößen und auf der anderen Seite ein traditionsbewußter, in sich ruhender, nicht umzuwerfender, lang ansässiger Bevölkerungsteil. Eine Entwicklung, in deren Verlauf geborene und gelernte Detmolder, wenn auch zunächst mühsam, aber dann doch besser und besser, zueinander gefunden haben. Der lippische genius loci hat es möglich gemacht. Es bleibt Erinnerung, Mahnung zugleich und Ermunterung.

So ganz falsch haben wir es denn doch wohl nicht gemacht, wenn man das heutige Ergebnis betrachtet; trotz sicher mancher Versäumnisse oder Fehlentscheidungen.

Aber leicht hat es sich Detmold nie gemacht – das gilt für damals wie für heute.

Aber man soll ja aus der Geschichte lernen können.

Quellen- und Plannachweis

Lippische Landesbibliothek:	Grundriß der Residenzstadt Detmold um 1750
Staatsarchiv Detmold:	D106 Detmold, D100 Detmold, Volkszählung 1946, statistische Erfassung der Evakuierten und Flüchtlinge, Wohnraumübersicht Bau- und Siedlungswesen
Staatsarchiv Detmold:	D1 Nr. 16537 Allgemeine Verfügungen, Stadplanung 1945-1950 Nr. 16589, Stadtplanung und Kreis Detmold 1950-1952 Nr. 16676 Wirtschaftsplan Detmold 1951
Staatsarchiv Detmold:	D106 Baustatistiken 1945-1953
Freie Presse:	15. Dez. 1951: Bericht über die Generalversammlung der Lippischen Wohnungs- und Siedlungsgenossenschaft
Lippische Wohnungs-und Siedlungsgenossenschaft:	Übersicht über die Wohnbautätigkeit von 1945-1957
Detmolder Wohnungsbau GmbH:	Übersicht über die Wohnbautätigkeit von 1951 - 1966
Stadtbauamt Detmold:	Bebauungsplan Langes Feld M. 1:1000 Bebauungsplan Bohnenkämpen
Architekturbüro Dr.-Ing. Prollius, Detmold	Bebauungsplan Schlesierhöhe, Wohnungstypen Schlesierhöhe, Grundrisse und Ansichten
Heinrich Heuer, Detmold	Fotoaufnahme Wiesenstraße 1945

Paul Stenz

Gründung und Aufstieg eines Flüchtlingsunternehmens: Die Firma Weidmüller

Vorbemerkung: Dieser Bericht schildert in Art einer Chronik die Herkunft dieses Unternehmens, den Neubeginn mit den Problemen der Nachkriegszeit und den Werdegang über einen Zeitraum von ca. 10 Jahren.

1. Gründung

Weidmüller ist ein Familienunternehmen mit langer Tradition. Bereits im Jahre 1850 wurde das Unternehmen von Carl August Weidmüller in Reichenbrand bei Chemnitz gegründet. Zweck des Unternehmens war die Fabrikation und der Handel mit "Handschuhen, Trikotagen, Posamenten, Bändern und Litzen", wie einer alten Niederschrift zu entnehmen ist. Man war also in der Textilindustrie tätig. Carl August Weidmüller schied 1885 im Alter von 63 Jahren aus dem Unternehmen aus, seine Söhne übernahmen die Leitung des aufstrebenden Unternehmens. Der Hauptsitz des Unternehmens wurde noch im gleichen Jahr nach Chemnitz verlegt.

Im Jahre 1899 wurde ein Fabrikanwesen in Tyssa (Böhmen) erworben, in dem die Fabrikation von "Druck- und Henkelknöpfen" aufgenommen wurde. Alleiniger Geschäftsführer wurde der bisherige Prokurist Moritz Wächtler. Dieses Unternehmen entwickelte sich sehr gut durch Realisierung neuer, patentrechtlich geschützter Druckknöpfe. 1931 zahlte Moritz Wächtler die Nachkommen von C. A. Weidmüller aus und wurde alleiniger Inhaber der Fabrik in Tyssa. Er nahm noch im gleichen Jahr seinen Enkel Gottfried Gläsel als Teilhaber in die Firmenleitung auf. Der Firmenname C. A. Weidmüller wurde beibehalten.

Im hohen Alter von 81 Jahren schied Moritz Wächtler aus dem Unternehmen aus und übergab alle seine Geschäftsanteile seinem Enkel. Somit war Gottfried Gläsel seit 1937 alleiniger Inhaber und Geschäftsführer der C. A. Weidmüller, Tyssa.

Abb.1 Carl August Weidmüller (1823-1913), Gründer der Fa. C.A.Weidmüller, Chemnitz

Abb.2 Moritz Wächtler (1856-1945) Prokurist, Leiter und seit 1931 Inhaber der Fa. C.A. Weidmüller, Tyssa

Abb.3 Fabrikansicht in Tyssa um 1920

2. Kriegszeiten

Über das betriebliche Geschehen in den ersten Kriegsjahren gibt es keine Überlieferungen. Etwa ab 1943 wurde Weidmüller, wie viele andere Firmen auch, zur Produktion sogenannter "kriegswichtiger Güter" verpflichtet. Druckknöpfe waren in diesen schwierigen Jahren nicht mehr gefragt. Auf der Suche nach passenden Produkten für seinen Betrieb lernte Gläsel in Berlin den Oberingenieur Wilhelm Staffel kennen. Staffel war als Entwicklungsingenieur bei der AEG mit der Entwicklung der ersten automatischen Maschinensteuerungen beschäftigt (z.B. für Fräsmaschinen). Da vorhandene Klemmen für diese Anwendung nicht geeignet waren, hatte Staffel auch für diese Produkte eigene Ideen entwickelt und zum Patent angemeldet. Nun suchte er dafür einen Produzenten. Weidmüller übernahm die Fertigung der ersten "Staffelklemmen" für die AEG, Berlin. Sie wurden außer in Maschinensteuerungen auch sehr bald in Flugabwehranlagen und Radaranlagen eingesetzt und waren somit "kriegswichtig" genug. So fand Weidmüller den Weg von der Textilindustrie und dort gebräuchlichem Verbindungsmaterial zur Elektroindustrie und ganz neuartigen Technologien, wie z.B. die Verarbeitung von Kunststoffen.

Abb.4 Staffelklemme aus Kriegsfertigung mit AEG-Aufdruck

3. Ausweisung/Enteignung

Am 8. Mai 1945 zogen russische Soldaten in Tyssa ein, der Krieg war praktisch beendet. Eine Aufnahme der durch die Kriegsereignisse unterbrochenen Produktion war allerdings unmöglich. Plünderungen waren an der Tagesordnung, so daß keiner der noch vorhandenen Mitarbeiter sein Hab und Gut unbeaufsichtigt lassen wollte.

Das russische Militär übergab die Verwaltung schon bald an die tschechischen Behörden, was aber keineswegs zur Verbesserung der Situation – insbesondere der deutschen Bürger – beitrug.

Gottfried Gläsel wurde am 28. Mai 1945 von den Tschechen verhaftet und interniert; viele andere Deutsche aus Tyssa und Umgebung traf das gleiche Schicksal.

Am 18. Juni 1945 wurde die Familie Gläsel – einschließlich des 89jährigen Moritz Wächtler – aus Tyssa ausgewiesen. Innerhalb von eineinhalb Stunden mußten Haus und Hof verlassen werden.

Moritz Wächtler war diesem schweren Schicksalsschlag nicht mehr gewachsen. Er verstarb am 14. Dezember 1945 in Bad Lausigk, wo er auch seine letzte Ruhestätte fand. Gottfried Gläsel wurde erst am 4. April 1947 aus der Gefangenenschaft entlassen. Er fand seine Familie in der Sowjetzone in Bendorf bei Borna wieder. Seinen Besitz in Tyssa hat er nie wiedergesehen.

Er besaß damals nur noch das, was er mit sich trug: einen alten Soldatenmantel, einen Anzug, Holzschuhe und einen Sack als "Reisegepäck". Was er sich nicht hatte nehmen lassen, war der Vorsatz, sich eine neue Existenz als Unternehmer aufzubauen.

4. Neubeginn

Noch im Jahre 1947 kam Gottfried Gläsel als Flüchtling nach Westdeutschland und erhielt durch Vermittlung eines Bekannten eine Aufenthaltsgenehmigung in Heiligenkirchen bei Detmold. Von hier aus knüpfte er die ersten Kontakte mit früheren Geschäftsfreunden, darunter auch Wilhelm Staffel.

Staffel hatte inzwischen – auch bedingt durch die Kriegswirren in und um Berlin – die AEG verlassen und war in seinen Heimatort Königswinter bei Bonn zurückgekehrt. Er empfahl dringend die Produktionsaufnahme der von ihm entwickelten Anreihklemmen. Die Auswertung seiner Patente war ihm von der AEG freigegeben worden.

Nach langen Überlegungen und Verhandlungen wurde zwischen Gottfried Gläsel und Wilhelm Staffel ein Vertrag geschlossen, der als Grundlage für die Neu-Gründung der Firma C.A. Weidmüller betrachtet werden kann.

Die Vorarbeiten zur Gründung eines neuen Unternehmens gestalteten sich in der damaligen Zeit außerordentlich schwierig. Genehmigungen, Finanzierung, Standortfragen, das Finden von zuverlässigen Mitarbeitern usw., dies alles waren Probleme, die unter den Bedingungen der frühen Nachkriegsverhältnisse kaum lösbar schienen. Nahezu alle Menschen waren mit Problemen des eigenen Überlebens beschäftigt; die Bereitschaft, einen unbekannten "Flüchtling" bei seinen Bemühungen zur Gründung eines Unternehmens aktiv zu unterstützen, war gering.

Allen Problemen zum Trotz erfolgte schon am 5. Februar 1948 die erste Eintragung des neuen Unternehmens C. A. Weidmüller KG in das Handelsregister Detmold. Der Unternehmenszweck wurde noch mit "Herstellung von Druckknöpfen u. Verschlüssen etc." eingetragen, obwohl die Vorarbeiten zur Produktion der Staffelklemmen bereits angelaufen waren.

Inzwischen hatte Gläsel auch wieder Verbindung zu ehemaligen Mitarbeitern aus Tyssa hergestellt. Edgar Krick, Buchhalter in Tyssa und Franz Hiebsch, Werkmeister in Tyssa, waren bereit, das Risiko des Neubeginns mitzutragen und kamen nach Detmold, um beim Aufbau zu helfen. Beide haben wertvolle Pionierarbeit geleistet und sind dem Unternehmen bis zu ihrem Ruhestand treu geblieben; Krick als Prokurist und kaufmännischer Leiter, Hiebsch als Leiter des Werkzeugbaues.

Die Standortfrage wurde zunächst durch Anmietung einer alten Scheune des ehemaligen Sägewerkes auf dem Anwesen Huth an der Paderbornerstraße in Berlebeck gelöst. Bedingung des Eigentümers und der Gemeinde Berlebeck war, die Scheune so auszubauen, daß sie für den geplanten Zweck auch geeignet wäre. Auch dies gelang mit Hilfe der erwähnten Mitarbeiter, und es wurde zusätzlich Wohnraum im Obergeschoß für die Familien Gläsel, Krick und Hiebsch geschaffen.

So konnte bereits im Jahre 1948 mit der Produktion der ersten kunststoffisolierten Anreihklemmen, wie sie auch schon zu Kriegszeiten in Tyssa produziert worden waren, begonnen werden.

Doch mit welchen Schwierigkeiten! Es fehlte einfach an allem. Aufzeichnungen ist zu entnehmen, daß die erste Werkbank aus Baumstämmen in Eigenleistung angefertigt wurde. Mit Eisensäge, Handbohrma-

Abb.5 Gottfried Gläsel

Abb.6 Scheune des Anwesens Huth (Berlebeck) vor ...

Abb.7 ... und nach dem Ausbau

schine und alten Feilen wurden die ersten Stanz- und Biegewerkzeuge gebaut und in der alten Feldschmiede des Sägewerkes gehärtet.

Hiebsch schmuggelte zwei alte Preßwerkzeuge aus Tyssa in Eisenach über die Zonengrenze, so daß die Fertigung der ersten IAK-Klemmen (Isolierstoff-Anreih-Klemmen) noch vor der Währungsreform möglich wurde.

Parallel zu den Aktivitäten in Detmold war auch Wilhelm Staffel aktiv. Nach seinem Ausscheiden bei der AEG war er Technischer Direktor bei der Firma Kiepe in Düsseldorf geworden. Mit dem dort verdienten Geld gründete er in Königswinter ein Ingenieurbüro, das nach außen, d.h. zum Markt, als Technisches Büro C. A. Weidmüller auftrat. Dort wurde die Weiterentwicklung der Produkte für die zukünftige Fabrik in Detmold auf der Basis der Patente von Staffel vorbereitet.

Zwischen Gläsel und Staffel wurde eine sinnvolle Arbeitsteilung vereinbart: In Detmold/Berlebeck wurden Materialbeschaffung, Produktion und Vertrieb (Angebote, Auftragsabwicklung und Versand) organisiert. In Königswinter wurden neben der Produktentwicklung die ersten Maßnahmen zur Marktbearbeitung eingeleitet. Staffel nahm Kontakte zu seinen Bekannten und Kollegen aus seiner früheren Tätigkeit auf, die sich nach und nach wieder in verantwortlichen Positionen fanden, insbesondere in den Branchen Maschinenbau und Bahnbetriebe. Des weiteren wurden erste Druckschriften/Produktlisten entworfen, um die ersten Weidmüller-Produkte einem potentiellen, aber noch sehr unsicheren und diffusen Markt rechtzeitig bekannt zu machen.

Gläsel nahm Verbindungen zu ehemaligen Lieferanten wieder auf. Der Name Weidmüller hatte in diesen Kreisen einen so guten Ruf, daß manche Materiallieferung trotz knapper Geldmittel und Bewirtschaftung der Werkstoffe möglich wurde. Ohne Verbindungen und Unterstützung von Freunden und guten Bekannten war in der damaligen Zeit manches viel schwerer, manches sogar unmöglich.

5. Strategie/Markt

Mit der Währungsreform setzte bekanntlich in Westdeutschland der allgemeine Aufschwung ein, der später als das "deutsche Wirtschaftswunder" weltweit Bewunderung fand. Jetzt wurde auch die Nachfrage nach den neuartigen Weidmüller-Produkten größer, es konnten drei weitere Mitarbeiterinnen eingestellt werden.

Eine Aufzeichnung des Prokuristen Krick gibt Auskunft über die Umsätze im Jahre 1949; erstaunlicherweise wurde auch bereits exportiert:

Abb.8 Wilhelm Staffel (1909-1976), Erfinder der Staffelklemmen, Inhaber und Leiter des Technischen Büros (Rhöndorf) bis 1969

Abb.9 Titelseite einer Produktliste Jahrgang 1950

Inlandsumsatz:	DM 71.108,22
Auslandsumsatz:	DM 12.774,28
Gesamt:	DM 83.882,50

Ein Anfang war gemacht. Andererseits fehlte es nach wie vor an allem, insbesondere an Kapital, um in Werkzeuge und Maschinen investieren zu können. Ein größerer Auftrag mit Barzahlung und ein Flüchtlingskredit in Höhe von 3.000,- DM sicherten das Überleben des kleinen Betriebes.

Ein größerer Jahresauftrag für eine Spezialklemme von Siemens im Jahre 1950 entschärfte den finanziellen Engpaß ebenso wie weiter steigende Umsätze mit den wenigen eigenen Produkten. So konnten im Jahre 1951 endlich die ersten zwei Kunststoffpressen angeschafft werden.

Das Produktprogramm wurde langsam erweitert, und die Chancen am Markt verbesserten sich. Zu den seit dem Krieg produzierten Anreihklemmen kamen ergänzende Typen hinzu, insbesondere für größere Querschnitte. Des weiteren wurden 12polige, teilbare Klemmleisten entwickelt und produziert, mit einem eigens dafür neu konzipierten Klemmsystem mit Drahtschutz, das auch patentrechtlich geschützt wurde.

Mit diesen Produkten konnte der Markt nun systematisch erschlossen werden. Der Aufbau eines Vertriebsnetzes mit selbständigen Handelsvertretern begann jetzt in größerem Umfang, nachdem bereits 1948 Christoph Pöllen als erster Weidmüller-Vertreter mit seiner Arbeit im Ruhrgebiet begonnen hatte.

Abb.10 Gottfried Gläsel auf dem ersten Messestand, 1952

1952 nahm Weidmüller erstmalig mit einem kleinen Stand an der Hannover-Messe teil. Das Interesse an den ausgestellten Produkten ließ Zuversicht aufkommen. Es wurde Zeit für eine Produktstrategie, die den Bestand des Unternehmens längerfristig sichern sollte, insbesondere auch weiteres Wachstum und Wettbewerbsfähigkeit. Diese Orientierung war mit vielen Fragen verbunden:

- Gelingt es, sich mit Kunststoff als Isolierstoff gegen Keramik durchzusetzen?
- Wird das bisherige Befestigungsprofil ersetzt durch das von den Elektrizitäts-Versorgungsunternehmen favorisierte?
- Werden genormte Klemmen bevorzugt oder innovative Neuheiten?

- Wie kann das kleine Unternehmen Weidmüller auf entsprechende Entscheidungen Einfluß nehmen?

Diese Fragen waren vor Aufbau eines neuen, in die Zukunft weisenden Produktprogamms zu beantworten. Es fielen, wie sich später zeigte, trotz der noch begrenzten Marktkenntnisse, die richtigen Entscheidungen, die das Unternehmen auf die Erfolgsstraße brachten. Drei innovative Schwerpunkte waren Basis der Produktstrategie beim Aufbau eines neuen Reihenklemmen-Programms:

- Verwendung von duroplastischen Kunststoffen als Isoliermaterial,
- Einführung des patentrechtlich geschützten Zugbügels als Klemmsystem
- Berücksichtigung der inszwischen genormten Tragschiene TS 32.

Unter diesen Voraussetzungen begann der Aufbau der neuen Serie SAK (Schaltanlagen-Anreih-Klemmen), der entsprechend den finanziellen Möglichkeiten und den jeweiligen Marktforderungen bis in die 60er Jahre fortgesetzt wurde.

6. Wachstum

Die Produktionsräume in der alten Scheune reichten 1951 nicht mehr hin, um die rasch wachsende Zahl der Aufträge abzuwickeln; erst recht nicht, um die zuvor erwähnten Pläne zu realisieren. Von der Gemeinde Berlebeck konnte für ca. 30.000,- DM eine Halle erworben werden, die nach entsprechendem Umbau einen organiserten Fabrikbetrieb ermöglichte. Es war dort Platz für Büro, Lager, Metallteilefertigung, Kunststoffpresserei und Werkzeugbau.

Das Provisorium "Scheune" hatte damit ausgedient, neuer Standort wurde das Gelände des heutigen Werkes Paderbornerstraße 175. Der Umzug fand am 15.7.1951 statt. Lange dauerte es nicht, da wurde die zunächst für zu groß gehaltene Halle – man wollte sogar teilweise vermieten – wieder zu klein, um dem wachsenden Bedarf zu genügen. Von der Gemeinde Berlebeck konnte ein vorgelagertes Gelände erworben werden, auf dem im Jahre 1954 ein zweistöckiges Gebäude errichtet wurde. Dieses nahm die ebenfalls expandierenden Verwaltungsbüros, den Versand und Wohnungen auf, in der Halle wurde so mehr Produktionsfläche frei.

Bereits im folgenden Jahr wurde auf demselben Gelände eine weitere Halle errichtet, die zur Aufnahme der stark wachsenden Kunststoffpresserei ausgelegt wurde; sie konnte bereits Mitte 1955 bezogen werden. Es wurden noch sogenannte Handhebelpressen eingesetzt, die manuell bedient wurden. Ebenso wurden alle Teile in Einfachwerkzeugen produziert

Abb.11 Erste Fabrikhalle in Berlebeck nach Umbau (1951)

und auch von Hand entgratet, so daß ein hoher Personalbedarf bestand, also viele Arbeitsplätze für diese Prozesse unterzubringen waren. Um den Bedarf an Kunststoffteilen zu decken und um die wenigen Maschinen auszulasten, wurde häufig im Dreischichtbetrieb gefertigt.

Mit dem betrieblichen Wachstum ging eine dauernde Vergrößerung der Belegschaft einher. Für Montagearbeiten wurde Heimarbeit eingeführt. Sie bot Frauen und insbesondere auch Müttern eine Verdienstmöglichkeit, zudem ließen sich diese Arbeiten außerhalb des Betriebes auch kostengünstiger abwickeln. Zu dieser Zeit waren zwischen 20 und 30 Heimarbeiterinnen dauernd beschäftigt. Genaue Angaben über das allgemeine Belegschaftswachstum in den ersten Jahren nach der Neugründung in Detmold sind leider nicht mehr zu ermitteln.

Im Jahre 1957 folgte der nächste Erweiterungsbau auf dem Werkgelände an der Paderborner Straße. Platz fanden darin die gesamte Metallteilefertigung und eine neue, halbautomatische Galvanikanlage.

Die Erweiterung der Fertigung durch eine eigene Galvanik war ein wichtiger Schritt, der sich positiv auf die Qualität der Produkte auswirkte. Die erforderlichen Schichtdicken und der Zustand der Bäder konnten jetzt permanent überwacht werden.

1958 konnte Weidmüller auf das 10jährige Bestehen seit der Neugründung in Berlebeck zurückblicken. Inhaber und Mitarbeiter durften stolz sein auf das, was sie gemeinsam quasi aus dem Nichts geschaffen hatten.

Abb. 12 u. 13 Blick in die Werkräume um 1952

Mitte des Jahres 1958 hatten 308 Mitarbeiter – Angestellte, Arbeiter und Heimarbeiter – einen sicheren Arbeitsplatz bei Weidmüller. Für Berlebeck, die Stadt Detmold und den lippischen Raum hatte sich das kleine "Flüchtlingsunternehmen" zu einem bedeutenden Wirtschaftsfaktor entwickelt.

Das Jubiläum wurde am 20. Juni in der Festhalle in Berlebeck mit allen Mitarbeitern und vielen Gästen gefeiert. Auch alle Mitarbeiter des Technischen Büros waren mit Wilhelm Staffel eingeladen; inzwischen etwa 10 Personen. Der Höhepunkt war eine Tombola mit vielen, für die damalige Zeit nützlichen Preisen. Als Hauptpreis wurde ein Goggomobil in die Festhalle gefahren!

7. Ausblick

Mit einem Jubiläum sind und waren immer auch Überlegungen und Gedanken verbunden, die in die Zukunft weisen; so auch bei dem zehnjährigen Jubiläum der Firma Weidmüller. Dem Unternehmen wurden damals günstige Prognosen gestellt, wenn die Chancen am Markt weiterhin mit fortschrittlichen Produkten genutzt würden. Heute wissen wir, daß dieser Optimismus berechtigt war.

Quellen

Aufzeichnungen von Moritz Wächtler, 1944
Aufzeichnungen von Charlotte Gläsel, 1958
Notizen über ein Gespräch mit Franz Hiebsch, 1984
Weidmüller-Chronik, Kurzfassung bis 1980

Fritz Bolhöfer

Die Pädagogische Akademie Detmold

1945-1949

Die schulische Situation nach Kriegsende

Der unselige Krieg mit dem totalen Zusammenbruch Deutschlands hatte auch in den Schulen seine Spuren hinterlassen. Vielerorts waren Schulgebäude zerstört oder aber durch Fremdnutzung in einem schlechten Zustand. Hinzu kam, daß sich in das Land Lippe, das von Bombardierungen und anderen kriegerischen Gewalteinflüssen einigermaßen verschont geblieben war, ein gewaltiger Strom von Flüchtlingen und Evakuierten ergoß und die damals Verantwortlichen in große Bedrängnis hinsichtlich der Unterbringung dieser Menschen brachte.[1] So blieb es unausweichlich, hierfür auch Schulgebäude als Notunterkünfte in Anspruch zu nehmen. Schon aus diesen Gründen war an einen Wiederbeginn des Schulunterrichts vorläufig nicht zu denken. Ohnehin hatte die britische Militärregierung, der die höchste gesetzgebende, rechtsprechende und vollziehende Gewalt in ihrer Besatzungszone oblag, verfügt, daß alle Schulen bis auf weiteres geschlossen bleiben sollten.[2] Mit der ihm eigenen Zähigkeit hat Heinrich Drake, dessen demokratische und antinationalsozialistische Gesinnung außer Zweifel stand und der daher unmittelbar nach Kriegsende mit dem Amt des Landespräsidenten betraut worden war, die Briten wiederholt bedrängt, diese Verfügung wieder aufzuheben, damit der Unterricht, der ja schon in den letzten Kriegsmonaten kaum mehr möglich war, baldmöglichst wieder beginnen möge, wo sich die Möglichkeit dazu biete. Seine Besorgnisse drückt er in einem Schreiben an den Leiter der hiesigen Militärregierung aus:

> Die deutsche Jugend hat seit Jahren sehr mangelhaft Unterricht, sehr kümmerliche Erziehung gehabt. Sie verwildert. Daß sie sich in dieser Übergangszeit auf der Straße herumtreibt, anstatt in die Schule zu gehen, ist ein geradezu furchtbares Übel. Es wäre zu überlegen, ob nicht wenigstens in einigen Realfächern unterrichtet werden könnte.[3]

So gut die Bemühungen Drakes auch gemeint waren, ein weiteres Hindernis stand ihnen entgegen, der Mangel an Lehrern. Der Krieg hatte seine Opfer gefordert, Überlebende saßen zumeist noch in den Gefangenenlagern. Wer von ihnen bereits zurückgekehrt war, wurde mit wenigen Ausnahmen auf Weisung der Militärregierung zunächst von seinem Amt suspendiert und mußte sich erst einem umständlichen und gerade für Lehrer strengen Verfahren zur Überprüfung seiner politischen Vergangenheit und der künftigen Eignung unterziehen.[4] In einem zwölfseitigen Fragebogen mußten neben den persönlichen Daten genaue Angaben über Mitgliedschaften in einer der vielen nationalsozialistischen Parteiorganisationen sowie über die Militärdienstzeit gemacht werden.

Wiederaufbau der Schulverwaltung

Der erste Schritt zum schulischen Neubeginn war die Besetzung der Schulabteilung mit zugleich sachkompetenten und politisch unbelasteten Beamten. So wurde unmittelbar nach der Amtsaufnahme Drakes auf dessen Vorschlag der damalige Oberschulrat Dr. Kühn von der Besatzungsmacht mit dem Neuaufbau des Schulwesens in Lippe und Schaumburg-Lippe beauftragt.[5] Als seine engsten Mitarbeiter standen ihm Männer zur Seite, die, wie Dr. Kühn selbst, in der Zeit des Nationalsozialismus wegen ihrer politischen Einstellung entweder aus dem Schuldienst entlassen oder "strafversetzt" worden waren. Für das höhere Schulwesen wurde Dr. Kingler berufen, für das Volksschulwesen Herr Schulrat Haase, für das Berufsschulwesen Direktor Lambracht und für die Lehrerbildung Schulrat Sprenger. Weitere Mitarbeiter waren Frau Dr. Schmidt sowie die Herren Bernhard, Dr. Hoffmann, Raab, Dr. Schultz und Dr. Flemming.

Die erste Anweisung der Schulbehörde erging an die Lehrerinnen und Lehrer, die nach dem Entnazifizierungsverfahren als "unbedenklich" eingestuft waren. Da die Schulen noch geschlossen waren, wurde ihnen auferlegt, die Schüler außerhalb der Schule nach Kräften zu betreuen. Gedacht war an die Mithilfe in der Landwirtschaft sowie an die Sammlung von Heilkräutern und Bucheckern. Die dann frei bleibende Zeit sollte nach Anweisung der Schulbehörde in erster Linie mit der Pflege des Sports und der Pflege der seit Jahren vernachlässigten Volkslieder ausgefüllt werden.[6]

Erste Maßnahmen zur Behebung des Lehrermangels

Als eine der vordringlichsten Aufgaben für die Schulbehörde galt es, den Bestand an Lehrkräften möglichst bald wieder aufzufüllen. Die ersten, die sich hier anboten, waren sogenannte Schulhelferinnen. Diese hatten in den Kriegsjahren eine dreimonatige Ausbildung erhalten und wurden dann zur Behebung des großen Lehrermangels in den Schuldienst übernommen. Wer sich von ihnen nach zweijähriger Praxis bewährte, hatte die Möglichkeit zu einem einjährigen Besuch einer Hochschule für Lehrerbildung mit abschließender Prüfung für das Lehramt an Volksschulen. Da die Abschlußzeugnisse nach dem Krieg jedoch nicht anerkannt wurden, richtete man für diesen Personenkreis Lehrgänge ein, in denen neben der Vorbereitung auf die Aufgaben eines nunmehr demokratischen Schulwesens diejenigen Gebiete aus der Pädagogik, Religionslehre, der deutschen Literatur, der Geschichte und Biologie behandelt werden sollten, die in ihrer Ausbildung während der Zeit des Nationalsozialismus gar nicht, einseitig oder gar falsch dargestellt worden waren.

Ein erster Lehrgang begann bereits am 16. Mai 1945 mit 15 Teilnehmern.[7] Er fand statt im Gebäude des ehemaligen Lehrerseminars in Detmold, nachdem hierfür zunächst auch das Schloß Brake, das Steinhaus des Schützenberges in Detmold sowie die Jugendherberge auf dem Hiddeser Berg in Erwägung gezogen worden waren. Damit war Detmold neben Oldenburg die erste Stadt in der damaligen britischen Besatzungszone, in der mit der Lehrerbildung wieder begonnen wurde.

Zwischenzeitlich hatte auch die britische Militärregierung, die bezüglich der Neuordnung des Erziehungswesens in Deutschland zunächst nur ungenaue Vorstellungen hatte, angesichts des akuten Lehrermangels eigene Maßnahmen ergriffen. So gab sie in Presse und Rundfunk ihre Absicht bekannt, einjährige Sonderlehrgänge zur Ausbildung von Volksschullehrern einzurichten. Der Aufruf richtete sich an Männer und Frauen aus allen Berufsschichten im Alter von 28 bis 38 Jahren. Das Abitur wurde nicht zur Bedingung gemacht. Eine Eignungsprüfung, bestehend aus einer schriftlichen Prüfung sowie einer praktischen Prüfung mit Schulkindern, sollte die Eignung der Bewerber feststellen. Diese Pläne der Militärregierung wurden von den deutschen Stellen sehr kritisch und daher auch nur zögernd aufgenommen, was die Militärregierung veranlaßte, ungehalten zu reagieren und die strikte Einhaltung ihrer Anweisungen anzumahnen. Das Ziel dieser Aktion war, in einem Zeitraum von 3 Jahren insgeamt

15.000 Lehrerinnen und Lehrer für den Bereich der britischen Besatzungszone auszubilden.

In Lippe hatten sich 161 Personen für eine solche Ausbildung beworben. Das Ergebnis der schriftlichen Eignungsprüfung, sie fand am 19. August 1945 in Detmold statt, bestätigte die vorher gehegten Bedenken. Von den Prüfern wurde übereinstimmend "ein erschreckender Mangel an elementarem Wissen, geringe Bildungsinteressen und Unzulänglichkeiten im sprachlichen Ausdruck" festgestellt.[8] Von den 161 Bewerbern wurden schließlich nur 34, zum Teil auch nur mit Wohlwollen, als geeignet angesehen. Die Lippische Landesregierung zeigte auch weiterhin wenig Neigung, Sonderlehrgänge dieser Art einzurichten. Mit dem Hinweis, daß Lippe bereits andere Maßnahmen zur Behebung des Lehrermangels ergriffen habe, verzichtete die Militärregierung schließlich auf die Einrichtung von Sonderlehrgängen in Lippe. Die als geeignet angesehenen Bewerber wurden nach Schloß Haldem verwiesen, wo Sonderlehrgänge dieser Art eingerichtet wurden.

Aufbau der Lehrerbildung in schwieriger Zeit

Während die Ausbildungslehrgänge für Schulhelferinnen nur eine zeitlich begrenzte Maßnahme war, war das Ziel der lippischen Landesregierung, die eigentliche Lehrerbildung langfristig in Detmold zu institutionalisieren. Man wollte hiermit auch an eine alte Tradition anknüpfen, denn bereits 1781 wurde von dem damals regierenden Grafen Simon August ein Lehrerseminar in Detmold gegründet, das bis zum Jahr 1925, fast 150 Jahre lang, bestanden hat, und in dem mehr als 1.200 Lehrerinnen und Lehrer ausgebildet wurden. Der immer stärker werdende Ruf nach einer akademischen Lehrerbildung und die damit verbundene Verlängerung der Ausbildungszeit auf sechs Semester zwangen die maßgeblichen Persönlichkeiten zur Auflösung des Seminars.

Dem mit der Lehrerbildung in Lippe beauftragten Schulrat Sprenger stellte sich bei den Vorüberlegungen die Frage, welche Form die Ausbildung der Lehrer künftig haben sollte. Hier gab es in den verschiedenen Ländern und Regierungsbezirken der britischen Zone durchaus unterschiedliche Auffassungen. Um zumindest in den Grundsätzen beim Aufbau des Bildungswesens eine einheitliche Entwicklung zu erreichen, fanden Schulreferententagungen statt, an denen sämtliche Schulverwaltungen der britischen Zone teilnahmen. Die erste dieser Tagungen fand Ende August 1945 in Hamburg statt, eine weitere einige Zeit später in Detmold. Einer der grundsätzlichen Beschlüsse legte fest, daß die Lehrerbildung an Pädagogischen Akademien oder Hochschulen mit dem Abitur als Zulassungsvoraussetzung erfolgen sollte. Dieser Beschluß fand seine Zustimmung auch bei den Briten, entsprach er doch in seiner Konzeption am ehesten ihren eigenen Teacher Training Colleges.[9]

Abb.1 Hans Sprenger, Leiter der Pädagogischen Akademie

Die räumliche Unterbringung einer Pädagogischen Akademie in Detmold schien für die damaligen Verhältnisse geradezu ideal gelöst. Im Gebäude des ehemaligen Lehrerseminars standen neben mehr als 30 Unterrichtsräumen eine Großküche sowie ein Internat für auswärtige Studenten zur Verfügung.[10]

Da das Land Lippe zu klein war, eine eigene voll ausgebaute Pädagogische Akademie zu unterhalten, sollte der Einzugsbereich für die Studienbewerber auf das Land Schaumburg-Lippe und Hannover ausgedehnt werden. Schon im Sommer 1945 wurden diesbezügliche Gespräche mit dem Vertreter der Landesregierung in Hannover, Prof. Haase, aufgenommen, die schließlich zu der Zusage des hannoverschen Kultusministers Dr. Grimme führten, die zunächst geplanten Pädagogischen Lehrgänge in Detmold zu einer Pädagogischen Hochschule nach hannoverschem Muster auszubauen.[11]

Diese Verhandlungen sind seinerzeit jedoch nicht zu einem vertraglichen Abschluß gekommen, weil die Selbständigkeit Lippes ins Gespräch kam und zusehends fragwürdiger wurde. Dieser Umstand veranlaßte die lippische Landesregierung dann auch, in dieser Frage zunächst noch eine zögernde Haltung einzunehmen. Man wollte die endgültige Entscheidung zur Ausgestaltung einer Pädagogischen Hochschule oder Akademie nur im Einvernehmen und mit Hilfe des Landes beschließen, dem Lippe letztendlich angeschlossen werden würde.[12]

So mußte sich die Aufbauarbeit auch weiterhin in einem Provisorium vollziehen. In einer Pressemitteilung hatte die lippische Landesregierung inzwischen ihre Absicht bekannt gemacht, in Detmold die Möglichkeit zu einem pädagogischen Studium zu schaffen. Da der Krieg für viele junge

Menschen eine normale Berufsausbildung verhindert hatte, gab es Interessenten genug. Die Anzahl der Bewerber überstieg bei weitem das Maß des Möglichen. Dies veranlaßte die Schulbehörde, allen Bewerbern ein Schreiben zuzusenden mit der Bitte, ihren Entschluß noch einmal zu überdenken. Wörtlich heißt es dort:

> Schon aus den bis jetzt vorliegenden Anmeldungen für den öffentlichen Schuldienst des Landes Lippe ist ein Andrang zu erkennen, der weit über den Bedarf hinausgeht. Wir begreifen, daß sich die Aufmerksamkeit vieler auf den Lehrerberuf lenkt, führen das aber zum erheblichen Teil darauf zurück, daß irrtümliche Vorstellungen über die Anforderungen, die künftig an Lehrer zu stellen sind, bestehen. Die Bewerber müssen damit rechnen, daß an wissenschaftlicher Vorbildung das gefordert wird, was der Reifeprüfung einer höheren Lehranstalt entspricht und daß sich hierauf eine gründliche pädagogische Ausbildung aufbaut. Wir verkennen nicht die Schwierigkeiten, die sich besonders für Kriegsteilnehmer ergeben, müssen jedoch den Erfordernissen den Vorrang gegenüber persönlichen Rücksichten zuerkennen. Wir bitten alle Bewerber, sich selbst zu prüfen, um zu dem richtigen Entschluß zu kommen. Niemand möge sich täuschen, daß nur bei höchster Anspannung und Willenskraft das Ziel erreicht werden kann und daß Jahre angestrenger Arbeit dazu gehören.[13]

Dieser eindringliche Appell hatte nur begrenzte Wirkung, immer noch standen zu viele Bewerber an. So war man gezwungen, eine Auswahl zu treffen. Hierzu wurde ein Ausschuß gebildet, dem Frau Dr. Schmidt sowie die Herren Dr. Diekmann, Röhr, Sünkel und Wolf angehörten. Begleitend dazu entschied ein "Entnazifizierungsausschuß" über die politische Unbedenklichkeit. Diesem Ausschuß gehörten an Frau Dr. Sauerbier, die Herren Kühn und Raab sowie die Gemeindedirektoren aus Heidenoldendorf und Hiddesen, die Herrn Budde und Landermann.[14]

Bevorzugt ausgewählt wurden Kriegsbeschädigte oder Bewerber, die nach längerem Kriegsdienst heimgekehrt waren. Frauen wurden kaum zugelassen, wenn überhaupt, so beschränkte sich die Auswahl auf Kriegerwitwen oder solche, bei denen eine besondere soziale Not vorlag.[15]

Bei den Vorbereitungen des Ausbildungsbeginns war auch die Frage des Dozentenkollegiums zu lösen. Es galt, Persönlichkeiten zu finden, die neben ihrer politischen Unbedenklichkeit die erforderliche fachliche Qualifikation und möglichst auch pädagogische Erfahrungen besaßen. Die Zahl derer, die hierfür in Frage kamen, war 1945 noch äußerst begrenzt. Für das Wintersemester 1945/46 konnten die folgenden Herren gewonnen werden: Sprenger, zugleich Lehrgangsleiter, (historische und praktische Pädagogik, Didaktik), Dr. Diekmann (Deutsche Sprache, Literatur), Sünkel (Psychologie, Philosophie, Pädagogik), Raab (Philosophie), Dr. Kühn (Schulrecht), Dr. Hammelsbeck (Religionslehre), Wiemann (Heimatkunde), Schramm (Musik), Köster (Kunst), Wendt (Rechenunterricht), Weerth (Geschichte).

Die Arbeit in den Pädagogischen Lehrgängen und in der Pädagogischen Akademie

Die feierliche Eröffnung des Studiums für den 1. Lehrgang zur Ausbildung von Volksschullehrern fand am 5. November 1945, vormittags um 11 Uhr, in der Aula der staatlichen Aufbauschule (vormals Lehrerseminar) statt. Neben zahlreichen Ehrengästen konnte der Leiter der Schulabteilung in der lippischen Landesregierung, Herr Dr. Kühn, insgesamt 64 Studenten und 5 Studentinnen begrüßen. Ihre Ausbildungszeit sollte 3 Semester umfassen. Sie begann mit einem wissenschaftlichen Semester, das bis April 1946 währte. Anschließend absolvierten die Teilnehmer ein Schulpraktikum, das für die Dauer eines Semesters vorgesehen war, wegen des Lehrermangels jedoch auf 8 Monate ausgedehnt wurde. Die Studiengebühr betrug zunächst 100 Reichsmark, sie wurde später auf 80 Reichsmark reduziert.

Von den Dozenten wurden übereinstimmend die innere Aufgeschlossenheit und der Lerneifer der Lehrgangsteilnehmer gelobt. Allgemeine Anerkennung fand aber auch das Bemühen der Dozenten, die unter wahrhaft schwierigsten Bedingungen mit einem hohen Maß an Einfühlungsvermögen die ihnen gestellten Aufgaben erfüllten. Die Nöte jener Zeit brachten eine enge menschliche Verbundenheit mit sich und führten zu einem guten gegenseitigen Miteinander.

Die pädagogische Konzeption der Ausbildung war darauf ausgerichtet, durch ein betont praxisorientiertes Studium den "gebrauchsfertigen" Lehrer, den in der damaligen Situation gefragten "Allround-Lehrer" den Schulen zuzuführen. Nicht das spezielle Fachwissen hatte Vorrang, sondern eher die Einsatzfähigkeit in möglichst vielen Unterrichtsfächern. Grundlage hierfür war das Ideengut der pädagogischen Reformbewegung der zwanziger Jahre.

Die ärgste Not, und das galt auch für die folgenden Semester, war der Hunger. Die geringen Zuteilungen mit größtenteils minderwertigen Lebensmitteln stellten die Küchenleitung des Internats täglich vor enorme Schwierigkeiten, und es wurden alle sich bietenden Möglichkeiten einer zusätzlichen Nahrungsmittelbeschaffung genutzt. Als Beispiel sei ein Schreiben der Akademieleitung vom 5.7.1947 an die Studierenden angeführt, in dem es heißt:

> Der Bauer Sültmeier in Lage hat sich bereit erklärt, uns einen Teil Erbsen unter der Bedingung abzugeben, daß wir beim Pflücken seiner Erbsen helfen. Wir versammeln uns zu diesem Zweck am Mittwoch, dem 9. Juli, um 8 Uhr vor dem Bahnhof in Lage. Korb, Sack und Verpflegung sind mitzubringen.

Ein anderes Übel jener Zeit war die völlig unzureichende Versorgung mit Brennstoff. Die Zuteilung reichte häufig nur aus, um wenigstens den Küchenbetrieb des Internats aufrecht zu erhalten. Einzige Wärmequelle für die Bewohner des Internats war an vielen Wintertagen ein großer Kachelofen im Sekretariat, zugleich Wohnzimmer der Familie Sprenger, oder der Herd in der Küche. Hier kam man abends zusammen, um seine Studienaufgaben zu erledigen oder Näh- und Flickstunde zu halten. Währenddessen erwärmten sich im Kachelofen oder im Küchenherd die mitgebrachten Gefäße oder Steine für das eisige Bett. Auch bei der Brennstoffversorgung griff man zur Selbsthilfe. So mußten z.B. alle Teilnehmer des 2. Pädagogischen Lehrgangs mit Genehmigung und unter Anleitung der Forstverwaltung in den Wiggengründen unterhalb der Gauseköte das Holz für den Eigenbedarf der Akademie schlagen. Trotz dieser zusätzlichen Beschaffungsmaßnahme mußte die Ausbildungszeit immer wieder wegen Brennstoffmangels unterbrochen werden. Die dadurch frei gewordene Zeit wurde zu Hospitationen oder eigenen Unterrichtsversuchen in den verschiedenen Schulen genutzt.

Im August 1945 hatte die Militärregierung die Genehmigung zur Wiedereröffnung der Schulen erteilt, zunächst jedoch nur für die Grundschulen. Da in Detmold das Gebäude der Knabenschule wegen der Kriegsschäden noch nicht benutzt werden konnte, wurden die Klassen vorübergehend im Gebäude der Mädchenschule in der Gerichtsstaße unterrichtet. Für 1.835 Grundschüler standen dort 18 Klassenräume und 23 Lehrerinnen und Lehrer zur Verfügung. Als die Knabenschule im Dezember 1945 wieder benutzt werden konnte, genehmigte die Militärregierung die Wiederaufnahme des Unterrichts auch für die Oberstufe der Volksschule. Aus Raumgründen erhielten die Schüler zunächst nur an 4 Tagen der Woche insgesamt 10 Unterrichtsstunden.[16]

Am 30.Juli 1947 endete das Studium des 1. Pädagogischen Lehrgangs. Zur Erleichterung der allgemeinen Schulsituation konnten 62 Absolventen mit dem Zeugnis der 1. Lehrerprüfung in den öffentlichen Schuldienst

Lippes und Schaumburg-Lippes übernommen werden. Jeder von ihnen mußte vor seinem Dienstantritt eine Erklärung unterschreiben, daß er in seinem Unterricht keinerlei Propaganda für die Lehre des Nationalsozialismus mache, den Militarismus nicht verherrliche, keine Politik begünstige, die Unterschiede mache auf Grund der Rasse oder Religioin sowie den Vereinten Nationen gegenüber nicht feindlich gesinnt sei.

Zwischenzeitlich war die Ausschreibung für einen zweiten Lehrgang erfolgt. Auch jetzt lag eine Vielzahl von Bewerbungen vor. Die Mehrzahl der männlichen Bewerber war erst später aus der Kriegsgefangenschaft zurückgekehrt. Unter ihnen waren auch solche, die von der Schulbank weg zum Kriegsdienst eingezogen waren und lediglich einen Reifevermerk des Gymnasiums erhalten hatten. Für sie gab es nun die Möglichkeit, im Winterhalbjahr 1945/46 und auch später noch im Leopoldinum Detmold einen halbjährigen Übergangskurs mit dem abschließenden Abitur zu besuchen.

Der 2. Pädagogische Lehrgang begann am 4. Juli 1946. In einer durch musikalische Darbietungen unter Leitung von Musikdirektor Schramm sowie durch Rezitationen Hölderlinscher und Goethescher Gedichte umrahmten Feierstunde richteten Schulrat Sprenger, der Vertreter der Militärbehörde, Capt. Clark, sowie Oberschulrat Dr. Kühn mahnende Worte an die Teilnehmer. Neben dem Rednerpult stand eine von der Detmolder Künstlerin Frau Bergmann, Ehefrau des Grabbeforsches Prof. Dr. Alfred Bergmann, modellierte Pestalozzibüste.[17] Johann Heinrich Pestalozzi, der den meisten der anwesenden Studenten noch unbekannt war, wurde im Verlauf des Studiums gewissermaßen die Leitfigur für pädagogisches Denken und Handeln.

Von den 160 Bewerbern für den zweiten Lehrgang waren 48 männliche und 23 weibliche Teilnehmer zugelassen. Hinzu kamen einige Wochen später noch 25 Absolventen ehemaliger Lehrerbildungsanstalten, die in einem Vorsemester ihre Qualifikation zum pädagogischen Studium erworben hatten. Für die meisten von ihnen entfiel diesmal das Entnazifizierungsverfahren, da der britische Oberbefehlshaber inzwischen eine politische Amnästie für alle nach dem 1. Januar 1919 geborenen Deutschen erlassen hatte. Mit Beginn des 2. Pädagogischen Lehrgangs wurde nun die viersemestrige Ausbildung eingeführt.

Da einige Dozenten wegen der Übernahme anderer Aufgaben ausgeschieden waren und sich die Studentenzahl vergrößert hatte, mußte das Dozentenkollegium ergänzt bzw. erweitert werden. So wurden neu eingestellt die Damen Dr. Sauerbier (Erdkunde, Pädagogik), Aettner (Religionspädagogik), v. Borries (Didaktik), Dr. Krüger (Deutsch, Psychologie,

PÄDAGOGISCHE AKADEMIE

DETMOLD

FERNRUF DETMOLD 2568

STUDIENPLAN

FÜR DAS HERBSTSEMESTER 1948

Verzeichnis der Dozenten

Aettner, Käte	Evangelische Religionspädagogik
Dr. Bieber, Herbert	Psychologie
Dr. Diekmann, Ernst	Deutsche Sprache und Literatur
Prof. Diewock, Anton	Leibesübungen
Dr. Goethe, Friedrich	Biologie
Hansen, Wilhelm	Volkskunde
Hüttemann, Werner	Didaktik
Dr. Kittel, Erich	Geschichte
Köster, Wilhelm	Bildende Kunst
Dr. Krüger, Hilde	Leibesübungen; Pädagogik
Meister, Emil	Werkunterricht
Nehls, Elfriede	Englisch
Niesel, Paul	Mathematik; Physik
Dr. Pittelkow, Hans	Erdkunde
Raab, Julius	Philosophie
Reineke, Augustinus	Katholische Religionspädagogik
Dr. Sauerbier, Hildegard	Französisch; Sprecherziehung
Schnittger, Friedrich	Evangelische Religionspädagogik
Schramm, Willi	Musik
Sprenger, Hans	Erziehungswissenschaft
Weerth, Karl	Geschichte

Abb.2

Leibesübungen), Nels (Englisch), sowie die Herren Dr. Bieber (Psychologie), Dr. Goethe (Biologie), Hansen (Volkskunde), Prof. Diewock (Leibesübungen), Hüttemann (Didaktik), Dr. Fischer (Sozialhygiene), Meister (Werkunterricht), Ketteler (kathol. Religionspädagogik), Dr. Kittel (Geschichte), Niesel (Mathematik, Physik), Dr. Pittelkow (Erdkunde) und Röhr (Leibesübungen).

Für die Verwaltungsarbeit stand Herrn Sprenger zunächst nur eine Sekretärin zur Verfügung (Frl. Gehrke, später Frl. Eckmann und Frl. Bauerkämper). Der Umfang der anfallenden Schreibarbeiten führte bei dieser Personallage zwangsläufig zu einer unkonventionellen Handhabung vieler Verwaltungsakte.

Um aus dem Provisorium der Pädagogischen Lehrgänge herauszukommen, wurde von der Lehrgangsleitung wiederholt bei der Militärbehörde und der Lippischen Landesregierung die Bitte vorgetragen, der Detmolder Ausbildungsstätte baldmöglichst den Status einer vollwertigen Akademie zuzuerkennen. Diese Bemühungen blieben jedoch auch weiterhin erfolglos, weil sich, wie bereits erwähnt, die Frage der Eigenständigkeit Lippes immer stärker aufdrängte. Für den Fall, daß Lippe zu Niedersachsen käme, lagen seitens der Landesregierung in Hannover ja bereits Absichtserklärungen vor, die Lehrerbildung in Detmold zu halten. Anders das Land Nordrhein-Westfalen, es wollte sich in dieser Frage noch nicht festlegen. So mußte der Studienbetrieb in Detmold auch weiterhin noch als Übergangseinrichtung angesehen werden.

Im Laufe der Zeit wurde der allgemeine Studienverlauf offener und vielseitiger. Trotz aller noch vorhandenen Beschwernisse wurde den verschiedenen Aktivitäten Raum gegeben. Es bildeten sich Theater-, Musik- und Volkstanzgruppen, die über den internen Bereich hinaus auch in der Öffentlichkeit auftraten. Kleinere und mehrtägige Exkursionen dienten der "originalen Begegnung" mit der Heimat, der Natur und Arbeitswelt und vertieften damit den allgemeinen Wissensstand. Erwähnt sei auch die sehr lebendige und fruchtbare Arbeit der evangelischen Studentengemeinde unter der Leitung von Frau Aettner und Herrn Pastor Bödeker. Die Hinwendung zu den christlichen Grundwerten war für viele nach den schrecklichen Erfahrungen mit Naziregime und Krieg ein großes Bedürfnis. Im Gegensatz dazu fand unter den Studenten eine Auseinandersetzung mit der nationalsozialistischen Vergangenheit anfangs so gut wie nicht statt, zumindest nicht öffentlich. Dies mag an der persönlichen Betroffenheit und einer sich daraus ergebenden allgemeinen Unsicherheit gelegen haben. Ganz andere, in der damaligen Zeit existenzielle Fragen drängten sich in den Vordergrund. Erst allmählich löste sich die anfängliche Zurückhaltung und machte den in politischer Auseinandersetzung unerfahrenen Studenten den Blick frei für die notwendige Vergangenheitsbewältigung und politische Zukunftsorientierung.

In den Jahren 1946/47 hatte die allgemeine Schulsituation eine bedenkliche Entwicklung genommen. Der anhaltende Zuzug von Vertriebenen erhöhte die Schülerzahl in den Schulen auf ein kaum noch zu bewältigendes Maß. Bei weitem reichte der vorhandene Schulraum nicht aus, so daß Klassenstärken mit über 50 Schülern die Regel waren.[18] In den beiden Detmolder Volksschulen wurde in Schichten unterrichtet, d.h. die Unterrichtsräume waren durchgegehnd bis zum späten Nachmittag (über)belegt. Um zumindest vorübergehend den Schulen eine Entlastung zu ermöglichen, wurde auch für die Studierenden des zweiten Lehrgangs ein halbjähriges Praktikum eingeschoben. Da von den Praktikanten die Übernahme einer selbständigen Unterrichtsarbeit verlangt wurde, erhielten die Betreffenden als Schulhelfer eine Vergütung von monatlich 170 Reichsmark, Verheiratete entsprechend mehr.

Im Dezember 1948 endete für den 2. Pädagogischen Lehrgang das Studium. Zu der abschließenden 1. Lehrerprüfung bewarben sich 75 Teilnehmer. Bestandteil der Prüfung war zunächst die Vorlage einer wissenschaftlichen Hausarbeit. Diese Arbeiten wurden später der Lippischen Landesbibliothek übergeben und sind seither der öffentlichen Benutzung zugänglich. Im Band 19 der "Mitteilungen aus der Lippischen Geschichte und Landeskunde" hat der spätere Museumsdirektor Wilhelm Hansen alle Arbeiten zusammengestellt, die in die Gebiete der Landeskunde, Volkskunde und Landesgeschichte fallen.[19]

Mündliche Prüfungsfächer im Rahmen der 1. Lehrerprüfung waren Erziehungswissenschaft, systematische und historische Pädagogik, Psychologie und Jugendkunde, allgemeine Unterrichtslehre sowie ein Wahlfach. Wer die Prüfung bestanden hatte, wurde sofort zum Beginn des Jahres 1949 in den öffentlichen Schuldienst übernommen. Damit erfuhr der nach wie vor anhaltende akute Lehrermangel eine weitere Entlastung.

Erste Zweifel am Fortbestand der Detmolder Akademie

Ein weiterer Lehrgang, der dritte in Folge, hatte am 11. August 1947 mit 48 männlichen und 37 weiblichen Teilnehmern begonnen. Es sollte der letzte sein, denn der Fortbestand der Detmolder Lehrerbildungsstätte wurde mit der inzwischen erfolgten Eingliederung Lippes in das Land

Abb.3 Zweiter Pädagogischer Lehrgang Oktober 1948 vor dem Akademiegebäude an der Seminarstraße

Nordrhein-Westfalen immer fragwürdiger. Zunächst waren die ersten mit der Landesregierung in Düsseldorf geführten Gespräche recht hoffnungsvoll verlaufen, zumindest in der Zeit, in der Dr. Heinrich Konen Kultusminister war. Auch die unmittelbaren Gesprächspartner im Kultusministerium, die Ministerialbeamten Prof. Dr. Antz und Dr. Koch, waren den Vorstellungen der lippischen Schulbehörde gegenüber recht aufgeschlossen. In verschiedenen Besprechungen erwiesen sie sich als eindeutige Befürworter des Fortbestands der Detmolder Lehrerbildung. Als erster Schritt wurde dann auch vereinbart, daß die Pädagogischen Lehrgänge ab Juli 1947 die offizielle Bezeichnung "Pädagogische Akademie Detmold" führen durften.[20]

Gleichzeitig wurde aber auch eine lose Verbindung mit der Pädagogischen Akademie Bielefeld verordnet, offenbar mit dem Zweck, die Anerkennung der bisherigen lippischen Abschlußprüfungen zu gewährleisten. Für Kenner der damaligen Situation war dies jedoch ein erstes Anzeichen dafür, daß die Bielefelder Akademie eine Gefährdung für den Bestand der Detmolder Akademie darstellte. Man hielt es für unwahrscheinlich, daß beide Einrichtungen – allein schon aus Kostengründen – nebeneinander bestehen bleiben konnten.

In Nordrhein-Westfalen gab es inzwischen 12 zumeist konfessionell ausgerichtete Pädadogische Akademien: Für katholische Studenten in Aachen, Emsdetten, Essen-Kupferdreh, Köln-Bickendorf, Oberhausen und Paderborn, für evangelische Studenten in Kettwig, Lüdenscheid, Wuppertal-Barmen und Bielefeld. Offen für beide Konfessionen und auch konfessionslose Studenten waren die Akademien in Bonn und Lünen, später auch in Dortmund. Zu diesen muß auch die Detmolder Akademie gerechnet werden.[21]

Bemühungen um den Erhalt der Pädagogischen Akademie in Detmold

Angesichts der ungelösten und zusehends zweifelhafter werdenden Situation drang die lippische Schulbehörde, vertreten durch Oberschulrat Sünkel, auf eine endgültige Entscheidung über die Zukunft der Detmolder Akademie. Mehrere Verhandlungen mit Prof. Antz und Dr. Koch gipfelten schließlich im Dezember 1947 in dem Vorschlag, die Bielefelder Akademie nach Detmold zu verlegen. Von den Vertretern des Kultusministeriums wurde dies vor allem mit der äußerst ungünstigen Unterbringung der Bielefelder Akademie gegenüber den weitaus besseren Verhältnissen in Detmold begründet. Die Leitung sollte dann der Bielefelder Prof. Dr. Verleger übernehmen.[22]

Als das Ergebnis der Vereinbarung bekannt wurde, gab es erwartungsgemäß heftige Reaktionen aus Bielefeld. Wie leidenschaftlich in dieser Frage gerungen wurde, mag ein Briefwechsel zwischen dem Bielefelder Oberbürgermeister Ladebeck und dem Regierungspräsidenten Drake ahnen lassen. Herr Ladebeck sah in Herrn Drake den eigentlichen "Drahtzieher" in der ganzen Frage und äußerte seine Zweifel, ob der Regierungspräsident Drake überhaupt bereit sei, wirklich sachliche Gründe anzuerkennen.[23] Daraufhin reagierte Drake in seinem Antwortschreiben sehr ungehalten:

> "Ihre Bemerkung gäbe mir das Recht, Ihr Schreiben unbeantwortet zu lassen. Sie mag aber aus einem begreiflichen Schwächezustand hervorgegangen sein und ich will daher im Augenblick darüber hinwegsehen."[24]

Um die in der Standortfrage entstandenen Differenzen zwischen Bielefeld und Detmold wieder einer sachlichen Erörterung zuzuführen, berief Präsident Drake eine Konferenz aller an dieser Frage Beteiligten ein. Sie fand am 4.2.1948 in Detmold statt. Die Stadt Bielefeld war vertreten durch Oberbürgermeister Ladebeck und den Leiter der Bielefelder Akademie, Prof. Verleger. Als Vertreter der Stadt Detmold war Stadtrat Benkmann anwesend. Neben Drake nahmen Dr. Koch vom Kultusministerium, die Herren Sünkel und Sprenger sowie der lippische Bundestagsabgeordnete Mellies teil. Der Bielefelder Oberbürgermeister begründete seinen Einspruch gegen die beabsichtigte Verlegung der Akademie und hob besonders das Vorhandensein der Bibliothek, der theologischen Schule in Bethel, des Naturwissenschaftlichen Museums sowie der Stadt- und Heimatbücherei hervor. Er wurde in der Argumentation ergänzt von Prof. Verleger, der die räumliche Situation der seit Dezember 1946 bestehenden Bielefelder Akademie schilderte. Sie sei zwar nicht im Besitz eines eigenen Gebäudes, jedoch werde von ihm die Unterbringung im Naturwissenschaftlichen Museum[25], die Nutzungsmöglichkeiten eines Saales im Gemeindehaus der Altstädter Gemeinde sowie Aula, Physikraum und Turnhalle eines nahe gelegenen Gymnasiums für ausreichend gehalten. Außerdem wurde von Bielefelder Seite noch auf die bessere Verkehrslage sowie die stärkere Verbindung mit der Industrie hingewiesen.

Dem stellten die Detmolder die aus ihrer Sicht vorhandenen Vorzüge für den Akademiestandort gegenüber. Neben der Landesbibliothek, dem Landesmuseum, dem Staatsarchiv und der Nordwestdeutschen-Musikakademie war für sie das Vorhandensein eines eigenen Gebäudes mit über 30 Unterrichtsräumen, einem Saal, einer Aula, einer Gemeinschaftsküche und einem Internat von besonderem Gewicht.

Wie erwartet, blieb die Zusammenkunft ohne eine Entscheidung, jedoch wurde vereinbart, daß jede der beteiligten Städte noch einmal zusammenfassend ihre Gesichtspunkte als Entscheidungsgrundlage dem Kultusministerium vorlegen solle.

Dies geschah dann zu dem Zeitpunkt, als in Düsseldorf eine Kabinettsumbildung erfolgte und im Kultusministerium ein Amtswechsel vorgenommen wurde. Für den ausscheidenden Kultusminister Dr. Konen wurde die Ministerin Frau Christine Teusch berufen. Mit ihrem Amtseintritt setzte ein Umdenken in der Frage der Pädagogischen Akademie Detmold ein. Von Beginn an nahm sie, im Gegensatz zu ihren Ministerialbeamten, eine reservierte und hinauszögernde Haltung ein. In einem von ihr unterzeichneten Erlaß vom 15.4.1948 ließ sie die lippische Schulbehörde wissen, daß sie sich nach Abwägung allen Für und Widers entschlossen habe, vorab keine Veränderung in der Organisation des Lehrerbildungswesens im Land Nordrhein-Westfalen eintreten zu lassen. In dem gleichen Erlaß wies sie darauf hin, daß die Pädagogische Akademie Bielefeld voraussichtlich auf die Dauer dort verbleiben werde. Über die Akademie in Detmold wollte sie zu gegebener Zeit entscheiden.[26]

Dieser Erlaß wurde in Lippe als deutlicher Hinweis für eine beabsichtigte Auflösung der Detmolder Akademie gewertet. Unmittelbar nach Kenntnisnahme des Erlasses schickte Drake ein Telegramm an Frau Teusch, in dem es heißt:

> Falls Ihre Entscheidung über die Pädagogische Akademie vom 15.4.48 dahin führt, daß die Lehranstalt in Detmold in ihrem Weiterbestand gefährdet ist, lege ich als Vertreter des ehemaligen Landes Lippe gegen diese Entscheidung Verwahrung ein. Ich halte mündliche Verhandlung für erforderlich.[27]

Auf ein Zeichen der Gesprächsbereitschaft in dieser Frage mußte der Detmolder Regierungspräsident trotz wiederholter Aufforderungen lange Zeit vergeblich warten. Resigniert, für die Person Drake eigentlich untypisch, wandte er sich an den Innenminister des Landes und schrieb ihm:

> Da Frau Minister Teusch verschiedene meiner Schreiben nicht beantwortet hat und mehrere Einladungen, nach Detmold zu kommen, geradezu ignoriert, muß ich es ablehnen, weiterhin an sie heranzutreten.[28]

Vermutlich auf Intervention des Innenministers Dr. Menzel bot Frau Teusch dann endlich einen Gesprächstermin an. Dieses Gespräch fand am 17.6.1948 in Düsseldorf statt und dauerte wegen angeblich anderer dienstlicher Verpflichtungen kaum mehr als eine Viertelstunde. Die Zeit reichte gerade aus, um zu erklären, daß es bei der Entscheidung für Bielefeld bleibe. Drakes Enttäuschung über den Verlauf der Zusammenkunft kommt in einer nachträglich angefertigten Gesprächsnotiz zum Ausdruck:

> Die Aussprache hat wenig faßbaren Gehalt gehabt. Die Frau Minister war in großer Zeitnot, sie floß über vor Höflichkeit und sogenannten herzlichen Versicherungen, ohne daß praktisch zu erkennen wäre, welchen klaren Standpunkt sie einnimmt.[29]

Letzteres bezog sich offensichtlich auf die Zukunft der Detmolder Akademie. In der Folgezeit hat sich das Verhältnis zwischen Frau Teusch und Herrn Drake immer weiter abgekühlt. Verhandlungen zwischen beiden haben nicht mehr stattgefunden. Ansprechpartner für Heinrich Drake wurde der frühere Ministerpräsident und jetzige Sozialminister Dr. Amelunxen. Ihm berichtete er in einem persönlichen Schreiben von der "Kette der Rücksichtslosigkeiten" der Frau Minister ihm gegenüber und verband damit die Bitte, die lippischen Interessen bezüglich der Pädagogischen Akademie im Kabinett Arnold zu vertreten.[30]

Neben den Bemühungen der lippischen Regierung waren nahezu alle in Lippe relevanten Institutionen, Parteien und Verbände nicht untätig. Die Forderung nach der Beibehaltung der Pädagogischen Akademie in Detmold fand überall im Lande breite Unterstützung. In voneinander unabhängigen Schreiben und Resolutionen an das Düsseldorfer Kultusministerium forderten der Allgemeine Lippische Lehrerverein, vertreten durch Dr. Walter aus Lemgo, der Schulausschuß der lippischen Landeskirche, der Gewerkschaftsbund sowie die Landtagsabgeordneten Dr. Johanning und Wendt aus Detmold, Feldmann und Winter aus dem Kreis Lemgo den Erhalt der Akademie in Detmold. Es wurde eine große Konferenz einberufen, an der neben den genannten Institutionen und Personen die Schulausschüsse der Kreise Detmold und Lemgo, die Bürgermeister und Stadtdirektoren beider Städte, die Landräte und Oberkreisdirektoren, Vertreter der katholischen Kirchengemeinde, Vertreter des Dozentenkollegiums und der Studentenschaft, der wissenschaftlichen Institute in Detmold sowie eine Anzahl von Lehrerinnen und Lehrern teilnahmen. Sie alle erklärten in nicht häufig erlebter Einmütigkeit ihre Solidarität mit der Akademie und faßten einstimmig die folgende Entschließung:

> Die Versammelten bitten den Herrn Regierungspräsident mit allem Nachdruck, bei der Landesregierung in Düsseldorf dafür einzutreten, daß die in den Vereinbarungen zwischen der Landesregierung NRW und der ehemaligen Landesregierung Lippe vom 17.1.1947 zugesagte pflegliche und fördernde Behandlung der lippischen kulturellen Institute und Lehranstalten vom Kultusminister eingehalten wird. Insbesondere bitten wir, sobald wie möglich die Zukunft der Pädagogischen Akademie in Detmold zu sichern. Wir sind einstimmig der Meinung, daß die Pädagogische Akademie endlich hinreichend ausgestattet werden muß und ihren festen Platz in der Reihe der Pädagogischen Akademien des Landes bekommt. Die Pädagogische Akademie Detmold stellt die Fortführung einer über 150 Jahre alten Lehrerbildungstradition dar, auf die wir nicht verzichten wollen.[31]

Auch diese gewichtige Demonstration hat es nicht vermocht, die Ministerin Frau Teusch umzustimmen. Um die Lipper jedoch nicht vollends zu verdrießen, schlug sie vor, der Stadt Detmold und dem vormaligen Land Lippe ein Äuqivalent anzubieten durch die Einrichtung eines Instituts für Jugend- und Schulmusik als einer Abteilung der Nordwestdeutschen-Musikakademie. Mit einem solchen Institut könne Detmold, so die Vorstellung der Frau Minister, Zentralstelle des Landes für den musischen Unterricht werden. Die Musikakademie Detmold hatte ihren Studienbetrieb im Oktober 1946 aufgenommen, und es kam bald danach bereits zu Kontaktgesprächen zwischen dem Leiter der Musikakademie, Herrn Prof. Maler, und Herrn Sprenger, die dann auch zu Formen der Zusammenarbeit beider Akademien führten. So wurden in bestimmten Zeitabständen musikpädagogische Kurse unter der Leitung des Musikprofessors Dietrich Stoverock durchgeführt. Dieser wurde dann auch mit dem Entwurf einer Denkschrift über ein zu gründendes Institut für Schulmusik beauftragt.

Das Ende der Lehrerbildung in Detmold

Die endgültige Entscheidung über die beabsichtigte Auflösung der Pädagogischen Akademie Detmold wurde am 6.2.1949 im Amtszimmer des Regierungspräsidenten Drake durch Ministerialdirektor Dr. Koch verkündet: "Frau Kultusminister Teusch hat sich endgültig zugunsten der Pädagogischen Akademie Bielefeld entschieden." Der anwesende Oberschulrat Sünkel versuchte zu retten, was noch zu retten war. Zu dem ins Gespräch gebrachten Institut für Schulmusik schlug er vor, diese Einrichtung nicht allein auf den musischen Bereich auszurichten, sondern zusätzlich eine Pflegestätte neuzeitlicher Pädagogik einzurichten. Es blieb bei diesem letzten Rettungsversuch.

Am 20.8.1949 war das Schicksal der Pädagogischen Akademie Detmold unwiderruflich besiegelt. Die entsprechende offizielle Mitteilung beinhaltete den Beschluß der Frau Kultusminister, die Detmolder Akademie mit Ablauf des Monats September aufzulösen. Die letzten Abschlußprüfungen fanden in der Zeit vom 6. bis 17. 9. 1949 statt. Mit den 90 Prüflingen dieses letzten Semesters haben insgesamt ca. 250 Lehrerinnen und Lehrer die ehemalige Pädagogische Akademie in Detmold besucht.

Über die Gründe der Auflösung wurde in der Öffentlichkeit auch weiterhin diskutiert. Die vom Kultusministerium verlautete Begründung, es gäbe im Land Nordrhein-Westfalen zu viele Studienplätze für die Ausbildung von Volksschullehrern, konnte die Lipper nicht überzeugen. Warum gerade Detmold, wo doch vergleichsweise die besten Voraussetzungen für ein Lehrerstudium gegeben waren und für dessen Akademie nach verbreiteter Interpretation der "Punktationen" eine Bestandsgarantie bestand, so fragte man sich. Alle möglichen Spekulationen wurden angestellt, bis hin zu der Anschuldigung, die Schulbehörde des Regierungspräsidenten trage ein gewisses Maß an Mitschuld. So berichtete die Westfalenzeitung in ihrer Ausgabe vom 4.1.1950 über eine Kreistagssitzung, in der auch die Schließung der Pädagogischen Akademie zur Sprache kam. Es heißt dort:

> Bei dieser Gelegenheit erklärte der Abgeordnete Staercke, daß es in der Schulabteilung des Regierungspräsidenten gewisse Dinge gebe, die sie nicht aktenkundig festzulegen wünsche, weil sie offenbar ein schlechtes Gewissen habe.

Von der Schulabteilung und vom Regierungspräsident wurde diese Presseveröffentlichung mit Befremden aufgenommen und entschieden zurückgewiesen.

Anläßlich einer Parteiversammlung in Lage nahm Herr Drake noch einmal zu der Auflösungfrage öffentlich Stellung und erklärte:

> Die Pädagogische Akademie ist mir schwer vom Herzen gegangen. Es fiel mir schwer, den Beschluß zu quittieren. Unter den gegenwärtigen Verhältnissen konnte an der Forderung, eine Pädagogische Akademie in Detmold aufrechtzuerhalten, nicht festgehalten werden.

Auch in diesen Äußerungen blieb die Frage nach den eigentlichen Gründen unbeantwortet.

Heute ist es aufgrund der Aktenlage nicht mehr möglich, eine schlüssige und belegbare Antwort zu geben. Sicher ist es ein Fehler der lippischen Behörden gewesen, sich zu sehr auf die vagen Formulierungen in den Punktationen zu verlassen. Hier muß dem ehemaligen Landespräsidenten wohl doch der Vorwurf gemacht werden, daß er bei seinen Verhandlungen über den Anschluß Lippes an das Land Nordrhein-Westfalen die Frage der Pädagogischen Akademie nur halbherzig vertreten und nicht mit der erforderlichen Entschiedenheit darauf bestanden hat, eine Bestandsgarantie in den ausgehandelten Vereinbarungen ausdrücklich festzuschreiben.[32]

Aber lassen wir zum Schluß noch einmal Heinrich Drake selbst zu Wort kommen. In einem gehörigen zeitlichen Abstand zu den damaligen Ereignissen schreibt er in einem Brief an seinen Jugendfreund Gottfried Treviranus[33]:

> Die Pädagogische Akademie, die ja für Lippe vom Kultusministerium förmlich genehmigt war – als Fortsetzung des lippischen Lehrerseminars –, haben wir schließlich nicht erhalten, weil Carl Severing im Schlußakt in dem Moment, wo Christine Teusch Kultusminister wurde, im geheimen Benehmen mit den Bielefelder Figuranten Lippe einen Streich spielte und gewann, indem er im letzten Augenblick die Akademie mit Bethel kuppelte

und so den Regierungspräsidenten Drake im Stich ließ. Die Bielefelder Freunde hatten ihm (C.S:) offenbar so in den Ohren gelegen, daß der Ärmste in dem Moment nicht anders konnte, als bielefeldisch zu parieren und Detmold auf der Strecke zu lassen.[34]

Anmerkungen

1. Nach Angaben des Oberkreisdirektors des Kreises Detmold waren nach dem Stand vom 15. Sept. 1945 im Kreis Detmold 29.300 Evakuierte und Flüchtlinge untergebracht. Die Zahl stieg bis März 1946 auf rd. 35.400 an.
2. Martin Wolf, Geschichte der lippischen Volksschule. Lemgo 1964, S. 232.
3. Volker Wehrmann, Heinrich Drake 1881 – 1970. Sein Leben in Bildern u. Dokumenten. Detmold 1981, S. 259.
4. Martin Wolf, wie Anm. 2, S. 228.
5. Dr. Walter Kühn schied 1933 aus politischer Gegnerschaft zum Nationalsozialismus aus dem Schuldienst aus. Am 2.5.1945 wurde er mit der Leitung der lippischen Schulbehörde beauftragt. Im Juli 1946 folgte er einem Ruf der hessischen Landesregierung in Wiesbaden als Ministerialrat und Hochschulreferent.
6. Anweisung der Schulbehörde v. 20.6.1945.
7. Staatsarchiv Detmold (StA DT) D 1 Nr. 2295.
8. Sta DT D 1 Nr. 2028 und 2178.
9. Hilke Günther-Arndt, Lehrerbildung in Oldenburg 1945-1973. In: Geschichte der Oldenburgischen Lehrerbildung, Bd. 3, Hg. von Karl Steinhoff u. Wolfgang Schulenberg. Oldenburg 1991, S. 59.
10. Nach Schließung des ehemaligen Lehrerseminars am 31.3.1925 wurde in dem Gebäude eine Deutsche Oberschule (Aufbauschule) bis zum Kriegsende 1945 untergebracht. Heute wird es vom Christian-Dietrich-Grabbe-Gymnasium genutzt. Eine ausführliche Schilderung findet man in einer Broschüre von Eckart Reicke, Vom lippischen Lehrerseminar zum Christian-Dietrich-Grabbe-Gymnasium. Detmold 1981.
11. Sta DT D 1 Nr. 2238.
12. wie Anm. 11.
13. wie Anm. 11.
14. wie Anm. 11.
15. wie Anm. 11.
16. StA DT L Bo III Nr. 4271.
17. Volksecho, Ausgabe v. 26.7.1946.
18. Nach einer Erhebung der lippischen Schulbehörde betrug die durchschnittliche Klassenstärke in den Volksschulen im Oktober 1946 73 Schüler.
19. Wilhelm Hansen, Wissenschaftliche Arbeiten der Pädagogischen Akademie in Detmold. In: Mitteilungen aus der lippischen Geschichte und Landeskunde 19 (1950), S. 246-248.

20. StA DT D 1 Nr.2238.
21. StA DT D 1 Nr.2295.
22. StA DT wie Anm. 20.
23. wie Anm. 22.
24. wie Anm. 22.
25. Es handelt sich um das frühere Kaselowskysche Haus im Park zwischen der Koblenzer Straße und Gymnasium, das viele Jahre die naturkundliche Abteilung des Museums aufgenommen hat.
26. StA DT D 1 Nr.2238.
27. wie Anm. 26.
28. wie Anm. 26.
29. wie Anm. 26.
30. wie Anm. 26.
31. wie Anm. 26.
31. wie Anm. 26
32. Richtlinien für die Aufnahme des Landes Lippe in das Gebiet des Landes Nordrhein-Westfalen (Punktationen).
    Art. 7: Die kulturellen und sozialen Einrichtungen des Landes – Landestheater, Musikakademie, Landesbibliothek, Landesmuseum, Archiv, soziale Anstalten usw. bleiben erhalten und werden gefördert.
    Art. 9: Auf kulturpolitischen Gebiet werden die bisherige Entwicklung, der jetzige Zustand und der Wille der lippischen Bevölkerung Berücksichtigung finden. Die lippische Gemeinschaftsschule bleibt im Rahmen der allgemeinen gesetzlichen Bestimmungen erhalten. Das Land Nordrhein-Westfalen sichert zu, daß die in Lippe bestehenden Lehranstalten nach Möglichkeit gefördert werden sollen.
    (aus "Zusammenbruch und neue Ordnung – von Minden nach Detmold" bearbeitet von Ernst Siemer, S. 158).
33. Gottfried Treviranus wurde in Schieder geboren. Er war Landtagsabgeordneter der DNVP und später Verkehrsminister im Kabinett Brüning. (wie Anm. 3 S. 478.
34. wie Anm. 3, S. 478.

Richard Müller-Dombois

Die Gründung der Detmolder Musikhochschule*

Meine Damen und Herren,
im Gegensatz zu dem überwiegenden Teil der Themen, die unter dem Generalnenner "Detmold in der Nachkriegszeit" zur Sprache kamen und noch kommen werden, ist das heutige Thema bereits vor mehr als 15 Jahren mündlich und schriftlich ausführlich erörtert worden. Die Behandlung der Gründungsphase der Nordwestdeutschen Musikakademie war sowohl Gegenstand des Festvortrags zur Eröffnung des akademischen Studienjahres 1977/78 der Musikhochschule als auch Bestandteil der Aufsatzreihe des Jahresbandes 1977 der 'Lippischen Mitteilungen aus Geschichte und Landeskunde' des Naturwissenschaftlichen und Historischen Vereins; ein sechzigseitiger Aufsatz, der seitdem auch als Sonderveröffentlichung vorliegt, die ihrerseits außerdem innerhalb der Reihe 'Beiträge zur westfälischen Musikgeschichte' des Westfälischen Musikarchivs in Hagen erschien.

Ein Thema also, das – so sollte man meinen – hinreichend dokumentiert ist und dessen wesentliche Inhalte bei allen Interessierten als bekannt vorausgesetzt werden dürften. Daß es sich bei dem heutigen Vortrag um mehr als eine Wiederholung des bereits Bekannten handelt, hat seine Ursache darin, daß inzwischen Dokumente aufgetaucht sind, die dem Verfasser damals nicht zur Verfügung standen.

Obwohl es wahre Riesenberge von Akten, Briefen, Verlautbarungen und Zeugnissen aller Art gewesen sind, die damals durchzuarbeiten waren und einiges Licht in die oftmals recht verworrene und unübersichtliche Anfangsphase brachten, wobei mündliche Zeugnisse aus der Erinnerung von Beteiligten nicht immer nur hilfreich waren, fehlten – wie sich später herausstellte – Unterlagen, die sich auf einen bestimmten Aspekt dieser Phase bezogen. Diese Unterlagen (es handelt sich dabei vor allem um Briefe) wurden mir vor einigen Jahren aus Privathand zur Verfügung gestellt, und es ist seitdem mein Wunsch gewesen, diesen Dokumenten und

* *Die Druckfassung ist identisch mit dem Vortragsmanuskript. Auf ausdrücklichen Wunsch des Autors haben Herausgeber und Verlag auf jede Lektorierung verzichtet.*

den daraus zu ziehenden Schlüssen ihren legitimen Platz in der Gesamtheit der Ereignisse zukommen zu lassen. Insofern bin ich den Initiatoren der Vortragsreihe dankbar, die äußere und innere Gelegenheit geschaffen zu haben, das Thema der Gründung der Detmolder Musikhochschule erneut in den Blick nehmen zu können.

Nun ist es nicht so, daß die Geschichte der Gründung der NWD-Musikakademie neu geschrieben werden müßte. An den Fakten ändert sich nichts, und es bleibt grundsätzlich so, wie es 1977 dargestellt wurde und wie es im folgenden nocheinmal in geraffter Form vor Augen geführt werden soll. Jedoch im Hinblick auf die allerersten Anfänge – in ideell-gedanklicher, aber auch tatkräftig-tätiger Weise der beteiligten Menschen – sind jetzt Ergänzungen möglich geworden, die das Bild abrunden, so daß erst jetzt der gesamte Hintergrund mit seinen sichtbaren und unsichtbaren Erscheinungen ganz faßbar wird.

Ich will versuchen, die Reihe der Gründerväter in die rechte ihnen zukommende Balance zu bringen und Einseitigkeiten zu vermeiden, die das bisherige Bild aufgrund der Aktenlage – zweifellos zu Unrecht – ein wenig zu sehr bestimmt haben.

Daß Wilhelm Maler der eigentliche Gründervater ist und bleibt, soll gleich zu Anfang betont werden. Ohne ihn wären alle Ideen nur Ideen geblieben; ohne ihn und seine Zähigkeit, seinen Scharf- und Weitblick, seine Fähigkeit zu Diplomatie und Menschenführung, sein Organisationstalent und seine hohe Intelligenz, ja, und ohne seine manchmal leicht überkompensierende, aber immer überzeugende Autorität in künstlerischer und geistiger Hinsicht, hätte das kühne Werk nicht gelingen können. Denn so günstig in mancher Hinsicht die Dinge hier in Detmold damals zu liegen schienen, so sehr zeigte es sich, daß der hiesige Boden zwar nicht unvorbereitet war für eine neue künstlerische Institution, daß aber nichts, aber auch gar nichts von selber ging...

Weil das so war, bedurfte das Vorhaben einer Reihe von energischen und tatkräftigen Helfern, und damit kommen wir dem Gegenstand, um den es zunächst geht, schon etwas näher. Zuerst aber soll von den frühesten Ideen und (Wunsch-)Gedanken die Rede sein, die in Sicht auf eine zu gründende Musikhochschule in Detmold geträumt worden sind.

Hans Münch-Holland und Hermann Zitzmann, beide prominente Streicher-Lehrer an der seit 1925 bestehenden Kölner Musikhochschule, hatten schon während des Krieges Möglichkeiten erwogen, wie man dem völlig darniederliegenden Orchesternachwuchs nach Kriegsende gegebenenfalls im Rahmen einer ausgesprochenen "Streicher-Akademie" gemeinsame Förderung und neue Impulse angedeihen lassen könne. Da Frau Irmgard Münch-Holland Mitbesitzerin der Hiddeser Fremdenpension 'Haus Sauerländer' war und Detmold einem im Rheinland tätigen Menschen angesichts der dortigen permanenten Bombengefahr als die reinste Oase erscheinen mußte, lag es nahe, sich eine solche Streicher-Akademie als möglicherweise hier anzusiedeln vorzustellen, und im Oktober 1944 kam Münch-Holland dann ganz nach Hiddesen – – ein künstlerisches Arbeiten war zu diesem Zeitpunkt in Köln wohl auch kaum noch möglich.

Aber – und das ist nun einer der neuen Aspekte, von denen heute vor allem die Rede sein soll: – gleichzeitig und unabhängig hiervon wurde dieser Wunschgedanke auch bereits in Detmold selbst geträumt, und zwar im Hause des Fabrikanten Fritz Müller(-Temde) in der Bachstraße 32, ganz konkret am 26. Juni 1944. Hier ging es sogar noch um mehr: Nicht nur eine Streicher-Akademie, sondern eine Hochschule mit möglichst sämtlichen Disziplinen wurde – sicherlich zunächst mehr oder weniger spielerisch – ins Auge gefaßt. Beteiligt an diesem Gespräch über das Traumprojekt waren außer dem Hausherrn der nachmals das Gesicht der Hochschule mitprägende Pianist Conrad Hansen, soeben auf einer Konzertreise im hiesigen Raum befindlich, und der Oeynhausener Rechtsanwalt und Notar Fanz Ley.

Abb.1 Franz Ley

Abb.2 Conrad Hansen

Der Name dieses Rechtsanwalts kommt in meiner Schrift von 1977 nur einmal vor, und zwar auf Seite 33, wo von der Hochschul-Satzung die Rede ist: Ley wird hier als Satzungsbeauftragter genannt. Nun, als Jurist brachte er für diese Arbeit natürlich die besten Voraussetzungen mit. In Wirklichkeit hat er aber weit mehr für die junge Institution getan. Und davon möchte ich hier etwas ausführlicher berichten.

Franz Ley war einer jener kunstliebenden Akademiker, ohne die das bürgerliche Musikleben in Vergangenheit und Gegenwart nicht denkbar wäre. Seine Frau Elsy, Tochter eines Schweizer Malers, teilte sein Interesse in aktiver Weise. Etwa in Oeynhausen musizierende Künstler waren anschließend im Hause Ley zu Gast oder gaben sogar Hauskonzerte. Auf diese Weise wurde auch Hansen mit Ley bekannt; und aus dieser Bekanntschaft entwickelte sich Freundschaft.

Nun hatte Ley das Unglück, im sog. 3. Reich aufgrund seiner Herkunft – seine Mutter war Jüdin – als Halbjude abgestempelt zu werden. Angesichts seiner christlichen Erziehung und seiner durchaus normal deutschen Gesinnung (sein Vater war im I. Weltkrieg Offizier gewesen; er starb 1917 im Lazarett) glaubte er, wie so viele andere in seiner Situation, vor Verfolgung sicher zu sein. Eine mögliche Auswanderung in die Schweiz wurde zu spät erwogen. Erst als Fensterscheiben in seinem Hause splitterten und er verhaftet werden sollte, floh er 1942 mit seiner Frau nach Essen zu seiner Schwester, die dort mit einem Justizrat verheiratet war. Da aber auch hier kein wirksamer Schutz zu finden war (die Schwester war ja nicht weniger gefährdet), nahm er nähere Kontakte zu der ihm bekannten Detmolder Firma Temde auf, die damals einige Rüstungsaufträge zu versehen hatte. Um nicht lange an einem festen Wohnsitz bleiben zu müssen, reiste er im Auftrag dieser Firma möglichst viel im Lande umher. Seine Frau arbeitete unterdessen offiziell als Firmenangestellte. Gemeinsam mit der Tochter des Fabrikanten teilte sie sich in das Abhören von Gesprächen in der Telefonzentrale, um rechtzeitig von einer bevorstehenden Verhaftung ihres Mannes zu erfahren. Der beauftragte Detmolder Gestapo-Beamte durchsuchte das Firmengelände mehrfach. Es war jedoch so groß, daß Ley sich jedesmal entweder verstecken oder entkommen konnte. Glücklicherweise standen ihm noch weitere Fluchtwohnungen bei anderen Freunden in Oeynhausen zur Verfügung, in denen er, wenn auch nur kurzfristig, unterschlüpfen konnte. Ihnen und vor allem der Familie Müller wurde es immer schwerer, den Gesuchten zu verstekken und den oder auch die Häscher abzulenken. Auch hier kam der Zusammenbruch des 3. Reiches als Erlösung.

In dieser Zeit der äußersten Not und Gefahr – man muß sich das nur wirklich ganz konkret vorstellen – sitzen drei Männer, ein Musiker, der sich ebenfalls für seinen Freund einsetzt, wo er nur kann, ein seine und seiner Familie Existenz aufs Spiel setzender Fabrikant und ein leibhaft bedrohter Rechtsanwalt beisammen, um von einer besseren Zeit zu träumen, die sogar eine neue Ausbildungsstätte für junge Musiker gebären soll. Es ist eigentlich unvorstellbar, aber: eine entsprechende Tagebucheintragung Hansens weist dieses Datum – den 26. Juni 1944 – als ganz real aus.

Dieser selbe Mann, Franz Ley, war es, der sich, als das Projekt sich in den Monaten nach Kriegsende durch das gleichzeitige Eintreten des Bürgermeisters Dr. Richard Moes allmählich zu konkretisieren begann, mit großer Intensität einsetzte, um die Wege bei der englischen Militärregierung ebnen zu helfen. Bei ihr und ihren Unterabteilungen war er nun aufgrund seiner tragischen Vergangenheit persona grata, und so konnte er manches beschleunigen, was sonst wohl länger gedauert hätte.

Hier war es ja so gewesen, daß der ebenfalls hochmotivierte Bürgermeister Dr. Moes im Oktober 1945 den in Hiddesen untergetauchten und bereits wieder unterrichtenden Hans Münch-Holland gefragt hatte, ob er bereit sei, seine privaten Unterrichtskurse an das – so glaubte er – bald wiederzueröffnende Landes-Konservatorium in der Hornschen Straße anzugliedern. Münch-Holland hatte dazu keine Neigung, sah wohl auch schon das Scheitern der diesbezüglichen Bemühungen voraus. Als Hochschul-Professor wäre dies zudem ein Abstieg gewesen. Durch die Aktivität des musikbegeisterten Kommunalpolitikers Moes angeregt, sah er jedoch die große Chance einer Verwirklichung seiner schon länger gehegten Pläne. Um hier weiterzukommen – ihm selber waren zunächst die Hände etwas gebunden, und seine sog. Entnazifizierung hat von allen Lehrkräften wohl mit Recht am längsten gedauert – wandte er sich an Wilhelm Maler, von dem er als ehemaligem Kollegen in Köln wußte, daß nur er eine solch kühne Idee auch zu realisieren imstande sei. Maler, der ebenfalls familiäre Bindungen zu Detmold besaß, befand sich zu diesem Zeitpunkt in Hamburg, wo auch Hansen seit seinem Fortgang von seiner Berliner Wirkungsstätte lebte. Beide, Maler und Hansen, die sich gut kannten, erörterten soeben ein anderes Projekt, nämlich die anzustrebende Statuserhöhung der Hamburger "Schule für Musik und Theater", zu deren stellvertretendem und kommissarischen Direktor Maler soeben berufen worden war. Auch hier handelte es sich zunächst um einen Abstieg; aber auch Maler wollte Hochschullehrer bleiben bzw. wieder werden. Die Engländer jedoch sagten Nein und machten den Hamburger Hochschulplänen eine Ende. Und so kam die Anfrage aus Detmold zum richtigen Zeitpunkt. (Hamburg erhielt erst 5 Jahre später, nämlich 1950, eine Hochschule.)

Man sieht hier, daß die Ereignisse des Anfangs komplex verlaufen sind. Es gibt gegenüber den bisherigen Darstellungen der Anfangsphase unserer Hochschulgründung gewissermaßen zwei Schienen. Und zwar einmal die Schiene Moes/Münch-Holland/Maler, und zum andern die Schiene Ley/Hansen/Maler. Erste Anregungen gehen beide Male von begeisterten Laien aus; beide Schienen laufen auf Maler zu, und beide Male stehen zwei ausübende Instrumentalisten und hochgeschätzte Lehrer in der Mitte.

Beide Schienenstränge vereinigten sich am 6. Dezember 1945 in Leys Oeynhausener Wohnung zu einer Zusammenkunft von für die weitere Entwicklung grundlegender Bedeutung. Anwesend waren außer dem Gastgeber: Wilhelm Maler, Conrad Hansen, Hans Münch-Holland sowie Fred Husler, der gemeinsam mit Dr. Erich Thienhaus und Dr. Lina Jung zu den unmittelbar von Hansen eingeworbenen Lehrkräften der Ersten Stunde gehört. Diese Zusammenkunft, bei der natürlich auch musiziert wurde, bei der jedoch kein Protokoll angefertigt wurde, kann als die eigentliche Grundsteinlegung der Hochschule angesehen werden.

Durch das Wissen um diese Komplexität, die gleichzeitig auf eine erstaunliche Koinzidenz konstruktiver Ideen im gleichen Zeitraum hinausläuft, wird das Bild der Gründungsphase der Hochschule reicher. Ich hatte schon damals geschrieben, daß es nicht nur einen, sondern mehrere Gründungsväter gibt. Nun kommen also noch zwei hinzu: der eine als Musiker und Hochschullehrer sehr wohl, als ideeller Mitgründer jedoch bisher fast unbekannt; der andere zwar als juristischer Berater und Verfasser der Statuten nicht gänzlich unbekannt, in seiner wirklichen Bedeutung als Vater der Idee einer Musikhochschule mit allen dazugehörigen Fächern, so wie sie – allerdings erst Jahre nach ihrer Begründung – zur Ausgestaltung kam, verkannt und dem Gedächtnis der Nachwelt fast entschwunden. Daß Ley nicht nur als Ideenvater und Helfer bei den Verhandlungen mit den Besatzungsbehörden gewirkt hat, sondern auch sonst sich mit Rat und Tat für alle Belange der Akademie bis hinunter in die materiellen Bedürfnisse der Lehrer und Studenten eingesetzt hat, sei hier nur am Rande vermerkt. Daß er hinsichtlich der damals äußerst heiklen Frage der taktischen Firmierung des Institutes als "Akademie" und nicht etwa als "Hochschule" etwas weniger vorsichtig war als in dieser Situation nötig, weshalb er von Maler mehrfach ermahnt werden mußte, tut der Tatsache seines engagierten Einsatzes keinen Abbruch und muß heute eher positiv als aus seiner besonderen psychischen Verfassung verständlich anerkannt werden. Die späteren Jahre der Entwicklung des Hauses haben seinem Optimismus ohnehin Recht gegeben.

Und so ist es mir eine Ehrenpflicht, hier an dieser Stelle jenes Mannes zu gedenken, der 1980 im Alter von 79 Jahren in Oeynhausen starb, ohne die Genugtuung mit ins Grab nehmen zu dürfen, daß seine Verdienste in der von ihm mitersehnten und mitbegründeten Institution in ihn befriedigender Weise gewürdigt würden. Ein Sitz im am 31. August 1946 konstituierten Kuratorium, welches den eigentlichen Startschuß für den regulären Arbeitsbetrieb der Hochschule gab, der dann zum Wintersemester 1946/47 endlich aufgenommen wurde, blieb ihm versagt. Diesen ihn enttäuschenden Umstand erklärte ihm Maler, dessen dreimalige Versuche in dieser Richtung scheiterten, später damit, daß das Kuratorium eine mehr behördliche Aufsichtsfunktion bekommen habe, wohingegen es anfangs als mehr repräsentatives Gremium mit Ausstrahlung in die breite Öffentlichkeit gedacht gewesen sei. Jene Akzentverschiebung aber sei der Grund gewesen, weshalb man schließlich nur Amtsträger gewählt habe. Tatsächlich setzte sich das konstituierende Kuratorium aus den Vertretern der vertragschließenden Körperschaften zusammen. Es waren dies: Oberschulrat Dr. Koch und Generalmusikdirektor Dressel für die Provinzialregierung in Münster; Landespräsident Drake, Oberregierungsrat Dr. Petri und Oberschulrat Sünkel für die Regierung des Landes Lippe; Stadtdirektor (vormals Bürgermeister) Dr. Moes für die Stadt Detmold und Professor Maler als Leiter der Anstalt. Den Vorsitz hatte Dr. Höpker Aschoff, der als derzeitiger Finanzreferent der Provinzialregierung wesentlich am Zustandekommen der Detmolder Planungen beteiligt gewesen war.

Ich darf hier sagen, daß ich mich an der Hochschule dafür einsetzen werde, daß an noch zu findender Stelle eine kleinere oder größere Galerie eingerichtet wird, in der die Bilder aller an der Hochschulgründung beteiligten Personen zu eindringlicher Wirkung kommen, damit nicht vergessen werden kann, was es damals bedeutet hat, in einer Zeit der nacktesten Nöte und Entbehrungen, die die heute studierenden Generationen niemals kennengelernt haben und hoffentlich auch niemals kennenlernen werden, ein Haus wie dieses zu gründen, in dem wir alle heute leben und in Frieden arbeiten dürfen.

In dieser Galerie werden die Bilder folgender Persönlichkeiten vorhanden sein müssen:

Wilhelm Maler
Richard Moes / Hans Münch-Holland
Franz Ley / Conrad Hansen
Heinrich Drake / Rudolf Amelunxen
Walter Kühn / Hermann Höpker Aschoff.

Bis auf die Bilder Leys und Hansens sind alle Bilder bereits in meiner Schrift von 1977 enthalten und jeder Interessierte, der um die Bedeutung jener Persönlichkeiten für die Hochschulgründung wissen möchte (und dies noch nicht weiß), kann sich anhand dieser Schrift informieren. Unbestreitbar ist jedenfalls, daß die Namen Franz Ley und Conrad Hansen nunmehr in die Reihe der Haus-Ahnen einzureihen sind.

Da die für einen Vortrag billigerweise zuzumessende Zeit bereits fortgeschritten ist, ohne daß all die Dinge zur Sprache gekommen wären, deretwegen vermutlich der größere Teil von Ihnen überhaupt heute hier erschienen ist, muß ich meine Ausführungen, um nicht ganz auf sie verzichten zu müssen, einigermaßen raffen. Und ich kann das mit umso besserem Gewissen tun, als dies alles ja tatsächlich längst in ausführlich geschilderter Weise vorliegt. Ich könnte sogar hier abbrechen, da ich eigentlich Neues über das 1977 Dokumentierte hinaus kaum zu sagen vermag. Jedoch möchte ich zwei Aspekte doch noch streifen, weil sie unmittelbar zum Generalthema der gesamten Vortragsreihe "Detmold in der Nachkriegszeit" gehören. Hierzu zählt die damals alles überschattende Frage aller Fragen, nämlich die Raumfrage, und die Nennung der nach Detmold berufenen und gekommenen Lehrkräfte der Ersten Stunde, die ja von überall her, nur nicht aus Detmold selbst kamen, und zum Teil als Ausgebombte oder Flüchtlinge anzusehen sind.

Natürlich wäre auch das Thema der vielfältigen Verhandlungen mit der Besatzungsmacht, die damals in jeder Hinsicht das erste und letzte Wort hatte, hierhergehörig. Ich möchte es heute aber ebenso übergehen wie das Thema der Herstellung der Kontakte zu den maßgeblichen deutschen Behörden, da beide Themen innerhalb eines Vortrags vielleicht etwas weniger interessant sind als die beiden erstgenannten. Deshalb nur dies: Die Hochschule, damals aus bestimmten Gründen immer nur "Akademie" genannt (unter welcher Firmierung sie dann allerdings ihren Weltruf errang), war zunächst eine Veranstaltung des zunächst noch selbständigen Landes Lippe und der Provinz Westfalen. Erst im Januar 1947, nachdem kurz zuvor auch das Land Lippe im neuen Bundesland Nordrhein-Westfalen aufgegangen war, wurde die "Nordwestdeutsche Musikakademie" eine staatliche Einrichtung des Landes Nordrhein-Westfalen, ein Ereignis, welches mit einem großen Festakt gefeiert wurde. Die eindrucksvolle Festrede im heutigen Brahms-Saal hielt der neue Ministerpräsident Dr. Rudolf Amelunxen, aus Düsseldorf herüberkommend, persönlich.

Die Raumfrage ist bis heute eins der Hauptthemen der Hochschule überhaupt. Niemals wird es genügend Räume für Unterrichts- und vor allem: Übewünsche geben. In erster Linie aber fehlt mindestens ein großer Raum für die Bühnenarbeit der Opernklasse, wobei die Unterbringung in der früheren Tischlerfachschule am Schubertplatz immer nur ein Provisorium bleiben kann. Vor allem aber fehlt eine räumlich angemessene Mensa. Die wenigsten werden wissen, daß die Hochschule beides seit langem mühelos hätte haben können. In Gestalt des Lippischen Hofes, der vor nunmehr 19 Jahren von der Stadt dem Land, d.h. der Hochschule angeboten wurde, wären diese beiden Hauptwünsche optimal erfüllbar gewesen, was auch in städtebaulicher Hinsicht manchen – auch psychologischen – Vorteil mit sich gebracht hätte. Leider war es ein damals maßgeblicher Architekt, der durch seine Behauptung, die Grundfläche des Lippischen Hofes sei zu klein, um hier eine Mensa einzurichten, deren Betrieb sich ja sonst in zwei Ebenen (also im Hochparterre und im I. Stock) abspielen müsse, was seiner Meinung nach nicht angängig sei, den schönen und unmittelbar vor seinem Abschluß stehenden Plan zu Fall brachte. Ein vom gleichen Architekten stattdessen angestrebter Neubau ließ sich nicht realisieren.

Dieses leider unumkehrbare Ereignis erinnert nun an ein Ereignis aus der Gründungsgeschichte, welches bei ähnlicher Ausgangslage glücklicherweise einer Revision unterzogen werden konnte, einer Revision, von der wir heute noch zehren und die der Detmolder Hochschule den Ruf eingebracht hat, innerhalb der bundesdeutschen Hochschullandschaft mit einem der ästhetisch schönsten Bauwerke ausgestattet zu sein.

Detmold war damals zwar fast unzerstört, dafür aber voll von Flüchtlingen, Displaced Persons, Militärbehörden und zivilen Dienststellen der verschiedensten Art. Man kann ohne Übertreibung sagen, daß es räumlich gewissermaßen aus allen Nähten platzte. Und auch deshalb war manchen verantwortlichen Politikern und Fachleuten der Gedanke, nun auch noch ein Luxusinstitut wie eine Musikhochschule in Detmold zu etablieren, ein gänzlich fremder Gedanke. Unter den Projekten, die damals nacheinander als potentielle Domizilien in Erwägung gezogen wurden, figurierten u.a.: der Fliegerhorst mit geländeeigenem Theater und Schwimmbad; ein Seitenflügel des Schlosses mitsamt der Reithalle (letztere jetzt "Stadthalle" genannt); das ehemalige Schützenhaus auf dem Schützenberg (heute Areal der Bundesanstalt für Getreide-, Kartoffel- und Fettforschung); die Landesbrandversicherungsanstalt (später abgerissen, heute Karstadt-Grund); das Haus v. Schilgen, Palaisstraße 27 (heute St. Elisabeth-Kinderheim); das Standortlazarett in der Heldmanstraße (heute bzw. bis vor kurzem Bundeswehrkrankenhaus); das ehemalige Offizierskasino in der Emilienstraße; das Gesellschaftshaus in der Allee (sprich "Ressource") etc. bis hin zum Kerßenbrockschen Schloß in Barntrup. Als mögliche Internatsgebäude wurden in Vorschlag gebracht: die Kaserne I in der Leopoldstraße (später abgerissen, heute Grund des Regierungspräsidiums); die Sanitätsschule im ehemaligen Landeskonservatorium, Hornsche Straße 38 (vor einigen Jahren um einige Meter zurückversetzt, nachdem das Haus durch die Bürgeraktion "Stadtsanierung" vor dem drohenden Abriß gerettet worden war); die Tiergarten-Kaserne, das Krumme Haus (beide im heutigen Freilichtmuseum gelegen) etc., wobei nur den beiden letztgenannten Projekten eine gewisse Zukunft beschieden war. Alle anderen Pläne mußten nach teilweise zähem Ringen wieder aufgegeben werden. Einige dieser Bauten waren übrigens auch für eine kombinierte Nutzung, also für Wohn- und Unterrichtszwecke in der Diskussion gewesen, denn auch die Wohnraumsituation für Lehrer und Studenten war zunächst mehr als desolat.

Schließlich kam auch das Palais in der Neustadt an die Reihe. Auch hier war es ein Architekt, und zwar der Oberregierungsbaurat Karl Vollpracht, der – wenigstens zunächst – alle Hoffnungen zunichte machte. Sein lapidares Urteil lautete:

> Baulich ganz ungeeignet, da nur ineinandergehende, nicht von Fluren zugängliche, sehr hohe und kaum durchteilbare Räume ohne jede Heizung. Vor allem: wohin mit dem z. T. unschätzbaren Museumsbestand?

Daß sich die Dinge in diesem Falle dann doch zum Guten wendeten, ist in erster Linie der persönlichen Intervention des Landes- bzw. späteren Regierungspräsidenten Heinrich Drake zu verdanken, der den weiteren Weg bahnte und dafür sorgte, daß das Palais der Hochschule unter Anpassung an die praktischen Erfordernisse ihrer Arbeit Schritt für Schritt zur Verfügung gestellt wurde. Es war ein langer und dorniger Weg, der von mancherlei Querelen vor allem mit dem seit 1921 das Hausrecht ausübenden Lippischen Landesmuseum gekennzeichnet ist, da dieser Institution erst einige Jahre später ein neues Domizil, nämlich der Neubau an der Ameide zugewiesen werden konnte, so daß erst Anfang 1954, also nach 7jähriger Arbeit, das Palais in seiner Gesamtheit der Hochschule zur Verfügung stand. Diese 14 Semester sind räumlich von allen Beteiligten, Studenten, Lehrern und der Verwaltung, in bescheidensten Verhältnissen durchlebt worden, Verhältnissen, die aus heutiger Sicht es kaum begreifbar erscheinen lassen, wie trotz alledem ein so hochqualifizierter Unterrichts-, Übungsabend-, Prüfungs- und Konzertbetrieb ermöglicht werden konnte. Wir heutigen Hochschulangehörigen sollten uns, so meine ich, hin und wieder daran erinnern, wenn nämlich die diesbezüglichen Wünsche allzu sehr ins Kraut zu schießen drohen. Daß die Studentenzahl damals geringer war als heute, kann hierbei nur als relatives Gegenargument Geltung beanspruchen.

Nun aber zum Thema der Verpflichtung der ersten Lehrerpersönlichkeiten. Diese gesamte erste Lehrergeneration ist heute ausnahmslos aus dem aktiven Dienst ausgeschieden; viele aus ihren Reihen sind bereits verstorben, andere leben noch unter uns oder wohnen wieder dort, wo sie einst hergekommen sind. Viele ihrer Namen sind hierzulande – auch in weiten Kreisen der musikinteressierten Detmolder Bevölkerung Detmolds – noch in lebendiger Erinnerung. Es ist mir eine Freude, sie erneut nennen zu dürfen. Denn sie sollen nie vergessen werden, da sie alle mitgeholfen haben, den hohen Ruf dieser Hochschule zu begründen.

Von Wilhelm Maler, Hans Münch-Holland und Conrad Hansen war bereits die Rede. Während die beiden erstgenannten 1976 in Hamburg bzw. 1971 in Detmold starben, wohnt Hansen, hochbetagt, in Hamburg; und ich hatte die freudige Genugtuung, ihn bei einem Besuch im August 1992 in bester körperlicher und geistiger Verfassung anzutreffen. Auch Fred Husler wurde kurz genannt. Er, wie Hansen vor seiner Detmolder Zeit am Stern'schen Konservatorium in Berlin arbeitend, gehörte als Stimmbildner und Gesangslehrer zur Elite seines Fachs, der nach seiner Pensionierung mit 72 Jahren noch das "Internationale Gesangsstudio Cureglia" in der Nähe von Lugano gründete und vielbeachtete Schriften zu Theorie und Praxis der Kunst des Singens hinterließ. Dr. Erich Thienhaus, ebenfalls aus Berliner Tagen mit Hansen bekannt, schuf als Gründer des 'Detmolder Modells' einen ganz neuen Beruf, nämlich den des Tonmeisters. Als einstiger Orgelschüler Hugo Distlers und ingeniöser Physiker führte er schon 1943 das Tonbandverfahren in die Schallplattenaufnahmetechnik ein, wodurch die Entwicklung der Langspielplatte ermöglicht wurde.

Max Strub ist als Geiger und Streichquartett-Primarius sowie als Original allen, die ihn kannten, sicherlich unvergeßlich. An Dietrich Stoverock, den Kölner Schulmusiker, der schon bald seinen Weg an der Berliner Hochschule fortsetzen sollte, wäre ebenso zu erinnern wie an die Pianistin und einstige Ernst von Dohnanyi-Schülerin Clara Spitta. Irmgard Lechner, die fabelhaft spannkräftige Cembalistin, lebt, wie auch der um die faktische Etablierung der Akademie mitverdiente Jan Natermann, erfreulicherweise bei guter Gesundheit weiterhin in Detmold. Dr. Lina Jung, die Königsberger Musikwissenschaftlerin, die damals viele interne Fäden in ihrer klugen Art zu handhaben wußte, starb vor einigen Jahren in Hamburg. Kurt Redel, hochtalentierter Flötist und Musiker, wirkt als immer noch sehr aktiver Dirigent (gerade auch im Ausland) weiterhin in München. Zu erinnern wäre weiterhin an die frühverstorbene Hansen-Assistentin Angela Janowski; an Ludwig Stieler, den Assistenten Münch-Hollands und an Margot Fitting, nachmalige Frau Maler, die einstige Assistentin Fred Huslers, die mit ihrem Mann 1959 nach Hamburg ging.

Zu erinnern ist weiter an Hans Richter-Haaser, der – ursprünglich gar nicht eingeplant – in den Folgejahren der zweite starke Eckpfeiler der Detmolder Pianistenausbildung wurde. Zu erinnern ist auch an den Schlesier Günter Bialas, der über Weimar nach Detmold kam, um die Fächer Komposition und Musiktheorie zu verstärken, nachdem der Saarländer Johannes Driessler bereits in den Fächern Gehörbildung, Tonsatz und Allgemeine Musiklehre wirkte und Maler mehr und mehr durch die Verwaltungsaufgaben dem Unterricht entzogen wurde. Bialas ging später an die Münchner Hochschule und komponiert weiterhin in südlichen Gefilden. Driessler, wie auch die vor noch nicht langer Zeit wegen Erreichens der Altersgrenze ausgeschiedene Wiener Pianistin Elisabeth von Haimberger, konnten aufgrund ihres damaligen jugendlichen Alters der Hochschule am längsten dienen. Driessler hat diesen Dienst in vorbildlicher Weise zunächst als Stellvertreter des zweiten Direktors der Hochschule, Martin Stephani, sodann als Prüfungskommissar und Studienberater bis zu seinem Ausscheiden unter allgemeiner Achtung des gesamten Lehrerkollegiums versehen. Er pendelt heute zwischen Detmold und Pontresina hin und her, fühlt sich jedoch gesundheitlich im Tessin wesentlich wohler als hier. Schließlich wäre der Blick auf Kurt Thomas zu richten, der sich leider später verleiten ließ, einen verlockenden Ruf als Thomaskantor nach Leipzig – also in die DDR – anzunehmen und nach seiner – nicht nur freiwilligen – Rückkehr seine Stelle besetzt fand. Sein Schicksal (er fuhr dann noch Jahre als Lehrbeauftragter zwischen seinem Wohnsitz Detmold und der Lübecker Hochschule hin und her), verbunden mit der schweren Erkrankung, ist besonders tragisch zu nennen. Nicht unerwähnt bleiben sollen die Namen der vier verdienstvollen Geiger Willibald Roth und Werner Heutling, Otto Schad und Wilhelm Isselmann, welch letztere beide ihrer Wirkungsstätte bis zum Ende ihres Lebens treu geblieben sind.

Ganz zum Schluß möchte ich nicht versäumen, den Namen eines Mannes ins Gedächtnis zu rufen, der ebenfalls in meiner Schrift von 1977 nicht zu seinem vollen Recht gekommen ist, nämlich den bereits kurz erwähnten Namen Fritz Müller (-Temde). Er, der hochherzige Detmolder Fabrikbesitzer, dessen persönlicher Mut angesichts der berichteten Ereignisse um Franz Ley nicht hoch genug eingeschätzt werden kann, war es, der seinen Rat und seine Tatkraft in den Dienst der jungen Institution stellte, der Handwerker besorgte, Werkzeuge, Möbel, Materialien aller Art, Telefonapparate und Schreibmaschinen für das Palais und die Internate lieferte, Dinge, die damals auch für Geld oft nicht zu haben waren, der sogar sein Holzvergaser-Auto immer wieder für wichtige Dienstreisen zur Verfügung stellte, der sich aber auch für die sozialen Belange und praktischen Bedürfnisse der Studenten einsetzte und half, wo er eben konnte. Und so war es nur folgerichtig, daß kein anderer als er zum ersten Vorsitzenden der damals wie heute hilfsaktiven "Gesellschaft der Freunde und Förderer" erwählt wurde. Erst wenn man in der Lage ist, sich die damaligen Umstände in ihrer ganzen Dramatik vor Augen zu halten – und hierzu soll ja die gesamte Veranstaltungsreihe die Handhabe bieten –, wird man begreifen können, wie wertvoll, ja unentbehrlich die mannigfachen Hilfen aus orts- und sachkundiger Sicht gewesen sind. Insofern gebührt auch Fritz Müller ein Ehrenplatz in den Annalen der Detmolder Hochschule.

Schließlich und endlich möchte ich seiner Tochter, Frau Edith Baumann-Müller, an dieser Stelle ganz herzlich danken, und zwar dafür, daß sie die Akten aus der Hinterlassenschaft Franz Leys bewahrt und der Auswertung zur Verfügung gestellt hat. Aber nicht nur das: Sie war es, die mehrfach angemahnt hat, der Geschichte der Hochschulgründung in ihrer Gesamtheit die Gerechtigkeit angedeihen zu lassen, die ihr wahrheitsgemäß und von Rechts wegen zukommt. Wir alle müssen ihr für diese Beharrlichkeit ausdrücklichen Dank sagen.

Quellen

Akten aus dem Besitz Edith Baumann-Müllers.

Akten aus dem Büro Franz Leys, aus den Kellergewölben hervorgeholt von Bürovorsteher Wilhelm Taacke.

Akten der Gesellschaft der Freunde und Förderer der Nordwestdeutschen Musikakademie Detmold.

Literatur

Richard Müller-Dombois: Die Gründung der Nordwestdeutschen Musikakademie. Detmold 1977, Hagen 1977.

Hanns-Peter Fink

Das Leopoldinum

gegen Ende des Krieges und in der ersten Nachkriegszeit

Im letzten Kriegsjahr

Ein Bericht über das Leopoldinum in den ersten Jahren der Nachkriegszeit schildert am besten zunächst, wie diese Schule gegen Ende des Krieges aussah. Zu jener Zeit war das Leopoldinum die mit Abstand größte höhere Schule in Lippe. Noch im Dezember 1947 wird es in einem dienstlichen Schreiben der Abteilung III der Bezirksregierung an den Regierungspräsidenten unumwunden als "die namhafteste Schule des Landes" bezeichnet. Sein amtlicher Name war bis 1945: Leopoldinum, staatliche Oberschule für Jungen mit Gymnasium. Es bestand also eigentlich aus zwei Schulen, dem 1938 im ganzen Deutschen Reich eingeführten Normaltyp der Oberschule für Jungen, in Detmold hervorgegangen aus der früheren Oberrealschule, die sich seit der Mitte des vorigen Jahrhunderts allmählich im Rahmen des Leopoldinums aus den Realklassen der Anstalt entwickelt hatte, und aus dem zahlenmäßig schwächeren Gymnasium, dem alten, von den Nationalsozialisten im allgemeinen mit Mißtrauen betrachteten und gern hintangesetzten humanistischen Schultyp mit Latein von der untersten bis zur höchsten Klasse und mit Griechisch. Aber diese beiden Schulen standen in Detmold seit jeher unter *einer* Leitung, empfanden sich als eine Einheit, und die Lehrer unterrichteten an beiden Typen. Schulgebäude war, wie heute, das Haus Hornsche Straße 48, der Bau von 1907 mit dem ostwärtigen Anbau des naturwissenschaftlichen Trakts von 1921.

Daneben gab es in Detmold die Aufbauschule am Küster-Meyer-Platz im Gebäude des früheren Lehrerseminars und die städtische Oberschule für Mädchen am Wall. In ganz Lippe führten außerdem damals zum Abitur nur noch die Oberschule für Jungen und die für Mädchen in Lemgo und die entsprechenden beiden Schulen in Salzuflen. Eine heute nicht mehr existierende Besonderheit bestand darin, daß dem Detmolder Leopoldinum einige Zubringeschulen amtlich zugeordnet waren: die Freiligrath-Oberschule für Jungen in Lage und die städtischen Oberschulen in

Blomberg und in Oerlinghausen, das waren Schulen mit 5 bzw. (Oerlinghausen) 4 Klassenjahrgängen. Mädchen besuchten zu der Zeit das Leopoldinum nicht.

Seit 1937 hatte die höhere Schule in Deutschland nur noch 8 Klassen (die Älteren entsinnen sich, wie 1937 zwei Jahrgänge Abitur machten), die zählten, aufbauend auf vier Volksschulklassen, aufsteigend von Klasse 1-8. Vorgesetzte Behörde war für das Leopoldinum der Reichsstatthalter in Lippe und Schaumburg-Lippe (Landesregierung Lippe), Abteilung III; Abteilungsleiter, d. h. Leiter des lippischen Schulwesens, war der Oberschulrat Wollenhaupt.

Am 15.10.1944 meldete die Schule der Aufsichtsbehörde bei den üblicherweise geforderten statistischen Angaben 940 Schüler in 28 Klassen, darunter als Luftwaffenhelfer 53 Schüler in 3 Klassen, und als Gastschüler von anderern höheren Schulen (Ausgebombte, Evakuierte) 102 Schüler.

Das ist eine erstaunliche Zunahme der Schülerzahl gegenüber dem Mai 1940, als das Leopoldinum lediglich 531 Schüler zählte. Ein späterer Bericht des Schulleiters (vom September 1946) führt den sprunghaften Anstieg der Schülerzahl seit 1942 auf den "Beginn der Kriegseinwirkung (Evakuierung)" zurück. Und dabei waren 1944 die obersten Klassen, die 7 und 8, schon stark ausgedünnt: dem Geburtsjahrgang 1926 gehörten nur noch 5 Schüler an, dem Geburtsjahrgang 1927 (damals 17jährige) 8 Schüler. Die anderen Jungen dieser Jahrgänge waren bereits beim Reichsarbeitsdienst oder bei der Wehrmacht.

Für diese 940 Schüler standen nominell 40 Lehrer zur Verfügung, davon waren aber 6 bei der Wehrmacht und einer war zu den Luftwaffenhelfern abgeordnet. Luftwaffenhelfer waren zum erstenmal am 1.9.1943 eingezogen worden, damals 100 Schüler aus den Klassen 6-8 (heute Jahrgangsstufen 10-12); denen folgten im Januar 1944 weitere 80 Schüler aus den Klassen 5-7 (=Jgst. 9-11).

Man erinnere sich kurz der allgemeinen Situation an der sogenannten Heimatfront: Bereits am 18.2.43 hatte Goebbels in seiner berüchtigten Rede im Berliner Sportpalast den totalen Krieg ausgerufen. Empfindlich verschärft hatte sich die Lage, als nach dem gescheiterten Attentat auf Hitler vom 20. Juli 1944 Goebbels zum Reichsbevollmächtigten für den totalen Kriegseinsatz ernannt worden war und alsbald einschneidende Maßnahmen anordnete: Sämtliche Theater, Konservatorien, Orchester usw. wurden geschlossen, die wöchentliche Mindestarbeitszeit in den öffentlichen Verwaltungen und den Büros der Wirtschaft wurde auf 60 Stunden festgesetzt usw. Im September 1944 wurde zur Bildung des Volkssturms aufgerufen.

Von den Belastungen, die die Schlußphase des Krieges mit sich brachte, waren die Schulen im Reich prinzipiell gleich betroffen. Praktisch machte es freilich einen großen Unterschied aus, wie nahe sie den in Ost und West näher rückenden Fronten lagen und wie stark sie von Bombenangriffen bedroht, eventuell evakuiert waren.

Eine Besonderheit, die es längst nicht in jeder deutschen Stadt, geschweige denn an jeder Oberschule gab, erlebte das Leopoldinum seit 1944 in seinen Mauern mit *Sonderlehrgängen für Kriegsteilnehmer zur Vorbereitung auf die Reifeprüfung.* Denen sei deshalb hier ein Wort gewidmet; es wird sich zeigen, daß sich von da aus auch sehr direkt der Übergang in die Nachkriegszeit ergibt.

Ein erster derartiger Lehrgang hatte in Detmold bereits von April bis September 1944 stattgefunden, sogar zweigeteilt. Für den Winter 1944/45 sah dann der Reichsminister für Wissenschaft, Erziehung und Volksbildung einen neuen solchen Kursus am Leopoldinum vor. Der war, wie alle seine Vorgänger, auf 6 Monate angelegt; zugelassen wurden, wie immer, nur Kriegsversehrte der Versehrtenstufen II-IV. Der lippische Oberschulrat Wollenhaupt meldete zwar in Berlin gegen die Einrichtung des neuen Lehrgangs Bedenken an, denn der Reichsverteidigungskommissar hatte Ende August für den Gau Westfalen-Nord den Einsatz der Schulen für den totalen Krieg verfügt. Damit hatten die Oberschüler von Klasse 5 (Jahrgangsstufe 9) an aufwärts mit den entsprechenden Lehrern auf Abruf für Kriegssondereinsatz (etwa Befestigungsbau) bereitzustehen. Jedenfalls werde in Detmold, so schrieb Wollenhaupt in seinem Bericht, kein Parallellehrgang mehr möglich sein wie noch im Sommer, es fehle jetzt an Lehrern und an Zimmern. (Die Lehrgangsteilnehmer hatten für ihre Unterkunft selbst zu sorgen.)

Aber der neue Kursus lief gleichwohl Ende Oktober 1944 am Leopoldinum an. Von den 40 zugelassenen schwer verwundeten Soldaten waren allerdings 22 nicht erschienen, weil sie die am 10.Oktober zur Post gegebene Einberufung erst im Dezember oder aber gar nicht bekommen hatten. Der schier aussichtslosen allgemeinen Kriegslage zum Trotz machte man jedoch sogar noch im Januar 1945 in Berlin Pläne für weitere Lehrgänge, die im April und Mai 1945 beginnen sollten – aber Oberschulrat Wollenhaupt berichtete am 21.1.45, in Detmold würden weitere Kurse wohl nicht möglich sein. Die Wehrmacht beschlagnahme immer mehr Schulräume, schon werde die völlige Schließung der Schulen erwogen. Der im Augenblick laufende Lehrgang werde (im Gegensatz zu dem im letzten Sommer durchgeführten) stark gestört durch täglichen Fliegeralarm und durch Kohlenmangel; Lehrer würden zum Volkssturm und zum Westwall-Einsatz einberufen.

Dabei war die vorgeschriebene Wochenstundenzahl für die Kursteilnehmer sogar von 28 auf 31 erhöht worden! 31 Wochenstunden Unterricht nur in wissenschaftlichen Fächern, kein Sport, keine musischen Fächer. Der Lehrgang hatte im Dezember 1944 26 Teilnehmer, im Januar kam einer aus Graudenz, im Februar drei aus Bautzen hinzu – "aus zeitbedingten Gründen", wie es im amtlichen Schriftverkehr hieß, wo man das Kind beim Namen zu nennen sich scheute, daß nämlich im Osten Deutschlands die entsprechenden Lehrgänge hatten geschlossen werden müssen, weil diese Gebiete bereits von der Roten Armee überrannt worden waren. Auch im Westen rückte die Front langsam näher. Ende März 1945 zog für kurze Zeit eine hohe Wehrmachtsdienststelle, das aus Münster ausgewichene Stellvertretende Generalkommando des VI. Armeekorps, im Detmolder Leopoldinum ein. Unter solchen Begleitumständen näherte sich der Sonderlehrgang für schwer verwundete Kriegsteilnehmer seinem Ende, und es ist interessant, wie er seinen Abschluß fand.

Wer die Ereignisse des Jahres 1945 noch gut in Erinnerung hat, wird sich entsinnen, daß in jenem Jahr der Ostersonntag auf den 1. April fiel. Das ist zu beachten, wenn man folgenden Bericht des Direktors des Leopoldinums liest:

> Detmold, den 1. April 1945
> Der Unterzeichnete wurde während des Lehrgangs von der Lippischen Landesregierung – Abt. III – (Oberschulrat Wollenhaupt) fernmündlich grundsätzlich beauftragt, für den Fall, daß besondere Verhältnisse eine schnelle Beendigung des Kriegsversehrten-Lehrgangs (III) notwendig machten, den Abschluß als Vertreter der Lippischen Schulaufsichtsbehörde durchzuführen. Ihm wurden für diesen Fall alle Vollmachten erteilt.
>
> Demgemäß setzte er nach Rücksprache mit ihm erreichbaren Kollegen die mündliche Prüfung auf den 1. April 1945, 15 Uhr, fest, da zahlreiche Kriegsversehrte auf Grund der eingetretenen Verhältnisse noch am 1. April 1945 Detmold verlassen mußten.
>
> Sämtliche Lehrgangsteilnehmer hatten sich *zur Prüfung* gemeldet und wurden zugelassen.
>
> Als *schriftliche Prüfungsleistungen* galten mit Genehmigung der Lipp. Landesregierung – Abt. III – die letzten Klassenarbeiten.
>
> Da auf Grund der Vorzensuren und schriftlichen Arbeiten bei keinem der Teilnehmer wegen des Bestehens der Prüfung Bedenken bestanden, wurde von einer *mündlichen Prüfung* (vergl. den diesbezügl. Erlaß vom 22. Febr. 1941 – E IIIa 400/41 W (a) –.) abgesehen.

Allen Prüflingen wurde *die Reife* zuerkannt (vergl. die beiliegenden Durchschläge der Reifezeugnisse).

Das *Ergebnis* der Prüfung wurde den Prüflingen vom Vorsitzenden mitgeteilt und sie dann entlassen.

Schluß: 16.20

Für den Prüfungsausschuß:
L.S. Dr. Schulte
Oberstudiendirektor,
Beauftragter der Lippischen Schulaufsichtsbehörde.

Nachbemerkung:
Die bei der Meldung zur Teilnahme an dem Lehrgang eingereichten Papiere wurden den Teilnehmern entweder schon zurückgegeben oder liegen bei diesen Akten noch zum Abholen bereit.

Da liegen sie zum Teil noch heute.

Der 21jährige Fähnrich zur See, der sich im Eismeer eine Lungen-Tuberkulose geholt hatte – der 19jährige Gefreite mit verkürztem Bein und steifem Knie – der 18jährige Soldat, dem nach Erfrierung die Zehen amputiert worden waren – wo sind sie geblieben? Jedenfalls haben sie die Chance gehabt, Detmold mit einer Studienberechtigung zu verlassen, und das ist gut so.

Am 3.4.1945 meldete der Direktor des Leopoldinums der Schulbehörde das Bestehen aller Prüflinge des Sonderlehrgangs. Am 4.4. wurde Detmold von den Amerikanern besetzt.

Nach dem Einmarsch der Amerikaner, die sehr bald von Briten abgelöst wurden, blieben sämtliche Schulen zunächst geschlossen. Das war schon deshalb unumgänglich, weil im Zuge der alsbald einsetzenden Entnazifizierung von 400 Lehrern in Lippe über 300 entlassen wurden.[1] Wiederzulassungen erfolgten nach politischer Überprüfung nur langsam und allmählich. Die Mehrzahl der Lehrer des Leopoldinums war in der Partei gewesen, davon die Hälfte übrigens seit dem 1.5.37 – dieser Tag muß eine wahre Eintrittsschwemme gebracht haben. Allen Einzelschicksalen nachzugehen ist hier weder möglich noch nötig. Aber in diesem Zusammenhang vom Schulleiter zu sprechen gebietet sich wohl.

Dr. Fritz Schulte und Dr. Friedrich Klingler

Leiter des Leopoldinums war seit 1933 Oberstudiendirektor Dr. Fritz Schulte, schon seit 1920 als Oberlehrer, dann als Studienrat am Leopoldinum tätig. Schulte war Nationalsozialist, das ist völlig klar, beim Leiter eines Gymnasiums in den Jahren vor 1945 auch keinesfalls anders zu erwarten, und er selbst würde das auch gewiß nicht in Abrede stellen, könnte man ihn heute noch danach fragen. Dr. Schulte wurde am 24.5.45 auf Grund der Anweisung der Militärregierung über Personalfragen durch den im April eingesetzten Landespräsidenten Heinrich Drake vom Dienst suspendiert – das kann nicht überraschen. Tags darauf wurde Dr. Friedrich Klingler kommissarisch mit der Leitung der Schule beauftragt. Klingler hatte seit 1917 am Leopoldinum unterrichtet und war 1931 Leiter der Aufbauschule in Detmold geworden. Er war ein Mann von, kurz gesagt, liberaler und demokratischer Grundeinstellung, war deshalb für die Nazis als Schulleiter untragbar gewesen und 1933 abgesetzt und als Studienrat nach Lemgo geschickt worden. Ein Jahr darauf hatte er als Studienrat nach Detmold ans Leopoldinum zurückkehren dürfen. Im Dezember 1946 hat dieser Dr. Klingler, der unbezweifelte Nazigegner, über seinen nationalsozialistischen Vorgänger im Amt des Gymnasialdirektors, Dr. Schulte, ein ausführliches Gutachten abgegeben, das wenigstens im Auszug zur Kenntnis zu nehmen sich lohnt. Klingler schreibt:

> Dr. Fritz Schulte war seit 1920 mit Ausnahme von 2 ½ Jahren mein Kollege bei der täglichen Arbeit in der Schule, dem Leopoldinum in Detmold, und deshalb kenne ich ihn so gut, wie sich Arbeitskameraden nur kennen können. In allem rein Menschlichen haben wir uns auch vorzüglich verstanden, denn er ist ein in jeder Hinsicht verträglicher, durch und durch konzilianter Mensch, mit dem es nicht nur leicht, sondern auch eine Freude war, persönlich zusammenzuarbeiten, da er in nichts, auch nicht in seinen politischen Überzeugungen, ins Extrem ging, sondern immer eine durchaus vernünftige Mitte hielt, von der aus man sich nach allen Seiten verständigen konnte auf der Grundlage seiner Menschlichkeit. Diese Menschlichkeit macht so sehr sein eigentliches Wesen aus, daß ihm – davon bin ich überzeugt – die gewalttätige Seite des Nationalsozialismus eigentlich ein Greuel sein mußte, wenn er es auch nicht aussprechen durfte. [...] Er war damals (1933) in der Tat der Mann, von dem man wußte, daß er am wenigsten Unheil anrichten würde und unter dem man noch am unbehelligtsten und besten würde arbeiten können, wenn er Direktor würde. Dieser Überzeugung war ich ebenso wie die meisten seiner Kollegen am Leopoldinum.

Klingler berichtet dann, wie er im Mai 1933 gehört habe, man wolle Schulte zum Direktor machen, und fährt fort:

> Ich habe ihm zugeredet, die Stelle anzunehmen, meiner und meiner Kollegen Überzeugung gemäß. Daß diese Überzeugung richtig war, haben die folgenden 12 Jahre der Amtsführung Dr. Schultes auch bewiesen.

Es folgen viele Einzelheiten, die hier übergangen werden können, und dann resümiert Klingler:

> Im Vergleich zu dem durchschnittlichen Verhalten anderer Schuldirektoren der nationalsozialistischen Zeit war das seine eine in der Tat hoch anzuerkennende rühmliche Ausnahme.

Nun hört man gelegentlich, daß es in den Entnazifizierungsverfahren kaum einen alten Nazi gegeben habe, der nicht eindrucksvolle Zeugnisse zu seinen Gunsten habe beibringen können. Falls diese Feststellung richtig ist, so ist sie natürlich dazu geeignet, das Gewicht einer entlastenden Aussage zu mindern. Man wird in unserem Fall aber nicht vergessen dürfen, wer Dr. Klingler war: ein Mann von untadeligem Ruf und Ansehen, anerkanntermaßen und zweifelsfrei ein abgesagter Gegner des Nationalsozialismus, infolgedessen nach dem Krieg in verantwortungsvolle leitende Position berufen (er war im September 1946 auch zum Referenten für das gesamte Höhere Schulwesen des Landes Lippe bei der Landesregierung ernannt worden), hochgeschätzt auch in der evangelischen Kirche, für deren Bemühungen um einen geistig-geistlichen Neuanfang nach dem Zusammenbruch er sich nicht nur als Mitglied der Landessynode und des Landeskirchenrats tatkräftig einsetzte. Einem solchen Mann wird man eine die Tatsachen verfälschende Gefälligkeitsaussage nicht leicht unterstellen. Auch ist seine Dr. Schulte entlastende Äußerung beileibe nicht die einzige ihrer Art. Ein Kollege, der vor 1933 Mitglied des republikanischen Lehrerbundes gewesen und dadurch in den Augen der Nazis schwer belastet war, sagte aus, Schulte habe, um ihn zu schonen, diesen Umstand der Behörde gegenüber verschwiegen. Viele andere Detmolder gaben Urteile mit der gleichen Tendenz ab, darunter ein katholischer und vier evangelische Geistliche, auch, und zwar mit großem Nachdruck, der Pfarrer Voget aus Heiligenkirchen, den die Gestapo ins Gefängnis gebracht hatte. Immer wieder heißt es in diesen Bescheinigungen, Schulte sei zwar Nationalsozialist gewesen, habe aber Andersgesinnte, unter seinen Schülern zumal, nie bedrängt, benachteiligt oder ungerecht behandelt.

Abb.1 Dr. Fritz Schulte (1890-1951)

Abb.2 Dr. Friedrich Klingler (1886-1968)

Dieses Bild wird, soweit das aus Akten möglich ist, bestätigt durch den amtlichen Schriftverkehr des Leopoldinums aus der Zeit des 'Dritten Reichs'. Aus Dr. Schultes Berichten spricht stets eine Begeisterung und Bewunderung für den 'Führer' und seine 'Taten', die auf den heutigen Leser freilich erschreckend naiv und peinlich wirkt, aber niemals werden in diesen Schriftsätzen Andersdenkende verdächtigt oder attackiert. Dieser Umstand verdient sehr wohl Beachtung, denn in Berichten anderer Männer aus jenen Jahren liest man durchaus auch anderes.

Auf Grund der ebengenannten Beurteilungen, Bescheinigungen und Zeugnisse ist Dr. Schulte ab Januar 1948 wieder als Lehrer zugelassen und am Leopoldinum als Studienrat beschäftigt worden. Seine Wiedereingliederung in das Kollegium, an dessen Spitze er 12 Jahre lang gestanden hatte, muß unproblematisch gewesen sein. Er ist sogar für die Schuljahre 1949/50 und 1950/51 in den dreiköpfigen Lehrerausschuß, einen Vorläufer des heutigen Lehrerrats, gewählt worden. Aber seine Gesundheit war angeschlagen. Er mußte öfters krankheitshalber fehlen und ist am 30.6.1951, erst 61 Jahre alt, gestorben.

Wiederbeginn des Unterrichts

Der Exkurs über die Schulleiter hat zeitlich notwendig etwas vorgegriffen. Ein wenig mußte er auch helfen, die Zeit zu überbrücken, während der in der Schule nichts, jedenfalls kein Unterricht, stattfand. Denn "Die Militärregierung hat keinen Zweifel gelassen, daß eine Wiedereröffnung der Schulen nicht in Betracht kommt, bevor alle Spuren nationalsozialistischer, nationalistischer und militaristischer Zielsetzung beseitigt sind", so schrieb der im Mai 1945 eingesetzte Oberschulrat Dr. Kühn in einer Verfügung vom 12.5.1945 an sämtliche Leiter und Lehrkräfte der öffentlichen Schulen in Lippe. Aber einzelne Menschen kamen natürlich ins Schulgebäude, zunächst hauptsächlich, um aufzuräumen und Ordnung zu schaffen: der Chef, einige Lehrer, auch einige hilfsbereite Schüler und die Sekretärin. Schulleiter und Hausmeister mußten 1945 als NS-belastet ausgewechselt werden (dabei stimmen die Urteile ehemaliger Schüler und anderer Zeitzeugen völlig darin überein, daß dem Direktor seine Parteizugehörigkeit nicht unangenehm anzumerken war, wohl aber dem Hausmeister); die Sekretärin, Fräulein Herta Behr, ist geblieben von 1939 bis 1971 – Gewinn und schätzenswerte Hilfe für vier Direktoren, Dutzende von Lehrern und viele Hunderte von Schülern.

Wenn wirklich im Frühjahr 1945 nach dem Einmarsch der Alliierten noch unterrichtet wurde, so geschah das freiwillig, aus Verantwortungsbewußtsein, und inoffiziell. So hat beispielsweise Herr Oberstudienrat Dr. Altfeld älteren Schülern, ehemaligen Luftwaffenhelfern zumal, Ende April und im Mai zu einer Zeit, als die Bevölkerung ihre Häuser nur stundenweise verlassen durfte, in seiner Wohnung Mathematikunterricht gegeben, damit die Jungen beim zu erwartenden Wiederbeginn des Schulbetriebs besser gerüstet und nicht gänzlich aus der Übung wären.

Im Schulgebäude selbst aber hat es im April und Mai 1945 schlimm ausgesehen. In den ersten vier Tagen nach dem Einmarsch haben sich Amerikaner im Haus aufgehalten, dann sind befreite Zwangsarbeiter, Polen und Russen, eingedrungen und haben dort zeitweise übel gehaust. Alle Türen waren erbrochen, und viel ist beschädigt und zerstört worden. Besonders betroffen waren die Sammlungsräume, die Bibliothek, das Direktorzimmer, Sekretariat und Archiv. Aber auch die Orgel in der Aula und der Flügel waren beschädigt. An Geräten und Büchern ist viel gestohlen worden, an diesen Diebstählen waren auch Deutsche beteiligt. Lücken im Akten- und Bücherbestand sind geblieben. In manchen Räumen lagen leere Schnaps- und Weinflaschen umher, und auseinandergerissene Akten und Bücher waren widerlich mit Urin und Kot beschmutzt. Es hat wohl seinen Grund, daß der erste Punkt einer "Mitteilung über die wesentlichen Bestimmungen der Militärregierung betreffs Wiederaufnahme des Unterrichts" vom 27.8.1945 lautet: "Es müssen gebrauchsfähige Gebäude mit gründlich gesäuberten Unterrichtsräumen zur Verfügung stehen." Noch im Juni 1946 muß Dr. Klingler Militärregierung und Polizei um Hilfe bitten, weil Serben, Jugoslawen und Letten, die unter einem lettischen Kommandanten in der Kaserne I in der Leopoldstraße wohnen, Spielwiese und Umkleideräume der Schule ständig zerstören und ausplündern.

Am 14.8.1945 durften die Klassen 1-4 der Volksschulen ihre Arbeit wiederaufnehmen. Am 26.9.1945 schrieb der britische Oberstleutnant Shepherd an Oberschulrat Dr. Kühn und erteilte die Genehmigung, das Leopoldinum als erste höhere Schule in Lippe wieder zu eröffnen. Diese Erlaubnis war an einige bezeichnende Bedingungen geknüpft: Unterrichtet werden durfte vorläufig nur Religion – unter der Voraussetzung, daß die Schüler lediglich die Bibel, ein Gesangbuch und einen Katechismus benutzten –, ferner Mathematik, Zeichnen, Sport und Spiel – aber keine Turnübungen.

Das war erst einmal ein bescheidener Anfang, aber es war einer, und sehr bald wurden dann auch andere Fächer zugelassen. Aber der Winter 1945/46 behielt schulisch im ganzen den Charakter eines Provisoriums.

Dabei ist es interessant zu beobachten, wie man im jetzt gerade wieder und noch für kurze Zeit selbständigen Land Lippe Anweisungen und Verfügungen zur Regelung des Schulbetriebs vorläufig sowohl aus Münster vom westfälischen Oberpräsidenten, als auch vom Oberpräsidenten der Rheinprovinz, aber auch sehr häufig aus Hannover zur Kenntnis nahm – die Entscheidung für den Anschluß an eines der ja auch erst im Werden begriffenen Länder Nordrhein-Westfalen und Niedersachsen war eben durchaus noch nicht endgültig gefallen. Da heißt es zum Beispiel in einer Verfügung des Oberpräsidenten der Rheinprovinz vom 12.12.1945: Ostern 1946 sollen endgültig die Klassen gebildet werden. Im allgemeinen werden die Schüler die Reife für die Klasse haben, in der sie im Herbst 1944 gesessen haben. Die Zeit vom Herbst 1944 bis zum Herbst 1945 war für die meisten ein schulloses Jahr. Die Einstufung der Schüler liegt in der Hand des Direktors, der die Klassenkonferenz dazu hört. Er kann jederzeit durch schriftliche und mündliche Prüfung die Klassenreife feststellen und danach den Schüler sofort anders einstufen!

Eine erstaunliche Anordnung, die dem Direktor eine Machtfülle zuspricht, wie er sie höchstens, dem Führerprinzip zufolge, im Dritten Reich gehabt hat. Es ist auch sehr zu bezweifeln, daß sie in dieser Deutlichkeit angewandt worden ist. Vielmehr hat man wohl wirklich die Schüler nach dem Stand vom Herbst 1944 einrangiert, und auf jeden Fall wurde für Ostern 1946 in Zweifelsfällen eine versuchsweise Versetzung gestattet.

Im Kriege war der Schuljahresbeginn auf den Sommer verlegt worden. Jetzt wurde er wieder auf Ostern angesetzt. Außerdem strebte man an, das 1937 gestrichene 9. Jahr der höheren Schule wieder einzuführen (geschehen ist das allerdings erst Ostern 1948). Somit verlängert sich, so sagt es die genannte Verfügung vom Dezember 1945, nach dem praktischen Ausfall eines Jahres Unterricht (Herbst 45-46) für die meisten Schüler die Schulzeit um 1 ½ Jahre gegenüber 1937, um 2 ½ Jahre gegenüber 1944. Das ist aber, heißt es, hinzunehmen. Den Hochschulen droht sowieso eine Überflutung. – Man sieht: Mit Anordnungen, die den Einzelnen hart treffen konnten, war man damals nicht ängstlich oder zimperlich.

Die Arbeit in der Schule mußte zunächst unter außerordentlich schwierigen und kärglichen Bedingungen geleistet werden. Die Klassenstärken waren hoch. Im November 1946 wurde als Schülerhöchstzahl pro Klasse festgesetzt: Unterstufe 50, Mittelstufe 40, Oberstufe 30 Schüler. Überschreitungen dieser Zahlen bis zu 10 % waren jederzeit möglich. Mancher wird sich noch entsinnen, als Schüler oder Lehrer in solchen Klassen gearbeitet zu haben. Dabei waren die Bestimmungen über Auslese und Versetzung scharf. Schon bis zu den Sommerferien 1946 mußten von 250 aufgenommenen Sextanern die 50 schwächsten zur Volksschule zurückverwiesen werden – eine heikle und undankbare Aufgabe! Zu solchen Maßnahmen griff man in der Absicht, die Zahl der Schüler an den höheren Schulen generell zu vermindern, einer Absicht nicht etwa der Schulen, sondern höchster politischer Instanzen. Die jungen Leute sollten nicht so zahlreich auf den Bänken der Gymnasien und Universitäten herumsitzen, sondern lieber "nützliche" Arbeit tun. Der Bergbau im Ruhrgebiet mußte wieder in Gang kommen, damit Reparationen geleistet werden konnten, und die Landwirtschaft, damals noch wenig mechanisiert, brauchte viele helfende Hände, denn die Lebensmittelknappheit war groß. Daher bestimmte die Anordnung Nr. 3 des alliierten Kontrollrats, also des Organs der höchsten Regierungsgewalt in ganz Deutschland, daß jeder Junge ab 14 und jedes Mädchen ab 15 Jahren, die eine weiterführende Schule oder eine Universität besuchen wollten, eine Freistellungsbescheinigung des Arbeitsamts vorzulegen habe, die die unerläßliche Voraussetzung zum Besuch einer solchen Bildungsstätte war. Und folgerichtig wurden im September 1946 die Schulen angewiesen, zur Verwendung durch das Arbeitsamt Listen aufzustellen, in denen die Schüler in drei Gruppen einzuteilen waren: a) solche, die für den gewählten Bildungsgang zweifellos voll geeignet seien, b) solche, die für die Fortsetzung ihrer Schulbildung geeignet seien, c) solche, die nicht unter die genannten Gruppen a und b fielen. Ungeeignete Schüler, die sich dem Zugriff des Arbeitsamts entziehen wollen, heißt es im November 1946 lakonisch, sind zu entfernen. Vielleicht waren die amtlichen Warnungen der sogenannten blauen Briefe nie wirkungsvoller als in dem Moment, da man im Dezember 1946 solche Mitteilungen an schwache Schüler mit dem Zusatz versah: "Bei diesen Leistungen können wir die weitere Freistellung für den Schulbesuch beim Arbeitsamt nicht länger befürworten." Und in einer Lehrerkonferenz im Januar 1947 wird mitgeteilt, das Arbeitsamt fordere die Reduzierung der Schülerzahlen an den höheren Schulen. Strenge Versetzung, auch Rückversetzung in die Volksschule, sei erforderlich. – Ob allerdings stets und in allen Fällen so rigoros verfahren worden ist, das darf bezweifelt werden.

Soviel zum Unterrichtsbetrieb der normalen Schülerjahrgänge kurz nach dem Krieg. Es gab aber auch noch besondere Fälle in großer Zahl. Sonderlehrgänge wurden eingerichtet und liefen von Herbst 1945 bis September 1948 für verschiedene Personengruppen und Bedürfnisse: für Heimkehrer aus dem Krieg und aus der Kriegsgefangenschaft, für junge Leute, die nach der Abiturprüfung nicht gleich an einer Universität ankamen und nun eine Art Auffangstellung suchten, wo sie dem Zugriff des Arbeitsamts entzogen waren; auch Mädchen, junge Damen, besuchten solche Kurse, denn in Detmold gab es derartige Sonderveranstaltungen nur am Leopoldinum. (Das waren übrigens die ersten Schülerinnen im Leopoldinum wieder seit 1929.)

Ein sogenannter Übergangskurs lief mit über 100 Schülern vom Oktober 1945 bis Ostern 1946, ein weiterer, zweigeteilt, im Sommer 1946 bis zum September, einer von Oktober 1946 bis zum 1.4.1947, und eine Sonderklasse für Heimkehrer legte im September 1948 die Reifeprüfung ab.

Etwas Besonderes hatte man sich für einen speziellen Personenkreis ausgedacht. Für welchen, das sagt die Bescheinigung aus, die die Teilnehmer am Kursende erhielten; dort heißt es unter der Überschrift "Philosophikum am Leopoldinum in Detmold [Rechtschreibung original]":

> Das Leopoldinum in Detmold hat für Schüler, die Ostern 1947 an einer lippischen höheren Schule die Reifeprüfung bestanden haben, aber trotz der aufgewiesenen Schulleistungen an keiner Hochschule zum Studium zugelassen worden sind, einen freiwilligen Zwischenkurs eingerichtet mit dem

Ziel, eine philosophisch vertiefte Grundlage für ein späteres Studium zu schaffen.

Wie hilfreich und willkommen ein solcher Kurs für manchen Abiturienten sein konnte, wird deutlich, wenn man sich vergegenwärtigt: 1946 gab es an sämtlichen Universitäten und Hochschulen aller vier Besatzungszonen Deutschlands insgesamt nur 74 000 Studenten und Studentinnen, und von vier Studienbewerbern wurden in jenem Jahr im Durchschnitt drei abgelehnt! Das sogenannte Philosophikum wurde also Ostern 1947 mit Zustimmung des Arbeitsamts am Leopoldinum eingerichtet und im Herbst auch, mit verminderter Teilnehmerzahl, fortgeführt, obwohl der Oberpräsident in Münster in einer Verfügung vom 15.9.1947 davor warnte, derartige Kurse zu veranstalten. Vielleicht entsinnt sich mancher ehemalige Leopoldiner noch an die Exkursionen und Besichtigungen, die bekannte und geschätzte Fachleute aus Detmold jeweils montags mit den Kursteilnehmern veranstalteten. So hat Dr. Gerhard Peters durch Marktkirche, Schloß und Palais geführt, Dr. Pittelkow eine Exkursion nach Leopoldstal, zur Velmerstot und zu den Externsteinen veranstaltet, Dr. Goethe das Landesmuseum, Dr. Kittel das Landesarchiv vorgestellt usw.

War es also zunächst für viele schwer, an der Universität anzukommen, so war die Freude natürlich um so größer, wenn es gelang und die Schule sogar noch für gute vorbereitende Arbeit gelobt wurde. So erreichte Herrn Dr. Klingler ein Brief der Universität Marburg vom 17.3.1949, der lautete:

Sehr geehrter Herr Oberstudiendirektor!
Die Abiturienten Ihrer Schule Hans-Heinrich Schnare und Harald Schütz haben sich um Zulassung zum Studium an der hiesigen Universität beworben. Als Vorsitzenden des naturwissenschaftlichen Zulassungsausschusses freut es mich, Ihnen mitteilen zu können, daß beide unter Hunderten von Bewerbern einen so guten Eindruck hinterlassen haben, daß wir sie ausnahmsweise sogleich nach dem Abitur übernehmen können. Unsere Erfahrung bei der Zulassung zeigt, daß die höhere Schule wieder im Kommen ist und es mag Sie beiläufig interessieren, daß auch wir Naturwissenschaftler uns immer wieder von der Überlegenheit humanistischer Vorbildung überzeugen können.

Wir würden es begrüßen, wenn wir auch in Zukunft von Ihrer Schule Zuwachs erhielten.
Mit ausgezeichneter Hochschätzung!
Prof. Dr. A. Pirson

Schulalltag in der Nachkriegszeit

Der Bericht einer anderen lippischen höheren Schule über das Schuljahr 1946/47 spricht von sieben Nöten, die die Schule, die Schüler und die Lehrer drückten: von der Verkehrsnot, der Kohlennot, Raumnot, Bekleidungsnöten, der Ernährungsnot, Bücher- und Papiernot und seelischen Nöten. Das läßt sich sicherlich auch auf die anderen Gymnasien übertragen. Vielleicht ist mancher davon enttäuscht, daß dabei gar nicht eigens das Problem der Auseinandersetzung mit dem, was vor 1945 geschehen war, genannt wird. Denn "seelische Nöte" braucht sich ja darauf nicht zu beziehen, kann vielmehr und wird vermutlich die Sorgen der Heimatvertriebenen, der Familien, wo der Vater gefallen, vermißt oder noch in Kriegsgefangenschaft war, meinen. Nun, Diskussionen über die politische Vergangenheit hat es gegeben, aber so etwas ist den Akten natürlich nicht zu entnehmen. Wer Äußerungen lippischer Schulmänner zu dieser Frage kennenlernen will, lese nach, was Volker Wehrmann in seiner Dokumentation "Zusammenbruch und Wiederaufbau", Detmold 1987, an Verlautbarungen von Oberschulrat Dr. Kühn und Oberstudiendirektor Dr. Walter, Lemgo, abgedruckt hat.

Aber der materiellen Alltagsnot kann man mit Hilfe der Akten schon auf die Spur kommen. Da lassen sich Fakten namhaft machen. Nehmen wir z. B. die Kohlennot. So nannte man mit Selbstverständlichkeit den Mangel an Brennstoffen, denn Koks, Kohlen, eventuell auch Holz waren ja das normale Heizmaterial, nicht Öl, Gas oder Elektrizität. Der Winter 1945/46 war bekanntlich sehr streng. Ende Januar 1946 waren im Leopoldinum wegen des Koksmangels nur noch fünf Räume benutzbar. Daher bekam jede Klasse nur noch zweimal in der Woche Unterricht in den Hauptfächern. Im nächsten Winter war das ähnlich. Noch am 12.1.1946 wurden einige Klassen als vorbildlich gelobt, weil sie sich selbst Öfen besorgt hatten, und am 20.1.1947 konstatiert Dr. Klingler ganz stolz, daß nun 16 Zimmer mit Öfen heizbar seien – für 32 Klassen, wohlgemerkt. Aber bereits einen Monat später kann man nur noch *ein* Klassenzimmer heizen. Dort werden die Übergangskurse, die zum Abitur führen, und die Klasse 8, also die höchsten Lerngruppen der Schule, unterrichtet. Die anderen Klassen bekommen einmal in der Woche Aufgaben in einem Raum, in dem man es "eine Stunde aushalten kann". Ende März 1947 hat man Koks aus dem Ruhrgebiet holen können, ein Kessel der Heizanlage ist repariert. Im Oktober 1948 rechnet und plant man wieder mit einer funktionsfähigen Heizung. Aber durch die Währungsreform ist der Kokspreis auf das Doppelte gestiegen, der Etat reicht nur für 1.500 Zentner Koks, und in einem normalen Winter braucht man mindestens 1.000 Zentner mehr! Der Elternbeirat regt an, das fehlende Geld durch ein Winterfest aufzubringen. Das gelingt glänzend: statt erhoffter 2.000,- DM hat man fast 4.000,- DM Reingewinn! Die Regierung freilich äußert ihre Mißbilligung darüber, daß die Schule sich rasch selbst geholfen hat, statt auf die amtliche Bewilligung der Gelder zu warten – aber sie bewilligt schließlich die ursprünglich fehlende Summe doch noch nach, und so konnten von dem in Eigenaktivität erwirtschafteten Geld schöne Anschaffungen vor allem für den Sport- und Musikunterricht gemacht werden. – Selbst aus dem Winter 1950/51 hören und lesen wir noch von Kohlenmangel in der Schule.

Verwandt mit diesem Problem ist das der Raumnot. Die Schülerzahl war groß, sie ist allmählich angestiegen bis über 1.200, und zur Verfügung stand nur das Gebäude Hornsche Straße 48. Im ersten Nachkriegswinter mußten dort zeitweise auch noch Klassen der Volksschule, der Berufsschule und sogenannte Lettenklassen untergebracht werden. Natürlich ging das nur mit Schichtunterricht am Vormittag und am Nachmittag. Man mache sich einmal klar, wie schwierig es ist, unter solchen Umständen den Stundenplan aufzustellen für eine Schule, deren Klassen teils nach dem Programm der Oberschule, teils nach dem des Gymnasiums unterrichtet werden, die dazu noch zum Abitur führende Sonderkurse hat, wenn heute Klassenräume wegen Kohlenmangels ausfallen, morgen vielleicht wieder dazukommen, wenn die Zahl der Lehrer häufig wechselt, auch mitten im Schuljahr! Denn in unregelmäßigen Abständen trafen neue Lehrkräfte ein – solche aus Deutschlands östlichen Provinzen, die in Lippe Anstellung fanden, oder alte Lipper, die nach stattgehabter politischer Überprüfung wieder zum Schuldienst zugelassen wurden; andere Lehrer schieden dafür auch wieder aus. Das bedeutete unentwegt neue Stundenpläne, allein im Winterhalbjahr 1945/46 waren es dreizehn an der Zahl, aufzustellen ohne Computerhilfe, nur mit Bleistift und Radiergummi. Für das Leopoldinum hat diese immense Arbeit unermüdlich und mit größter Akribie der Studienrat, spätere Oberstudienrat Hans Meder erledigt.

Die Ernährungslage war in der Zeit nach dem Krieg schlecht, teils besorgniserregend. Mit diesem Mangelzustand hängt es zusammen, wenn in jenen Jahren die Schulspeisung eine große Rolle spielte. Schulspeisung in Form einer Suppe gab es zum erstenmal am 8.5.1947, und ihre Verteilung wurde minutiös geregelt, damit jeder zu seinem Recht und keiner zu mehr kam, als ihm zustand. Um die Organisation der ganzen Veranstaltung hat sich Herr Studienrat Doerth große Verdienste erworben. Beim Beginn der Unternehmung gab der Direktor bekannt: "Die aus Maismehl bereitete Suppe schmeckt zuerst etwas bitter, ist aber sehr nahrhaft. Nach einigen Löffeln gewöhnt man sich an den Geschmack. Wenn man Brot dazu ißt, merkt man ihn noch weniger." Die Teilnahme an dieser Verköstigung kostete für 5 Tage 1 RM, Lehrer zahlten das Doppelte. Am 15.10.1947 wurde angekündigt, daß Schüler über 18 Jahren, Lehrer und Selbstversorger unter 18 Jahren künftig keine Schulspeisung mehr bekommen sollten, am 4.12.1947 wurde "die Zahl der zur Schulspeisung berechtigten Normalverbraucher" auf höhstens 660 begrenzt. Schulspeisung hat es bis Juli 1950 gegeben.

Ein Wort in diesem Zusammenhang zum Ernährungszustand der Lehrer. Ein Teil von ihnen hat zwischen Sommer 1946 und Februar 1948 im Rahmen der Entnazifizierung geforderte Angaben auf einem Typ von Fragebogen gemacht, der auch nach Körpergröße und Gewicht fragte. Man kennt die Faustregel: Normalgewicht in kg = Körpergröße in cm minus 100. Nach dieser Regel hatten die 15 Männer, von denen diese Angaben vorliegen, im Durchschnitt ein Gewichtsdefizit von 9,6 kg; rechnet man einen Herrn nicht mit, der auffälligerweise ein beträchtliches Übergewicht meldet, so beträgt das Defizit im Durchschnitt sogar 11 kg. Das ist viel. – Noch eine Zahlenangabe zum Gesundheitszustand der Bevölkerung: Die Zahl der Tuberkulosefälle im Bezirk war von 400 im Jahre 1939 angestiegen auf 1.500 im Jahre 1948.

Ein für die Schule sehr empfindlicher Mangel war natürlich der an Schulbüchern und Papier. Die alten Bücher aus der Zeit des 'Dritten Reichs' wurden begreiflicherweise verboten, im Oktober 1945 mußte man den Unterricht zunächst ohne das früher selbstverständliche Hilfsmittel des Lehrbuchs aufnehmen, und Neu- oder Wiederzulassungen erfolgten nur langsam, nach und nach. Immerhin konnte die Fachkonferenz Latein am 17.10.1946 zur Kenntnis nehmen, daß die kleine lateinische Grammatik von Donnermann von der Militärregierung wieder freigegeben worden sei. Dr. Donnermann war als Lehrer am Leopoldinum nicht nur Parteigenosse, sondern auch Bannführer der HJ gewesen und 1944 als Direktor nach Warendorf versetzt worden. Dieser Umstand hatte aber seine Grammatik, ein geschätztes knappes Kompendium, offensichtlich nicht unbrauchbar oder gefährlich gemacht.

Zu äußerster Sparsamkeit im Verbrauch von Papier und Kreide wird von Wiederbeginn des Unterrichts an aufgerufen. Der Lehrer soll die Kreide nach der Stunde mitnehmen. Allein schon die in den Akten verbliebenen Blätter des Schriftverkehrs, der Meldungen, Prüfungs- und Konferenzprotokolle usw. sprechen mit ihren kümmerlichen Formaten und ihrer miserablen Papierqualität eine deutliche Sprache. Am 1.10.1946 wird gewarnt: das Papier der Zeugnisformulare ist so schlecht, daß man mit Tinte kaum darauf schreiben kann. Ab und zu kann die Schule Schreibhefte und Schreibblocks an die Schüler verteilen; bevorzugt werden als Empfänger die besten Sammler von Altpapier und die Bedürftigsten, besonders Ostflüchtlinge. Ein Heft kostet 12 Pfg. Die Schulen erhielten Schreibhefte zur Verteilung, wenn sie die doppelte Menge Altpapier ablieferten – das galt Anfang 1946; im Oktober 1947 heißt es dann: für 5 kg Altpapier gibt es 1 kg Hefte (so wie beispielsweise auch für 3 kg Knochen ein Stück Kernseife, 30.1.1947). Als nach der Währungsreform im Juni 1948 unter nunmehr besseren wirtschaftlichen Bedingungen die lästige Pflicht der Verteilung von Heften und der Verwaltung von Ausleihbüchern wegfiel, atmeten die in der Schule damit Beschäftigten hörbar auf. Sie hätten es sich wohl nicht träumen lassen, daß knapp 30 Jahre später mit der Einführung schuleigener, zur Ausleihe bestimmter Lehrbücher in großem Umfang die Last solcher Verwaltungsarbeit in erhöhtem Maße in die Schule zurückkehren sollte.

Gesammelt wurden von den Schülern nicht nur Altpapier und Knochen, gesammelt wurden auch Kartoffelkäfer, jahrelang, und immer wieder Heilkräuter, die damals im amtlichen Sprachgebrauch Drogen hießen. Einmal schreibt die Behörde: "Bei Krankheiten müssen Chemikalien mehr denn je durch Drogen ersetzt werden" – das würde man heute anders formulieren. 1948 hatte jeder Schüler der Klassen 1-6 mindestens 1 kg "Drogengut" abzuliefern. Unglaublich lange Listen legten fest, was sammelnswert sei.

Neben anderen Gütern des täglichen Bedarfs waren auch Schuhe knapp. Im November 1946 teilte der Direktor mit, die Wirtschaftsstelle vermittle über die Schule eine kleine Anzahl von Schuhen. Anfang 1948 wird das Fußballspielen auf dem Schulhof verboten und der Hausmeister beauftragt, die Bälle wegzunehmen – nicht weil man etwas gegen diese beliebte Pausenbeschäftigung der Jungen hätte, sondern um die Schuhe zu schonen.

Nicht nur Wirtschaftsgüter waren in der ersten Nachkriegszeit rar, auch Informationen: Im April 1946 verkündet der Direktor, Hausmeister Möller könne an Berliner Zeitungen kommen. Die sollen im Lehrerzimmer ausgelegt werden – aber niemand möge sie bitte mitnehmen!

Doch waren Mangel und Nöte verschiedener Art nicht das einzige, was die Jahre gleich nach dem Krieg bestimmte. Es gab auch erfreulichere

Aspekte. Die Älteren werden sich erinnern, welchen Eindruck es auf die Menschen machte, zum erstenmal nach fast sechs Jahren der Verdunkelung abends wieder eine erleuchtete Stadt zu sehen – soweit nicht gerade Stromsperre war. Vielerorts regte sich Neues, und das Bestreben war unübersehbar, kulturell Versäumtes nachzuholen. Sehr schnell war die Kirche auf dem Plan und bemühte sich (sie war ja im 'Dritten Reich' systematisch von der Schule ferngehalten worden) um gute Kontakte zu den Schulen und zur Lehrerschaft. Das begann schon im November 1945 mit regelmäßigen Vorträgen für Lehrer, für deren Besuch Dr. Klingler, der sich in dieser Arbeit sehr engagierte, nachdrücklich warb. Auch von anderen Veranstaltern wurden Vorträge angeboten, und manchmal tat man des Guten vielleicht ein bißchen zu viel: Wenn im November und Dezember 1947 im Leopoldinum zwei Rezitatoren im Abstand von nur 14 Tagen antraten, um Balladen vorzutragen, dann ist das doch wohl etwas reichlich, zumal wenn gerade erst im Oktober ein Lektor eine Dichterlesung gehalten hatte. Aber Schüler freuen sich ja immer, wenn Unterricht ausfällt. Auch das nach dem Kriege langsam wieder in Gang kommende Landestheater bot je länger desto häufiger Aufführungen für Schüler an.

Solche Einzelzüge sollen doch auch erwähnt werden, um von der Nachkriegszeit nicht das ausschließliche Bild eines grenzenlosen Miserabilismus entstehen zu lassen. Der Bericht über das Schuljahr 1949/50 kann dann erstmalig wieder von der Wanderfahrt einer Untertertia (mit Fahrrädern) ins Weserbergland und von der Studienfahrt einer Unterprima nach Hameln und Hannover, mit dem Besuch einer Aufführung des *Faust II*, sprechen. Und bei der feierlichen Abiturientenentlassung am 10.3.1950 erklang zum erstenmal seit Kriegsende wieder die Schulorgel, "deren kostpielige Reparatur weitgehend Spenden, besonders die eines ehemaligen Schülers der Anstalt, des Herrn Asemissen-Becker, Amerika, ermöglicht hatten." Auch die neue festliche Beleuchtung der Aula war Spenden Ehemaliger, der Herren Bornebusch und Fritz Müller (Temde-Werk), zu verdanken. Aber das ist eigentlich schon ein Vorgriff auf die Zukunft, der lediglich zeigen soll, wie die Verhältnisse sich nach einigen Jahren normalisierten und stabilisierten.

Als das Leopoldinum im Oktober 1945 wieder mit dem Unterricht beginnen durfte, hatte es 882 Schüler. Darunter war eine ganze Reihe Paderborner, denn in der schwer vom Bombenkrieg zerstörten Domstadt öffneten die Schulen erst im März 1946 ihre Pforten. In den nächsten Jahren stieg die Schülerzahl ständig an. Zwar fielen die Paderborner fort, aber es gab ja die Kurse für Heimkehrer und für Abiturienten, die nicht gleich an der Universität ankamen. Und als diese Kurse ausgelaufen waren, wurde Ostern 1948 das 9. Gymnasialjahr wieder eingeführt. Damals hatte das Leopoldinum 1.240 Schüler. Das hielt man zu jener Zeit – vernünftigerweise – für eine zu große Zahl, man wollte die Gymnasien überschaubarer haben und halten. Daher wurde eine Teilung der Schule geplant und durchgeführt. Ostern 1949 trat sie in Kraft, und seitdem gab es (für 38 Jahre) zwei Leopoldinen: das Leopoldinum I, staatliches altsprachliches und neusprachliches Gymnasium, und das Leopoldinum II, staatliches mathematisch-naturwissenschaftliches Gymnasium. Direktor wurde am Leopoldinum I Hans Reich, am Leopoldinum II Dr. Emil Altfeld, dem damit eine späte Genugtuung widerfuhr: Er war bereits am 1.10.1932 zum Oberstudiendirektor am Leopoldinum ernannt worden, hatte diese Stellung jedoch am 1.5.1933 wieder verloren – ohne Zweifel nicht zuletzt deshalb, weil er am 7.3.1933 offiziell energisch dagegen protestiert hatte, daß auf dem Schulgebäude ohne sein Wissen die Hakenkreuzfahne gehißt worden war! Dr. Klingler aber kehrte wieder auf den Platz zurück, den er 1933 hatte räumen müssen, nämlich an die Spitze des Aufbaugymnasiums.

Beide Leopoldinen blieben auch als zwei organisatorisch voneinander getrennte Schulen vorerst noch gemeinsam im gleichen alten Gebäude. Erst 1955 bezog das Leopoldinum I einen Neubau auf dem Nachbargrundstück, Hornsche Straße 50.

Doch das ist bereits eine etwas spätere Zeit. Der Rückblick auf die Geschichte des Leopoldinums in den ersten Nachkriegsjahren mag mit dem markanten Einschnitt der Teilung der Schule 1949 enden.

1. Anmerkungen

1. Erich Kittel, Heimatchronik des Kreises Lippe. Köln [2]1978, S. 326.

2. Archivalische Quellen

NW Staatsarchiv Detmold:

L 80 III (Schulabteilung der lippischen Regierung)

Nr. 4278 (Wiedereröffnung der Schulen und Wiedereinstellung der Lehrer; 1945-47)

4374 (Reorganisation des Schulwesens in Lippe. Berichte über den Aufbau des Schulwesens seit dem 1.5.1945; 1945-48)

4376 (Schule und Arbeitsamt; 1941-48)

4395 (Statistische Unterlagen zum Jahrbuch für das höhere Schulwesen; Bd. 1 1926-36; 1944-45)
4396 (desgl.; Bd. 2 1937-48)
4408 (Sonderlehrgänge für Kriegsteilnehmer zur Vorbereitung auf die Reifeprüfung. Allgemeines. 1940-45)
4409 (desgl., Besonderes. 1944/45)
4551 (Jahresberichte des Leopoldinums, Gymnasium und Oberrealschule zu Detmold; 1922-47)
4662 (Vorbereitungskurse zur Erlangung der Hochschulreife für Kriegsteilnehmer; 1941-48)
4663 (Reifeprüfungen 1948 und Zwischenkurs am Leopoldinum und an der Oberschule für Jungen in Lemgo; 1947-48)

D 1 (Abteilung 4 der Regierung Detmold)
Nr. 2333 (Entnazifizierungsunterlagen von Lehrern ehem. lipp. Gymnasien >A-K<)
2334 (desgl. >L-Z<)

D 9 Detmold 1 (Gymnasium Leopoldinum Detmold)
Nr. 1038 (Konferenzprotokolle 1947-53)
1091 (Mitteilungsbuch 1945-52)
1101 (Jahresberichte 1945/46 - 1966/67)
1103 (Berichte über die Besetzung und Plünderung der Schule im April 1945)

D 99 (Personalakten)
Nr. 8691 (Dr. Altfeld)
8907 (Dr. Klingler)
9124 (Dr. Schulte)

Akten im Archiv des Gymnasiums Leopoldinum, Detmold, betreffend
Luftwaffenhelfer, RAD, Wehrmacht 1943-45
Kriegsversehrtenlehrgänge 1944/45
Übergangskurse, Philosophicum 1945-48
Leitung der Anstalt (allgemeine Akten) 1945-49

Ulrich Ernst

Der lippische Schulstreit

oder der schwierige Weg zu demokratischen Ufern

Mit Erlaß des nordrheinwestfälischen Innenministers vom 23. November 1951 werden 112 lippische Schulleiter aufgefordert, den in Artikel 80 der Landesverfassung vorgeschriebenen Amtseid zu leisten.

Der Regierungspräsident in Detmold erhält die Anweisung, die Eidesleistung bei Androhung der Entlassung ohne Versorgungsbezüge zu erzwingen.

Diesem machtvollen Auftreten der Obrigkeit unterwerfen sich die lippischen Schulleiter und viele Lehrerinnen und Lehrer nur unter Protest.

In den Nachkriegsjahren schlug dieser Vorgang – insbesondere in Detmold – hohe Wellen, und er wirft nach 41 Jahren noch immer Fragen auf, worum es in dieser Kontroverse eigentlich ging.

Vordergründig stritt man (und später wird zu sagen sein, wer) um die Konfessionalisierung des Volksschulwesens, also Gemeinschaftsschule oder Bekenntnisschule.

Im Hintergrund spielte die verfassungsrechtliche Integration Lippes nach Nordrhein-Westfalen eine wichtige Rolle.

Über diese beiden Aspekte hinaus hatte der Streit aber auch eine sehr grundsätzliche Problematik für die Beteiligten: Die Quellen zeigen eine tiefe, individuelle Betroffenheit, und deswegen mein Zusatz im Thema: "der schwierige Weg zu demokratischen Ufern".

Wilhelm Hansen zählt 1957 den Schulstreit zu den "speziell-lippischen Dingen", Martin Wolf sieht in ihm 1964 "ein Beispiel für die Emanzipation der deutschen Volksschule und ihrer Lehrer", Ludwig Kien ein Jahr später – in Reaktion auf Wolf – einen "bemerkenswerten Modellfall".[1]

Die gerade zitierten Personen waren nicht nur Zeitzeugen, sondern zum Teil auch Hauptakteure, denen die Quellen der jeweiligen Gegenseite nicht zur Verfügung standen. Trotzdem wurde der Schulstreit schon sehr früh als etwas außerordentlich Bedeutsames eingeordnet.

Dem kann ich aus heutiger Sicht nur folgen, und dies gibt vielleicht die Berechtigung, in dieser Vortragsreihe über die Nachkriegszeit in Detmold den Versuch zu wagen, zu zeigen, welchen Beitrag die Lehrerinnen und Lehrer zu einem demokratischen Aufbau geleistet haben. Dabei wird zu sprechen sein von den Enttäuschungen und Hoffnungen, von den Aktiven und den Passiven, aber nicht von Siegern und Besiegten.

Dabei bin ich mir bewußt, daß diejenigen, die diese Zeit miterlebt, gegebenenfalls auch miterlitten haben, sich nicht in der gewünschten Perspektive wiederfinden, da ich mich mehr an den Entscheidungsträgern orientieren werde.

Dieses Risiko verstärkt sich für mich dadurch, daß auch heute noch nicht alle Quellen dem Forschenden offenstehen. Vor diesen Einschränkungen möchte ich die Thematik so entwickeln, daß nach einer kurzen Darstellung des Konflikts die verschiedenen Entwicklungslinien aufzuzeigen sind, danach die Hauptpersonen/-gruppen vorgestellt werden und abschließend der Versuch einer Einordnung aus heutiger Sicht stehen soll.

Die schon angesprochene Situation des Jahres 1951, sozusagen der Höhepunkt der Eskalation, entwickelte sich unmittelbar nach 1945 auf verschiedenen Ebenen, die sich stellenweise überlagern: von der Bildungspolitik zur Verfassungsdebatte, von der inneren und äußeren Schulreform zu handfesten Machtfragen, von einer Normendiskussion um die Funktion des Eides bis zur Relativierung staatlichen Machtanspruchs.

Die Ausgangslage 1945

Aufgrund seiner lakonischen Kürze und damit charakteristisch für die Zeit zitiere ich aus dem Bericht des am 1.8.1945 von Heinrich Drake wieder eingesetzten Schulrates Haase an den Landespräsidenten mit Datum vom 20.1. 1947:[2]

A. Zustand nach dem Zusammenbruch 1945:
   1. Unordnung in der Verwaltung, Schulabteilung nicht mehr vorhanden, nationalsozialistische Vertreter verschwunden.
   2. Schulgebäude z.T. zerstört, beschädigt, des Inventars beraubt, von Militär und Flüchtlingen belegt.
   3. Lehr- und Lernmittel zum großen Teil vernichtet oder unbrauchbar.
   4. 40% der Lehrkräfte im Kriegsdienst, kein Nachwuchs. Vorhandene Lehrkräfte z.T. behelfsmässig ausgebildet und wenig geeignet.

B. Vorbereitende Arbeiten für die Wiederaufbau:
   1. [...]
   Bis zur Eröffnung der Schulen Beschäftigung der Schüler mit Erntearbeiten, Heilkräuter- und Beerensammeln unter Beaufsichtigung der Lehrer.

2. Vorarbeiten für die Entnazifizierung durch einen von der Schulverwaltung gebildeten und von der Militärregierung genehmigten Ausschuß.
   [...]
9. Verhandlungen mit den kirchlichen Vertretungen über den Charakter der lippischen Schulen als Gemeinschaftsschulen und die Einrichtung des Religionsunterrichts als "ordentliches Lehrfach".
   (Nach eingehender Prüfung unter Beteiligung der Militärregierung ist der Charakter der lippischen Schule als Gemeinschaftsschule festgestellt worden.)

Dieser letzte Satz enthält den entscheidenden Sprengstoff, weil diese Position ganz offensichtlich in Lippe nicht Konsens war.

Erste kirchliche Einflußversuche auf die Schulen

Am 10.11.1945 formuliert das Lippische Landeskirchenamt in einem Schreiben an seine Pfarrer und Pfarrvikare noch sehr zurückhaltend:

> [...] In den Fällen, wo die Lehrkräfte aufgrund einer abwartenden Haltung gegen Evangelium oder Kirche oder betonter Gleichgültigkeit abgelehnt werden müssen, bzw. die Lehrer selbst die Übernahme des Religionsunterrichts ablehnen, ist an das Landeskirchenamt Bericht zu erstatten.

Konkreter wird der Schulausschuß der Lippischen Landeskirche in einem offenen Brief "An die Lehrer und Lehrerinnen der lippischen Volksschulen" vom November 1945:

> Die Kirche möchte diese Gelegenheit wahrnehmen, um den Lehrern und Lehrerinnen dasselbe Vertrauen anzubieten und von ihnen zu erbitten ["dasselbe" meint die Verhandlungen mit der Oberschulbehörde].
> Um das von früher bestehende Mißtrauen auf beiden Seiten auszuräumen, muß klar sein, daß die Kirche keinerlei Aufsichtsrechte im Sinne der Ortschulinspektion noch irgendeinen Gewissenszwang auszuüben gedenkt. [...]

Deutlicher und fordernder formuliert dagegen der Generalvikar in Paderborn mit Datum vom 15.5.1946 an die britische Militärregierung in Bünde:

> Über die Erziehungsanordnung Nr. 1 vom 14.1.1946 sind bezüglich ihrer Anwendung auf das Land Lippe Zweifel entstanden.

1. Von seiten der Landesregierung in Detmold wird in Zweifel gezogen, ob die vor 1933 bestandenen staatlichen Schulen in Lippe konfessionelle evangelische Volksschulen gewesen seien.
   Uns scheint dieser Zweifel unberechtigt; aber es ist zunächst nicht unsere Aufgabe, zu dieser Frage Stellung zu nehmen.
   [...] kann es u.E. nach nicht zweifelhaft sein, daß die Erziehungsanordnung [...] auch für das Land Lippe Geltung hat, da sie eine Befragung der Eltern vorsieht für alle Gebiete, wo unmittelbar vor der Machtergreifung der Nationalsozialisten konfessionelle, aus öffentlichen Mitteln unterstützte Volksschulen bestanden. [...]
2. Es bestanden bei der lippischen Landesregierung Zweifel darüber, ob nach einer Elternbefragung nur der Zustand von 1933 wiederhergestellt werden solle, oder ob wie in der ganzen übrigen englischen Zone dem Willen der Eltern entsprechend öffentliche katholische konfessionelle Schulen eingerichtet werden sollen, deren Kosten wie der aller anderen Volksschulen ganz vom Staat getragen werden.
   Wir bemerken dazu, daß die Erziehungsanordnung vom 14.1.1946 im ganzen preußischen Gebiet der englischen Besatzungszone nicht einfach den Zustand vor 1933 wiederherstellt, daß vielmehr überall, wo das dem Elternwillen entspricht, staatliche christliche Simultanschulen [also Gemeinschaftsschulen] eingerichtet werden (die es in Preußen vor 1933 nicht gab) und daß der Staat die ganzen Kosten für diese Schulen trägt.
   Es scheint uns darum selbstverständlich, daß auch im Lande Lippe, wo immer die Eltern für eine genügend große Anzahl von Kindern eine katholische konfessionelle Volksschule fordern, eine solche Schule als öffentliche Schule eingerichtet wird, deren Kosten, wie die aller anderen Schulen, vom Staat getragen werden.
   Wir bitten höflichst um eine baldige Stellungnahme, damit sich die Entscheidung über die Schulfrage in Lippe nicht länger verzögert.

Nicht uninteressant ist, daß eine Abschrift an den Landessuperintendenten und das Landeskirchenamt in Detmold geschickt wird.

Bereits am 12.7.1946 fragt der Generalvikar beim Landeskirchenamt an, ob dieses auch von den Briten eine Auskunft bekommen habe, daß nämlich "eine Abstimmung über die konfessionelle Schule im Lande Lippe nicht in Frage komme", und ob es "gegen den Entscheid etwas zu unternehmen gedenke."

Es mag – von heute her gesehen – erstaunen, wie schnell die Militärregierung die Brisanz der Fragestellung erkannt und eindeutig beantwortet hat.

Hintergrund dazu war ein Rechtsgutachten, das diese in Auftrag gegeben hatte. Darin lautete die entscheidende Frage "ob die Volksschulen des

Landes Lippe nach dem Stande vom Beginn des Jahres 1933 Bekenntnis- oder Gemeinschaftsschulen waren".

Der Gutachter griff zur Beantwortung auf das Lippische Volksschulgesetz von 1849 zurück und kam zu dem überzeugenden Ergebnis, daß "der Charakter einer Konfessionsschule nicht zu begründen sei". Die lippische Volksschule sei eine Gemeinschaftsschule.

Diese Position hatte Heinrich Drake bis dahin als selbstverständlich angesehen.

Die verfassungsrechtliche Perspektive

Da es Anfang 1946 noch keine Anzeichen dafür gab, daß die Briten die lippische Eigenständigkeit aufzuheben gedächten, wurde wieder ein eigener Landtag eingerichtet und über eine neue Landesverfassung diskutiert. In diesem Zusammenhang schien es für die meisten folgerichtig, an die Schulverhältnisse von vor 1933 anzuknüpfen, damit also an die Gemeinschaftsschule und an eine klare Trennung zwischen Staat und Kirche.

Dem stand allerdings die Verfassungsentwicklung in NRW entgegen.

Im Rahmen der Verhandlungen um den Beitritt Lippes nach NRW war in den sog. lippischen Punktationen zwar im Punkt 9 vereinbart worden, daß die lippische Gemeinschaftsschule im Rahmen der allgemeinen gesetzlichen Bestimmungen des Landes NRW erhalten bleiben sollte, doch zeigte die Debatte im nordrhein-westfälischen Landtag um den Artikel 12 (Einführung der *Bekenntnisschule* als Regelschule) die unüberbrückbaren Gegensätze zwischen CDU und Zentrum einerseits und SPD, FDP und KPD andererseits. In einer Kampfabstimmung setzten sich erstere mit 110 gegen 97 Stimmen durch.

Obwohl für das Land Lippe extra der Artikel 89 hinzugefügt worden war ("die Rechtsvorschriften vom 1.1.1933 gelten bis zur endgültigen Entscheidung über die staatliche Eingliederung Lippes in das Land Nordrhein-Westfalen"), erkannte nicht nur Heinrich Drake, daß hier Unheil drohte.

In intensiven Verhandlungen versuchte Drake deswegen, mit beiden Kirchen, bezogen auf Lippe, zu einem Kompromiß zu kommen.

Es können hier nur kurz die Grundpositionen skizziert werden, weil sich die Verhandlungen in ihrer Strategie wie auch im Inhalt über die Jahre als sehr kompliziert darstellen.

Wie schon angedeutet, ging Drakes Interesse hauptsächlich dahin, die Integration Lippes nach NRW nicht durch einen Schulstreit belastet zu sehen. Er verließ sich zunächst auf die Vereinbarung in den Punktationen, in denen eine zeitlich *unbegrenzte* Beibehaltung der Gemeinschaftsschule als Regelschule vorgesehen war, im Rahmen der nordrhein-westfälischen Verfassungsdiskussion aber schon zeitlich begrenzt wurde.

Der Erzbischof in Paderborn vertrat die Position, daß an den Orten, wo in der Zeit der Weimarer Republik katholische Bekenntnisschulen bestanden hatten, diese wieder eingerichtet werden sollten. Die neue und zusätzliche Forderung aber war nun, daß auch zusätzlich dort, wo Eltern dies wünschten, katholische Volksschulen eingerichtet werden sollten. Ein deutlicher Affront gegenüber den lippischen Lehrerinnen und Lehrern war aber die dritte Forderung, daß in den Gemeinschaftsschulen nur "überzeugte Christen" unterrichten dürften und daß in dem Umfang katholische Lehrer eingestellt werden müßten, wie katholische Schüler in diesen seien.

Die lippische Landeskirche vertrat die Ansicht,

> daß Kämpfe um Bekenntnisschule und Gemeinschaftsschule das wahre Ziel verdunkeln und alte Gegensätze erneuern würden. Die Aufteilung der lippischen Schule in eine Evangelische und eine Katholische Schule würde wahrscheinlich dahin führen, daß hier die Evangelische Schule zu einer Restschule führen würde, die alle vorhandenen Lehrer übernehmen müßte, die für die Katholische Schule nicht in Betracht kommen. (28.1.1950)

Also plädierte man für die Beibehaltung der vorhandenen Regelung.

Die Gewerkschaft Erziehung und Wissenschaft, in der die meisten Lehrerinnen und Lehrer in Lippe organisiert waren, betonte ihrerseits, daß eine Änderung des lippischen Schulwesens als "eine undemokratische Majorisierung und als ein Rechtsbruch anzusehen wäre. Sie müßte sich unter Berufung auf den Artikel 141 Grundgesetz mit allen Mitteln dagegen zur Wehr setzen." Zur Erklärung: Der Artikel 141 meint die sog. Bremer Klausel: "Artikel 7 Absatz 3 Satz 1 findet keine Anwendung in einem Lande, in dem am 1. Januar 1949 eine andere landesrechtliche Regelung bestand." Artikel 7 Absatz 3 Satz 1 hat zum Inhalt: "Der Religionsunterricht ist in den öffentlichen Schulen mit Ausnahme der bekenntnisfreien Schulen ordentliches Lehrfach."

Die Zuspitzung des Konflikts

In den Überleitungsverhandlungen war immer wieder für den 24.6.1951 eine Volksabstimmung in Lippe angedacht gewesen, in der die Bevölkerung den förmlichen Beitritt zu NRW erklären sollte. Drake sah deutlich, daß mit einer solch belastenden innerlippischen Diskussion der positive Ausgang gefährdet sein mußte, und verschärfte deswegen seine Verhandlungsführung gegenüber Ministerpräsident Arnold erheblich. Die Stimmung verschlechterte sich dadurch auf beiden Seiten.

Innenminister Flecken bezog eindeutig Position gegen die lippische Lehrerschaft, die in ihrer überwiegenden Mehrheit öffentlich erklärt hatte, den Beamteneid auf die Verfassung solange verweigern zu wollen, bis der Fortbestand der Gemeinschaftsschule garantiert sei. Sie sahen sich in einem Notstand des Gewissens, da die Schulartikel der nordrhein-westfälischen Verfassung und die Bestimmungen des Landesschulgesetzes zueinander in unüberbrückbarem Gegensatz standen und – nach ihrem Verständnis – auch gegen die Punktationen verstießen. Am 21.9.1951 kam es in Düsseldorf zu einer Krisensitzung: Drake war in Begleitung seiner beiden Stellvertreter Dr. Lange und Dr. Schöne. Ihnen gegenüber saßen Vertreter des Finanz-, Innen- und Kultusministeriums. Aus den Quellen wird eindeutig sichtbar, daß die allgemeine politische Entwicklung über die lippischen Vorstellungen hinweggegangen war. Man tauschte nur Standpunkte aus, ohne sich nur in einem Punkte anzunähern.

Eine Folge war, daß die lippische Landesregierung die Gesetzesvorlage zur Volksabstimmung zurückzog, was wiederum zu einer weiteren Verschärfung der Auseinandersetzungen führte. Nachhutgefechte bis zum Bundesverfassungsgericht, sie doch noch zu erreichen, brachten keinen Erfolg.

Ihren Unmut über die Schulartikel brachten die Lipper beim Volksentscheid über die nordrhein-westfälische Landesverfassung zum Ausdruck, der gleichzeitig mit den Landtagswahlen am 18.6.1950 stattfand. Während im Landesdurchschnitt 57% der Bevölkerung der Verfassung ihre Zustimmung gaben, entschieden sich fast zwei Drittel der abstimmungsberechtigten Lipper gegen deren Annahme.

Mittlerweile mußten sich auch die lippischen Gemeinden mit dem Schulstreit auseinandersetzen; sie taten es mehrheitlich, indem sie die Einrichtung der von katholischer Seite beantragten Bekenntnisschule verweigerten mit dem geschickten Hinweis auf die ungeklärte Rechtslage.

In Düsseldorf interpretierte man dies Verhalten – nicht ohne Grund – als Verweigerung, die Landesgesetze anzunehmen. Zusätzlicher Handlungsdruck entstand dadurch, daß der Erzbischof von Paderborn die Landesregierung förmlich aufforderte, diesen unhaltbaren, rechtswidrigen Zustand zu beenden.

Um zu einer abschließenden Entscheidung zu kommen, stellte die Landesregierung am 30.6.1953 beim Verfassungsgericht in Münster den Antrag, die Vereinbarkeit von Schulgesetzgebung und Landesverfassung zu prüfen. Das Urteil vom Januar 1954 bestätigte die Rechtsauffassung der Landesregierung, befriedete aber nicht die Lipper. Die hiesige Argumentation war nun endgültig unterlegen. Der Abschluß des Rechtsstreits kam erst durch ein Urteil des Bundesverfassungsgerichts im Jahre 1955 zustande.

Die Betroffenen, Enttäuschten, Entlassenen

Erst wenn man die subjektive Erschütterung der eigentlich Betroffenen in diesem Schulstreit nachvollzieht, wird deutlich, daß es sich nicht um ein akademisches Problem gehandelt hat, sondern daß das Grundverständnis vieler Lehrerinnen und Lehrer gegenüber einem demokratischen Wiederaufbau des Schulwesens ins Mark getroffen worden war.

Ich möchte dazu drei Beispiele vorstellen:

Der Fall Regierungsrat Sprenger

Mit Datum vom 28.11.1950 schreibt Sprenger an den Regierungspräsidenten:

> Am 21. dieses Monats habe ich Sie in einer mündlichen Unterredung gebeten, Sie möchten mich – mindestens vorerst – von der Verpflichtung dispensieren, an der für den 23. dieses Monats festgesetzten Vereidigung der Beamten teilzunehmen. Damit kein Mißverständnis über meine Beweggründe aufkommt, möchte ich mich noch einmal schriftlich erklären.
> Ich erkenne als selbstverständlich an, daß der Beamte in einem besonderen Treueverhältnis zum Staat steht, und finde es durchaus in Ordnung, daß er verspricht, in Treue zu Verfassung und Gesetz seinen Dienst zu erfüllen. Ich bin mir bewußt, daß er in dieser Bindung auch dann steht, wenn er die Verfasssung nicht für gut und dem Volke nützlich hält.
> Das Argument, das Land Lippe sei erst dann endgültig in das Land NRW eingegliedert, wenn eine Abstimmung diese Eingliederung legalisiert habe, berührt meine innere Entscheidung nicht.

> Die Bedenken, die mir eine ernste Gewissensangelegenheit sind, beruhen auf der Einsicht, daß durch den ungeheuerlichen Mißbrauch, der im Dritten Reiche mit dem Eide getrieben worden ist, diese Form der Verpflichtung entwertet und die Fragwürdigkeit aller in Massen abgeleisteten Eide erwiesen hat. Ich selbst bin im Jahre 1934 auf den sogenannten Führer vereidigt worden, dabei habe ich getan, was verlangt wurde, in dem klaren Bewußtsein, daß es ein falscher Eid und ein Betrug wäre. Wer einmal in dieser Qual gesteckt und mit schlechtem Gewissen geschworen hat – "so wahr mir Gott helfe!" – der darf, selbst wenn er sich nach dem Wandel der Verhältnisse in ganz anderer Weise an den Staat gebunden weiß, diese für das subjektive Bewußtsein befleckte Formel nicht wieder gebrauchen, wie andererseits der Staat den Eid nicht fordern darf, wenn er Notstände des Gewissens respektieren und seine Grenzen nicht überschreiten will.
> Im übrigen stehe ich zu der Erklärung, die von einigen Pfarrern unterschrieben und Ihnen zugeleitet worden ist. Ich danke Ihnen, sehr verehrter Herr Regierungspräsident, daß Sie in unserer Unterredung für diese Gründe Verständnis zeigten, und bitte Sie, von dieser vorstehenden Erklärung den Ihnen geeignet erscheinenden Gebrauch zu machen.
> Ihr Ihnen sehr ergebener gez. Sprenger.

Zur Untermauerung seiner grundsätzlichen Bedenken fügt Sprenger noch Abschriften von Eidesformeln des preußischen Königs von 1827 gegenüber den Mennoniten und von 1869 gegenüber den Juden an, aus denen der Umgang mit Minderheiten deutlich hervorgeht.

Mit Datum vom 10.12.1951 interveniert das lippische Landeskirchenamt beim Ministerpräsidenten – "Eilt sehr! Fristablauf!":

> Wie dem Herrn Ministerpräsidenten bekannt ist, haben einige Beamte unserer Landeskirche ernste biblische Bedenken gegen die Leistung des Beamteneides. Als Vertreter dieser Beamten ist Herr Regierungsrat Sprenger bei uns vorstellig geworden und hat uns um seelsorgerliche Beratung gebeten. Die Leitung der Lippischen Landeskirche hält sich für verpflichtet, dieser ernsthaften Bitte zu entsprechen. Da eine abschließende Erörterung vor Ablauf der für die Eidesleistung gesetzten Frist nicht möglich ist, bitten wir, für solche Beamte, die Glaubensbedenken haben, die Frist zur Eidesleistung stillschweigend zu verlängern. Der Rat der Evangelischen Kirche in Deutschland hat uns durch seinen Vorsitzenden Bischof D. Dr. Dibelius empfohlen, gemeinsam mit den Evangelischen Kirchen von Westfalen und im Rheinland über die Frage des Eides mit den staatlichen Stellen zu verhandeln. Die Kirchenleitung hat in ihrer heutigen ordentlichen Sitzung beschlossen, dieser Anregung zu folgen. Wir werden daher in aller Kürze bitten, diese Frage mit der Landesregierung erörtern zu dürfen.

Für baldige Antwort, ob unsere Bitte um stillschweigende Fristverlängerung entsprochen ist, werden wir dankbar sein.
gez. Neuser.

Aus dem Antwortschreiben des Innenministeriums vom 12.12.1951:

Ihr an den Herrn Ministerpräsidenten gerichtetes Schreiben [...] ist mir [...] zur Beantwortung übergeben worden.
Ich sehe mich bedauerlicherweise nach Prüfung der Angelegenheit nicht in der Lage, Ihrem Wunsche auf Verlängerung der für die Eidesleistung gesetzten Frist nachzukommen.
Artikel 80 der Landesverfassung fordert unbedingt und unbefristet die Leistung des Amtseides durch alle Beamten und gibt der Regierung nicht das Recht, in Einzelfällen von der Eidesleistung abzusehen. Ich würde deshalb gröblichst meine Pflicht als Minister verletzen, wenn ich nunmehr, nachdem die Verfassung mehr als eineinhalb Jahre in Kraft ist und fast alle Beamten den Eid geleistet haben, erneut für einzelne Beamte Ausnahmen von dieser verfassungsmäßigen Pflicht zulassen würde.
Ich vermag auch nicht zu erkennen, welcher Art die von Ihnen erwähnten, ernsten biblischen Bedenken gegen die Leistung des Beamteneides sein könnten. In formeller Beziehung können m.E. Bedenken nicht bestehen, da der Eid nach ausdrücklicher Bestimmung der Verfassung auch ohne religiöse Beteuerung geleistet werden kann.
In materieller Beziehung dürfte nicht darüber zu streiten sein, daß die Pflicht der Beamten ist, die Verfassung und die Gesetze zu befolgen und zu verteidigen [...].
Mit der weltanschaulichen und der religiösen Haltung des einzelnen Beamten hat diese Verpflichtung gar nichts zu tun. Insbesondere werden auch die Auffassungen des einzelnen Beamten über den Wert oder Unwert einzelner Verfassungsbestimmungen, insbesondere der Bestimmungen über die Bekenntnisschule und die Gemeinschaftsschule, durch die Eidesleistung nicht berührt. Es steht dem einzelnen Beamten auch nach der Eidesleistung frei, seine eigene Meinung über den Wert oder Unwert der verfassungsmäßigen Regelung zu haben und zum Ausdruck zu bringen. Es steht ihm darüberhinaus auch frei, eventuelle Bestrebungen zu unterstützen, die auf verfassungsmäßigem Wege die Verfassungsbestimmungen über das Schulwesen ändern wollen. Es steht ihnen lediglich nicht frei, in eigener Verantwortung darüber zu entscheiden, ob er die Verfassung und die Gesetze – so wie sie sind – beachten und seine verfassungsmäßigen und gesetzlichen Pflichten erfüllen will. Das muß er als Beamter ohne weiteres tun. Wenn er glaubt, aus seiner religiösen Überzeugung heraus die Normen der Verfasssung und der Gesetze nicht befolgen zu können, muß er die Konsequenzen ziehen und dem Staat, dessen Verfassung und dessen Gesetze er nicht anerkennen kann, den Dienst aufkündigen. Ein Recht, seinen Amtseid deshalb zu ver-

weigern oder nur mit Vorbehalten zu leisten, kann aber nicht anerkannt werden.
Ich muß deshalb – wie gesagt – zu meinem Bedauern die erbetene Fristverlängerung ablehnen.
Mit vorzüglicher Hochachtung gez. Dr. Flecken

Schulrat Sprenger am 15.1.1952 an den Regierungspräsidenten:

Nachdem die Leitungen der evangelischen Kirche in Rheinland, Westfalen und Lippe am 9. dieses Monats beschlossen haben, für ihre Glieder die gleichen Ausnahmebestimmungen zu fordern, die Angehörigen anderer Religionsgemeinschaften gewährt werden, erkläre ich mich bereit, im Sinne dieses Beschlusses ein *Versprechen* abzugeben.
Ich beziehe mich dabei auf mein Schreiben vom 28.11.1950 [...].

Das Verhalten des Städt. Neusprachlichen Mädchengymnasiums mit Frauenoberschule Detmold

Am 11.1.1952 berichtet die Oberstudiendirektorin an den Regierungspräsidenten:

Auf Anordnung vom 8. Januar 1952 ist auftragsmäß die Vereidigung der Lehrkräfte des Mädchengymnasiums vollzogen worden. Es werden gemeldet:
22 Lehrkräfte, die die Eidesformel wie vorgelegt vollzogen haben.
[...]
2 Lehrkräfte haben den Eid abgelegt ohne religiöse Beteuerung:
[...]
6 Lehrkräfte haben die Gelöbnisformel gewählt:
"Ich gelobe, daß ich das mir übertragene Amt nach bestem Wissen und Können verwalten, Verfassung und Gesetze befolgen, verteidigen, meine Pflichten gewissenhaft erfüllen und Gerechtigkeit gegen jedermann üben werde."
Sie haben dazu folgende Begründung abgegeben:
"Da ich aus Gründen meines Glaubens mein Treuegelöbnis gegenüber dem Staat nicht in Form eines Schwurs sondern eines Gelübdes ablegen möchte, bitte ich, mir das zu gestatten entsprechend § 4 Absatz 2 des Beamtengesetzes von 1937."

Ergänzend macht eine Assessorin des Lehramtes gegenüber dem Regierungspräsidenten folgende Einlassung:

> Wie schon in unserer früheren Erklärung dargelegt, haben wir den Eid bisher verweigert in der Überzeugung, daß der Eid durch den Vielgebrauch in der jüngsten Vergangenheit und in der Gegenwart immer mehr den Sinn verliert, ein Sprechen vor dem lebendigen Gott zu sein. Durch jenen Erlaß werden wir zwar dahingehend belehrt, daß die Worte "Ich schwöre" keine religiöse Form darstellen, aber wir sind auch heute noch nicht in der Lage, uns dieser Auffassung anzuschließen. Unseres Wissens besteht in der Theologie Einmütigkeit darüber, daß jene Wort gar nicht anders als in religiösem Sinn verstanden werden können. Der Eid wird dieses seines Charakters auch nicht dadurch entkleidet, daß man die Worte "So wahr mir Gott helfe" fortläßt; der Eid läßt sich nicht verweltlichen, und der Schwörende kann sich nicht der Zeugenschaft Gottes entziehen.
> Unsere bisherige Weigerung hat bewirkt, daß die Frage des Eides in der Öffentlichkeit, namentlich auf seiten der Kirche, in eine neue Erörterung gekommen ist. Diese Auseinandersetzung wird weitergehen, auch wenn wir den Protest nicht mehr in unserer Person darstellen: nur in dieser Überzeugung haben wir uns entschließen können, den geforderten Eid zu leisten.

Der Fall des Berufsschullehrers Kamphues
Mit Datum vom 14.1.1952 schreibt Kamphues an den Regierungspräsidenten:

> Hiermit stelle ich den Antrag auf Befreiung der Eidesleistung aus religiösen Gründen nach Matth., V 34-37:
> 'Ich aber sage euch, daß ihr überhaupt nicht schwören sollt, weder bei dem Himmel, denn er ist Gottes Stuhl; noch bei der Erde, denn sie ist seiner Füße Schemel; noch bei Jerusalem, denn sie ist des großen Königs Stadt. Auch sollst du nicht bei deinem Haupt schwören; denn du vermagst nicht, ein einziges Haar weiß oder schwarz zu machen. Eure Rede aber sei: Ja, ja; nein, nein; was darüber ist, das ist von Übel.'
> Gerade aus Achtung und Beachtung christlicher, demokratischer, republikanischer und sozialer Grundsätze bitte ich, mich in meiner Gewissensfreiheit nicht einzuengen und mir zu gestatten, an Stelle eines Eides ein verpflichtendes Versprechen auf die Befolgung der Verfassung nach folgendem Wort zu geben:
> 'Ich verpflichte mich, daß ich das mir übertragene Amt nach bestem Wissen und Können verwalten, Verfassung und Gesetze befolgen, meine Pflichten gewissenhaft erfüllen und Gerechtigkeit gegen jedermann üben werde.'

Aufgrund eines Berichtes des Regierungspräsidenten an den Innenminister kommentiert dieser:

[...] weise ich darauf hin, daß die von Kamphues vorgeschlagene Beteuerungsformel die Worte "und verteidigen" nicht enthält. Auch diese Veränderung ist unzulässig. [...]
Ich bitte nunmehr, [...] die Eidesleistung in der vorgeschriebenen Form durchzuführen. Bei weiterer Verweigerung ist das Entlassungsverfahren gemäß 57 DBG durchzuführen. [...]

Am 24.3.1952 wird im Regierungspräsidium folgendes Protokoll aufgenommen:

Vor dem Leiter der Schulabteilung beim Regierungspräsidenten Detmold erscheint auf Vorladung der gartenbauliche Berufsschullehrer Herr Theodor Kamphues [...]. Er ist am 21. März 1952 durch Regierungsdirektor Sünkel über die Entscheidung des Innenministers des Landes NRW in Frage der Eidesleistung der lippischen Lehrer vom 5.3.1952 [...] unterrichtet und über die Rechtslage belehrt worden. Er wird aufgefordert, den in Artikel 80 der Landesverfassung Nordrhein-Westfalen vorgeschriebenen Beamteneid zu leisten.
Darauf erklärt er:
Ich bin aufgrund meiner religiösen Überzeugung nicht in der Lage, den geforderten Eid zu leisten. Ich beziehe mich dabei auf meine schriftliche Erklärung vom 24.3.1952, die ich hiermit überreiche. Ich bin darüber belehrt worden, daß dies mein Verhalten gemäß § 57 DBG meine Entlassung aus dem Beamtenverhältnis zur Folge haben wird.

Ich zitiere aus dieser Erklärung die wichtigsten Stellen:

[...] kann es mit meinem Gewissen nicht vereinbaren, daß der Eid auch ohne die religiöse Beteuerung nur eine staatsrechtliche Angelegenheit ist. Die Bibel ist mir Gottes Wort und Gebot und belehrt mich anders. Die im Schulgesetz und in der Verfassung geforderte Ehrfurcht vor Gott und die Unantastbarkeit der Menschenwürde erhärten meinen Standpunkt. [...]
Ich bitte daher um die Anwendung der Grundrechte des Grundgesetzes. Die Schüler im Sinne der Menschenrechte zu belehren, war und ist mir eine vornehme Aufgabe. [...]
Ich bitte [...] mich von der Eidesleistung zu befreien oder für mich gemäß meiner religiösen Anschauung eine Sonderregelung zu treffen.

Mit Datum vom 5.4.1952 wird Kamphues entlassen.

Über den Antrag auf Weiterbeschäftigung im Angestelltenverhältnis werden die zuständigen Ausschüsse demnächst zu entscheiden haben.

Statt einer Zusammenfassung – Der Regierungspräsident als Vermittler – oder die Suche nach der salvatorischen Klausel

Das besondere Engagement Heinrich Drakes, eine Eskalation des Konflikts zu vermeiden, läßt sich aus zwei Hauptmotiven erkären:

Zum einen hatte er den Schulkampf in der Zeit der Weimarer Republik miterlebt, in dem der ev. Pastor von Senden in Detmold in 17 Wochenartikeln "Gedanken zum Schulkampf" in den örtlichen Zeitungen publiziert hatte; Tenor: die christliche Erziehung der Jugend und der evangelische Charakter der lippischen Volksschulen seien gefährdet.

Dagegen hatte Hans Sprenger für den Lippischen Lehrerverein mit einer Artikelserie "Gedanken zum Schulfrieden" argumentiert; Tenor: die lippische Volksschule ist eine Gemeinschaftsschule und keine evangelische Bekenntnisschule.

Zum zweiten hatte Drake – früher als andere – erkannt, daß die jetzige erneute Auseinandersetzung um die lippische Schulform die Integration Lippes nach NRW gefährden konnte, da die Emotionalisierung der Bevölkerung erhebliche Unsicherheiten für ein positives Abstimmungsverhalten bedeutete.

Obwohl die Verhandlungen zwischen dem Regierungspräsidenten in Detmold und der Landesregierung in Düsseldorf zwischen November 1950 und dem Vereidigungstermin am 17.12.1951 anfänglich unter massivem Druck der Landesregierung stehen, entwickelt Drake einen Verhandlungsstil, der den grundlegenden Gewissensbedenken der lippischen Lehrer durchaus Rechnung trägt. Dies wird besonders an seiner sensiblen Haltung am 23.11.1950 deutlich.

An diesem Tage sind die Beamten der Bezirksregierung Detmold zu vereidigen. Dabei verweigert Schulrat Plaß aus Schötmar den Eid. Drake fängt das in seinem Bericht an den Innenminister wie folgt auf:

> Da es sich um einen mir bekannten Herrn handelt, der streng kirchlich gesinnt ist, und da von ihm Angriffe auf die Verfassung p.p. nicht zu erwarten sind, habe ich davon abgesehen, ihn im Augenblick zu vereidigen und den Vorgang kurz vermerkt.
>
> Ich bitte um Weisung, wie in diesem Fall und etwa noch vorkommenden ähnlichen verfahren werden soll.

Hier wird recht gut seine Argumentationslinie deutlich, nämlich religiöse Bedenken durchaus ernst zu nehmen. Sein Vorgehen ist wohlüberlegt: Das Aussetzen der Vereidigung schadet niemandem, die Bitte um Weisung gibt Zeit für neue Überlegungen auf allen Seiten. Der fast nebensächliche Hinweis auf noch zu erwartende ähnliche Fälle signalisiert, daß es sich hier möglicherweise um den Anfang einer Entwicklung handeln könnte, also nicht nur der Einzelfall gesehen werden darf.

Diese Einschätzung wird bestätigt durch seinen Brief an Pastor Schnittger vom selben Tage:

> Ich habe Gelegenheit genommen, die Beamten auf Bedenken ausdrücklich hinzuweisen, die mir sowohl von Ihrer wie von anderer Seite mündlich oder schriftlich zum Ausdruck gebracht worden sind. Dabei habe ich ferner zu erkennen gegeben, daß ich auf solche Bedenken Rücksicht nehme und nichts Weiteres veranlassen würde als die Weigerung zu Protokoll genommen und mit Gründen versehen dem Herrn Minister eingereicht wird, damit weitere Entscheidung vom Ministerium getroffen werden kann.

Ähnlich klingt sein Schreiben an den Vorsitzenden der GEW, Rektor Hagemann:

> Ich darf annehmen, daß durch dieses Verfahren ein unzulässiger Zwang nicht ausgeübt worden ist.

Dagegen ist die Position des Innenminister Flecken viel grundsätzlicher, formaljuristisch, als er auf den oben zitierten Bericht vom 23.11. eingeht:

> Die nach Ihrem Bericht von einigen Beamten geltend gemachten Gewissensbedenken vermag ich zu meinem Bedauern nicht anzuerkennen.

Und noch schärfer:

> [...] bin ich der Auffassung, daß, wenn für die in Frage kommenden Beamten die religiösen Bedenken einen solchen Grad haben, daß sie unter allen Umständen den Eid verweigern zu müssen glauben, sie dann auch ihrer religiösen Anschauung konsequent folgen sollten, indem sie auf die Betätigung für den Staat als Beamte verzichten. [...]

Diese Position klingt abschließend und ausschließend: Wer sich nicht dem staatlichen Anspruch beugt, wird entlassen.

Im Interesse seiner lippischen Lehrer und der Konfliktlösung reagierte Drake darauf nicht inhaltlich, sondern formal, indem er im April 1951

Regierungsdirektor Sünkel (als Leiter der Schulabteilung) an den Innenminister und den Kultusminister berichten läßt:

> Mein Bericht vom 21.12.1950 ist bis heute noch unbeantwortet geblieben. Im Hinblick auf die grundsätzliche und politische Bedeutung der noch offenstehenden Frage der Vereidigung der lippischen Lehrer vor oder nach der Abstimmung (gemeint: über die NRW-Verfassung) bitte ich um Entscheidung

Schließlich hatte der Innenminister in seinem letzten Erlaß nur allgemeine Feststellungen getroffen, aber keine bindende Weisung erteilt, wie nun zu verfahren sei.

Mit der gleichzeitigen Einbeziehung des Kultusministers erreichte Drake, daß dieser sich gleichermaßen fragend an den Innenminister wandte, offensichtlich mit dem Ergebnis, daß Ministerpräsident Arnold sich wegen der grundsätzlichen Bedeutung einschaltete.

Am 19.6.1951 kam es zu einem Gespräch zwischen den Beteiligten in Düsseldorf.

Zwar wird hier die Grundsatzposition – bei Eidesverweigerung Enlassung aus dem Dienst – bestätigt, gibt aber Drake die Möglichkeit, den Ministerpräsidenten persönlich in die Auseinandersetzungen einzubeziehen. Er schlägt ihm nach diesem Gespräch vor zu prüfen,

> ob es nicht ratsam [ist], die Vereidigung der Lehrer bis dahin auszusetzen, wo Klarheit über die Gestaltung der Schulverhältnisse in Lippe und über die Beibehaltung der Gemeinschaftsschule auf christlicher Grundlage gegeben sein wird.

Man bemerkt die Variation des Themas: Nicht mehr die Form der Vereidigung steht im Vordergrund, sondern der günstigste Zeitpunkt, also die politische Opportunität.

Das schafft Zeit. Erst am 21.11.1951 reagiert der Innenminister:

> Die verfassungsmäßigen Belange des Landes lassen eine weitere Hinauszögerung der Eidesleistung durch die lippischen Lehrer als nicht mehr vertretbar erscheinen. Sie werden deshalb hiermit gebeten, nunmehr die Leistung des verfassungsmäßigen Eides [...] zu veranlassen.

Und nun erfolgt ein Angebot, wie sich vielleicht zwischen dem Anspruch des Staates und den Gewissensnöten der Betroffenen ein tragfähiger Kompromiß finden läßt:

> Ich verweise insbesondere auf die im letztgenannten Erlaß gegebene Empfehlung, bei der Aufforderung zur Eidesleistung den Verpflichteten dahingehend zu belehren, daß Sinn und Zweck der Eidesleistung die Bejahung und Verteidigung der Grundsätze des republikanisch-demokratischen und sozialen Rechtsstaates ist.

Die Brücke, die hier angeboten wird, soll offensichtlich darin bestehen, daß der konkrete Konflikt um die lippische Schulform nicht mehr benannt wird, sondern vielmehr die grundsätzliche Bedeutung des Eides in einer Form charakterisiert wird, der eigentlich keiner widersprechen kann.

Drake aber weiß aus den Diskussionen in Detmold, die immer schärfer geworden sind, daß dies keine Brücke sein kann. Er versucht, den Vereidigungstermin zu verschieben, um in Lippe weitere Verhandlungen führen zu können, erhält auch eine Fristverlängerung, muß aber schließlich auf den 17.12.1951 terminieren. Die Telefondrähte zwischen Detmold und Düsseldorf beginnen zu glühen, da Drake informiert ist, daß die zur Vereidigung geladenen Schulleiter geschlossen eine Zusatzerklärung vorbereitet haben, die geradezu als Glaubensbekenntnis eingeordnet werden muß.

Drei Tage vor dem Termin erhält der Regierungspräsident ein Fernschreiben des Innenministers, das Drake endlich Handlungsspielraum in seinem Sinne gibt. Jetzt kann es der Minister akzeptieren, wenn "im Anschluß an den Amtseid [...] irgendwelche Erklärungen" abgegeben werden, "die die eidliche Verpflichtung in ihrem Gehalt" nicht einschränken.

Dabei macht der Innenminister gleichzeitig einen Formulierungsvorschlag, bei dem er keine Bedenken hätte:

> Ich bin der Ansicht, daß ich durch die Verpflichtung, Verfassung und Gesetzte zu verteidigen, nicht daran gehindert bin, meine Ansichten über die Unrichtigkeit oder Unzweckmäßigkeit einzelner Verfassungsbestimmungen zu äußern und auf dem vorgeschriebenen demokratischen Wege auf eine Änderung dieser Verfassungsbestimmungen hinzuwirken, und ich bin weiter insbesondere der Ansicht, daß Artikel 12 und Artikel 15 Absatz 2 geändert werden müssen.[3]

Mit diesem Vorschlag gewann der Detmolder Regierungspräsident neuen Spielraum, den er auch auf seine Weise konsequent nutze.

Pflichtgemäß informierte er die Schulleiter vor der Vereidigung, nahm aber auch bei 118 Geladenen von 106 die davon abweichende Zusatzerklärung an:

> [...] leiste ich den vorgeschriebenen Diensteid, bringe jedoch zum Ausdruck, daß ich in Bezug auf Artikel 12, Artikel 15 Abs. 2 und Artikel 80 (Eidesformel) der Verfassung des Landes NRW Gewissensbedenken habe.

In seinem Bericht an den Innenminister am Folgetage setzte Drake aber gleich nach:

> Ich bin der Auffassung, daß durch diese Erklärung die Rechtsgültigkeit des Eides nicht beeinträchtigt ist, weil sie über den Inhalt der festgelegten Eidesformel und deren Interpretation durch das Kabinett vom 16.10.1950 nicht hinausgeht.

Diese selbstsichere und mutige Interpretation Drakes wird am 11. Januar 1951 tatsächlich vom Innenminister bestätigt.

Am 27.3.1952 hatten – bis auf die oben genannten Ausnahmen – alle lippischen Lehrer ihren Eid abgelegt, weil die vermittelnde Rolle des Regierungspräsidenten von allen Betroffenen als einzig verbliebene Chance zur friedlichen Lösung ihres inneren und äußeren Konflikts angesehen werden konnte.

Zum Schluß eine abschließende persönliche Einschätzung: Wenn auch in der konkreten Auseinandersetzung der 50er Jahre die lippischen Lehrer ihre begründeten Vorstellungen *nicht* durchsetzen konnten, – dagegen standen die Interessen des Landes Nordrhein-Westfalen, damals repräsentiert durch eine CDU-geführte Landesregierung – so mag es doch eine späte Genugtuung für die lippischen Befürworter der Gemeinschaftsschule gewesen sein, daß exakt in diesem Punkt die Landesverfassung unter der Regierung Kühn (SPD) im Jahre 1967 geändert wurde, weil ein allgemeiner Wertewandel in der Bevölkerung stattgefunden hatte.

Dies zur schulpolitischen Perspektive dieser Auseinandersetzungen.

Im Nachvollzug der verschiedenen Akten muß man – als nicht von den seinerzeitigen Ereignissen Betroffener – den damaligen Opponenten große Anerkennung entgegenbringen:

Hier sind Grundsätze von den Betroffenen formuliert worden, die von einem hohen Berufsethos und erheblicher Zivilcourage zeugen.

Hier begann der Weg zu demokratischen Ufern, die Auseinandersetzung um des besseren Zieles, nicht des eigenen Vorteils willen.

Entwicklung NRW

Juli 1945	Kardinal Frings: Gestaltung der Schule von primärem Interesse
31.8.1945	Erlaß des Oberpräsidenten der Nordrhein-Provinz, Hans Fuchs: "Mehr denn je tut zielklare Erziehung not." – folgt im Tenor der bischöflichen Aussage.
2.6.1947	Menzel übernimmt mit geringfügigen Änderungen die Schulartikel 143-149 der sozialreformerischen Weimarer Verfassung in seinen Entwurf. Daraus ergibt sich konsequent die Gemeinschaftsschule als Regelschule. Bekenntnisschulen und Weltanschauungsschulen sollen von den Eltern lediglich beantragt werden können. Die Kirchen waren für Menzel und seine Partei (SPD) nicht einmal berechtigt, die Berufung der Religionslehrer (Vokationsrecht) und die Erteilung des Religionsunterrichts (Visitationsrecht) von ihrer Zustimmung abhängig zu machen.
17.6.1947	Erstes Kabinett Arnold (CDU), Regierung: CDU / SPD / Zentrum / KPD, Opposition: FDP. Arnold nimmt Interventionen der kath. Kirche auf und beteiligt sich an einem Gegenentwurf zu seinem Innenminister, ebenso das Kultusministerium.
22.9.1947	Verfassungsentwurf FDP und KPD haben Sympathie für Menzels Entwurf; kath. Kirche organisiert ihren Widerstand.
15.11.1947	Erneuter Vorschlag Menzels an den Landtag: a) christliche Gemeinschaftsschule b) Elternrecht: Wahl zwischen Bekenntnis- und Gemeinschaftsschule
Februar 1948	Ausscheiden der KPD aus dem Kabinett Arnold.
Sommer 1948	Pause bei den Beratungen der Landesverfassung zugunsten der Arbeiten am Bonner Grundgesetz.

15.5.1949	Neue Initiative Menzels – Ergebnis: totale Konterkarierung durch Arnold.
29.11.1949	13 Stunden Erörterung im Kabinett: Schulartikel bleiben strittig.
14.12.1949	Beginn der parlamentarischen Beratungen; Dritte Lesung Verfassungsentwurf: CDU und Zentrum setzen ihre Vorstellungen in den Schulartikeln durch; dagegen: SPD / FDP / KPD.
6.6.1950	Verabschiedung der Verfassung mit 110 gegen 97 Stimmen.
18.6.1950	Landtagsneuwahl In Verbindung mit der Landtagswahl wird die Verfassung mit einem Volksentscheid verknüpft und mit deutlicher Mehrheit (außer Lippe) angenommen.
16.7.1950	Verfassung tritt in Kraft.
1950-1966	SPD in Opposition; Wertewandel kommt der SPD entgegen: Trendwende zur Gemeinschaftsschule.
13.12.1966	Regierungserklärung vom Ministerpräsident Kühn (SPD) strebt Verfassungsänderung bezogen auf Schule an; zur Verfassungsänderung allerdings noch mindestens 20 Stimmen der CDU erforderlich. Geht eigentlich nicht um die Grundschulen als Bekenntnisschulen oder Gemeinschaftsschulen, sondern um die Form der Hauptschulen.
19.6.1967	Gemeinsamer Entwurf von SPD / FDP / CDU für die Änderung des Artikels 12 der Landesverfassung; setzt sich auch durch. Bekenntnisschule verliert damit ihre Vorrangstellung; Folge: Entkonfessionalisierung des Schulwesens und der Lehrerausbildung.

Anmerkungen

1. Hermann Lambracht: Nachträgliche Bemerkungen zum "Lippischen Schulkampf". In: Lippische Mitteilungen 40 (1971), S. 176-191.
   Erich Kittel: Geschichte des Landes Lippe. Köln 1957, S. 292-294.
   Martin Wolf: Geschichte der lippischen Volksschule. Lemgo 1964, S. 230-262.

Volker Wehrmann: Zusammenbruch und Wiederaufbau. Lippe zwischen 1945 und 1949. Eine Dokumentation. Detmold 1987, S. 259 ff.

2. StA Dt L 80 III Nr. 4374;
alle weiteren wörtlichen Zitate aus unverzeichneten Archivalien der Lippischen Landeskirche bzw. dem Staatsarchiv Detmold (D 1 Nr. 2043).

3. Artikel 12
    1. Die Volksschulen sind Bekenntnisschulen, Gemeinschaftsschulen oder Weltanschauungsschulen.
    2. In Bekenntnisschulen werden Kinder des katholischen oder Kinder des evangelischen Glaubens im Geiste ihres Bekenntnisses erzogen und unterrichtet.
    In Weltanschauungsschulen [...]

    Artikel 15
    2. Die Ausbildung (der Lehrenden aller Schulen) hat dem Charakter, der Eigenart und den Bedürfnissen der verschiedenen Schularten und Schulformen zu entsprechen. Die Ausbildung der Lehrkräfte für die Volksschulen erfolgt in der Regel auf bekenntnismäßiger Grundlage. (verabschiedet 31.5.1950).

Imke Tappe

Kindheit und Jugend in der Nachkriegszeit

Die großen Ereignisse in der Geschichte sind bei näherer Betrachtung immer durch individuelles Erleben, durch Betroffensein und Getroffensein gekennzeichnet. So werden bei der Thematik des Kinder- und Jugendlebens Erinnerungen an die eigene Kindheit und Jugendzeit wach. Wesentlich ist hierbei die Tatsache, daß jeder Mensch eigene, ganz persönliche Erinnerungen an seine Kinder- und Jugendzeit hat, die sich wiederum deutlich von anderen, in unmittelbarer Nähe aufgewachsenen Kindern und Jugendlichen unterscheiden können. Diese Verschiedenartigkeit des Gleichzeitigen ist ein wesentliches Element beim Umgang mit empirischen Fragestellungen.

Bereits seit Jahren bemühen sich Volkskundler, Medizingeschichtler und Erziehungswissenschaftler um die Geschichte der Kindheit und um ihre Kultur. Das Jugendalter ist dagegen bisher von der Forschung so gut wie unberücksichtigt geblieben. Beide eng miteinander verbundene, aber in ihren sozialen Strukturen grundverschiedene Lebensphasen – Kindheit und Jugend – sollen im folgenden in den Mittelpunkt gestellt werden. Als zeitgeschichtliche und lokale Begrenzung wird, entsprechend dem Projekt, 'Detmold nach 45' gewählt.

Wie lassen sich die Lebensabschnitte 'Kindheit' und 'Jugend' definieren? Wir assoziieren damit: Spiele, lustige und boshafte Streiche, Gehorsam, Schule, Ausbildung, die ersten Berufsjahre, Freundschaften, Liebe und vieles andere mehr. Kindheit und Jugend – das bedeutet gleichzeitig aber auch nostalgische Verklärung: "Das war die schönste Zeit meines Lebens", lautet oftmals die spontane, rückschauende Erinnerung, insbesondere die Erinnerung an die Kindheit.[1] Erst im Nachsatz wird die idyllische Vorstellung von der 'goldenen Kindheit' abgeschwächt durch die Einschränkung "obwohl wir viel mithelfen mußten" oder "eigentlich sind wir ja um die schönste Zeit betrogen worden". Diese 'obwohl'- und 'aber'-Formeln zeigen, daß die beiden Lebensabschnitte während der Zeit nach dem Zweiten Weltkrieg für die in Detmold lebenden Kinder und Jugendlichen nicht nur fröhlich und unbeschwert, sondern auch durch Arbeit und Entbehrungen geprägt waren.

Unter 'Kindheit' wird im folgenden die Zeit von der Geburt bis zum 14. Lebensjahr verstanden. Für viele Kinder war die Schulentlassung, die häufig zeitgleich mit der Konfirmation stattfand, ein entscheidender Einschnitt in ihrem Leben.[2] Die 'Jugend', deren altersmäßige Bestimmung meist unterschiedlich und ungenau ist, umfaßt hier die sich an die Kindheit anschließende Phase und endet mit dem 21. Lebensjahr, d.h. mit der während des Untersuchungszeitraums erreichten Rechtsstellung der Volljährigkeit.[3] Allen Kindheiten und dem Jugendabschnitt ist der biologische Reifungsprozeß gemeinsam, unterschiedlich ist dagegen grundsätzlich der soziale Aspekt, der vornehmlich von gesellschaftlichen und wirtschaftlichen Gegebenheiten im Elternhaus abhängt. Dies trifft selbstverständlich auch auf die Nachkriegszeit zu.

Daß Kindsein und Jugendleben sich in Detmold gravierend verändert haben, zeigen historische Fotografien aus der Zeit nach dem Zweiten Weltkrieg. Weitere wesentliche Hinweise auf diesen Zeitabschnitt sind durch Interviews möglich gewesen; Zeitungsmeldungen ergänzen das Bild von Kindheit und Jugend in Detmold während der Zeit nach 1945. Ein literarischer Zugriff auf diese Thematik ist bisher so gut wie unmöglich.

Sowohl die Interviews als auch die Fotointerviews machten immer wieder die Schwierigkeit deutlich, die damalige (persönliche) Stimmungslage erfassen und aus heutiger Sicht für allgemeingültig erklären zu können. Bei näherer Betrachtung dieser Oberflächenphänomene erwiesen sie sich als vielschichtige Stränge eines bunten, miteinander verflochtenen sozialen Beziehungssystems, das sich erst durch die Einordnung in seinen gesamthistorischen Kontext erhellen läßt.

Wie sahen also Kindheit und Jugendphase in der Detmolder Nachkriegszeit aus? Welche charakteristischen Äußerungen und Elemente waren Zeichen der Kinder- und Jugendkultur? Wie waren die Kinder gekleidet? Was spielten sie? Welche Rolle kam ihnen in der Familie zu? Wie verlief ihr Alltag? Welche Feste feierten sie und wie wurden diese begangen? Bereits zu Beginn meiner Nachforschungen war ich mir bewußt, daß in dem hier gegebenen Rahmen diese und ähnliche Fragestellungen kaum repräsentativ beantwortet werden konnten. Immer wieder steht die empirische Volkskunde vor dem Dilemma, nicht so umfassende Mikroanalysen leisten zu können, wie es eigentlich notwendig wäre, um allgemeingültige Aussagen treffen zu können. Ein solches Projekt wäre – auch bei intensivem Arbeitseinsatz – mehrjährig zu planen und damit kaum finanzierbar. Realisierbar dagegen war das Aufzeigen von Tendenzen, in welcher Weise sich das Leben von Kindern und Jugendlichen verändert hatte und wo es den herkömmlichen Traditionen verhaftet geblieben war.

Insbesondere die älteren Generationen teilen ihr Leben unwillkürlich in die Vorkriegszeit und in die Zeit während des Zweiten Weltkrieges ein. Mit der Epoche der Nachkriegszeit galt es, den Krieg ideell wie materiell zu überwinden. Der folgende Ausschnitt aus der Autobiographie von Angelika Mechtel, deren Inhalt sich auch auf das kleinstädtisch und ländlich geprägte Detmold transponieren läßt, macht diese Erscheinung deutlich:

> Ein neues Zeitalter habe begonnen, sagte Papa. Mit ihren Händen, sagten sie, bauten sie alles wieder auf. Zuerst kamen die Trümmerfrauen, an die ich mich nicht erinnere, dann die Baufirmen im Wohnungsbauprogramm. Völlerei nannte Sebastian den Aufschwung [...] Diese Zukunft ist für dich, sagte Papa.[4]

Was von diesem neuen Zeitalter hat nun für die Detmolder Kinder und Jugendlichen Bedeutung gehabt? Auch an der lippischen Residenzstadt war der Zweite Weltkrieg nicht spurlos vorüber gegangen. Das belegt das äußere Bild der Stadt, das durch Bomben- und Granateneinschläge "arg verunziert" wurde, wie es in der Neuen Westfälischen Zeitung vom 29.6.1945 heißt. Zu diesem Zeitpunkt waren die Aufräumungsarbeiten bereits zum großen Teil abgeschlossen. Das Leben in der kleinen ehemaligen Residenz ging weiter: Geschäfte, die während des Krieges geschlossen hatten, waren wieder geöffnet; kaufen allerdings konnte man so gut wie überhaupt nichts.

Ein wesentlicher sozialer Ort war für die Kinder und Jugendlichen die Familie, die häufig lediglich aus der Mutter, den jüngeren Söhnen und den Töchtern bestand. Viele Familienväter und die älteren Söhne waren z.T. gefallen, verschollen oder noch in Kriegsgefangenschaft. Nach Kriegsende, im Mai 1945, mußten sich die in Detmold lebenden 'Rest'-Familien mit der amerikanischen Besatzungsmacht arrangieren. Charakteristisch für jene Zeit war die Akzeptanz des Zeitgeschehens. Zum Nachdenken, Hinterfragen und Diskutieren blieb keine Zeit. Auch auf die Detmolder Kinder drangen Neues und Unbekanntes ein. Ein erster Schreck entstand für sie – so die Hinweise mehrerer befragter Gewährspersonen – durch das bloße Auftauchen der 'schwarzen' Amerikaner der Besatzungsmacht für die Detmolder Kinder, ein für uns in der Gegenwart kaum noch nachvollziehbarer Grund zur Furcht, zu jener beinahe reise- und gänzlich fernsehlosen Zeit im ländlich geprägten Lippe-Detmold aber etwas nie Dagewesenes. Den Befragten war in lebhafter Erinnerung, wie die Amerikaner in ihrem Elternhaus erschienen und Hausdurchsuchungen nach aus der NS-Zeit übriggebliebenen, verbotenen Gegenständen oder nach Radios und Fotoapparaten unternahmen.

> Meine Mutter hatte unser Radio in so einer riesengroßen Möbelkiste versteckt und ganz mit Büchern zugepackt. Die [Amerikaner] hatten dann auch nur die oberste Schicht Bücher herausgenommen, ob da Hitlerbücher und ähnliche drin waren. Somit war unser Radio gerettet. Und unser'n Fotoapparat, auf den sie auch heute noch stolz ist, den hatte sie in der Sofaekke versteckt.[5]

Oftmals hatten die Kinder und Jugendlichen beobachtet oder mitgeholfen, NS-Gut wie 'Mein Kampf', Orden und Ehrenabzeichen sowie Kriegsgerät zu vernichten oder 'verschwinden' zu lassen. So erinnerte sich eine der befragten Gewährspersonen, daß ihre Mutter die Waffen und Orden des in Gefangenschaft lebenden Vaters in den großen, in der Nähe ihrer Wohnung gelegenen Bombentrichter Ecke Georgstraße / Klüterstraße geworfen hatte. "Eines Tages, da war sie [die Mutter] ständig [in der Wohnung] am Hin- und Herlaufen, weil alles weg mußte".[6]

Während auf der einen Seite Freude über das Kriegsende herrschte, fürchtete man auf der anderen Seite die soziale, private und gesellschaftspolitische Ungewißheit. Man wußte die Vorgehensweise der ehemaligen Feinde und jetzigen Sieger nicht einzuschätzen; man mußte lernen umzudenken und die alten, bis Kriegsende gültigen Werte und Normen ablegen. Hierdurch verstärkte sich das Bedürfnis nach Sicherheit und Geborgenheit, das man in der Familie zu realisieren suchte. Insbesondere in den direkten Nachkriegsjahren stand dieser familiären Innerlichkeit jedoch häufig die Lebenswirklichkeit von Kindern und Jugendlichen diametral gegenüber. Viele Jungen und Mädchen waren aufgrund der allgemein schwierigen Situation und der Orientierungslosigkeit sich selbst überlassen. Verstärkt betraf dies die jüngeren Söhne und Töchter von alleinerziehenden Frauen.

Eine 1942 geborene und in Remmighausen aufgewachsene Gewährsfrau erinnerte sich, daß ihre Mutter (der Vater war auf dem Rückmarsch aus Italien erschossen worden) nach Kriegsende der Tante den Haushalt geführt hatte, um sich und ihre beiden Kinder ernähren zu können. Die Tante selbst besaß ein Lebensmittelgeschäft in Detmold in der Marienstraße. Da ein tägliches Hin und Her vom Arbeitsplatz nach Hause für Mutter, Sohn und Tochter unter den damaligen Verkehrsverhältnissen unmöglich war, lebten Mutter, Tochter und Sohn während der Woche getrennt: Während das Mädchen werktags in Detmold bei der Tante wohnte, blieb der Bruder in Remmighausen in der Obhut der Großmutter; die

Mutter kehrte jeden Abend sowie am Wochenende nach Hause zurück. Um die Tochter tagsüber unter Aufsicht zu wissen und um sich selbst – notgedrungen – zu entlasten, versuchte die Mutter, für ihre Tochter einen Kindergartenplatz in der Nachbarschaft – in der Diakonie – zu erhalten. Dies wurde jedoch mit der Begründung abgelehnt, daß lediglich Stadtkinder und nicht auf dem Land aufwachsende Kinder ein Anrecht auf einen Kindergartenplatz hätten. Daß die Tochter unter den gegebenen Verhältnissen eigentlich ein Stadtkind war, blieb ebenso unberücksichtigt wie die Tatsache, daß die Mutter als Kriegerwitwe gezwungen war, allein für den Familienunterhalt zu sorgen. Für eine altersgemäße Erziehung ihrer Kinder blieb vielen Müttern kaum die Zeit, da die Hauptanstrengungen auf die Sorge für den Lebensunterhalt ausgerichtet werden mußten.

Einige Frauen, insbesondere solche, deren Ehemänner gefallen waren, wohnten, um ihre Rentenansprüche nicht zu gefährden, mit ihren neuen Lebensgefährten ohne Trauschein zusammen, eine für damalige Verhältnisse ungesetzliche Verbindung (Kuppeleiparagraph). Für die Kinder und Jugendlichen, die in diesen sogenannten 'Onkelehen' aufwuchsen, konnte dies sowohl positiv – im Sinne einer männlichen Bezugsperson – als auch problematisch – im Sinne einer seelischen Störung – sein.

Die älteren Mädchen und Jungen machten sich nach Kriegsende ihre eigenen Gedanken darüber, wie ihr Leben weitergehen sollte.

> Als die Amerikaner nun einrückten, da hatte ich die Befürchtung, weil ich zu der Zeit aus dem Kriegseinsatz zurückgekommen und ohne Arbeit war, daß man mit uns genauso umgehen würde, wie wir [Deutsche] es mit den Polinnen und Ukrainerinnen gemacht hatten. Da hab' ich gedacht, wenn die dich jetzt zum Trümmerräumen holen [...]; da wollte ich lieber zu Bekannten auf den Bauernhof. Mein Vater hatte dann aber die Idee, daß ich als Schwesternschülerin ins Diakonissenhaus gehen sollte.[7]

Schule und Ausbildung

Eine schulische Weiterbildung, wie ursprünglich geplant, war in den ersten Nachkriegsmonaten nicht möglich. Auf Anordnung der Militärregierung wurde nach Kriegsende jedem Lehrer die Weiterführung des Schulunterrichtes untersagt. Bis auf weiteres blieben die Schulen geschlossen bzw. wurden für andere Zwecke genutzt.[8] Man strebte den Aufbau eines neuen Schulwesens an, der die "vergiftenden Einflüsse des Nationalsozialismus" ausmerzen und "die deutsche Jugend zu Wissen" und nicht zu Haß führen sollte. Kennzeichen des neuen Schulwesens sollte eine fröhliche Schularbeit sein, in der weder Lehrer noch Schüler ihre Worte auf die Goldwaage legen mußten.[9] Wesentliche Voraussetzungen waren hierfür die Erfassung von gebrauchsfähigen Gebäuden und von Schulinventar sowie die Entnazifizierung der Lehrer und Lehrerinnen.

Darüber hinaus mußten neue Schulbücher vorbereitet werden, da die zur Verfügung stehenden mit nationalsozialistischer Propaganda durchsetzt waren.

> Die Tornister oder Schultaschen waren damals sehr leicht, da es so gut wie keine Schulbücher gab; die alten Bücher durften wegen nationalsozialistischer und militaristischer Inhalte nicht mehr benutzt werden.[10]

Bis zur Wiedereröffnung der Schulen wurden die Schulkinder und die Schuljugend bei Kartoffelkäfer-Suchaktionen eingesetzt; die Lehrkräfte halfen vielfach im Aufbau der kommunalen Verwaltung mit.[11]

In der Neuen Westfälischen Zeitung vom 10.7.1945 heißt es, daß die Schulkinder auf der Straße lägen und spielten. An eine geregelte Aufsicht und Erziehung der Jungen und Mädchen war demnach – und dies belegen auch die Aussagen der Gewährspersonen – nicht zu denken. Erst Ende August setzte der Schulunterricht für ausgewählte Jahrgänge – vorerst nur für die unteren vier Schuljahre – in Lippe wieder ein. Unter anderem wurden in Detmold und im nahegelegenen Spork-Eichholz diese Klassen wieder in Betrieb genommen. Während der Eröffnungsfeierlichkeiten sprach man auch von einer Umstellung in den "Hirnen und Herzen" der Kinder.

In den ersten Nachkriegsmonaten erlaubte die Militärregierung lediglich Unterricht in den Fächern Rechnen, Lesen, Schreiben und Religion.[12] Hierfür fehlten jedoch die primitivsten Voraussetzungen, da es weder Schreibzubehör noch Bücher und Hefte gab. Im Herbst desselben Jahres wurden weitere Grundschulen eröffnet sowie die Wiederaufnahme des Schulunterrichtes in den oberen Klassen vorbereitet. Für Junglehrerinnen wurden aufgrund des akuten Lehrermangels spezielle Kurse angeboten. Durch den Zuzug von Flüchtlingskindern und -jugendlichen waren die Schülerzahlen sprunghaft angestiegen, so daß der Lehrermangel sich doppelt stark auswirkte. Die ersten neuen Schulbücher erschienen 1946. Hierzu gehörten das Lesebuch "Jugendborn" sowie das Liederbuch "Liederborn". Dennoch fand der Schulunterricht auch weiterhin unter erschwerten Bedingungen statt; Nahrungs- und Bekleidungsmangel der

Schüler und Lehrer, fehlende Unterrichtsräume sowie Brennstoffmangel lähmten den Unterricht.

Eine Vielzahl von Kindern und Jugendlichen empfand den Unterrichtsausfall keineswegs als störend; sie nutzte ihn und die Orientierungslosigkeit der Erwachsenen vielmehr für die Verwirklichung ihrer eigenen (Freizeit-)Interessen, wobei zwischen denen von Kindern und Jugendlichen zu unterscheiden ist.

Im Gegensatz dazu standen andere Kinder und Jugendliche, vor allem die 15- und 16jährigen Jungen, die während des Krieges als Luftwaffenhelfer eingezogen worden waren. Sie empfanden trotz aller Entbehrungen und Widrigkeiten des täglichen Lebens einen ungeheuren Wissensdurst. Man erfreute sich

> der geistigen Freiheit, die wir bis 1945 nur sehr eingeschränkt kennengelernt hatten, und waren dankbar für jegliche Auseinandersetzung mit geistigen Problemen. Während meiner Akademiezeit in Detmold [August 1947 bis Herbst 1949] wurde vom Landestheater "Die Dreigroschenoper" von Bertolt Brecht aufgeführt. Nach der Aufführung kam es zu heftigen privaten und öffentlichen Diskussionen in der Pädagogischen Akademie über die aufgeworfenen Fragen und Probleme der Vorstellung.[13]

Sicherlich war diese oder jene Einstellung bildungs- und schichtenabhängig.

Feste und Feiern

Trotz der schwierigen Lebenssituation in der Nachkriegszeit nahm das Bedürfnis nach Festen und Feiern stark zu. Das Defizit an Vergnügungen während der Kriegsjahre mußte offensichtlich ausgeglichen werden. Zu allen Zeiten bildeten Feste und besondere Ereignisse für Kinder und Jugendliche gleichermaßen einen Gegenpol zum alltäglichen Lebensrhythmus mit all seinen Pflichten und Aufgaben.[14] Wie selbstverständlich nahmen und nehmen Kinder und Jugendlichen an vielen Festen der Erwachsenen teil. Darüber hinaus wurden – abhängig von den sozialen und privaten wirtschaftlichen Verhältnissen – einige charakteristische Kinderfeste weiterhin gefeiert. In besonderer Erinnerung sind Geburtstage [15] und Weihnachten [16] geblieben. Ostern dagegen hatte für die Jungen und Mädchen vermutlich keine so herausragende Bedeutung.

"Kindergeburtstage, in dem Sinn, wie man sie heute feiert, gab es in der Nachkriegszeit noch nicht [...] So große Kindergeburtstage mit so vielen

Kindern wie heute, das kannten wir nicht".[17] Dies war aber nicht durch die Nachkriegszeit begründet, sondern vielmehr durch die Entwicklung des Kindergeburtstages selbst. Eingeladen wurden Freunde bzw. Freundinnen aus der Nachbarschaft. Nicht immer kam es zu einer Verbindung zwischen Einheimischen und Flüchtlingskindern; manche Eltern lehnten solche Verbindungen ab, was jedoch nicht die Regel war. "Sobald wir wieder konnten, feierten wir riesig: Fünf oder sechs Freundinnen waren dann immer da".[18]

In der unmittelbaren Nachkriegszeit – etwa bis zur Währungsreform – gab es zu solchen und ähnlichen Festlichkeiten häufig Maiskuchen zu essen; getrunken wurde entweder selbstgebrannter Gerstenkaffee oder mit Wasser verdünnter, selbstgemachter Sirupsaft. Alltags dagegen gab es gegen den Durst in vielen Familien einfaches Wasser zu trinken. "Unsere Hauswirtin, die hatte uns zu Geburtstagen immer Kuchen spendiert, die hatte ja so 'n bißchen mehr", d.h. die Hauswirtsfamilie, die keine eigenen Kinder hatte und kinderlieb war, stand sich finanziell und wirtschaftlich besser, "die besaß Ziegen und Schweine".[19] Als Geburtstagsgeschenke gab es von der Familie zumeist etwas Nützliches und/oder Selbstgemachtes. Dies konnten neue – aus altem, bereits verwendetem Garn – gestrickte Socken sein oder eine neue alte Schürze. Ganz neues Spielzeug gab es selten, und wenn, dann war es zumeist selbst hergestellt worden oder gebraucht gewesen.

Charakteristische Kindergeschenke waren, wie schon in der Vorkriegszeit üblich, z. B. Ausbesserungen am Spielzeug, das sich bereits in Besitz der Kinder befand: Der alte 'Bollerwagen' bekam eine neue Deichsel oder erhielt einen neuen Anstrich; die Puppe oder der Teddybär wurde neu eingekleidet. Einige Kinder und Jugendliche erhielten auch Bücher zum Geburtstag. Die eingeladenen Gäste brachten – wenn möglich – auch kleine Geschenke mit. Das konnten Feld- oder Gartenblumensträuße sein oder selbst gehäkelte Tafellappen; später, nach der Währungsreform, schenkte man z. B. Bleistifte oder Radiergummis. "Immer Sachen, die man brauchen konnte".[20] Neben dem Kaffee- oder Kakaotrinken war das Spielen ein wesentlicher Bestandteil des Kindergeburtstages. Hierzu gehörten Preisspiele wie Topfschlagen, 'Packen', Sackhüpfen oder Versteckspiele. Als Preise gab es Selbstgebasteltes, wie Papierspiele oder Faltbilder. Im Herbst konnte man Eicheln und Kastanien zum Basteln nutzen. Eine besondere Rolle bei Mädchengeburtstagen kam den Spielliedern zu.

Das wirtschaftliche und soziale Umfeld prägte in entscheidendem Maße die eigentliche Bereitschaft zur Ausgestaltung von Feierlichkeiten und Festen in den einzelnen Familien. Nicht nur beim Kindergeburtstag wird dies deutlich, sondern vor allem beim Weihnachtsfest, das "in seiner heute verbreiteten Form eine kulturelle Leistung des 19. Jahrhunderts ist mit seiner bürgerlichen Führungsschicht".[21] Das Weihnachtsfest ist zu einer Familienfeier für Kinder geworden, zu einem Bescher-Fest für Kinder. Die Bescherung fand – soweit ich bisher feststellen konnte – in der Detmolder Nachkriegszeit am Heiligen Abend statt. Wie in der Gegenwart war der weihnachtliche Kirchgang an die familiäre und persönliche Einstellung gebunden. Nach dem Kirchgang gab es in einer Reihe von Familien vor der Bescherung erst noch das Abendbrot. Die Art der Speisen war wiederum von den jeweiligen Verhältnissen abhängig. Eine Besonderheit in der Winter- und Weihnachtszeit waren Bratäpfel, in Detmold 'Puttäpfel' genannt.

"Das [Weihnachtsessen] ging bei mir aber schon gar nicht 'runter, weil ich viel zu aufgeregt war".[22] Für die meisten Familien war ein Weihnachtsfest ohne Tannenbaum undenkbar; oftmals "besorgten" die Eltern einen Baum. "Geschmückt wurde der Weihnachtsbaum vielfach mit silberfarbenem Lametta. Wir hatten auch silberfarbene Kerzenhalter und weiße Kerzen; wo die Kerzen her waren, weiß ich nicht".[23] Die Geschenke wurden uneingepackt unter den Weihnachtsbaum gelegt. Vor oder nach der Bescherung waren die Kinder häufig dazu angehalten worden, Gedichte aufzusagen, Weihnachtslieder zu singen und/oder zu spielen. Oftmals sang aber die Familie die Weihnachtslieder auch gemeinsam. Das während der NS-Zeit häufig gesungene Weihnachtslied "Hohe Nacht der klaren Sterne" war aus dem weihnachtlichen Liedrepertoire verbannt, da es als nationalsozialistisch besetzt galt. Darüber hinaus wurden zum Weihnachtsfest in einigen Familien auch Weihnachtslieder vom Plattenspieler oder aus dem Radio gehört; die Benutzung der auditiven Tonträger hatte Ende der 40er und Anfang der 50er Jahre deutlich zugenommen.

Um Geschenke kaufen zu können, nutzten einige ältere Jugendliche die Gelegenheit, Blut zu spenden, "und da hatte ich eine Wurst gekauft, die hab' ich meinem späteren Mann zu Weihnachten geschenkt".[24] Dieser sowie seine Eltern lebten als Flüchtlinge in Detmold; "die hatten echten Hunger, die war'n ganz, ganz schlecht dran".

Die Bedeutung des Osterfestes war in der Nachkriegszeit im Vergleich zum Weihnachtsfest gering. An Schokoladen- oder Zuckerostereier war in der unmittelbaren Nachkriegszeit kaum zu denken. Viele Eltern und Großeltern färbten für ihre Kinder und Enkelkinder Hühnereier; Zwiebelsaft erzielte eine gelblich-bräunliche Färbung, Rote-Bete-Saft eine rötliche.

Feste und besondere Ereignisse für Kinder und Jugendliche oder mit ihnen bezogen sich in der Regel auf den Jahreslauf und folgten den Jahreszeiten sowie deren landwirtschaftlicher Bedeutung. Einen Höhepunkt bildeten das Einernten und das Erntefest nach den anstrengenden Erntearbeiten, bei denen vor allem in der Zeit nach dem Zweiten Weltkrieg Kinder und Jugendliche mithelfen mußten.

Besonderer Beliebtheit bei den Jugendlichen und jungen Erwachsenen erfreuten sich die Tanzfeste im öffentlichen und privaten Bereich. So fanden bereits vor der Währungsreform in der Pädagogischen Akademie Tanzveranstaltungen statt. Zu dieser Zeit war es üblich, eigene Getränke mitzubringen: selbstgebrannten Rübenschnaps, oder "bei guten Beziehungen leistete man sich englischen Gin oder Whisky. Für die Musik sorgten Kommilitonen".[25] Eine weitere Gelegenheit für die 'Vergnügungssucht' der jungen Leute boten die an der Detmolder Akademie abgehaltenen abendlichen Volkstanzkurse. Im Anschluß daran erhielten die Studentinnen und Studenten oftmals die Erlaubnis, die Zusammenkunft zu verlängern; hier wurde dann zu moderner Musik, die zumeist von den Kommilitonen bereitgestellt wurde, getanzt. Modetänze waren z.B. Swing oder Foxtrott; ausgesprochen beliebt und populär waren u.a. englischsprachige Lieder wie 'Tiger-rag' oder 'In the mood'.[26]

Ein weiterer Festort waren Hotels oder Gasthäuser wie der Berkenhof in Pivitsheide, die Sternschanze in Hiddesen oder das Hotel Vialon in Horn. Neben den öffentlichen und institutionalisierten Festen und besonderen Ereignissen feierten die Jugendlichen auch privat. Ausgestaltung und Ablauf der Parties hingen vom Budget und von den wirtschaftlichen Möglichkeiten der Eltern ab. So konnte die Tochter einer Detmolder Familie aus der Praxis eines verwandten Tierarztes reinen Alkohol besorgen. Hieraus und aus weiteren Zutaten wurden dann Liköre hergestellt. Andere brachten Rübenschnaps mit, ein zur damaligen Zeit beliebtes alkoholisches Getränk. "Das waren dann die ersten Alkoholerfahrungen" im Alter von etwa 20 Jahren[27], für heutige Jugendliche kaum nachvollziehbar. Angesehen waren diejenigen Mädchen und Jungen, die ihre Beziehungen spielen ließen, um zu solchen Anlässen Zigaretten mitzubringen. Nicht allen Jugendlichen erlaubten die Eltern, an Parties bei Freunden teilzunehmen; auch der Besuch von öffentlichen Festivitäten war nicht allen Jungen und Mädchen erlaubt. Fotografische Abildungen von Feierlichkeiten in den ersten Nachriegsjahren, an denen Jugendliche teilnahmen, sind selten.

Mitarbeit und Mithilfe

Aus heutiger Sicht hört man oft die Einstellung: "Wir konnten uns damals wenigstens noch über Kleinigkeiten freuen, aber heute..." Diese romantisch verklärende Perspektive auf die Vergangenheit trübt jedoch den Blick. Gemessen am gegenwärtigen Lebensstandard war die Lebenswirklichkeit vieler Kinder und Jugendlicher eher karg.

Durch Mithilfe in der Landwirtschaft konnten sich manche Kinder und Jugendliche nach Kriegsende ein Leberwurstbrot verdienen. Viele männliche Arbeitskräfte waren gefallen oder in Gefangenschaft, so daß Frauen, Kinder und Jugendliche die anfallenden Arbeiten allein verrichten mußten. Viele der Flüchtlingsmädchen und -jungen wurden von ihren Eltern auf die Felder geschickt, um nachzulesen. Bereits im Juni 1945 wurde in der Neuen Westfälischen Zeitung darauf hingewiesen, "daß arbeitsfreudige und verantwortungsbewußte Jugendliche für den Einsatz in der Landwirtschaft" gewonnen werden sollten.[28] Schon vor dem Krieg gehörte das Mithelfen der Kinder und Jugendlichen im Garten oder auf dem Feld in unterschiedlicher Intensität zum Alltag, so daß für die meisten Jungen und Mädchen die Mithilfe auf dem Feld nichts Besonderes war. Hinzu kam die zwingende Notwendigkeit, sich Nahrungsmittel zu beschaffen, da für viele Hunger das größte Problem der Nachkriegsjahre war.

Zu den Kinderpflichten gehörte auch das Holzsammeln. Wollte man z.B. offiziell vom Büchenberg Holz als Brennmaterial holen, benötigte man einen Sammelschein, andernfalls mußte man stehlen, allerdings ohne sich beim "Organisieren" erwischen zu lassen. Für die Mädchen und Jungen konnte dies mitunter zum 'Sport' werden. Charakteristisch für das Verhalten der Nachkriegsbevölkerung, die Kinder und Jugendlichen eingeschlossen, war die Unterdrückung eines Unrechtbewußtseins – kein Wunder bei dem herrschenden Mangel. Der Hunger entschied – notgedrungen – über das Gewissen.

Nahrungsmittelversorgung

Die Not der letzten Kriegsjahre fand in der Nachkriegszeit in verstärktem Maße ihre Fortsetzung. Alle Vorräte waren verbraucht; die Besatzungsmächte erwarteten, daß die besiegten Deutschen ihre Ernährung aus eigener Kraft erwirtschafteten. Die Bevölkerungsanzahl in Lippe war durch den Zuzug von Evakuierten und Flüchtlingen sprunghaft angestiegen. Die Sorge um Nahrungsmittel, Wohnung und Arbeit bestimmten im wesentlichen den Tagesablauf. Die einheimischen Detmolder konnten Gartenland und 'Beziehungen' ausnutzen, man sprach von 'Vitamin B'. Wer nur irgendetwas besaß – Wäsche, Silber, Zigaretten oder auch Spielzeug –, konnte tauschen.

Das 'Hamstern' gehörte für viele Detmolder Familien zum täglichen Geschäft. Die Tagesrationen waren knapp; oft konnte nicht einmal das notwendige Minimum an Nahrungsmitteln herbeigeschafft werden, selbst wenn laut Lebensmittelkarte ein Anrecht darauf bestand. Dies erklärt die Fülle derjenigen Spalten in der Tagespresse, die Ernährungsvorschläge und Kochrezepte für den Leser vorstellen. Hier werden praktische Winke zum Einmachen von Obst ohne Zucker gegeben oder Ratschläge zum Trocknen von Obst und Gemüse. Einige Gewährspersonen konnten sich daran erinnern, daß sie in ihrer Kindheit und Jugend Fallobst gesammelt hatten, aus dem ihre Mütter Essig herstellten. Man suchte Kräuter, Bucheckern, Pilze – kurz, alles, was sich in irgendeiner Weise zu Nahrung verarbeiten ließ. Im September 1945 wies eine Pressenotiz in der Neuen Westfälischen ausdrücklich auf den guten Pilzbewuchs nach einer längeren Regenperiode hin, die allerdings gleichzeitig Ursache für Ernteausfälle war. Den Kindern und Jugendlichen wurde mit auf den Weg gegeben, die Pilze nicht mit dem Messer abzuschneiden, sondern lediglich aus dem Boden zu drehen.[29]

Streng geahndet wurden die Hamsterfahrten aufs Land, die bis zur Währungsreform im Juni 1948 dennoch eine wesentliche Grundlage für die Versorgung der Detmolder Stadtbevölkerung mit Nahrungsmitteln darstellten. Verglichen mit den Hamsterfahrten der Großstädter waren die der Detmolder harmlos.

> Wir [die Mutter mit der etwa siebenjährigen Tochter und deren zweieinhalb Jahre jüngerem Bruder] sind von Bauernhof zu Bauernhof gezogen; dort hab'n wir regelrecht gebettelt und eingetauscht, was wir Kinder noch an Spielzeug besaßen, wie z. B. meinen alten Puppenwagen. Wir sind morgens los und abends zurück.[30]

Man vergegenwärtige sich eine solche, in der damaligen Zeit sicherlich nicht ungewöhnliche Situation, der insbesondere alleinerziehende Frauen und Mütter ausgesetzt waren, sowie die Strapazen, die die z. T. recht kleinen Kinder über sich ergehen lassen mußten. Bei den Bauern gab es "mal ein Stück Mettwurst oder Leberwurst, mal ein paar Kartoffeln oder Kohl, je nach Jahreszeit".[31]

Heimlich suchten Kinder, Jugendliche, aber auch Erwachsene im Schutz der Dunkelheit die nach der Ernte liegengebliebenen Ähren von den Feldern. Dieses lebenswichtige, aber dennoch verbotene 'Stiebitzen' von Runkeln oder Kartoffeln von den Feldern war an der Tagesordnung. Da es aus existenziellen Gründen notwendig war und deshalb von vielen Erwachsenen, Jugendlichen und Kindern gemacht wurde, sah die Mehrzahl der Bevölkerung dieses 'Organisieren' als durchaus alltäglich an; für die Landwirte als Geschädigte dagegen war es ein Ärgernis. Wie immer bestätigen Ausnahmen jedoch die Regel. Es gab auch Elternhäuser, in denen eine solche Vorgehensweise weiterhin als verwerflich angesehen wurde. Innerhalb der Gruppe mit Gleichaltrigen konnten die Kinder und Jugendlichen solcher Familien nicht leicht bestehen. Nicht nur die älteren Jungen und Mädchen waren in das Tauschgeschäft eingestiegen, auch die Jüngeren 'kungelten'. Begehrte Tauschobjekte waren beispielsweise die als 'Klippkerkugeln' bezeichneten Ton- oder Glasmurmeln.

Es entstanden sogenannte Tauschzentralen, die am 13. September von den Alliierten offiziell eröffnet worden waren, sich jedoch schnell zu grauen Märkten entwickelten. Hier sollten Haushaltswaren und Textilien umgesetzt werden. Die eigentlichen Geschäfte waren wie leergefegt. Bezugsscheine, die vom Wirtschaftsamt ausgestellt waren, wurden nicht immer beliefert. Wer noch Ware besaß, hortete sie für den Tag X der Währungsreform.

Der Nahrungsmittelmangel, der in vielen Familie herrschte, sollte durch die 1946/47 eingeführte Schulspeisung gemindert werden. Sie war oftmals für viele Kinder und Jugendliche die einzige warme Tagesmahlzeit:

> Ich kann mich an unterschiedliche Formen von Milchsuppen erinnern. Das Milchpulver mit Nudeln oder Haferflocken, manchmal mit Kakao versetzt, wurde an die Schulen in großen Papiersäcken geliefert. In der ersten Zeit nach dem Krieg fand die Anlieferung durch britische Militärlastwagen statt, später – wahrscheinlich nach der Währungsreform – durch deutsche Lebensmittelgroßhandlungen.[32]

In Zusammenhang mit der Schulspeisung sprach man auch von der Quäkerspeisung, weil besonders die englischen Quäker, wie schon im ersten Weltkrieg, die Hilfsspeisung ins Leben gerufen hatten.

Inwieweit die gelieferten Lebensmittel z. T. auch aus alliierten Militärbeständen stammten, vermag ich an dieser Stelle nicht mit Sicherheit zu sagen. Die befragten Gewährspersonen erinnerten sich lediglich an englischsprachige Aufschriften. Zur Schulspeisung selbst brachten die Schüler neben ihren Schulsachen auch Eßgeschirr und Löffel mit. Der Hausmeister und seine Frau bereiteten die Schulspeisung in einem großen Kessel, und in der großen Pause wurde das Essen dann verteilt. Die Austeilung ging nicht immer ohne Schwierigkeiten vonstatten. Bei den jüngeren Schülern gab es oft Tränen, wenn die Menge nicht groß genug erschien oder etwas verschüttet wurde.[33]

Spiel und Freizeit

Bereits die Anmerkungen zu Festen und Feiern zeigen, daß Kindheit und Jugend nicht nur hart und durch Not geprägt waren: Die Interviews machen deutlich, daß die Kinder bis zur Wiedereinrichtung des Schulunterrichts über einen bestimmten freien Zeitraum verfügten. Im Spiel verschafften sie sich einen von der Erwachsenenautorität losgelösten, zwanglosen Freiraum.

Eine Reihe von Detmolder Mädchen und Jungen freundete sich mit benachbarten Flüchtlingskindern und Jugendlichen an. Aus retrospektiver Sicht einiger Gewährspersonen waren diese Freundschaften sehr tief. "Die Flüchtlinge brachten ganz andere Spiele mit, als sie bei uns üblich waren. Also, ich glaube nicht, daß wir von uns aus auf Theaterspielen gekommen wären".[34] Hierfür wurden alte Kleidungsstücke benutzt. "Gespielt haben wir in so'm alten Bienenstand; wir hatten keine Zuschauer, wir haben nur für uns gespielt. Tagelang haben wir das gemacht. Und noch was haben wir gemeinsam gemacht: Puppen aus Wäscheklammern gebastelt."

Interessanterweise – das haben meine Studien zum Kinderlied ergeben – hat das heimatliche Liedgut der Flüchtlingskinder sich kaum auf das Liedrepertoire der Kinder der Detmolder Knaben-Bürger-Schule ausgewirkt. Eine Ausnahme stellt ein am Martinstag gesungenes Lied dar:

> Summer, summer,summer,
> ich bin a kleener Pummer.
> Ich bin a kleener König,
> gebt mir nicht zu wenig.
> Steckt's mir in die Tasche,
> daß ich's nicht vernasche.
> Steckt's mir in Papier,
> daß ich's nicht verlier.
> Laß mich nicht so lange stehn,
> ich muß a Häusla weitergehn.

Das von Flüchtlingskindern aus Glogau und Breslau in Detmold gesungene Lied gehörte nachweislich mindestens seit 1946 drei Jahre lang zum Repertoire der Martinslieder. Es geht vermutlich auf ein ähnliches schlesisches Sommertagslied zurück, dem das auch in Detmold bekannt gewesene Heischelied "Ich bin ein kleiner König" zugrunde liegt.[35]

Kleidung

Zeigt man heutigen Kindern oder Jugendlichen Fotografien mit Personendarstellungen aus der Nachkriegszeit, so sind sie über das "Outfit" ihrer Elterngeneration verwundert. 1945 wurden Kleider aus unterschiedlichen Stoffresten zusammengenäht, das Leder der Schuhe genagelt, Einkaufstaschen aus Pappe hergestellt oder Strickgarn aus aufgetrennten Zuckersackgeweben gewonnen, amerikanische Mehlsäcke zu Gardinen, Tischdecken oder Kleidern verarbeitet. Über die Art der Mode geben u.a. die Fotografien Auskunft. Sie dienen ebenso wie zeitgenössische Erinnerungsberichte als Überlieferungsträger zur Rekonstruktion des Kinder- und Jugendalltags. Häufig werden alte Fotos vom Betrachter rein dokumentarisch interpretiert; jegliche Verfälschung oder Mißdeutung scheint durch das fotografische Abbild der "Wirklichkeit" ausgeschlossen. Damit suggeriert das Medium Fotografie dem Betrachter, er könne an einer historischen Situation, etwa den Feiern, teilnehmen – wenigstens für einen Augenblick. Fotos sind aber keine lebensechten Abbilder der physischen Realität, sondern sie werden hergestellt. Sie zeigen jeweils bestimmte zeitlich-räumliche Ausschnitte und isolieren im allgemeinen einzelne Personen, Dinge und Handlungen.

Neben den mehr technisch bedingten Gesichtspunkten, die beim "Lesen" der volkskundlichen Quelle Fotografie zu beachten sind, müssen in besonderem Maße Einflußgrößen bedacht werden, die sich aus dem gesellschaftlichen Gebrauch des Mediums Fotografie ergeben: z. B. wer ist fotografiert oder was ist fotografiert worden; ein anderer Gesichtspunkt ist, warum fotografiert wurde. Jede Fotografie beinhaltet – für sich gesehen – eine Unmenge von Hintergrund-Informationen, die wir in der Volkskunde nutzbar machen müssen, wie hier am Beispiel der Kleidung deutlich wird.

Der Satz Gottfried Kellers "Kleider machen Leute" gilt in der Zeit nach dem Zweiten Weltkrieg nur bedingt. In der unmittelbaren Nachkriegszeit hatte 'Mode' für viele kaum Bedeutung. Kinder und Jugendliche trugen ebenso wie die Erwachsenen Selbstgenähtes: "Das wurde alles selbst genäht, da gab es nichts Gekauftes".[36] Seit Anfang September 1945 wurde aufgrund des akuten Bekleidungmangels und der Stoffknappheit das Tragen von umgeänderten Uniformen und alten Wolldecken aus Wehrmachtsbeständen erlaubt. Viele Kinder und Jugendliche erhielten neue Mäntel, die aus Militäruniformen zurechtgeschneidert waren. Genäht wurden die Mäntel entweder von den örtlichen Schneiderinnen, Schneidern oder von Bekannten; wer geschickt war und eine Nähmaschine besaß, nähte die Sachen selbst. Auffällig ist, daß bereits die Kindermäntel sorgfältig und zum Teil mit Verzierungen gearbeitet waren. Von einer charakteristischen Kleidermode in der Zeit vor der Währungsreform kann man kaum sprechen. Die Mädchen trugen sowohl kurze als auch kniebedeckte Kleider. In der Hauptsache wurden Glockenröcke getragen. Die Kleider waren zumeist schlicht: z.T. weit geschnittene Hängerkleidchen, die in Brusthöhe leicht angekräuselt wurden; z.T. waren die Kleider in der Taille leicht gerafft und als Hemdblusenkleider geschnitten.

Auffällig sind die oft viel zu großen Muster, die die Röcke der jungen Mädchen zierten und die darauf hinweisen, daß der Rock oder das Kleid aus einem ehemaligen Frauenkleid geschneidert worden war. Nur noch wenige der Stadtkinder trugen Schürzen, um ihre Kleidung zu schonen. In den ländlicheren Gebieten von Lippe war dies noch bis in die 50er Jahre hinein durchaus nichts Ungewöhnliches.

Im Winter trugen Kinder und Jugendliche zumeist Trainingshosen oder -anzüge aus Baumwollstoffen und dicke aus altem, wiederverwendetem Garn gestrickte Winterpullover oder -jacken. Problematisch gestaltete sich die Fußbekleidung, insbesondere in den Wintermonaten. Im Sommer liefen viele Kinder barfuß; das Tragen von Holzschuhen scheint in der ehemaligen Residenzstadt zu dieser Zeit kaum noch üblich gewesen zu sein.

> Wir sind überwiegend barfuß gelaufen. Als ich so in der dritten / vierten Klasse war, da hatte mir mein Großvater ein Paar Sandalen besorgt, mit roten Kappen und einem Riemen darüber. Die waren mein Heiligtum. Dann kann ich mich noch an Schnürstiefel erinnern....[37]

Die jüngeren Jungen trugen im Sommer kurze Hosen, die mit Latz oder Trägern gearbeitet waren; einige besaßen auch die unverwüstliche Lederhose. In der Übergangszeit wärmten bis über die Knie gezogene Wollstrümpfe, im Winter Strumpfhosen. Etwas aus dem Rahmen fiel die Bekleidung mit Kittelhemden, die durch einen in der Taille gebundenen Stoffgürtel geschmückt wurden.

Nach der Währungsreform konnten wieder Kleiderstoffe gekauft werden. Etwa gleichzeitig hielt der 'New Look' seinen Einzug in Detmold. Mädchen im Jugendalter, die sich keine neuen Kleider leisten konnten, kauften sich Stoffe, um ihre Kleider zu verlängern und sie damit der neuesten Mode anzupassen. Dies machte man, wenn eben möglich, selber; wenn man keine eigene Nähmaschine besaß, borgte man sich eine bei Verwandten oder Bekannten. Eine aus Norddeutschland stammende Studentin der pädagogischen Akademie bekam zu ihrem Geburtstag von vier oder fünf Kommilitonen ein Paar Salamander-Schuhe geschenkt, da sie selbst kein Geld für neues Schuhwerk aufbringen konnte und dringend Schuhe benötigte.[38] Leider wurde jedoch die Freude über die guten neuen Schuhe dadurch getrübt, daß sie ein wenig zu klein waren. Not machte erfinderisch: Die Studentin wässerte die Lederschuhe und ließ sie dann am Fuß trocknen, um sie zu weiten. Später konnte sie sich dann selbst den Kauf von Schuhen im "Jeder-Mann-Programm" leisten, das von Bundeswirtschaftsminister Ludwig Erhard – dem 'Vater des Wirtschaftswunders' – ins Leben gerufen worden war.

Der Devise der Modeschöpfer, daß die Frauen es satt hätten, praktisch, männlich und sportlich zu sein, sondern vielmehr weiblich, gepflegt und anschmiegsam erscheinen wollten, konnten die jungen Frauen von Detmold in der Mehrzahl erst in den 50er Jahren folgen.

Anmerkungen:

1. Vgl. Tappe 1992, S. 9.
2. Ebd. S.192ff.
3. Vgl. Meyers großes Taschenlexikon 1981, Bd. 11, Stichwort "Jugend"; hier wird der Endpunkt allerdings erst mit dem 25. Lebensjahr festgesetzt. Diese, wie mir scheint, recht hoch angesetzte Grenze orientiert sich an der biologisch-medizinischen Sicht, die unter Kindheit und Jugend generell die menschliche Entwicklungsphase zwischen Geburt und Erwachsenenalter versteht, d. h. den Abschluß der biologischen Reifung.
4. Mechtel o.J., S.52.
5. Frau E., Jahrgang 1939.
6. Dies.
7. Frau G., Jahrgang 1926.
8. Tappe 1993, S.31/Manuskr.
9. Neue Westfälische Zeitung 7/1945.
10. Herr E., Jahrgang 1927.
11. Neue Westfälische Zeitung 7/1945.

12. Tappe 1993, S.31/Manuskr.
13. Herr E., Jahrgang 1927.
14. Vgl. Tappe 1992, S. 122ff.
15. Falkenberg 1984.
16. Weber-Kellermann 1978.
17. Frau I., Jahrgang 1942.
18. Frau G., Jahrgang 1926.
19. Frau E., Jahrgang 1939.
20. Frau I., Jahrgang 1942.
21. Weber-Kellermann 1978, S.7.
22. Frau I., Jahrgang 1942.
23. Dies.
24. Frau G., Jahrgang 1926.
25. Herr E., Jahrgang 1927.
26. Frau G., Jahrgang 1927(!).
27. Frau G., Jahrgang 1926.
28. Neue Westfälische Zeitung 7/1945.
29. Vgl. ebd. 9/1945
30. Frau E., Jahrgang 1939.
31. Dies.
32. Herr E., Jahrgang 1927.
33. Ders.
34. Frau I., Jahrgang 1942.
35. Tappe 1993, Lieddokumentation.
36. Frau I., Jahrgang 1942.
37. Frau E., Jahrgang 1939.
38. Frau G.,Jahrgang 1926.

Literaturauswahl

Utz Jeggle (Hrsg.): Feldforschung. Qualitative Methoden in der Kulturanalyse (=Untersuchungen des Ludwig-Uhland-Instituts der Universität (LUI) Tübingen 62). Tübingen 1984.

Kinderträume. Zur Geschichte der Kindheit von der Nachkriegszeit bis zur antiautoritären Erziehung (1945-1970). (=Schriften des Freilichtmuseums am Kiekeberg 11, hrsg. v. Rolf Wiese). Ehestorf 1992.

Lebenslauf und Lebenszusammenhang. Autobiographische Materialien in der volkskundlichen Forschung, hrsg. v. Rolf Wilhelm Brednich, Hannjost Lixfeld, Dietz-Rüdiger Moser u. Lutz Röhrich. (= Vorträge der Arbeitstagung der Deutschen Gesellschaft für Volkskunde in Freiburg i. Br. v. 16. bis 18. März 1981). Freiburg i. Br. 1982.

Liederborn. Ein Musikbuch für deutsche Schulen, hrsg. v. Hermann Hogrefe, Wilhelm Stolte und Ad[olf] Winkelhake. Teil 1: Für Unterstufe und angehende Mittelstufe. Detmold/Bielefeld/Hannover 1949 (Lizenzausgabe).

Susanne Mutschler: Ländliche Kindheit in Lebenserinnerungen. (= Untersuchungen des LUI d. Univ.Tübingen 1964). Tübingen 1984.

Neue Westfälische Zeitung 1945ff. (z. T. als private Ausschnittsammlung).

Siegfried Quandt (Hrsg.): Kinderarbeit und Kinderschutz in Deutschland 1783-1976. (= Geschichte, Politik, Materialien und Forschung 1). Paderborn 1978.

Rudolf Schenda: Einheitlich – urtümlich – noch heute. Probleme der volkskundlichen Befragung. In: Abschied vom Volksleben (= Untersuchungen des LUI d. Univ. Tübingen 27). Tübingen 1970, S. 124-190.

Scheuch: Das Interview in der Sozialforschung. In: Handbuch der empirischen Sozialforschung, hrsg. v. Rene König. Bd.2: Grundlegende Methoden und Techniken der empirischen Sozialforschung. 1. Teil, 3. umgearbeitete u. erweiterte Auflage. Stuttgart 1973, S. 66-190.

Tappe, Imke: Kinderleben in Lippe. (=Westfälische Volkskunde in Bildern 3, hrsg. v. Stefan Baumeier u. Kurt Dröge). Münster-Hiltrup 1992 (1. Aufl.1989)

Dies.: Kinderlieder in Lippe. (=Schriften des Lippischen Landesmuseums, hrsg. v. Rainer Springhorn) Detmold 1993 (in Vorbereitung).

Ingeborg Weber-Kellermann: Das Weihnachtsfest. Eine Kultur- und Sozialgeschichte der Weihnachtszeit. Luzern 1978.

Dies.: Die Kindheit. Frankfurt a. M. 1979.

Dies.: Der Kinder neue Kleider. 200 Jahre deutsche Kindermoden. Frankfurt a. M. 1985.

Norbert Ebel/Holger Schröder

Von Otto Will-Rasing zu Otto Will-Rasing

Das Landestheater Detmold 1945-1949

Daß die Geschichte des Landestheaters Detmold in den Jahren 1945-1949 geprägt wurde durch das Bemühen von drei Intendanten, das Theaterleben in Detmold und Umgebung wieder aufzubauen, ist den meisten Ostwestfalen-Lippern heute nicht mehr bekannt. Zu sehr dominiert die Erinnerung an Otto Will-Rasing, der schon in den Jahren 1934 bis 1944, und dann von 1949 bis 1969 die Geschicke des Hauses lenkte. Seine beiden Amtsvorgänger in den ersten Nachkriegsjahren, Dr. Hans Kaufmann und Karl Gaebler, sind dagegen kaum mehr bekannt. Sie wurden Opfer eines Verdrängungsprozesses, der das Volk kollektiv erfaßte, als nach Währungsreform und Marshall-Plan das Zeitalter des Wiederaufbaus und des Wirtschaftswunders seinen Anfang nahm und die Jahre der Not, der Orientierungslosigkeit und der Verbitterung als überwunden betrachtet werden konnten. Dieser Aufsatz soll den Lesern einen Einblick in die ersten vier turbulenten Theaterjahre nach dem Zusammenbruch des braunen Regimes geben und den Anteil, den Dr. Hans Kaufmann und Karl Gaebler am Wiederaufbau der Detmolder Theaterkultur hatten, angemessen würdigen.

Otto Will-Rasings Detmolder Anfänge

Bevor jedoch die Jahre 1945-1949 am Detmolder Theater genauer untersucht werden sollen, sei ein Blick zurück in die zwanziger Jahre gestattet; genauer gesagt auf den Werdegang Otto Will-Rasings, der schon 1924 als Schauspieler für eine Spielzeit nach Detmold kam und ab 1926 als Ensemblemitglied fest engagiert wurde. Bereits in jungen Jahren profilierte er sich als Darsteller gestandener Männerfiguren. In einem 1969 anläßlich seiner Verabschiedung verfaßten Rückblick erinnerte er sich daran, daß ihn Rollen wie der Attinghausen aus *Wilhelm Tell* oder Paul Werner aus *Minna von Barnhelm* ein Leben lang begleiteten.[1] Mehr aber noch als im künstlerischen Bereich schien Otto Will-Rasing in finanzpolitischer Hinsicht Talent und Erfolg an den Tag zu legen. Anders ist es nicht zu erklären, daß Geheimrat Emil Becker, der 13 Jahre die Geschäfte des Hauses geführt hatte, ihn 1934 als Nachfolger für seinen Posten vorschlug – einen jungen Mann von noch nicht einmal 33 Jahren, der in den folgenden Jahrzehnten das Erscheinungsbild des Landestheaters maßgeblich prägte und besonders in den 50er und 60er Jahren den wirtschaftlichen Konsolidierungsprozeß forcierte und den Abstecherbetrieb weiter ausbaute und festigte.

Abb.1 Otto Will-Rasing kurz nach seiner Rückkehr aus der Kriegsgefangenschaft 1946

Weshalb Otto Will-Rasing entgegen der landläufigen Meinung das Theater nicht durchgängig von 1934 bis 1969 leitete, sondern in der Zeit von 1945 bis 1949 von seinem Posten entbunden war, ist schnell erklärt: Will-Rasing war Mitglied der NSDAP und Kulturreferent der SA-Brigade 65, er galt daher als politisch belastet.[2] Unmittelbar nach Kriegsende mußte er sich einem Entnazifizierungsprogramm seitens der britischen Militärregierung unterziehen. Erschwerend für eine sofortige Wiedereinsetzung als Intendant war, daß Will-Rasing erst im Dezember 1939 in die Partei aufgenommen wurde. Zu diesem Zeitpunkt war er bereits 5 Jahre Intendant des Landestheaters Detmold. Das Argument, daß man in einer leitenden Position in Hitlerdeutschland gezwungen war, Mitglied der Partei zu werden, konnte also im Falle Will-Rasings nicht unbedingt ins Feld geführt werden.

Otto Will-Rasing äußerte sich später kaum über die Zeit nach dem Zusammenbruch. In einem Brief vom Mai 1947 sagte er u.a.:

> Als wiedergewonnenes Schäflein ab Ende Januar 1947 und seitens der Militärregierung zugelassener Intendant bin ich Mitte vorigen Monats beim Städt. Orchester gelandet. Am ersten Ostertag bekam ich die Intendanz eines Theaters in der britischen Zone angetragen, habe aber nach reiflicher Überlegung einen Umzug bzw. Wohnungssucherei überhaupt in der augenblicklichen Zeit für nicht geeignet gefunden und hier zugesagt. Mein ehe-

> maliger Posten selbst ist für noch zwei weitere Jahre besetzt. Ob ich hier jemals wieder das Theater übernehmen werde, weiss ich nicht; ich persönlich möchte es stark bezweifeln. [...] Ich habe mich wirklich gefreut, von Ihnen gehört zu haben und hoffe, daß es Ihnen in der Zwischenzeit besser ergangen ist als mir, der ich in der Kriegsgefangenschaft auch noch als verruchter Intendant das besondere Lager kennen gelernt habe.[3]

Zweifel hin und her: Im Jahre 1949 übernahm Otto Will-Rasing erneut die Leitung des Landestheaters Detmold, nachdem er bereits zwei Jahre zuvor, wie in dem Brief erwähnt, als geschäftsführender Intendant des Städtischen Orchesters eingesetzt worden war. Was es mit dieser kulturellen Institution auf sich hatte, wird an anderer Stelle noch ausführlicher erläutert werden.

Dr. Hans Kaufmann – KZ-Opfer und erster Nachkriegsintendant

Als erster Nachkriegsintendant bemühte sich Dr. Hans Kaufmann, ein Jude, der das KZ Theresienstadt überlebt hatte, um die Leitung des Hauses. Er hatte sich nach Kriegsende in Hiddesen angesiedelt. Seine Berufung wurde noch im Juli des Jahres 1945 beschlossen. In einem Schreiben des damaligen Stadtdirektors vom 16. des Monats heißt es:

> Es ist geplant, besonders gute Kräfte anzunehmen, um auch verwöhnten Ansprüchen zu genügen. Als Intendant ist ein sehr erfahrener Theaterfachmann, Herr Dr. Kaufmann, in Aussicht genommen, der vorher in Bern und Braunschweig größere Bühnen erfolgreich geleitet hat. Er war zuletzt aus politischen Gründen im Konzentrationslager Theresienstadt. Wir sind ihm also eine Wiedergutmachung schuldig und können sehr zufrieden sein, wenn es gelingt, diesen hervorragenden Fachmann für den Neuaufbau des Detmolder Theaters zu gewinnen.[4]

Hans Kaufmann war wirklich ein ausgewiesener Theaterfachmann. 1879 in Berlin geboren, debutierte er als Schauspieler in der Provinz, wurde aber schon nach einigen Jahren als Spielleiter an das Schiller-Theater in Berlin gerufen. Verdient machte er sich um russische und französische Autoren; auch sollen Stücke von Gerhart Hauptmann unter seiner Regie ihre Erstaufführungen erlebt haben. Nach dem Ersten Weltkrieg wurde er Intendant des Landestheaters in Braunschweig, ab 1925 Intendant des Stadttheaters Bern. 1931 kehrte er nach Deutschland zurück und arbeitete noch ein Jahr als Verwaltungsdirektor des Hamburger Schauspielhauses, bevor ihn die Nazis aus seinem Beruf drängten, weil er laut ihrer Definition "Jude im Sinne der Nürnberger Gesetze" war. Nicht "aus politischen Gründen", wie es in dem Schreiben des Stadtdirektors heißt, sondern weil er rassistischer Verfolgung ausgesetzt war, mußte Kaufmann Ende der 30er Jahre untertauchen. 1942 wurde er von der Gestapo aufgespürt und inhaftiert. Nach dreijähriger Leidenszeit im KZ Theresienstadt war er ein gesundheitlich ruinierter Mann, der sich, knapp siebzigjährig, dennoch um die Intendanz des Landestheaters Detmold bewarb.

Viele Stimmen wurden daher laut, die Dr. Kaufmann mit der Leitung des Hauses überfordert sahen. Unbestritten aber ist, daß zur damaligen Zeit auch jeder andere angesichts der gegebenen Schwierigkeiten Probleme mit der Leitung eines Theaters gehabt hätte.

Die Beschlagnahmung des Theaters durch die britische Militärregierung und andere Probleme

Das Theater, das den Krieg relativ unbeschadet überstanden hatte, war von den Briten beschlagnahmt worden und durfte nur an vorher schriftlich genehmigten Terminen für Proben und Aufführungen genutzt werden. Der Kostümfundus war ebenfalls beschlagnahmt und nach Bad Eilsen ausgelagert worden, was zur Folge hatte, daß einzelne Kostümteile nur gegen Leihgebühr ausgehändigt wurden. Die Versorgungs- und Wohnsituation der Künstler wie der gesamten Bevölkerung war katastrophal, das Orchester des Landestheaters fungierte nun als Städtisches Orchester, das ebenfalls nur nach schriftlicher Anfrage für Vorstellungstermine des Landestheaters herangezogen werden konnte, und zu guter Letzt mußte man auch noch in eine provisorische Spielstätte ausweichen: in den "Neuen Krug", der aber nicht nur für das Theater reserviert war, sondern etwa die Hälfte der Woche als Lichtspielhaus genutzt wurde.

Das gravierendste Problem aber ergab sich durch die einhellige Ablehnung der künstlerischen Arbeit Dr. Kaufmanns. Man fand seine Inszenierungen schlecht und sah sich, wie schon erwähnt, in der Meinung bestätigt, einen alten Mann mit der Betreuung dieses Amtes überfordert zu haben. Aus heutiger Sicht fällt es schwer, eine korrekte Einschätzung der Arbeit von Dr. Kaufmann zu treffen. Dem Urteil der Zeitzeugen ist aufgrund der Einhelligkeit sicherlich zu trauen, aber es existieren auch schriftliche Äußerungen Kaufmanns, die ein etwas anderes Bild zeichnen. Die Inszenierung des *Sommernachtstraumes* im Palaisgarten, die Premiere fand im September 1945 aufgrund einer Initiative des Theaterringes

Detmold-Herford-Minden statt, wurde von Kaufmann in ihrer künstlerischen Qualität abgelehnt. Er unterstellte den Organisatoren in recht harscher Form, daß sie zu sehr nach kommerziellen Gesichtspunkten arbeiten würden; mit seinem künstlerischen Anspruch schien sich diese Inszenierung nicht vereinbaren zu lassen.[5] Zum Zeitpunkt dieser Äußerung kann Dr. Hans Kaufmann nicht mehr als vier Wochen im Amt gewesen sein – vielleicht war dies bereits der erste Schritt hin zu einer Entzweiung mit den Verantwortlichen der Stadt sowie mit den Ensemblemitgliedern des Landestheaters?

Karl Gaebler – ein großer Schauspieler, aber schlechter Pädagoge – wird Nachfolger Kaufmanns

Im Verlauf des ersten Halbjahres 1946 wurde Dr. Hans Kaufmann abgelöst. Seine Nachfolge trat Karl Gaebler an – ein Theatermann, der zuvor in Kaiserslautern engagiert war und den Ruf eines hervorragenden Schauspielers hatte. So sehr er das Handwerk der Schauspielkunst beherrschte, so sehr schien es ihm im zwischenmenschlichen Umgang mit seinen Mitarbeitern an Feingefühl und diplomatischem Geschick zu mangeln.

Zeitgenossen, die noch mit ihm zusammenarbeiteten, schildern ihn als einen verkniffenen Mann, scheu und nicht dazu in der Lage, sich auch auf dem politischen Parkett geschickt zu bewegen. Dieses Manko trug mit dazu bei, daß seine Tätigkeit nur bis Ende 1948 andauerte.

1946 aber trat Gaebler die Intendanz in Detmold durchaus idealistisch an. Er bemühte sich um einen Spielplan, der nicht nur der Zerstreuung dienen, sondern auch die Nöte der Zeit und die daraus erwachsenden Forderungen an den Einzelnen wie die Gemeinschaft reflektieren sollte. Noch heute gilt seine Inszenierung von Gorkis *Nachtasyl* in der Spielzeit 1946/47 im Urteil der Zeitzeugen als herausragend. Seine Klassiker-Inszenierungen allerdings fanden wenig Anklang.

Ein Blick auf die Spielzeit 1946/47 weist 350 Aufführungen von 33 Stükken im Repertoire auf.[6] Dabei finden sich Stücke, die für das Bemühen sprechen, einen "zeitgemäßen" Spielplan zu entwickeln – neben Lessings *Nathan* und Schillers *Verschwörung des Fiesko zu Genua* auch Gorkis *Nachtasyl* oder Klabunds *Kreidekreis*. Sicher: Im Musiktheater überwog die bewährte, heitere Note mit insgesamt 6 Operetten-Inszenierungen und bekannten Opern wie Mozarts *Hochzeit des Figaro* oder Otto Nicolais

Abb.2 Eine der seltenen Aufnahmen des Landestheaters Detmold kurz nach Kriegsende. Unschwer sind die Einschußspuren oberhalb des Säuleneinganges zu erkennen.

Die lustigen Weiber von Windsor – festzuhalten aber bleibt, daß sich Gaebler darum bemühte, allen Facetten des Nachkriegslebens gerecht zu werden.

Dennoch stand Gaebler von Anfang an unter Beschuß: Den einen war sein Spielplan zu seicht, den anderen zu schwer, den dritten zu operettenlastig und den vierten zu intellektuell. Besonders harsche Kritik formulierte der damalige Stadtdirektor an dem Musiktheaterspielplan. In einem Brief vom 4.12.1947 an den Lippischen Theaterverein, der sich am 19. Oktober 1945 neu gegründet hatte, stellte er fest:

> M.E. ist die starke Förderung der Operette durch den Intendanten Gaebler mit dem künstlerischen Niveau des Theaters auf die Dauer nicht vereinbar und lässt den Verdacht aufkommen, daß zu sehr kassentechnische Gründe bei der Spielplanaufstellung eine Rolle spielen. Wenn die Oper von Herrn Gaebler weniger eingesetzt worden ist, so ist das nicht allein in der Beanspruchung des Orchesters verursacht, sondern vielleicht auch ein Fehler in der Gesamtplanung, denn anstelle der Operette könnte ja mehr Oper gespielt werden.[7]

Keine zwei Wochen zuvor aber hatte Gaebler selbst einen Brief an den Theaterverein verfaßt, in dem er sich wie folgt beklagte:

> Sehr geehrter Herr Oberschulrat, verschiedene Zwischenfälle, die sich für das Landestheater katastrophal auswirken können, geben mir Veranlassung, Ihnen folgendes mitzuteilen: Das Städtische Orchester ist laut Vertrag verpflichtet, im Monat 12x bei Vorstellungen des Landestheaters mitzuwirken und hat auch dem Theater für weitere Veranstaltungen zur Verfügung zu stehen. [...] In letzter Zeit wurde mir nun wiederholt gesagt, daß wir das Orchester nicht mehr so oft bekommen könnten (die Zahl 16-18 wurde genannt und lange festgesetzte Termine wurden uns gestrichen, wenn das Orchester auswärts bessere Verdienstmöglichkeiten hatte). Im November konnte ich aus diesem Grund nur viermal Oper geben, unser Opernpersonal geht spazieren und das Publikum, welches die Gründe für diesen Ausfall nicht kennt, ist ungehalten darüber.[8]

Wie kam es nun dazu, daß das Landestheater Detmold keinen eigenen Klangkörper mehr aufwies, sondern zu dieser Form der Kooperation mit dem neugegründeten Städtischen Orchester gezwungen war?

Die Kooperation zwischen Städtischem Orchester und dem Landestheater Detmold

Vermutet werden kann, daß die Gründung der NWD-Musikakademie, die im Januar 1947 feierlich vollzogen wurde, mit Überlegungen einherging, in Detmold einen Klangkörper zu etablieren, der dem musikalischen Niveau dieser Institution angemessen sein sollte. Das Orchester des Landestheaters wurde als möglicher Grundstock eines solchen Klangkörpers gesehen. Im Oktober 1945 gab es erste Überlegungen bezüglich der Gründung der NWD-Musikakademie – im November 1945 wurde das Städtische Orchester gegründet. Das Orchester sollte sich in Konkurrenz zum Orchester aus Bad Pyrmont durch einen intensiven Gastspielbetrieb in der Region etablieren. Der Dirigent, Herr Richter-Haaser, machte sich dafür stark, das Personal durch Musiker aus Berlin qualitativ zu verbessern (Detmold galt in musischen Kreisen gerade angesichts der Gründung der NWD-Musikakademie als eine gute Adresse, da sich die profilierten Musiker erhofften, an der Akademie auch eine Lehrtätigkeit aufnehmen zu können).[9]

Dies allerdings hätte die Auflösung aller bestehenden Orcheterverträge und ein komplett neuerliches Vorspielen bedeutet. Richter-Haaser forderte dies und zerstörte dadurch die Vertrauensbasis zum Orchestervorstand. Auch wenn Richter-Haaser Unterstützung erhielt durch den Direktor der NWD-Musikakademie, Prof. Wilhelm Maler, war er nicht mehr zu halten. Er mußte seinen Posten als Dirigent des Städtischen Orchesters im Jahre 1947 abgeben. Auch sein Geschäftsführer, Herr Drifte, mußte gehen. An seiner Statt übernahm Otto Will-Rasing die Geschäftsführung des Städtischen Orchesters, zum neuen Generalmusikdirektor (GMD) wurde Prof. Balzer berufen. In der Folgezeit entzog sich das Orchester immer mehr dem Einfluß der NWD-Musikakademie und sah sich immer stärker als ein Kulturträger, direkt der Stadt Detmold unterstellt.

Über diesen Prozeß gibt folgende Notiz von Otto Will-Rasing vom 18.8.1947 Auskunft:

> Herr Prof. Balzer hat mich beauftragt [...] folgenden Bericht zu erstatten. Herr GMD Balzer hat Herrn Drifte [Herr Drifte war nach seinem Ausscheiden aus dem Städtischen Orchester an die NWD-Musikakademie gewechselt, Anm. d. Verf.] zunächst eröffnet, daß in der Winterspielzeit 1947/48 neben den Sinfoniekonzerten auch kammermusikalische Darbietungen von uns aus arrangiert werden [...]. Es wurde ihm kein Zweifel darüber be-

> lassen, daß die Gesamtgestaltung des musikalischen Lebens in der Stadt Detmold Sache der Stadt, vertreten durch das Städtische Orchester, ist. Drifte hat sich diesem Vorhaben zunächst ablehnend gegenüber verhalten und begründete sein Verhalten damit, daß durch die vorgenommene Neuregelung alte Überlieferungen und Einführungen umgeworfen würden. [...] Die Ansicht Herrn Driftes, daß sich die Stadt zwar um Kunstpolitik kümmern solle, wurde von Herrn Prof. Balzer damit dementiert, daß in einer Stadt, in der ein Orchester unterhalten würde, das Kunstleben auf musikalischem Gebiet Sache der musikalischen Gesichtspunkte der Stadt sei [...].[10]

Der städtische Gesichtspunkt führte schließlich konsequenterweise dazu, daß das Städtische Orchester in verkleinerter Form im Jahre 1949 wieder vollständig dem Landestheater zugeordnet wurde. Dieser Schritt wurde allerdings erst nach einigen turbulenten Versammlungen des Theatervereins in die Wege geleitet. Bis zuletzt, also bis ins Jahr 1949 hinein, war der Fortbestand des Landestheaters als Drei-Sparten-Haus in Frage gestellt; nicht zuletzt die Umwälzungen, die mit der Währungsreform einhergingen und zunächst zu großen finanziellen Einbußen führten, waren dafür verantwortlich zu machen. Es wurde aus Kostengründen sogar zwischenzeitlich in Erwägung gezogen, aus dem Landestheater ein reines Schauspiel zu machen, plus Operette und kleiner Spieloper. Weitsichtige Köpfe, zu denen auch der damalige Landespräsident Heinrich Drake zu rechnen ist, stellten jedoch völlig zu Recht fest, daß das Landestheater nur dann eine Überlebenschance habe, wenn es als Drei-Sparten-Haus erhalten bliebe. Dies war der ausschlaggebende Grund für die Wiedereingliederung des Städtischen Orchesters in das Ensemble des Landestheaters; ganz zu schweigen von der Tatsache, daß die Stadt für ein eigenständig operierendes Orchester, das sich für eine gewisse Anzahl von Vorstellungen dem Landestheater zur Verfügung stellen mußte, nicht genug Geld aufbringen konnte.

Bis ins Jahr 1949 aber waren die Absprachen zwischen Landestheater und Städtischem Orchester mit einem hinderlichen bürokratischen Aufwand verbunden. Es kam immer wieder zu Streitigkeiten über die Höhe der Bezuschussung seitens des Theatervereins. Auch die Anzahl der Aufführungen für das Theater pro Monat (ob mehr oder weniger als 20) sowie die Verpflichtung zu Feiertags- und Sonntagsvorstellungen wurde jedesmal aufs neue diskutiert. Feiertagsvorstellungen wurden nur ungern für das Landestheater absolviert, da sie den besten Einnahmetag für das Orchester darstellten, wenn es in Eigenregie Konzerte geben konnte.[11]

Als Pikanterie am Rande sei darauf hingewiesen, daß ausgerechnet der ehemalige Intendant des Landestheaters, Otto Will-Rasing, mit dem neuen Intendanten des Landestheaters, Karl Gaebler, kooperieren mußte. Es sei jedoch angemerkt, daß Otto Will-Rasing im Umgang mit seinem Amtsnachfolger die Contenance zu wahren wußte; sein Ton war höflich und korrekt, obwohl immer wieder Streitpunkte ausgeräumt werden mußten, die einen durchaus delikaten Anstrich hatten. Folgende Briefauszüge legen darüber Auskunft ab. So beklagte sich in einem Schreiben vom 8.9.1947 ein Kapellmeister des Landestheaters bei Karl Gaebler über die musikalische Qualität einer *Gräfin Mariza*-Aufführung. Er schrieb:

> Die Premiere und zweite Aufführung von "Gräfin Mariza" standen unter dem Zeichen so vieler fehlerhafter Ausführungen seitens einzelner Orchestermitglieder, daß eine Feststellung unumgänglich scheint. [...] Dem Kapellmeister wurde auf seine Frage nach der Unkonzentration [...] die Ermüdung durch ein in Bad Meinberg bis eineinhalb Stunden vor Beginn unserer Vorstellung durchgeführtes Konzert angegeben. [...] Besonders das Orchester als Hauptträger der künstlerischen Idee einer Operette, hat die gewissenhafte Verpflichtung, an der Vermittlung dieser Idee an die Zuhörerschaft in höchstem Maße beizutragen und nicht, wie teilweise von einzelnen Mitgliedern zum Ausdruck gebracht wurde, die Operette als notwendiges Übel abzutun.[12]

Die Rechtfertigung des Orchestervorstandes fällt kurz, aber deutlich aus:

> Im Falle Mariza liegt die Schuld aber auch an dem fotokopierten Notenmaterial. Das Fotopapier rollt sich zusammen und fällt teilweise herunter. Der Musiker hat dauernd damit zu tun, die Notenblätter zu glätten und aufzurichten. Dabei kann es vorkommen und ist entschuldbar, daß wichtige Stellen verpaßt oder verdorben wurden.[13]

Wie leicht zu ersehen ist, stand man als Intendant eines Theaters zur damaligen Zeit vor oftmals ungeahnten Problemen...

Karl Gaeblers bürokratischer Kleinkrieg mit der britischen Militärregierung

Das weitaus größte Problem aber stellte der Kontakt zwischen der Theaterleitung und der britischen Militärregierung dar. Die Briten hielten das Theater nämlich bis in das Jahr 1952 (!) besetzt und hatten bis 1957 das Recht, auch kurzfristig das Theater für Eigenveranstaltungen anzufordern.

NEUES LIPPISCHES THEATER
Leitung: Intendant Karl Gaebler

Gräfin Mariza

Operette in drei Akten von Julius Brommer und Alfred Grünwald.
Musik von Emmerich Kálmán.

Musikalische Leitung: Erich Mewes. Inszenierung: Karl Stein.
Bühnenbilder: Willibald Mohr.
Tanzleitung: Erna Peters-Kuchenmeister.

Personen:

Gräfin Mariza	Erika Seuthe
Fürst Moritz Dragomir Populescu	Karl Stein
Baron Koloman Zsupan, Gutsbesitzer aus Varasdin	Ernst-August Martens
Graf Tassilo Endrödy-Wittemburg	Hans-Gerhard Will
Lisa, seine Schwester	Ina Thieme
Karl Stephan Liebenberg	Thomas Köller
Fürstin Bozena Cuddenstein zu Chlumetz	Dorothea Steincke
Penizek, ihr Kammerdiener	Stanislaus Ledinek
Tschekko, ein alter Diener Marizas	Adolf Kreutler
Berko, ein Zigeuner	Walther Muhs
Manja, eine junge Zigeunerin	Inge Dierkes
Ilka	Emmy Jäger
Juliska	Iris Dirkschneider
Mariska	Brigitte Tenberg
Etelka	Gisela Satobir
Sari	Ursula Wienkotte
Ilonka	Ursula Pohl
Rosika	Ursula Schewe
Ersike	Gerda Brinkmann
Muz	Ursula Bellinger

Gäste, Damen, Herren, Tänzerinnen aus dem Tabarin, Zigeuner, Bauernburschen und -mädchen.
Solotänzerin: Ilse Trapp
Inspizient: Adolf Kreutler. Souffleuse: Pepi Dunkel.
Technische Leitung: Walter Huneke.
Der erste Akt spielt vor dem Schloß der Gräfin Mariza, der zweite und dritte Akt im Schloß der Gräfin.
— Pause nach dem 1. Akt. —

Abb.3 Stein des Anstoßes und der Diskussion: Die "Gräfin Mariza" am damals Neuen Lippischen Theater unter der Leitung von Karl Gaebler.

Warum sich die Briten so lange den ersten Zugriff auf das Theater vorbehielten, leuchtet uns heute nurmehr bedingt ein: Anstatt sich darum zu bemühen, schnell wieder für stabile künstlerische Verhältnisse zu sorgen, damit das Theater als ein Mittel zur demokratischen Meinungsbildung eingesetzt werden konnte, sahen die Briten in dem beinahe unversehrten Musentempel einen idealen Ort, um Unterhaltungsveranstaltungen für ihre im ostwestfälischen Raum versammelten Streitkräfte durchzuführen.

Kino, Varieté und Casino bestimmten nun das Erscheinungsbild des Theaters; folgerichtig nannte sich der Leiter des Theaters auch Casino-Manager. Dieser Casino-Manager wiederum hatte die Verfügungsgewalt darüber, wann und wie lange das Landestheater spielen oder proben durfte.

Daß Vorstellungen dabei fast zum größten Teil nur nachmittags im Landestheater abgehalten werden durften, erschwerte die Situation, auch in finanzieller Hinsicht, um so mehr. Die meisten Abendvorstellungen mußten deshalb im "Neuen Krug" abgehalten werden. Dies aber bedeutete einen erhöhten Einsatz von technischem Personal, weil die technischen Einrichtungen im "Neuen Krug" längst nicht so vollkommen waren wie im Landestheater selbst. Man benötigte für Arbeiten, die im Landestheater mit drei Mann bewältigt werden konnten, im "Neuen Krug" oft die doppelte Anzahl. Das Geld fehlte an allen Ecken und Enden, und die Kostüme mußten auch noch gegen Geld ausgeliehen werden. Das hatte zur Folge, daß immer wieder Aufführungen in Straßenanzügen bestritten werden mußten. Stellvertretend für viele andere sorgenvolle Stimmen soll an dieser Stelle der damalige Ausstattungsleiter zu Wort kommen, der in der WZ/Neue Lippische Rundschau vom 19.9.1947 folgendes feststellte:

> Es fehlt an allem!
>
> Unser im Vergleich zu den anderen Bühnen großer, in Wirklichkeit aber kleiner Fundus – klein deshalb, weil er sich selbst aufzehrt – wird ausgepreßt wie eine Zitrone. [...] Jedes Werk, das aufgeführt wird, hat sein eigenes szenisches Gesetz. Um nun diesem Gesetz annähernd Genüge zu tun, muß man mit kleinen, im Rahmen unserer zwangsläufigen Armut möglichen Änderungen das scheinbar Unmögliche möglich zu machen versuchen. Daß dieses Beginnen Stückwerk ist und bleiben muß, versteht sich am Rande, und es braucht uns von den Beckmessern im Publikum und in der Kritik nicht erst gesagt zu werden. Das wissen wir selbst nur allzu gut.

Sorgen über Sorgen plagten die Theatermacher: alltägliche, finanzielle, bürokratische und politische natürlich. Karl Gaebler machte sich das Leben zusätzlich schwer, weil er im Umgang mit dem Casino-Manager nicht

Abb.4 Szenenfoto aus "Gräfin Mariza" (September 1947)

die Ruhe zu wahren wußte. Oft schlug er einen vielleicht künstlerisch verständlichen, aber diplomatisch gesehen falschen Ton an. Er konnte nicht akzeptieren, warum er das Theater nicht regelmäßig für den Proben- und Aufführungsbetrieb nutzen durfte. Er widersetzte sich den teilweise barschen Zurechtweisungen der Briten, was zur Folge hatte, daß er mehr als einmal zum Garnisons-Kommandeur zitiert wurde.

Über eines dieser Treffen gibt wiederum der Stadtdirektor in dem schon erwähnten und zitierten Schreiben an den Theaterverein vom 4.12.47 Auskunft:

> [...] In diesem Zusammenhang möchte ich Ihnen, sehr geehrter Herr Oberschulrat, aber noch Kenntnis geben von einer Besprechung, die am vergangenen Freitag bei dem Garrison Commander mit Herrn Gaebler und mir stattfand. Diese Besprechung war für mich sehr peinlich, weil der Garrison-Commander Herrn Gaebler den Vorwurf machte, daß er sich an die über die Benutzung des Landestheaters durch die Deutschen getroffenen Vereinbarungen nicht halte. Er melde die Dienstags geplanten Veranstaltungen nicht rechtzeitig an. Außerdem halte er Proben ab am Mittwoch und Donnerstag, obwohl an diesen Tagen Proben nur mit audrücklicher Genehmigung der Engländer gestattet seien, und außerdem wurde ihm der Vorwurf gemacht, daß er freche Widerreden geführt habe, als er deswegen

> zur Rede gestellt worden sei. Herr Gaebler hat sich gegen diese Vorwürfe verteidigt und wohl auch einen gewissen Erfolg bei den Engländern damit gehabt. Immerhin scheint Herr Gaebler kein gutes Prestige zu haben und wurde in sehr peinlicher und scharfer Weise von dem Garrison-Commander angefasst. Auch auf mich fielen gewisse Vorwürfe, weil ja ich dafür verantwortlich gemacht bin, daß das Theater in der für die Deutschen freien Zeit ordnungsgemäß benutzt wird. Es ist zu befürchten, daß bei irgendwelchen neuen Unannehmlichkeiten die Engländer die Konsequenz ziehen und das Theater für die deutsche Bevölkerung sperren. Daß darüber hinaus aber – und das wurde schon angedeutet – dann auch keine Kostüme aus dem Theater selbst herausgegeben werden sollten. Das würde bedeuten, daß das Landestheater im "Neuen Krug" nicht mehr spielen kann. [...] (s. Anm. 7)

Nicht nur aufgrund des unmittelbaren Schreckens, den der Krieg hinterlassen hatte, war das Verhältnis zwischen Briten und Deutschen zu jener Zeit gespannt; die Auseinandersetzungen, die über die Nutzung des Landestheaters geführt wurden und aus heutiger Sicht kleinkariert erscheinen, waren Ausdruck dessen, was die Briten unter "reeducation" verstanden: nicht nur "Umerziehung", sondern auch "Bestrafung".

Auch Otto Will-Rasing kam in einem Brief vom Juli 1947 zu einer ernüchternden Einschätzung der Situation:

> Der "Neue Krug" ist und bleibt ein Provisorium, mit für Theater unzureichenden Verhältnissen. Wohl hat man den Zuschauerraum, aber nicht die Bühne und den Umkleideraum der Mitglieder aufgefrischt. Zudem regnet's durch's Dach, wie auch die hygienische Zustände menschenunwürdig sein sollen.
>
> Im ehemaligen Landestheater selbst sitzt die Besatzungsmacht. Es gibt weder Leinwand noch Holz, noch die für Dekoration notwendige Farbe. Mitglieder bekommen keine Wohnung, haben nicht ausreichend zu essen, müssen demnächst sicherlich wieder frieren, sind dadurch unzufrieden und arbeitsunlustig. Für Abstecherfahrten fehlt Treibstoff und Reifen, die Diätensätze und örtlichen Unkosten sind sehr gestiegen. Rollen- und Notenmaterial ist kaum zu beschaffen. Alte Stücke sind größtenteils unbeliebt und neue gibt es noch nicht, und über all diesem Unrat und Unwillen, über diesen Unzulänglichkeiten schwebt ein Intendant. Um solche Position ist niemand zu beneiden. Bei den wenigen Kalorien ist der Kampf um eine solche Position unbegreiflich. [...][14]

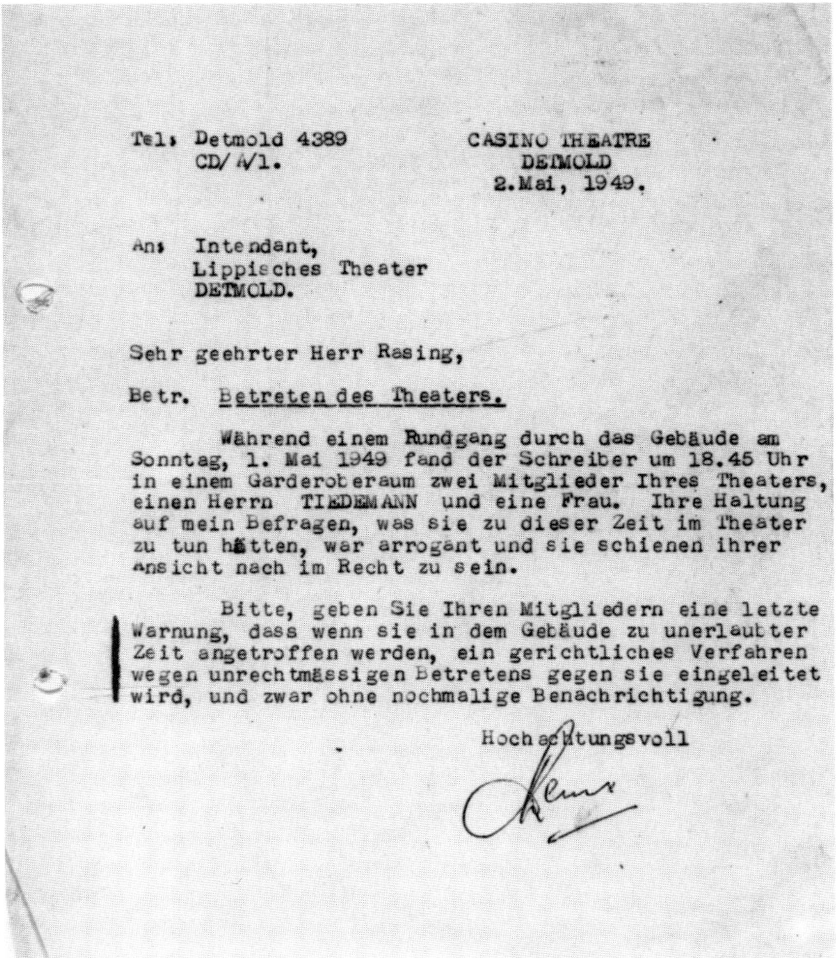

Tel: Detmold 4389
CD/A/1.

CASINO THEATRE
DETMOLD
2.Mai, 1949.

An: Intendant,
Lippisches Theater
DETMOLD.

Sehr geehrter Herr Rasing,

Betr. Betreten des Theaters.

Während einem Rundgang durch das Gebäude am Sonntag, 1. Mai 1949 fand der Schreiber um 18.45 Uhr in einem Garderoberaum zwei Mitglieder Ihres Theaters, einen Herrn TIEDEMANN und eine Frau. Ihre Haltung auf mein Befragen, was sie zu dieser Zeit im Theater zu tun hätten, war arrogant und sie schienen ihrer Ansicht nach im Recht zu sein.

Bitte, geben Sie Ihren Mitgliedern eine letzte Warnung, dass wenn sie in dem Gebäude zu unerlaubter Zeit angetroffen werden, ein gerichtliches Verfahren wegen unrechtmässigen Betretens gegen sie eingeleitet wird, und zwar ohne nochmalige Benachrichtigung.

Hochachtungsvoll

Abb.5 Allein dieses Schreiben des Casino-Managers an Otto Will-Rasing – schon im Jahre 1949 – belegt eindrucksvoll, wie barsch die Zurechtweisungen seitens der Briten ausfallen konnten.

MARKNEUKIRCHEN i. SA
ERLBACHER STR. 50 17. Oktober 1947.

BANK-KONTO:
Sächsische Landesbank Zahlstelle
Markneukirchen Konto Nr. 1109
POSTSCHECKKONTO:
Leipzig Nr. 86569
FERNSPRECHER: Nr. 2808

Städtisches Orchester

Detmold

Ich bestätige den Empfang Ihrer freundl. Zeilen vom 7. ds. Mts. und teile Ihnen mit, dass keine Aussicht besteht, Holzblasinstrumente für den zivilen Sektor freizumachen. Seit 1. Juli sind - wie alle anderen Musikinstrumente - auch Holzblasinstrumente zwangsbewirtschaftet. Ein Freiverkauf ist infolgedessen nicht mehr möglich. Über das zuständige Fachkontor eine Liefergenehmigung anzufordern, ist zwecklos, weil keine Bestände zur Verfügung stehen und die Neufertigung mehr als bescheiden ist, sodass sie kaum ausreicht, um das Liefersoll in Reparationsaufträgen etc. zu schaffen. Innerbetriebliche Hemmungen wie Stromsperren, Gas- und Rohmaterialmangel tragen noch dazu bei, dass eine Erhöhung der Produktion einfach nicht gelingt.

Ihr Vorschlag um leihweise Überlassung von Instrumenten lässt sich aus den obigen Gründen nicht akzeptieren; denn ich habe selbst keine Musterinstrumente. Den Bedarf des Orchesters notiere ich trotzdem auf der grossen langen Liste, um Ihnen evtl. später Vorschläge zu unterbreiten, wenn sich die Lieferaussichten wieder Erwarten bessern sollten. Leider muss ich nach allen Seiten den gleichen Bescheid geben und betonen, dass keine allzu grossen Hoffnungen für spätere Termine gemacht werden können.

Bitte deuten Sie meine Zeilen nicht falsch; denn mir wäre es viel lieber - ich könnte Kundendienst im früheren Sinne pflegen. Ich bedaure wirklich, dass ich Ihnen zurzeit keinen anderen Bescheid geben kann.

Hochachtungsvoll!

F. Uebel

O. 90 4/47 2000 214

Abb.6 Die Sorgen, den Spielbetrieb aufrechtzuerhalten waren, wie hier im Falle des Städtischen Orchesters, riesengroß. Es gab zudem eine hohe Zahl von Anzeigen, in denen auf privater Basis Instrumente gegen Kleidung oder Lebensmittel angeboten wurden, gegen die damals sogenannte Kompensationsware.

Die Schlußbemerkung aus diesem Zitat mag heute zum Schmunzeln verführen; damals entsprach sie einer bitteren Realitätserfahrung. Der Hunger war so groß, daß Energien wirklich behutsam eingesetzt werden mußten. Man mußte mit allem haushalten – auch mit den Kraftreserven. Nun wäre es arrogant, davon zu sprechen, daß das "wiedergewonnene Schäflein", als das sich Will-Rasing selbst bezeichnet hatte, im trockenen saß, aber angesichts der Schwierigkeiten, mit denen Gaebler zu kämpfen hatte, bekleidete er eine ungleich ruhigere Position.

Allein die Tatsache, daß der Casino-Manager fünf RM an Leihgebühr pro Kostümteil verlangte, bedeutete, daß im Verlauf der Spielzeit eine Summe von 42.000,- RM nur für entliehene Kostüme aufzubringen war. Wie Gaebler mit diesem Umstand fertig wurde, läßt sich nicht genau feststellen; allerdings gibt es Berichte darüber, daß Gaebler eines Tages einen Teil des Kostümfundus eigenhändig an einen unbekannten Ort geschafft haben soll, um ihn vor dem Zugriff der Briten in Sicherheit zu bringen.

Bertolt Brechts "Dreigroschenoper" – ein Detmolder Theaterskandal

Abgesehen von den alltäglichen Behinderungen bemühte sich Gaebler weiter darum, in der Spielplangestaltung auch die künstlerische Herausforderung zu suchen: 1948 versuchte er sich an Brechts *Dreigroschenoper* – die Aufführung geriet zum Skandal.

Es sei der Hinweis erlaubt, daß dieses Werk, 1928 im Theater am Schiffbauerdamm uraufgeführt, dort bis zur Machtergreifung der Nazis quasi ununterbrochen vor ausverkauftem Haus lief. 20 Jahre später mußte man in Detmold den Eindruck gewinnen, als hätte Gaebler ein völlig unangemessenes Werk auf den Spielplan gesetzt, das den Verfall der Sitten propagiere. Anders jedenfalls ist die Reaktion nicht zu erklären, mit der sich der CVJM am 1.3.1948 an den Stadtdirektor wandte:

> Der Christliche Verein Junger Männer, Detmold, erhebt namens der evangelischen Jugend schärfsten Einspruch dagegen, daß vom "Neuen Lippischen Theater" Bühnenstücke wie die "Dreigroschenoper" dargeboten werden.
>
> Wir wissen uns frei von dem Vorwurf des Muckertums und erkennen sehr wohl das Recht der Schaubühne an, selbst bittere Wahrheiten ungeschminkt zu sagen und Kritik zu üben an jeder falschen Frömmigkeit, wo sie in Unwahrheit und Heuchelei abzugleiten droht.
>
> Wir vermögen jedoch in der "Dreigroschenoper" auch nicht die geringsten Ansätze einer echten Kritik, oder auch nur Darstellung einer echten sozia-

> len Not zu erkennen, wir sehen vielmehr nur, daß in einer zweifellos schmissigen Art die niedrigsten Instinkte aufgerufen, die widerwärtigsten Gemeinheiten als Selbstverständlichkeiten dargestellt werden und so planmässig jeder Maßstab für Gut und Böse zerstört wird. [...]
> Wir bitten sie daher dringend, den vollen Einfluß der Stadt beim Theaterverein aufzuwenden, um eine weitere Wiederholung dieses Stückes, sowie ähnliche Versuche zu verhindern. [...].[15]

Der Vorstand des Theatervereins schrieb daraufhin am 24.5.1948 an die Stadt folgenden Brief:

> In der Beiratssitzung des Lipp.Theatervereins vom 16.4. ist das Problem der "Dreigroschenoper" gründlich erörtert worden. Wie Ihnen seit längerer Zeit aufgefallen sein dürfte, ist die "Dreigroschenoper" schon seit längerer Zeit vom Spielplan abgesetzt worden.[16]

Es mag sein, daß die Inszenierung der *Dreigroschenoper* schlecht oder dilettantisch war, aber der Angriff des CVJM scheint sich in erster Linie gegen den inhaltlichen Aspekt des Werkes gerichtet zu haben. Auffallend ist, wie prompt der Theaterverein auf die negativen Kritiken reagierte: Das Stück wurde abgesetzt und der Druck auf die Person Gaeblers wuchs. Dagegen schien sich das Verhältnis Otto Will-Rasings zum Stadtdirektor und zum Theaterverein im Lauf der Zeit immer mehr zu verbessern. Folgende Notiz Will-Rasings an Karl Gaebler vom 23.8.1948 legt darüber Zeugnis ab:

> Sehr geehrter Herr Kollege!
> Als Vertreter des Herrn Stadtdirektors nahm ich in der letzten Woche an der Tagung der Kulturgemeinschaft Hellweg in Paderborn teil. Die Kulturgemeinschaft Hellweg erstreckt sich etwa von Hamm bis Warburg und es haben verschiedene Städte Interesse, das Detmolder Theater einzusetzen. Ich habe versprochen, die Anregung an Sie weiterzugeben und bitte Sie, Bedingungen an die Kulturgemeinschaft Hellweg, z.Hd. Herrn Karl Niedeck, Kulturamt Paderborn, einzureichen bzw. Herrn Niedeck mitzuteilen, ob Gastspiele des hiesigen Theaters überhaupt noch zusätzlich absolviert werden können [...] Ich begrüße Sie bestens Ihr Ra.[17]

Es ist erstaunlich, daß zu einem wichtigen Treffen bezüglich des Fortbestandes des Landestheaters Detmold nicht der Intendant desselben geladen wurde, der Intendant des Städtischen Orchesters aber gleich als Vertreter des Stadtdirektors erschien, um wiederum über die Belange des Landestheaters zu diskutieren. Die Situation um Gaebler verschärfte sich zusehends. Gaeblers mangelndes Feingefühl im Umgang mit den Kollegen trug mit dazu bei, daß sich eine Allianz gegen ihn aufzubauen schien.

So fand am 19.10.1948 eine Versammlung des Theatervereins statt, in der zunächst gegen eine Ablösung des Intendanten gestimmt wurde. Der Stadtdirektor allerdings muß Gaebler drei Tage später aufgefordert haben, seine Entlassung zu nehmen. Ein Schreiben von Gaeblers Rechtsanwälten an den Stadtdirektor mit der Bitte um Stellungnahme bringt etwas mehr Licht in die leidige Affäre:

> Sehr geehrter Herr Stadtdirektor!
> [...] Herrn Intendant Gaebler ist [...] weiter berichtet worden, daß in einer Sitzung des Lipp. Theatervereins am Dienstag, den 19. Oktober, einstimmig beschlossen worden sei, es solle kein Intendantenwechsel stattfinden [...]. Umsomehr war Herr Gaebler erstaunt, als Sie ihm am 22.10. nahelegten, seine Entlassung zu nehmen und ihm eine Abfindung bis April 1949 und ein gutes Zeugnis anboten. Dieses Erstaunen beruht in erster Linie darauf, daß diese neue Stellungnahme Ihrerseits mit Ihrer Abstimmung am 19. Oktober schwer in Einklang zu bringen ist und daß Sie gegen den einstimmigen Beschluß des Lipp. Theatervereins zu handeln wohl auch nicht befugt waren.
> Als Gründe für Ihre Äußerung am 22. Oktober gaben Sie folgendes an:
> 1.) Herr Gaebler habe ein Vermögen von über 300.000,- RM verwirtschaftet. Ich muß Sie bitten, die Unterlagen durchzusehen. Aus diesen ergibt sich nämlich, daß von den 300.000,- RM 170.000,- RM im "Neuen Krug" verbaut worden sind [...] und daß über 170.000,- RM bei der Währungsreform umgetauscht wurden.
> 2.) Herr Gaebler habe die Abstecher-Orte mit etwa 30 an der Zahl vernachlässigt. Auch diese Angabe ist unrichtig. Es war Herrn Gaebler vom Theaterverein verboten, die Abstecherorte zu besuchen, wenn sie nicht rentabel waren. Das war aber der Fall.
> Außerdem war das Spielen an diesen Orten aber auch nicht durchführbar, weil keine Wagen und kein Benzin zur Verfügung standen; daß Benzin auf dem schwarzen Markt gekauft werden sollte, kam ja wohl nicht in Frage. [...].[18]

Beschuldigungen gingen von der einen zur anderen Seite und charakterisieren das frostige Klima, das zwischen Gaebler und dem Theaterverein bzw. dem Stadtdirektor herrschte. Eines aber war nicht mehr gegeben: eine konstruktive Zusammenarbeit der einzelnen Gremien mit dem Ziel der Förderung des Detmolder Theaterlebens. Insofern war es für alle Beteiligte wohl das beste, daß Gaebler Ende des Jahres 1948 von seinem Posten enthoben wurde; das Kapitel Gaebler endete schließlich mit einem Vergleich vor Gericht. Zu diesem Zeitpunkt war Otto Will-Rasing, wenn auch zunächst nur interimsweise, wieder als Intendant des Landestheaters Detmold eingesetzt.

Nach seiner Kündigung arbeitete Gaebler gastweise als Schauspieler an anderen Theatern, behielt aber seinen Wohnsitz in Detmold. Es gibt Aussagen darüber, daß er bis zu seinem Tod, Mitte der 50er Jahre, nie wieder einen Fuß über die Schwelle des Landestheaters Detmold gesetzt haben soll.

Heinz Hilpert im Gespräch für Detmold

Warum Will-Rasing nicht sofort mit einem längerfristigen Vertrag ausgestattet wurde, hängt mit dem Versuch zusammen, den renommierten Theatermann Heinz Hilpert nach Detmold zu holen. Der Kontakt zwischen Hilpert und Detmold wurde von Prof. Münch-Holland von der NWD-Musikakademie hergestellt. Hilpert war zu jenem Zeitpunkt, Ende des Jahres 1949, noch Intendant des Deutschen Theaters in Konstanz. Obwohl sich auch Regierungspräsident Drake in die Verhandlungen einschaltete, ist es nie zu einem persönlichen Gespräch mit Hilpert in Detmold gekommen. Hilpert schrieb schließlich am 5.1.1950 an Heinrich Drake einen kurzen Brief, in dem er sein Bedauern über das Nichtzustandekommen eines persönlichen Gespräches zum Ausdruck brachte:

> Sehr verehrter Herr Regierungspräsident,
> [...] Leider ist es ja nun nicht mehr zu einer Verbindung mit Detmold gekommen. Jedenfalls sage ich Ihnen aber meinen herzlichen Dank für all' Ihre Bemühungen. Vielleicht sollte es so sein, daß mir durch die lange Wartefrist Detmold verloren gehen mußte. [...] Mit den verbindlichsten Grüßen, Ihr aufrichtig ergebener Heinz Hilpert.[19]

Angesichts des Ansehens, das Hilpert auch heute noch in Theaterkreisen genießt, scheint es uns unverständlich, daß man die Chance nicht nutzte, Hilpert für Detmold zu interessieren. Allerdings war Hilpert, und damit wird nochmals der Aspekt angeschnitten, daß der Erhalt des Detmolder Theaters den Erhalt des Hauses als Drei-Sparten-Betrieb bedeuten mußte, ein Regisseur des Schauspiels, des Sprechtheaters. Man befürchtete eine Vernachlässigung des Musiktheaters und, wie der weitere Lebensweg Hilperts auch zeigte, war diese Befürchtung nicht unberechtigt. Hilpert ging nach Göttingen und etablierte das dortige Deutsche Theater als ein reines Sprechtheater. Für Detmold hätte eine solche Reduzierung sicher schwerwiegende Konsequenzen bedeutet.

Die Presse allerdings führte noch andere Argumente gegen Hilpert ins Feld – Argumente, die der öffentlichen Meinung zur damaligen Zeit wahrscheinlich entsprachen. In der "Freien Presse" vom 1.10.1949 heißt es:

> Hilperts Name als Theaterfachmann steht außerhalb jeder Diskussion. Das Deutsche Theater in Berlin in der Schumannstraße hatte unter Hilpert einen besonderen Rang – aber es war eben ein Hilpert-Theater... [...]. Detmold und das Lipperland haben nur ein Theater – und dieses eine Theater sollte nicht unbedingt auf einen Namen ausgerichtet und der Gefahr von Experimenten ausgesetzt werden. Die Besuchermassen, die durch Abonnements- und Gewerkschaftsvorstellungen in das Theater geführt werden, haben ein Anrecht auf ein so buntes, auf ein so vielfältiges, dabei jedoch in jeder künstlerischen Hinsicht hochstehendes Theater, daß Star-Intendanten es äußerst schwer haben würden, diese Bedürfnisse zu befriedigen.

Die Entscheidung für Otto Will-Rasing war eine bewußte Entscheidung gegen Hilpert. Will-Rasing war ein ausgewiesen guter Verwaltungsfachmann – ein Kriterium, das zu jener Zeit mindestens genauso schwer wog wie das Kriterium, ein künstlerisch ambitionierter Theaterleiter zu sein.

Der Schatten der Währungsreform

Will-Rasing konsolidierte den wirtschaftlichen und künstlerischen Zustand des Hauses sehr schnell; dennoch war auch er gezwungen, in der Folge der Währungsreform Personal zu entlassen, um den Fortbestand des Hauses zu gewährleisten.

Die Währungsreform, die die Voraussetzungen zum Wiederaufbau schuf, setzte zunächst in eher negativer Hinsicht eine Zäsur. Das Reden darüber, daß man vor der Währungsreform viele Reichsmark, aber nichts zu kaufen hatte, wurde ersetzt durch die traurige Erkenntnis, daß man jetzt, nach der Währungsreform, zwar viel kaufen könne, aber dafür kein Geld mehr habe. Kein Geld: unter dieser Bedrohung litten alle – ob Länder, Städte oder Gemeinden. In wirtschaftlich schwierigen Zeiten trifft der Rotstift immer zuerst die kulturellen Einrichtungen; so sah sich auch das Landestheater Detmold gravierenden Problemen ausgesetzt. Die Besucherzahlen waren stark rückläufig, da sich die Menschen den Besuch des Theaters einfach nicht mehr leisten konnten. Dennoch wurde auf einer außerordentlichen Sitzung der Regierung in Detmold am 13. Juli überlegt, wie man die kulturellen Einrichtungen der Region am effektivsten erhalten und unterstützen könnte. Natürlich wurde dabei in erster Linie die Eigenverantwortung der entsprechenden Institutionen angesprochen. Der Ausgleich der Haushalte aus eigener Kraft, stärkste Entfaltung und Initiative, sparsamste Verwaltung, Erhaltung der besten Kräfte und Werbung des Publikums durch vorzüglichste Leistungen waren das Gebot der Stunde. Über die Situation der Theater hieß es im Protokoll:

> Die Vertreter der Stadt Bielefeld und der Stadt Detmold plädierten für die Sicherung eines geregelten Spielbetriebes durch die stärkere Anbindung des Publikums an "sein" Theater durch die Errichtung von Volksbühnen und durch Gründung von Theatergemeinschaften. Dafür sei erforderlich, daß man teilweise auch die Auswahl der Stücke nach dem Geschmack des Publikums vornehmen müsse. Zu berücksichtigen sei, daß die Leistungsfähigkeit des Publikums an Beiträgen für derartige Zusammenschlüsse monatlich 1.50 DM – 1.70 DM nicht übersteigen solle. Es wäre allerdings wieder die Frage, daß bei diesen geringen Eintrittspreisen unter Umständen das künstlerische Niveau abfallen würde und der Zweck – die Förderung hochwertiger Theater – nicht erreicht werden würde. Es wäre unerläßlich, die Gagen etwas zu senken, aber man müsse auch beachten, daß der Künstler einen hohen Aufwand an Garderobe habe und das Publikum im Theater Wert auf vorbildliche Ausstattung nach wie vor legen würde.

Wie aktuell mutet der hier formulierte Zwiespalt an: Man muß dem Anspruch des Publikums auf festlichen Glanz Rechnung tragen, auch wenn die Mittel zur Realisierung immer geringer werden.

Den Gedanken der Einrichtung einer Volksbühne hatten die Detmolder im übrigen schon kurz nach Kriegsende realisiert. In Hiddesen existierte ein Volksbühnen-Büro, in dem vielfältigste Werbemaßnahmen ergriffen wurden. Um z.B. eine faire Platzverteilung zu garantieren, wurde am Theatereingang jeweils vor der Vorstellung eine große Los-Trommel aufgestellt, aus der sich die Besucher ihre Karte selbst ziehen konnten. Um Freunde und Familienangehörige, die einen gemeinsamen Theaterbesuch planten, nicht auseinanderzureißen, wurden auch besondere Lostrommeln aufgestellt, in dene jeweils zwei oder drei zusammengeheftete Eintrittskarten gezogen werden konnten.

Trotz dieses Versuches der Publikumsanbindung setzte auch hier die Währungsreform eine schmerzhafte Zäsur: Über die Hälfte der Volksbühnenmitglieder kündigten ihre Mitgliedschaft auf, weil sie einfach nicht mehr das Geld für einen Theaterbesuch aufbringen konnten. Die Sorgen waren groß; vielleicht war der Fortbestand des Theaters nie stärker in Gefahr als im Sommer 1948. Dennoch gab es auch in jenen Tagen eindrucksvolle Belege dafür, wie sehr die Lipper ihr Theater unterstützen wollten. So kam es am 31.1.1949 zu einer Bürgerversammlung, in der endlich die Freigabe des Theaters und die Rückgabe bzw. Kompensierung des beschlagnahmten Kostümfundus' gefordert wurden. Die Tatsache, immer nur provisorisch agieren zu können, war sicher der Haupthinderungsgrund für eine Verbesserung der wirtschaftlichen Situation. Am 15.2.1949 schrieb Lt. Colonel W.P. Sweetman bezüglich dieser Reaktionen an den Regierungspräsidenten:

> Mein sehr geehrter Herr Drake,
> [...] im Herbst haben Verhandlungen stattgefunden, um dieses Theater zum Teil freizugeben, aber diese Verhandlungen sind damals fehlgeschlagen. Das Detmolder Landestheater ist das einzige Theater, das groß genug ist, um grössere Theater- oder Musikdarbietungen für die britische Bevölkerung im Gebiet von Detmold, Bad Lippspringe, Paderborn, Lager Lopshorn und Sennelager durchzuführen.
> Ich verstehe jedoch den Wunsch der Detmolder Bevölkerung nach Freigabe des Theaters sehr wohl [...] aber aus dem angegebenen Grunde glaube ich nicht, daß das Haus vollständig freigegeben wird.
> Ihr sehr ergebener gez. W.P. Sweetman.

Zumindest der Ton hatte sich geändert: nicht mehr barsche Zurechtweisung, sondern immerhin Verständnis für die Bedürfnisse der Bevölkerung. Schwerer aber wog, daß die Veranstaltungen, die die Briten für ihre Landsleute ansetzten, zum Teil überhaupt keinen Widerhall fanden.

Stabilität der Situation durch Einrichtung eines Abonnentensystems

Als Otto Will-Rasing schließlich den Posten des Intendanten wieder bekleiden durfte, war die Lage sehr schwierig für das Theater – um so eindrucksvoller liest sich die Bilanz drei Jahre später. Das Abonnentensystem konnte in der näheren Region etabliert werden. In einem Brief an den Bundestagsabgeordneten Mellies vom 5.2.1952 kann Otto Will-Rasing eine erfreuliche Zwischenbilanz ziehen: "Während wir in Stadt Lemgo eine Dauermiete über 403 Abonnenten haben, werden aus dem Kreise Lemgo in unserer Dauermiete Detmold 520 Abonnenten erfasst, die sich aus folgenden Städten und Gemeinden zusammensetzen [...] [Es folgt eine Auflistung von 33 Orten von Almena bis Wellentrup]." Dennoch kommt Will-Rasing nicht umhin, erneut auf den größten Wermutstropfen in der Situation hinzuweisen:

Abb.7 Erste Werbemaßnahmen, um den Besucherstrom zu stabisilieren, zeigten schon bald Erfolg...

Abb.8 ...wie dieser Fuhrpark beweist, mit dem in den frühen fünfziger Jahren die auswärtigen Besucher nach Detmold gebracht wurden.

> Nach wie vor ist für den weiteren Auf- und Ausbau des Landestheaters die Freigabe des eigenen Hauses erforderlich. Wir mussten im Herbst 1951 mit unserer Dauermietwerbung stoppen, da wir einfach nicht in der Lage sind, an den drei uns für Theateraufführungen zur Verfügung stehenden Tagen mehr Abonnenten zu erfassen. Nur durch die Freigabe des Theaters, ich glaube es ist das einzige Theater im ganzen Bundesgebiet das noch requiriert ist, würde eine zunächst zehnmonatige Spielzeit die Möglichkeit einer späteren Ganzjährigkeit wieder gegeben, die dem gesamten Personal des Landestheaters, wir sind 187 insgesamt, das ganze Jahr Arbeit und Brot gibt.
> Auch in der jetzt so erfolgreichen Spielzeit 1951/52 laufen die Mitgliederverträge nur über acht Monate, während sie in den vier Sommermonaten, erst recht, da den Mitgliedern des Theaters seitens des hiesigen Arbeitsamtes neuerdings die Arbeitslosenunterstützung verweigert wird, vor dem Nichts stehen [...].

Heute haben wir uns an die ganzjährige Spielzeit gewöhnt. Damals jedoch war es absolut keine Selbstverständlichkeit, das ganze Jahr über zu spielen. Vielleicht ist es deshalb das größte Verdienst von Otto Will-Rasing, daß er die wirtschaftliche Situation so stabilisieren konnte, daß die ganzjährige Spielzeit in Detmold eingerichtet werden konnte.

Auch die Briten konnten sich diesen Erfolgsbilanzen nicht länger verschließen. Am 5. 7.1952 erfolgte die Freigabe des Landestheaters Detmold, der Spielbetrieb ließ sich endlich wieder normalisieren und wurde in den folgenden Jahrzehnten immer weiter ausgebaut. Die Zahl der Abstecherorte nahm enorm zu. Das Lebenswerk Otto Will-Rasings wurde schließlich gekrönt durch den 1968 erfolgten Anbau an das Theaterhaus, wo seitdem die Verwaltung und die Werkstätten des Landestheaters untergebracht sind.

Auch wenn Otto Will-Rasing 30 Jahre Intendant des Landestheaters gewesen ist, so war er es eben nicht in den turbulenten Jahren zwischen 1945 und 1949. Auch Dr. Hans Kaufmann und Karl Gaebler haben ihren Beitrag zum Erhalt, oder besser gesagt: zum Wiederaufbau des Landestheaters geleistet. Das sollte am Schluß dieses Aufsatzes nochmals betont werden.

Anmerkungen

1. Theaterverein Detmold (Hrsg.), Rückblick auf das Leben eines Intendanten, darin: Dr. Franz Wirtz: Interview mit dem scheidenden Intendanten, Detmold 1969.
2. StA DT, D 106 Detmold A Nr. 3174. StA DT, L 113, Nr. 871.
3. StA DT, D 106 Detmold A Nr. 3146.
4. StA DT, D 106 Detmold A Nr. 3174.
5. StA DT, D 106 Detmold A Nr. 3180.
6. Die genaue Auflistung aller Stücke sieht wie folgt aus: Der Wildschütz (Lortzing), Rigoletto (Verdi), Die Hochzeit des Figaro (Mozart), Martha (Flothow), Die lustigen Weiber von Windsor (Nicolai), Der Zigeunerbaron (Strauß), Die lustige Witwe (Léhar), Das Land des Lächelns (Léhar), Die Csardasfürstin (Kálmán), Die Försterchristel (Jarno), Das Schwarzwaldmädel (Jessel), Hamlet (Shakespeare), Judith (Hebbel), Nathan der Weise (Lessing), Die Verschwörung des Fiesco zu Genua (Schiller), Der Kreidekreis (Klabund), Nachtasyl (Gorki), Candida (Shaw), Ostern (Strindberg), Die fremde Stadt (Priestley), Das Grabmal des unbekannten Soldaten (Raynal), Sturm im Wasserglas (Frank), Jugendfreunde (Fulda), Ich suche Stefan Horn (Gössl), Im weißen Rößl (Blumenthal), Die Gattin (v. Bokay), Mit meinen Augen (Braun), Kretschinskijs Hochzeit (Suchowo-Kobylin), Spiel im Schloß (Molnar), Die spanische Fliege (Arnold/Bach), Pygmalion wird kuriert (Pfeiffer), Wie Klein-Else das Christkind suchen ging (Lehmann-Haupt), Aschenbrödel (Görner).
7. StA DT, D 106 Detmold A Nr. 3113.

8. StA DT, D 106 Detmold A Nr. 3113.
9. StA DT, D 106 Detmold A Nr. 3131.
10. StA DT, D 106 Detmold A Nr. 3135
11. StA DT, D 106 Detmold A Nr. 3113.
12. StA DT, D 106 Detmold A Nr. 3113
13. StA DT, D 106 Detmold A Nr. 3113
14. StA DT, D 106 Detmold A Nr. 3146
15. StA DT, D 106 Detmold A Nr. 3007
16. StA DT, D 106 Detmold A Nr. 3007.
17. StA DT, D 106 Detmold A Nr. 3146.
18. Gründe, warum der Vertrag doch aufgelöst wurde, liegen wahrscheinlich in folgendem Passus begründet, den der 'Theaterverein in der Sitzung vom 19.1.1948 wie folgt festlegte: "Der Theaterverein beschließt einstimmig, das Vertragsverhältnis mit Gaebler weiterlaufen zu lassen unter der Bedingung, daß zwischen dem Stadtdirektor und dem Intendanten entsprechende Vereinbarungen festgelegt werden, die eine ersprießliche Arbeit im Sinne der Förderung des Theaters sichern." Zu dieser ersprießlichen Zusammenarbeit ist es nicht gekommen.
19. Vorangegangen war eine von Heinrich Drake ausgesprochene Einladung an Hilpert, einen Vortrag zu Theaterfragen in Detmold zu halten. Diese Nachricht aber hat Hilpert nie bekommen.

Hans-Gerd Schmidt

"Wer denkt da noch an schlechte Zeiten?"

Ein lippischer Fremdenverkehrsfilm als Ausdruck nachkriegszeitlicher Mentalität

Gegenstand der Untersuchung ist ein Werbefilm: "Lippe Detmold. Het ideale reißdoel in het Teutoburgerwoud". In erster Linie war er für ein holländisches Publikum gedacht. Bemerkenswert ist, daß er aus zwei Teilen, die zu ganz unterschiedlichen Zeiten entstanden sind, besteht. Der erste Teil wurde 1952 gedreht. Das Drehbuch entstand im Detmolder Verkehrsamt. Handlungsträger dieses Filmteils ist ein junges Paar, das in Amsterdam eine Reise bucht, im Detmolder Hotel "Frankfurter Hof" absteigt und Lippe-Detmold mit seinen Sehenswürdigkeiten erlebt.

Der zweite Filmabschnitt stammt aus der Zeit des Nationalsozialismus und wurde 1936 unter dem Titel "Hermannsland" gedreht. Von diesem Streifen liegt nur noch ein 'gereinigtes' Original[1] vor, d.h. alle direkten Erinnerungen an diese Zeit, wie etwa Hakenkreuzfahnen und Aufmärsche, wurden nach 1945 herausgeschnitten. Die Montage veranlaßte das Detmolder Verkehrsamt.

Im Gegensatz zu früheren Filmprojekten des Fremdenverkehrsverbandes oder des Verkehrsamts fehlen für diese Maßnahmen wie auch für die Produktion des Streifens von 1952 entsprechende Aktenbelege.[2]

Spurensuche – Filmbilder als Quelle für mentale Zustände

Die Frage stellt sich, welche Informationen, Einsichten und Erkenntnisse ein Fremdenverkehrsfilm über Nachkriegsmentalitäten vermitteln kann.

Die traditionelle Geschichtswissenschaft hat den Film als Quelle stets etwas stiefmütterlich behandelt und ihm häufig nur einen begrenzten Aussagewert als "Illustrationsmittel"[3] zugesprochen. Nur in seltenen Fällen, etwa in der Biographieforschung, gestand sie ihm die Eignung zu, neue Erkenntnisse vermitteln zu können.

Eine Neubestimmung des Quellenwertes filmischen Materials erfolgte erst mit Beginn der 20er Jahre. Seit dieser Zeit, zuerst in Frankreich und England, wandten sich viele Historiker neuen Fragestellungen zu. Der anonyme Durchschnittsmensch und sein Alltag rückten in den Mittelpunkt des Interesses. Als neue Forschungsrichtung entwickelte sich die Mentalitätsgeschichte. Die hier im Gegensatz zur Mentalität eines Individuums interessierende kollektive Mentalität von ganzen Bevölkerungsgruppen umfaßt die für einen Zeitraum typischen Einstellungen zu bestimmten Bereichen und Themen, wie etwa Familie, Kindheit, Tod, Sexualität, Beruf. Sie betrifft Ängste, Hoffnungen, Vorurteile. Sie fragt nach den Deutungsmustern hinsichtlich gesellschaftlicher Ereignisse und Gegebenheiten, den jeweils bestehenden Weltbildern und versucht damit auch die Tabus, Mythen und Utopien einer Gesellschaft zu erforschen.[4] Kennzeichen kollektiver Mentalitäten sind ihre Zähigkeit und Langlebigkeit. Wegen ihres Beharrungsvermögens lassen sich spezielle Mentalitätssegmente über Generationen hinweg nachweisen.

Ein weiteres Merkmal von Mentalität besteht darin, daß sie als Bestandteil des Alltagslebens ins Unterbewußte abgesunken ist und der reflektierenden Bewußtmachung nicht ohne weiteres zugänglich ist. Diesen Aspekt hebt Le Goff besonders ausdrücklich hervor:

> Die Ebene der Mentalitätsgeschichte ist die des Alltags und des Automatischen, also dessen, was den individuellen Subjekten in der Geschichte entgeht, weil es den unpersönlichen Inhalt ihres Denkens ausmacht, also dessen, was Caesar und der letzte Soldat seiner Legionen, Ludwig der Heilige und der Bauer auf seinen Domänen, Christoph Kolumbus und der Matrose auf seinen Karavellen gemeinsam haben. Die Geschichte der Mentalitäten verhält sich zur Ideengeschichte wie die Geschichte der materiellen Kultur zur Wirtschaftsgeschichte.[5]

Mit der Entwicklung dieser Forschungsrichtung entstehen neue Quellenformen bzw. gewinnen gewisse bisher vernachlässigte Formen an Bedeutung, so etwa religiöse Riten, soziale Bräuche, Sprachformen, expressive Gesten, aber auch Bildmaterialien – und damit Fotografie und Film. Die Bedeutung des Films als Objektivation von Mentalität hat besonders Kracauer schon früh erkannt. Pointiert formuliert er diese Erkenntnis in der Einleitung seines Caligari-Buches. Gleichzeitig macht er die wichtigsten filmischen Gestaltungsmittel aus, die, vom Bildinhalt abgesehen, Zugänge für eine mentalitätsgeschichtliche Analyse bieten können:

> Was die Filme reflektieren, sind weniger explizite Überzeugungen als psychologische Dispositionen – jene Tiefenschichten der kollektiven Mentalität, die sich mehr oder weniger unterhalb der Bewußtseinsdimension erstrecken [...]. Dank diverser Kameratätigkeiten, des Schnitts und vieler be-

> sonderer Kunstgriffe sind Filme imstande und folglich verpflichtet, die gesamte sichtbare Welt gleich einem Elektronenstrahl abzutasten [...]. Im Verlauf ihrer räumlichen Eroberung erfassen Spielfilme wie Tatsachenfilme gleichermaßen unzählige Bestandteile der Welt, die sie spiegeln: riesige Massenaufzuüge, zufällige Konfigurationen menschlicher Körper und unbelebter Objekte und eine endlose Folge unaufdringlicher Phänomene [...]. Das innere Leben manifestiert sich in verschiedenen Elementen und Konglomeraten des äußeren Lebens, besonders in jenen kaum wahrnehmbaren Oberflächenerscheinungen, die eine wesentliche Rolle filmgerechter Behandlung spielen. Mittels Aufnahme der sichtbaren Welt [...] liefern Filme daher Schlüssel zu verborgenen geistigen Prozessen.[6]

Kracauers sich stark auf werkimmanente Kriterien konzentrierender Ansatz läßt sich durch die Einbeziehung weiterer Quellenformen anreichern und erweitern. Dieses Verfahren hat vor allem Panofsky bei der Interpretation von Kunstwerken (schwerpunktmäßig Malerei) entwickelt.[7]

Die erste Phase der hier unter mentalitätsgeschichtlichen Aspekten vorzunehmenden Filmanlyse gilt der 'gereinigten' Fassung des Films "Hermannsland" von 1936. In wiederholten Sichtungen des Bildmaterials kristallisierten sich für mentalitätsgeschichtliche Fragestellungen besonders ergiebige Bereiche heraus. Es sind dies Landwirtschaft und landschaftliche Attraktionen wie der Donoper Teich und die Externsteine. Dem Leser mag sich hier die Frage stellen, inwiefern denn ein im Jahre 1936 gedrehter Film Aufschlüsse über Mentalitäten der Nachkriegszeit zu geben vermag. Die Verwendung dieses Filmteils als Mentalitätsquelle läßt sich in zweierlei Hinsicht rechtfertigen: Zum einen wurde der Streifen aus der Nazizeit für ein Publikum der Nachkriegszeit als geeignet freigegeben. Zum anderen stieß diese von einer kommunalen Institution aufbereitete Fassung auf eine breite öffentliche Zustimmung. Das schon zu einer Zeit, als der Film noch vor seiner Einbindung in den späteren Werbefilm (Uraufführung am 15.12.1952) als gereinigte Fassung unter seinem Originaltitel "Hermannsland" gezeigt wurde. Über eine seiner letzten Aufführungen heißt es in der "Freien Presse" vom 19.8.1952:

> Vor allem der im Jahre 1936 von der Stadt Detmold in Auftrag gegebene Werbefilm, von der Tobis gedreht, [gemeint ist "Hermannsland", H.-G. Sch.] ist heute noch aktuell und wird allwöchentlich holländischen Gästen gezeigt.

Verklärung der Gegenwart – Landwirtschaft nostalgisch

Auffallend im Vergleich zu den früheren Fremdenverkehrsfilmen ist die Darstellungsform landwirtschaftlicher Arbeit. Im Film "Durch Lippisches Land" (1930) erfolgt Erntearbeit als maschineller Vorgang mit einer von Pferden gezogenen Mähmaschine.

Abb. 1 Bauer als Schnitter (Hermannsland, deutsche Fassung)

Den Film von 1936 kennzeichnet dagegen eine starke Reduktion, da jeder Bezug zum aktuellen technischen Stand vermieden wird: Der Bauer als Schnitter mit einer Sense (Abb. 1). Die Kameraführung erfolgt in der Form, daß der Zuschauer aus der Perspektive des mähenden Bauern auf das erntereife Getreide blickt, in das die Sense hineinfährt. Die nächste Einstellung leitet über zu einer Windmühle mit sanft sich drehenden Flügeln. In dieser Sequenz treten Merkmale auf, wie sie für die Behandlung landwirtschaftlich-bäuerlicher Themen in der Nazizeit kennzeichnend waren. Diese Merkmale entsprechen den Ergebnissen einer Untersuchung zur "Darstellung des Bauerntum im 3. Reich".[8] Sie bestehen in der Anknüpfung an die Tradition der "Altdeutschen", die ein stark idealisiertes Bild des Bauern geschaffen hatten. Landwirtschaft wird durch die Ausklammerung technischer Aspekte zum "Urgewerbe" stilisiert. Tätigkeiten werden dabei zu "symbolischen Tätigkeiten", Werkzeuge zu "symbolischen Werkzeugen", und zwar entsprechend den Vorstellungen des Großstädters von bäuerlicher Arbeit.

> Als Symbole enthielten sie alles das, woran es der Bevölkerung der fortgeschrittenen bürgerlich-kapitalistischen Gesellschaft mangelte: Sicherheit, Geborgenheit, überschaubare Verhältnisse, Kontinuität.

In der holländischen Fassung fehlt diese Sequenz.

Wie wenig dieses aus den 30er Jahren übernommene Bildmaterial der landwirtschaftlichen Realität der 50er Jahre entsprach, zeigen die Entwicklungstrends in der Landwirtschaft dieser Zeit. Schon in den frühen 50er Jahren kommt es auch auf den kleinbetrieblichen Höfen zu einer

Mechanisierungswelle. Zugtiere werden durch Traktoren ersetzt, zusätzliche Maschinen finden in Anbau und Ernte Verwendung.[9] Im gleichen Zeitraum beginnt der Rückgang der kleinbäuerlichen Betriebe. Verbunden mit den zahlreichen Flüchtlingen, darunter viele ehemalige Städter, die in den Dörfern zeitweilig eine Bleibe finden, erfährt der ländliche Raum mit Beginn der 50er Jahre eine tiefgreifende Veränderung in Form eines Modernisierungsprozesses. Erker beschreibt dessen hervortretende Merkmale:

Die Entprovinzialisierung dörflichen Lebens, die Schwächung der älteren Autoritäten, Bindungen und der dörflichen Gruppenabhängigkeit und die zunehmende Orientierung an städtischen Gewohnheiten und Lebensformen [...].[10]

Abb.2

Wie aktuell dieser Rückgriff auf das Bauerntum als Symbol für das Ursprünglich-Echte und Unverfälschte zu dieser Zeit war, zeigt eine Wochenendausgabe der "Freien Presse" vom 9.8.1952. Auf einem dort abgebildeten Ölgemälde des Kunstmalers Prof. Waldapfel (Abb.2) und einem Gedicht von Alfons Hayduck wird die Ausklammerung des Technischen zugunsten symbolischer Werkzeuge bildlich bzw. sprachlich realisiert. Das Bild, so der Zeitungskommentar, zeigt ein "hessisches Ehepaar nach dem ersten Schnitt". Der Bauer trägt eine Sense auf der Schulter, die Frau, wie es scheint, einen Rechen.

Im Gedicht ist es der Klang von Sicheln, der, außer den rollenden Erntewagen, zu hören ist. Das liest sich in lyrischer Form folgendermaßen:

So steht der Tag und blinkt wie Gold
Ist Lob der Wiederkehr der Dinge
Ist Sichelsang, der talwärts klinge
Wo schon der Erntewagen rollt.

In unserem Zusammenhang ist es unwichtig, wann diese Werke entstanden sind. Aufschlußreich ist, daß sie zu einer Zeit präsentiert werden, in der diese Darstellungen nicht mehr die eigentliche Realität treffen. Geht man davon aus, daß Zeitungsmacher ein Gespür dafür haben, was ihre Leser bewegt und anspricht, so unterstützt diese Darstellung des Bauerntums die für den Filminhalt beobachtete Tendenz zur Rückwendung ins Nostalgisch-Verklärte.

Donoper Teich und Externsteine im Film der Nazizeit: Landschaft als mythisch überhöhter Raum

Die Darstellung des Donoper Teichs findet sich als eine der bedeutendsten Attraktionen dieser Region in allen lippischen Fremdenverkehrsfilmen. Die Filme von 1930 ("Durch Lippisches Land") und 1933 (Fenske) präsentieren ihn als Ort der Erholung, der Freizeit und der landschaftlichen Attraktivität. Dieser Eindruck wird dadurch erzielt, daß Spaziergänger, hier zwei Frauen (Abb.3), auf einer Bank sitzend, den Teich betrachten, etwas später dann durch zwei sonntäglich gekleidete Kinder (Abb.4),

Abb.3

Abb.4

die sich am Rand des Teiches aufhalten. Landschaft ist hier ein Raum, der bestimmten Zwecken dient, indem Menschen ihn situativ nutzten als sich Erholende und Freiheit Verbringende. Selbst dort, wo diese direkten Hinweise auf Zweck und historischen Zeitpunkt (Mode) wie im Fenske-Film (1933) fehlen, dient eine leere Ruhebank (Abb.5) als Zeichen für die Funktion dieses Landschaftsraumes.

Ganz anders die Darstellung aus der Nazizeit. Die Produzenten des Films "Hermannsland" (1936) klammern alles aus, was, wie in den anderen Filmen, Aufschluß über die Funktion der Landschaft oder den Zeitpunkt der Aufnahme geben könnte. Damit wird Landschaft zeitlos und elementar. Nach dieser "Reinigung" der Landschaftsdarstellung von allen funktionalen und historischen Zeichen wird durch die spezifische Inszenierung die so elementarisierte Naturszenerie aber entsprechend bedeutungsvoll aufgeladen. Licht, vor allem in Form schräg einfallenden Mor-

Abb.5

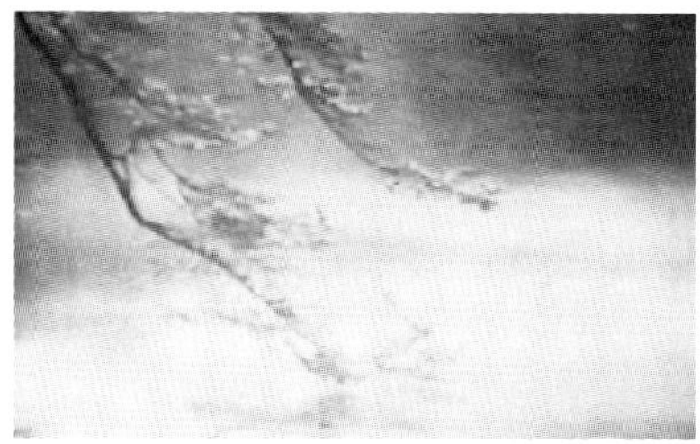

Abb.6

genlichts, sich spiegelnd auf der Wasseroberfläche und gedämpft durch ziehende Nebelschwaden (Abb.6), verleiht dem so präsentierten Landschaftsausschnitt mythische Züge. Landschaft wird hier zum Mythos, der das Archaische, das 'Ur- und Wesenhafte' verkörpert.

Externsteine

Eine ähnliche Intention wie beim Donoper Teich kennzeichnet die Präsentation der Externsteine. Auch hier erhält Landschaft einen mythisch-archaischen Grundton, indem alle funktionalen und zeitlichen Bezüge ausgeblendet werden. Aufsteigende Wolken hinter den Steinen oder tiefgehende Wolken, die über den gesamten Komplex hinwegziehen, sowie Licht und Schatten, die im schnellen Wechsel über die Felswände hinweggleiten, verleihen der Statik der Felsen eine theatralische Dramatik. Durch extreme Froschperspektive (Abb.7) gleich zu Beginn der Sequenz gewinnen die Steine einen zusätzlichen Aspekt des Überwältigenden. Daß die bisher beschriebene Inszenierung einem bewußten Kalkül unterliegt und typische Merkmale nazistischer Landschaftsdarstellung enthält[11], wie etwa auch in der Malerei, zeigt ein Blick in das Exposé zum Film. Hier heißt es:

Abb.7

> Überblenden, schwer und wuchtig auf Externsteine unter schwerem Himmel. Wolken im Trick, eventuell Sturm. Stimmung erinnert an das alte Germanien.[12]

Auch der Vergleich mit den anderen Filmen bestätigt diese Tendenz. Im Fenske-Film werden die Externsteine zur Kulisse für einen sommerlichen Freizeitraum, vor der Ausflügler den See mit einem Boot befahren. Die für eine solche Szenerie typischen Schwäne fehlen ebenfalls nicht. Die extrem ausführliche Darstellung im Film "Durch Lippisches Land" läßt ebenfalls keine Assoziationen an die im "Hermannsland" auffallenden Inszenierungsformen aufkommen. In der für den heutigen Betrachter etwas betulichen Art eines Kulturfilms aus der Stummfilmzeit werden hier in informativen Einblendungen Hinweise auf die kultische Bedeutung dieses Naturdenkmals in heidnischer und christlicher Zeit gegeben. Das Bildmaterial scheint eher der Illustration dieser Texte zu dienen.

Abb.8

Weiterhin betonen Menschen als Betrachter der einzelnen Sehenswürdigkeiten die dem Film zugrunde liegenden kulturhistorischen und fremdenverkehrswerbenden Intentionen.

Würste und Schinken, Essen und Trinken – Gegenbilder zu traumatischen Erinnerungen und zwiespältigem Lebensgefühl

Nach der Analyse der für Mentalitätsfragen ergiebigen Stellen des Films von 1936 geht es im folgenden um den Filmteil aus der Nachkriegszeit (1952). Auffallend häufig finden sich Darstellungen, in denen es um Ernährung geht. Während Trittel[13] für die Jahre zwischen 1945 und 1948 eine "Rhetorik des Hungers" diagnostiziert, kann man im Hinblick auf diesen Film nach 1948 von einer "Rhetorik der Sättigung" sprechen. Diese filmisch realisierte Rhetorik läßt sich in fünf Grundtypen aufgliedern: Darstellung von Lebensmitteln (Wurst und Schinken), Köche bei der Zubereitung von Speisen, gedeckte Tische im Hotel, die beiden Hauptpersonen bei ihren Mahlzeiten und Einheimische. Berücksichtigt man das Filmgenre, so scheint es auf den ersten Blick naheliegend, die Funktion dieser Sättigungsrhetorik folgendermaßen zu bestimmen: Mögliche Bedenken beim ausländischen Touristen hinsichtlich einer schlechten Versorgungslage mußten zerstreut werden. Gleichzeitig galt es, den kulinarischen Aspekt werbend in die Botschaft des Films einzubeziehen. Auffallend ist jedoch, daß die für Produktion und Verbreitung dieses Werbefilms Verantwortlichen noch 1952 dieser Thematik eine solche Bedeutung beimessen. Immerhin hatte sich die prekäre Versorgungslage schon seit längerem entspannt. Man befand sich in den beginnenden Jahren der "Freßwelle", wie es im Jargon dieser Zeit hieß. So berichtet Grosser in seiner "Geschichte Deutschlands seit 1945":

> Im Juni 1952 gab der Landtagspräsident von NRW bekannt, daß die Stühle im Düsseldorfer Sitzungssaal durch breitere Sessel ersetzt würden: die vor 6 Jahren aufgestellten waren dem durchschnittlichen Leibesumfang der einzelnen Abgeordneten nicht mehr angemessen, der in vier Jahren "sozialer Marktwirtschaft" zugenommen hatte.[14]

Der Film selbst bietet für die so differenziert ausgestaltete Sättigungsrhetorik eine weitere Bedeutungsebene, die geeignet ist, zusätzliche mentalitätsgeschichtliche Aufschlüsse zu geben. Im Kommentar zur Sequenz, die Einheimische bei Würstchenessen zeigt, heißt es:

> Wer denkt da noch an schlechte Zeiten?

Diese Kommentierung zielt auf eine traumatische Erinnerung bei vielen Deutschen. Sie betrifft die Hungerzeit nach dem Zweiten Weltkrieg. Ein Notrezept aus dieser Zeit mag als Beispiel für die Intensität der Hungerphase zitiert werden:

> Eichelbrot
> Herstellung des Eichelmehls: Die Eicheln werden enthülst. Durch Überbrühen mit kochendem Wasser und nachfolgendem Halbieren lassen sich die Schalen leichter entfernen. Die halbierten Kerne werden nochmals durchgeschnitten und über Nacht in kaltem Wasser eingeweicht (einmal erneuern!), im warmen Zimmer gut getrocknet und dann dreimal durch die Kaffemühle getrieben. – Eichelmehl enthält an Nährwerten: 37% Kohlehydrate, 4% Eiweiß, 4% Fett.
> Vorschrift: 250 g Eichelmehl, 250 g Schwarzmehl, 15-20 g Hefe, Salz, evtl. Kümmel, Wasser. Festen Hefeteig herstellen, in Kapselform füllen, gehen lassen, in starker Hitze backen. Zugabe von Kümmel erhöht den Wohlgeschmack. Eichelbrot, noch auf eine andere Art.
> Vorbereitung: Die Eicheln werden kurz geröstet, damit sie sich leicht schä-

len lassen. Nach dem Schälen einmal anbrühen und rasch abgießen, im 2. Brühwasser etwa 4 Stunden stehenlassen, dann durch den Fleischwolf geben oder trocken durch die Mandelreibe.
Teig. Auf 6 Pfd. Brotmehl 4 Pfd. Eichelmehl. Etwas mehr Sauerteig nehmen und einen dünneren Teig machen als bei reinem Brotmehl. Eine Verbesserung erreicht man durch Austausch von 1-1 1/2 Pfd. Brotmehl gegen Maismehl. Stuttgarter Frauendienst, Gruppe Hausfrauen.[15]

Das Traumatische dieser Erinnerung wurde dadurch verstärkt, daß für viele Deutsche die Erfahrung des Hungerns eine Wiederholung aus dem Ersten Weltkrieg bedeutete. Die Nachhaltigkeit dieser Erinnerung durch die Verdoppelung einer Erfahrung läßt sich durch zwei fast austauschbare Berichte über die Ernährungslage aus dem Ersten bzw. nach dem Zweiten Weltkrieg verdeutlichen:

[...] Osnabrück im berüchtigten "Steckrübenwinter" 1917/18: Die Lebensmittel waren rationiert. Mehl war im "Schleichhandel", auf dem "Schwarzen Markt" zu haben. Markenfreie Artikel waren Weißkohl, Teltowerrüben, Schwarzwurzeln, Rotebete, [...] und, immer wieder, Steckrüben. Fleisch war äußerst knapp. Beim Roßschlachter Meyer in der Meller Straße konnte man Pferdefleisch kaufen, wenn es vorrätig war. Vor dem Schlachthof mußte man Schlange stehen, um Schlachtabfälle oder "beanstandetes" Fleisch zu ergattern. Begehrt war alles, was die Fleischration ergänzen oder ersetzen konnte, z.B. Saatkrähen. Ihr Verkauf auf dem Markt am Dom wurde von Gendarmen überwacht, um Preiswucher zu verhindern. "Knochenspeisefett" gab es zusätzlich für Schwerarbeiter. Zum Zweck seiner Herstellung wurde die Bevölkerung aufgerufen, Tierknochen nicht wegzuwerfen, sondern im Schlachthof abzuliefern. Pro Kopf und Woche waren jedem Bürger 2000 g zugeteilt. Das Brot wurde mit 10% Kartoffelflocken, Kartoffelmehl oder Frischkartoffeln "gestreckt". An Kartoffeln wurden 4000 g pro Kopf und Woche zugeteilt. Außer diesen Grundnahrungsmitteln "gelangen in der Woche vom 17. bis 23. Dezember zur Abgabe: 60 g Butter, 60 g Feintalg, 1 Ei für Kranke auf Eier-Zusatzmarke, 300 g Syrup, 300 g Kunsthonig, 125 g Auslandsmargarine". Im großen und ganzen wirkt dieses Zitat aus dem "Osnabrücker Tageblatt" wie ein Vorgriff auf die Hungerjahre nach dem 2. Weltkrieg. Nur der Roßschlachter Meyer in der Meller Straße wäre durch den Roßschlachter Gensch in der Große-Hamken-Straße zu ersetzen und die Kartoffeln in verschiedenen Aufbereitungen als Surrogat für Brotmehl durch nordamerikanischen Mais.[16]

In den auffällig häufigen bildlichen Realisierungen des Themas Sättigung spiegelt sich somit nicht nur die plausible Intention eines Fremdenverkehrswerbefilms wider. Fast litaneihaft präsentiert der Film in variierender Form das so lange schmerzhaft Vermißte. Es gilt, bedrückende Erinnerungen zu besänftigen bzw. zu verdrängen. Diese Besänftigungs- und Verdrängungsfunktion wird in anderen Zusammenhängen weiterhin bemüht.

Die Bilder zum Thema Sättigung dienen auch als Gegenbilder zu neuen Nöten. Diese neuen Nöte entstehen zum einen durch das Wettrüsten und die damit verbundene Angst vor dem Atomtod. Nur vier Jahre nach der Explosion der ersten Atombombe zündet 1949 auch die UdSSR ihre erste Atombombe. Als Antwort darauf gibt Präsident Truman Anfang 1950 die Anweisung zum Bau einer Wasserstoffbombe.

Vor dem Hintergrund eines auf Touren kommenden Wiederaufbaus und der immer üppiger werdenden materiellen Versorgung entsteht ein zwiespältiges Lebensgefühl, das die damals renommierte Kulturzeitschrift "magnum" am Ende der 50er Jahre (1959) pointiert und bildreich artikulierte:

> [...] es läßt sich vernünftigerweise nicht ausschließen, daß der Zauber in einem Jahr vorüber ist, daß es kracht, daß der gutangezogene Herr im gepflegten Wagen der Deutschen Bundesbahn morgen wieder im KZ steckt oder daß ein paar Pfund Kartoffeln wieder die ganze Dankbarkeit eines unschuldigen Herzens beanspruchen ... Wir konsolidieren unsere Verhältnisse mit Eifer – aber was wissen wir, was in drei Jahren mit uns sein wird? Wir bauen Versicherungspaläste, Burgen, als wären sie für tausend Jahre bestimmt – aber die taktischen Bombergeschwader sind schon in der Luft. Ihr Einsatz ist nicht eine Frage von Jahren oder Monaten, sondern von Minuten. Für die "Minutenbereitschaft" werden Millionen ausgegeben. Man gibt nicht Millionen aus für etwas, an das man nicht glaubt, womit man nicht rechnet. Wir schaffen für eine Zukunft, an die wir nicht zu denken wagen.[17]

Außer diesen international bedingten Angstfaktoren formten aber auch akute Nöte im nationalen Bereich die kollektive Bewußtseinslage. Der Wiederaufbau kostete seinen Preis: Ein harter Arbeitsalltag und die immer noch sehr beengten und beschränkten Wohn- und Lebensverhältnisse bei der Mehrzahl der arbeitenden Bevölkerung forderten ein hohes Maß an physischen und psychischen Anstrengungen. Gefragt war Ablenkung von der harten Alltagsrealität. Zusammenfassend läßt sich somit die filmisch aufwendig und differenziert gestaltete Sättigungsrhetorik über ihre werbende Funktion hinaus als Zeichen für Merkmale eines bestimmten Mentalitätszustandes diagnostizieren:

Das Vergessenwollen quälender Mangelerfahrungen, die Verdrängung akuter Bedrohungsängste wie auch der physischen und psychischen Überforderung durch eine anstrengende Wiederaufbauphase vor dem Hintergrund eines zwiespältigen Lebensgefühls.

Schöne Bilder – Nostalgie und Mythos: Mentalität des Rückzugs und die Propagierung des Schicksalhaften

Welche Schlüsse lassen sich nun aus den verschiedenen Einzelergebnissen für die Nachkriegsmentalität vieler Menschen in Lippe ziehen? Auffallend ist die Tendenz der Rückwendung, die in unterschiedlichen Formen erfolgt. Bei den Landschaftsdarstellungen wird diese Tendenz in einer Inszenierung deutlich, die mit der Illusion des Mythisch-Ursprünglichen arbeitet. Die zentrale Funktion einer solchen Rückwendung ins Mythische besteht in der Ausklammerung menschlichen Handelns zugunsten des Naturhaft-Gewordenen. Damit wird ein Grundzug moderner Mythenbildung deutlich. In ihr, so Roland Barthes, verlieren die Dinge "die Erinnerung an ihre Herstellung".[18]

Dies trifft besonders für die spezifischen Landschaftsdarstellungen zu. Schließlich handelt es sich bei diesen als naturhaft-unberührt präsentierten Örtlichkeiten um Kulturlandschaften, also um etwas von Menschen in längeren oder kürzeren Zeiträumen Geschaffenes. Auch das mythisch überhöht dargestellte Gebiet der Externsteine ist eingebettet in eine solche Kulturlandschaft. Selbst das nicht von Menschenhand geschaffene Steinmassiv ist überzogen von vielfältigen Formen menschlicher Bearbeitung.

Dort, wo Erinnerung an die menschliche Herstellung nicht auszublenden ist, wie etwa bei der Darstellung bäuerlicher Arbeit, bedienen sich die Filmemacher eines anderen Verfahrens. Sie verdecken diese Erinnerung dadurch, daß sie in der filmischen Präsentation die maschinenhaft-industriellen Merkmale moderner Landwirtschaft ausblenden und sich überholten bäuerlichen Arbeitsformen zuwenden. Bäuerliche Arbeit wird hierdurch nostalgisch verklärt. Ihre spezifische Darstellungsform bietet dann, wie schon beschrieben, dem Zuschauer durch ihre symbolhafte Aufladung Assoziationsräume für spezifische Sehnsüchte und Bedürfnisse.

In den hier diagnostizierten Tendenzen zeigt sich ein bedeutsamer mentalitätsträchtiger Aspekt: Wichtiges Kennzeichen menschlichen Handelns sind politisch und wirtschaftlich bedingte Interessen und Zielsetzungen. Weiterhin Entscheidungsprozesse, die von Konflikten begleitet werden und die mit den Entscheidungsprozessen einhergehende Verantwortung der handelnden Menschen. In der Rückwendung zum Mythos bzw. zum Symbolhaft-Nostalgischen wird mit der schon genannten Tendenz, menschliche Handlungsprozesse auszublenden, die Neigung deutlich, die mit dem Handeln verbundene Verantwortung an anonyme Mächte des Natur- und Schicksalhaften zu delegieren.

Eine weitere Form der Ausblendung, so zeigte das Thema Sättigung, erfolgte durch die Überbetonung ursprünglich positiver Entwicklungen, wie z.B. die entscheidende Verbesserung der Versorgung mit Nahrungsmitteln. Hier wurden vor allem traumatische Erlebnisse und Bedrohungsängste aus der jüngeren und jüngsten Vergangenheit verdrängt.

Fragt man nach der politischen Bedeutung derartiger Mentalitätsbestände, so läßt sich folgender Schluß ziehen:

Durch ihre Rückwärtsgewandtheit, ihr Verdrängungsbedürfnis und ihre extreme Ausrichtung auf Ruhe und Harmonie bieten sie denkbar schlechte Voraussetzungen für die so notwendige rasche Entwicklung demokratischer Mentalitätsformen und Verhaltensweisen. Hierzu gehören unter anderem Konfliktfähigkeit und die Bereitschaft, die Nazivergangenheit in das auf die Zukunft gerichtete politische Handeln kritisch miteinzubeziehen.

Wie sich die mangelhafte Ausbildung demokratischer Bewußtseinsformen in der konkreten historischen Situation der lippischen Nachkriegszeit auswirkte, zeigte sich besonders bedrückend in den Ausführungen Wolfgang Müllers[19] über die schleppende Behandlung der berechtigten Ansprüche zurückgekehrter jüdischer Mitbürger durch lippische Behörden und in dem Unverständnis größerer Bevölkerungskreise hinsichtlich dieser Ansprüche. Schon einmal, in dem Vortrag von Georg Eisenhardt[20], erwies sich, daß der Tag der endgültigen Niederlage keine Stunde Null war. Auch mentalitätsgeschichtlich gesehen bedeutete das Ende der Naziherrschaft keine Stunde Null im Sinne eines endgültigen Bruchs mit dem alten und eines wirklichen Neuanfangs. Sicherlich war auch in Lippe nach 1945 der Nationalsozialismus weitgehend desavouiert. Jedoch machen Produktion und Akzeptanz[21] eines derartigen Films deutlich, daß es immer noch eine weitverbreitete Mentalität gab, deren Traditionslinien sich weit über die Zeit des Nationalsozialismus bis zur Jahrhundertwende zurückverfolgen lassen.

Starke Harmonisierungstendenzen zeigen sich schon bei vielen Menschen der wilhelminischen Ära.[22] Der Zug zum Mythischen, die Vorliebe für nostalgisch verklärte Darstellung sepzifischer Wirklichkeitsbereiche als Gegenbilder zur "Umklammerung durch die industrielle Zivilisation des 20. Jahrhunderts"[23] lassen sich ebenfalls schon zur Zeit der Jahrhundertwende nachweisen.

Der Wunsch, Rationalität und Konflikthaftigkeit demokratischer Verhaltens- und Verfahrensweisen hinter sich zu lassen und sich vor ihren Anforderungen in den Bereich des Naturhaft-Organischen zurückzuziehen, hat sowohl in der Weimarer Zeit wie auch in der Zeit des 'Dritten Reichs' Tradition. In diese Zusammenhänge gestellt, wächst den Bildsequenzen die diagnostizierte mental bedeutsame Funktion zu. Damit sind sie mehr als nur harmlos schöne Bilder einer nach rückwärts gerichteten Sehnsucht oder einer zufälligen romantischen Überhöhung von Natur. Sicherlich neigt der Werbefilm qua Genre zu schönen Bildern. Daß aber landschaftliche Schönheit in völlig anderer Weise und durchaus konträr zu den hier ausgemachten Mentalitätsmerkmalen präsentiert werden kann, läßt der Vergleich mit dem in jüngster Zeit über Lippe gedrehten Film erkennen.[24]

Natürlich ist mit den hier vorgestellten mentalitätsgeschichtlichen Befunden vorsichtig umzugehen. Zum einen gilt es, möglichen Mißverständnissen hinsichtlich der Auswertung des Bildmaterials aus der Nazizeit zu begegnen. Der während des Nationalsozialismus gedrehte Film "Hermannsland" läßt sich nicht in die Kategorie des Nazifilms einordnen.[25]

Auch ist es vor dem Hintergrund der benutzten Quellen kaum möglich, schichten-, geschlechts- oder altersspezifische Differenzierungen vorzunehmen. Mit Sicherheit läßt sich jedoch sagen, daß die dargestellten Merkmale die Mentalität einer breiteren Bevölkerungsgruppe mitbestimmten.

Wie das Beispiel bäuerlicher Arbeit zeigte, fanden sich auch in anderen Massenmedien Belege für einzelne im Film ausgemachte Mentalitätszüge. Selbst in der damaligen Werbung finden sich Andeutungen für die Tendenz der Rückwendung und der Verdrängung politischer Verantwortung. In einer Zirarettenwerbung für die Marke "Haus Bergmann Privat"[26] treffen sich zwei alte Freunde (Abb.9). "Am besten aber ist es", so der Werbetext, "wenn ein alter Freund zum anderen sagen kann: "Weiß Gott – ganz der Alte geblieben!" Aus dem Kontext ergibt sich, daß sich das "Ganz-der-Alte-Geblieben" auf die Zeit vor dem Zusammenbruch des 'Dritten Reichs' bezieht. Die Frage nach der eigenen politischen Verantwortung wird überlagert durch eine spezifische Sichtweise. Die alten Freunde betrachten sich als Opfer einer anonymen Macht: der Zeit. "Und so mustert man sich und sucht zu erkennen, ob und was die Zeit dem anderen angetan."

Abb.9

Bedurfte es bis zur eigentlichen Beendigung der Nachkriegszeit noch über 40 Jahre, wie Lothar Albertin[27] in seinem Eingangsreferat darlegte, mußten immerhin noch mehr als 20 Jahre vergehen, bis sich mit der Protestbewegung von 1968 zumindest bei vielen jüngeren Menschen eine Mentalität zeigte, die sich deutlich von dieser Nachkriegsmentalität absetzte.

Anmerkungen

1. Der Film "Hermannsland" ohne Kommentierung, nur musikalisch unterlegt, existiert in zwei Versionen: für ein holländisches und ein deutsches Publikum. Bezogen auf das Bildmaterial sind sie weitgehend identisch – bis auf drei Ausnahmen: dem Anfang und zwei Sequenzen, die in der holländischen Fassung nicht gezeigt werden. Es handelt sich hier um Darstellungen der Landwirtschaft (Bauer, der mit der Sense Getreide mäht) und um Bilder vom Donoper Teich.
2. Folgende Quellen wurden für die Analyse der beiden Filmteile herangezogen:
   - die "gereinigte" holländische und deutsche Version des Films "Hermannsland" von 1936
   - Lippische Fremdenverkehrsfilme aus früheren Zeiten: "Durch Lippisches Land" 1930, "Lippe Detmold" 1933, produziert vom Herforder Fotografen

und Filmemacher Meinhold Fenske (im Aufsatz als "Fenske-Film" zitiert)
- Akten des Detmolder Verkehrsamtes
- Verschiedene Jahrgänge der "Freien Presse"

3. Peter Bucher, Der Film als Quelle. In: Der Archivar, Jg. 41, 1988, H. 4, S. 518.
4. Vgl. etwa R. Mandrou. Zitiert nach Peter Schöttler, Mentalitäten, Ideologien, Diskurse. Zur sozialgeschichtlichen Thematisierung der "dritten Ebene". In: Alf Lüdtke (Hrsg.), Alltagsgeschichte. Zur Rekonstruktion historischer Erfahrungen und Lebensweisen. Frankfurt a.M. / New York 1989, S. 87.
5. Jacques Le Goff, Eine mehrdeutige Geschichte. In: Raulff (Hrsg.) Mentalitätengeschichte. Berlin 1987, S. 21.
6. Siegfried Kracauer, Von Caligari zu Hitler. Eine psychologische Geschichte des deutschen Films. Frankfurt a.M. 1984, S. 12, zitiert nach Irmgard Wilharm, Lizenzfilme der Nachkriegszeit als Quellen für das historische Bewußtsein der Deutschen. Bonn 1989, S. 188.
7. Erich Panofsky, Ikonographie und Ikonologie. In: E. Kaemmerling (Hrsg.), Bildende Kunst als Zeichensystem. Köln 1987, S. 207ff.
8. Bartetzko/Glossmann/Voigtländer-Tetzner, Die Darstellung des Bauern. S. 311ff. In: Kunst im 3. Reich, Dokumente der Unterwerfung, Frankfurt a.M. 1979, S. 316.
9. Vgl. Paul Erker, Landbevölkerung und Flüchtlingsstrom. In: Broszat/ Henke/Woller, Von Stalingrad zur Währungsreform. München 1988, S. 373.
10. Erker S. 409.
11. Peter Adam, Kunst im 3. Reich. Hamburg. 1992, S. 129ff.
12. Titelliste "Hermannsland". Holländische Fassung, StA DT D 106 Detmold, Verkehrsamt 7/55.
13. Günter Grittel, Hunger und Politik. Die Ernährungskrise in der Bizone (1945-1949). Vortrag bei der Eröffnung der Ausstellung "'Bekakelt nicht die Lage ...' Detmold in der Nachkriegszeit" am 18.9.1992 im NW Staatsarchiv Detmold.
14. Alfred Grosser, Geschichte Deutschlands seit 1945. München 1974, S. 253.
15. Klaus-Jörg Ruhl, Unsere verlorenen Jahre. Frauenalltag in der Kriegs- und Nachkriegszeit 1939-1949. Darmstadt 1985, S. 139.
16. Segschneider/Westphal, Zeichen der Not. Als der Stahlhelm zum Kochtopf wurde. Detmold 1984, S. 35f.
17. Vgl. Christian de Nuys-Henkelmann, Alltagskultur: Im milden Licht der Tütenlampe. In: Hoffmann/Klotz (Hrsg.), Die Kultur unseres Jahrhunderts, Bd. 4 (1945-1960), S. 196f.
18. Roland Barthes, Mythen des Alltags 1964. Zitiert nach: U. Korowski, Lexikon Film, s.v. Mythos, S. 79f.
19. Vgl. Aufsatz von Wolfgang Müller in diesem Band.
20. Vgl. Aufsatz von Georg Eisenhardt in diesem Band.
21. Die "Freie Presse" vom 15.12.52 spricht in einem Bericht über die Uraufführung des Films im Hotel "Stadt Frankfurt" von einem "Meisterwerk der Fremdenwerbung".

22. Martin Doerry, Übergangsmenschen. Die Mentalität der Wilhelminer und die Krise des Kaiserreichs. Weinheim/München 1986, S. 165ff.
23. Kurt Sontheimer, Antidemokratisches Denken in der Bundesrepublik. München 1968, S. 48.
24. "Im Zeichen der Rose". Ein Film von Klaus Bellmund. Produktion des Landesstudios Bielefeld, West 3, Sendedatum: 25.1.1993.
25. Zur Charakteristik des Nazifilms:
    - Klaus Kreimeier, Die Ufa-Story. Geschichte eines Filmkonzerns. München, Wien 1992. Aufschlußreich das Kapitel 24: Die Giftküche. Propaganda und "unpolitische Unterhaltung" vor dem Krieg. (S. 320ff).
    - U. Gregor/E. Patalas, Geschichte des Films, Bd. 1, Hamburg 1976, S. 138ff.
    - Josef Wulf, Theater und Film im 3. Reich. Eine Dokumentation. Hamburg 1966, S. 386.
26. Freie Presse 19.4.1952.
27. Vgl. Aufsatz von Lothar Albertin in diesem Band.

Georg Weis

Die 75-Jahr-Feier des Hermannsdenkmals 1950

Am 16.8.1950 jährte sich der Einweihungstag des Hermannsdenkmals zum 75. Mal. Schon im Juli begannen die Festveranstaltungen mit einer Lippischen Hotel- und Gaststättenschau, Polizeisportwettkämpfen, einem Sängerbundfest – auch der Lippische Sängerbund feierte sein 75jähriges Bestehen –, einem Fest der Turnerschaften, einer Westfalen-Lippe-Fahrt des ADAC und einer großen Ausstellung der lippischen Industrie, des Handwerks und des Handels unter dem Motto "Schaffendes Hermannsland". Nach dem eigentlichen Jubiläumsfest für das Hermannsdenkmal am 16. August gab es noch einen Fackelzug der Sportjugend am 19. und einen Hauptfesttag mit Festumzug am Sonntag, dem 20. August. Ganz offen wurde der Werbeaspekt herausgestellt.[1] Natürlich wurden auch Plakate gedruckt, eine Festschrift erstellt, ein großes Feuerwerk im Palaisgarten organisiert, Rundfunk und Wochenschau eingeladen und Metallfestabzeichen in Auftrag gegeben, deren schleppender Verkauf zu heftigem Schriftwechsel führte (nur 9.070 Stück wurden verkauft).[2]

Die Wirtschaftsschau

Größter Wert wurde auf die Ausstellung "Schaffendes Hermannsland" gelegt, die angekündigt wurde als "1. Allgemeine Leistungsschau der Industrie und des Handwerks, 2. Modernes und schönes Wohnen (Industrie, Handwerk, Handel), 3. Automobilschau 'Vom Fahrrad bis zum Omnibus', verbunden mit einer Ausstellung von landwirtschaftlichen Maschinen". Sie markierte nach Kriegszerstörung und Währungsreform den Weg ins Wirtschaftswunderland. Große Enttäuschung herrschte daher, als wegen der Bestimmungen der Internationalen Automobilausstellung in Frankfurt die Opel- und Borgward-Händler in der Woche vor Ausstellungsbeginn zum Rückzug ihrer Teilnahmeerklärung gezwungen wurden.[3] Trotzdem meldete die Zeitung von der Fahrzeugschau, "daß hier etwas geboten wird, was die kühnsten Erwartungen aller Besucher übertreffen muß."[4] "Hermannsland – Möbelland" hieß der Hauptslogan der Leistungsschau. Die

Ausstellungen wurden mit 20.000 Besuchern ein Erfolg, und auch die Verkäufe waren sehr zufriedenstellend.[5]

Der Festzug

Zum Festzug kamen 60 bis 70.000 Zuschauer. In drei Teile war die Schau der 66 Festwagen (Länge 2,5 km) gegliedert: Im historischen Teil gab es vier Fanfarenbläser, Hermann ritt auf einem Schimmel, begleitet von vier berittenen germanischen Edlen, es gab germanische Krieger mit Wahrzeichen und Trophäen, Tubabläser vor einem Wagen mit Thusnelda und germanischen Frauen, einen Wagen 'Walhalla', wo gefallene Germanen vor Odins Thron beim Metgelage zufrieden tafelten, einen Wagen zur altgermanischen Trauung, dahinter römische Soldaten zu Fuß. Ein Wagen zeigte Bandel, den Erbauer des Denkmals. Der mittelalterliche Teil war den Städten gewidmet, der Teil des 20. Jahrhunderts wurde von der Industrie (Handwerk, Möbel, Weberei, Tabak, Brauereien, Feuerwehr, Landesbrand-Versicherung) ausgerichtet, die Sportjugend folgte.

Festlichkeiten also wie eh und je?

Die durch Napoleon angestoßene angestrengte nationale Selbstfindung intellektueller Kreise hatte in Hermann zunehmend eine Identifikationsfigur gefunden, nach dem Sieg über Frankreich und der Gründung des Kaiserreichs 1871 begleitet von einer militant-antifranzösischen Haltung – man beachte die Inschriften auf dem Denkmal! Bei der Tausend-Jahr-Feier 1909 fand dies eine populäre Entsprechung in einem "an Karnevalszüge erinnernden 'Germanenzug' ohne Feindbildcharakter" (Udo Schlicht mit Bezug auf: Peter Veddeler in: Ein Jahrhundert Hermannsdenkmal), und ein solcher wiederholte sich 1925, begleitet von einer Trotzhaltung gegen den 'Schmachfrieden' von Versailles durch die teilnehmenden vaterländischen Verbände und die Rede des Generalsuperintendenten Weßel. Konnte man nach alledem und nach dem Mißbrauch des Germanentums durch die Nationalsozialisten diese Tradition unbekümmert fortsetzen?

Wenigstens am Plan des ersten, nämlich germanischen Teils des Festzugs findet sich der handschriftliche Vermerk des Werbeberaters Quakkenbrügger "Vorsicht!".[6] Bilder vom Festzug zeigten aber trotzdem Germanen, doch "ohne Schwerter, ohne Methörner und üppige Frauen,

Herolde eröffnen den großen Festzug mit über 70 Festwagen, vielen historischen Gruppen und Darstellungen aus dem schaffenden Hermannsland. (Zeichn. Werbeatelier Schleicher)

Abb.1 aus: Lippische Landeszeitung vom 18.8.1950

aber: sie waren da!" (LZ 21.8.1950). In den Sitzungen des Unterausschusses für den Festumzug war "aus Gründen des guten Geschmacks" vor einem Wagen mit einer Gruppe alter Germanen gewarnt worden. In einer Berichtigung ihrer Meldung vom 28.7. stellt die LZ am 2.8.50 fest:

> Die Ablehnung fand außerdem nicht die Zustimmung der "meisten" Ausschußmitglieder, sondern nur einiger besorger Herren, die zur Kenntnis nehmen mögen, daß ihre Warnung in der Öffentlichkeit kaum Verständnis finden wird, im Gegenteil, der überwiegende Teil der Bevölkerung der Stadt Detmold kann sich einen Festzug zum Jubiläum des Hermannsdenkmals ohne Germanen nicht gut vorstellen. Es wird hohe Zeit, daß die um den guten Geschmack bangenden und sorgenden Herren die Wünsche der Bevölkerung respektieren und ihre Bedenken zurückstellen. Über Geschmack läßt sich streiten, aber über diese höchst einseitige "Berichtigung" nicht. Wir hoffen zuversichtlich, daß ein versöhnender Weg gefunden wird und unseren alten Germanen in würdiger Art die verdiente Ehrung zuteil wird.

Die für die Zeit typische Notlage Einzelner wird nur manchmal und im Randbereich erkenntbar, so z.B. in (abschlägig beschiedenen) Bewerbungen um einen Verkaufsstand, wenn es (in originaler Rechtschreibung) heißt:

> Wir sind Evakuirte aus dem Ruhrgebiet und mein Mann ist Bobengeschädigt. Ausserdem haben wir im vergangenen Herbst meine Schwiegereltern aus der russischen Zone aufgenommen, die bis Heute noch ohne einen Pfennig Rente sind, und von uns unterhalten werden müssen. Und dann möchten wir uns gerne zum Herbst selbsständig machen, und ich hätte hierdurch die beste Möglichkeit, uns noch etwas Betriebskapital zu schaffen[7]

oder:

> In Anbetracht der Notlage unseres Betriebes bitte ich um Zuweisung. Da ich Ostflüchtling bin und den eigenen Gaststättenbetrieb in Schlesien verloren habe, bitte ich den Ausschuß, berücksichtigt zu werden. Da damit meiner Familie die Existens gesichert bleibt." (handschr. Gotthardt J., Hotelier, 10.5.1950)[8]

oder:

> Habe II fahrbare Verkaufswagen und die Straßenhandelserlaubnis der Stadt Detmold. Ich selbst bin Schwerkriegsbeschädigt (rechts Beinamputiert u. Kopfverletz), bin verheiratet und habe 2 Jungens im Alter von 11 u. 13 Jahren. Bitte deshalb bei der Verteilung der Plätze um Berücksichtigung. (handschr. Jakob K., 5.5.1950)[9]

Fest deutscher Einheit

Eine andere Dimension hatte der Beschluß der "hiesigen Landsmannschaften der Ostvertriebenen", am 16.8. eine Großkundgebung am Hermannsdenkmal durchzuführen unter dem Motto "Großkundgebung der Ostvertriebenen zur Erinnerung der 30jährigen Wiederkehr der Abstimmung in Süd-Ostpreußen am 11. Juli 1920", wobei "Fahnen der Ostzonen und der abgetretenen Gebiete" gezeigt werden sollten. Eine Teilnahme am Festzug wurde erwogen.[10]

Am 20.5. hatte Drake zu Überlegung und Vorsicht gemahnt, "insoweit die Absicht besteht, am Hermannsdenkmal eine größere Kundgebung im Sinne der Förderung des deutschen Einheitsgedankens zu veranstalten", nachdem der Bundespräsident abgesagt hatte, den zu gewinnen der Detmolder Bürgermeister Dr. Moes versucht hatte. Am 27.2.1950 wandte er sich deshalb an Drake und bat ihn, seinen Einfluß bei der Einladung an Theodor Heuss geltend zu machen:

> Das Denkmal ist allen Mißdeutungen zum Trotz im Volke bekannt als ein Denkmal der Einigung deutscher Stämme, die dem Cheruskerfürsten erstmalig gelang, und es wurde errichtet nach Gründung des zweiten Reiches der Deutschen als Denkmal deutscher Einigkeit, zu der wir uns heute wie je klar bekennen wollen. Zu einem solchen Bekenntnis würde die abschließende Feier am Denkmal Gelegenheit geben, und wir glauben, daß gerade der erste Repräsentant unserer Republik berufen wäre, diesem Bekenntnis Ausdruck zu verleihen.[11]

Auch der Bundesinnenminister Heinemann sagte ab, ebenso der Ministerpräsident von Nordrhein-Westfalen, Arnold, und Ernst Reuter, Oberbürgermeister von West-Berlin.[12]

In seiner Ansprache vom 6.7. zur Eröffnung der Festwochen bezeichnete Bürgermeister Dr. Moes das Hermannsdenkmal als "treuen Wächter" und "Mahnmal der Einigkeit", wandelte das Motto ab zu: *Deutschlands Einheit – unsere Stärke, sieht sie uns beim Friedenswerke!* und erbat noch einmal "die Sonne des Friedens für all unser Wirken und Wollen".[13] Dadurch bekam die Veranstaltung auch einen politischen Aspekt.

Kundgebung der Heimatvertriebenen

Zum Vertriebenentreffen vom 16.8. brachte die Westfälische Zeitung am Vortag auf einer Sonderseite als Einstimmung Erinnerungen schlesischer Flüchtlinge und erinnerte an ein Gemälde mit einem Motiv aus Glatz, das sich im Besitz der Firma Sinalco befand. Der Festredner, Dr. Linus Kather (MdB), wurde als gebürtiger Ostpreuße, Stadtverordneter von Königsberg und CDU-Abgeordneter in Hamburg vorgestellt, der die 'Notgemeinschaft der Ostdeutschen' als erste Flüchtlingsorganisation gegründet hatte und Vorsitzender des Zonenflüchtlingsausschusses, Gründer der Aufbaugemeinschaft der Kriegsbeschädigten, Vorsitzender des Zonenverbands der Vertriebenen, Mitglied des Flüchtlingsbeirats der britischen Zone und 3. Vorsitzender der CDU der britischen Zone war.

Für die ca. 20.000 Besucher waren Sonderzüge und Sonderbusse im Einsatz. Worte von Ernst Moritz Arndt und Agnes Miegel waren nach einem einleitenden Fanfarenstoß zu hören, dann erinnerte Kather an die Volksabstimmung in Allenstein, die ein fast hundertprozentiges Bekenntnis zum 'Deutschtum' gebracht hatte, und verurteilte die Abtrennung der

Gebiete und Vertreibung als einen Verstoß gegen die Gesetze des Völkerrechts und der Menschlichkeit und als Verstoß gegen die Atlantik-Charta und die Verträge von Potsdam und Jalta, er gab auch den Westmächten eine Mitschuld und forderte eine neue Abstimmung wie 30 Jahre zuvor. Dann wandte er sich aktuellen Problemen wie dem Lastenausgleich zu. Nach der Großkundgebung verteilte man sich, nach Heimatgebieten getrennt, zum persönlichen Wiedersehen auf verschiedene Lokale.

Kritisch berichtete das Volks-Echo am 18.7. über die Veranstaltung unter der Überschrift: "*Flüchtlinge, laßt Euch nicht mißbrauchen!* Mit 'Volk ohne Raum' und 'Blut und Boden' wurde das deutsche Volk schon zweimal in den Tod gejagt". Die Vertriebenen wurden 'Flüchtlinge' genannt, und es wurde eine Verbindung zum "nationalistisch-chauvinistischen Gedankengut von Hans Grimms 'Volk ohne Raum'-Theorie bis zu Alfred Rosenbergs 'Blut- und Boden'-Theorie" gezogen mit der Warnung, sie würden auf einen Krieg "für die gewesenen Krautjunker des Ostens" vorbereitet. Die Ideologie der Kommunisten ist unverkennbar.

Die anstößigen Inschriften am Denkmal

Mit einem Schreiben vom 17.10.1950, überbracht von Dr. Vogels, meldete sich der Innenminister von Nordrhein-Westfalen zu Wort: "Nachdem die Zeit der Feierlichkeiten und größeren Zusammenkünfte vorbei ist, scheint es mir nunmehr geboten, die anstößigen Inschriften möglichst unauffällig entfernen zu lassen."[14] Drake reichte es an den Landesverband Lippe weiter und inspirierte ihn am 27.11. zu folgender Stellungnahme:

> Die am Hermannsdenkmal seinerzeit angebrachten Inschriften müssen als Ausdruck der Empfindungen kurz nach dem deutsch-französischen Kriege 1870/71 verstanden werden. Sie sind auf den Wunsch des Erbauers Ernst von Bandel zurückzuführen. Es muß erwartet werden, daß alle verständigen Menschen diese Inschriften als zeitgeschichtlichen Ausdruck würdigen, und nicht als aufreizende, den inneren und äußeren Frieden störende Dokumente. Wer das Denkmal in seiner Eigenart und seiner zeitgeschichtlichen Bedeutung würdigt, muß die Fähigkeit haben, hier wie an anderen Stellen über Dinge hinwegzusehen, die heutzutage als zeitwidrig empfunden werden. Wer das nicht kann, der muß sogar wünschen, daß das ganze Denkmal, das ja weiter nichts ist als eine drohende Geste gegen Frankreich, als zeitwidrig verschwindet oder vielleicht – als Ausdruck des Empfindens weiter Kreise der Gegenwart – umgedreht wird, d.h. die drohende Geste gen Osten richte. Soweit wird kaum einer gehen wollen. Andererseits muß be-

rücksichtigt werden, daß der Akt des Auslöschens eines Teils der in weiten Kreisen bekannten Inschriften bestimmten Kreisen erwünschten Anlaß geben würde, höhnend und spottend darüber herzuziehen, da der Vorgang sich ja nicht in aller Heimlichkeit vollziehen könnte.
Ich möchte mich als Regierungspräsident dieser Stellungnahme anschließen. Auch ich glaube, daß es, zumal unter den gegenwärtigen Zeitverhältnissen, nicht ratsam sein möchte, einen Steinmetzen oder einen Maurer mit dem Meißel oder einem Zementtöpfchen am Denkmal antreten zu lassen, eine Strick- oder eine Stehleiter anzubringen, um sein merkwürdiges Werk zu beginnen. Ich bitte auch Ihrerseits hierfür Verständnis zu haben.

D[rake]

In einer Antwort stellte sich heraus, daß Dr. Vogels auf Grund einer Beschwerde von Dr. Weichmann (Präsident des Rechnungshofes von Hamburg) und der Bundesjugendschule des Deutschen Gewerkschaftsbundes Bielefeld tätig geworden und mit der Vertagung einverstanden war. Und in seiner Antwort an den Innenminister reichte Drake das Problem weiter: "Ich würde es für richtig halten, daß sich das Kabinett von NRW damit beschäftige und deutlich zu erkennen gäbe, daß die Inschrift anstößig sei und entfernt werden müsse." Dabei ließ er deutlich werden, daß er selbst gute Gegenargumente hatte.[15] In einer größeren Stellungnahme vom 29.3.1951 wies er den Kultusminister noch einmal darauf hin, daß die Schrift in 15 Meter Höhe nur für gute Augen entzifferbar sei, daß das Zeitempfinden, wie er aus eigener Anschauung wüßte, 1875 ganz anders gewesen sei, die Entfernung schließlich auch nicht unbemerkt vonstatten gehen könne, und schrieb: "Meinerseits rate ich davon ab. Ich würde auch dankbar sein, wenn die Ausführung eines solchen möglichen Beschlusses zurückgestellt würde bis dahin, wo ich nicht mehr im Amte sein werde." Denn jede Generation müsse Dokumente einer geschichtlich abgeschlossenen Zeit ertragen, und in Frankreich z.B. denke gewiß niemand daran, zeitgeschichtliche Lebensäußerungen zu entfernen.

Ostwestfälisch-Lippischer Friedensring

Daß dem Friedenswillen am 20.8.1950 ein Denkmal gesetzt wurde, ist dem Ostwestfälisch-Lippischen Friedensring zu verdanken, der, von Dr. Graf geleitet, unter dem Protektorat Drakes stand und dessen Kuratorium Dr. Moes angehörte. Auf einem Findling, "der früher gut sichtbar seitlich vor dem Hermannsdenkmal stand und jetzt seinen Platz hinter dem Denkmal an der Umzäunung hat" und für dessen Rückversetzung sich Dr. Graf 1975 einsetzte (Leserbrief Ministerialreferent a.D. Dr. phil. Helmut Graf vom 4.1.1975)[16], wurde eine Bronzetafel enthüllt mit der Inschrift:

> Deutsche Frauen und Männer bekennen sich anlässlich des 75jährigen Bestehens des Hermannsdenkmals einmütig zur Einigung der Völker durch den Frieden. 20. Aug. 1950.

Abb.2 "Diese Worte sollen den aggressiven Charakter des gegen Frankfreich gerichteten Schwerts korrigieren!" (Graf in obigem Leserbrief)

Bei der Veranstaltung sprach – nach vorherigem evangelischem und katholischem Gottesdienst – der Landtagspräsident von Nordrhein-Westfalen, Gockeln, der die Sinnlosigkeit jedes Streites der Völker bewies, "seit die Dimensionen des Zerstörens ins Unermeßliche getrieben sind", und der eine Ächtung des Krieges forderte. "Wir wollen die Einigkeit der Völker nicht mit dem Schwert, sondern mit der Idee!" Dr. Graf verlas eine Resolution an die Bundesregierung, in der man sie bat,

> alles in Ihren Kräften Stehende zu tun, um dem gequälten deutschen Volke eine Remilitarisierung zu ersparen und sich allen Versuchen nachdrücklichst zu widersetzen, die eine deutsche Wiederaufrüstung zum Ziele haben. Nicht die Wiederaufrüstung Deutschlands, sondern die totale Abrüstung der anderen Völker gemäß ihren Versprechungen und der Charta der Vereinten Nationen ist das Gebot der Stunde und die einzige Möglichkeit, den Frieden zu erhalten. [...] (Westfalenzeitung vom 21.8.1950)

Es sprachen auch Vertreterinnen und Vertreter von Friedensorganisationen aus den USA, Neuseeland, Holland, Schweden, Finnland und von der Weltorganisation der Mütter aller Nationen (WOMAN). Graf bat das Land um einen Zuschuß von der Hälfte der Kosten (1.300,- DM), was Drake auch unter Hinweis auf die frankreichfeindlichen Inschriften dringend befürwortete.

Natürlich blieben auch Anfeindungen und Verdächtigungen nicht aus, daß die Initiative von der SED gesteuert sei.[17]

Aus der bewegenden Rede Grafs sei zum Abschluß ein Teil hier zitiert:

Dr. Helmut Graf, Ansprache am 23.5.1950[18] (handschriftliches Konzept)

[Seite I] Mütter gebären ihre Kinder weder zum Töten noch zum Getötetwerden. Alle Opfer an Menschenblut hat die Erde bisher nur unseliger und die Menschheit nur ärmer gemacht. Jeder Eroberungswille hat den Keim für den eigenen Untergang schon in sich. Alle Kriege sind, gemessen an dem Unglück und der Masse von Angst, Tod, Vernichtung und Grauen, die sie mit sich brachten, umsonst geführt worden. Gegen diese Erkenntnis gibt es keine stichhaltigen und glaubwürdigen Gegenargumente und keine Auflehnung, [aus der Erfahrung][19] heraus, daß vieles [,was][20] von den Menschen von klein auf als groß und edel geschildert wurde, – Mut, Tapferkeit, Einsatz, Opfer – durch solche Lebens[umstände] ausgelöscht wurde[21], – Unzählige gaben ihr Leben in gutem Glauben, für eine gute Sache zu sterben. Wir neigen uns vor diesem namenlosen Tod, aber wir wissen[22] zugleich, daß es nicht nötig war, hierfür zu sterben. Es gibt keinen Konfliktstoff im Zusammenleben, der so wichtig wäre, daß man ihn zum Anlaß nehmen müßte, ein neues allumfassendes Morden zu entfesseln. Kein Grund rechtfertigt einen Krieg, der heute nicht und zu keiner Stunde der Geschichte dem moralischen Auftrag reinen Menschentums oder auch der sittlichen Verpflichtung der christl. Lehre entspricht oder entsprach. Es mag für manchen Älteren, der in überlieferten Denkformen aufgewachsen ist, erzogen und in seinem Bewußtsein geformt durch eine dem Krieg dienende Erziehung, und befangen von Vorstellungen, die[23] den Gedanken der staatlichen Macht über alles stellten, schwer sein, dies zu verstehen. Aber ich weiß ebenso gut, daß diejenigen, die als noch sichtbare Opfer und Leidtragende des Krieges, daß heimkehrende Soldaten und Verstümmelte u. Erblindete und zu Krüppeln Geschossene[24], den Krieg als Mittel der Auseinandersetzung der Völker ablehnen.[25]

[II] Bedenkt man[26], daß so viel seelische [?] Größe, so viel Entsagungen und Opfer umsonst aufgebracht wurden[27], so gibt es nur einen[28] Krieg: den Kampf für den Frieden und gegen den Krieg. Denn sind und werden nicht die vielen hohen soldatischen Tugenden auf der anderen Seite auch aufgewogen durch die damit zugleich gepaarte Mißachtung der menschlichen Würde und persönlichen Freiheit, durch Roheit und Brutalität der entfesselten Instinkte Töten auf Befehl und organisiertes, vorausbedachtes Töten, Haß und Rausch der Vernichtung, Grauen und Angst der Natur, und der Unschuldigen? Das Ende des Krieges ist niemals der Frieden, ist immer eine mißhandelte, geschändete Menschheit. Wir Überlebenden stehen in einer solchen Welt, wo als einziges Ergebnis[29] von zwei sinnlosen Kriegen in einer Generation die geschlagene und zu Boden getretene, von einigen Wahnsinnigen geschändete Menschheit sich abmüht, wieder zu Brot zu kommen, wieder Ordnung in eine verrückte und verwirrte geistige und materielle Welt zu bringen.[30]

[IV] Angst ist das Grundgefühl der Überlebenden.[31] Es ist nur möglich, diese Angst zu überwinden durch Zuversicht und zuversichtliches Arbeiten und Sich-Bemühen um eine bessere Welt, in der es kein organisiertes Morden mehr gibt. Denn dies ist die unabdingbare Voraussetzung[32] dafür, daß unsere Kinder nicht für denselben Wahnsinn fallen und sterben müssen, für den unsere Väter und Brüder ihr Leben geben mußten. Schon einmal erhob sich nach einem unglücklichen Kriege der Militarismus. Eine Bewegung scharte um sich die Unzufriedenen und[33] Bewegungslosen und wurde am Anfang in verhängnisvoller Weise nicht ernst genommen, zum Totengräber[34] von Millionen Menschen aller Völker. Dies sollte[35] eine klare und unumstößliche Mahnung für uns sein, wachsam zu sein, damit nicht wieder Gefühlsroheit, Geistfremdheit, Brutalität und Gewalttätigkeit des Militarismus in seinem ganzen Dummstolz, Dünkel und seinem erbärmlichen armseligen bis zum Paroxysmus gesteigerten Kadavergehorsam erneut mächtig werden, den getriebenen, einsamen, angsterfüllten und rat- und wehrlosen Menschen erst seiner Würde beraubend und dann in den Tod treibend.

[VII] Wie oft sind in den Todesnächten des Krieges und in der qualvollen Einsamkeit der Gefangenschaft Fragen wie diese aufgetaucht: Haben die Männer, die das Schicksal des Einzelnen wie der Massen lenken, wirklich hierzu die Befähigung, oder sind sie nur Produkte der öffentlichen Schulen, die sich noch in der Überzeugen wiegen, mit ein paar abgedroschenen Phrasen jeder Krise Herr werden zu können? Stürzen sie uns nicht blindlings in Abenteuer [?].

Anmerkungen

1 D 106 Detmold A Nr. 2498 (28.2.1950); D 1 Nr. 2557 (28.2.1950).
2 D 106 Detmold A Zug.107/90 (Verkehrsamt 5/37).
3 D 106 Detmold A Zug.107/90 (Verkehrsamt 5/16).
4 WZ vom 14.8.1950.
5 Freie Presse vom 27.12.1950.

6 D 106 Detmold A Zug.107/90 (Verkehrsamt 5/9) (21.2.1950).
7 D 106 Detmold A Zug.107/90 (Verkehrsamt 5/20) (1.3.1950).
8 D 106 Detmold A Zug.107/90 (Verkehrsamt 5/20).
9 D 106 Detmold A Zug.107/90 (Verkehrsamt 5/18).
10 D 106 Detmold A Zug.107/90 (Verkehrsamt 5/9).
11 D 1 Nr.25557.
12 D 106 Detmold A 2498.
13 D 106 Detmold A 2498; WZ/Neue Lippische Rundschau vom 7.7.1950.
14 D 1 Nr.25557.
15 D 1 Nr.25557 (7.12.1950).
16 D 70 Nr.90; die Hermannsdenkmal-Stiftung teilt mir 1993 mit, daß der Vorgang einer Steinversetzung nicht bekannt und in den Akten nicht auffindbar sei. Die Bronzetafel wurde von dem Detmolder Bildhauer Ehlers entworfen und auf dem Pankgrafenstein, einem Findling mti einer Bronzetafel von 1909, angebracht. Der Findling war vom Kuratorium der Hermannsdenkmalstiftung zur Verfügung gestellt worden, weil eine Anbringung "über dem Hauptportal in der Nische des Denkmals" abgelehnt wurde wegen der Satzung, daß "keine Änderungen vorgenommen werden dürfen ohne eine Willenserklärung des gesamten deutschen Volkes" (Brief v. 7.8.50 – D 70 Nr. 93).
17 LZ vom 31.8.1950.
18 D 70 Nr.93 (fotokopiertes Konzeptbuch).
19 im Original: (unleserlich) *aus der Vorstellung*.
20 ergänzt.
21 im Original: *werde* (gestrichen:: *wurde*).
22 gestrichen: *fühlen*.
23 gestrichen: *in der vielleicht Preußens Gloria ....*
24 gestrichen: *und sozial Entrechtete*.
25 gestrichen: *Bedenkt man, daß immer wieder der Krieg seinen grauenhaften Anblick in Länge in Geschichte erlebte ... könnte man verzweifeln. Man kann ....*
26 versehentlich gestrichen: *man auch*.
27 gestrichen: *könnte man verzweifeln*.
28 gestrichen: *anderen*.
29 gestrichen: *Erfolg*.
30 gestrichen: *daß es*.
31 gestrichen: *Auch wenn der französiche Existenzialismus Sartres dieses Gefühl analysiert, ohne Auswege zu weisen, so zeigt er doch das Lebensgefühl und Weltstimmung des mißhandelten Menschen schon richtig.*
32 gestrichen: *für ein besseres*.
33 gestrichen: *ewig Gestrigen*.
34 gestrichen: *unseres Volkes*.
35 gestrichen: *ist*.

II. Ausstellungen, Aufführungen und andere Aktivitäten

Wolfgang Bender

"Bekakelt nicht die Lage..."

Detmold in der Nachkriegszeit – Versuch einer Ausstellungsbilanz

Im Rahmen des stadtgeschichtlichen Projektes "Detmold in der Nachkriegszeit" präsentierte das Nordrhein-Westfälische Staatsarchiv Detmold die Ausstellung *"Bekakelt nicht die Lage..." Detmold in der Nachkriegszeit.*

In den nachfolgenden Ausführungen sollen Konzeption und Inhalt der Ausstellung, deren Resonanz in der Öffentlichkeit sowie der begleitende gleichnamige Katalog dargestellt werden.

Konzeption

Es war Ziel der Ausstellung, einige markante Aspekte der facettenreichen Nachkriegsgeschichte Detmolds und seiner Stadtteile einem breiten Publikum wissenschaftlich abgesichert und dennoch anschaulich zu vermitteln. Adressaten der Präsentation waren vor allem die Mitbürger, die die Jahre "Zwischen Hitler und Adenauer" bewußt miterlebt und mitgestaltet haben, sowie deren Kinder und Enkel, die diese Zeit zumeist nur noch vom "Hörensagen" kennen.

Im Foyer des Staatsarchivs, das für Ausstellungen dieser Art in jeder Hinsicht hervorragend geeignet ist, wurden in der Zeit vom 18. September bis 20. Dezember 1992 mehr als 200 Exponate auf 120 qm Ausstellungsfläche, in acht Pult- und Standvitrinen sowie auf 30 Schautafeln gezeigt, die die Geschichte der alten Residenzstadt von den letzten Kriegsjahren bis zur Mitte der 50er Jahre illustrierten.

Bei der Zahl der Objekte wurde Zurückhaltung geübt, um die Ausstellung nicht zu überfrachten und die Aufmerksamkeit der Besucher nicht zu überfordern. Die abteilungsweise durchnumerierten und beschrifteten Ausstellungsstücke sprachen zumeist für sich selbst, standen jeweils in einem thematischen Zusammenhang und wurden darüber hinaus – wenn nötig – mit wenigen Zeilen in ihrem historischen Kontext zusätzlich erläutert. Da eine enge Verknüpfung von Objekt und Information gegeben war, konnte auf einleitende Schrifttafeln zu den einzelnen Kapiteln verzichtet werden.

Bei der Auswahl der Objekte wurde besonderer Wert darauf gelegt, das gesamte Spektrum der Bestände und des archivischen Sammlungsgutes aus jener Zeit, das sich in den Magazinen des Staatsarchivs Detmold befindet, dem Besucher im Original vorzustellen.

Aktenstücke aus brüchigem, stark holzhaltigem Nachkriegspapier fanden ebenso Eingang in die Ausstellung wie Plakate, Schwarzweißfotos, Zeichnungen, Pläne oder Karten, um nur einige völlig unterschiedliche Objekte zu nennen.

Darüber hinaus konnten auch dreidimensionale Exponate wie Kampfmittel oder aus Kriegsgerät, konvertierte Gegenstände des täglichen Gebrauchs, die von privaten und öffentlichen Leihgebern (Kampfmittelräumdienst Detmold und Westfälisches Freilichtmuseum Detmold) zur Verfügung gestellt wurden, präsentiert werden, die das Alltagsleben in Kriegs- und Nachkriegszeit illustrieren halfen.

Die erstellten Graphiken – beispielsweise zum Detmolder Fremdenverkehr oder zur Sitzverteilung im Stadtrat – dienten als Informationskomprimat und eignen sich auch in Zukunft als Unterrichtsmaterial für Schule und Volkshochschule. Sie fanden daher auch sämtlich Aufnahme in den Ausstellungskatalog.

Durch die Vielzahl der unterschiedlichen Exponatarten wurde vermieden, daß die Dokumentation zu "trocken" und "papieren" wurde. Andererseits konnten dadurch beim Besucher verschiedene Ebenen erreicht werden. Eine mehr emotional-affektive bei der Betrachtung einer amerikanischen Fünf-Zentner-Fliegerbombe oder britischer Zigarettenschachteln, eine kognitiv-reflektierende Ebene beim Lesen eines Aufrufes oder eines Aktenstückes.

Inhalt

Die Präsentation wurde in zehn Abteilungen gegliedert, die sich mit unterschiedlichen Fragestellungen dem Thema "Detmold in der Nachkriegszeit" näherten bzw. Teilaspekte schlaglichtartig beleuchteten.

So wurden im ersten Abschnitt u.a. die letzten Kriegsjahre, die sogenannte "Stunde Null" und der Mangel an Brennstoff, Strom und Wasser für die Detmolder in den ersten Nachkriegsjahren thematisiert.

Im nachfolgenden Kapitel wurde die Wohnraumsituation der alten Residenz dargestellt, die durch die Zerstörungen der Kriegszeit, den Zustrom von Evakuierten und Flüchtlingen sowie die Beschlagnahmungen der Briten bis weit in die 50er Jahre überaus angespannt war.

Der dritte Abschnitt beschäftigte sich mit dem Lebensmittelmangel der Bevölkerung, die teilweise versuchte, durch Hamstern, Schwarzschlachtungen und Schwarzhandel der Not zu steuern, sowie mit der Gesundheitssituation, die ein Resultat der Ernährungs- und Wohnraumlage war.

Mit "Wirtschaft – Verkehr – Fremdenverkehr" wurde die folgende Sektion überschrieben. Die Schwierigkeiten der heimischen Wirtschaft, die fehlenden Flächen für Industrieansiedlungen in der früheren "Stadt mit der engen Weste", die Währungsreform von 1948 und ihre Folgen, die überaus schwierige Verkehrssituation in den ersten Nachkriegsjahren sowie die Bedeutung des Fremdenverkehrs für die Detmolder Region wurden darin dargestellt.

Kapitel V beschäftigte sich mit den "Fremden in Detmold". Darunter wurden Flüchtlinge, Vertriebene, Evakuierte und die Displaced Persons subsumiert.

Wie die aus den Konzentrationslagern zurückgekehrten Juden die ersten Nachkriegsjahre und den hiesigen Umgang mit der NS-Vergangenheit erlebten, wurde in Abteilung VI vorgestellt.

Unter der Überschrift "Schulwesen" wurden Exponate zu den örtlichen Schulen, zur Pädagogischen Akademie, zur Nordwestdeutschen Musikakademie und zur VHS Detmold in der nachfolgenden Abteilung präsentiert.

Der achte Ausstellungsabschnitt war der Wiederzulassung der politischen Gruppierungen, der Detmolder Parteienlandschaft sowie den lokalen Wahlergebnissen der 40er und 50er Jahren gewidmet.

Teil neun der Dokumentation warf einige Schlaglichter auf das mannigfaltige Kultur- und Freizeitangebot der unmittelbaren Detmolder Nachkriegszeit.

Den letzten Ausstellungsteil hatte der Frauengeschichtsladen Lippe e.V. gestaltet. Das Frauenspezifische der Detmolder Nachkriegszeit wurde darin verdeutlicht. Dazu wurden u.a. auch eine Reihe von Zeitzeuginnenbefragungen durchgeführt. Diese Abteilung, die vornehmlich aus Ablichtungen von Aktenstücken, Zeitungsartikeln und Interviewpassagen besteht, wird noch andernorts gezeigt werden.

Abb.1 Blick in die Ausstellung, Abteilung I: "Kriegsende und Neuanfänge".

Abb.2 Blick in die Ausstellung, Abteilung IX: "Kultur und Freizeit", im Hintergrund Abteilung X: "Frauen in der Nachkriegszeit".

Abb.3 Blick in die Ausstellung.

Resonanz

Das Interesse der Öffentlichkeit war, wie bei dem Thema nicht anders zu erwarten, recht groß. Die Ausstellungsdauer wurde daher zweimal verlängert. Die Ausstellung war an Werktagen, außer samstags, von 8-15.30 Uhr und zusätzlich sonntags zwischen 11 und 13 Uhr geöffnet. Insgesamt sahen mehr als 1800 Besucher die Präsentation; die durchschnittliche Verweildauer in der Ausstellung betrug rund 45 Minuten.

Der Lokalsender und die örtliche Presse berichteten ausführlich über die Ausstellung und wiesen dabei auch auf die Möglichkeit von Gruppenführungen hin. Rund zwei Dutzend Gruppen, Schulklassen, Oberstufenkurse und Hochschulseminare fanden daraufhin den Weg ins Staatsarchiv.

Die Führungen dauerten in der Regel anderthalb Stunden mit einer Pause von zehn Minuten. Dabei fühlten sich besonders die jüngeren Besucher zu Fragen ermuntert, die Älteren zum Erzählen aus ihrer eigenen Geschichte und Erinnerung. Parallelen zur Gegenwart ließen sich in fast allen Abteilungen ziehen bzw. wurden von den interessierten Besuchern gesehen, da die Themen ohne weiteres zur heutigen Erfahrungs- und Alltagswelt in Beziehung gesetzt werden konnten.

Als weitere Folge der positiven Rückmeldung sind die dem Staatsarchiv von einigen älteren Ausstellungsbesuchern übergebenen Materialien wie Fotos, Lebensmittelkarten oder Bezugsscheine zu sehen. Andere Bürger überließen dem Archiv bereits im Vorfeld der Ausstellungsvorbereitung auf Dauer Schriftstücke, handgemalte Plakate oder Aufnahmen. Alle diese Materialien stellen recht wertvolle Ergänzungen der hiesigen Bestände dar oder sind zu neuen Beständen formiert worden.[1]

Der Katalog zur Ausstellung

Begleitend zur Ausstellung wurde ein reichbebildeter Katalog im Umfang von 96 Seiten erstellt, der analog zur Präsentation in zehn Themenbereiche untergliedert ist und wie diese zeitlich über das "Niemandsland" zwischen Drittem Reich und Bundesrepublik in beide Richtungen hinausgeht.[2]

Für die meisten der im Ausstellungskatalog dargestellten Themenbereiche mußte Quellenarbeit betrieben bzw. "wissenschaftliches Neuland" betreten werden, da historische Studien zur Detmolder Nachkriegsgeschichte bis auf einige Ausnahmen, die sich mit Teilaspekten beschäftigen, noch nicht vorhanden waren. Allgemein haben größere wissenschaftliche lokalgeschichtliche Studien zur Nachkriegszeit in Deutschland immer noch Seltenheitswert. Das gilt auch für Ostwestfalen. Für Lippe fehlten sie bis zum Erscheinen des vorliegenden Sammelbandes völlig.

Der Ausstellungkatalog, der in erster Linie der "Spurensicherung" dient, soll den Leser zu weiteren Fragestellungen und eigenen Forschungen anregen. Die in den Ausführungen zu den einzelnen Kapiteln und in den Exponatbeschreibungen genannten Archivsignaturen führen den Leser zu den einschlägigen Beständen im Staatsarchiv Detmold. Das Literaturverzeichnis am Ende des Katalogs listet die wichtigsten Aufsätze und Monographien zum Thema auf. Die Auflage von 850 Exemplaren ist fast vergriffen!

Insgesamt wurden Ausstellung und Katalog – trotz mancher Kritik im Detail – von den Besuchern und Lesern sehr positiv beurteilt und aufgenommen.

Anmerkungen

1. So die Abgabe von Frau Heldmann, die aktiv im Vorstand der von 1946-1955 existierenden Detmolder "Notgemeinschaft der Besatzungsgeschädigten" mitwirkte (StA Dt D 72 Heldmann).
2. "Bekakelt nicht die Lage ..." Detmold in der Nachkriegszeit. (Veröffentlichungen der Staatlichen Archive des Landes Nordrhein-Westfalen. Reihe D: Ausstellungskataloge staatlicher Archive). Verantwortlich für Ausstellung und Katalog: Wolfgang Bender unter Mitarbeit von Christel Grote, Wolfgang Müller, Ingrid Schäfer und Volker Schockenhoff. Selbstverlag des NW-Staatsarchivs Detmold 1992.

Vera Scheef

Bilder lippischer Künstlerinnen und Künstler aus der Zeit von 1945 bis 1950

Im Rahmen des Projektes "Bekakelt nicht die Lage ... Detmold in der Nachkriegszeit" präsentierte das Lippische Landesmuseum Bilder lippischer Künstlerinnen und Künstler aus der Nachkriegszeit.

Die Zeit des Zweiten Weltkrieges bedeutete für einige Künstlerinnen und Künstler den Verlust ihrer Heimat. In der lippischen Region fanden sie ein Zuhause und einen neuen Wirkungskreis.

Viele von ihnen schlossen sich dem Lippischen Künstlerbund an, dem Verein, der im Jahr 1917 in Detmold ins Leben gerufen worden war. Gründungsmitglieder waren Franz Born, August Eberth, Ernst Rötteken und Bruno Wittenstein.

Nach Wiederaufbau des Vereins im Jahr 1947 durch die Künstler Sibylle Dotti, Heinrich Hopmeier und Wilhelm Köster erfüllte diese Institution eine wichtige und bedeutsame Aufgabe. Mitgliedern stellte man Materialien zur Verfügung, die für den einzelnen oft unerschwinglich waren; Farben, Terpentin, Waschmittel, Werk- und Rahmenschnitthölzer sowie zehn Ztr. Brennmaterial für das Atelier. Auch die Regierung unterstützte lippische Künstlerinnen und Künstler durch Ankäufe ihrer Werke. In den Jahren 1949/50 wurden die Verbindungen zwischen Künstlerbund und Regierung intensiver. Zur regelmäßigen Hilfestellung war die Regierung bereit.

Ausstellungsaktivitäten setzten in allen Regionen Deutschlands bereits nach 1945 ein; so wurde die erste lippische Kunstausstellung der Nachkriegszeit in Detmold am 9. Dezember 1945 mit 90 Werken von 20 Künstlern im Lippischen Landesmuseum eröffnet.

Die Sonderausstellung im Lippischen Landesmuseum (7.3.-25.4.1993)

Die Sonderausstellung präsentierte Arbeiten von elf lippischen Künstlerinnen und Künstlern. Uns begegnen Werke von Ludwig Diekmann, Sibylle Dotti, Friedrich Eicke, Clara Ernst, August Ewerbeck, Heinrich Hopmeier, Wilhelm Köster, Walter Kramme, Margarethe Krieger, Emil Schulz-Sorau und Friedrich Wilhelm Töpper. Für viele von ihnen war der Besuch einer Kunstakademie die Grundlage ihrer Ausbildung. Die Düs-

Abb. 1 Wilhelm Köster: "Holzsammlerin", 1946, Öl, 67 x 44 cm (Lippisches Landesmuseum)

Abb. 2 Sibylle Dotti: "Flüchtlinge", 1946, getönte Federzeichnung und Kreide, 21 x 30 cm (Leihgabe von Frau Dotti)

Abb. 3 Friedrich Eicke: "Teutoburger Wald", 1940er Jahre, Kohle und Bleistift, 17 x 29 cm (Leihgabe von Frau Weitzmann-Eicke)

Abb. 4 Margarethe Krieger: "Bauernhaus mit Bäumen", 1949, Öl, 54 x 64 (Lippisches Landesmuseum)

seldorfer und die Karlsruher Akademien galten als die renommiertesten. Oftmals übten die Lehrer der Akademien nachhaltigen Einfluß auf den künstlerischen Werdegang ihrer Schüler aus.

Was malten und zeichneten lippische Künstlerinnen und Künstler?

Bildinhalte, die Not und Elend der Nachkriegszeit ausdrücken, nachweisbar im Werk die "Holzsammlerin" von Wilhelm Köster aus dem Jahr 1946 und die "Flüchtlinge" von Sibylle Dotti aus dem gleichen Zeitraum werden im folgenden behandelt.

Abb. 1
Die "Holzsammlerin" im Zentrum des Bildes trägt gebündelte Tannenhölzer, die sich diagonal im Bildvordergrund erstrecken. Das Tragen einer Schürze über einer Hose und das Kopftuch erinnern an das Erscheinungsbild der Trümmerfrau. Die Kopfhaltung der Holzsammlerin, leicht nach unten gerichtet, ist Zeichen innerer Erschöpfung und Resignation. Aus der Sicht des Künstlers wird dem Betrachter die Nachkriegszeit ver-

gegenwärtigt. Wilhelm Köster war immer bemüht, das darzustellen, was sich ereignete.

Abb. 2
Die Auswirkungen der Nachkriegszeit hält Sibylle Dotti auch in ihrer Federzeichnung "Flüchtlinge" fest. Vertriebene, ihrem Schicksal ausgeliefert, hoffen auf ein friedliches und menschenwürdiges Leben. Ihre wenigen Habseligkeiten nehmen sie auf eine lange unbekannte Reise mit.

Aber nicht nur diese Bildthematik greifen lippische Künstlerinnen und Künstler auf. Sie setzen sich auch mit der Schönheit und Harmonie der Natur auseinander. Landschaftsansichten der lippischen Umgebung entstehen, die durch Staffage wie Gebäude und Figur belebt werden:

Abb. 3
Friedrich Eickes Zeichnung vom "Teutoburger Wald" sowie auch die

Abb. 4
bildliche Darstellung Margarethe Kriegers "Bauernhaus mit Bäumen" mögen dies belegen.

Stilistische Einordnung der präsentierten Bilder

Dem Naturalismus sind einige Arbeiten zuzuordnen, einer Richtung in der Kunst des späten 19. Jahrhunderts, die sich bewußt einer idealistischen Darstellungsweise entgegensetzt und Wirklichkeit naturgetreu abbildet.

In zahlreichen Bildern lassen sich verstärkt impressionistische Tendenzen nachweisen. Farben werden unvermischt in schnellen, nervösen Strichen aufgetragen. Skizzenhaftigkeit, das Aufheben der Kontur, sind Stilmerkmale vieler Bilder und für den Impressionismus, einer revolutionären Kunstrichtung, die sich zwischen 1860 und 1870 in Paris entwickelt hat, charakteristisch. Wenig Beachtung fand eine gegenstandsfreie Formensprache, die sich in den ersten Jahren nach 1945 generell in Deutschland ausbildete. Erst allmählich drang dieser abstrakte Stil in die lippische Kunstlandschaft ein.

Literatur

Festschrift 50 Jahre lippischer Künstlerverband e.V., Detmold 1967.
Hermann Ludwig Schäfer: Lippische Maler und bildende Künstler In: Lippische Landeszeitung 189. 1955, Nr. 280 vom 3. Dezember - 191. 1957, Nr. 166 vom 20. Juni.

Martin Doering

"Bestseller" der Nachkriegszeit

Eine Ausstellung der Stadtbücherei Detmold

Im Rahmen der Untersuchungen zur Detmolder Nachkriegsgeschichte durfte ein Aspekt nicht fehlen: Lesen, als wichtiger Bestandteil von Alltagskultur. Die Frage also war: Was lasen die Detmolder zu jener Zeit, was waren die 'Renner' auf dem Buchmarkt?

Diese Frage ließ sich nur programmatisch beantworten, die Bestseller der drei Westzonen mag man getrost als Publikumslieblinge auch in Detmold vermuten.

Was aber waren die Bestseller? Ein Blick in die Seller-Listen z.B. des "Spiegel" oder des "Stern" war nicht möglich, denn die gab es damals noch nicht. Es blieb also nur der Weg, die entsprechenden literaturwissenschaftlichen Veröffentlichungen zu durchforsten.

Eine weitere Einschränkung, die sich allerdings nicht allzu sehr bemerkbar machte, bestand darin, die Bestseller-Ausstellung ausschließlich mit Büchern aus dem Bestand der Stadtbücherei zu bestücken, so daß die Ausstellung nicht nur etwas über die Leselieblinge der Nachkriegszeit aussagte, sondern ebenso etwas über die Rolle der Stadtbücherei als Institution der Literaturvermittlung.

Die Ausstellung, die auf diese Art zusammengetragen wurde, bestand aus 154 Büchern, die in vier Gruppen geordnet waren:

Deutschsprachige Literatur	(68 Titel)
Literatur des Auslandes	(32 Titel)
Sachliteratur	(20 Titel)
Kinder- und Jugendbücher	(34 Titel)

Aufgebaut wurde die Ausstellung am zentralen Punkt der Stadtbücherei, im 1. Obergeschoß, nahe dem Schlagwortkatalog, so daß sichergestellt war, daß außer den Nutzern der Kinderbücherei nahezu alle Besucher und Besucherinnen notwendig daran vorbeikamen.

Zur weiteren Information gab es vier große Informationstafeln, auf denen interessante Details und Hintergrundinformationen die literarische Situation im Nachkriegsdeutschland illustrierten.

Es wurde ein Titelverzeichnis erstellt, in dem sich auch die Texte der Informationstafeln wiederfanden.

Die Ausstellungseröffnung fand am 17. Januar 1993 statt mit einem Vortrag von Frau Marion Kramer, Literaturwissenschaftlerin an der Universität Bielefeld; Thema ihres Vortrages: "Bestseller und Literatur der Nachkriegszeit".

Die Präsentation der Bücher lief bis zum 12. Februar und stieß auf große Resonanz, nicht zuletzt daran ablesbar, daß viele Leser die Bücher gleich ausleihen wollten, so daß entsprechende Hinweistafeln notwendig wurden.

Auch daran wird deutlich, daß es sich vielfach nicht um kurzlebige Bestseller, sondern um Long- und Steadyseller handelte, die wieder und wieder aufgelegt werden.

Für interessierte Leser sind Titelverzeichnisse in der Stadtbücherei erhältlich.

Bernd Racherbäumer

Erlebte Geschichte: Ein VHS-Projekt

Bericht über ein VHS-Kursprojekt zur Geschichte des Alltags in Detmold in den letzten Kriegsjahren und der Zeit danach

Fast zwei Jahre (4 VHS-Semester I/91-II/92) hat ein Kurs der Volkshochschule Aspekte der jüngeren Stadtgeschichte Detmolds – die letzten Kriegsjahre, den Zusammenbruch 1945 und die Zeit des Wiederaufbaus – zum Gegenstand seiner Betrachtungen gemacht.

> Im VHS-Kursus wollen wir, dem Konzept der "Alltagsgeschichte" folgend, verschiedene Fragestellungen dieses Zeitraumes aus der Perspektive der Betroffenen aufgreifen. Je nach Interessenlage der Teilnehmer/innen werden wir versuchen, Antworten darauf zu finden, wie es in Detmold und Lippe aussah, als zunächst Amerikaner, dann Briten als Besatzungsmacht kamen. Welche Techniken des Überlebens (Nahrung, Kleidung, Wohnen) gab es, und wie erlebten die Detmolder die Wiederaufbauzeit und die Neuordnung des politischen, kulturellen und wirtschaftlichen Lebens? Über Gespräche zwischen älteren und jüngeren Teilnehmer/innen, Befragung von "Zeitzeugen" und mit Hilfe von alltäglichen "Quellen" (Zeitungen, Fotos, persönliche Dokumente etc.) wollen wir die Geschichte Detmolds vor 45 Jahren rekonstruieren. Dabei steht nicht die Zusammenstellung von Daten und Ereignissen, sondern stehen die konkreten Alltags- und Lebenserfahrungen, Arbeit, Freude und Leiden der Menschen im Zentrum des Interesses. [...] Angesprochen sind alle Detmolder Bürgerinnen und Bürger und all diejenigen, die an dieser Form der Auseinandersetzung mit Geschichte interessiert sind. [Ankündigungstext des Projektes im Programmheft]

Zunächst fühlten sich etwa 20 Detmolder(innen) von diesem Aufruf angesprochen, bald aber kristallisierte sich ein "harter Kern" von 12-15 Teilnehmer(innen) heraus. Die Gruppe traf sich in wöchentlichem Rhythmus, um auf der Grundlage eines gemeinsam erstellten Themenkatalogs unterschiedliche Facetten des Kriegs- und Nachkriegsalltages zu diskutieren. Die meisten Teilnehmer(innen) waren über sechzig Jahre alt, viele hatten die Siebzig schon überschritten. Moderiert wurde die Veranstaltung von drei erfahrenen Kursleiter(inne)n,[1] die die Sitzungen thematisch vorbereiteten und deren Ablauf grob strukturierten. Nach einer Einführung durch die Kursleiter wurde der jeweilige Problemkreis der Sitzung auf der Grundlage von Erinnerungen der Teilnehmer(inne)n erörtert. Dadurch konnten alle Anwesenden, anknüpfend an ihre lebensgeschichtlichen Erfahrungen, aktiv an der Gestaltung der Sitzungen mitwirken und waren nicht darauf beschränkt, nur vorgegebene Inhalte zu rezipieren. Wenn möglich, wurden vielfältige andere Quellen (Akten, Zeitungen, Theater- und Kinoprogramme etc.) hinzugezogen oder Medien (z. B. Filme) als "Katalysatoren" der Erinnerungsarbeit eingesetzt. Zu einzelnen Themen wurden gezielt "Expert(inn)en" eingeladen, u. a. eine Diakonisse und ein Orchestermusiker. Häufig allerdings fiel die Expertenrolle auch Teilnehmern der Kursgruppe zu, wenn sie aufgrund eigener, spezifischer Erfahrung und Betroffenheit eine besondere Nähe zum Thema hatten, wie etwa die "Besatzunggeschädigten".

Bald schon stand für die Gruppe fest, daß neben der gemeinsamen Aufarbeitung und Diskussion individueller Erlebnisse und kollektiver Erfahrungen auch eine Dokumentation der Ergebnisse der Arbeit erfolgen sollte. Viele der Sitzungen wurden deshalb auf Tonband mitgeschnitten, um eine spätere Auswertung (auch durch Dritte und/oder mit anderer Fragestellung) zu ermöglichen. Geplant war u. a. eine Ausstellung, die in Ergänzung der umfassenden Dokumentation im Staatsarchiv[2] einzelne Aspekte der Nachkriegszeit aufgreifen und, gleichsam durch ein Vergrößerungsglas betrachtet, die alltäglichen Details herausarbeiten sollte. Leider konnte diese Konzeption eines eher sinnlichen Zugangs – durch Alltagsgegenstände, räumliche Installationen, Kochen nach Rezepten aus der Notzeit etc. – wegen unzureichender finanzieller Ausstattung nicht realisiert werden.

Dennoch sollten einige Arbeitsergebnisse der Öffentlichkeit zugänglich gemacht werden, und verschiedene Exponate wurden in die Ausstellung im Staatsarchiv integriert. Unter dem Titel *"Spurensuche – Detmold in der Nachkriegszeit"* konzipierte die Gruppe drei themenorientierte Stadtrundgänge auf der Basis der im Kursus zusammengetragenen Informationen. So spürt ein Rundweg heute noch sichtbare Spuren von Krieg und Zerstörung in Detmold auf. Ein weiterer thematisierte die Infrastrukturen des Nachkriegsalltags (Schwarzmarkt, Einzelhandel, Kneipen, Verkehr etc.) und die damit verbundenen Techniken der Alltagsbewältigung. Thema des dritten Spaziergangs war die Wohnungssituation in der Stadt. Dabei lag ein besonderer Schwerpunkt auf den durch die Besatzungsmacht beschlagnahmten Privathäusern. Zu jedem dieser Rundgänge wurde ein kleiner Leitfaden erstellt, der neben einer allgemeinen Einführung in das Thema auch einen Plan des Rundwegs (siehe S. 525) und die Beschreibung der einzelnen Stationen enthält. So ist für historisch Interessierte auch ohne Führung eine eigene "Spurensuche" möglich.

Fazit

Die Suche nach neuen historischen Erkenntnissen zur Geschichte Detmolds in der Nachkriegszeit konnte naturgemäß nicht an erster Stelle eines Kursobjektes der Volkshochschule stehen. Vor der "Forschung" rangiert hier zunächst der Auftrag der Erwachsenenbildungseinrichtungen, Bürger(inne)n Geschichte nahezubringen, Geschichte interessant und allgemeinverständlich zu vermitteln und die Auseinandersetzung mit historisch-politischen Themen zu fördern. Der alltagsgeschichtliche Ansatz hat sich seit Beginn der achtziger Jahre in vielen VHS-Projekten[3] und lokalen "Geschichtswerkstätten"[4] als erfolgreiche Methode des Zugangs und Umgangs mit der (eigenen) Geschichte bewährt. Die Einbeziehung der lebensgeschichtlichen Erfahrungen, die Kenntnisse der Personen, der Lokalitäten, der Stadt und der Region, bieten Identifikationsmöglichkeiten auch für Personengruppen, die sich durch die traditionellen Geschichtsvereine nicht angesprochen fühlen oder zum interessierten Laien-Publikum der klassischen deutschen Geschichtsschreibung gehören.

Methodische Probleme der erzählten Geschichte (Oral history)[5] und die (berechtigte) Kritik an der Verschwommenheit solcher Begriffe wie "Geschichte von unten" oder "Alltagsgeschichte"[6] hatten für das Projekt eine andere Bedeutung. Beides wurde im Rahmen des Kurses Bestandteil des didaktischen Konzeptes.[7]

Immer wieder wurden in den Sitzungen Diskrepanzen zwischen den Erinnerungen der Zeitzeugen und den vermeintlich objektiven und überprüfbaren Fakten offenkundig. Nicht selten gar schienen Erinnerungen bzw. Wahrnehmungen der einzelnen Teilnehmer(innen) in erheblichem Widerspruch zu stehen. Diese Inkongruenz aufzugreifen und zu theamtisieren, war wesentlicher Bestandteil der Arbeit der Kursleitung. Für alle Beteiligten wurde bald deutlich, daß, neben Erinnerungslücken (immerhin lagen die Ereignisse schon mehr als 40 Jahre zurück) als Ursache von Widersprüchen, unterschiedliche Interessenlagen, berufliche, ökonomische, politische und familiäre Situationen die Wahrnehmungen, Erinnerungen und mündlichen Überlieferungen strukturierten. "Alltag" ist nicht Gegenwelt zu Gesellschaft und Politik, sondern wird durch gesellschaftliche Strukturen, politische und ökonomische Prozesse mitbestimmt. Die unterschiedlichen Erfahrungen in der Gruppe und die offene Auseinandersetzung damit verhinderten eine nostalgische Verklärung der Nachkriegszeit. Nachkriegsalltag war nach den Erfahrungen der Teilnehmer(innen) tatsächlich nicht die große Zeit des "gemeinsamen Ärmelaufkrempelns, des Zusammenrückens, der Solidarität". Alltag in der Nachkriegszeit bedeutete für alle Teilnehmer(innen), in einer Ausnahmesituation zu leben. Überkommene Normen waren außer Kraft gesetzt, neue Werte hatten noch keine Allgemeingültigkeit erlangt. Das Leben in der Übergangsgesellschaft mußte organisiert, Lebensmittel und Kleidung mußten beschafft werden. Die "Techniken des Überlebens" erforderten neben Geschick und Einfallsreichtum auch nicht selten Handlungen am Rande der Legalität. (*"Wir standen immer mit einem Beim im Gefängnis."*). Für die Teilnehmer(innen) bot die intensive Auseinandersetzung mit der Vergangenheit Möglichkeiten der Rekonstruktion der eigenen Geschichte (... *das hatte ich schon völlig vergessen, ... das habe ich schon seit 1949 nicht mehr gesehen.")* Chancen zur Reflexion und Neubewertung (*"Das hab ich noch nie erzählt, ... das weiß nicht mal meine Frau, ... wir hatten ja keine andere Möglichkeit, wir hatten ja selber nichts"*).

Bald schon stellte sich heraus, daß lebensgeschichtliche Erinnerungen "anderen Chronologien" (Alf Lüdke) folgen als die professionelle Geschichtsschreibung. Historische Daten ("Geschichtszahlen") fallen eben nur zufällig mit subjektiv relevanten historischen Ereignissen (Rückkehr aus der Kriegsgefangenschaft, Arbeitslosigkeit, Wohnungswechsel, Beschlagnahme bzw. Freigabe des eigenen Hauses etc.) zusammen. Viele Teilnehmer(innen) entwickelten eigene Fragestellungen und kleine "Forschungsprojekte", die sie parallel zum Kursus bearbeiteten (z. B. die Stadtrundgänge, eine Arbeit zur Situation der Gesundheitsversorgung in Lippe oder der Versuch einer literarischen Collage aus den Sitzungsmitschnitten).

Nicht eingelöst werden konnte der mit dem Projekt verbundene Anspruch des "intergenerativen" Lernens.[8] Der erhoffte "Dialog zwischen den Generationen" fand im VHS-Kursus, wie auch bei vielen anderen Veranstaltungen des Gesamtprojektes, mangels Teilnahme der Generation unter 40 Jahren nicht statt.

Stadtrundgang – Besetzte Privathäuser

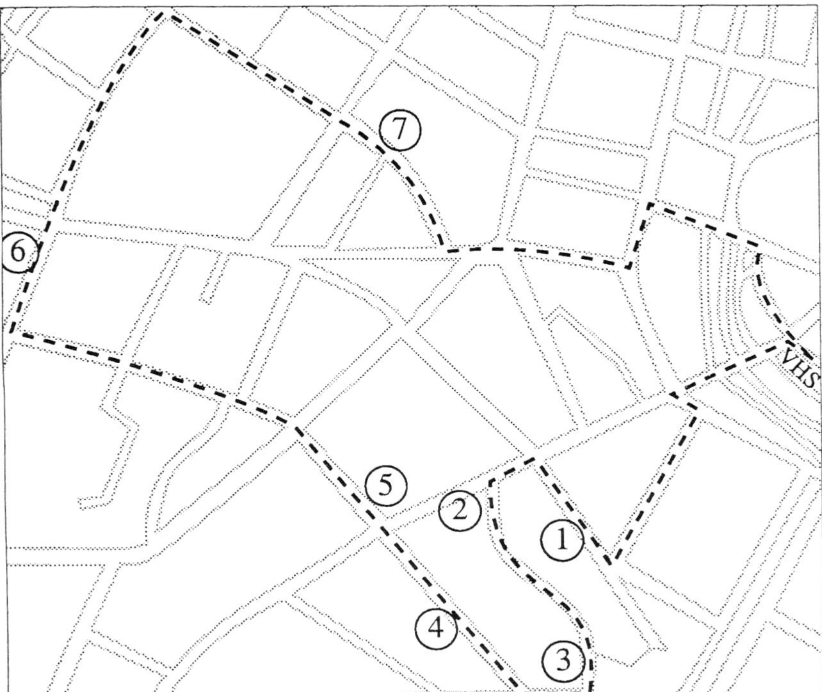

Stationen

1. Die Palaisstraße gehört zu dem Gebiet, das als Besatzungszone vorgesehen war. Durch Bekanntmachung vom 25. Juni 1945 waren alle Häuser dieses Gebietes einschließlich allem Inventar beschlagnahmt. Für absolut unverzichtbare Gegenstände sollten Sonderregelungen gelten. Für die Nutzung der Gärten durch die deutschen Besitzer sollten bestimmte Zeiten festgelegt werden.
2. Zwei der beschlagnahmten Häuser der Bandelstraße wurden durch einen überdachten Gang miteinander verbunden und als Casino genutzt. Nach der Freigabe wurden Häuser und Brücke als Kreiswehrersatzamt genutzt.
3. In der Brahmsstraße kam es zu einer Demonstration der Notgemeinschaft aus Anlaß der Frei- und Übergabe eines besetzten Hauses an den neuen Regierungspräsidenten. Die Hintergründe dieser Freigabe hatten zu großem Unmut bei den Mitgliedern der Notgemeinschaft geführt.
4. Die Bülowstraße ist ein Musterbeispiel für eine fast vollständig besetzte Straße.
5. Im Weinbergsweg (heute Kleistweg) fand eine Plakataktion statt, die über eine Nachrichtensendung des WDR landesweit publik wurde. Ein britischer Offizier war mit seinem Auto, an das das Bibelzitat: "Du sollst nicht begehren deines Nächsten Haus" in deutscher und englischer Sprache angeklebt worden war, ins Manöver gefahren, ohne den Aufkleber zu bemerken.
6. Die Gutenbergstraße zeigt auf, daß auch in Randbezirken Häuser besetzt wurden.
7. In der Bachstraße wurden, wie auch in der Lönsstraße, zeitweise beschlagnahmte aber leerstehende Häuser von den deutschen Eigentümern "besetzt". Vor den Häusern stellte die Notgemeinschaft Menschenketten auf, die eine gewaltsame Rückbesetzung verhindern sollten. Das führte zu umfangreicher Berichterstattung in den Medien.

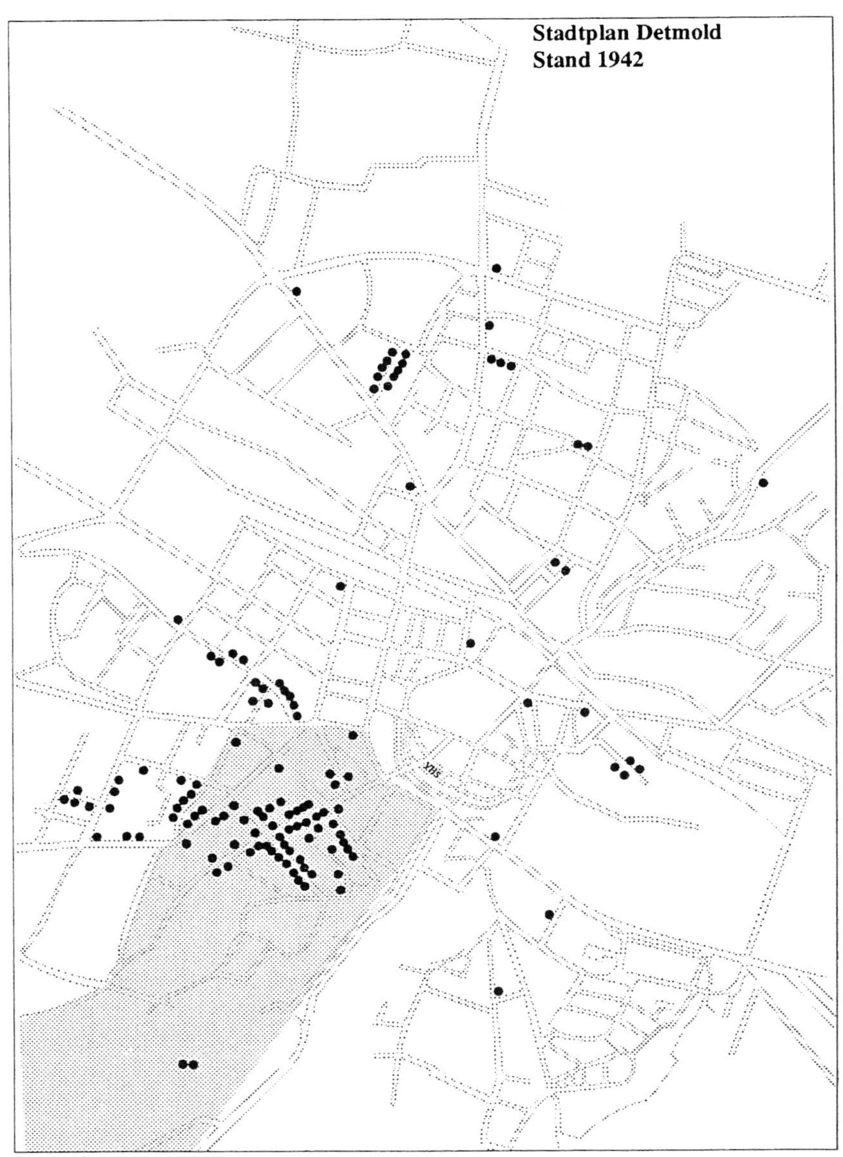

Legende

Vorgesehenes Besatzungebiet

● Besetzte Häuser

Besetzte Privathäuser

Als im April 1945 amerikanische Truppen Detmold besetzten, beschlagnahmten sie Kasernen, Schulen und größere Gaststätten als Unterkünfte. Die im Laufe des Sommers nachfolgenden britischen Besatzungstruppen begnügten sich zunächst mit den Kasernen. Lediglich für einige höhere Offiziere wurden die ersten Privathäuer im Villenviertel im Bereich des Bandelberges beschlagnahmt.

Im Laufe des Winters 1945/46 zogen immer mehr britische Offiziere mit ihren Familien in beschlagnahmte Privathäuser. Ab Frühjahr 1946 holten auch Unteroffiziersgrade ihre Familien nach. Auch für sie wurden Häuser, jetzt auch in anderen Gegenden Detmolds, beschlagnahmt. Insgesamt handelte es sich um 128 Häuser. Über 200 Familien mußten ihre Wohnungen für die britischen Besatzungstruppen räumen. Hausbesitzer, reguläre Mieter, Flüchtlinge oder Evakuierte waren von diesen Maßnahmen gleichermaßen betroffen. Die Beschlagnahme erfolgte in Abstimmung mit dem städtischen Wohnungsamt. In einigen Fällen forderten die britischen Truppen bestimmte Häuser, z. B. die von ehemaligen Nazi-Größen. Manchen Betroffenen wurde gesagt, daß das Wohnungsamt von Detmolder Mitbürgern Hinweise auf mögliche attraktive Häuser bekommen hatte.

Die Unterbringung der Besatzungsgeschädigten war für das Wohnungsamt angesichts der allgemeinen Wohnungsnot ein kaum zu lösendes Problem. Zwar wurde in dem Beschlagnahmebescheid eine dem beschlagnahmten Objekt angemessene Unterkunft zugesichert, doch die Betroffenen fanden sich fast ausschließlich in Kellerräumen, Holzveranden, Dachkammern - teils unter blanken Dachziegeln - oder in Einzelzimmern ohne Wasseranschluß und Kochmöglichkeit wieder. Nur sehr wenige hatten die Möglichkeit, in eigenen Geschäftsräumen oder durch Erstellung eines neuen Hauses unterzukommen.

Von den betroffenen Hausbesitzern war fast niemand gewillt, die Beschlagnahme widerspruchslos hinzunehmen. Das galt nicht nur für diejenigen, die in dem beschlagnahmten Haus gewohnt hatten, sondern auch für solche, die das Haus vermietet hatten. Zunächst versuchte jeder für sich, sein Eigentum wieder zu bekommen. Vom Wohnungsamt kam jedoch nicht die gewünschte Unterstützung, da die Beamten vorrangig mit der Unterbringung von Flüchtlingen beschäftigt waren. Die Hausbesitzer wurden mit der Aussicht vertröstet, daß sie ja irgendwann wieder in ihren Häusern wohnen bzw. über diese verfügen könnten.

Im Sommer 1947 organisierten sich dann die Betroffenen in der "Notgemeinschaft der Besatzungsgeschädigten". Obwohl sie die Unterstützung des Landespräsidenten Heinrich Drake hatten, blieben ihre Bemühungen, den Bürgermeister Detmolds für ihre Sache zu gewinnen, ohne Erfolg. Das änderte sich 1949, als eine neuer Bürgermeister kam. Dieser ging mit Delegierten der Notgemeinschaft durch deren Notunterkünfte, um sich ein Bild über deren Lage zu verschaffen. Unter seinem Vorsitz kam es zu regelmäßigen Gesprächen mit dem britischen Chef der CCG (Kontroll-Kommission Deutschland) im Rathaus.

Diese ersten positiven Ergebnisse erfolgten zu einer Zeit, in der innerhalb der Notgemeinschaft die Aktivitäten zunehmend von den jüngeren Mitgliedern ausgingen. Zu Betroffenen in Minden, Lemgo, Bünde und Bielefeld, die sich ähnlich organisiert hatten, wurden Kontakte aufgenommen, Protestveranstaltungen wurden überregional organisiert. Es gab eine bundesweite Organisation, die ein eigenes Informationsblatt herausgab. Ein Erfolg der Bemühungen zeigte sich in der zunehmenden Teilnahme an Protestveranstaltungen. Passten 1949 die Kundgebungsteilnehmer noch in den Saal des heutigen Hotels "Nadler", so war 1952 der Detmolder Marktplatz ziemlich dicht gefüllt.

Um 1952 wurde damit begonnen, für die Besatzungsgeschädigten an der Berliner Allee Mehrfamilienhäuser in "Schlichtbauweise" zu bauen. Nach einer Ortsbesichtigung wurden diese Wohnungen von den Besatzungsgeschädigten aber abgelehnt. Ihre Forderung lautete: "Baut für die Besatzungsmacht! Wir verlangen unsere Häuser zurück!" Dieser Forderung wurde durch gezielte Aktionen Nachdruck verliehen. Plakate, die aus Bielefeld kamen, wurden in nächtlichen Aktionen auf Wände und Autos der britischen Hausbewohner geklebt. Besetzte Häuser, die vorübergehend keine britischen Bewohner hatten, wurden von den deutschen Eigentümern "besetzt". Diese Aktionen fanden zunehmend Unterstützung bei der übrigen Bevölkerung. Sie hatten zum Ziel, die britischen Bewohner der Häuser so zu verunsichern, daß diese aus eigenem Wunsch die Häuser verlassen sollten. Durch die Presse wurden diese Aktionen bekannt und fanden Nachahmung in anderen Gegenden der Bundesrepublik. Es entstand eine solche Unruhe, daß Bund und Land 1953 mit den britischen Vertretern übereinkamen, für die britischen Soldaten und deren Familien zu bauen.

Anfang 1955 konnten die ersten Privathäuser freigegeben werden. Dabei hatten die Notgemeinschaften ein Vorschlagsrecht über die Reihenfolge der freizugebenden Häuser. Vor dem Wiedereinzug mußten die Häuser gründlich renoviert werden. Über den Umfang der Renovierungsarbeiten und die Höhe der Kosten gingen die Meinungen der deutsch-britischen Kommission, die die Häuser begutachtete, und der Hauseigentümer weit auseinander. Die Entschädigung erfolgte nicht nach dem deutschen Mietrecht, sondern nach Besatzungsrecht, das für die Eigentümer wesentlich schlechter war.

Wenn auch die Entschädigungssummen als zu gering angesehen wurden, so wurde der etwa zehnjährige Kampf mit dem Wiedereinzug ins eigene Haus doch erfolgreich beendet.

Impressum
Herausgeber: VHS Detmold
Titelfoto: eines der ehemals besetzten Häuser in der Heldmannstraße. Quelle: Privat
Autoren: Hildegard und Günter Hammer, Liselotte Heldmann, Bernd Racherbäumer

Anmerkungen

1. Alle Kursleiter/innen hatten bereits mehrjährige Erfahrungen mit Kursangeboten zu historisch-politischen Themen. Vergl. dazu: Jürgen Scheffler, "Dorfgeschichte als Erinnerungsarbeit..." In: "Vahlhausen – Alltag in einem Lippischen Dorf 1900-1950", hrsg. vom Lippischen Heimatbund. Detmold 1987, S. 9ff.
2. "Bekakelt nicht die Lage...", Ausstellungskatalog, NW Staatsarchiv Detmold, Detmold 1992.
3. Stellvertretend für die inzwischen unübersehbare Zahl von Veröffentlichungen zwei Projekte aus der Region: a) VHS Detmold "Vahlhausen – Alltag in einem Lippischen Dorf 1900-1950" Detmold 1987; b) VHS Bielefeld (Hrsg.), "Wir haben uns so durchgeschlagen..." – Frauen im Bielefelder Nachkriegsalltag 1945-1950. Bielefeld 1992.
4. Vgl. dazu z.B. die verschiedenen Projekte und Veröffentlichungen des "Frauengeschichtsladen Lippe e. V."
5. Stichwortartig: Die Selektivität der Wahrnehmung, Rationalisierung bei der Erinnerungsarbeit, Verzerrungen durch die Erhebungs- bzw. Gesprächssituation.
6. Vgl. dazu etwa die Beiträge in: "Geschichte erfahren", Themenheft Geschichtsdidaktik Heft 1, 1986.
7. *"Ich selbst habe immer [...] die These vertreten, daß man nur im Rahmen der Volkshochschularbeit auch den menschlichen Herausforderungen mündlicher Geschichtsschreibung genügen kann".* Peter Steinbach, zitiert nach: Karl Heinz Schäfer, "Kleine Lesehilfe". In: "Vahlhausen - Alltag in einem Lippischen Dorf" S. 8.
8. Jürgen Scheffler, "Dorfgeschichte als Erinnerungsarbeit..." In: "Valhausen – Alltag...", S. 11f.

Wolfgang Müller

Der Schülerwettbewerb

Auch die Detmolder Schülerinnen und Schüler beteiligten sich an dem großen stadtgeschichtlichen Projekt zum Thema "Detmold in der Nachkriegszeit". In einem Ausschreibungsprospekt wurden sie aufgefordert, mit Hilfe von schriftlichen Quellen und Zeitzeugen zu untersuchen, "was sich in der Zeit zwischen 1945 und 1949 (mit Rück- und Ausblicken in die Zeit davor und danach, soweit nötig) in Detmold und den heute zu Detmold gehörenden Dörfern abgespielt hat". Der Wettbewerb sollte einen Zeitraum ins Blickfeld der Jugendlichen rücken, an den sich heute viele Ältere angesichts der Probleme mit Aussiedlern und Flüchtlingen und des Neuanfangs in den östlichen Bundesländern wieder erinnert fühlen. Die Lehrerinnen und Lehrer der Detmolder Schulen wurden bei einer Veranstaltung im Detmolder Rathaus auf den Wettbewerb aufmerksam gemacht, die Schülerinnen und Schüer konnten sich bei zwei "Workshops", die der Archivpädagoge Wolfgang Müller im Staatsarchiv Detmold veranstaltete, nähere Informationen zu den Themen und vorhandenen Quellen holen.

Der Wettbewerb lief vom 4. Mai bis zum 30. November 1992. Sechs Gruppen bzw. Einzelteilnehmer begannen mit ihrer Arbeit, drei von ihnen reichten fristgerecht fertige Arbeiten ein.

Die Jury, bestehend aus Ulrich Ernst, Wolfgang Herbig und Wolfgang Müller, hielt alle Arbeiten für preiswürdig und formulierte folgende "Laudationes":

"Kindergärten und Kinderpflegerinnenausbildung in Detmold in der Nachkriegszeit"

von einer Projekt-AG der Klassen FSP 11 und FSP 12 der Fachschule für Sozialpädagogik – Felix-Fechenbach-Schule Detmold

mit den Teilnehmerinnen *Elvira Feschin, Tanja Eikermann, Tina Gehring, Anne Harms, Claudia Krüger, Ilka Laurien, Michaela Litschel, Anita Möllmann, Justina Pettkau*

Tutorin: Politiklehrerin *Karin Buhr* – Eingang der Arbeit: 30.11.92
Umfang der Arbeit: Arbeitsbericht und Darstellung (13 Seiten), Mappe mit 26 Ausstellungstafeln

Die neun angehenden Erzieherinnen haben sich das Ziel gesetzt, ihren eigenen späteren Einsatzort Kindergarten einmal unter historischer Perspektive kennenzulernen und die Ergebnisse ihrer Arbeit in anschaulicher Weise auch der Schulöffentlichkeit vorzustellen.

Die Arbeit besteht aus einem darstellenden Teil, der einen ausführlichen Arbeitsbericht der Tutorin, die Berichte der Arbeitsgruppen über ihre Arbeitsergebnisse und ein Quellen- und Literaturverzeichnis enthält. Der Ausstellungsteil umfaßt 26 (!) sorgfältig gestaltete Tafeln, auf denen die Befragung der Zeitzeuginnen im Staatsarchiv, die Anordnungen der Militärregierung, die Situation der Kindergärten in Detmold nach Kriegsende, allgemeine Probleme der Nachkriegszeit, die für die Kindergärten von Bedeutung waren, der Kindergarten "Waschhof", Alltagsprobleme im Kindergarten (z.B. Ratten, Höhe der Beiträge), Feste im "Waschhof", Erntekindergärten, Baracken-Kindergarten Schlachthof, Kinderpflegerinnenausbildung in Detmold, Cralog-Kinderspeisungen, Aktivitäten der Detmolder Kindergärten im Fröbel-Jahr 1952 und Erziehungsgrundsätze und Konflikte (mit einem sehr interessanten Dokumentenfund zu Beschwerden von kommunistischer Seite) dargestellt sind.

Die Schülerinnen haben alle zum Thema im Staatsarchiv Detmold vorhandene Akten ausgewertet, sie haben auch im Archiv ihrer Schule und in den zuständigen Behörden nach weiteren Quellen gesucht. Auch die relevante Sekundärliteratur wurde herangezogen. Vor allem ist es ihnen aber gelungen, drei sehr kompetente Zeitzeuginnen ausfindig zu machen und nach sorgfältiger Vorbereitung zu befragen.

Das Ergebnis der nur unter großen Schwierigkeiten fertiggstellten Arbeit (vgl. Arbeitsbericht) macht einen ganz ausgezeichneten Eindruck. Obwohl die Schülerinnen bisher noch nie historisch gearbeitet haben, füllen der Darstellungsteil und die Ausstellungstafeln, die sich gegenseitig ergänzen, nicht nur eine Forschungslücke in der Geschichte der Detmolder Nachkriegszeit, sondern sind auch geeignet, den zukünftigen Ausstellungsbesuchern ein anschauliches Bild von den Problemen zu vermitteln, die es in den Kindergärten Detmolds und bei der Kinderpflegerinnenausbildung in der Nachkriegszeit gegeben hat.

1. Preis

Die Jury — Detmold, den 4.2.93.

"Der Kinderzug"

von *Anke Hagemeyer, Nadine Hanning, Corinna Rautenstengel*
Jahrgangsstufe 11, Stadtgymnasium Detmold

Eingang der Arbeit: 30.11.92
Umfang: 30 Seiten, zur Arbeit gehören zwei Tonbänder mit Interviews

Die drei Schülerinnen der Jahrgangssufe 11 haben ein besonderes Ereignis aus der Nachkriegsgeschichte ihrer Schule untersucht. Es geht um den Weg, den ein Berliner Mädchengymnasium über Kinderlandverschikkungslager in der besetzten Tschechoslowakei und dann in einem Eisenbahnzug über Österreich nach Lage in Lippe und nach Detmold zurücklegen mußte, und die Veränderungen, die das Detmolder Mädchengymnasium durch das Wirken der Lehrerinnen und Schülerinnen aus Berlin erfahren hat.

Die Arbeit besteht aus vier Teilen. Im 1. Teil wird die Irrfahrt der Schülerinnen von Berlin nach Lippe geschildert. Der 2. Teil beschäftigt sich mit der Ankunft des Kinderzuges in Lage und den Schwierigkeiten, auf die Schülerinnen und Lehrerinnen im Städtischen Mädchengymnasium stießen. Im 3. Teil werden zwei der Berliner Lehrerinnen, Frau Dotti und Frau Dr. Sauerbier, und ihre Bedeutung für das Mädchengymnasium dargestellt. In einem 4. Teil, dem Arbeitsbericht, geben die Schülerinnen Auskunft über ihre Vorgehensweise.

Die Arbeit wertet die (allerdings nur in geringer Zahl vorhandenen) schriftlichen Quellen im Staatsarchiv Detmold, im Archiv des Stadtgymnasiums und aus Privatbesitz aus, stützt sich aber vor allem auf offensichtlich sehr klug und einfühlsam durchgeführte Interviews mit den Zeitzeuginnen.

Die Leistung der drei Schülerinnen ist sehr hoch einzuschätzen, da es ihnen in einer für ihr Alter erstaunlichen Weise gelungen ist, die menschliche und pädagogische Ausnahmesituation in den Monaten vor und nach dem Ende des Krieges zu erfassen und darzustellen. Bei der Untersuchung der Frage, welche Veränderungen die "Fremden" in der Detmolder Schule bewirkt haben, formulieren die Schülerinnen sogar wichtige mentalitätsgeschichtliche Erkenntnisse. Ihre Urteile sind gut durchdacht und abgewogen.

2. Preis

Die Jury Detmold, den 4.2.93

"Schulalltag in Detmold während der Nachkriegszeit"

von *Markus Kucza*,
Jahrgangsstufe 11, Geschwister-Scholl-Gesamtschule Detmold

Eingang der Arbeit: 30.11.92. – Umfang der Arbeit: 24 Seiten

Abb.1 Karl Ehlers (Detmold): Schulspeisung

Markus Kucza hat eine eindrucksvolle Reihe von Aspekten des Detmolder Schulalltags in der Nachkriegszeit untersucht. Er beginnt mit der Darstellung des Kriegsendes in Detmold und einem Rückblick auf den Unterricht in der Kriegszeit und kommt dann auf die Themen Beseitigung des Gedankenguts des Dritten Reichs aus den Unterrichtsmaterialien, Wiederbeginn des Unterrichts, Hauptprobleme des Schulalltags, Schulspeisung, Sammlungen und Feldarbeit, Entnazifizierung der Lehrer und sogar auf die Lehrerausbildung in Lippe zu sprechen. Er beendet seine Arbeit mit einem Vergleich zwischen dem heutigen und dem damaligen Schulalltag.

Für seine Arbeit hat er die einschlägigen Akten im Staatsarchiv Detmold, die Zeitungen der Nachkriegszeit und die relevanten Sekundärliteratur ausgewertet. Viele wichtige Informationen sind aus den Originalquellen gewonnen, ihre Herkunft wird sorgfältig belegt.

Der Schüler hat mit seiner Arbeit eine anschauliche, sorgfältig gearbeitete Studie zu den wichtigsten Problemen des Detmolder Schulalltags in der Nachkriegszeit vorgelegt. Es ist ihm gelungen, auch schwierige Sachverhalte auf eine von Verständnis zeugende Weise darzustellen. Bei seinem Vergleich zwischen dem heutigen und dem damaligen Schulalltag bietet er aufschlußreiche Beobachtungen.

3. Preis

Die Jury — Detmold, den 4.2.93

Unter großer Anteilnahme der Presse (LZ v. 5.2.93., LR v. 8.2.93., Lippe aktuell v. 10.2.93) wurden den Preisträgerinnen und Preisträgern am 4. Februar 1993 im Staatsarchiv Detmold Buchgeschenke des Staatsarchivs und die von der Sparkasse Detmold gestifteten Geldpreise in Höhe von 500, 300 und 200 DM überreicht.

Detmold. Den ersten Preis holten die Teilnehmerinnen der Felix-Fechenbach-Schule. Mit im Bild die Verfasserinnen und Verfasser der weiteren preisgekrönten Arbeiten sowie die Mitglieder der Jury. (Foto: Preuß)

Preisgekrönte Schülerarbeiten werden eventuell in Buch über die Nachkriegszeit einbezogen

Strahlende Gesichter im Staatsarchiv

Detmold (mmh). Strahlende Gesichter und Geldgutscheine gab es gestern abend bei einer Preisverleihung im Staatsarchiv: Archivpädagoge Wolfgang Müller beglückwünschte im Rahmen einer kleinen Feierstunde die besten Teilnehmer eines Schülerwettbewerbs unter dem Motto „Detmold in der Nachkriegszeit". Den ersten Preis hatten sich Elvira Feschin, Tanja Eikermann, Tina Gehring, Anne Harms, Claudia Krüger, Ilka Laurien, Michaela Litschel, Anita Möllmann und Justina Pettkau mit ihrem Beitrag über die Anfänge der Kindergärten und Kinderpflegerinnenausbildung nach Kriegsende geholt. In mühevoller Kleinarbeit wälzte die Projekt-AG der Felix-Fechenbach-Schule mit Unterstützung von Politiklehrerin Karin Buhr Akten und relevante Sekundärliteratur. Im Mittelpunkt der Dokumentation steht der ehemalige Kindergarten „Waschhof". Die Alltagsprobleme – darunter Rattenplagen, Probleme mit der Beitragshöhe – aber auch Feste und Erziehungsziele der damaligen Zeit wurden auf Schautafeln festgehalten. Wie es hieß, sollen die Ergebnisse der Fachschule für Sozialpädagogik ab 13. Februar im Foyer der Schule zu sehen sein. Als weitere „Bonbons" überreichte Müller einen Scheck in Höhe von 500 Mark sowie Archivmappen und einen Ausstellungskatalog.

Über den zweiten Preis, verbunden mit einem Scheck in Höhe von 300 Mark, freuten sich Anke Hagemeyer, Nadine Hanning und Corinna Rautenstengel vom Stadtgymnasium. Ihnen ist es nach Meinung der Jury mit ihrer Arbeit gelungen, ein Stück Geschichte in die Neuzeit zu retten. Sie stießen bei ihren Vorbereitungen auf den sogenannten „Kinderzug". Dabei geht es um den Weg, den Schülerinnen eines Berliner Mädchengymnasiums über Kinderlandverschickungslager in der besetzten Tschechoslowakei und dann in einem Eisenbahnzug über Österreich nach Lippe zurücklegen mußten.

Auch die Veränderungen, die das Detmolder Mädchengymnasium durch die Gäste aus der Großstadt erfahren hat, sind in der Arbeit festgehalten. Außerdem gehören zu dem Beitrag zwei Tonbänder mit Interviews einiger Zeitzeuginnen.

Wie wir bereits berichteten, konnte sich Markus Kucza von der Geschwister-Scholl-Gesamtschule im Alleingang den dritten Preis sichern. Er hatte monatelang Einzelheiten über den Schulalltag in der Nachkriegszeit zusammengetragen.

Der Jury gehörten neben Wolfgang Müller auch Raimund Ernst und Wolfgang Herbig an. Nach Worten Müllers werde derzeit überlegt, ob die prämierten Schülerarbeiten auch in das Buch über das Gesamtprojekt „Detmold in der Nachkriegszeit" einfließen sollen. Über die große Resonanz und die guten Beiträge freuten sich neben dem Direktor des Staatsarchivs, Dr. Klaus Scholz, auch Vertreter der beteiligten Schulen.

Abb.2 aus: Lippische Landeszeitung v. 5.2.1993

Anke Hagemeier, Nadine Hanning, Corinna Rautenstengel

Der Kinderzug (Auszüge)

I.

Die Arbeit ist in drei Teile gegliedert. Der erste Teil schildert die mehr als ein Jahr dauernde Irrfahrt der Kinder bzw. Jugendlichen von Berlin nach Detmold. Wir geben hier ein Interview mit Frau Aettner – einer Berliner Lehrerin – in etwas verkürzter Form wieder.

"Die Geschichte begann in den Sommerferien 1943, ich war Studienassessorin an der Berliner Uhlandschule, als ich in Tübingen eine Nachricht meines Bruders erhielt mit dem Inhalt: "Der Regierungspräsident ersucht sofortigen Dienstantritt!" Ich fuhr also sogleich nach Berlin und hörte, daß alle Berliner Schulen evakuiert werden sollten. Die bisher nur spärliche Bombardierung hatte man nicht ernstgenommen und die massiven Bombenangriffe für wesentlich später erwartet als im Herbst 1943.

Es war also noch nichts geplant; aber zuerst mußte natürlich die Jugend, sprich die Schüler, gerettet werden, sie war bekanntlich Deutschlands Zukunft. Da die Jugend aber nicht allein ausschwärmen konnte, waren die Lehrer in dieser Aktion mit inbegriffen. Also wurden die großen Transporte von Berlin aus in die besetzten Nachbarländer geschickt, in das Protektorat Böhmen und Mähren oder in das Generalgouvernement in Polen. Die Lager nannte man, sehr euphemistisch und irreführend, Kinderlandverschickung (KLV). Durch diese Lager für Schüler und Lehrer sollten die Schulen in ihrer Gesamtstruktur erhalten bleiben.

Diese Kinderlandverschickung betraf 450 Schülerinnen der Uhlandschule, hauptsächlich der Oberstufe, die daran interessiert war, das Abitur zu machen. Die Jüngeren wurden, wenn es irgend ging, zu Verwandten auf das Land, zum Beispiel in die Mark Brandenburg, geschickt.

An einem Augustabend nahmen dann etwa 1.000 Schülerinnen mit ihren Lehrern und Lehrerinnen unter Tränen von ihren Familien Abschied. Die Stimmung war grausig – keiner wußte, ob es der letzte Abschied sei. Wir fuhren die ganze Nacht, ohne zu ahnen wohin, wurden auf jedem Bahnhof rangiert, ohne Orientierung in der Nacht. Nach einer heißen Suppe in einer heruntergekommenen Bahnhofsgaststätte teilte uns ein zackiger SS-Offizier mit, daß wir zunächst in Notunterkünften, in einem Pilgerhotel in den Beskiden jenseits des Riesengebirges, untergebracht werden müßten. Die Quartiere wären wegen der überraschenden Luftangriffe noch nicht fertig.

Wir Lehrer wurden ermahnt: "Latein und Griechisch hat ausgespielt. Jetzt fangen für Sie andere Zeiten an. Wenn Ihre Kinder aus Blechnäpfen essen, essen Sie auch daraus, wenn Ihre Kinder auf Stroh schlafen, schlafen Sie auch darauf." Es war bezeichnend, wie so ein junger Schnösel das dem zum Teil älteren Lehrkörper sagte, beziehungsweise befahl; Frau Schönborn war etwa 65 Jahre alt.

Wir verbrachten ungefähr zwei Monate in dem Pilgerhotel, in dem wir ständig mit Läusen, Flöhen und anderem Ungeziefer zu kämpfen hatten. Dann kamen wir, die etwa 100 Schülerinnen und sechs Lehrerinnen und Lehrer der Uhlandschule, in das KLV-Lager, ein leerstehendes Versicherungsgebäude, welches außer Strohsäcken und ein paar Betten für die Lehrer nichts enthielt.

Die Bombardierung kam, wie gesagt, überraschend, daher war auch zu diesem Zeitpunkt nichts vorbereitet. Die Lieferung von Tischen, Stühlen und Schränken erfolgte erst später. In dieser Zeit unterrichteten wir weiter, denn es war ja Sinn der Sache, die Schulausbildung weiterzuführen. Dabei stellte sich heraus, wieviel Bildung der einzelne Lehrer wirklich besaß und ob er nur durch seine Persönlichkeit den Lehrstoff vermitteln konnte – ohne Bücher war es nicht nur für die Lehrer, sondern auch für die Schüler schwierig, aber später ging es dann leichter.

Wir verhielten uns, besonders als wir in das richtige KLV-Lager umzogen, indem ich zum Beispiel Bibelstunden abhielt, nicht gerade dem Nationalsozialismus zugetan. Als das nach draußen sickerte – wie, weiß ich nicht – bekamen wir Nachricht von der Gaustelle in Prag. "Es werden im Lager immer noch Andachten abgehalten. Die betreffende Lehrkraft hat anscheinend zuviel freie Zeit – falls das nicht unterbleibt, wird sie in einer Munitionsfabrik arbeiten müssen." Nun wurde uns jemand zur Beobachtung geschickt.

Eine BDM-Führerin – Margret mit Vornamen, Anfang 20 Jahre alt – aus dem Ruhrgebiet, gelernte Schuhverkäuferin, die ihren Horizont erweitern wollte, traf ein. Diese Margret war also für unsere politische Schulung und Weitervermittlung des nationalsozialistischen Gedankenguts zuständig. Weil sie erkannte, daß sie unseren Schülerinnen nicht gewachsen war, wandte sie sich an uns und bat uns, die politische Schulung zu übernehmen. Wir versuchten natürlich, wie schon vorher, den Schülerinnen gerade die Absurdität der nationalsozialitischen Weltanschauung zu vermitteln, indem wir zum Beispiel Texte wie 'Mythos des 20. Jahrhunderts' von Rosenberg auseinandernahmen und den Schülerinnen die unlogische Beweisführung zu zeigen versuchten – diskret, versteht sich. Ich führte die natürlich streng verbotenen Bibelstunden am Sonntag weiter heimlich durch. Besonders diese Bibelstunden, sagten mir Schülerinnen auch später noch, waren für sie in dieser schweren Zeit wichtig, um mit ihren Problemen fertig zu werden. Margret sah darüber hinweg und war menschlich fair genug, uns nicht zu verpfeifen. Gelegenheit hätte sie genug gehabt – es kamen öfter 'Patrouillen' von Nationalsozialisten, die sich auf eine Art Kleinkrieg einließen. Sie monierten zum Beispiel lateinische Sprüche, die Schülerinnen in ihren Zimmern aufgehängt hatten, als 'undeutsch'. Die Schülerinnen ließen sich davon überhaupt nicht beeindrucken und fanden es danach noch viel interessanter.

Mit dem tschechischen Hausmeister und dem Postbeamten, den einzigen Tschechen, mit denen wir zu tun hatten, gab es keine Probleme. Sie waren sehr freundlich und halfen uns, wo sie konnten. Die Tschechen rächten sich allerdings später an den 'Deutschfreundlichen', die meiner Meinung nach nur humanitär waren.

Während dieser Zeit im Lager entließen wir zwei Abiturjahrgänge, die darauf nach Berlin zurückkehrten. Nur zwei Mädchen blieben in einem anderen KLV-Lager und sind später elendig umgekommen. Die Russen rückten ständig näher, und im März 1945 erhielten wir die Nachricht, daß wir uns zur erneuten Evakuierung bereitmachen sollten. Zunächst kamen wir in ein Ausweichlager bei Königgrätz. Dort steckten sich 14 Schülerinnen mit Scharlach an und mußten ins Krankenhaus. Für die Verantwortlichen, Frau Schönborn und Frau Dr. Sauerbier, stand nun eine Gewissensentscheidung an: Wir mußten abfahren, denn die Russen kamen immer näher. War es für die Kranken besser, in der Obhut der tschechischen Ärzte zu bleiben oder sie mitzunehmen und damit sich und die anderen Schülerinnen in eine ernstzunehmende Gefahr zu bringen? Frau Schönborn entschied sich, sie mitzunehmen, sie trug Verantwortung für sie und vertrat die Eltern. Also wurde extra ein Quarantäneabteil für die Scharlachkranken eingerichtet, danach fuhren wir ab, und zwar durch die Tschechoslowakei nach Österreich, was wir zu dem Zeitpunkt nicht wußten. Eine junge Hauswirtschaftslehrerin aus einem anderen Zug schloß sich uns an und pflegte die Kranken gesund. Die Entscheidung hat sich nachträglich als richtig erwiesen.

Während unserer Zugfahrt ging es uns, was Nahrungsmittel betraf, so gut wie schon lange nicht mehr. Wir requirierten verlassene Wehrmachtslager und taten uns an den zahlreichen Konserven gütlich. Wir kamen nur sehr langsam voran, die Tiefflieger, die uns ständig angriffen – wir hatten aber Glück, keiner von uns wurde getroffen – und auch die Gleise zerstörten, mangelnde Kohle und weitere Störungen, waren schuld daran. Am 8.Mai, nachdem wir über die letzte nicht zerstörte Donaubrücke bei Mauthausen gekommen waren, erreichten wir Hopfgarten in Tirol. Der Krieg war vorbei!

Auf dem Abstellgleis standen wir dann mit unseren 80 Mädchen, die anderen waren mit Abitur entlassen worden oder waren während der Reise bei Verwandten untergekommen, und etwa 500 Jungen aus Duisburg, die aus der Tschechoslowakei mitgekommen waren. Als erstes ging es natürlich um unsere Verpflegung – aber die Österreicher benahmen sich schäbig: "Ihr deutschen Nazischweine, seht zu, wie ihr klarkommt, wir geben euch nichts!" Die amerikanische Besatzungsmacht, die ja in gewisser Weise dafür sorgen mußte, daß Flüchtlinge nicht verhungerten, zwangen die Österreicher, die ja ebenfalls zum Nazireich gehört hatten, uns Milch, Fleisch und Kartoffeln zu geben.

Wir verbrachten einen schönen Sommer dort, da das Wetter sehr gut war und die Zeit ausgefüllt mit Unterricht und Wanderungen am Abend. Dazu waren wir aber alle oft zu kraftlos wegen der trotzdem kargen Verpflegung und der sehr unglücklichen Schlafsituation. Wir schliefen zu acht in einem Abteil, das ging wegen des Platzmangels so vor sich: Der eine legte seinen Kopf auf die Knie des anderen, dieser den Kopf auf dessen Rücken. Alle zwei Stunden wurde automatisch gewechselt, da man es nicht länger aushielt. Besonders betroffen davon war natürlich der ältere Teil der Lehrerinnen. Nach vier Wochen besorgten wir uns dann endlich Bretter, die dagegen schon komfortabel waren, und durften, welch ein Luxus, ab und zu in einem Strohschuppen schlafen.

Was Hygiene betraf, hatten wir es auch nicht leicht. Das nächste Plumpsklo war zwei Kilometer entfernt, und die Schülerinnen mußten natürlich dieses benutzen. Auch beim Waschen an einer Quelle mußten wir Spione aufstellen, um vor eventuell nahenden Jungen zu warnen. Doch diese insgesamt idyllische Zeit, in der wir endlich Frieden hatten, wurde dadurch getrübt, daß es unmöglich war, Nachrichten nach Berlin zu schikken oder welche zu erhalten.

Dann hörten wir, daß die Franzosen diese Besatzungszone von den Amerikanern übernehmen wollten. Das war deshalb ein Schreck für uns, weil bekannt war, daß die Franzosen grundsätzlich die Lehrer internierten und die Schüler in Familien unterbrachten. Das wollten wir natürlich nicht. So setzte Frau Schönborn alles daran, mit den Amis zusammen Tirol zu verlassen. Sie diskutierte bis zum Schluß mit den Amerikanern, aber Anfang August setzten sie uns endlich eine Lok vor unseren Zug. So fuhren wir nach Deutschland. Von den Bahnhöfen aus versuchten wir, Nachrichten nach Berlin zu geben, das gelang aber nicht.

Es stellte sich heraus, daß wir zunächst nach Duisburg fahren würden, um unsere 500 Jungen dort hinzubringen. Während der Fahrt sahen wir, wieviel zerstört war – es schien, als läge ganz Deutschland in Schutt und Asche. In Duisburg gab es die große Wiedersehensfreude, und unsere Mädchen waren ganz bedrückt, sie hatten ja alle keinerlei Nachricht. In Duisburg konnten wir nicht bleiben, da die Versorgungslage dort besonders schlecht war. Nach Berlin konnten wir auch nicht zurück, also fuhren wir auf Vorschlag von Frau Dr. Sauerbier und Frau Schönborn Richtung Bad Pyrmont, weil beide dort einmal Urlaub gemacht hatten. In Lage/ Lippe blieben wir stehen, um Kohlen und Wasser nachzuladen."

II.

Der zweiter Teil beschreibt die Ankunft in Lage, wie der Zug nach Detmold gelangte und die Integration in das Städtische Neusprachliche Mädchengymnasium erfolgte:

In Lage/Lippe hielt der Zug im August 1945 an. Die Lehrerinnen, Lehrer und Schülerinnen erfuhren, daß Berlin wegen Seuchengefahr gesperrt war. Wo sollten sie nun hin? Ein freundlicher Bahnhofsvorstehter sagte, daß so ein paar Mädchen im unzerstörten Lippe bleiben könnten. So bekamen sie ein Güterabstellgleis zugewiesen und mußten ein Vierteljahr – bis Oktober – dort im Zugabteil leben. Sie erfuhren viel Freundliches von der Lagenser Bevölkerung. Nach allem, was sie erfahren hatten, war das Leben jetzt gut, weil sie beschäftigt waren. Der Schulunterricht ging im Waggon weiter.

Der Pfarrer aus Lemgo kam sogar, um Konfirmandenunterricht zu erteilen. Die Hauswirtschaftslehrerin, die beim Scharlach zu ihnen gestoßen war, kochte, und eine Gulaschkanone hatten sie auch im Abteil. Die Lebensmittel bekamen sie zum Teil geliefert, z.B. erhielten sie Milch und mußten dafür auf dem Feld Bohnen pflücken. Dann wurden Kartoffeln geschält und Gemüse geputzt – natürlich mit Hilfe der Mädchen, sozusagen als Beschäftigungstherapie, aber auch, weil es nötig war.

Es wurde auch sehr viel Handarbeit betrieben und Dirndlkleider aus Bettwäsche genäht. Als Literatur hatten wir Schulbücher mit, und so wurden abends Schiller und Goethe vorgelesen. Außerdem waren die Mädchen begierig nach Gesprächen. Der Unterricht, der fächerübergreifend durchgeführt wurde, ohne strenge Bindung an Unterrichtsziele, wurde in Diskussionsform geführt. Hierbei kam durch die enge Verbindung verstärkt auch Alltägliches in das Unterrichtsgespräch. So konnten die Lehrerinnen viel mehr über die Probleme der ihnen anvertrauten Schülerinnen erfahren. Es wurde 'allgemeine Bildung' gespielt, wobei jede Lehrerin ihre Fähigkeiten einsetzte und die Schülerinnen alles fragen durften, was sie schon immer mal wissen wollten.

Dann konnten die Schülerinnen endlich ein Lebenszeichen an ihre Eltern schicken. Ein Parallelzug durfte in Berlin einreisen und nahm die Post mit. In Berlin sendete man sogar eine Radiodurchsage über den Zustand der Schülerinnen. Obwohl sich nur wenige Leute ein Auto leisten konnten und Benzin praktisch nicht vorhanden war, schafften es einige Eltern, ihre Töchter abzuholen. Sie wußten nicht, daß es den Kindern in Lage besser gegangen wäre, weil in dem Winter in Berlin Lebensmittelmangel ausbrach.

Die Zurückgebliebenen hatten die Hoffnung auf Rückkehr nach Berlin auch noch nicht aufgegeben. Sie wußten, daß sie aufgrund der Kälte nicht im Waggon bleiben konnten. Freude brachte der Besuch einer Gemeindehelferin, die etwas für die Seele und etwas für den Körper mitbrachte: Bibeln und Toilettenpapier. Außerdem lud sie zu einer achttägigen Freizeit in das 20 km entfernte Almena ein, wo die Schülerinnen mit Frau Aettner bei Bauern untergebracht wurden. Die Gemeindehelferin riet den Lehrern, nicht im Zug zu bleiben, sondern sich an den Detmolder Pfarrer van Senden zu wenden, der ihnen vielleicht weiterhelfen könne. Frau Sauerbier und Frau Schönborn fuhren deshalb mit dem Zug nach Detmold und verhandelten dort mit dem Pfarrer über die Unterbringung der Mädchen in Familien in Detmold und Umgebung.

Nicht alle Gasteltern nahmen die Mädchen aus reiner Nächstenliebe auf. Manche sahen sie eher als billige Hilfe an. Nebenher gingen alle, sie waren zwischen 12 und 17 Jahren alt, auf das Mädchengymnasium, das heutige Stadtgymnasium.

Auch die Schulen waren zu der Zeit nicht intakt. Im Winter war kein Heizmaterial vorhanden, der Unterricht mußte im Februar 1946 auf einen Raum beschränkt werden, der einen Ofen hatte. Holz brachten die Schülerinnen selbst mit. Kurz darauf kam es zu Hochwasser. Einige Lehrer waren suspendiert oder entlassen worden. Es durften keine Bücher mit in die Schule gebracht werden, da man noch einige nazistische Ausdrücke vermutete.

Dies hat Dr. Bonwetsch, der Direktor des Mädchengymnasiums, in seinem Jahresbericht so dargestellt:

1945

März 28	Schluß des Tertials. Nach Kämpfen am 2. und 3. Ostertag wird Detmold den Amerikanern übergeben. Das Hauptgebäude der Schule erhielt am letzten Tage einen Granattreffer. In das Haus Paulinenstr. dringt ein Trupp Neger ein, doch bleiben die Amtsräume unversehrt.
Apr. 17	Die Schülerinnen der Klasse 8s, soweit sie vom Einsatz zurück sind, werden mit dem Reifevermerk entlassen.
Apr. 24	Desgl. die Schülerinnen der Klasse 8 h.
Mai 28	Auf Anweisung des Landeskirchenamtes und mit Zustimmung der Militärregierung und der Lippischen Landesregierung beginnt der Religionsunterricht der Klassen 4 - 7 im luth. Konfirmandensaal.
Juni 20	Die ersten 9 Lehrkräfte werden von der MR für unterrichtliche Tätigkeit freigegeben. Sie beschäftigen die Schülerinnen der Klassen 1 - 4 mit Spiel und Sport und versuchen, sie durch Hausbesuche bei der Auffrischung ihrer Kenntnisse zu unterstützen.
Sept. 1	Die freigegebenen Lehrkräfte werden zum Unterricht an den wieder eröffneten Grundschulen eingesetzt.
Okt. 10	Wiedereröffnung der Schule im eigenen Gebäude, das wenige Tage zuvor vom Lazarett geräumt und notdürftig wieder eingerichtet wurde. Zum Ersatz der Räume, die infolge des Granattreffers noch unbrauchbar sind, werden Gesangsaal und naturw. Arbeitsraum vorläufig als Klassenzimmer eingerichtet. Der Verlust an Inventar ist erheblich. Vor allem wurden Schulbänke zerstört. Es gelingt, eine größere Anzahl von Tischen und Stühlen aus ehemaligen Militärbeständen zu erwerben. Als Lehrkräfte stehen außer dem Direktor 13 freigegebene Damen und Herren zur Verfügung. Entlassen sind Oberstudienrat Oevermann, Studienrat Daube, Oberschullehrerin

Schirmer, suspendiert Studienrätin Hopp, Oberschullehrerin Stock (beide später entlassen), in Gefangenschaft Studienrat Dr. Bornscheuer. Der Unterricht kann nur in sehr beschränktem Umfang durchgeführt werden. Die Anstalt zählt 16 Klassen und 2 Kurse für Abiturientinnen zwecks Erlangung der Hochschulreife.

Okt. 25 Freigegeben werden die Studienrätin Prölß, die Oberschullehrerin Frau Granaß (Ersatz für Frl. Schirmer) und die Oberstudienrätin i. R. v. Sobbe.

Dez. 1 Die Studienassessorin Bühner und der Landwirtschaftsrat Dr. Bartosch, früher Leiter einer Landwirtschaftsschule, werden zur Mitarbeit überwiesen.

Dez. 21 Beginn der Weihnachtsferien. Gemeinsame Weihnachtsfeier, die erste seit vielen Jahren. Verabschiedung des Hausmeisters Fitz nach 43jähriger Tätigkeit an der Schule.

1946

Jan. 9 Wiederbeginn des Unterrichts.

Febr. 1 Studienrat Dr. Meier, beauftragt mit der kommissarischen Verwaltung einer planmäßigen Studienratstelle, ist freigegeben und beginnt mit seiner Arbeit. Dadurch findet wieder Musikunterricht statt.

Febr. 3 Wegen Mangels an Heizmaterial kann der Unterricht nur ganz beschränkt durchgeführt werden, und zwar im Hause Paulinenstr. 1 und einem Zimmer des Hauptgebäudes, in das ein Ofen gesetzt wird. Holz bringen die Schülerinnen selbst mit. Nach und nach werden noch einige Öfen beschafft und dadurch wenigstens die an den Schornsteinen gelegenen Räume benutzbar gemacht.

Febr. 8 Hochwasserkatastrophe. Keller und Turnhalle des Hauptgebäudes stehen unter Wasser. Die Holzvorräte schwimmen durch die Fenster davon. Die

	Turnhalle verschlammt völlig. Im Hause Paulinenstr. 1 schwimmen die im Keller sichergestellten Schulbücher, die Kartoffelvorräte der Frauenschule, Holz und Koks durcheinander. Erst nach einer Woche ist das letzte Wasser ausgepumpt.
März 19-21	Reifeprüfung. März 23 feierliche Entlassung der Abiturientinnen.
Apr. 17	Schluß des Schuljahres 1944/46 (Dauer 20 Monate). Es scheiden aus: Studienrat Dr. Rieke (von Dortmund zurückgefordert), Studienassessorin Bühner (Unterrichtsverbot), Oberschullehrerin Granaß (krankheitshalber).

Die Berliner Mädchen wandten sich nachmittags mit ihren Problemen an ihre 'alten Lehrer'. Die neuen Lehrer sagten z.B., daß die Berliner erst mal an der Wand stehen sollten, weil nicht genügend Stühle vorhanden seien und sie ja sowieso bald wegführen. Die Schülerinnen waren gespannt auf die Berliner Lehrerinnen, die auch bald eingestellt wurden.

Vier Lehrerinnen blieben in Detmold, die meisten Schülerinnen kamen später nach Berlin zurück.

III.

Der letzte Teil befaßt sich mit der Frage, inwiefern sich die Berliner Lehrerinnen von den Detmolder Lehrern und Lehrerinnen unterschieden und welche Veränderungen sie bewirkten. Dabei haben wir uns hauptsächlich mit drei Persönlichkeiten beschäftigt: Frau Aettner, Frau Dotti und Frau Dr. Sauerbier, denn gerade diese drei wurden immer wieder in Gesprächen erwähnt.

Als die Berlinerinnen in Detmold ankamen, begegnete man ihnen auf der einen Seite sehr freundlich und zeigte eine große Aufnahmebereitschaft. Auf der anderen Seite war man aber skeptisch ihrer Weltanschauung gegenüber. Geprägt durch die 'Goldenen Zwanziger Jahre' in Berlin, der drittgrößten Stadt der Welt und Kulturmetropole Deutschlands, waren die Berliner sehr städtisch, fortschrittlich und offen eingestellt. Während in Detmold die Restauration großgeschrieben war und die Detmolder an die Zeit vor dem Nationalsozialismus anknüpfen wollten, forderten die Berliner Neues. Dafür fanden sie bei der Jugend viel Zustimmung, wurden aber von den Älteren angefeindet. Ein Beispiel hierfür war die

Einführung der Anrede 'Frau' statt 'Fräulein' auch für Unverheiratete, was man lächerlich fand. Bezeichnend ein Kommentar von Frau Aettner, "sie hätten sich nicht eingelebt, sondern durchgesetzt".

Die Divergenzen dehnten sich auch auf das Schulwesen aus. Obwohl die Berliner Schülerinnen von den Detmolder Schülerinnen herzlich aufgenommen wurden und sich Freundschaften entwickelten, fühlten sie sich fremd, zum Beispiel durch das bereits erwähnte "Sich-an-die-Wand-stellen-Müssen". Auch die Lehrer kamen sich wie Eindringlinge in eine geschlossene Gesellschaft vor. Es war für beide Seiten, Detmolder und Berliner, schwer, sich an die neuen Umstände zu gewöhnen. Zudem kannten die Berliner Lehrerinnen eine andere Handhabung von Schule. Die Uhlandschule war eine Reformschule gewesen. Es hatte dort schon das Fachstundenblocksystem und freiwillige Arbeitsgemeinschaften am Nachmittag gegeben. Die Berliner wollten das Fachstundenblocksystem bzw. Doppelstunden auch am Städtischen Mädchengymnasium einführen. Die Vorteile dieses Systems wollten manche Detmolder nicht sehen. Für sie war das Fachstundenblocksystem ein Schreckgespenst.

Die Einführung von Arbeitsgemeinschaften (AGs) ergab sich dagegen eher zufällig. Weil viele Schülerinnen besonders im Deutschunterricht interessiert waren, beschlossen sie, sich auch nachmittags zu treffen. Die Lehrer arbeiteten dann im Kolloquium, was den Vorteil hatte, daß die Schülerinnen Pluralismus kennenlernten.

Bemerkenswert an Frau Aettners Deutschunterricht war, daß sie mit den Schülerinnen schon damals kritische Texte zum Nationalsozialismus, z. B. 'Saisonbeginn' von Elisabeth Langgässer, durchnahm. Alle anderen Lehrer klammerten dieses Kapitel aus Scham aus. Überhaupt prägte Frau Aettner die Schülerinnen durch ihre Suggestivkraft. Sie war auch Vorbild für ihre Schülerinnen wegen ihres großen Wissens. Auf Bildung legte sie sehr großen Wert und nahm deshalb sehr schwere Sachen im Unterricht durch. Hierdurch wurden manche Detmolder verunsichert.

Veränderungen in den künstlerischen Sektor der Schule brachte Frau Dotti. Ihr Lehrziel unterschied sich von dem bisherigen, denn sie strebte eine "Synthese zwischen den Mitteln des betrachteten Werks und der eigenen Gestaltung" an. Sie nahm auch moderne Maler und deren Bilder und verschiedene Stilrichtungen der Kunst im Unterricht durch. Praktisch arbeitete sie mit den Schülerinnen auch draußen in der Natur und führte neue Arbeitstechniken ein. Durch sie wurden Kunst-AG und eine Spiel-AG gegründet. Die Spiel-AG stand unter dem Motte: 'Setze um, was du hörst'. Frau Dotti leitete diese AG zusammen mit einer Musiklehrerin und einer Gymnastiklehrerin. Die Schülerinnen sollten sich zur Musik bewegen und daraus einen Tanz entwickeln. Viele Schülerinnen schwärmten für Frau Dotti, weil sie Berliner Schick hatte. Frau Dotti wirkte auch maßgeblich an der äußerlichen Gestaltung der Schule mit. Als die Schule umziehen und das Gebäude in der Marin-Luther-Straße gebaut werden sollte, schlug Frau Dotti den Architekten vor und bestimmte später die Farbgebung im Inneren der Schule.

Frau Dr. Sauerbier war eine Anhängerin der Frauenbewegung. Sie war Vorsitzende des Preußischen Landeslehrerinnenverbandes, Vorstandsmitglied des allgemeinen deutschen Lehrerinnenvereins und gehörte dem Preußischen Philologinnenverband an. Nach eigenen Worten erfuhr sie eine 'wesentliche Ausrichtung' durch Helene Lange und Gertrud Bäumer. Männern gegenüber war sie unerschrocken und forsch. Sie wollte gegen die Klischees wie 'Frauen sind naturwissenschaftlich unbegabt' oder 'Frauen haben am Herd zu stehen und Mann und Kind zu versorgen' angehen. Sie wollte ein neues Frauenbild schaffen, was sich auch darin zeigte, daß sie in Hosen zum Pfarrer in Detmold ging. Sie wollte Frauen motivieren, auch wissenschaftliche Berufe zu ergreifen. Frauen sollten zeigen, daß sie genauso viel Verstand hätten wie Männer. Sie sollten sich für Politik interessieren und ihr Wissen buchstäblich an den Mann bringen. Sie sollten sich durchsetzen können.

In der Spracherziehung sah Frau Dr. Sauerbier ein Mittel, das Frauen beim Versuch, diese Ziele zu erreichen, helfen könnte. Auch während des Zuges übte sie das mit den Schülerinnen, worüber sich diese damals heimlig lustig machten, es aber im nachhinein doch für sinnvoll halten. Auch für die Lehrerinnen bot sie diese Spracherziehung am Mädchengymnasium an. Um Gleichberechtigung zu erwirken, hielt sie die Koedukation für ungeeignet, denn sie befürchtete, daß die Mädchen von den Jungen unterdrückt würden und die Lehrer die Jungen bevorzugen würden.

Auf dem schulischen Sektor hielt sie es weiterhin für wichtig, daß neben den 'klassischen' Fächern auch neue sozialwissenschaftliche unterrichtet würden. Deshalb richtete sie, nachdem sie Direktorin geworden war, einen sozialwissenschaftlichen Zweig ein.

Als Folge davon war unsere Schule eine der ersten, an der Sozialwissenschaften und Pädagogik unterrichtet wurden, als in den 70er Jahren das Kurssystem eingeführt wurde.

Frau Dr. Sauerbier war mit Leib und Seele Pädagogin. Nach eigenen Worten legte sie ihre "ganze Kraft" in ihre "Lehr-und Erziehungstätigkeit" und dankte ihrem Vater die 'väterliche, pädagogische Freudigkeit als Erbgut' in ihrem 'Amt'. Trotzdem war Frau Dr. Sauerbier nicht unumstritten. Durch ihre forsche Art fühlten sich andere manchmal von ihr angegriffen.

Es gab mit einigen Lehrern auch Differenzen auf pädagogischem Gebiet, die sich bei der Wahl des Direktors bzw. der Direktorin, die 1950, nachdem der vorherige Direktor Dr. Bonwetsch in Rente gegangen war, anstand. Das Kollegium war in zwei Lager gespalten. Das eine, größtenteils aus den Berliner Lehrerinnen bestehend, stand voll zu Frau Dr. Sauerbier, das andere lehnte sie ab, sowohl aus persönlichen als auch aus pädagogischen Gründen. Interessant in diesem Zusammenhang ist auch, daß eine Berliner Lehrerin meinte, daß Frau Dr. Sauerbier "mehr Pädagogik im kleinen Finger hätte als andere in der ganzen Hand". Eine Schülerin, die heute selber Lehrerin ist, bewertet die pädagogischen Fähigkeiten dagegen nicht so hoch.

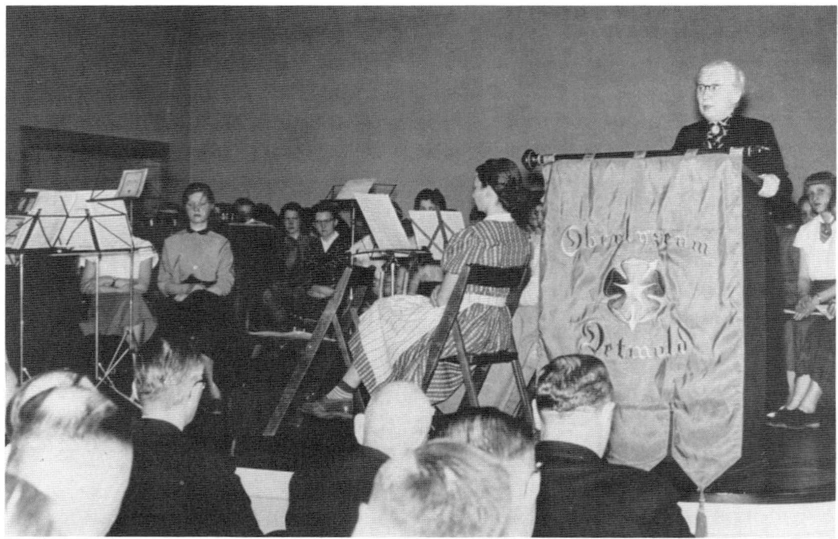

Abb.3 Dr. Hildegard Sauerbier, die Leiterin des Städtischen Mädchengymnasiums Detmold von 1950 bis 1957, bei einer Feier in der Schule am Wall.

1953 gründete Frau Dr. Sauerbier das Schullandheim "Kükenbruch". Das Gedankengut hatte sie von der Jugendbewegung übernommen. Sie beschreibt die Zugehörigkeit zur Jugendbewegung (Wandervogel, Akademische Freischar) in den Vorkriegs- und Kriegsjahren als entscheidendes Bildungserlebnis. Die Ideale der Bewegung waren "Rückkehr zu anspruchsloserem Leben und Naturverbundenheit". Ihr schwebte vor, diese Ideale auch den Detmolder Schülerinnen nahezubringen. Es sollte eine

Art Gemeinschaft entstehen, in der soziale Unterschiede und schulische Leistungen kein Maßstab sind. Das autoritäre und unpersönliche Verhältnis zu den Lehrern sollte sich zu einem partnerschaftlichen wandeln. In Berlin hatte es solche Schullandheime schon gegeben. Sie bildeten dort einen Ausgleich und Kontrast zu der Hektik in der Großstadt. Die Nähe zur Natur machte es möglich, den Unterricht praxisnah und somit interessanter zu gestalten. Außerdem bot sich die Möglichkeit für schulische Aufführungen und Theaterinszenierungen.

Dies alles veranlaßte Frau Dr. Sauerbier, als zukünftiges Schullandheim einen Fachwerkbau in Kükenbruch zu kaufen. Er lag sehr abgelegen und idyllisch. Im ersten Jahr besuchten fast alle Schülerinnen (1.100) des Mädchengymnasiums das Heim im Wechsel von acht Tagen. Wandertage wurden mit dem Aufenthalt verrechnet. Das Heim wurde bis 1957 voll ausgelastet, so daß alle Klassen mindestens einmal im Jahr dort hinfuhren. Anfangs waren die Schülerinnen begeistert. Die Fahrten boten Abwechslung, die man sonst nicht hatte. Es waren Vorläufer zu den heutigen Klassenfahrten und die einzige Möglichkeit, mal etwas weiter wegzufahren (40 km). Zum ersten Mal lernte man seine Klassenkameradinnen näher kennen.

Abb.4 Szene aus dem Landschulheim Kükenbruch

Das Hauptanliegen Frau Dr. Sauerbiers, den Kontakt zur Natur wiederherzustellen, war allerdings weniger der Grund, weshalb die Mädchen gern nach Kükenbruch fuhren. In Lippe hatte man schließlich 'Natur pur'. Man brauchte keinen Ausgleich zum Großststadtleben. Frau Dr. Sauerbier drückte das folgendermaßen aus: "[...] unsere Schülerinnen haben noch ein Verhältnis zum natürlichen Sein, sie sind nicht von dem Leben in der Großstadt in ihrer Substanz gefährdet und ebenso nicht intellektuell überfordert". Dies ist auch der Grund, weshalb man sich später, als die Instandhaltungskosten des Heimes stiegen, fragte, ob sich die Erhaltung überhaupt lohne. Mittlerweile gab es Klassenfahrten nach Norderney und auch zu Hause andere Abwechslungen, zum Beispiel Kino. Die Schülerinnen fanden die Fahrten nach einigen Malen langweilig. Das Heim war ihnen zu primitiv, besonders die sanitären Anlagen. Das Schullandheim ist letztendlich an der Wohlstandsgesellschaft eingegangen.

Holger Schröder

"Nylons go Ameide"

Eine kabarettistische Nachkriegsrevue von Norbert Ebel und Holger Schröder Musik: Ute Haußner

Mitwirkende: Verena Behringer, Franziska Thiel, Klaus-Michael Nix, Gregor Trakis

Im Rahmen der Veranstaltungsreihe zur Detmolder Nachkriegszeit 1945 bis 1949 fand am 13. Januar 1993 die Uraufführung einer kabarettistischen Nachkriegsrevue statt, die von meinem Kollegen Norbert Ebel und mir geschrieben und inszeniert wurde. Die musikalische Gestaltung und Leitung lag in den Händen von Ute Haußner. In dieser kabarettistischen Revue sollten die Lebens- und Theaterumstände in Lippe-Detmold zur damaligen Zeit mit den Mitteln des Theaters beleuchtet werden. Der Titel "Nylons go Ameide" verweist übrigens auf damals sehr beliebte Modeaccessoires, die von den Amerikanern nach Deutschland gebracht wurden und auf dem Schwarzmarkt an der Ameide zum begehrten Tauschobjekt avancierten.

Im Gegensatz zur Titelfindung gestalteten sich Konzipierung und Realisation unserer kabarettistischen Nachkriegsrevue ungleich schwieriger. In enger Zusammenarbeit mit dem Staatsarchiv in Detmold sichteten wir alte Unterlagen über die Zeit, sowohl auf die Situation des Theaters als auch allgemein auf das Leben in Lippe-Detmold bezogen.

Dabei hatten wir mit zwei Problemen zu kämpfen: Zum einen konnte im Landestheater niemand mehr genau sagen, welche alten Theaterunterlagen dem Staatsarchiv überlassen worden waren, und zum anderen hatten die Mitarbeiter des Staatsarchivs noch nicht Zeit gefunden, alle diese Unterlagen genau zu katalogisieren. So mußten viele Aktenordner auf der Suche nach etwas "Verwertbarem" durchforstet werden.

Von vornherein war uns außerdem klar, daß unsere Revue sich nicht nur auf die regionale Detmolder und lippische Geschichte beschränken sollte. Der Blick über den Tellerrand hinaus erschien uns insofern loh-

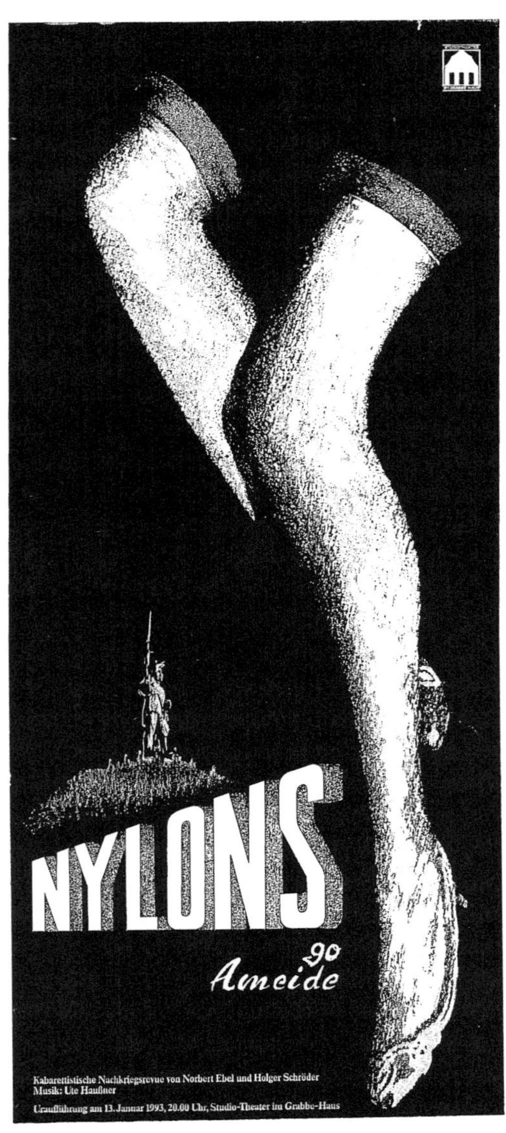

Abb. 1 Theaterplakat

nend, als viele Geschehnisse, die damals bundesweit Aufsehen erregt hatten, natürlich auch vor den Toren des Lipperlandes nicht haltgemacht hatten. Wir ergänzten also unser Programm durch Sketche und Songtexte, die von damals populären Kabarettgruppen geschrieben worden waren; seien es "Die Amnestierten", "Das Kom(m)ödchen" oder "Die Schmiere". Bei der Recherche bezüglich dieser Nummern konnten wir auf Material zurückgreifen, das uns ein Freund aus Fürth, Hans-Jürgen Nelle, freundlicherweise zur Verfügung stellte. Aufgrund der Tatsache, daß zu den überlieferten Songtexten keinerlei Notenmaterial mehr erhältlich war, mußte Ute Haußner die entsprechenden Texte neu vertonen. Beim "Chor der Intendanten" zum Beispiel bot sich dafür ein Rückgriff auf Meisterwerke der Opernliteratur an. In detaillierter Kleinarbeit entstand schließlich ein Parforceritt in drei Minuten von der "Walküre" bis zur "Fledermaus", in dem die beiden Intendanten sich über den Verfall der Kultur in ihren Städten beklagen. Angesichts der dort geäußerten Mißmutigkeiten fühlten wir uns doch stark an heutige Zeiten erinnert. Überhaupt stellten wir im Verlauf der Arbeit fest, daß die uns bis dato so fernen vier Jahre des unmittelbaren Wiederaufbaus Themen und Konflikte beinhalteten, die heute wieder enorm an Brisanz gewonnen haben.

Insgesamt ergab sich schließlich ein Programm, das eine Mischung aus Songs, Monologen und kleinen Szenen zu bieten hatte, in denen das überregionale Geschehen genauso beleuchtet wurde wie die unmittelbare Detmolder Nachkriegsgeschichte.

Inwieweit wir nun unsere Recherchen im Staatsarchiv in den regional ausgerichteten Programmnummern 'unterbringen' konnten, sollen drei Beispiele verdeutlichen.

1.

Anläßlich der Veranstaltungsreihe "Detmold in der Nachkriegszeit" gab es im Foyer des Staatsarchivs unter dem Titel "Bekakelt nicht die Lage ..." eine Ausstellung zu dieser Zeit zu sehen. Diese Ausstellung bot eine Fülle an Material, das wir zunächst nur heranziehen wollten, um uns allgemein besser in diese Zeit hineinversetzen zu können. Allerdings beschäftigte uns zur damaligen Zeit schon sehr die Frage, inwieweit man Heinrich Drake, von dem ja auch dieser markige Aufruf "Bekakelt nicht die Lage ..." stammt, als Figur in das Programm aufnehmen könnte. Wir waren daher sehr erfreut, als wir in dieser Ausstellung auf einen Briefwechsel stießen, den Heinrich Drake und der damalige Heidener Bürgermeister im September 1945 führten, und der sehr viel verrät über die aus heutiger Sicht fast schon grotesk anmutenden Schwierigkeiten, die Ernährungssituation zu stabilisieren. Das Schreiben des Bürgermeisters hatte folgenden Wortlaut:

> Auf ihren Aufruf im Frühjahr, pflanzt Kartoffeln, baut Gemüse, wurde in Heiden der Sportplatz von 4 Morgen mit Kartoffeln bepflanzt, der die ganzen Kriegsjahre über brach lag, wie viele Menschen hätten da ihr täglich Brot davon ernten können. Ob wir nun richtig gehandelt haben müssen Sie, Herr Landespräsident, bestimmen. Da jetzt zum Teil Soldaten von der Wehrmacht zurückkehren, verlangen sie ihren Sportplatz zurück. Es gibt ein schimpfen und nörgeln, andere Gemeinden hätten noch ihren Sportplatz usw.
> Da jetzt die Kartoffeln geerntet werden, hatte ich vor ihn mit Roggen oder Weizen zu bebauen, worauf sich die Sportsfreunde ausließen, sobald der Sportplatz abgeerntet ist ihn platt zu treten. Nun bitte ich sie Herr Landespräsident, uns Ihr Urteil mitzuteilen, ob wir den Sportplatz liegen lassen sollen, oder um ihn für die Ernährung auszunützen. (L 80 Id Gr. XXI Tit. 2 Nr. 1.6.) [Orthographie und Interpunktion nach dem Originaltext]

Drakes Antwort kam prompt drei Tage später:

> Es ist sehr anerkennenswert, daß Sie im Frühjahr die in Frage kommende Sportfläche mit Kartoffeln bepflanzt haben. Sie helfen uns über die Schwierigkeiten dieses Winters etwas hinweg. Die fernere Inanspruchnahme von Grund und Boden für Sportzwecke wird sich nach den Notwendigkeiten richten müssen, die wir auf dem Ernährungsgebiete haben; d.h. also: Wir müssen erst was zu essen haben und erst dann können wir Sport treiben. Wenn wir nichts zu essen haben, nützt uns aller Sportbetrieb nichts.
> Ich vermag über die Notwendigkeiten in Heiden, da ich die Dinge im einzelnen nicht kenne, nichts besonderes zu sagen und muß die Entscheidung Ihnen überlassen. Im allgemeinen aber bin ich der Überzeugung, daß angesichts der schweren Notstände in der Ernährung, die wir zu befürchten haben, aller verfügbarer gärtnerisch wertvoller Boden für den Anbau herangezogen werden muß und daß die Sportvereine usw. sich auf Gelände zurückziehen müßten, das weniger wertvoll ist. (ebd.)

Unsere Überlegung ging dahin, aus diesem Briefwechsel einen Dialog zu machen; und zwar ohne den Wortlaut zu ändern. Wir kreierten also eine Situation, in der sich Heinrich Drake mit seiner berühmten "Mahnung und Warnung" in einer Bürgerversammlung zu Wort meldet und mitten im Vortrag vom Heidener Bürgermeister immer wieder unterbrochen wird. Fast ohne Hinzufügung irgendwelcher selbsterfundener Sätze und Bemerkungen entstand folgende Szene:

Heinrich Drake wird Landespräsident

(bei einer Bürgerversammlung)

Heinrich Drake: Die Lebensmittelversorgung ist schwer gefährdet! Ich mahne und warne! Pflanzt Kartoffeln! Baut Gemüse! Steht nicht umher und bekakelt die Lage! Sie wird dadurch nur schlechter! ARBEITET!

(zu Beginn der Ansprache erscheint der Heidener Bürgermeister und setzt sich mitten unters Publikum)

Die Landwirtschaft braucht Arbeitskräfte. Meldet euch! Beachtet die Gesetze! Seid gerecht und anständig und am härtesten gegen euch selbst! Landwirte! Holt aus dem euch anvertrauten Boden heraus, was menschenmöglich ist! Liefert ab! Schwarzschlächter sind Verbrecher! Alle Gesetzesverächter schneiden in ihr eigenes Fleisch, denn die Folgen des Leichtsinns werden über ein Kleines furchtbar sein. Ich warne!

(während Drake seinen flammenden Appell an das Publikum richtet, entwickelt sich der Heidener Bürgermeister zu einem Störfaktor, der immer wieder zu tuscheln und zu murmeln beginnt und dadurch Drake zunehmend irritiert)

Seid getreue Nachbarn! Helft einander, wo ihr könnt. Auf die Anständigkeit der Gesinnung kommt es heut an. Gegen Übeltäter muß die Gemeinschaftshilfe der Polizeigewalt unterstützend zur Seite treten.
Selbsthilfe- ...

Heidener Bürgermeister: Herr Drake, auf ihren Aufruf im Frühjahr, pflanzt Kartoffeln, baut Gemüse, wurde in Heiden der Sportplatz von vier Morgen mit Kartoffeln bepflanzt, der die ganzen Kriegsjahre über brach lag, wie viele Menschen hätten da ihr täglich Brot davon ernten können.

Heinrich Drake: Es ist sehr anerkenneswert, daß Sie im Frühjahr die in Frage kommende Sportfläche mit Kartoffeln bepflanzt haben. Sie helfen uns über die Schwierigkeiten dieses Winters etwas hinweg.

(Heinrich Drake will sich wieder an das Auditorium wenden ...)

Selbsthilfe- ...

(... doch wird wieder von dem Heidener Bürgermeister unterbrochen)

Heidener Bürgermeister: Da jetzt zum Teil Soldaten von der Wehrmacht zurückkehren, verlangen sie ihren Sportplatz zurück. Es gibt ein Schimpfen und Nörgeln, andere Gemeinden hätten noch ihren Sportplatz usw.

Heinrich Drake: Die fernere Inanspruchnahme von Grund und Boden für Sportzwecke wird sich nach den Notwendigkeiten richten müssen, die wir auf dem Ernährungsgebiete haben; d.h. also: Wir müssen erst was zu essen haben und erst dann können wir Sport treiben. Wenn wir nichts zu essen haben, nützt uns aller Sportbetrieb nichts. Selbsthilfe- ...

Heidener Bürgermeister: Da jetzt die Kartoffeln geerntet werden, hatte ich vor, ihn mit Roggen oder Weizen zu bebauen, worauf sich die Sportfreunde ausließen, sobald der Sportplatz abgeerntet ist, ihn plattzutreten.

(Heinrich Drake reagiert zunehmend gereizter auf die ständigen Einwürfe des Bürgermeisters)

Heinrich Drake: Ich vermag über die Notwendigkeiten in Heiden, da ich die Dinge im einzelnen nicht kenne, nichts besonderes zu sagen und muß die Entscheidung Ihnen überlassen. Selbsthilfe- ...

Heidener Bürgermeister: Nun bitte ich Sie Herr Landespräsident, uns Ihr Urteil mitzuteilen, ob wir den Sportplatz liegen lassen sollen, oder um ihn für die Ernährung auszunützen.

Heinrich Drake: Im allgemeinen aber bin ich der Überzeugung, daß angesichts der schweren Notstände in der Ernährung, die wir zu befürchten haben, aller verfügbarer gärtnerisch wertvoller Boden für den Anbau herangezogen werden muß und daß die Sportvereine usw. sich auf Gelände zurückziehen müßten, das weniger wertvoll ist.

(Mit dieser Antwort gibt sich der Heidener Bürgermeister zufrieden und verläßt die Versammlung. Heinrich Drake kann endlich mit seiner "Mahnung und Warnung" fortfahren)

Heinrich Drake: Selbsthilfe, wo sie irgend geht!! Belästigt keinen anderen, wenn ihr euch selber helfen könnt! Achtet die ehrliche Arbeit! Jeder Arbeiter ist seines Lohnes wert! PFLANZT KARTOFFELN! BAUT GEMÜSE! PFLEGT DIE OBSTBÄUME!!!!!

Abb.2 Gregor Trakis als Heinrich Drake

2.

Wie schon in unserem Aufsatz "Von Otto Will-Rasing zu Otto Will-Rasing" erwähnt, war aufgrund der Beschlagnahmung seitens der Briten im Theater ein geregelter Spielbetrieb kaum durchführbar. Es gab Verordnungen, Befehle und Direktiven, die äußerst streng gehandhabt wurden. Hinzu kam, daß der zweite Nachkriegsintendant des Landestheaters Detmold, Karl Gaebler, diplomatische Gepflogenheiten kaum zu beherzigen verstand und sich daher ständig mit der britischen Besatzungsmacht anlegte, was wiederum bei den Vorständen des Theatervereins und anderen Honoratioren der Stadt verängstigte bis verärgerte Reaktionen provozierte. Aufgrund eines Schreibens des damaligen Stadtdirektors aus dem Jahre 1947 an den Vorsitzenden des Theatervereins – dieses Schreiben wird in unserem Aufsatz an zwei Stellen zitiert – rekonstruierten wir eine Situation, die in dieser Form vielleicht wirklich einmal stattgefunden haben könnte.

Beim Garrison Commander

(In einem Büroraum des beschlagnahmten Landestheaters sitzt der britische Garrison Commander, feilt sich die Fingernägel und pfeift "My Bonnie is over the Ocean" vor sich hin. Karl Gaebler stürzt wutentbrannt herein.)

Garrison Commander:	I beg you pardon, Sir. Ich erinnere mich nicht, Sie hereingebeten zu haben?
Gaebler:	Sir, ich möchte die gegen mich erhobenen Vorwürfe ...
Garrison Commander:	Oh sorry, Sir, wait a minute! Wir warten noch auf den Herrn Stadtdirektor, der auch an diesem meeting teilnehmen soll.
Gaebler:	Was um alles in der Welt soll der Herr Stadtdirektor bei diesem meeting? Hier geht es um die Verwirklichung von Kunst und nicht um irgendwelche verwaltungstechnische Differenzen!
Garrison Commander:	Pardon me, Sir, I don't understand?
Gaebler:	Pardon me, Sir! Ich glaube, Sie verstehen mich sehr gut. Nicht genug damit, daß Sie mir den Kostümfundus wegschleppen, so daß ich gezwungen bin, den "Rosenkavalier" in Straßenanzügen spielen zu lassen oder für ein paar übriggebliebene mottenzerfressene Krinolinen auch noch Leihgebühren zu bezahlen ...
Garrison Commander:	Well, the looser pays the debt, Sir. Das Sprichwort sagt: Der Verlierer zahlt die Rechnung.
Gaebler:	Das mag in ihrem Spielcasino zutreffen, aber nicht in einem Kulturbetrieb.
Garrison Commander:	I know, artists never pay, sie sind pleite. Kultur ist immer pleite.
Gaebler:	Aber sie erzieht das Menschengeschlecht! Ich dachte, Sie hätten es sich zur Aufgabe gemacht, die deutschen Theater wiederaufzubauen. Statt dessen ...
Garrison Commander:	Oh, that's marvellous! Sie wollen mir eine Lektion erteilen in Sachen Democracy?
Gaebler:	Das erscheint mir durchaus notwendig zu sein angesichts der Tatsache, daß Sie ein Kulturinstitut besetzt halten für irgendeinen billigen, exklusiven Tingeltangel. Finden Sie das besonders demokratisch?

Garrison Commander: Sicherlich mehr demokratisch als ihr privater Tingeltangel, den Sie veranstalten, wenn Sie sich über getroffene Verabredungen einfach hinwegsetzen. You know the rules – Sie kennen die Spielregeln, und ich muß Sie ermahnen: Die Dienstags-Veranstaltungen müssen rechtzeitig angemeldet werden, mittwochs und donnerstags no rehearsal – keine Probe, außer mit Sondergenehmigung!

Gaebler: Anmeldung! Sondergenehmigung! No rehearsal! Ich bin kein Rekrut, den man beliebig herumkommandieren kann, sondern Künstler, und Kunst auf der Bühne kann nur gelingen, wenn man sie angemessen probt.

Garrison Commander: Bad times, bad times. Wir müssen uns alle bescheiden! I remember, mein Landsmann, Mr. Shakespeare, den Sie doch sicherlich schätzen, hat der nicht in Kneipen gespielt? Und nicht schlecht, oder? Well, warum gehen Sie denn nicht in die Kneipe spielen?

Gaebler: Im "Neuen Krug"?? Sie wissen doch genau, daß auch dort nur die halbe Woche gearbeitet werden kann, weil in der übrigen Zeit ein Lichtspielhaus aus der Kneipe gemacht wird! Und was ihren Landsmann Mr. Shakespeare betrifft, der immerhin noch einer war, der ein bißchen Kultur in Ihr Land gebracht hat – mag sein, daß Shakespeare in Kneipen gespielt hat, aber mit Sicherheit hat er sich den Teufel um irgendwelche Sondergenehmigungen geschert!

Garrison Commander: Mind your words! Ich warne Sie, wenn Sie es weiter so treiben, kann ich Ihnen und Ihren Leuten den Zutritt zum Theater auch ganz verbieten!

Gaebler: Oh bitte sehr, tun Sie's doch, wenn das die einzige Maßnahme ist, die Ihnen dazu einfällt! Aber dann kommen Sie mir bitte auch nicht mehr mit "Democracy"! Und da wir gerade von Shakespeare sprechen: Wie sagte doch sein Hamlet – und das schreiben Sie sich gefälligst hinter Ihre Banausenohren – "Hört Ihr, laßt die Schauspieler gut behandeln, denn sie sind der Auszug und die abgekürzte Chronik des Zeitalters ..."

(Der Stadtdirektor kommt schwitzend hereingehetzt)

Stadtdirektor: Entschuldigen Sie die Verspätung. meine Herren, ich ...

Gaebler: *(In Rage)* ... es wäre euch besser, nach dem Tode eine schlechte Grabschrift zu haben als üble Nachrede von Ihnen, so lange ihr lebt."

Garrison Commander: Nice, wollen Sie mir drohen?

Gaebler: Und das noch! (deklamiert wutschnaubend) Es ist nicht anders: Ich hege Taubenmut, mir fehlt's an Galle (...) sonst hätt' ich längst mit dieses Sklaven Aas des Himmels Geier gemästet. Blut'ger, kupplerischer Bube!"

Stadtdirektor: Aber um Gottes Willen! Bitte, so mäßigen Sie sich doch!

Gaebler: Pah! *(geht ab)*

Stadtdirektor: O Gott, ist mir das jetzt peinlich! Bitte Herr Commander, Sie müssen verzeihen, er hat es sicherlich nicht so gemeint, ich weiß auch gar nicht, was plötzlich in ihn gefahren ist. Großer Gott, ist mir das peinlich. Herr Commander, es tut mir ja so leid. Und das muß ich jetzt alles dem Theaterverein vortragen, gütiger Himmel, der Herr Oberschulrat wird außer sich sein. Herrjeh, ist mir das peinlich!

Abb.3 Gregor Trakis als Garrison Commander, Klaus-Michael Nix als geplagter Intendant.

3.

Zum Schluß soll eine Szene vorgestellt werden, die unabhängig von konkreten geschichtlichen Unterlagen geschrieben wurde, die aber auf realen geschichtlichen Ereignissen beruht: Es geht um die Eröffnung des Herrmannsdenkmals für den Besucherverkehr nach Ende des Zweiten Weltkrieges und auch um die leider geschichtlich verbürgte Tatsache, daß es den Flüchtlingen aus den ehemaligen deutschen Ostgebieten nach ihrer Ankunft in Lippe alles andere als leicht gemacht wurde, sich in die hiesige Gesellschaft zu integrieren. Das lag natürlich in starkem Maße an der allgemeinen desolaten Situation in Deutschland und lag sicher auch an manchen ungeschickten Verhaltensweisen der Flüchtlinge; dennoch waren gravierende fremdenfeindliche Tendenzen festzustellen, die jeder Berechtigung entbehrten. Angesichts der gesellschaftspolitischen Entwicklungen im Deutschland des Jahres 1993 sollte uns diese Szene nach wie vor zu denken geben.

Invasion aus dem Osten

(Im "Schatten" des Herrmanns erscheint die Fremdenführerin und begrüßt die anwesenden Besucher)

Fremdenführerin: Ja, meine Damen und Herren, wie Sie vielleicht wissen, haben wir gerade gestern erst, zwei Jahre nach Kriegsende, das Hermannsdenkmal für den Publikumsverkehr wieder freigegeben, und Sie haben das große Glück, die erste Besuchergruppe nach diesem feierlichen Ereignis zu sein.

Tja, nun steht er also wieder da, mit stolzer Brust und gezücktem Schwert, so wie er schon seit 1875 hier gestanden hat, ohne die stolzgeschwellte Brust allerdings, weil das Leiden seines Volkes ja schwerlich Grund zur Freude gegeben hat in letzter Zeit. Im Schatten hat unser Herrmann, dieses Sinnbild echten deutschen patriotischen Geistes, dem Treiben des Hitlerpacks zusehen müssen. Nun aber kann er in demokratisch gereinigter Luft wieder befreit aufatmen. Jetzt werden Sie sich vielleicht fragen, warum hebt denn der Hermann sein Schwert immer noch nach Westen? Ja, warum nur; von dort kommt doch der Segen der Demokratie! Würde er sich nach Osten wenden, was sähe er da? Ich will es Ih-

nen sagen: Nicht endenwollende Ströme von sogenannten Heimatvertriebenen, Menschen wie du und ich, brechen von dort auf, um in unserem geplagten Land ihr Glück zu suchen. Einige mußten wohl fliehen, ja, andere mögen auch verfolgt worden sein, aber warum wollen sie ihre Wurzeln ausgerechnet hier schlagen? Auch Lippe ist schließlich ein Land von nur begrenztem Reichtum ...
Der Hermann ist ja in der Vergangenheit oft besungen worden. So zum Beispiel auch von dem berühmten westfälischen Heimatdichter Heinrich Heine, der da in seinem "Wintermärchen" sagte: "Wenn Hermann nicht die Schlacht gewann/ Mit seinen blonden Horden,/ So gäbe es deutsche Freiheit nicht mehr/ Wir wären römisch geworden!/ In unserem Vaterland herrschten jetzt/ Nur römische Sprache und Sitten ..."
Ja, sehen Sie, meine Damen und Herren, mit denen aus dem Osten ist das eben auch so eine Sache. Die Sprechweise und Sitten von denen sind ganz anders als die der einheimischen Bevölkerung. Die geistige Haltung ist eine andere (Vergleichen Sie doch mal Grabbe mit Anna Karenina). Ihre Charakteranlagen sind bodenverwurzelt. Sie haben unterschiedliche Arbeitsmethoden, andere Wohn- und Eßgewohnheiten. (Unseren Pickert z.B. vertragen sie überhaupt nicht – der ist ihnen einfach zu fett!) Und dann bringen sie noch ganz andere politische Traditionen aus dem Osten mit ... ich meine, das ist ja auch schließlich alles eine Frage des Blutes, ich meine der Mentalität sozusagen ...
Zurück zu unserem Hermann. Die Statue ist 26 m hoch, innen Stahlgerüst, außen Kupfermantel – allein das Schwert wiegt 11 Zentner. Nun stellen Sie sich mal vor, Sie müßten den ganzen Tag 11 Zentner hochhalten.
Sehen Sie, viele von diesen Flüchtlingen schleppen ja auch einen ganzen Haufen seelischer Last mit sich rum. Ja, selbst die Kinder sind nicht frei davon. Es sieht so aus, als ob sie das Lachen verlernt hätten. Sie sind mürrisch und verschlagen, man kann ihnen gar nicht offen ins Gesicht schauen ...
Also ich sage Ihnen mal was, ganz im Vertrauen: Solange die weiter das Gleichgewicht unserer lippischen Schicksalsgemeinschaft erschüttern, solange wird es unsere Demokratie wirklich schwer haben, Wurzeln zu schlagen in lippischem Blut und Boden.

Aber verlassen wir jetzt endlich den lippischen Boden und beginnen mit dem Aufstieg aufs Hermannsdenkmal. Ach übrigens, kennen Sie die Zigarettenmarke der Flüchtlinge? – HB! – Hier bin ich und hier bleib ich! Wenn Sie mir bitte folgen wollen ...

Abb.4 Franziska Thiel als Fremdenführerin bei der Wiedereröffnung des Hermannsdenkmals.

III. Zeitzeugen erinnern sich

Zeitzeugen erinnern sich

Fortdauer und Neubeginn im Rathaus

Teilnehmer des Gesprächs:

Horst-Günter Benkmann (geb. 1915). Den gebürtigen Ostpreußen verschlug das Kriegsende nach Detmold. Im Januar 1948 trat er im Rathaus seinen Dienst als stellvertretender Stadtdirektor (mit der Amtsbezeichnung "Stadtrat") an, den er bis zu seiner Pensionierung im Jahre 1971 ausübte.

Erich Gröne (geb. 1923). Bereits im Sommer 1945 nahm er als "außerplanmäßiger Inspektor" seine Tätigkeit im Detmolder Rathaus wieder auf. 1986 wurde er als Städtischer Oberverwaltungsrat in den Ruhestand verabschiedet.

Heinrich Heuer (geb. 1924). Im November 1945 kehrte er aus sowjetischer Kriegsgefangenschaft in seine Geburtsstadt Detmold zurück. Er begann ein Praktikum in einer Tischlerei, um später das Studium der Innenarchitektur aufnehmen zu können.

Erwin Pfau (geb. 1920). Nach seiner Entlassung vom Kriegsdienst kehrte er nach Detmold zurück und nahm eine Tätigkeit im väterlichen Betrieb auf, in dem er später Prokurist und Mitinhaber wurde.

Die Zusammensetzung dieser Zeitzeugen-Runde erwies sich als außerordentlich glücklich: Hatten zwei von ihnen als Verwalter von Mangel und Not hinter dem Schreibtisch gesessen, so standen die beiden anderen damals als Antragsteller davor und mußten sich um Anmeldung, Lebensmittelkarten, Bezugsscheine und vieles andere mühen.

Aus den Schilderungen dieser Zeitzeugen – und manchen Ergänzungen aus dem Zuhörerkreis – wurden die Jahre nach dem Kriegsende noch einmal lebendig mit ihren Nöten und Schwierigkeiten, aber auch mit der Entschlossenheit zu überleben. Und nicht zuletzt die vielfältigen Überlebens-Techniken jener Jahre, vom lebensnotwendigen 'Kungeln' bis hin zu den verschmitzten alltäglichen Tricks, rundeten dieses Bild ab.

Diether Kuhlmann

Neue Heimat Detmold? Flüchtlinge und Vertriebene berichten über ihre Erlebnisse in der Nachkriegszeit

Teilnehmerinnen und Teilnehmer des Gesprächs:

Erika Panknin geb. Münster (Jahrgang 1910)
Frau Panknin mußte mit ihren Kindern im März 1945 ihre Heimatstadt Stolp in Pommern verlassen und flüchtete mit einem Minensuchboot über die Ostsee nach Dänemark. Dort war sie in einem dänischen Flüchtlingslager interniert, bis sie ihr Mann, der inzwischen eine Stelle als Berufsschullehrer gefunden hatte, im November 1947 nach Detmold holen konnte.

Reinhild Deppe geb. Sarembe (Jahrgang 1939)
Frau Deppe ging im Januar 1945 mit ihrer Mutter von Oels in Schlesien auf die Flucht. Ihr Treck wurde von der sowjetischen Armee überrollt und nach Schlesien zurückgeschickt. Im November 1945 wurde sie von den polnischen Behörden ausgewiesen und kam zunächst nach Demmin. Dort erfuhr sie, daß ihr Vater in Detmold aus der Kriegsgefangenschaft entlassen worden war und bei den Briten eine Arbeit als Schneider gefunden hatte. Im Januar 1946 kam sie mit ihrer Mutter in Detmold an.

Horst-Günter Benkmann (Jahrgang 1915)
Herr Benkmann, der seine Heimat Ostpreußen mit seiner Dienststelle vor dem Einmarsch der sowjetischen Armee verlassen mußte, kam im Juni 1945 nach Detmold. 1948 trat er als stellvertretender Stadtdirektor in den Dienst der Stadt Detmold und hatte in dieser Eigenschaft auch mit der Betreuung der Flüchtlinge zu tun. Er engagierte sich schon früh in den Selbsthilfeorganisationen und Interessenvertretungen der Vertriebenen.

Emil Wolf (Jahrgang 1920)
Herr Wolf stammt aus Aussig im Sudetenland. Im September 1945 ließ er sich aus der Kriegsgefangenschaft zu einem Kameraden nach Remmighausen entlassen. Er arbeitete viele Jahre lang in einer Spedition und zuletzt 15 Jahre bei der Lippischen Eisenindustrie in Remmighausen. Herr Wolf engagierte sich von den ersten Anfängen bis heute bei der Sudetendeutschen Landsmannschaft in Lippe.

Die vier Zeitzeuginnen und Zeitzeugen schilderten zunächst, unter welchen Umständen sie nach Detmold gekommen sind. Schon dabei zeigte sich, wie unterschiedlich die Erlebnisse und Erfahrungen waren, mit denen die Menschen im Osten Deutschlands am Ende des Krieges konfrontiert wurden. Vor allem die Frauen hatten in dieser Zeit große Anstrengungen durchzustehen.

Für die völlig mittellosen Flüchtlinge war die Bewältigung des Alltags in den ersten Jahren in Detmold noch schwerer als für die Einheimischen. Auch die Erfahrungen mit den Detmolder Bürgern und Behörden waren unterschiedlich. Man stieß auf viel Unverständnis und Ablehnung, aber auch auf spontane Hilfsbereitschaft.

Eine große Bedeutung bekamen die Selbsthilfeorganisationen der Flüchtlinge und Vertriebenen, wie z.B. das Ostvertriebenensozialwerk, das von Herrn Benkmann geleitet wurde. Alle vier Zeitzeuginnen und Zeitzeugen engagierten sich in den Vertriebenenverbänden, die mit ihren sozialen und kulturellen Aktivitäten ein Stück Heimat darstellten, und tun das z.T. heute noch.

Die Veranstaltung endete mit einer klaren Absage an jeden Revanchismus und einem Appell zur Verständigung mit den Völkern in Osteuropa. Herr Wolf erzählte von seinen Kontakten zu den Tschechen im ehemaligen Aussig, Herr Benkmann sogar von der jetzt möglichen Zusammenarbeit mit den Russen im nördlichen Teil Ostpreußens.

Wolfgang Müller

Die Schule in Detmold nach 1945

Teilnehmerinnen und Teilnehmer des Gesprächs:

Joachim Bergmann, Studiendirektor am Grabbe-Gymnasium in Detmold und Referendarausbilder im Fach Musik am Detmolder Studienseminar, war der jüngste der vier Zeitzeugen (geb. 1940). Er wurde nach dem Tod seiner Eltern durch einen Bombenangriff auf Hamburg als Vollwaise von Detmolder Verwandten aufgenommen und 1946 in Detmold in die Mädchen-Bürger-Grundschule aufgenommen.

Sibylle Dotti, ehemalige Studiendirektorin am Stadtgymnasium Detmold, Malerin und Graphikerin, war die älteste Teilnehmerin des Gesprächs (geb. 1913). Frau Dotti stammt aus Berlin und wurde in den Wirren des Kriegsendes 1945 als Begleiterin eines Schülertransports zufällig nach Lage verschlagen. Seit 1948 war sie im Mädchengymnasium in Detmold als Kunstlehrerin tätig.

Herbert Schuster, ehemaliger Studiendirektor am Gymnasium Leopoldinum in Detmold für die Fächer Deutsch und Erdkunde, kam als 25jähriger verwundeter Soldat 1940 nach Detmold (geb. 1915). Er war damals bereits ausgebildeter Volksschullehrer. Als Kriegsversehrter studierte er während des Krieges Philologie in Göttingen und Leipzig. Von dort kehrte er wieder nach Detmold zurück, wo er das Ende des Krieges erlebte. Seit 1948 war er in Lemgo und in Detmold als Gymnasiallehrer tätig.

Elisabeth Steichele lebte seit ihrem siebten Lebensjahr (geb. 1932) in Detmold. Noch vor Ausbruch des Krieges wurde sie in die Mädchen-Bürger-Grundschule eingeschult und – ab 1942 – in das Mädchengymnasium in Detmold aufgenommen. Sie hat in München Architektur studiert und ist gegenwärtig als stellvertretende Leiterin des Planungsamtes der Stadt Detmold tätig.

Alle vier Teilnehmer haben die Schule der Nachkriegszeit in Detmold sehr bewußt miterlebt. Nach einer ersten "Runde der Erinnerung" an sehr unterschiedliche Erlebnisse, die naturgemäß aus der Perspektive der Lehrer anders akzentuiert wurden als aus der Sicht der ehemaligen Schüler, beteiligte sich das Auditorium sehr intensiv mit teils individuellen Erlebnissen, teils abgehobenen historischen Deutungen dieser Epoche. Die aus dem Abstand von nahezu 50 Jahren mögliche Distanz zum Schulalltag unmittelbar nach dem Ende des Krieges relativierte manche damals bedrückende Erfahrung, insbesondere beim Vergleich des ländlichen Raumes Lippe mit den großstädtischen Ballungsräumen (z.B. Wohnungsnot, Ernährung, Arbeitslosigkeit, Entnazifizierung, Flüchtlingsproblematik).

In der für dieses Gespräch zur Verfügung stehenden Zeit konnten leider weder die kritischen Anfragen jüngerer Teilnehmer an die ältere Generation befriedigend beantwortet noch die Erforschung der Ursachen für die restaurative Schul- und Bildungspolitik in den 50er Jahren geleistet werden. Dennoch war dieses Zeitzeugenspräch nach dem Urteil der meisten Beteiligten ein gelungener Abend, da es eine selten wahrgenommene Chance bot, generationsübergreifend über die teilweise selbsterlebte Geschichte kritisch nachzudenken.

Eugen Heinen

Kirchen und Konfessionen in einer neuen Situation des Zusammenlebens

Teilnehmer des Gesprächs:

Der ehemalige Dechant und Pfarrer der Katholischen Kirchengemeinde in Detmold, *Augustinus Reineke*, geboren am 9.5.1908, von 1948 bis 1980 in Detmold tätig. Er lebt seitdem in Ruhestand.

Der ehemalige Superintendant der Lutherischen Klasse, Dr. h.c. *Gerhard Klose,* geboren am 29.3.1905, von August 1952 bis 1975 Pfarrer der Lutherischen Kirchengemeinde in Detmold. Er lebte seitdem im Ruhestand. Er verstarb im Juni 1993. Dr. Klose war erschienen mit seiner Gattin, geboren am 25.11.1914, mit der er seit 1936 verheiratet war.

Der ehemalige Rektor der Sonderschule für Lernbehinderte "Gustav-Heinemann-Schule", *Gustav Wiesekoppsieker*, geboren am 6.1.1926, langjähriger Kirchenältester in der Ev.-ref. Kirchengemeinde Detmold-West.

Eingeladen war außerdem Pastor *Heinrich Bödeker*. Der bekannte Detmolder Pastor war zeitweilig Pfarrer an der Christuskirche und an der Pauluskirche, Vorsteher des Detmold Diakonissenhauses und Schulreferent der Lippischen Landeskirche. Pastor Bödeker mußte wegen einer akuten Krankheit leider absagen.

Der Moderator leitete die Erörterungen ein in Erinnerung an Vorgespräche, insbesondere mit Pastor Bödeker. Zum Thema "Pfarrer als Geburtshelfer der Demokratie" konnte berichtet werden, daß Pastor Bödeker bereits in der Kriegsgefangenschaft von englischen Offizieren befragt worden war, ob er es für richtig halte, daß Pfarrer in der Übergangszeit politische Ämter wie Bürgermeisteramt, Landratsamt u. ä. übernehmen sollten. Pastor Bödeker erinnerte sich in diesem Gespräch daran, daß er aus Kenntnis der politischen Grundhaltung der meisten evangelischen Pfarrer abgeraten habe. Augustinus Reineke wies dagegen darauf hin, daß im Paderborner Land sehr wohl Pfarrer politische Ämter nach der Kapitulation wahrgenommen hätten.

Einen weiten Raum nahmen in der Podiumsdiskussion seelsorgerliche Fragen ein. Insbesondere stellte sich das Problem der Integration einer Vielzahl von Flüchtlingen. Sofern die Flüchtlinge katholisch waren, fanden sie in Detmold eine Stadt vor, die durch und durch evangelisch war. Dies führte u.a. dazu, daß die Katholische Kirchengemeinde für sich eine katholische Volksschule wünschte. Sofern die Flüchtlinge evangelisch waren, sahen sie sich zum Teil mit evangelischen Christen konfrontiert, deren reformierte Prägung ihnen fremd war. Superintendant Klose und Pfarrer Reineke äußerten übereinstimmend, daß Lutheraner und Katholiken sich teilweise näher gestanden hätten als Reformierte und Lutheraner.

Aufgrund des besonderen Status des ehemaligen Landes Lippe in Nordrhein-Westfalen stellte sich die Frage der Konfessionsschule. Gustav Wiesekoppsieker erinnerte daran, daß die Lippische Landeskirche aufgrund schmerzlicher Erfahrungen im sog. Schulstreit vor 1933 ausdrücklich keine evangelischen Volksschulen haben wollte. Die Lippische Landeskirche habe für eine Gemeinschaftsschule mit geregeltem Religionsunterricht plädiert. Da Augustinus Reineke diese Gemeinschaftsschule als im Kern evangelisch ansah, erinnerte er bewegt an seine Forderung einer katholischen Konfessionsschule.

Ein Höhepunkt des Gesprächs war sicherlich die Erinnerung an die Wirkungen des Mariendogmas des Papstes Pius XII. aus dem Jahre 1950. Augustinus Reineke wies darauf hin, daß er aus seiner Einschätzung der damaligen Lage heraus die Verkündigung dieses Dogmas nicht für opportun gehalten habe. Um so mehr schmerze ihn noch heute die Erinnerung daran, daß dieses Dogma keimende Möglichkeiten konfessionellen Zusammenwachsens zunächst unterbunden hatte. Während kurz vor 1950 der lippische Landessuperintendent Professor Wilhelm Neuser noch bei der Grundsteinlegung zur größeren katholischen Kirche am Schubertplatz zugegen gewesen sei und ein Grußwort gesprochen habe, sei seine Anwesenheit zur Einweihung der Kirche nach 1950 nicht mehr möglich gewesen, da ein Synodenbeschluß der Lippischen Landeskirche den Pfarrern jeglichen Kontakt mit Amtsträgern der Katholischen Kirche verboten habe. Dieses Verbot sei allerdings von vielen Pfarrern nicht beachtet worden.

In diesem Klima wurden, so Gustav Wiesekoppsieker, die ersten Fronleichnamsprozessionen der Katholischen Kirchengemeinde als Provokation der evangelischen Christen aufgefaßt. Sämtliche Gesprächspartner waren sich darin einig, daß hier im zwischenkonfessionellen Bereich im Laufe der Zeit ein erheblicher positiver Wandel eingetreten sei.

Die Fragen aus dem Publikum zielten weitgehend auf den Problembereich "Jugend und Kirche". Alle Gesprächspartner unterstrichen, wie befreiend sie es empfunden hätten, endlich frei von staatlicher und nationalsozialistischer Einengung und Bevormundung kirchliche Arbeit mit Jugendlichen tun zu können. Gerade diese Arbeit führe ihnen auch jetzt noch einmal vor Augen, daß das Ende des Nationalsozialismus in Deutschland für sie keinesweges als Niederlage in Erinnerung geblieben sei, sondern als Befreiung.

Hans-Jürgen Dohmeier

Frauen in der Nachkriegszeit

Die Mitarbeit des Frauengeschichtsladens Lippe e.V. begründet sich aus der Absicht, das Frauenspezifische der Nachkriegszeit unserer Stadt zu erforschen. Bisherige Untersuchungen der historischen Frauenforschung beschäftigten sich vorwiegend mit Frauen in der Nachkriegszeit in Großstädten wie zum Beispiel Berlin oder Köln. Dabei entstand das Bild der Trümmerfrauen, was letztendlich mit dazu beitrug, "Trümmerfrauen" zu einem politischen Thema werden zu lassen. Da es in einer Stadt wie Detmold, die von Kriegsauswirkungen bis auf wenige Ausnahmen verschont geblieben ist, keine Trümmerfrauen gab, suchten wir nach dem Frauenspezifischen in der Detmolder Nachkriegszeit. Dabei stellten die Berichte von Zeitzeuginnen für uns eine wesentliche Ergänzung unserer Forschungen im Staatsarchiv dar.

Drei der von uns befragten Zeitzeuginnen haben wir zu dem "Kamingespräch" in der VHS Detmold eingeladen: Frau *Edwine Hase*, Frau *Hanna Hinsen* und Frau *Elisabeth Sauermann*.

Die aus heutiger Sicht sogenannte "Stunde Null" als Schlußpunkt und Neuanfang wurde von den Frauen nicht als solche empfunden. Der Erleichterung, daß "jetzt endlich alles vorbei" war, stand die Sorge um das tägliche Überleben auch weiterhin gegenüber und verschärfte sich in den ersten Nachkriegsjahren noch. Die "Organisation des Überlebens war Frauensache" und verlangte von ihnen viel Kraft, Phantasie und Zeit.

Dies wird von den Zeitzeuginnen auch als ein Grund dafür angesehen, daß sich nur wenige Frauen aktiv am politischen Geschehen nach dem Krieg beteiligten. Zwar war allen bewußt, "daß man wählen gehen muß", aber das Mitgestalten der neu entstehenden Demokratie überließ man wieder den Männern.

Das in der NS-Zeit geprägte "Bild der deutschen Frau" änderte sich nach dem Krieg nur langsam. So wurden Frauen, die sich – oft genug, um ihre Kinder ernähren zu können – mit Besatzungsangehörigen eingelassen hatten, als "Ami-Flittchen" und "Besatzerliebchen" geächtet, und wenn man auf der Straße eine Frau mit einem schwarzen Kind traf "rümpfte man die Nase". Eine "deutsche Frau" tat so etwas nicht.

Die Angst vor Vergewaltigung war auch in Detmold vorhanden, wenngleich es über das tatsächliche Ausmaß unterschiedliche Beurteilungen gab. Als junges Mädchen ging man nach Möglichkeit nicht allein auf die Straße und wurde ermahnt, "rechtzeitig zu Hause zu sein".

Auch wenn sich das Alltagsleben langsam wieder normalisierte, bestimmten die Erlebnisse aus dieser Zeit und die Erinnerung daran das weitere Leben: "unsere schönsten Jahre sind mit Krieg und Aufregung draufgegangen".

Ingrid Schäfer und Christel Grote

Das Landestheater Detmold 1945-1949

Teilnehmer des Gesprächs:

Erich Mewes (Jahrgang 1912), geboren in Harburg an der Elbe, studierte am Staatlichen Konservatorium in Hamburg Klavier, Fagott und Dirigieren. 1935 Staatliches Privatmusiklehrerexamen. 1942 kam Erich Mewes an das Landestheater Detmold. Bis 1975 war Mewes als Chordirektor, Kapellmeister für Operette und Musical, als Korrepetitor für das Ballett und als Hauskomponist für Bühnenmusiken eine feste Größe am Landestheater Detmold. 1976 mußte Mewes aus Krankheitsgründen aus dem Beruf ausscheiden, 1989 wurde er vom Bundespräsidenten mit dem Bundesverdienstkreuz geehrt.

Otto Röhler (Jahrgang 1922), geboren in Detmold, besuchte die Handelsschule mit kaufmännischem Abschluß. 1946 begann Otto Röhler seine Tätigkeit am Landestheater Detmold als Theatersekretär. 1949 erfolgte die Ernennung zum Werbe- und Organisationsleiter des Theaters. Noch Ende der vierziger Jahre etablierte Röhler einen Omnibus-Zubringerdienst, der interessierte Besucher aus einem Umkreis von etwa 50 km in das Stammhaus nach Detmold brachte und für einen sprunghaften Anstieg der Besucherzahlen sorgte. In der Spielzeit 1958/59 initiierte Röhler erstmalig das Projekt "Jugend im Theater" als Vorläufer des auch heute noch existierenden Jugendkulturrings Kreis Lippe. Auch die Einrichtung der Seniorentheaterringe geht auf sein Engagement zurück. 1971 erfolgte die erste Ausgabe der Theaterzeitung "Der Guckkasten" unter seiner redaktionellen Leitung. 1972 wird Röhler zum stellvertretenden Intendanten und Verwaltungsleiter ernannt. Maßgeblich beteiligt war Otto Röhler an der Einrichtung der Städtepartnerschaft zwischen Hasselt (Belgien) und Detmold. 1975 wurde ihm vom Präsidenten der Genossenschaft Deutscher Bühnenangehöriger wegen besonderer Verdienste das Große Goldene Ehrenzeichen verliehen. 1986 trat Otto Röhler, nach vierzigjähriger Tätigkeit für das Landestheater Detmold, in den wohlverdienten Ruhestand.

Dr. Franz Wirtz (Jahrgang 1915), geboren in Düsseldorf, in Duisburg aufgewachsen, studierte in Berlin Germansitik, Theater- und Musikwissenschaft. Er assistierte u. a. bei Regisseuren wie Fehling, Gründgens und Weichert. 1945 erfolgt am Landestheater die Wiedereröffnung mit seiner Inszenierung der *Sappho* von Grillparzer. 1948 wechselte Dr. Wirtz für drei Jahre nach Herford, wurde dort zum Theaterleiter berufen. Nach Auflösung des Theaters kehrte er nach Detmold zurück. Dort wurde er zum Regisseur und Chefdramaturgen ernannt, etablierte sich aber auch als Bühnenbildner. Dr. Wirtz hat bis zuletzt als Allround-Talent am Landestheater Detmold gewirkt. Er hat in allen künstlerischen Sparten inszeniert und übernahm im Jahre 1987 sogar noch interimsweise die Intendanz des Hauses. Dr. Wirtz ist Träger des Großen Goldenen Ehrenzeichens der Genossenschaft Deutscher Bühnenangehöriger.

Dr. Armin Prinz zur Lippe, ist seit seiner Jugend ein engagierter Freund des Theaters in Detmold. Noch heute verfolgt er die Arbeit des Hauses mit Interesse und ist Beiratsmitglied des "Vereins zur Förderung des Landestheaters Detmold e. V."

Ulf Reiher

IV. Chronik der Stadt Detmold 1945 – 1949

Diether Kuhlmann

Chronik der Stadt Detmold 1945 – 1949

1945

4. April	Einheiten der *30. US-Division* besetzen in den späten Nachmittagsstunden die Stadt. (Röhr, Stationen, S. 248)
5. April	Der Fabrikant Alex Hofmann wird vom US-Kommandanten zum *Bürgermeister* ernannt. (StA DT D 71 Nr. 157)
6. April	Der US-Kommandant Stewart läßt anhand "Schwarzer Listen" *politisch Belastete* verhaften und anhand "Weißer Listen" politisch Unbelastete ins Rathaus holen und mit administrativen Aufgaben betrauen. (Ebert, Panzer, S. 115)
7. April	"Nach zwei oder drei Tagen" (nach der Besetzung der Stadt) werden die US-Truppen von *britischen Einheiten* abgelöst. (StAD DT D 71 Nr. 157)
17. April	Die britische Besatzungsmacht ernennt Heinrich Drake zum *Landespräsidenten*. (Röhr, Stationen, S. 257)
20. April	Das *Postamt* öffnet seinen Schalter wieder. Bei der Privatpost sind nur Postkarten zugelassen. Wenig später werden der Postsparkassendienst und die Auszahlung der Altersrenten wiederaufgenommen. (Post in Detmold, S. 28)
Mai	In der Oberförsterei Hiddesen und drei ihrer Waldarbeiterhäuser kommt es zu *Plünderungen*, wobei drei Menschen ums Leben kommen. (Röhr, Stationen, S. 255)
13. Juni	Der *Fernsprechverkehr* wird wiederaufgenommen, zunächst allerdings nur für Behörden, Krankenhäuser und Ärzte. (Bast, Wirtschaftsleben, S. 360)

Juli	In einigen Stadtteilen funktioniert die *Gasversorgung* wieder. (NWZ Nr. 10)
29. Juli	Das von der Militärregierung verhängte *Ausgehverbot* für die Zeit von 21.45 Uhr bis 5.15 Uhr tritt in Kraft. Es wird durch Sirenengeheul bekanntgemacht und gilt bis zum 11. August. (NWZ Nr. 14)
August	In folgenden Lagern sind *Displaced Persons* untergebracht: Detmold: Kaserne I: 617 Polen, Letten und Esten, Werrestraße: 364 Italiener, Griechen, Tschechoslowaken und Jugoslawen, Augustdorf: 11.000 Sowjetbürger. (Wehrmann, Zusammenbruch, S. 192)
14. August	Die Stadt fordert öffentlich dazu auf, alles *Judeneigentum* – außer Grundbesitz – zu melden. (StAD DT D 106 DT A Nr. 342)
14. August	Die Klassen 1 – 4 der *Volksschulen* werden wiedereröffnet: in Detmold Knabenbürgerschule (heute Weerthschule) und Mädchenbürgerschule (später Paulinenschule) sowie in Bentrup, Berlebeck und Sport-Eichholz (StA DT L 80 III Nr. 4278)
27. August	*Landgericht* und *Amtsgericht* werden wiedereröffnet, zunächst jedoch nur für Strafsachen. (Bauer, Wiederaufbau, S. 158)
1. September	Der freie *Briefverkehr* ist wieder zugelassen bis zu einem Höchstgewicht von 500 g. (NWZ Nr. 22 und 24)
September	Eine "Protestantisch-katholische Arbeitsgemeinschaft" zur Linderung der Not wird gegründet, sie ist Trägerin der *"Christlichen Nothilfe"*. (NWZ Nr. 26)
September	Im ehem. Seminargebäude beginnt ein Pädagogischer Lehrgang für junge Lehrer, die eine Lehrerbildungsanstalt besucht haben. *(Pädagogische Akademie)*. (StA DT L 80 III Nr. 4374)

September	Der *Theaterring* Detmold-Herford-Minden führt im Palaisgarten Shakespeares "Sommernachtstraum" auf. (NWZ Nr. 30)
September	Die *Industrie- und Handelskammer* für Lippe und Schaumburg-Lippe wird errichtet. (NWZ Nr. 30)
September	Die Militärregierung genehmigt unter Auflagen die Wiederaufnahme des *Straßenbahnverkehrs* Detmold Bhf. - Heidenoldendorf - Pivitsheide. (Menninghaus, Straßenbahnen, S. 138)
23. September	30 Bürgerinnen und Bürger gründen den *SPD-Ortsverein Detmold* wieder. (SPD Detmold, Mitteilung)
Oktober	Erste Bemühungen werden unternommen, ein Landeskonservatorium bzw. eine Streicherakademie zu gründen *(Musikakademie)*. (Müller-Dombois, Musikakademie, S. 5)
2. Okober	*Stadtgas* darf in Detmold, in Hiddesen und in Friedrichshöhe nur während 7 Stunden am Tag verbraucht werden. (StAD DT 83 Nr. 443)
4. Oktober	Auf Weisung der Militärregierung wird der *Stromverbrauch* der Zivilbevölkerung eingeschränkt. Später darf an drei Wochentagen zwischen 7 Uhr und 20 Uhr kein Strom verbraucht werden. (NWZ Nr. 45)
5. Oktober	Die Bildung einer *Städt. Musikvereinigung* mit Oratorium, Männer- und Jugendchor, Orchester- und Kammermusikvereinigung wird erwogen. (NWZ Nr. 34)
16. Oktober	Der Landespräsident schlägt der Militärregierung die Mitglieder eines Gremiums zur Vorbereitung der Herausgabe einer *Lippe-Zeitung* vor. (StA DT L 80 Dolm Band II)
19. Oktober	Das Land Lippe, die Landkreise Detmold und Lemgo und die Stadt Detmold gründen den *Lippischen Theaterverein* (wieder). (NWZ Nr. 38)
24. Oktober	Der *Briefverkehr* durch alle vier Besatzungszonen wird zugelassen. (Wehrmann, Zusammenbruch, S. 20)
25. Oktober	Die Militärregierung ordnet die *Ablieferung* von Decken, Bettzeug und Kleidung durch jeden un-

	geschädigten Haushalt zugunsten der Flüchtlinge an. (StA DT D 83 Nr. 443)
9. November	Stadträte und Beiräte sprechen dem ehemaligen Reichsstatthalter Dr. Meyer und Hitlers ehemaligem Adjutanten Brückner das *Ehrenbürgerrecht* ab. (Stadtarchiv 138/86 Blatt 20)
November	Das *Städtische Orchester* wird gegründet. (NWZ Nr. 44)
16. November	Da die Auflagen der Militärregierung für die *Ablieferung* nicht erfüllt wurden, mahnt diese energisch deren Erfüllung an. (StA DT D 83 Nr. 443)
17. November	In einer Sitzung der Chefs der Provinzial- und Länderverwaltungen der Britischen Zone in Detmold wird von diesen das *"Detmolder Memorandum"* verabschiedet, einer der mehr als 200 Vorschläge zur Durchführung einer Währungsreform im besiegten Deutschland. (Möller, Deutsche Mark, S. 116 ff.)
Dezember	Der neu gegründete *Kulturring* will durch vielfältige Veranstaltungen "soziale Kultur verwirklichen". (NWZ Nr. 52)
3. Dezember	Auf Anordnung der Militärregierung sind alle in Wohnräumen vorhandenen *Glühbirnen* über 40 Watt abzuliefern. (StA DT D 83 Nr. 443)
10. Dezember	Die *Erste lippische Kunstausstellung* wird mit 90 Werken von 20 Künstlern im Landesmuseum (Palais) eröffnet. (NWZ Nr. 54)
12. Dezember	Jeder Haushalt erhält eine *Holzzuteilung* von zwei Zentnern Brennholz für zehn Tage. (StA DT D 83 Nr. 443)
Dezember	Das *Erste Detmolder Symphoniekonzert* mit Prof. Münch-Holland als Solist findet statt. (NWZ Nr. 57)

1946

1. Januar	Beim *Amtsgericht* werden Grundbuchamt und Zwangsversteigerungsabteilung wiedereröffnet. (Bauer, Wiederaufbau, S. 159)
Januar	Das neue lippische *Landestheater* eröffnet die Spielzeit mit Lortzings "Zar und Zimmermann" im umgebauten "Neuen Krug". Dort finden an drei Wochentagen Theater- und an weiteren drei Wochentagen Kinovorstellungen statt. (NWZ Nr. 61)
11. Januar	Das *Obere Militärgericht* verurteilt in Detmold drei Männer wegen des unerlaubten Besitzes von Feuerwaffen zu fünf Jahren Gefängnis. (NWZ Nr. 61)
14. Januar	Der Bürgermeister verpflichtet alle gesunden Männer von 16 bis zu 50 Jahren als Hilfsarbeiter für die *Holzversorgung* der Bevölkerung. Jeder von ihnen muß vier Raummeter in vier Tagen schlagen, von denen er zwei Raummeter für sich behalten darf. (StA DT D 83 Nr. 444)
14. Januar	Die Brit. Kontrollkommission ordnet in allen Bezirken der britischen Zone, in denen früher konfessionelle Schulen (Bekenntnisschulen) bestanden haben, eine *Elternbefragung* nach der gewünschten Schulart an. In Lippe findet diese Befragung (auf Betreiben der Landesregierung) nicht statt. (Reineke, Kirche, S. 245)
24. Januar	Der (ernannte) *Rat* tritt zu seiner ersten Sitzung zusammen. (Stadtarchiv 138/10)
1. Februar	Am *Landgericht* nehmen die Berufungs- und Beschwerdekammern ihre Arbeit auf. (Bauer, Wiederaufbau, S. 171)
1. Februar	Bei einem *Raubüberfall* durch Ausländer werden in Pivitsheide drei Menschen getötet. (NWZ Nr. 65)
8. Februar	Eine schwere *Überschwemmung* setzt zahlreiche Straßen – vor allem in den östlichen Stadtteilen – unter Wasser. (NWZ Nr. 73)

28. Februar	Der Rat verabschiedet den *Haushaltsplan 1946.* (Stadtarchiv 138/10)
1. März	Prof. Wilhelm Maler erhält den Auftrag zum Aufbau einer *Musikakademie.* (Müller-Dombois, Musikakademie)
3. März	Aus Glatz trifft ein Zug mit 1.521 *Vertriebenen* ein. (StA DT D 100 DT Nr. 19)
13. März	In Detmold findet eine *Tagung der Schulreferenten* aller Länder, Provinzen und Regierungsbezirke der britischen Zone statt. (Stadtarchiv 138/ 86)
März	Die *Landesbibliothek* hat eine "Volksbüchereiabteilung" mit unterhaltender und allgemeinbildender Literatur eingerichtet. (NWZ Nr. 79)
1. April	Die *Lebensmittelration* wird auf 175 g Fleisch, 150 g Fisch und 31 g Zucker/Marmelade je Woche erhöht. (NWZ Nr. 78)
1. April	Der *Landgerichtsbezirk Detmold* wird dem Oberlandesgericht Celle zugeordnet. (Bauer, Wiederaufbau, S. 164 ff.)
April	Zu Anfang des Monats findet die erste große *CDU-Versammlung* im "Vereinshaus" statt. (NWZ Nr. 87)
14. April	In der Britischen Zone dauert das *Ausgehverbot* von 23.30 Uhr bis 4.30 Uhr, zugleich beginnt um 2.00 Uhr die *Sommerzeit.* (Amtsbl. d. MilReg. Nr. 9)
Mai	In Detmold findet unter der Leitung von Adolf Grimme eine *Tagung aller Sportkreise* der brit. Zone statt. (NWZ Nr. 95)
5. Mai	In Detmold wird die *Lippische Ärztekammer* gebildet. (NWZ Nr. 97)
11. Mai	Die *Gasabgabe* muß wegen Kohlenmangels völlig eingestellt werden. (StA DT D 83 Nr. 444)
17. Mai	Die *Gasabgabe* wird für täglich vier Stunden wiederaufgenommen. (Seit 1943 ist die Gasabgabe auf 13 cbm je Haushalt zuzüglich 4 cbm je Person begrenzt.) (StA DT D 83 Nr. 444)
29. Mai	Das "*Volksbildungswerk* für Detmold und Umgebung" beginnt seine Tätigkeit. (WZ Nr. 23)

Werken wird im Landesmuseum (Palais) eröffnet. (WZ Nr. 23)

31. Mai Auf Weisung der Militärregierung müssen aus dem *städt. Haushalt* 20 % aller Ausgaben, das sind 822.000 RM, gestrichen werden. (Stadtarchiv 2.2)

31. Mai Es werden 500 RM bereitgestellt, um den alten *jüdischen Friedhof* aufzuräumen. Dieser war 1939 von der Synagogengemeinde auf die Stadtgemeinde übertragen worden. (Stadtverwaltung 67.2.3.1.1)

Juni Das *Städtische Orchester* führt im Landestheater Haydns "Vier Jahreszeiten" auf. (WZ Nr. 25)

8. Juni Das *städt. Freibad* wird wieder geöffnet. Für die Zivilbevölkerung ist es an vier Wochentagen (nur vormittags) geöffnet. (StA DT D 83 Nr. 444)

13. Juni Dem *Hauptausschuß* wird die Anordnung der Militärregierung eröffnet, daß man dort bis zum 1.1.47 keine Vorschläge für den Zusammenschluß von Gemeinden *(Gebietsreform)* entgegennehmen werde. (Stadtarchiv 138/86 Blatt 27)

21. Juni Erste Überlegungen zur *Lenkung des Verkehrs* im Stadtkern werden angestellt. (WZ Nr. 29)

24. Juni Der Rat spricht sich dafür aus, die Neuanlage eines *Friedhofes auf dem Kupferberg* weiterzuverfolgen. (Stadtarchiv 138/10)

6. Juli Britische Militärpolizei und deutsche Polizei führen im Bereich Schloßplatz/Ameide eine *Razzia* durch gegen Schwarz- und Tauschhandel und gegen "herumzigeunernde Frauen". (WZ Nr. 35)

15. Juli In Detmold wird eine *jüdische Gemeinde* gegründet. (Wehrmann, Zusammenbruch, S. 237 f.)

15. Juli Für die Kreise Detmold und Lemgo wird in Detmold ein *Arbeitsgericht* gebildet, das seine Spruchtätigkeit am 15.10.1946 aufnimmt. (Bauer, Wiederaufbau, S. 171)

Juli Im Kreistag wird berichtet, daß in Detmold – ohne die Außenbezirke – 128 *Wohnhäuser beschlagnahmt* seien, von denen 17 leer stünden. (VE Nr. 03)

22. Juli	In Detmold findet eine Tagung der *"Reichsanstalt für Getreideverwertung"* (später Bundesforschungsanstalt) statt mit 200 Teilnehmern aus allen vier Besatzungszonen. (WZ Nr. 38)
1. August	Der Hauptausschuß protestiert beim Kreis gegen die Zuweisung weiterer *Flüchtlinge*. (Stadtarchiv 138/86 Blatt 40)
8. August	Der Hauptausschuß fordert erneut die Auskreisung *(Kreisfreiheit)* Detmolds. (Stadtarchiv 138/86 Blatt 41)
9. August	Im Volkshaus findet eine *Flüchtlingsversammlung* statt, in deren Verlauf der städt. Flüchtlingsausschuß gewählt wird. (StA DT D 106 DT A Nr. 12)
27. August	Die *Beschlagnahme* der Volkshauses, des Kruges zum grünen Kranz und des Hotels zur Post führt zu Überlegungen eines verstärkten Einsatzes der Volksküche II. (WZ Nr. 48)
29. August	Der Rat verlängert den Pachtvertrag über das *Gut Herberhausen* um weitere sechs Jahre. (Stadtarchiv 138/ 10)
September	Aus Studenten der Pädagogischen und der Musikakademie bildet sich eine *Evangelische Studentengemeinde.* (LZ 11.1989)
15. September	Die *erste Gemeinderatswahl* findet statt. Nach ihr haben im Detmolder Rat die CDU 19 Sitze, die SPD 7 Sitze, die FDP 1 Sitz, die KPD 0 Sitze. (Stadtarchiv 138/11)
26. September	Der Rat wählt den Buchhändler Fritz Priester zum *Bürgermeister*. (Stadtarchiv 138/11)
30. September	Im Landgerichtsbezirk Detmold wird vom OLG Celle das *Anwaltsnotariat* eingeführt. (Bauer, Wiederaufbau, S. 184)
1. Oktober	Die *Musikakademie* nimmt ihren Unterrichtsbetrieb auf. (Müller-Dombois, Musikakademie, S. 63)
13. Oktober	Die *erste Kreistagswahl* findet statt. Im Detmolder Kreistag erhält

die	CDU	31	Sitze,
die	SPD	13	Sitze,
die	KPD	1	Sitz,
die	FDP	0	Sitze.

(Wehrmann, Zusammenbruch, S. 149)

18. Oktober — Die Stadt verpachtet die *Mittelmühle* für weitere 6 Jahre an Heinrich Grotegut. (WZ Nr. 63)

7. November — Im "Neuen Krug" wird das *Kino* "Residenz-Theater" eröffnet. (StA DT D 106 DT A Nr. 2446)

14. November — Der Hauptausschuß setzt eine *Wohnungskommission* ein, die "zunächst die Wohnungsverhältnisse der aktiven Nazis [...] umgehend überprüfen" soll. (Stadtarchiv 138/86 Blatt 57 f.)

Dezember — Mit der Umsiedlung von *Displaced Persons* aus den baltischen Staaten wird begonnen: Die Kaserne I, die Jugendherberge und das Schulgebäude Leopoldstraße 5 werden geräumt. (WZ Nr. 81)

12. Dezember — Der Rat wählt den Amtsgerichtsrat Dr. Heinz Schmidt zum Stadtdirektor. (Stadtarchiv 138/11)

1947

Nach Verhandlungen mit den reformierten Pfarrern und Presbyterien wird monatlich einmal ein *lutherischer Gottesdienst* in Heidenoldendorf, Spork-Eichholz und Hiddesen gehalten. (Engelbert, Gemeinde, S. 186)

Januar — In Hiddesen wird eine *Spruchkammer* eingerichtet. Sie soll die Angehörigen derjenigen NS-Organisationen aburteilen, die vom Nürnberger Gerichtshof für verbrecherisch erklärt worden waren. (Bauer, Wiederaufbau, S. 166/VE Nr. 74)

6. Januar — Ein plötzlicher *Kälteeinbruch* zwingt dazu, die Schulen (bis zum 20.1.) zu schließen und in den ungeheizten Krankenhäusern Notmaßnahmen zu ergreifen. (StA DT D 106 DT A Nr. 2446)

10. Januar — Auf einer Tagung von Lehrervertretern aus allen 4 Zonen wird im "Vereinshaus" der *Allgemeine*

	deutsche Lehrer- und Lehrerinnenverband gegründet. (VE Nr. 04)
21. Januar	Das Land Lippe wird an das Bundesland *Nordrhein-Westfalen* angegliedert.
23. Januar	Der Hauptausschuß beschließt, das große Gebäude auf dem *Schützenberg* an die "Reichsanstalt für Getreideverwertung" zu verpachten und das kleine dem Jugendring zur Verfügung zu stellen. (Stadtarchiv 138/86 Blatt 72)
26. Januar	Die "Nordwestdeutsche *Musikakademie*" wird durch Ministerpräsident Dr. Amelunxen feierlich eröffnet. (Müller Dombois, Musikakademie, S. 62)
7. Februar	Das *Verwaltungsgericht* Detmold wird mit dem VG Minden zusammengelegt. (VE Nr. 28)
13. März	Der Hauptausschuß begrüßt die vorgesehene *Verlegung der Bezirksregierung* von Minden nach Detmold. (Stadtarchiv 138/86 Blatt 79)
29. März	Die *Lebensmittelration* in der Britischen Zone stagniert bei 1.050 Kalorien je Tag. (Wehrmann, Zusammenbruch, S. 21)
1.April	Im Kohlejahr 1947 gibt es für einen Haushalt mit 3,2 Personen 11,5 Ztr. *Braunkohle*. (StA DT D 106 DT A Nr. 2446)
20. April	Die Landtagswahl hat folgendes Ergebnis: CDU 25.028 Stimmen, SPD 22.775 Stimmen, FDP 3.193 Stimmen, Z 823 Stimmen, KPD 4.125 Stimmen. Gewählt wurden: Dr. Johanning (Horn) Hermann Wendt (Heiligenkirchen) (Wehrmann, Zusammenbruch, S. 165)
24. April	Die *Jüdische Gemeinde* erhält auf ihren Antrag einen Zuschuß von 2.500 RM für die Wiedereinrichtung des Hauses Gartenstraße 6. (StA DT D 106 DT A Nr. 341)
25. April	Innerhalb der Kirchenleitung der *Lutherischen Kirchengemeinde* kommt es zu Auseinanderset-

	zungen um die Haltung gegenüber der Reformierten Kirche. (Engelbert, Gemeinde, S. 188 ff.)
30. April	Das bisherige "Volksbildungswerk" eröffnet nun als *"Volkshochschule Detmold"* das Sommersemester. (StA DT D 106 DT A Nr. 2446)
1. Mai	Der Landgerichtsbezirk wird dem *Oberlandesgericht Hamm* zugeordnet. (Bauer, Wiederaufbau, S. 164 ff.)
6. Mai	Von diesem Tag an erhalten an allen Detmolder Schulen Schüler im Alter von 6-14 Jahren zusätzlich 300 Kalorien täglich als *Schulspeisung*. (StA DT D 106 DT A Nr. 2446)
20. Mai	Die britische Besatzungsmacht gibt das *Hermannsdenkmal* für zivile Besucher frei. (StA DT D 106 DT A Nr. 2446)
25. Mai	Das städtische *Freibad* wird für die Zivilbevölkerung zeitweilig geöffnet. (StA DT D 83 Nr. 446)
2. Juni	Ab sofort werden zwei *Stromspartage* je Woche eingeführt, an denen zwischen 7.30 Uhr und 17.00 Uhr kein Strom verbraucht werden darf. (StA DT D 83 Nr. 446)
Juli	In der Kaserne I wird im Beisein von Ministerpräsident Arnold die *"Lippische Landesschau"* eröffnet. (VE Nr. 55)
23. Juli	Auf Einladung der *EKD* treffen sich in Detmold deren Vertreter (u. a. Martin Niemöller) mit Vertretern der *SPD* (u. a. Schumacher und Grimme). (StA DT D 106 DT A Nr. 2446)
25. Juni	Zur Behebung der *Wohnungsnot* bildet der Hauptausschuß vier Kommissionen, die alle Wohnungen des Stadtgebiets systematisch überprüfen sollen. (Stadtarchiv 138/86 Blatt 101)
5. August	Südlich der Hornschen Staße sollen *Wohnungen* im Auftrage der Landesregierung errichtet werden. (Stadtarchiv 138/86 Blatt 105)
7. August	Der Hauptausschuß bittet die Regierung erneut, die *Reithalle* am Schloßplatz baldmöglichst zur Schaffung einer zentralen Versammlungsstätte zur Verfügung zu stellen. (Stadtarchiv 138/86 Blatt 105)

1. September	Der bislang bestehende *Kundenzwang* bei Bäckereien und Brotverkaufsstellen wird aufgehoben. (StA DT D 106 DT A Nr. 2446)
4. September	Der Rat protestiert gegen die Absicht, Teile der *Bezirksregierung* nach Minden zurückzuverlegen. (Stadtarchiv 138/11)
15. September	Zum Einkochen stellen die Stadtwerke in den Monaten September und Oktober ein zusätzliches *Gaskontingent* zur Verfügung. (StA DT D 106 DT A Nr. 2446)
19. September	Der Minister für Wiederaufbau erklärt (auch) Detmold zum *"Brennpunkt des Wohnungsbedarfs"*. Der Zuzug dorthin ist damit verboten. (Lipp. Mitt., Nr. 7/1947)
10. Oktober	Im ehem. Seminargebäude wird die *Pädagogische Akademie* eröffnet. (StA DT D 106 DT A Nr. 2446)
5. Dezember	Die Polizei hebt mehrere *"Glücksspiel-Unterkünfte"* aus, eine Gastwirtschaft wird geschlossen. (StA DT D 106 DT A Nr. 2446)
11. Dezember	Der Rat beendet einen Streit um *Gewässerverunreinigung* durch die Fa. Künnemeyer (Horn) durch einen Vergleich. (Stadtarchiv 138/11)
18 Dezember	Der Rat wählt den Reg.-Ass. Benkmann zum Stellvertreter des Stadtdirektors *("Stadtrat")*. (Stadtarchiv 138/11)
21. Dezember	Auf der *Bahnlinie Herford-Altenbeken* wird der Sonntagsverkehr mit je zwei Zugpaaren wiederaufgenommen. (StA DT D 106 DT A Nr. 2446)
31. Dezember	Die durchschnittliche *Tagesration* betrug 1937 2.862 Kalorien, 1947 1.420 Kalorien, (StA DT D 106 DT A Nr. 2461)

1948

1. Januar	Detmold hat 28.606 Einwohner: 16.400 Frauen, 12.206 Männer, davon: 22.400 Alteingesessene, 1.343 Evakuierte, 4.485 Flüchtlinge, 378 Ausländer. (StA DT D 106 DT A Nr. 2447)
22. Januar	Der Hauptausschuß beschließt, gegenüber der Bertastraße der LWS Baugrundstücke zuzuweisen und das Gelände zwischen Teich- und Lagescher Straße für den *Bau von Wohnungen* freizumachen (Stadtarchiv 138/86 Blatt 137)
5. Februar	Der Rat beschließt, eine *Stadtbücherei* einzurichten und erneut die *Kreisfreiheit* zu beantragen. (Stadtarchiv 138/11)
5. Februar	Gottfried Gläsel gründet die Firma *C. A. Weidmüller* (bis 1945 in Tyssa/CSR) erneut. In einer angemieteten Scheune in Berlebeck beginnt die Produktion kunststoffisolierter Anreihklemmen. (Stenz, Gründung)
5. Februar	Nach einem *Raubmord* in Schönemark werden die beiden Täter zum Tode verurteilt. Später werden sie zu lebenslangem Zuchthaus begnadigt. (StA DT D 106 DT A Nr. 2447)
12. Februar	Nach der Freigabe der Reithalle am Schloßplatz schlägt der Wirtschaftsausschuß vor, sie mit dem davorliegenden Pavillon und dem Vorgarten zu erwerben, um dort eine *Stadthalle* und ein Café einzurichten. (Stadtarchiv 138/86 Blatt 144)
21. Februar	Fünf Polen aus dem Lager Augustdorf verüben einen bewaffneten *Raubüberfall* auf das Haus "Heide 345", dessen Bewohner sich zur Wehr setzen. Die Täter können später verhaftet werden. (StA DT D 106 DT A Nr. 2447)

4. März	Der Hauptausschuß beschließt, die vom Land angepachtete *Brunnenwiese* an den Kleingärtnerverein Detmold e. V. weiterzuverpachten. (Stadtarchiv 138/86 Blatt 146)
6. März	Im Saal des "Arminius-Hotels" (heute Nadler) sind 97 *Flüchtlinge* untergebracht. (StA DT D 106 DT A Nr. 2461)
11. März	Der Hauptausschuß protestiert gegen die Aufführung der Brechtschen *"Dreigroschenoper"* am Landestheater und des Films *"Große Freiheit Nr. 7"*. (Stadtarchiv 138/86 Blatt 150)
18. März	Der Rat bildet eine Kommission, die bei den Verhandlungen um die Bildung des *Landesverbandes Lippe* die (Grundstücks-)Wünsche der Stadt anmelden soll. (Stadtarchiv 138/11)
5. April	Im städt. Kindergarten im "Waschhof" wird eine *Kindertagesstätte* für 25 Kinder eröffnet. (StA DT D 106 DT A Nr. 2447)
15. April	Für die Anlage des neuen Friedhofes auf dem *Kupferberg* sollen Fachgutachten angefertigt werden. (Stadtarchiv 138/86 Blatt 155)
20. April	Parallel zur Bezirksregierung beginnt auch das *Military Government 507* mit dem Umzug nach Detmold. (StA DT D 106 DT A Nr. 2447)
5. Mai	Das *"Volks-Echo"* Detmold wird von der Besatzungsmacht wegen "verleumderischer Angriffe auf die USA" für drei Monate verboten. (StA DT D 106 DT A Nr. 2447)
24. Mai	Die *Omnibuslinie* Blomberg-Cappel-Detmold wird wieder betrieben. (StA DT D 106 DT A Nr. 2447)
28. Mai	Der Rat wird darüber informiert, daß weitere 15 *Wohnhäuser beschlagnahmt* werden sollen, wovon 150 Personen in 40 Familien betroffen seien. (Stadtarchiv 138/11)
1. Juni	Der *Umzug der Bezirksregierung* von Minden nach Detmold beginnt. (Siemer, Zusammenbruch, S. 276)
15. Juni	In der ehem. Kaserne I an der Leopoldstraße wird ein *Zweigpostamt* eingerichtet. (StA DT D 106 DT A Nr. 2447)

19. Juni | Eine *"Buchspende-Woche"* zugunsten der einzurichtenden Stadtbücherei erbringt 1.508 Bände und 10.300 RM an Spenden. (StA DT D 106 DT A Nr. 2461)

20. Juni | Zur Durchführung der *Währungsreform* sind in Detmold in 48 Umtauschstellen und 1 Sonderstelle etwa 500 Helfer eingesetzt. (StA DT D 106 DT A Nr. 2447)

21. Juni | Das seit April 1945 beschlagnahmte Gebäude der *Tischlerfachschule* wird wieder freigegeben. (Meyer, Chronik, S. 7)

24. Juni | *Abwässer der Fa. Künnemeyer* (Horn) richten erneut große Schäden an, etwa bei der Mittelmühle und der Prinzenwiese (Stadtarchiv 138/11)

1. Juli | Die Konkursabteilung des *Amtsgerichts* nimmt ihre Tätigkeit auf. (Bauer, Wiederaufbau, S. 172 f.)

21. Juli | Das von der Besatzungsmacht beschlagnahmte Hotel *"Lippischer Hof"* wird freigegeben. (StA DT D 106 DT A Nr. 2447)

22. Juli | Der Hauptausschuß setzt die *Arbeitszeit* der städtischen Bediensteten fest:

Verwaltung + Betriebe	45 Std./Woche,
Arbeiter	48 Std./Woche

(Stadtarchiv 138/86 Blatt 169)

1. August | Das *Landestheater* beginnt seine erste Nachkriegsspielzeit. (Schmidt, Landestheater, S. 28)

6. August | Die neu eingerichtete *Stadtapotheke* wird eröffnet. (Stadtarchiv 138/12)

7. August | Auf Anregung des *DGB* findet auf dem Wochenmarkt ein *Käufer(innen)streik* statt. (StA DT D 106 DT A Nr. 2461)

20. August | Die Bürgermeister des Kreises Detmold drohen mit *Amtsniederlegung*, wenn der Kreis weitere *Flüchtlinge* aufnehmen muß. (StA DT D 106 DT A Nr. 2447)

28. August | In Detmold treffen zwei *Flüchtlingstransporte* mit je 80 Personen ein. (StA DT D 106 DT A Nr. 2447)

September	Das *Volkshaus* wird nach Freigabe und Renovierung wieder der Öffentlichkeit übergeben. (StA DT D 106 DT A Nr. 2447)
30. September	Im Landgerichtsbezirk werden *Schöffengerichte* wieder eingerichtet. (Bauer, Wiederaufbau, S. 171 f.)
1. Oktober	Im Haus Bruchstraße 16 wird eine von der Brit. Militärregierung getragene *Lesestube* "Die Brükke" eingerichtet. (StA DT D 106 DT A Nr. 2448)
7. Oktober	Unter Aufhebung eines früheren Beschlusses beschließt der Rat, das Angebot der WFG auf Lieferung von *Ferngas* anzunehmen. (Stadtarchiv 138/ 11)
8. Oktober	Der Detmolder *Oberkreisdirektor* Neuse wird unter dem Verdacht der Bestechlichkeit u. a. m. verhaftet. (StA DT D 106 DT A Nr. 2447)
17. Oktober	In Nordrhein-Westfalen finden die zweiten *Kommunalwahlen* statt.

Kreis Detmold	CDU	26.687	Stimmen,
	SPD	23.961	Stimmen,
	FDP	6.713	Stimmen,
	KPD	3.100	Stimmen.
Stadt Detmold	CDU	4.990	Stimmen,
	SPD	3.119	Stimmen,
	FDP	2.197	Stimmen,
	KPD	670	Stimmen.

(Amtl. Nachr. f. d. Kreis Detmold Nr. 45)

23. Oktober	Die in den letzten Kriegstagen gesprengte *"Höpperbrücke"* beim Zollhaus an der Inselwiese ist wiederhergestellt. (StA DT D 106 DT A Nr. 2447)
28. Oktober	Der Rat wählt den Geschäftsführer Dr. Helmuth Stark zum *Bürgermeister.* (Stadtarchiv 138/12)
4. November	Der Hauptausschuß beantragt bei Land und Kreis einen Zuschuß zu den Kosten der städt. *Oberschule für Mädchen.* Bei Verweigerung sollen keine Auswärtigen mehr aufgenommen werden. (Stadtarchiv 138/ 87 Blatt 04)
6. November	Die *"Landestheater-Lichtspiele"* werden eröffnet. (StA DT D 106 A Nr. 2447)

12. November	Auch in Detmold findet der *Generalstreik* gegen die hohen Preise statt (StA DT D 106 DT A Nr. 2447)
25. November	Die zur Linderung der *Schulraumnot* versuchte Freimachung eines Kasernenblockes ist nicht gelungen. (Stadtarchiv 138/87 Blatt 08)
26. November	Der Wohlfahrtsausschuß empfiehlt, die private Beratung der *Frau von Knüpfer* zu honorieren. (StA DT D 106 DT A Nr. 59)
6. Dezember	Zum erstenmal seit neun Jahren tagt in Detmold ein *Schwurgericht.* (Bauer, Wiederaufbau, S. 107)

1949

1. Januar	Detmold hat 29.822 *Einwohner,* darunter 1.097 Evakuierte, 365 Ausländer. (StA DT D 106 DT A Nr. 2448)
20. Januar	Der Hauptausschuß beschließt, den Mitgliedern des *städtischen Orchesters* zum 15.03.1949 zu kündigen. (Stadtarchiv 138/87 Blatt 17)
27. Januar	Der Rat protestiert gegen die Verpachtung des immer noch beschlagnahmten *Landestheaters* für Kinovorstellungen und gegen die Herabsetzung der Nutzungsentschädigung für *beschlagnahmte Häuser.* (Stadtarchiv 138/12)
3. Februar	Die Stadt verpachtet den *Jahnsportplatz* für fünf Jahre an den TSV. (Stadtarchiv 138/87 Blatt 20)
24. Februar	In Lübeck läuft der *Fischdampfer "Detmold"* vom Stapel. (StA DT D 106 DT A Nr. 2448)
3. März	Der Hauptausschuß setzt Prioritäten: "[...] in erster Linie [...] *Wohnungsbau* und vor allen übrigen Projekten [...] *Neubau von Schulen [...]*" (Stadtarchiv 138/ 87 Blatt 26)
15. März	*Bürgermeister Stark* legt sein Amt nieder, "weil es längere Zeit in Anspruch nehmen wird, bis ich im Entnazifizierungsverfahren mein Recht bekomme." (StA DT D 106 Detmold A Nr. 2448)

15. März	Das *Städtische Orchester* wird aufgelöst. GMD Prof. Hugo Balzer verläßt Detmold. (Stadtarchiv 138/12)
24. März	Der eben zum *Bürgermeister* gewählte Dr. Moes umreißt in seiner Antrittsrede die kommunalpolitischen Ziele zur Entwicklung Detmolds. (Stadtarchiv 138/12)
9. Juni	Mit der Firma *Künnemeyer* (Horn) kommt es zu einem Vertrag, wonach die Firma ihre *Abwässer* unter strengen Auflagen, u.a. Bau eines Kanals, in das Detmolder Kanalnetz einleiten darf. (Stadtarchiv 138/87 Blatt 42)
29. Juni	Der Detmolder *Oberkreisdirektor* wird wegen Bestechlichkeit und Nötigung zu Geld- und Gefängnisstrafe verurteilt. (StA DT D 106 DT A Nr. 2448)
7. Juli	Das *Gesellschaftshaus* der "Ressource" an der Ameide, zuletzt als NAAFI-Club genutzt, wird freigegeben. (StA DT D 106 DT A Nr. 2448)
22. Juli	Mit einer "kurzen religiösen Feier" wird die auf dem neuen *jüdischen Friedhof* geschaffene Gedenkstätte (Grabsteine vom alten Friedhof) eingeweiht. (Stadtverwaltung 67.2.3.1.1.)
13. August	Eine *Einbrecherbande* aus 14 Mitgliedern wird festgenommen, der 67 Einbrüche aus den Jahren 1946-1949 nachgewiesen werden können. (StA DT D 106 DT A Nr. 2448)
14. August	Die *1. Bundestagswahl* findet statt. Sie hat im Kreis Detmold folgendes Ergebnis:

SPD	23.945	Stimmen,
CDU	22.229	Stimmen,
FDP	7.139	Stimmen,
KPD	3.502	Stimmen,
Z	1.250	Stimmen,
Unabhängige	7.060	Stimmen,
Sonstige	5.517	Stimmen.

Wahlbeteiligung 77,4 %

direkt gewählt:
Wilhelm Mellies (SPD), Heidenoldendorf.
(Statist. Jahrbuch Kreis DT 1951)

20. August — Eine an zwei Tagen am "Lippischen Hof" durchgeführte *Verkehrszählung* erbringt folgendes Ergebnis:
In zehn Stunden passieren 5.511 Kraftfahrzeuge die Kreuzung. (StA DT D 106 DT A Nr. 2448)

27. August — Das städt. Verkehrsamt veranstaltet ein *"Palaisgarten-Konzert"* mit einem Großfeuerwerk; 8.000 Besucher werden gezählt. (StA DT D 106 DT A Nr. 2448)

1. September — Im Haus Gutenbergstraße 37 wird ein *privater Kindergarten* eröffnet. (StA DT D 106 DT A Nr. 2448)

9. September — Nach Anhörung der Vertreter von Körperschaften und Verbänden beschließt der Finanzausschuß, auf die vorgesehene Erhebung der *Lohnsummensteuer* zu verzichten. (Stadtarchiv 2.3)

17. September — Mit einer Feierstunde beendet die *Pädagogische Akademie* ihre Tätigkeit. (StA DT D 106 DT A Nr. 2448)

29. September — Der Hauptausschuß wird informiert, daß der "Hauptverband für *Jugendherbergen* und Jugendwandern" beabsichtigt, seinen Sitz nach Detmold zu verlegen. (Stadtarchiv 138/87 Blatt 63)

30. September — Im ersten Jahr ihres Bestehens hat die *Lesestube* "Die Brücke" 75.000 Besucher und 3.000 Buchausleihen zu verzeichnen. (StA DT D 106 DT A Nr. 2448)

5. Oktober — Gegen die vom Rat beschlossene *Erhöhung der Grundsteuern* findet im Volkshaus eine Protestversammlung des Haus- und Grundbesitzervereins statt. (StA DT D 106 DT A Nr. 2448)

13. Oktober — Der Anschluß der Stadt an das *Ferngasnetz* ist abgeschlossen. (StA DT D 106 DT A Nr. 2448)

19. Oktober — Der freigegebene und renovierte *"Detmolder Hof"* wird wiedereröffnet. (StADt D 106 DT A Nr. 2448)

24. Oktober	Zur besseren Versorgung der Straßen am nördlichen Stadtrand wird vom Fliegerhorst her eine 200 m lange *Wasserleitung* gebaut. (StA DT D106 DT A Nr. 2448)
15. November	An den *Kreisberufsschulen* in Detmold unterrichten 35 hauptamtliche und 9 nebenamtliche Lehrer 87 Klassen mit durchschnittlich 24 Schülern. (Statist. Jahrbuch 1956 Kreis DT)
16. November	Im Volkshaus findet eine Versammlung der *Spätheimkehrer* statt. (StA DT D 106 DT A Nr. 2448)
17. November	Der Rat beschließt den Ankauf des Gebäudes Paulinenstraße 9 ("Pauline") für die *Oberschule für Mädchen.* (Stadtarchiv 138/12)
19. November	Die *"Lippische Landes-Zeitung"* erscheint erstmalig wieder. (Giesdorf, Dokumentation)
15. Dezember	Der Rat beschließt die Rückgabe des Gebäudes Lange Straße 16 als ehem. *jüdisches Eigentum* an die Vorsbesitzer. (Stadtarchiv 138/12)
15. Dezember	Zur *Wohnungssituation* wird berichtet, daß 40 Familien mit vier und mehr Angehörigen in einem Raum wohnen, 579 Familien in Baracken oder andern Notunterkünften. (Stadtarchiv 138/12)
17. Dezember	Das Richtfest für vier *Doppelhäuser* auf dem Jerxer Schinken findet statt. (StA DT D 106 DT A Nr. 2448)
21. Dezember	Die Nixe vom *Donopbrunnen* ist leichtbeschädigt in Hamburg gefunden und nach Detmold zurückgebracht worden. (StA DT D 106 DT A Nr. 2448)
21. Dezember	Über der Kreuzung an der Post wird eine (Heuer-)*Ampel* installiert. (StA DT D 106 DT A Nr. 2448)

1950

10. Januar	Der Bauausschuß ist damit einverstanden, daß die Stadt die Pflege des neuen *jüdischen Friedhofes* übernimmt. (Stadtverwaltung 67.2.3.1.1)

23. Januar	Die PESAG eröffnet den *Omnibus-Schnellverkehr* Detmold-Horn-Paderborn mit einer Fahrtdauer von einer Stunde (StA DT D 106 DT A Nr. 2449)
26. Januar	Der Hauptausschuß erkennt das Erfordernis der Errichtung einer Mittelschule (heute: *Realschule*) an. (Stadtarchiv 138/87 Blatt 839
15. Februar	Im Langen Feld sind die von der LWS erbauten 48 *Wohnungen* für Landesbedienstete bezugsfertig. (Siemer, Zusammenbruch, S. 279)
28. Februar	Die letzte Lebensmittelkarte verliert an diesem Tag mit Ablauf der 135. Dekade ihre Gültigkeit. (StA DT D 106 DT A Nr. 2449)

Abkürzungen

EKD	Evangelische Kirche Deutschlands
GMD	Generalmusikdirektor
LWS	Lipp. Wohnungs- und Siedlungsgenossenschaft
NAAFI	Navy, Army and Air Force Institutes (Britische Soldatenbetreuung)
OLG	Oberlandesgericht
PESAG	Paderborner Elektrizitäts- und Straßenbahn-Aktiengesellschaft
TSV	(Detmolder) Turn- und Sportverein
WFG	Westfälische Ferngas-Aktiengesellschaft
Z	Zentrumspartei

Anhang

Die "Männer der ersten Stunde"

Von der Militärregierung ernannt:

Kreis Detmold: ORR Dr. Petri, Landrat

Bürgermeister am 14.08.1945:

		ernannt/gewählt
Barkhausen	Fritz Betge	10.04.1933
Bentrup	Wilhelm Kruel	01.04.1932
Berlebeck	Karl Wächter	05.1945
Brokhausen	Friedrich Mensenkamp	01.04.1919
Dehlentrup[1]	Friedrich Grauting	01.05.1945
Detmold	Dr. Richard Moes	15.06.1945
Hakedahl	Wilhelm Wehage	22.03.1941
Heidenoldendorf	Simon Steffensmeier	25.05.1945
Heiligenkirchen	August Strate	22.05.1945
Hiddesen	Konrad Potthast	01.05.1945
Hornoldendorf	Friedrich Lükermann	01.01.1925
Jerxen-Orbke	Edwin Steiner	01.05.1945
Leistrup-Meiersfeld[2]	Simon Klaas	01.06.1945
Loßbruch[3]	Wilhelm Biermann	08.05.1945
Mosebeck	Albrecht Meier	12.08.1945
Niederschönhagen	Wilhelm Meier	15.04.1945
Nienhagen	Friedrich Hellweg	15.08.1945
Niewald	Wilhelm Dröge	01.05.1934
Oberschönhagen	Fritz Meier	1927
Oettern-Bremke	Fritz Fieseler	01.02.1925
Pivitsheide VH	August Linnemann	11.05.1945
Pivitsheide VL	Fritz Schling	12.04.1945
Remminghausen	Simon Hesse	01.08.1945
Schönemark	Simon Kessemeier	1928
Spork-Eichholz	Fritz Lehbrink	08.05.1945
Vahlhausen	Fritz Wichmann	04.05.1945

1) später: Klüt 2) später: Diestelbruch 3) bis 1970 Kreis Lemgo

(Quelle: StA DT D 100 Dt Nr. 11/D 100 LE Nr. 257)

Die Bürgermeister der Stadt

05.04.1945 - 14.06.1945	Alex Hofmann, Fabrikant, (später CDU) (1879 - 1959)
15.06.1945 - 07.02.1946	Dr. Richard Moes, Verwaltungsbeamter, (später CDU) (1887 - 1968)
07.02.1946 - 29.08.1946	Wilhelm Sünkel, Oberschulrat, (später SPD) (1894 - 1977)
26.09.1946 - 28.10.1948	Fritz Priester, Buchhändler, (CDU) (1891 - 1957)
28.10.1948 - 15.03.1949	Dr. Helmut Stark, Geschäftsführer, (CDU) (1905 - 1961)
24.03.1949 - 20.11.1952	Dr. Richard Moes, Verw.Beamter, (CDU) (1887-1968)
20.11.1952 - 08.10.1964	Bruno Kirchhof, Reg. Direktor a. D., (FDP) (1890 - 1976)
08.10.1964 - 24.08.1972	Walter Bröker, Geschäftsstellenleiter, (SPD) (1906 - 1977)
24.08.1972 - 19.10.1989	Friedrich Vogt, Rektor, (SPD) (1921 -)
19.10.1989	Friedrich Brakemeier, Richter, (SPD) (1943 -)

(Quellen: Stadtarchiv 138/10, 138/11, 138/12; Auskünfte der Einwohnermeldeämter Bonn, Detmold und Köln; eigene Aufzeichnungen)

Der Rat der Stadt

Wahl	*Sitze*						
24.01.1946	30	3 Frauen + 27 Männer *					
15.09.1946	27	19 CDU	7 SPD	1 FDP			
17.10.1948	26	12 CDU	7 SPD	5 FDP	2 KPD		
09.11.1952	30	6 CDU	9 SPD	11 FDP	4 BHE		
28.10.1956	30	7 CDU	11 SPD	10 FDP	2 BHE		
19.03.1961	30	9 CDU	10 SPD	9 FDP	2 BHE		
27.09.1964	31	10 CDU	13 SPD	8 FDP			
15.03.1970	45	18 CDU	24 SPD	3 FDP			
04.05.1975	51	22 CDU	24 SPD	5 FDP			
30.09.1979	51	22 CDU	24 SPD	5 FDP			
30.09.1984	51	18 CDU	22 SPD	5 FDP	6 Grüne		
01.10.1989	51	16 CDU	22 SPD	3 FDP	4 Grüne	3 FWG	3 UWG

* Der von der Militärbehörde ernannte Bürgermeister hatte die Mitlieder des Rates berufen. Das Datum nennt die 1. Sitzung dieses Rates (NWZ Nr. 26).

(Quellen: 24.01.1946 Stadtarchiv 138/10; 15.09.1946 Stadtarchiv 138/11; 17.10.1948 Stadtarchiv 138/12; 09.11.1952 FD Nr. 261; ab 28.10.1956 eigene Aufzeichnungen)

Die Mitglieder des ernannten Rates 1946

1. Barkey, Heinrich, Tischler
2. Bock, Albert, Drogist
3. Brand, August, Küfermeister (CDU)
4. Bröker, Walter, Heizungsmonteur (SPD)
5. Diederich, Robert, Angestellter (SPD)
6. Fricke, Klara, Hausfrau (CDU)
7. Gülicher, Fritz, Fabrikant
8. Hartkopf, Richard, Geschäftsführer (CDU)
9. Hausmann, Martha, Hausfrau (SPD)
10. Henne, Heinz, Tischlermeister (KPD)
11. Hofmann, Alexander, Fabrikant (CDU)
12. Kampmeier, Heinrich
13. Köller, Ernst, Angestellter
14. Kortekamp, Fritz, Buchdrucker
15. Kraft, Eugen, Handelsvertreter (SPD)
16. Lampe, Otto, Kraftfahrzeugmeister
17. Langemann, Karl, Holzfräser (KPD)
18. Latsch, Carl, Tischlermeister (CDU)
19. Mirenfeld, Jakob, Gastwirt
20. Neitmann, Hans
21. Neuser, Philip, Ingenieur (CDU)
22. Rennemann, Fritz, Lagerhalter
23. Rohlfs, Wilhelm, Angestellter (SPD)
24. Schnitger, Wilhelm, Rechtsanwalt (CDU)
25. Schnittger, Hermann, Fabrikant (CDU)
26. Stock, Lina
27. Sünkel, Wilhelm, Lehrer (SPD)
28. Thun, Dr. Theophil, Schriftsteller (CDU)
29. Vießelmann, Heinrich, Kaufmann
30. Ziegenbein, Karl, Schlosser

(Quelle: Stadtarchiv 138/10)

Die Ehrenbürger der Stadt

Verleihung		*Lebensdaten*
1759	Dr. Simon Henrich Wistinghausen, Arzt	1731-1765
1837	Johann Wilhelm von Hoffmann, Fürstl. Lippischer Hofmarschall	1771-1844
1871	Ernst von Bandel, Erbauer des Hermannsdenkmales	1800-1876
1890	Prof. Dr. Eduard Horrmann, Gymnasialdirektor	1810-1896
1894	Dietrich Grote, 50 Jahre Camerarius	1812-1896
1895	Otto Fürst von Bismarck[1], Reichskanzler	1815-1898
1909	Hans Hinrichs, Begründer der Lipp. Handelskammer	1848-1912
1913	Prof. Bernhard Winkelsesser, Stadtverordnetenvorsteher	1847-1926
1916	Hermann Theopold, 30 Jahre Stadtverordneter	1841-1923
1917	Paul von Beneckendorf und Hindenburg, Generalfeldmarschall	1847-1934
1919	Robert Wittje, Oberbürgermeister	1852-1921
1934	Dr. Ulrich Volkhausen ("Korl Biegemann"), Mundartdichter	1854-1937
1936	Prof. Wilhelm Teudt, Vorgeschichtsforscher	1860-1942
1936	Dr. Alfred Meyer[2], Reichsstatthalter	1891-1945
1936	Wilhelm Brückner[2], Adjutant Hitlers	1884-1954
1988	Dr. Paul Meyers, Bürgermeister der Partnerstadt Hasselt	1921-

1. Gemeinsame Verleihung durch die lippischen Städte – 2. Aberkannt am 09.11.1945

Die Stadtdirektoren

07.02.1946 - 14.09.1946	Dr. Richard Moes
01.01.1947 - 31.03.1954	Dr. Heinz Schmidt
01.06.1954 - 31.12.1964	Friedrich König
01.02.1965 - 25.06.1982	Dr. Johann Kross
25.06.1982 - 25.06.1990	Dr. Klaus-Jürgen Fritsche
23.08.1990 -	Dr. Axel Horstmann

(Quellen: Stadtarchiv 138/10, 138/11 und 138/12; eigene Aufzeichnungen)

Einwohner

	Volkszählung		
	1939	1946	1950
Barkhausen	262	416	418
Bentrup[1]	370	538	548
Berlebeck	1.275	1.679	1.826
Brokhausen	301	457	457
Dehlentrup	641	803	856
Hakedahl	166	313	319
Heidenoldendorf	2.883	3.655	4.100
Heiligenkirchen	1.627	2.192	2.352
Hiddesen	2.783	3.775	4.109
Hornoldendorf	152	260	267
Jerxen-Orbke	887	1.176	1.384
Leistrup-Meiersfeld	602	790	886
Loßbruch	260	364	381
Mosebeck[2]	295	473	533
Niederschönhagen	97	175	187
Nienhagen	291	479	464
Niewald	93	162	156
Oberschönhagen[3]	330	512	574
Oettern-Bremke	155	253	265
Pivitsheide VH	1.129	1.517	1.601
Pivitsheide VL	2.005	2.492	2.720
Remmighausen	738	1.119	1.199
Schönemark[4]	260	407	419
Spork-Eichholz	994	1.295	1.425
Vahlhausen	353	544	595
	19.246	25.846	28.041
Detmold	20.573	26.713	30.178
	39.819	52.559	58.219

1. einschl. des Ortsteiles Rosengarten, der 1970 der Stadt Lemgo zugelegt wurde.
2. ohne den Ortsteil Altenkamp, der damals zu Cappel gehörte.
3. einschl. der Ortsteile Bauerschaft und Fissenknick, die 1970 der Stadt Horn-Bad Meinberg zugelegt wurden.
4. einschl. des Ortsteiles Wilberg, der 1970 der Stadt Horn-Bad Meinberg zugelegt wurde.

Die Volkszählungen wurden durchgeführt am 17.05.1939, am 29.10.1946 und am 13.09.1950.

(Quellen: VZ 1939-Staatsanzeiger für das Land Lippe, Nr.66/1939; VZ 1946-Statistisches Landesamt NRW, Gemeindestatistik; VZ 1950-dito, Die Wohnbevölkerung in den Gemeinden Nordrhein-Westfalens; Gesetz zur Neugliederung des Kreises Detmold v.02.12.69; GVBl. NW Nr. 77/1969)

Gewerbesteuermeßbeträge aller ins Handelsregister eingetragenen Firmen im Kammerbezirk der IHK Detmold

1. 1944	Industrie	913.945 RM	72.1 %
	Einzelhandel	152.618 RM	12.0 %
	Großhandel	86.488 RM	6.8 %
	Sonstige	114.656 RM	9.1 %
		1.267.707 RM	
2. 1945	Industrie	500.214 RM	62.0 %
	Einzelhandel	151.209 RM	18.8 %
	Großhandel	77.500 RM	9.6 %
	Sonstige	77.577 RM	9.6 %
		806.500 RM	
3. 1946	Industrie	536.624 RM	68.7 %
	Einzelhandel	103.905 RM	13.3 %
	Großhandel	84.608 RM	10.8 %
	Sonstige	56.066 RM	7.2 %
		781.203 RM	

1944 = 100.00
1945 = 63.6
1946 = 61.6

(Quelle: IHK Lippe)

Arbeitslose

Am 19. Juli 1948 waren von 100 Arbeitnehmern arbeitslos:

Männer	AA Rheine	4,8
	AA Soest	4,8
	Westfalen	2,6
	AA Detmold	2,4
	AA Herford	1,6
Frauen	AA Herne	8,5
	Westfalen	3,8
	AA Detmold	2,1
	AA Herford	2,1

(Quelle: Arbeit und Sozialpolitik, Nr. 15 v. 01.08.1948)

Arbeitslose Flüchtlinge

Anteil der Flüchtlinge und der aus der Ostzone zugewanderten Personen an der Zahl der Arbeitslosen:

31. Dezember 1948

AA Paderborn	49,0 %
AA Rheine	47,7 %
AA Bielefeld	39,0 %
AA Detmold	35,2 %
AA Herford	29,6 %
AA Minden	23,1 %

(Quelle: Arbeit + Sozialpolitik Nr. 5 vom 01.03.1949)

Ins Handelsregister eingetragene Firmen am 01.12.1947

	Stadt Detmold	*Bezirk der IHK Detmold*	*Anteil Detmold*
Industrie	117	493	23.7 %
Einzelhandel	146	487	30.0 %
Großhandel	78	211	37.0 %
Vermittler	20	45	44.4 %
Gaststätten	11	38	29.0 %
Verkehr	9	21	42.9 %
Sonstige	9	40	22.5 %
Gesamt	390	1.335	29.2 %

(Quelle: IHK Lippe)

Industriebetriebe in der Stadt Detmold am 08.09.1949

	Betriebe	*Beschäftigte*
weniger als 10 Beschäftigte	38	167
10 bis 25 Beschäftigte	28	445
26 bis 50 Beschäftigte	16	577
mehr als 50 Beschäftigte	18	2.521
	100 Betriebe	3.710 Beschäftigte

(Quelle: IHK Lippe)

Heilberufe

	1934	*1949*
Apotheken	2	4
Ärzte		
Allgemeinmedizin	12	17
Fachärzte	11	21
Zahnärzte		
Dentisten	13	29

(Quellen: Einwohnerbuch Detmold 1934/Adreßbuch Detmold 1949)

Baraufwand der Offenen Fürsorge im Stadtfürsorgeverband Detmold

Monat	*Parteien*	*Gesamtaufwand*	*Aufwand je Partei*
07.1945	162	6.015,40 RM	37,13 RM
09.1945	233	16.475,84 RM	70,71 RM
10.1945	258	18.217,11 RM	70,61 RM
11.1945	270	16.218,88 RM	60,07 RM
11.1946	411	30.485,30 RM	74,17 RM
09.1949	433	20.744,00 DM	47,91 DM
12.1949	313	24.262,00 DM	77,51 DM
01.1950	322	20.657,00 DM	64,15 DM
12.1950	242	15.486,00 DM	63,99 DM

(Quellen: StA DT D 106 DT A Nr. 101 + 102)

Zahl der nach dem 08.05.1945 gegründeten Herstellerbetriebe und ihrer Arbeitskräfte im Kammerbezirk der IHK Detmold (Stand: Mai 1950)

Betriebe:	*alt*	*neu*	*zusammen*
Eisen-/Metall-/Elektro-	32	45	77
Textilindustrie	7	9	16
Bekleidungsindustrie	17	39	56
Chemische Industrie	14	15	29
Kunstoffverarbeitende I.	26	11	37
Papier- und Druckindustr.	40	13	53
Leder- und Schuhindustrie	35	18	53
Holzbearbeitende Ind.	41	0	41
Holzverarbeitende Ind.	158	25	183
Steine und Erden	68	30	98
Nahrungs- und Genußmittel	118	13	131

Arbeitskräfte:	*vor 1945*	*nach 1945*	*1950*
Eisen-/Metall-/Elektro-	1.200	797	1.997
Textilindustrie	911	100	1.011
Bekleidungsindustrie	932	1.129	2.061
Chemische Industrie	80	66	146
Kunststoffverarbeitende I.	706	113	819
Papier- und Druck-Ind.	856	230	1.086
Leder- und Schuhind.	873	170	1.043
Holzbearbeitende Ind.	1.884	0	1.884
Holzverarbeitende Ind.	7.949	220	8.169
Steine und Erden	2.069	552	2.621
Nahrungs- und Genußmittel	2.612	84	2.696
Gesamt	20.072	3.461	23.533

(Quelle: IHK Lippe)

Fremdenverkehr

	Fremde	*Übernachtungen*
01.04.1949 bis 31.12.1949		
Detmold	18.218	37.000
Berlebeck	585	4.071
Hiddesen	2.506	18.975
Heiligenkirchen	118	418
Pivitsheide VH	825	972
Pivitsheide VL	88	1.296
	22.340	62.732
01.01.1950 bis 31.12.1950		
Detmold	28.386	54.606
Berlebeck	1.228	11.507
Hiddesen	3.414	24.858
Heiligenkirchen	865	2,195
Pivitsheide VH	952	1.086
Pivitsheide VL	414	5.695
	35.259	99.947

(Quelle: Statist.Jahrb. 1951 Krs. DT)

Volksbüchereien

	Zahl der Bände	
	1949	1950
Detmold	1.929	2.704
Bentrup-Loßbruch	131	187
Berlebeck	182	228
Heidenoldendorf	375	484
Heiligenkirchen	356	395
Hiddesen	904	1.067
Jerxen-Orbke	187	253
Pivitsheide VH	543	659
Pivitsheide VL	365	390
Remmighausen	284	316
Spork-Eichholz	167	217

(Quelle: Statist. Jahrb. 1951 Krs. DT)

Zerstörung und Wiederaufbau

	Anzahl	davon bis zum 01.10.1951 wiederaufgebaut
1. Völlig zerstörte Gebäude		
Detmold	18	8
Berlebeck	3	3
Heidenoldendorf	1	1
Heiligenkirchen	2	2
Hiddesen	2	0
Diestelbruch	1	1
Pivitsheide VL	5	5
Spork-Eichholz	1	1
Vahlhausen	1	1
	34	22
2. Teilweise zerstörte Gebäude		
Detmold	65	57
Berlebeck	44	44
Hakedahl	4	4
Heidenoldendorf	2	2
Heiligenkirchen	32	32
Hiddesen	97	97
Hornoldendorf	10	10
Jerxen-Orbke	3	3
Pivitsheide VH	1	1
Pivitsheide VL	44	44
Vahlhausen	1	1
	303	295

(Quelle: Statist.Jahrb.1951 Krs. DT)

Zeittypische Gewerbe

	1949	*1956*
Füllfederhalter-Reparatur	3	0
Klavier-Instandsetzung	1	0
Kurierdienst	3	0
Leihbücherei	8	5
Musikunterricht	37	14
Puppen-Reparatur	2	0
Roßschlachterei	2	0
Rübenkraut-Herstellung	1	0
Schreib- und Vervielfältigungsbüro	7	4
Strickerei	2	0
Tauschzentrale	2	0
Übersetzungsbüro	5	1
Zeitungsschau	1	0

(Quellen: Adreßbuch Detmold 1949 und 1956)

Quellen

Adreßbuch Detmold 1956

Adreßbuch für die Regierungshauptstadt Detmold 1949

Amtliche Nachrichten für den Kreis Detmold. 1947 ff.

Amtsblatt der Militärregierung Britisches Kontrollgebiet 1944-1949

Arbeit und Sozialpolitik. Veröffentlichung des Arbeitsministeriums NRW, 1948-1949

Bast, Wilhelm, Detmolds Wirtschaftsleben. In: Geschichte der Stadt Detmold. Detmold 1953

Bauer, Ernst, Wiederaufbau und Entwicklung der Justiz im Landgerichtsbezirk Detmold seit dem Zusammenbruch 1945. In: Lippische Mitteilungen, Band 29 (1960)

Bürgerbuch der Stadt Detmold von 1635 bis 1885. Detmold 1977

Ebert, Arnold, Als die Panzer Lippe überrollten. In: Heimatland Lippe, Nr. 4/1985

Einwohnerbuch der Landeshauptstadt Detmold 1934

Engelbert, Walter, 250 Jahre evangelisch-lutherische Gemeinde in Detmold. Detmold 1971

Freie Presse. Lippisches Volksblatt. (FP) 1946ff.

Gesetz- und Verordnungsblatt des Landes NRW (GVBl.NW)

Industrie- und Handelskammer Lippe, Statistisches Material aus der Nachkriegszeit (unverzeichnet)

Kreis Detmold, Statistisches Jahrbuch 1951. Detmold 1952. Statistisches Jahrbuch 1956. Detmold 1957

Lippische Landes-Zeitung. Detmold (LZ)

Lippische Mitteilungen. Amtl. Bekanntmachungsblatt der Kreisverwaltung Lemgo. 1947-1949

Menninghaus, Werner, Straßenbahnen in Lippe-Detmold und im Paderborner Land. Lübbecke 1987

Meyer, Erwin, Chronik 1893 - 1971 (Tischlerfachschule) o.O./o.J.

Möller, Hans, Zur Vorgeschichte der Deutschen Mark. Basel 1961

Müller-Dombois, Richard, Die Gründung der Nordwestdeutschen Musikakademie Detmold. Detmold 1977

Neue Westfälische Zeitung. Nachrichtenblatt der alliierten Militärbehörde. (NWZ) 1945-1946

Postgeschichtsblätter: 350 Jahre Post in Detmold 1616-1966. Münster 1966

Presse-Grosso Giesdorf, Dokumentation. o.O./o.J.

Reineke, Augustinus, Katholische Kirche in Lippe 783-1983, Paderborn 1983

Röhr, Heinrich, Stationen und Gestalten am Wege. Detmold 1965

Schmidt, Heinz, Das Landestheater in Detmold gestern und heute. In: Landestheater Detmold. Detmold 1969

Siemer, Ernst, Zusammenbruch und neue Ordnung. Detmold 1987

SPD-Ortsverein Detmold, Mitteilung vom 15. Mai 1946.

Staatsanzeiger für das Land Lippe, Nr, 66/1939

Staatsarchiv Detmold

Stadtarchiv Detmold

Stadtverwaltung Detmold. Akten des Amtes 67

Statistisches Landesamt NRW. Gemeindestatistik 1946.

ebd., Die Wohnbevölkerung in den Gemeinden Nordrhein-Westfalens 1950.

Stenz, Paul, Gründung und Aufstieg eines Flüchtlingsunternehmens. Die Firma Weidmüller. In diesem Band, S. 333-346

Volks-Echo für Westfalen und Lippe. 1946 - (VE)

Wehrmann, Volker, Zusammenbruch und Wiederaufbau. Detmold 1987

Westfalen-Zeitung. Neue lippische Rundschau für Politik und christliche Kultur. 1946-1953

STAATSARCHIV DETMOLD (StA DT)

Bestand D 7I Handschriften

Nr. 157 Erlebnisberichte über das Ende des 2. Weltkrieges in Lippe (darin u.a. Alex Hofmann, Sievert)

Bestand D 83 Flugschriften

Nr. 443 Amtl. Bekanntmachungen 9.45-12.45

Nr. 444 dass. 1.46-6.46

Nr. 446 dass. 1947

Bestand D 100 Kreis Detmold

Nr. 11 Verwaltungsbericht Aug./Sept.1945

Nr. 19 Politische Lageberichte 1945-47

Bestand D 100 Kreis Lemgo

Nr. 257 Neuverpflichtung von Bürgermeistern

Bestand D 106 Detmold A

Nr. 12 Protokolle Wohlfahrtsausschuß 46-55

Nr. 59 Private Beratungsstelle v. Knüpffer

Nr. 101 Fürsorgestatistik 1933-49
Nr. 102 dass. 1950-1955
Nr. 341 Unterstützung f.d. jüdische Gemeinde
Nr. 342 Erfassung und Rückgabe v.jüd. Eigentum
Nr. 2446 Chronik Detmold 1947
Nr. 2447 dass. 1948
Nr. 2448 dass. 1949
Nr. 2449 dass. 1950
Nr. 2461 Anlagenheft zu 2447

Bestand L 80 III Schulabteilung
Nr. 4278 Wiedereröffnung der Schulen 1945-47
Nr. 4374 Reorganisation des Schulwesens 45-48

Bestand L 80 Dolm Dolmetscherbüro
Band I 23.08.1945-30.09.1945
Band II 01.10.1945-31.10.1945
Band III 01.11.1945-31.12.1945
Band XXVI Protokolle des Untersuchungsausschusses*
(Entnazifizierung von Betrieben und Einzelpersonen)
* muß richtig "Berufungsausschuß" heißen: "Lippe Review Board"

Stadtarchiv Detmold
(jetzt: Staatsarchiv Detmold, Bestand D 106 Detmold A)

2.2 Protokolle Finanzausschuß 22.02.46-30.12.48
2.3 Protokolle Finanzausschuß 18.01.49-29.09.50

138/10 Protokolle Ratsversammlung 24.01.46-29.08.46
138/11 Protokolle Ratsversammlung 26.09.46-07.10.48
138/12 Protokolle Ratsversammlung 28.10.48-16.11.50

138/86 Protokolle Hauptausschuß 31.01.46-23.09.48
138/87 Protokolle Hauptausschuß 04.11.48-21.12.50

67.2.3.1.1 Akte des Friedhofamtes "Jüdische Friedhöfe"

Abbildungsnachweise

Eisenhardt: 1. Heinrich Heuer, Detmold *Kuhlmann:* 1. StA DT D 106 DT A Nr. 2010 / 2. Stadtverwaltung Detmold / 3. StA DT D 75 Nr. 7700 / 4. Stadtverwaltung Detmold / 5. D. Kuhlmann / 6. D. Kuhlmann *Herrmann:* 1. STA DT D 81 Nr. 593 / 2. STA DT D 75 Nr. 7396 / 3. STA DT D 107 H Nr. 16 / 4. ebd. *Scheffler:* 1. Städt. Museum "Hexenbürgermeisterhaus" Lemgo, Sammlung Ruth Margalit / 2. ebd. / 3. ebd. / 4. Ruth Margalit, Maayan Zwi (Israel) / 5. wie 1-3 / 6. wie 4 / 7. ebd. *Müller:* 1. STA DT L 80 Ic XXXII 70 Nr. 3 I / 2. STA DT D 75 Nr. 6753 / 3. Freie Presse 18.2.1948 / 4. STA DT D 75 Nr. 6755 *Schockenhoff:* 1. StA DT / 2. ebd. *Siemer:* 1. E. Siemer / 2. StA DT / 3. ebd. / 4. ebd. / 5. ebd. / 6. StA DT D 75 Nr. 6357 / 7. E. Siemer / 8. StA DT Nr. 1843 / 9. StA DT / 10. ebd. D 75 Nr. 4899 / 11. E. Siemer / 12. StA DT D 75 Nr. 705 / 13. E. Siemer *Prollius:* 1. Heinrich Heuer, Detmold / 2-9 H. Prollius *Stenz:* 1-13 Fa. C.A. Weidmüller *Bolhöfer:* 1-3 F. Bolhöfer *Müller-Dombois:* 1. Büro Franz Ley (heute Büro Schmitz/Rempe) / 2. Privatbesitz Conrad Hansen (Aufnahme: Marie-Agnes Schürenberg, Berlin 1947) *Fink:* 1-2 H.-P. Fink *Ebel/Schröder:* 1-3 Landestheater Detmold / 4. WZ/Neue Lippische Rundschau 19.9.1947 / 5-8 Landestheater Detmold *Schmidt:* 1-9 H.-G. Schmidt *Weis:* 1. Lippische Landeszeitung 18.8.1950 / 2. G. Weis *Bender:* 1-3 StA DT *Scheef:* 1. Lippisches landesmuseum / 2. Sybille Dotti / 3. Frau Weitzmann-Eicke / 4. Lippisches Landesmuseum *Müller:* 1. Lippische Landeszeitung 5.2.1993 / 2. Stadtgymnasium Detmold, Archiv C 981-43 / 3. StA DT D 75 Nr. 7562 / 4. ebd. D 75 Nr. 7563 *Schröder:* 1-4 Landestheater Detmold.

Zu den Autoren

Lothar Albertin, geboren 1924 in Ortelsburg/Ostpreußen. Studium der Geschichte, Germanistik und Staatsphilosophie an den Universitäten Köln und Amsterdam. 1953 Promotion, 1954 Staatsexamen. Studienassessor am Leopoldinum I (1956/57). Leiter von Lehrgängen für Schüler und Geschichtslehrer am Jugendhof Vlotho i.A. des Kultusministers NRW (1957-1960). Lehr- und Forschungstätigkeit an der Universität Marburg (1961-1967). Habilitation für Zeitgeschichte (1968) und Politische Wissenschaften (1969) an der Universität Mannheim. Gastprofessuren in New York, Bordeaux und Antananarivo/Madagaskar. 1974 Wechsel zur Pädagogischen Hochschule Westfalen-Lippe in Bielefeld, 1975-1976 Prorektor. Ab 1979 an der Fakultät für Geschichtswissenschaft und Philosophie der Universität Bielefeld; Dekan 1986-1988. 1989 Directeur d'Etudes a l'Ecole des Hautes Etudes en Sciences Sociales in Paris, 1990 Gastprofessur am Institut d'Urbanisme de Paris. Forschungen und Publikationen zur Geschichte des Liberalismus und der politischen Parteien, zur Reformpolitik von Städten im internationalen Vergleich und zum europäischen Einigungsprozeß. Buchveröffentlichungen: Liberalismus und Demokratie am Anfang der Weimarer Republik (Düsseldorf 1972); Politischer Liberalismus in der Bundesrepublik (Hg., Göttingen 1980); Linksliberalismus in der Weimarer Republik (mit Konstanze Wegner, Düsseldorf 1980); Politische Parteien auf dem Weg zur parlamentarischen Demokratie in Deutschland (Hg. mit Werner Link, Düsseldorf 1981); Die Zukunft der Gemeinden in der Hand ihrer Reformer. Geplante Erfolge und politische Kosten der kommunalen Neugliederung. Fallstudien in Ostwestfalen-Lippe (mit Eris Keim u. Raymund Werle, Köln und Opladen 1982); Probleme und Perspektiven europäischer Einigung. Beiträge aus Politik und Wissenschaft (Hg., Düsseldorf 1986).

Wolfgang Bender, geboren 1959 in Andernach. Studium der Geschichte, Politikwissenschaft und Anglistik in Trier. Promotion zum Dr. phil. 1989. Staatsarchivrat z.A. am NW Staatsarchiv Detmold. Verschiedene Veröffentlichungen, vornehmlich zur Sozial- und Wirtschaftsgeschichte des hohen und späten Mittelalters.

Horst-Günter Benkmann, geboren 1915 in Königsberg. Studium der Rechts- und Staatswissenschaften in Königsberg, München und Berlin. 1937 Gerichtsreferendar in Tecklenburg. 1938 Soldat, 1941 nach Verwundung entlassen. 1942 Regierungsassessor, stellv. Landrat in Labiau, vom 1.11.1943 bis zur Flucht im Januar 1945 stellv. Landrat in Allenstein. Im Juni 1945 in Jerxen-Orbke. 1948-1971 Erster Beigeordneter der Stadt Detmold. Seit 1945 ehrenamtliche Tätigkeit in verschiedenen Organisationen des Bundes der Vertriebenen und der Landsmannschaft Ostpreußen. Im Zusammenhang damit zahlreiche Veröffentlichungen, vor allem zu historischen Themen.

Fritz Bolhöfer, geboren 1925 in Detmold. 1946-48 Studium an der Pädagogischen Akademie in Detmold. 1949 Eintritt in den lippischen Schuldienst. 1963-89 Rektor der Weerth-Schule Detmold. Arbeitsschwerpunkte: Reform der Grundschule. Mitglied der Lehrplankommission NRW, langjährige Tätigkeit im Rahmen der Lehrerausbildung und -fortbildung. Mehrere Veröffentlichungen zur Grundschulpädagogik.

Martin Doering, geboren 1952. Studium der Mathematik und Soziologie in Bielefeld, Diplomsoziologe mit der Zusatzausbildung Soziotherapie. Arbeitsschwerpunkt: politische Bildung. Seit 1992 Bibliothekspädagoge in der Stadtbücherei Detmold.

Norbert Ebel, geboren 1958 in Gelsenkirchen. Studium der Theaterwissenschaft und Romanistik an der Freien Universität Berlin. Von 1986 bis 1988 Regieassistent am Schleswig-Holsteinischen Landestheater, seitdem Dramaturg am Landestheater Detmold. 1992 erste eigene Regiearbeit ("Laß mich dein Badewasser schlürfen") im Studio-Theater im Grabbe-Haus. Co-Autor und Regisseur der kabarettistischen Nachkriegs-Revue "Nylons go Ameide".

Georg Eisenhardt, geboren 1925 in der Neumark, damals Ostbrandenburg, kam nach Kriegsdienst und Gefangenschaft in den Westen Deutschlands. Studium der Anglistik, Germanistik, Geschichte und Philosophie in Göttingen. Nach dem Referendariat in Gandersheim und Hannover USA-Aufenthalt. 1954 Eintritt in den lippischen Schuldienst. 1971 Lehrer am Leopoldinum I, danach bis 1985 Leiter des Gymnasiums Blomberg. Interessenschwerpunkte z. Zt. Esperanto und Geschichte Lippes.

Ulrich Ernst, geboren 1943 in Warburg. Studium für das Lehramt an Gymnasien (Geschichte und Deutsch). Seit 1985 tätig im Bereich der staatlichen Lehrerfortbildung beim Regierungspräsidenten in Detmold. Regionalgeschichtliche Veröffentlichungen.

Hanns-Peter Fink, geboren 1924 in Eisenach. 1942-48 Wehrdienst und Kriegsgefangenschaft. 1948-53 Studium der klassischen Philologie in Jena und Münster. Im Schuldienst an Gymnasien in Gütersloh und Soest, seit 1965 Leiter des Leopoldinum I, von 1987-89 des Leopoldinum in Detmold. Veröffentlichungen: Exercitia Latina. Vom Unterricht lippischer Junggrafen zur Zeit der Spätrenaissance (Marburg 1991). Aufsätze in der Soester Zeitschrift und in den Lippischen Mitteilungen aus Geschichte und Landeskunde.

Paul-Wolfgang Herrmann, geboren 1944 in Lage/Lippe. Studium der Anglistik und Politikwissenschaften in Marburg und Southampton. 1969-71 assistent teacher in London. 1974 Promotion. 1973-86 Lehrer am Städtischen Gymnasium Blomberg, 1979-86 Fachleiter für Sozialwissenschaften am Bezirksseminar für das Gymnasium bzw. Sek. II und Hauptseminarleiter am S I-Seminar Detmold. Seit 1986 Didaktischer Leiter der Geschwister-Scholl-Gesamtschule Detmold. 1986-92 Vorsitzender des Ortsverbands Detmold der Gewerkschaft Erziehung und Wissenschaft, seit 1993 Vorsitzender des Kreisverbands Lippe der GEW. Veröffentlichung: Die Communist Party of Great Britain. Untersuchungen zur geschichtlichen Entwicklung, Organisation, Ideologie und Politik der CPGB von 1920 bis 1970. Meisenheim/Glan 1976.

Diether Kuhlmann, geboren 1926 in Bochum. Studium an der Pädagogischen Akademie Detmold. Volks-/Hauptschullehrer, zuletzt Leiter einer Hauptschule. Veröffentlichungen zur Kommunalpolitik, zur Detmolder Stadtgeschichte, "Die Mädchenbürgerschule in Detmold 1889-1989".

Wolfgang Müller, geboren 1944 in Thiergarten (Schlesien). Studium der Fächer Deutsch und Geschichte. Gymnasiallehrer, seit 1986 Archivpädagoge am NW Staatsarchiv Detmold. Veröffentlichungen zur Verkehrsgeschichte, Archivpädagogik, Geschichte der Juden in Lippe.

Richard Müller-Dombois, geboren 1933. Studium der Musik in Freiburg, Detmold, Wien und Berlin. 1958-1964 I. und Soloflötist der Düsseldorfer Sinfoniker und der Deutschen Oper am Rhein. 1964-1971 Studium der Musikwissenschaft, Soziologie und Romanistik in Berlin und Münster. Promotion 1971. 1964-1968 Ständiges, aber freies Mitglied der Berliner Philharmoniker. Seit 1966 Dozent, seit 1974 Professor an der Hochschule für Musik Detmold.

Hermann Niebuhr, geboren 1950 in Würzburg. Studium der Geschichte, Germanistik und Politikwissenschaften in Marburg, Hamburg und Basel. Promotion. Seit 1983 Archivar am NW Staatsarchiv Detmold. Veröffentlichungen zu regionalgeschichtlichen Themen des 19. und 20. Jahrhunderts, Quellenpublikation "Reisetagebücher der Fürstin Pauline", Herausgeber der "Lippischen Mitteilungen aus Geschichte und Landeskunde".

Helffried Prollius, geboren 1912. Studium der Architektur, des Städtebaus und der Kunstgeschichte. Nach behördlicher Tätigkeit in Berlin, Klagenfurt und Detmold seit fast vierzig Jahren freiberuflicher Architekt und Städteplaner. Seit 1964 im parlamentarischen Raum engagiert, insbesondere für die kulturelle und städtebauliche Entwicklung seiner Wahlheimat Detmold. Seit 1956 leitende Mitarbeit im Lippischen Heimatbund. Bis 1990 langjähriger Fachhochschuldozent auf dem Gebiet Raumbildung und Stadtforschung. Umfangreiche Studienreisen und im Zusammenhang damit kunstwissenschaftliche Vortragstätigkeit zu Themen aus Architektur, Städtebau, Kunst und Länderkunde. 1991 Promotion zum Dr. ing. an der Universität Hannover. Buchveröffentlichungen: Von Pompeji bis Henry Moore. Zehn Begegnungen mit Kunst und Künstlern (Aisthesis: Bielefeld 1988); Die Stiftskirche St. Marien auf dem Berge zu Herford. Baugeschichte und Raumgestalt (Aisthesis: Bielefeld 1991). Zahlreiche Veröffentlichungen in Fachzeitschriften und Veröffentlichungen erfolgreicher Wettbewerbsergebnisse auf den Gebieten Architektur, Städtebau und Stadtsanierung.

Bernd Racherbäumer, geboren 1948 in Herford. Studium der Architektur (in Detmold) und der Soziologie (in Bielefeld). Hauptamtlicher pädagogischer Mitarbeiter der VHS Detmold, zuständig für die Fachbereiche Gesellschaft/Geschichte/Politik/Recht und Sprachen.

Wilfried Reininghaus, geboren 1950 in Schwerte. Dipl.-Volkswirt und Dr. phil.; Privatdozent an der Westfälischen Wilhelms-Universität Münster; Leiter des Westfälischen Wirtschaftsarchivs in Dortmund. Arbeitsschwerpunkte: Wirtschafts- und Sozialgeschichte, Landesgeschichte Westfalens. Buchveröffentlichungen: Entstehung der Gesellengilden im Spätmittelalter (1981); Gewerbe in der Frühen Neuzeit (1990); zahlreiche Veröffentlichungen zu den o.g. Arbeitsschwerpunkten und Archivinventare.

Jürgen Scheffler, geboren 1954 in Hemer. Studium der Geschichte und Germanistik in Göttingen und Marburg. Wissenschaftlicher Mitarbeiter des Städtischen Museums "Hexenbürgermeisterhaus" in Lemgo. Veröffentlichungen zur Geschichte der Armenfürsorge, zur Regionalgeschichte und zur kommunalen Museumsarbeit.

Hans-Gerd Schmidt, geboren 1940 in Osnabrück. Studium der Geschichte und Germanistik an der Universität Bonn. Promotion zum Dr. phil. Lehrer am Paritätischen Sozialseminar Detmold, Fachschule für Sozialpädagogik. Arbeitsschwerpunkte: Medienpädagogik und Medientheorie. Veröffentlichungen: Kinder reproduzieren ihre Lebenswelt. Praxis der Medienarbeit in Kindergarten, Hort und Schule, Opladen 1988. Artikel und Beiträge in verschiedenen Fachzeitschriften und Fachbüchern.

Volker Schockenhoff, geboren 1951 in Sagau. Studium der Germanistik und Geschichte in Münster. Seit 1989 Archivar am NW Staatsarchiv Detmold. Veröffentlichungen: verschiedene Aufsätze zum Kriegsgefangenenlager Stalag 326 Senne.

Holger Schröder, geboren 1962 in Hannover. Studium der Theaterwissenschaft, der Neueren Deutschen Literaturgeschichte und Philosophie an der Universität Erlangen/Nürnberg. Seit 1990 Dramaturg am Landestheater Detmold. Co-Autor der kabarettistischen Nachkriegsrevue "Nylons go Ameide".

Ernst Siemer, geboren 1924 in Döhren (Kreis Minden-Lübbecke). Nach dem Besuch des Aufbaugymnasiums in Petershagen Berufsausbildung für den gehobenen Verwaltungsdienst. Von 1942 bis 1989 tätig beim Regierungspräsidenten in Minden bzw. Detmold, zuletzt als Hauptdezernent und Regierungsdirektor. Nebenamtlich Dozent und Prüfer an der Fachhochschule für öffentliche Verwaltung. Veröffentlichungen zu Fachfragen aus dem Bereich der Verwaltung und zur Geschichte der Behörde des Regierungspräsidenten in Detmold.

Paul Stenz, geboren 1929 in Steinringen. Ausbildung zum Mechaniker, nebenberufliche Ingenieurausbildung (Feinwerktechnik/Kunststofftechnik). 1953-1969 Mitarbeiter des Technischen Büros C.A. Weidmüller in Rhöndorf als Konstrukteur, Konstruktionsleiter und Oberingenieur. 1969-1989 Mitarbeiter der C.A. Weidmüller K.G. Detmold als Entwicklungsleiter, Unternehmensbereichsleiter und Prokurist. Seit 1990 freiberuflicher beratender Ingenieur.

Imke Tappe, geboren 1959 in Bad Salzuflen. Studium der Volkskunde, Kunstgeschichte, Ur- und Frühgeschichte in Marburg und Münster. Promotion 1991 ("Kinderlieder in Lippe"). Volkskundlerin am Lippischen Landesmuseum Detmold. Arbeitsschwerpunkte: Lied-, Brauch-, Fest- und Sachkultur sowie regionale Kunst- und Kulturforschung. Veröffentlichungen zu diesen Forschungsbereichen.

Georg Weis, geboren 1941 in Breslau, aufgewachsen überwiegend im Ruhrgebiet. Studium der Geschichte und Germanistik in Marburg und Bonn. Seit 1971 Gymnasiallehrer am Stadtgymnasium Detmold.

Erhard Wiersing, geboren 1940 in Glogau/Schlesien. Studium der Germanistik, Romanistik, Pädagogik und Philosophie in Göttingen und Caen. 1967-1972 höherer Schuldienst in Hannover und Hameln. Ab 1972 am Seminar für Pädagogik der Universität Hannover. Promotion 1977. Seit 1978 Professor für Allgemeine Pädagogik an der Hochschule für Musik Detmold. Forschungsschwerpunkte: Geschichte der Erziehung und pädagogische Anthropologie. Herausgeber des Bandes "Lippe im Vormärz. Von bothmäßigen Unterthanen und unbothmäßigen Demokraten" (Aisthesis: Bielefeld 1990).